U0785156

总顾问　安作璋

总主编　王兆成　刘秋增

副总主编　金明善　刘娟

齐鲁诸子名家志

孔子志

齐鲁诸子名家志

编著 孔祥林
撰稿 孔祥林 陈霞

山东人民出版社

孔子燕居像

三圣像

杏坛讲学图

孔子教学图

〔明〕圣迹图之一 · 宋人伐木图

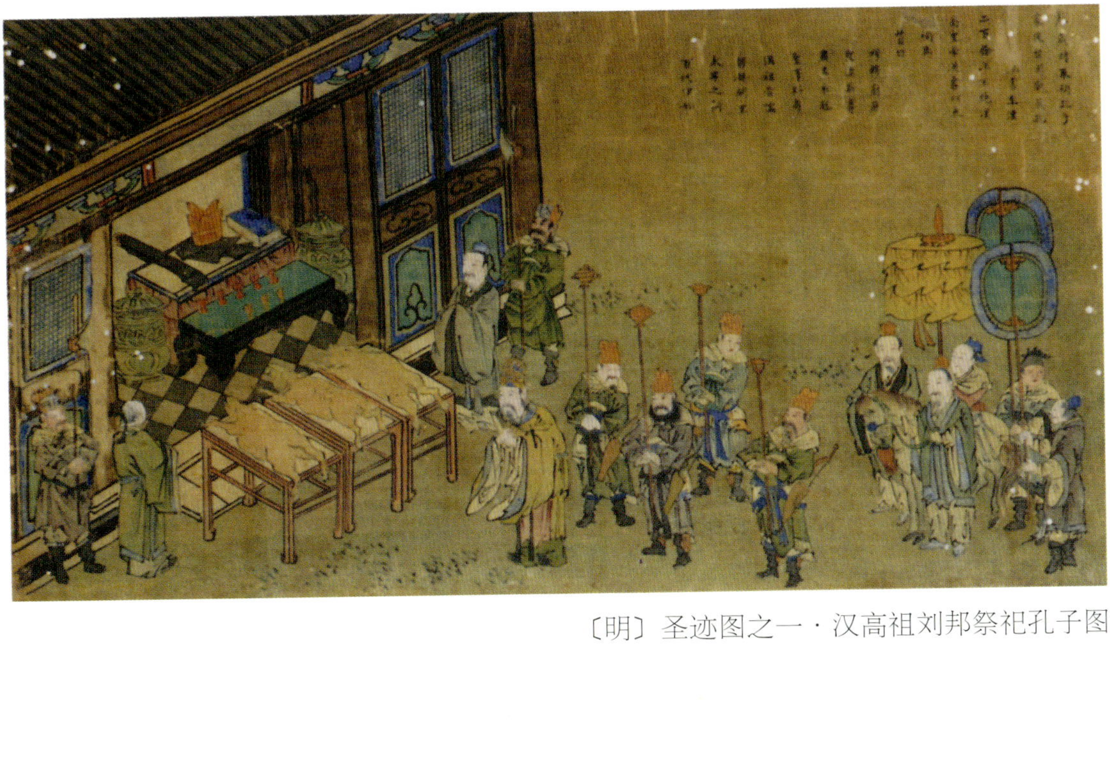

〔明〕圣迹图之一 · 汉高祖刘邦祭祀孔子图

〔清〕圣绩图之一 · 在齐闻韶图

〔清〕圣绩图之一 · 匡人解围图

〔清〕圣绩图之一 · 在陈绝粮图

六十一代衍圣公孔弘绪画像

六十四代衍圣公夫人严嵩孙女画像

曲阜孔子庙大成殿

日本福冈原藩校孔子画像

越南胡志明市孔子大道上的孔子石雕像

新加坡河畔孔子像

大成至聖先師孔子像
CONFUCIUS
551-479 B.C.
A GREAT PHILOSOPHER AND EDUCATOR
ERECTED BY THE SINGAPORE NAN'YANG CONFUCIUS ASSOCIATION
PRESENTED BY CONFUCIUS-MENCIUS SOCIETY OF THE REPUBLIC OF CHINA

新加坡裕华园孔子像

美国纽约孔子像

美国洛杉矶加州大学孔子像

德国科隆孔子铜像

齐鲁诸子名家志

总　序

齐鲁，山东古国名，世称山东为齐鲁文明礼仪之邦，历史悠久，文化灿烂，名人名家辈出，他们在政治、经济、军事、思想、文化等多个领域都作出了重大贡献，其思想、言行和业绩对中国乃至世界都产生了广泛而深远的影响，已成为全人类共同的精神财富。

山东人民出版社出版的《齐鲁诸子名家志》丛书，共20卷，收集了山东历史上28位最杰出的代表人物的生平、业绩、影响和后人的研究状况。这套丛书的出版，将进一步推动对齐鲁文化的研究，更加全面地继承和弘扬中国优秀传统文化，为社会主义和谐社会建设服务。同时，也有利于人们更加全面地了解和深入认识山东的历史和文化，激励人们热爱山东，建设山东，进一步扩大山东在国内及海外的影响。

《齐鲁诸子名家志》所收录的人物均为中国历史上著名的思想家、政治家、军事家、科学家、发明家、文学家和艺术家。他们是：姜尚、管仲、晏婴、司马穰苴、孔子、曾参、孙武、吴起、墨子、孟子、孙膑、扁鹊、徐福、淳于意（仓公）、郑玄、诸葛亮、王叔和、王羲之、王献之、刘勰、贾思勰、颜真卿、李清照、辛弃疾、戚继光、王士禛、蒲松龄、孔尚任。

姜尚，字子牙，世称姜太公，曾辅佐周武王灭商，因大功封于齐，为齐国开创者。他在齐国除继承周的“重农”传统外，又“通商工之业，便渔盐之利”，“尊贤而尚功”，于是“人民多归齐，齐为大国”，奠定了日后齐国东方霸主的地位。

管仲，春秋时期著名政治家，齐国相。他在齐国执政40余年，审时度势、因地制宜，改革政治、经济、军事制度，收到富国强兵的效果。在他辅佐下，齐桓公首建霸业。

晏婴，春秋时期著名政治家、思想家。他在齐国参政50余年，以节俭力行名重于齐。他能礼贤下士，改良政治，省刑薄敛；并且能言善辩，巧于辞令，出使楚国不辱使命。他提出重人事而远鬼神、和而不同的对立统一思想，继承发展了古代朴素的唯物辩证法。

司马穰苴，春秋时期著名军事家，齐国大夫。他的《司马穰苴兵法》以“仁、义、礼、让”为本，论述了军事制度和作战指挥的经验，是我国早期著名兵法之一。

孔子，春秋时期伟大的思想家、教育家，儒家学派的创始人，后世尊为“至圣”。他继承了中国古代优秀的思想文化传统，建立了一个“以仁为中心内容、以礼为表现形式、以中庸为思想方法、以大同为远大理想”的思想体系。他的思想不仅支配了封建时代的中国，而且也给予东亚乃至全世界以重大影响，其中某些思想在今天仍有其积极的现实意义。《论语》一书是现存的研究孔子思想学说的主要依据。

曾参，孔子弟子。他倡导“忠恕”、“孝道”，注重自身修养，一生不懈地实践孔子学说，著有《孝经》和《大学》，是孔子思想的重要继承者之一，被后人尊为“宗圣”。

孙武，春秋时期伟大的军事家，后人尊为“兵圣”。所著《孙子兵法》是我国最早最杰出的兵书，后人称为“兵学圣典”。书中对战略战术、军队指挥与作战、战争规律和战争观都提出了精辟见解，闪耀着哲理和智慧的光辉。不仅在世界军事史上享有崇高的地位，而且在其他领域也受到重视并得到推广与应用。

吴起，战国时期著名军事家。他曾在楚国实行变法，“明法审令”、“废公族疏远者”、“捐不急之官”，堵塞私门请托，加强军队建设，使楚国富强。著有《吴子》兵法，是战国时期兵家学派代表作之一。

墨子，战国时期著名思想家、科学家，墨家学派创始人。他以“兴天下之利，除天下之害”为己任，主张兼相爱、交相利，强调非攻，反对战争；强调节俭，反对奢侈；主张尚贤、尚同，反对贵族世袭制，要求提高劳动者地位。其学说在当时思想界影响很大，与儒家并称“显学”。此外，他在自然科学如数学、力学、几何学、光学以及工艺学等方面，也都有很高的成就，后人称为“科圣”。

孟子，战国时期著名思想家、教育家，儒家学派代表人物之一。他将孔子的“仁”发展为仁政，强调“民为贵，社稷次之，君为轻”。他从性善论出发，为仁政学说提供论证。他将儒学理论发展为一个完整的体系，是孔子学说的继承人，对后世有很大影响，被尊为“亚圣”。

孙膑，战国时期杰出的军事家，兵家代表人物之一。他在齐魏战争中指挥齐军取得著名的桂陵之战与马陵之战的胜利。他的《孙膑兵法》继承发展了孙武的军事思想，重视战争客观规律，主张“内得民心,外知敌情”,强调战法创新,出奇制胜,赏罚分明,是古代军事学说的重要著作。

扁鹊,战国时期著名医学家。他精通各种医学,反对以巫术治病,采用望、闻、问、切四诊方法诊断疾病,并用针灸、汤药、按摩等方法治病,2000 多年来一直为中医传统的治疗方法。所著有《扁鹊内经》、《扁鹊外经》,是中国早期医学名篇。

徐福,秦代齐方士,是中日韩早期友好交流的先驱者。他率领数千童男女、百工等以为秦始皇求仙名义东渡海外,足迹遍及朝鲜半岛与日本列岛,把先进的中国传统文化和生产技术传入东邻,为朝鲜半岛和日本列岛社会进步作出了重要贡献。

淳于意,西汉著名医学家,曾任齐太仓令,故又称仓公。他能辨证审脉,治病灵验。《史记》载其 25 例治病医案,称为“诊籍”,是我国现存最早的病史记录。

郑玄,东汉著名经学家。他数十年潜心研究经学,成为古文经学派集大成者。他遍注群经,杂糅今古文经学,自成一家,号称“郑学”,对后世经学影响极大。

诸葛亮,三国时期杰出的政治家、军事家。他协助刘备,建立了蜀汉政权,与曹操、孙权形成三国鼎立局面。他在执政期间,实行法治,赏罚分明,抑制豪强,任人唯贤。对西南各族安抚和好,促进边疆开发。他善计谋、通兵法、多巧思,被后人推崇为智慧与谋略的化身。

王叔和,魏晋时期著名医学家,所著《脉经》是我国历史上第一部系统的脉学著作,从理论上分析了生理、病理变化和疾病的关系,便利了临床治疗,其“寸关尺三部切脉法”,至今仍被中医广泛使用。

王羲之，东晋著名书法家，他的书法博采众长，自成一体，草、隶、正、行皆精，尤擅长正书、行书，其书法“飘若浮云，矫若惊龙”，“为古今之冠”，有“书圣”之称，其代表作有《兰亭序》、《丧乱帖》等。

王献之，东晋著名书法家，王羲之之子。他的书法汇集各派之长，尤擅行草，与其父共称“二王”。其代表作有《洛神赋十三行》、《鸭头丸帖》等。

刘勰，南朝齐梁时著名文艺理论批评家。他撰写的《文心雕龙》是我国历史上第一部文学评论巨著，对有史以来各种体裁文章与作家进行了分析研究，阐述了文学创作的规律和文学批评的标准，对后来的文学评论有重大影响。

贾思勰，北魏著名农业科学家。他的农学名著《齐民要术》系统总结前人农业生产和农学成就，如栽培耕作、畜牧兽医、食品加工等，是我国现存最早的一部完整农书，对后世农学有很大影响。

颜真卿，唐代书法家。他在平定安史之乱中立有大功，被封为鲁郡公。他的书法端庄雄伟，气势恢宏，开创了我国古代书法新风格，人称“颜体”，有多种墨迹、碑文流传，对后世有很大影响。

李清照，南宋著名文学家、词人。她的词作语言清丽，重视音律典雅，前期多写闲情逸致，风光景物，后期感叹身世，怀念故国，为婉约派代表，有《漱玉集》。

辛弃疾，南宋著名爱国词人。一生以抗金收复失地为志，并积极投入抗金斗争。他的词豪情奔放、壮怀激烈，为豪放派代表，著有《稼轩长短句》。

戚继光，明代著名军事家，抗倭民族英雄。他率领戚家军与倭寇数百战，为彻底平定倭乱、保卫人民群众生命财产安全，作出了巨大贡献。其后防守蓟门，使北部边疆安然无事。他的军事著作《纪效新书》、《练兵实纪》是中国古代军事理论史上的重要文献。

王士禛，清代著名文学家、诗人，官至刑部尚书。他为官清正廉洁，多有政绩，以诗文蜚声文坛。他的诗清新蕴藉，刻画工整，首创神韵诗派。又善古文、工词。门生众多，著作宏富，多达500余种，近人编有《王士禛全集》。

蒲松龄，清代著名文学家。他一生怀才不遇，经历坎坷，对政治腐败、社会黑暗有深刻认识，为文学创作提供了有利条件。他一生著述丰富。其代表作《聊斋志异》，为文言文短篇小说集，借写鬼狐花妖，奇人异事，广泛而深刻地影射并抨击现实社会，成为中国历史上有代表性的文学名著，现已有20多种外文译本，流传世界各地。

孔尚任，清代著名戏剧家。他为官多年，对当时官场黑暗和民众疾苦有清醒认识，对南明灭亡有切身感受。他历经10余年，完成揭示南明灭亡的历史悲剧《桃花扇》。上演后，轰动京城，誉满文坛。另有多部诗文集问世。

本丛书所收录的28位齐鲁历史名人，都是他们那个时代的顶尖人物，代表了他们生活的那个时代最先进的思想文化、科学技术和文学艺术。他们为丰富、发展和创造光辉灿烂的齐鲁文化与中华文明都作出了突出的贡献。“见贤思齐”，齐鲁先贤们的思想和精神至今仍有其超时空的普世价值。这里我只想说明几点：

一是这些齐鲁先贤都是爱国主义的杰出代表人物。他们热爱自己的祖国，“忧患不忘国”，“苟利国家，不求富贵”，用毕生的智慧和能力报效祖国。有的为了国家富强而锐意改革，甚至不惜献出自己的生命；有的尽忠报国，“鞠躬尽瘁，死而后已”；有的为了保卫祖国，终生奋战沙场，“封侯非吾意，但愿海波平”。这些都表达了齐鲁先贤的爱国情怀，是永远值得后人学习和纪念的。

二是他们都十分关注民生，关注民间疾苦；反对战乱，反对苛政；主张社会公平，追求社会和谐。如“仁者爱人”，“己欲立而立人，己欲达而达人”，“摩顶放踵，利于天下”的博爱思想；“乐民之乐者，民亦乐其乐；忧民之忧者，民亦忧其忧”的民本思想；以和为贵，和而不同的辩证思想；“天下为公”与“大同”、“小康”的社会理想等等。这些思想影响深远，对于我们今天建设社会主义和谐社会仍有着现实意义。

三是他们对自己所从事的事业都有执著的追求和创新精神，“苟日新，日日新，又日新”。如上述的一些科学家、文学家和艺术家，他们大都历经人生几十年的坎坷，上下求索，排除困难，不断创新，在各自研究的领域，终于登上了一个又一个高峰，在思想文化史上留下了光辉的篇章。这种精神是永远值得后人学习与发扬光大的。

四是他们都重视自身的思想修养，追求道德的最高境界。

如“富贵不能淫,贫贱不能移,威武不能屈”的高尚气节,惩恶扬善、见利思义、恪守诚信的社会美德,“海纳百川、有容乃大”的兼容并包的开放意识和博大胸怀等等。这种品格也是永远值得后人崇敬和学习的。

古人云:“金无足赤,人无完人。”上述齐鲁先贤虽然各自成家,彪炳史册,但却并不一定都是完人。他们如同一方方光华夺目的美玉,由于历史的局限,也不免有其微瑕。这和从整体上看待中国传统文化是一样的。还是那句老话:“取其精华,去其糟粕”,我们对待齐鲁先贤也应取这样的态度。

盛世修史,继往开来。上世纪末,我们省、地、市、县都先后编辑出版了一批大型地方史志,对于存史、资政、育人都起到很重要的作用。但由于时间上限截自1840年鸦片战争以后,这样山东古代的先贤圣哲、名家名人以及优秀的传统文化基本上付之阙如。《齐鲁诸子名家志》的编辑出版,弥补了这一重大空白,其学术价值和现实意义是不言而喻的。

最后,请允许我代表广大读者,感谢各位主编、作者和编辑同志为此丛书付出的辛勤劳动,感谢山东人民出版社和山东省地方史志办公室为我们编辑出版了一套高质量、高品位的好书。祝愿这套丛书在社会主义政治文明、物质文明、精神文明、社会文明的建设中能起到应有的作用。同时,也希望总结经验,再接再厉,编撰出版更好更多的名人名家志书。

是为序。

安作璋

2009年3月于山东师范大学

前　言

孔子何其不幸！三岁丧父，十七岁丧母，六十七岁丧妻，六十九岁丧子，众多年轻优秀的弟子在他晚年先他而去，难怪孔子发出"天丧予！天丧予"的痛苦呐喊。

孔子何其不幸！空有满腹经纶，一身才干。治中都，小试牛刀，男女别途，路不拾遗，四方则之；会夹谷，文事而有武备，折冲樽俎，力挫强齐；治于鲁，一展身手，市不二价，夜不闭户，鲁国大治。但生不逢时，命途多舛，君弱臣强，只能挂冠而去。

孔子何其不幸！胸怀大志，力图挽大厦于既倒，重整社会秩序，创建和谐社会，不惜以老衰之躯周游列国，凄凄惶惶，席不暇暖，到处宣传仁政德治的政治思想，寻找施展抱负的机会，但削迹于卫，伐树于宋，穷于商周，厄于陈蔡，壮志难酬，只能黯然回国，赍志而殁。

孔子何其幸运！去世后三百年，罢黜百家，独尊儒术，孔子的思想成为治国圭臬、修身法宝；孔子被尊为至圣先师，奉为万世师表，帝王躬身跪拜，奉祀的庙宇遍及穷乡僻壤，并远播海外，绵延几千年。

进入20世纪，孔子的厄运却接连降临。世纪之初，打倒孔家店，孔子思想成了万恶的渊薮，孔子从神变成了鬼；喧嚣过后，虽然有尊孔和反孔的斗争，但社会渐渐趋于理性，孔子又变成了人；"批林批孔”中，孔子莫名其妙地为素昧平生的后生林彪陪绑，被人当成打人砖，由人又变成了鬼；“文化大革命”结束，社会复归理性，人们又理性对待孔子和他的思想，孔子又变成了人。在西风日盛的今天，人们开始从民族传统文化中汲取营养。孔子以德治国的主张、和而不同的观念、中庸之道的方法、道德建设的理论重新焕发出时代的光华。

孔子何其幸运！20世纪中期以来，西方学者也将探索的目光投向孔子，以至于一些有志之士发出这样的呼吁：“人类要生存下去，必须回首二十五个世纪去汲取孔子的智慧。”中国传统文化的影响力在扩大，学习中国文化成为世界的潮流。世界上将有越来越多的人了解孔子，了解孔子思想，了解中国文化，孔子作为中国传统文化的代表，大踏步地走向了世界。

如此，孔子幸甚！中国幸甚！

目 录

第三编　遗迹与纪念物

第四编　孔氏家族

第六编　孔子研究

第七编　海外影响

附　录

第一编　生平

第一章 生 平

关于孔子的生平，历史上可以采信的文献很少，司马迁虽然在《史记》中专门为孔子作传，但记载很不详细，关于孔子从政以后的记载比较多，但大多没有确切的年代，而从政以前几乎是略而不述。《左传》、《礼记》、《孟子》、《晏子春秋》、《墨子》、《列子》、《孔子家语》、《庄子》、《韩非子》、《荀子》、《吕氏春秋》、《孔丛子》等文献都有孔子事迹的记载，但是除《史记》和《左传》外的史料，学者们大多不敢采信。

根据现有资料，结合《论语》的有关记载，将孔子一生分作"发奋自学"、"创办私学"、"鲁国从政"、"周游列国"和"删述六经"五个阶段。

曲阜孔府大门

第一节 发奋自学

孔子的祖先是商天子,周武王推翻商朝后,封商纣王之子武庚为宋公,奉祀殷商先人。武庚因参与管叔、蔡叔的叛乱,被周公平杀死,周公又封微子为宋公。微子名启,商纣王之兄。商纣王当政时,荒淫无道,微子曾经多次劝谏,但商纣王不听。

微子死后,兄终弟及,传位于弟弟微仲,他是孔子的第十四代祖先。孔子的第十代祖先弗父何开始成为宋国的世卿,七代祖正考父曾辅佐戴公、武公、宣公,而且爱好文献,与周朝太师共同整理了《商颂》十二篇(现在还有五篇保留在《诗经》中)。正考父的儿子孔父嘉在宋国的内乱中被杀,孙子木金父逃难到鲁国。从宋湣公到孔父嘉已经是第六代了,五世亲尽,后代因此用孔父嘉的孔字为姓。孔父嘉本名嘉,字孔父。

木金父逃难到鲁国后,社会地位低下,到孔子的父亲叔梁纥时,他们家族才在社会上有了名气。

叔梁纥是春秋时期著名的将领,力大善战,屡立战功。鲁襄公十年(公元前563年),叔梁纥跟随鲁国军队出征,守城军队放进一些攻城军队后突然放下吊起的城门,想关起门来消灭入城军队。叔梁纥正好赶到门下,用手托起城门,救出了入城军队。鲁襄公十七年(公元前556年),齐国军队包围鲁国北部的城堡防邑,鲁国派军队去救援,但援军害怕齐军,都不敢前进。叔梁纥带领三百甲兵趁夜突破齐军的包围将主将送出,然后又突破齐军包围回城固守,最终保住了防邑。虽然叔梁纥屡立战功,但终其一生只是鄹邑大夫——鲁国的一个下级地方官员。

叔梁纥先娶施氏,生九女,小妾生子孟皮,是个瘸子。叔梁纥又向颜家求婚。和颜氏结婚时，叔梁纥已经六十多岁，颜征在大概还不到二十岁，司马迁说："纥与颜氏女野合而生孔子。"对于"野合"，唐代司马贞解释说："盖谓梁纥老而征在少，非当壮室初笄之礼，故云'野合'，谓不合礼仪。"(《史记索隐》)年龄不相当，不合乎礼仪，所以称为"野合"。

鲁襄公二十二年(公元前551年)，孔子生于鲁国陬邑昌平乡，名丘，字仲尼。

孔子三岁时，父亲去世。母亲颜征在带着孔子移居鲁国都城。年幼的孔子非常热爱学习，做游戏时都摆上祭祀用的礼器，模仿大人磕头行礼。

孔子大约十七岁时，母亲去世。孔子不知道父亲坟墓的位置，只好将母亲的灵柩暂时存放在五父之衢，后经輓父之母的指导才找到父亲墓葬，将父母合葬在防山的北面。按照当时的风俗，埋葬墓而不坟，坟墓与地相平，地上没有标志，孔子担心以后找不到坟墓，于是在墓上堆起了土堆，"丘也东西南北之人，不可以弗识也"(《礼记·檀弓上》)。

母亲去世后，孔子家庭败落，饱受世间炎凉。鲁国执政大夫季孙氏设宴招待士，孔子出身士家庭，就去赴宴，季孙氏家臣阳货说"季孙氏飨士，非敢飨子也"，将孔子挡在门外。

孔子自称"吾十有五而志于学"。他从少年时期就立志发奋学习，青年时期，谋生之余，其主要精力也用于学习。他说："学如不及，犹恐失之。"(《论语·泰伯》)孔子对时间非常重视，看到一去不返的河水就联想到飞逝的时间，"子在川上曰：'逝者如逝夫，不舍昼夜。'"(《论语·子罕》)

鲁国的文化为孔子学习提供了优越的条件。鲁国在古代是东方文化的中心之一。西周初年，鲁国成为周公姬旦的封地。周公辅佐武王消灭商朝，辅佐成王平定天下，制礼作乐，制定了周代的国家制度。分封时,分给“祝宗卜史,备物典策,官司彝器”。周公死后,为褒奖周公,成王命鲁国郊祭文王,特许使用天子礼乐,这是周朝首都镐京以外唯一可以使用天子礼乐的诸侯国。春秋时期,礼崩乐坏,只有鲁国还保存了丰富的古代文化。鲁襄公二十九年(公元前544年),吴国公子季札出使鲁国,请求观看周代乐舞,鲁国乐工为他演奏了《周南》、《召南》、《邶风》、《小雅》、《大雅》、《颂》等《诗经》记载的乐歌,表演了文王乐舞蹈《象箾》、《南籥》,武王乐舞《大乐》,商汤乐舞《韶濩》,夏禹乐舞《大夏》,虞舜乐舞《韶箾》等乐舞。鲁昭公二年(公元前540年),晋国韩宣子到鲁国,“观书于太史氏,见易象与鲁春秋”,不禁发出了“周礼尽在鲁矣”(《左传·昭公二年》)的感叹。

孔子虚心好学,从不放过任何学习的机会。他说:“三人行,必有我师焉。择其善者而从之,其不善者而改之”(《论语·述而》),“见贤而思齐焉,见不贤而内自省焉”(《论语·里仁》)。与别人一起唱歌,别人唱得好听,就一定请人再唱一遍,自己跟着学,“子与人歌而善,必使反之,而后和之”(《论语·述而》)。他到了鲁国太庙,凡事都要问,以至于别人认为他不懂得礼,“孰谓鄹人之子知礼乎?入太庙,每事问”,孔子知道后说:“这就是礼啊。”(《论语·乡党》)

孔子学无常师,他曾向苌弘学习音乐,向郯子请教过古代的官制。向郯子问礼是孔子青年时期唯一具有确切纪年的事情。鲁昭公十七年(公元前525年),郯国国君郯子到鲁国访问,鲁国执政大夫叔孙昭子问起少昊以鸟名作为官名的问题,郯子讲了黄帝、炎帝、共工、太昊、少昊的官制。孔子听说后,专门去向郯子请教,了解了许多古代的历史传说,事后他赞叹说:“吾闻之,‘天子失官,学在四夷’,犹信!”(《左传·昭公十七年》)

孔子学习喜欢追根究底。他向鲁国乐师师襄学习弹琴,师襄说:

"于琴已习,可以益矣。"孔子说:"未得其数也",说自己还没有掌握技巧。过了一段时间,师襄说"已习其数,可以益矣",孔子说还没有领会作者的志趣,"未得其志也"。又过了一段时间,师襄说:"已习其志,可以益矣。"但孔子认为还没有体察到作者的风范,"未得其为人也"。再过了一段时间,孔子才主动停止了练习,他说这是周文王所作的曲子。师襄听后大吃一惊,急忙起身离开座位说:"这就是《文王操》。"(《孔子家语·辨乐解》)

孔子一生都在发奋学习。青少年时期,为了谋生,孔子在二十岁前后曾担任过季孙氏管理仓库的委吏和管理牛羊的乘田。他做事认真,管理仓库时计量公平准确,管理的牛羊肥壮而且繁殖了很多,慢慢有了好名声。他十九岁时与宋国的并官氏结婚,二十岁生子,鲁国国君昭公派人送来鲤鱼祝贺。孔子为感谢国君的赏赐,就给儿子取名为孔鲤,字伯鱼。

艰难困苦的生活磨炼了孔子,也造就了孔子。孔子成名后,太宰问孔子的弟子子贡:孔子是圣人吗?为什么这样多才多艺?子贡回答说是上天要让他成为圣人的。孔子却说:"吾少也贱,故多能鄙事。"(《论语·子罕》)。

第二节 创办私学

孔子自述自己"三十而立,四十而不惑,五十而知天命,六十而耳顺,七十而从心所欲,不逾矩"(《论语·为政》),描述了自己学习和成长过程中的不同境界。其中,三十岁是最重要的阶段。三十岁时,他打下了立足于社会的基础,也是他一生事业的基础,孔子大约从此时开始从事教育事业。

孔子自述三十而立是可信的。这年，齐景公和宰相晏婴来到鲁国，曾专门约见孔子。齐景公问孔子："秦穆公国小处辟，其霸何也？"孔子说："秦，国虽小，其志大，处虽辟，行中正，身举五羖，爵之大夫，起累绁之中，与语三日，授之以政。以此取之，虽王可也，其霸小矣。"（《史记·孔子世家》）秦国面积虽然很小，但志向远大；位置虽然偏僻，但行为中正；而且重用有才能的奴隶管理国家。从这来看，统治天下都是可能的，称霸还是小的呢。据史书上记载，百里奚本是虞国的大夫，晋献公灭亡虞国，成为秦穆公夫人陪嫁的奴隶。百里奚感到羞耻，就偷跑了，但逃到宛地被楚国人抓了起来。秦穆公听说百里奚是贤人，就派人用五张公羊皮把他赎了回来，和他交谈了三天，就委以重任，后来还把国家政事交付给他，最后百里奚辅佐秦穆公成为霸主。听了孔子举的这个例子，齐景公很高兴，他很赞同孔子选拔重用贤人的观点。可见，这时的孔子不仅博学广识，而且还有"重用贤人"的政治主张。

在古代，学校是由天子和诸侯开设的，只有贵族子弟才有接受教育的权利，而平民子弟是不能到学校学习的。孔子首创私学，将教育的对象扩大到平民和贱民子弟。

孔子收徒设教的确切时间不详，最早记载的收徒时间是鲁昭公二十四年（公元前518年）。这年，作为鲁国执政大夫之一的司空孟僖子病重，临死前交代大夫们，在他死后一定要让他的两个儿子去向孔子学习礼仪。孟僖子在鲁昭公四年（公元前535年）辅助国君出使楚国，由于他不懂礼仪，途经郑国，郑简公慰劳鲁昭公，他不能担任司仪，到了楚国，也不能答谢楚国郊外慰劳之礼。孟僖子深以为耻，回国后决心学习礼仪。他不想让儿子们重蹈自己的覆辙。孟僖子死后，孟懿子和弟弟南宫敬叔拜孔子为师。

孔子创办私学后，一边教授弟子，一边继续学习。南宫敬叔向鲁昭公请求派他和孔子去东周首都洛邑学习，鲁昭公就给了他们一辆车、两匹马和一个仆人。孔子和南宫敬叔到了洛邑，专门向老子请教周代礼制。老子姓李名聃，曾任柱下史、守藏史，熟悉周代的礼仪制度。

鲁昭公二十五年(公元前517年)，鲁国发生了“斗鸡之变”。鲁国司徒季平子与贵族郈昭伯斗鸡，季平子给鸡穿上皮甲，郈昭伯给鸡安上金属爪子。同样都是作弊，但权高位重的季平子却很生气，他不仅责备郈昭伯，还抢占郈氏的土地，并在土地上扩建自己的府第，因此与郈氏结仇。此前，他私分国家军队激起了国君的仇恨，介入臧氏家族内部纠纷，与臧昭伯结怨。鲁昭公联络郈氏等贵族联合出兵讨伐季平子。为解燃眉之急，季平子请求到城南沂水边等待调查，又请求软禁在自己的封地内，最后请求带领五辆兵车逃亡外国，鲁昭公不答应，非要杀掉他不可。这时，本来观望的叔孙氏家臣们觉得大事不好，“无季氏，是无叔孙氏也”，季孙氏灭亡后下一个灭亡的就是叔孙氏，于是率领家兵攻打国君的军队。另一个大贵族孟孙氏见叔孙氏出兵，也起兵相助，三家联手打败了鲁昭公，鲁昭公只好逃亡到齐国。孔子也追随国君前往。

孔子到齐国后专门去拜见齐景公，齐景公问政于孔子，孔子回答说：“君君，臣臣，父父，子子。”齐景公高兴地说：“善哉！信如君不君、臣不臣、父不父，子不子，虽有粟，吾得而食诸?”(《论语·颜渊》)准备重用孔子，但遭到宰相晏婴的阻拦。齐景公听从了晏婴的劝告，放弃了重用孔子的打算，就连以后见到孔子也不再问有关礼仪的事情。又过了一段时间，齐景公对孔子说：“像鲁国重用季孙氏那样重用你，我是做不到的，不过可以像鲁国对待季孙氏和孟孙氏之间那样对待你。”齐景公要重用孔子，引起齐国大夫们的反对，齐景公就对孔子说：“我老了，不能用你了。”齐国大夫们担心国君重用孔子会危及他们的利益，就想加害他，孔子匆忙离开齐国，“孔子之去齐，接淅而行”(《孟子·万章下》)。

孔子在齐国待了不到两年，一边寻找从政的机会，一边学习齐国的文化。他曾与齐国的乐师谈论音乐，听了齐国演奏的韶乐沉醉其中，以至三个月都吃不出肉的香味来，他还感叹说："不图为乐之至于斯也。"（《论语·述而》）

孔子回到鲁国，仍然边学边教。鲁昭公二十七年（公元前515年），吴国公子季札在出使齐国的回国途中，长子死在靠近鲁国的嬴、博之间，孔子知道季札熟悉礼制就带领弟子们专程前往观看。他见死者穿着平常的衣服，墓穴的深度不见水，封土长宽与墓穴相同。季札袒露左臂，沿着坟墓右边边走边哭喊了三遍后就走了，孔子认为季札处理丧事是很合乎礼制的。

孔子非常重视现场教育，他带领弟子们到鲁桓公庙参观，看到欹器。孔子对弟子们说，欹器内没有水的时候是歪的，水刚好在中间的时候是正的，水超过中间就会翻过来。弟子们用水一试，果然这样，孔子借此教育弟子们不要自满。

四十岁左右是孔子致力于教育的发展兴盛期。春秋时期，社会秩序被打乱，礼崩乐坏，权力下移，陪臣执国命是各诸侯国普遍的现象。鲁国也是大夫执政，家臣掌权。孔子看不惯这种局面，不愿同流合污，因此集中精力从事教育，教育思想、教育方法日益成熟。弟子越来越多，办学规模越来越大，著名弟子颜回、闵子骞、冉求、子贡、冉雍等人大约都是这期间投入孔子门下的。

四十岁以后，孔子曾经有过几次从政的机会，但没有去。

孔子四十七岁时，阳货想请孔子出仕，但孔子不愿见他，阳货就派人给孔子送去一头小猪。按照礼仪，接受人家的礼物是要登门拜谢的，孔子提倡礼仪，不能不去回拜，就趁阳货不在家的时候去拜谢，但却在路上碰到了。阳货劝孔子出仕，孔子一语不发。阳货说："来，予与尔言。"

"怀其宝而迷其邦,可谓仁乎?"孔子不吭声,阳货没办法,只好自问自答:"不可。"接着又问:"好从事而亟失时,可谓知乎?"孔子还是不吭声,阳货只好再次自问自答:"不可。"接着又劝孔子:"日月逝矣,岁不我与。"阳货三问而不答,孔子觉得这样不够礼貌,最后说:"诺。吾将仕矣。"(《论语·阳货》)孔子虽然说要做官,但他还是没有去。其实,孔子并不是不想做官,只是他不想在阳货这样的家臣手下做事。阳货是季孙氏的家臣,曾经囚禁季桓子强迫他签订盟约,家臣执掌鲁国大政,是孔子最为深恶痛绝的。

孔子大约五十岁的时候,季孙氏的家臣公山弗扰在费邑叛乱,派人去请孔子,孔子本来打算应邀前去,但遭到弟子子路的反对。"子路不说。曰:'末之也,已,何必公山氏之之也?"孔子说:"夫招我者,而岂徒哉?如有用我者,吾其为东周乎?"(《论语·阳货》)如果有人重用我,我大概可以使文王、武王的礼乐在东方复兴吧。最后,孔子还是没有去。

第三节　鲁国从政

鲁定公九年(公元前501年),五十一岁的孔子被任命为鲁国的中都宰,即鲁国一个重要城市的行政长官。孔子上任以后,制定了一系列养生送死的礼节,按照年龄分配食物,按照身体强弱分配工作,实行一年后,男女别途,路不拾遗,各地都纷纷仿效。

鲁定公见孔子的治理都很有成效,第二年任命孔子为鲁国司空,主管鲁国的工程建设和手工业。孔子区分土地的特性,按照土地特性种植不同的农作物,各种农作物都生长得很好。

孔子从政后,极力维护国君的权威。斗鸡之变后,鲁昭公被赶到齐国,七年后客死在国外。当时季平子当权,将鲁昭公埋葬在鲁国国君墓道之南。孔子派人在昭公墓外开挖一条沟,将昭公墓和历代鲁公的墓连在一起。孔子对季平子的儿子季桓子解释说:“将国君葬在历代国君墓地外虽然贬低了国君,但是也彰显了自己的罪过,这是不符合礼制的。现在将鲁昭公墓归入历代国君的墓地就可以遮掩您父亲不合臣道的行为。”不久,孔子又升任鲁国的司寇,主管鲁国的刑法。

鲁定公十年(公元前500年)春天,齐鲁两国和好,夏天,两国国君在两国交界的夹谷举行结盟仪式。鲁定公准备好车辆随从就要去赴会,孔子以司寇身份兼办会盟时的礼仪事务,他对鲁定公说:“臣闻有文事者必有武备,有武事者必有文备。古者诸侯出疆,必具官以从。请具左右司马。”鲁定公接受孔子的建议,事先安排了军队。

两位国君在夹谷会见时,齐国派亡国了的莱国人企图劫持鲁定公,孔子批评齐国用夷狄之乐,逼迫齐景公撤下武士。齐国又演奏宫中之乐,也被孔子以“匹夫营惑诸侯”违背礼仪的罪名赶走。齐景公感到很惭愧,回国后责备臣子“独以夷狄之道教寡人,使得罪于鲁君”,并答应归还过去侵占的鲁国郓、汶阳和龟阴的土地,表示道歉。

取得这次外交上的胜利,孔子在国内的地位更巩固了,他想实现自己的理想:强化鲁国国君的权力,削弱专权大夫的势力。鲁定公十二年(公元前498年),他对鲁定公说:“臣无藏甲,大夫毋百雉之城。”根据礼制,臣子的家中不能收藏武器,大夫的封邑不能建筑高一丈、长三百丈的城墙,应该收缴兵器,拆除超过规定的城墙。这个建议意在削弱三家大夫的势力,获得鲁定公的支持。孔子命令弟子子路担任季氏的总管,开始拆除三家的城堡。

这个时期,季孙氏、叔孙氏、孟孙氏虽然执掌鲁国的大权,但频繁的战争和外交活动占去了他们很多时间,三桓经常奔走在外,少则一个月,多则半年,甚至被扣为人质在国外一两年都回不了国,加上嗣主年幼,家臣年久，权力逐渐被家臣夺取，城堡反成了家臣的据点。因此，对于拆除都邑，三家大夫的阻力不大。叔孙氏首先拆除了郈邑，季孙氏家臣公孙不狃和叔孙辄不仅不拆除费邑反而率领费邑的人去袭击国都，孔子命申句须、乐颀打败费人，拆除费邑。但拆除孟孙氏成邑又受到抵制。孟懿子的家臣公敛处父对他说："成，孟氏之保障，无成是无孟氏也。"在孟懿子的暗中支持下，公敛处父坚持不拆，鲁定公亲自带领军队包围了成邑，也没有攻下来。虽然拆除三都的计划没有全部实现，但拆除两家的都邑还是削弱了卿大夫及其家臣的势力，增强了王室的力量。

孔子参与国政不久，鲁国得到较好的治理。"粥羔豚者弗饰贾，男女行者别于途，途不拾遗。四方之客至乎邑者不求有司，皆予之以归。"(《史记·孔子世家》)但这引起齐国恐慌，齐国君臣决定用计离间孔子和鲁国君臣的关系。他们从全国挑选了八十个漂亮的女子，穿上华丽的衣服，教会她们跳《康乐》舞蹈，又挑选了长有漂亮花纹的一百二十匹马，一并送给鲁国国君。鲁国的主政者季桓子和鲁定公受其诱惑，怠于政事。弟子知道后对孔子说："夫子可以行矣。"孔子说："鲁国就要举行郊祭大典，如果祭祀以后还是按照礼制将祭祀用的肉分送给大夫们，那我还可以留下来。"季桓子接受了齐国的女乐，一连三天都不去处理国家事务，祭祀后也不按惯例向大夫们分送祭肉，孔子愤然离开鲁国。

第四节　周游列国

鲁定公十三年(公元前497年)的春天，孔子匆忙离开鲁国，去了卫国，住在弟子子路妻子的哥哥颜浊邹家。

卫国当时社会安定，经济富庶。孔子在鲁国是官至司寇的大夫，又以博学著称，加上颜浊邹的推荐，受到了卫灵公的礼遇，按照孔子在鲁国的待遇，给予俸禄谷子六万斗。卫灵公是个平庸的君主，对孔子的治国主张没有兴趣，所以对孔子养而不用。孔子师徒在卫国没有事情可做，孔子就去交往卫国的官员和名人，了解卫国的历史、文化、风俗等情况。孔子师徒本来就是一个很大的团体，人才济济，因此招致卫国大夫的妒忌，他们就在卫灵公面前搬弄是非，说孔子的坏话，引起卫灵公猜疑，就以照顾孔子的名义派人监视孔子。孔子意识到卫灵公开始猜疑自己，于是决定赶快离开卫国。他在卫国停留了十个月。

孔子离开卫国要到陈国去，路经匡地，颜刻为孔子赶车。颜刻曾经来过此地，指点着城墙上的一个缺口说上次就是从那个缺口进去的。鲁国的阳货曾经残害过本地人，孔子的长相很像阳货，又见他们指指点点，认为阳货又来了，就围困了孔子师徒。孔子师徒被包围了五天五夜，弟子们非常害怕，孔子鼓励他们说："文王既没，文不在兹乎？天之将丧斯文也，后死者不得与于斯文也。""天之未丧斯文也，匡人其如予何？"（《论语·子罕》）弟子颜回掉了队，后来追了上来，孔子很担心，见了他就说："吾以为汝死矣。"颜回回答说："子在，回何敢死？"最后被卫国的宁武子解救。

孔子师徒过了一个多月又返回卫国，寄居在卫国著名的大夫蘧伯玉家。卫灵公的夫人南子是宋国人，在娘家时和宋子朝相好。鲁定公十四年（公元前496年）时，糊涂的卫灵公还邀请宋子朝来卫国，结果两个人重续旧好。卫灵公的太子蒯聩出使外国路过宋国，宋国就有人唱歌说："既定尔娄猪，盍归吾艾豭。"已经满足了你们发情的母猪，为什么还不归还我们那漂亮的公猪，故意让太子蒯聩听到。南子派人去召见孔子，虽然南子名声不好，但她是所在国国君的夫人，孔子也无法推辞，只好去见她。子路很不高兴，孔子发誓说："予所否者，天厌之！天厌之！"（《论语·雍也》）

其后卫灵公和夫人南子外出，他们同乘一辆车，让孔子乘车随后，招摇过市。孔子深感受辱，生气地说："吾未见好德如好色者也。"（《论语·子罕》）于是离开卫国到曹国去。

孔子又离开曹国到了宋国。宋国司马桓魋派人用石头为自己建造坟墓，三年都没有建好。孔子对这种即违背礼制又奢侈无度的行为非常不满，就说："像这样奢侈，死了还不如赶快烂掉的好。"这句话传到桓魋那里，桓魋想报复孔子。有一天，孔子和弟子们正在大树下演习礼仪，司马桓魋派人伐掉了大树，给孔子一个警告。弟子们催促孔子快走，孔子很镇静地说："天生德与予，桓魋其如予何！"（《论语·述而》）

去郑国途中，孔子和弟子们失散，一个人孤零零地站在郑国的东门外。一个郑国人告诉子贡说，东门外有个人，"累累若丧家之狗"，是不是你的老师。子贡按照这个人的指点在东门外找到了孔子，并把郑国人的话告诉了孔子。孔子一点也不恼，反而笑了，他说："形状，末也。而谓似丧家之狗，然哉！然哉！"（《史记·孔子世家》）

孔子一行路经郑国，到了陈国，在那里待了三年，陈国也没有重用孔子。孔子感到无法发挥自己的才能，带领弟子们离开了陈国。

经过蒲邑，正好碰上叛乱，蒲人怕孔子到卫国走漏了消息，就将孔子师徒扣押起来。孔子弟子公良孺身材高大，勇敢有力，蒲人害怕他，对孔子说："如果你们不到卫国去，就放了你们。"孔子答应了他们的条件，和蒲人签订了盟约，蒲人就放走了孔子师徒。孔子一出蒲邑就直奔卫国，子贡问："盟约可以违背吗？"孔子说："要盟也，神不听。"在被要挟情况下订立的盟约，神是不会认可的。

孔子重返卫国。卫灵公觉得上次失礼了，亲自到郊外去迎接。但是卫灵公已经老了，懒于处理政务，也不任用孔子。孔子周游列国，一方面是到处宣传自己仁政德治的政治主张，一方面是寻找推行自己政治主张、实现自己政治抱负的机会，但是在外风尘仆仆地奔波了这么多年，一无所成，孔子感叹地说："苟有用我者，期月而已可也，三年有成。"（《论语·子路》）

孔子深知时不我待，因此急于寻找从政施展抱负的机会。中牟宰佛肸反叛，派人去请孔子，孔子很想去。弟子子路劝孔子说："过去我听老师您说过，'亲自做坏事的人那里君子是不去的'。现在佛肸占据中牟作乱，老师您却想到他那儿去，这是为什么？"孔子回答说："我是说过这句话，但我不是也说过坚硬的东西是磨不薄的，洁白的东西是染不黑的吗？我难道只是中看不中吃的葫芦，怎么能老挂在那里不给人吃呢？"（《论语·阳货》）孔子虽然这样说，但是最终还是没有去。

孔子在卫国得不到任用，就想到晋国去见赵简子寻找机会。但刚到黄河边上，就听说了窦鸣犊和舜华被杀的消息。孔子放弃了去晋国的打算，在河边叹息说："美哉水，洋洋乎！丘之不济此，命也夫！"子贡不理解，孔子解释说："窦鸣犊、舜华都是晋国有才有德的大夫，赵简子还没有得志的时候必须依靠这两个人才能从政，等到他得志了，就杀了这两个人单独执政。君子忌讳伤害同类，我怎么能去晋国呢？"

回到卫国，孔子仍然经常去见卫灵公。有一天，卫灵公问孔子带兵打仗的事情。孔子反对战争，回答说："俎豆之事则尝闻之矣，军旅之事，未之学也。"（《论语·卫灵公》）卫灵公很不高兴，仰看天上的飞雁，不理孔子。孔子明白了，第二天就离开卫国，再次到陈国去。

鲁哀公三年（公元前492年）秋天，鲁国季桓子病危，他乘车去看鲁城，感慨地说："过去这个国家就要兴盛了，因为我得罪了孔子，孔子离开了鲁国，所以没有兴盛起来。"他交代儿子季康子说："我死后你一定要召回孔子。"季桓子死后，季康子执政，想召回孔子，大夫公之鱼劝他说："昔吾先君用之不终，终为诸侯笑。今又用之，不能终，是再为诸侯笑。”季康子按照他的建议派人去召冉求。孔子对冉求说：“鲁人召求，非小用之，将大用之也。”感叹地说：“归与！归与！吾党之小子狂简，斐然成章，不知何以裁之。”（《论语·公冶长》）

哀公四年（公元前491年），孔子从陈国迁到蔡国。第二年，又从蔡国到了楚国的叶邑。叶公向孔子请教为政的道理，孔子告诉他“近者悦，远者来”，为政的道理在于让附近的人民高兴，使远方的人归附。（《论语·子路》）有一天，叶公向子路问孔子的为人，子路没有回答，孔子对子路说：“女奚不曰其为人也发愤忘食，乐以忘忧，不知老之将至云尔。”

孔子离开叶邑，在返回蔡国的途中找不到渡口，看到两个人在并肩耕地，就派子路去打听。长沮问子路：“那个拉着缰绳的人是谁？”子路说：“是孔丘。”长沮又问：“是鲁国的孔丘吗？”子路回答说：“是。”长沮就说“他知道渡口”。桀溺问子路：“你是谁？”子路说：“我是仲由。”桀溺说：“你是孔丘的徒弟吗？”子路说：“是的。”桀溺说：“像洪水一样的坏东西到处都是，你们和谁去改变它呢？你与其跟着孔丘那种逃避坏人的人，为什么不跟着我们这些逃避这个黑暗社会的人呢？”说完，继续种他的地。子路回来把整个经过告诉了孔子，孔子失望地说：“鸟兽不可与同群，吾非斯人之徒而谁与？天下有道，丘不与易也。”我们不能和飞禽走兽合群共处，如果不同人打交道又能同谁打交道呢？如果天下太平，我就不会从事改革了。（《论语·微子》）

有一天，子路掉了队，问一位除草的老人：“您见到夫子没有？”老人说：“四体不勤，五谷不分，孰为夫子？”把拐杖插在地上就去拔草。子路一听是个有见识的人，就不再说话，拱手站在一边。天晚了，老人就留下子路住宿，又杀鸡又做饭，招待子路。第二天，子路找到孔子，把昨天的经过诉说了一遍。孔子听后说：“这是个隐居的人。”派子路回去找他，但他已经走了。子路回来说:“不仕无义。长幼之节不可废也,君臣之义如之何其废之?欲洁其身而乱大伦。君子之仕也,行其义也。道之不行,已知之矣。”(《论语·微子》)不出仕做官是不合道义的。长幼之间的礼节是不能废弃的,君臣之间的大义怎么能废弃呢?隐居不仕只想洁身自好,但却乱了人间大伦。君子出仕做官是为了尽自己应尽的义务。

孔子迁到蔡国的第三年,也就是鲁哀公六年(公元前489年),楚国派人去请孔子。陈国、蔡国的大夫们听说楚国邀请孔子,害怕楚国重用孔子后楚国强大对自己的国家不利,就派人把孔子师徒包围在旷野里。孔子师徒七天七夜都没有吃上饭,但孔子仍然不停地给弟子们讲学,弹琴唱歌。子路问:“君子亦有穷乎?”孔子开导他说:“君子固穷,小人穷斯滥矣。”(《论语·卫灵公》)

孔子知道弟子们心中都不高兴,就把子路叫来,问他:“《诗》云‘匪兕匪虎,率彼旷野’。吾道非邪?吾何为于此?”我们既不是犀牛,也不是老虎,为什么徘徊在旷野里,是我们的学说不对吗?为什么会落到这种地步呢?子路回答说:“大概我们的仁德还不够,所以人家不信任我们;想必是我们不够明智,所以人家不放我们走。”孔子说:“是这样吗?如果有仁德的人一定能使人信任,怎么能有伯夷、叔齐?如果明智的人一定能行得通,怎么能有王子比干?”

子路退出以后,子贡走了进来,孔子也问他相同的话。他说:“夫子之道至大也,故天下莫能容夫子。夫子盖少贬焉?”孔子教育他说:“好的农夫善于耕种但不一定能有好的收获,好的工匠有精巧的手艺但作品不一定能让人都满意。有修养的人能创立自己的学说,但却不一定能为世人所接受。现在你不去完善你的学说却降格去追求世人的接受,你的志向不够远大啊!”

子贡走后,颜回走进来,孔子也问他相同的话。他说:“夫子是道至大，故天下莫能容。虽然，夫子推而行之，不容何病，不容然后见君子。”孔子对颜回的回答很满意，说：“有是哉？颜氏之子。使尔多财，吾为尔宰。”

后来，孔子派子贡到楚国去，楚国派出军队来迎接，孔子师徒才幸免于难。

到了楚国，楚昭王想封给孔子方圆七百里的地方，楚国宰相子西不同意，他劝楚昭王说：“大王的使臣有比得上子贡的吗？辅助大臣有比得上颜回的吗？将帅有比得上子路的吗？办事官员有比得上宰予的吗？”楚昭王都说没有。子西说：“现在如果让孔子拥有七百里的土地，有众多卓有才干的弟子辅助，这可不是楚国的福气啊！”楚昭王听从了子西的劝告，打消了原来的想法。

孔子在楚国没有得到任用，也没有立即离开。一个楚国人唱着歌从孔子车边走过，他唱道：“凤兮凤兮，何德之衰。往者不可谏，来者犹可追。已而！已而！今之从政者殆而。”过去的不能再挽回，未来的还来得及，劝孔子赶快离开楚国。孔子下车，想和他交谈，但他却躲开了。（《论语·微子》）孔子知道在楚国没有希望了，就离开楚国返回卫国。

此时卫国国君是卫灵公的孙子卫出公。孔子归来，卫出公想请孔子出来执政。子路就问孔子：“卫国国君等待您来执政，您打算首先做什么？”孔子说：“必也正名乎！”子路说此举太迂腐了，孔子批评子路粗野，告诉他说：“名不正则言不顺，言不顺则事不成，事不成则礼乐不兴，礼乐不兴则刑罚不中，刑罚不中则民无所措手足。”（《论语·子路》）孔子要正名分，卫出公的国王名分将受到冲击，所以孔子又失去了从政的机会。

鲁哀公十一年（公元前484年），齐国进攻鲁国，冉求担任了季孙氏的统帅，打败了齐国军队。季康子问冉求的军事才能是学来的还是天生的，冉求回答说是从孔子那里学来的。季康子派人去接回孔子，孔子返回鲁国。

孔子五十五岁周游列国，六十八岁时返回鲁国，在外奔波了十四年，历经磨难，先后到过卫、曹、宋、陈、蔡、楚等大小近十个国家，到处宣传自己的政治主张，寻找施展自己政治才能的机会，但没有一个国君肯采用他的主张，给他一个实现自己政治抱负的机会。

第五节　删述六经

周游列国归来的孔子，已垂垂老矣，但历经磨难并没有改变他的本性，仍然坚持自己的政治主张。

季康子派人接回孔子，可能有重用他的想法，但是在田赋改革上却没有得到孔子的支持。季康子想实行名为田赋的征税方法，派冉求去征求孔子的意见，孔子说不懂，冉求问了三次，孔子仍不表示意见。冉求说："您是退休的大夫，国家等待您的意见办事，您为什么不发表意见呢？"孔子仍不表态，私下对冉求说："君子办事情，要用礼来衡量，施舍要多，办事要适中，赋敛要少。如果这样，按原来的办法就足够了。如果贪得无厌，即使按照新的方法征税也还是不会够的。"季康子没有听取孔子的意见，仍然实行田赋法收税。孔子大为恼火，就把一腔怒火发泄在帮助季康子的冉求身上，公开宣称冉求不再是他的弟子："非吾徒也，小子鸣鼓而攻之可也。"（《论语·先进》）孔子虽然没有正面对抗季康子，但季康子知道孔子不是同路人，不再考虑重用孔子的问题了。

从此以后，孔子对季康子失去信心，他对季康子的态度逐渐转向公开批评甚至当面指责。季康子问怎样做才能使人民严肃认真，孔子告诉他说："临之以庄则敬，孝慈则忠，举善而教不能则劝。"（《论语·为政》)但在回答孔子弟子是否可以从政时口气大变。季康子问:“仲由可以从政吗?”孔子说:“由也果,于从政乎何有?”问端木赐,孔子说:“赐也达,于从政乎何有?”问冉求,孔子说:“求也艺,于从政乎何有?”(《论语·雍也》)一副不屑于回答的样子。在回答季康子“杀掉坏人,亲近好人,怎么样”时,孔子公开进行了批评:“子为政,焉有杀?子欲善而民善矣。君子之德风,小人之德草。草上之风,必偃。”(《论语·颜渊》)在回答季康子另一次问政时,孔子教训他:“政者,正也,子帅以正,孰敢不正?”(《论语·颜渊》)在回答季康子问强盗太多怎么办时,孔子指责他:“苟子之不欲,虽赏之不窃。”(《论语·颜渊》)

鲁国不再用孔子,孔子也已无求仕之心。他将晚年的精力全都放在整理古代文献和教育弟子上。

春秋时期,礼崩乐坏,历史文献遭到很大破坏,许多文献都散失了。孔子开始创办私学时就发现了这个问题,有感于教材不足,就对古代文献进行整理,编纂教材。周游列国期间,孔子也曾进行古代文献的整理工作,归来后集中精力,对古代文献进行了全面系统的整理,后人将他整理古代文献的工作称之为删《诗》、《书》,订《礼》、《乐》,系《周易》,作《春秋》。

《诗》原来是人们在劳动中口头创作的民歌,古代官方有搜集民歌的制度,通过民歌了解民俗和从政的得失。民歌本来就是歌、舞、乐三位一体的艺术表演形式,官方收集后除了上述的考察政治得失功用外,还将它整理后作为宫廷、贵族演出的内容。中国是诗的国度,从远古时期就产生了大量的民歌,而且民歌不断产生,不断被官方搜集。当然官方对民歌也要进行整理,一些被淘汰了,一些被保存了下来,不断积累就形成了《诗》。它的数量应该是很大的,据司马迁说:“古者诗三千余篇,及至孔子,去其重,取可施于礼义。上采契、后稷,中述殷周之盛,至幽厉之缺。始于衽席，故曰：'《关雎》之乱为《风》始，《鹿鸣》为《小雅》始，《文王》为《大雅》始，《清庙》为《颂》始。'三百五篇孔子皆弦歌之，以求合《韶》、《武》、《雅》、《颂》之音。礼乐自此可得而述，已备王道，成六艺。"孔子对原来官方保存的三千多首诗歌进行加工整理，以有利于礼义教化为标准进行取舍，将流传下来的《诗》删减至305首，而且全部配乐演唱。

孔子重视《诗》，一是因为《诗》除用于演出，还用于祭祀、朝会、典礼、宴享等重大活动，是言志、应酬的工具，赋诗成为社交、外交活动的时尚，尤其是在诸侯会盟或聘问时往往以诗明志，借以表达各自的思想意图，所以孔子教育儿子孔鲤说："不学《诗》，无以言。"二是孔子把《诗》当成修养道德、陶冶情操、齐家治国的重要手段。孔子教育弟子说："小子何莫学夫《诗》?《诗》可以兴，可以观，可以群，可以怨；迩之事父，远之事君；多识于鸟兽草木之名。"(《论语·阳货》)《诗》不仅可以激发人的意志，抒发人的情感，观察风俗民情、自然风物等，还可以更深切地了解人，讽刺不合理的社会现象，批评时政，甚至还可以用来敬奉父母，侍奉君主，认识自然界中的鸟兽草木。

经孔子整理过的《诗》后人称之为《诗经》，分为三部分：一是《国风》，收录周南、召南、邶、鄘、卫、王、郑、齐、魏、唐、秦、陈、郐、曹、豳十五个国家的民歌，有诗160篇，主要来自民间，反映了当时的风俗民情，是周代前中期的民歌；二是《雅》，分为《小雅》和《大雅》两部分，有诗105篇，主要是西周时期公卿大夫的献诗，内容多是议论政治得失，"言王政之所由废兴也"；三是《颂》，分为《周颂》、《鲁颂》和《商颂》三部分，是西周、宋国(商天子后裔封国)、鲁国宗庙祭祀乐歌，共40首。《诗经》经过孔子有目的地整理，注入了孔子的政治理念，成为儒家的重要经典，"正得失，动天地，感鬼神，莫近于《诗》"。通过《诗经》可以了解政治的得失，“治世之音安以乐，其政和；乱世之音怨以怒，其政乖；亡国之音哀以思，其民困”。使用《诗经》可以用于讽喻、规谏君主，改善政治，可以祭祀神祇、祖先，祈求保佑。经孔子整理和提倡，《诗》成为“六经”之一并留传下来，人们从中可以了解两千多年前的社会面貌、风俗人情、政治生活以至青年男女的爱怨等，进而感受文学和艺术的熏陶。

《书》又称《尚书》，“尚”就是“上”，《尚书》就是上古之书，远古之书，是周代以前历史文献和部分追述古代事迹著作的汇编。《史记·孔子世家》说：“孔子之时，周室微而《礼》、《乐》废，《诗》、《书》缺，追迹三代之礼，序《书传》，上纪唐虞之际，下至秦缪，编次其事。”孔子以前就有称为《书》的古代文献流传，孔子在这些历史文献的基础上编纂了《尚书》。汉代时《尚书》有两个版本，一是今文尚书，一是古文尚书。秦始皇焚书坑儒时，博士伏生将《尚书》藏在墙内，汉文帝时访求遗书，伏生从墙内取出时已经毁掉了一部分，只剩下二十九篇，由晁错用当时的文字隶书抄写，被称为“今文尚书”。秦始皇焚书坑儒时，孔子九代孙孔鲋将《尚书》等经典藏在孔子故居的墙内，因孔鲋南下投奔陈胜农民起义军，死在南方，这批经典直到汉武帝时鲁恭王拆除孔子故居才发现，因是由古代的篆书所书写，所以被称作“古文尚书”。《古文尚书》后来失传，现在流行的《十三经注疏》本《尚书》是由《今文尚书》和伪《古文尚书》拼合而成的。

《尚书》相传有一百篇，按照时代顺序分为《虞书》、《夏书》、《商书》和《周书》四部分。《虞书》有五篇，但在现存本中，《舜典》是从《尧典》中分出的，记载了尧舜的事迹，《益稷》是从《皋陶》中分出的，记载了皋陶和舜、禹的一些谋议以及大禹治水的方法和事迹，《大禹谟》出自伪《古文尚书》。《夏书》有《禹贡》、《甘誓》、《五子之歌》、《胤征》四篇，但后两篇出自伪《古文尚书》。《禹贡》记载了地理区划和风土物产，是古代重要的地理学文献,《甘誓》是夏代君主讨伐有扈氏的誓师之词,表达了夏代的天命思想。《商书》有十七篇,但除《汤誓》、《盘庚》上中下、《高宗肜日》、《西伯戡黎》、《微子》七篇,其他均出自伪《古文尚书》,记载商代史实。《周书》三十二篇,但《泰誓》以下十三篇为伪书,记载周代史实。《尚书》中的文体有典、谟、誓、诰等。典是载于长大简册上的记事,谟是记载谋划之事的文章,誓是誓师之词,诰是告示、告诫之词。

《尚书》最重要的思想是敬德保民和以德配天,不能依赖祭祀的频繁和祭品的丰盛来祈求上帝鬼神的保佑,只有有良好的德行才能得到上帝鬼神的保佑和赐福。这种思想是商周之际宗教思想的重大转变,奠定了儒家重人事的思想基础。

礼的本意就是祭祀的礼仪,是原始社会人们日常生活中产生的一些风俗习惯,到商代时逐渐发展为规范人们祭祀等行为的准则。周公在殷商之礼的基础上,结合本族的风俗习惯,制礼作乐,将礼从宗教领域扩大到社会政治领域。周礼是社会秩序的基础和核心,以此划定名分、明确贵贱、分辨等级,所有的人和一切的行为都必须遵循礼的规范和准则。但到春秋时期,政治上礼崩乐坏,有关周礼的资料因不被重视也已散失不全。孔子最推崇周礼,“周监于二代,郁郁乎文哉,吾从周”(《论语·八佾》),决心恢复西周的社会秩序,这就需要周礼作为根据,于是对周礼进行了全面的整理。

现存的礼书有《周礼》、《仪礼》、《礼记》三种,是经过东汉郑玄融合今文、古文两派之后定型的,孔子整理过其中的哪一些目前还有争论。《周礼》主要讲述官职建制,所以本名《周官》或《周官经》,西汉时列为经书,称为《周礼》。有人说是周公所作,有人说是伪书,过去学者一般认为是战国时人所作,近代学者有的认为成书于东周初年,孔子进行整理的可能性不大。《仪礼》主要讲述各种典礼仪节,汉代时称为《礼》或

《士礼》，大约到晋代才称作《仪礼》。汉代时有高堂生所传的今文本和孔子故宅鲁壁所出的古文本，今文本十七篇，古文本五十六篇，今文本与古文本相比大致相同，但现在传世的只有十七篇。《仪礼》的作者，古文经学者认为是周公，今文经学者认为是孔子，现代学者一般认为周公所作是不可能的。《论语》中孔子有关礼仪的论述多与《仪礼》相合，孔子是完全有可能进行过整理。《礼记》主要讲述礼的性质、作用和意义，司马迁说"故《书传》、《礼记》自孔氏"，认为孔子曾作《礼记》。但《汉书·艺文志》说，礼"记百三十一篇，七十子后学者所记也"，《隋书·经籍志》认为："汉初，河间献王又得仲尼弟子所记一百三十一篇，献之，时亦无传之者。至刘向考校经籍，检得一百三十篇，因第而叙之。又得《明堂阴阳记》三十三篇、《孔子三朝记》七篇、《王氏史记》二十一篇、《乐记》二十三篇，凡五种，合二百一十四篇。戴德删其繁重，合而记之，为八十五篇，谓之《大戴记》。而戴圣又删大戴之书，为四十六篇，谓之《小戴记》。"近代学者认为，《礼记》并非出自一人之手，而是众多学者的合集，其中"中庸"、"坊记"、"表记"、"缁衣"为孔子之孙子思所作。书中收有孔子言行和弟子及时人杂事，当是出自孔子及其弟子、后学之手。

《乐经》久已不传，有人认为毁于秦始皇的焚书坑儒，有人认为根本就没有《乐经》一书。清代学者邵懿辰就说："乐之原在《诗》三百篇之中，乐之用在《礼》十七篇之中"（《礼经通论》），否定《乐经》的存在。其实这种观点是不准确的。古代音乐与诗歌、舞蹈密不可分，国家有民间采风收集民歌的制度，收集的民歌应该有专门的机构整理保存，而保存民歌的同时应该也保存音乐。夏代和商代的制度不详，但周代是设置了专门主管乐舞机构的，同时还组织了专门的乐队。有音乐，就有记录音乐的文字资料。《左传》记载，襄公二十九年（公元前544年），吴国公子季札出使鲁国，请观周乐，鲁国乐工为他演唱了《诗经》中的《国风》、《大雅》、《小雅》和《颂》,表演了舜时的舞蹈《韶箾》,大禹时的舞蹈《大夏》,商汤时的舞蹈《韶濩》,周文王时的舞蹈《象箾》、《南籥》,武王时的舞蹈《大武》。孔子"在齐闻《韶》,三月不知肉味,曰:'不图为乐之至于斯也。'"可见《韶箾》是有音乐伴奏的。舜时的舞蹈至此次演奏已有一千四百多年的历史,最晚的武王舞蹈也有近五百年的历史,如此悠久历史的舞蹈音乐不可能只凭舞工、乐工的口授相传而能历经动乱保存下来。况且孔子自述说:"吾自卫反鲁,然后乐正,《雅》、《颂》各得其所。"(《论语·子罕》)孔子周游列国归来后正乐,只能是进行音乐文字资料的整理工作。

孔子善于学习音乐,具有很高的音乐理论水平和音乐艺术鉴赏水平,他评价《关雎》是"乐而不淫,哀而不伤",评价《韶箾》是"尽善尽美",《大武》是"尽美而不尽善"。(《论语·八佾》)孔子也具有很高的音乐创作能力,他曾经创作琴曲,现存的琴曲《猗兰操》据说出自孔子之手。孔子非常重视音乐的教化功能,他说:"兴于《诗》,立于《礼》,成于《乐》。"(《论语·泰伯》)孔子"以诗书礼乐教"弟子。孔子说"吾自卫返鲁,然后乐正",对《乐》加以整理,教授学生。

孔子作《易传》的说法最早见于《史记》。司马迁说:"孔子晚而喜《易》,序《彖》、《系》、《象》、《说卦》、《文言》。"(《史记·孔子世家》)又说:"孔子传《易》于瞿,瞿传楚人馯臂子弘,弘传江东人矫子庸疵,疵传燕人周子家竖,竖传淳于人光子乘羽,羽传齐人田子庄何,何传东武人王子中同,同传菑川人杨何。何元朔中以治《易》为汉中大夫。"(《史记·仲尼弟子列传》)孔子不仅作过《易传》,而且还传授给弟子商瞿,商瞿以后弟子师承有序,至司马迁时师承关系仍历历可数。

孔子是研究过《周易》的。《论语》记载,孔子说:"加我数年,五十以学《易》,可以无大过矣。"(《论语·述而》)孔子学习《易经》非常认真刻苦，司马迁说孔子“读《易》，韦编三绝”，连穿编《易经》竹简的牛皮条都翻断了多次。1973 年在湖南长沙马王堆出土的帛书《周易》卷后所附的佚书《要》等两篇记录了孔子与弟子研讨《易》理的问答，就说明了这一点。综合上述历史记载和新出土的历史资料，孔子是为《易经》作过传，但不一定是全部。

《春秋》是中国第一部编年史，记载了鲁隐公元年（公元前 722 年）至鲁哀公十四年（公元前 481 年）间 242 年的历史，因此这段时间也被称作春秋时期。关于《春秋》的作者，孟子首先说是孔子。《孟子·滕文公下》说：“世道衰微，邪说暴行有作，臣弑其君者有之，子弑其父者有之。孔子惧，作《春秋》。《春秋》者，天子之事也。”其后司马迁也说：“子曰：‘……吾道不行矣，吾何以自见于后世哉？’乃因史记作《春秋》，上至隐公，下讫哀公十四年，十二公。据鲁，亲周，故殷，运之三代，约其文辞而指博。故吴楚之君自称王而《春秋》贬之曰‘子’；践土之会实召周天子而《春秋》讳之曰‘天王狩于河阳’；推此类以绳当世。贬损之义，后有王者举而开之。《春秋》之义行，则天下乱臣贼子惧。”（《史记·孔子世家》）可见，孔子根据鲁国的史记，整理编修了《春秋》。孔子整理历代文献，为继承和发展中国古代文化作出了重大贡献。

古人说：人生有三不幸，少年丧父，中年丧妻，晚年丧子。孔子可以说是三不幸都占全了。他三岁丧父，去世前四年死去了独生子孔鲤，妻子虽然不算是中年时去世，但是孔子从五十五岁离开鲁国后就再也没有见过她，在周游列国回来的前一年也就是孔子六十七岁的时候，他的妻子去世了。除了人生三不幸，孔子还有更大、更多的不幸，那就是许多优秀年轻的弟子先他而去。

鲁哀公十四年（公元前 481 年），孔子最喜爱的弟子颜回去世。颜回家贫好学，孔子曾表扬他“不迁怒，不贰过”，“一箪食，一瓢饮，在陋巷，人不堪其忧，回也不改其乐，贤哉回也”。颜回去世时只有四十二岁，孔子哭得非常悲痛，连呼：“天丧予！天丧予！”（《论语·先进》）弟子们说：“老师太悲痛了。”孔子说：“有恸乎？非夫人之为恸而谁为？”

第二年，忠心耿耿的子路死在卫国的政变中。打仗时，子路被人砍断了帽带，他说：“君子死，冠不免。”放下武器去结帽带子，结果被人砍成了肉酱。孔子听说子路被砍成了肉酱，害怕睹物生情，马上派人去倒掉厨房的肉酱。

另一个著名弟子冉耕大概也是在这个时候去世的。冉耕得的可能是传染病，孔子去看望他，没有进屋，从窗子里抓住他的手，非常惋惜地说：“亡之，命矣夫！斯人也而有斯疾也！斯人也而有斯疾也！”（《论语·雍也》）

孔子晚年不顺心的事也不少，鲁哀公十四年（公元前481年），也就是孔子去世的前两年，一年就有两件事。一是在春天，鲁国打猎，打死一条怪兽，孔子听说后专门去看，他说：“这是麒麟啊！”麒麟是一种瑞兽，只有在政治清明、社会安定的时候才会出现，现在是乱世，麒麟出现后就被杀害了，孔子认为天下清平无望，彻底绝望了，连正在编写的《春秋》也停笔不写了。二是齐国的臣子陈恒杀死了齐国国君，孔子认为这是大逆不道的大事，他斋戒三天，三次请求鲁哀公出兵讨伐。鲁哀公认为鲁国打不过齐国，孔子认为齐国有一半人不支持陈恒，加上鲁国就能战胜他。鲁哀公没有办法，就说你去告诉季孙氏吧，孔子一看没有希望了，就从鲁公的宫殿里退了出来，对别人说：“因为我曾是一个大夫，所以我不敢不说话。”

鲁哀公十六年（公元前479年）四月，孔子病重，子贡前来看望，孔子正拄着拐杖在门口散步，他看到子贡就说：“你为什么来得这么晚？”然后长叹一声唱起了歌：“泰山颓兮！梁柱折兮！哲人萎兮！”一边唱歌一边流泪，并对子贡说：“天下失去正道已经很久了，没有人采用我的主张。夏代人的棺材停放在东边的台阶旁，周代人的棺材停放在西边的台阶旁，殷代人的棺材停放在两个柱子之间。昨天晚上我梦见自己坐在两个柱子之间接受祭奠，我是殷代人啊。”夏历的二月十一日，孔子去世，享年七十三岁。死后葬于鲁城北泗上。

第二章 孔子年谱

1岁 公元前551年(周灵王二十一年,鲁襄公二十二年)

孔子出生在鲁国陬邑昌平乡(今曲阜城东南30公里的昌平山下)。因父母曾为生子而祷于尼丘山,孔子故名丘,字仲尼,尼丘山为避孔子讳,省称尼山。

孔子生年有两种记载,相差一年,今从《史记·孔子世家》说。孔子生日为夏历八月二十七,今人推算为西历9月28日。

3岁 公元前549年(周灵王二十二年,鲁襄公二十四年)

父亲叔梁纥卒,葬于防山,今曲阜东25里处有墓地名梁公林。

大约在父亲丧后不久,孔子随母亲迁到鲁国都城居住。

5岁 公元前547年(周灵王二十五年,鲁襄公二十六年)

弟子秦商生。商字不慈,鲁国人。

6岁 公元前546年(周灵王二十六年,鲁襄公二十七年)

弟子曾点生。点字皙,曾参之父。

7岁 公元前545年(周灵王二十七年,鲁襄公二十八年)

弟子颜繇生。繇又名无繇,字季路,又称颜路,颜渊之父。

8岁 公元前544年(周景王元年,鲁襄公二十九年)

弟子冉耕生。耕字伯牛,鲁国人。

9岁 公元前543年(周景王二年,鲁襄公三十年)

吴国公子季札赴鲁观周礼。

10岁　公元前542年（周景王三年，鲁襄公三十一年）

弟子仲由生。由字子路，卞人。

鲁襄公死，其子继位，是为昭公。

12岁　公元前540年（周景王五年，鲁昭公二年）

弟子漆雕开生。开字子若，蔡人。

晋韩宣子出使鲁国，观书于太史氏，见《易象》与《鲁春秋》，发出"周礼尽在鲁矣"的感叹。

14岁　公元前538年（周景王七年，鲁昭公四年）

郑国子产制定丘赋制度。

15岁　公元前537年（周景王八年，鲁昭公五年）

孔子说："吾十有五而志于学。"（《论语·为政》）

鲁国四分公室，改三军为四军，季孙领二军，孟孙、叔孙各领一军。

16岁　公元前536年（周景王九年，鲁昭公六年）

郑铸刑鼎。

弟子闵损生。损字子骞，鲁国人。

17岁　公元前535年（周景王十年，鲁昭公七年）

孔母颜征在卒。

十一月，季武子卒。大约在年末，季孙氏宴请士，孔子赴宴，被季孙氏家臣阳货拒之门外。

19岁　公元前533年（周景王十二年，鲁昭公九年）

孔子娶宋人并官氏之女为妻。

20岁　公元前532年（周景王十三年，鲁昭公十年）

并官氏生子，鲁昭公赐鲤鱼于孔子，故起名为鲤，字伯鱼。

孔子为季孙氏委吏，管理仓库。

21岁　公元前531年(周景王十四年,鲁昭公十一年)

孔子改作乘田,管理畜牧。孔子说:“吾少也贱,故多能鄙事。”(《论语·子罕》)鄙事当包括委吏、乘田。

24岁　公元前529年(周景王十七年,鲁昭公十四年)

季孙氏家臣南蒯以费叛,费将他赶走,逃奔齐国。

27岁　公元前525年(周景王二十年,鲁昭公十七年)

郯子朝鲁,孔子向郯子询问少昊官制。

29岁　公元前523年(周景王二十二年,鲁昭公十九年)

孔子学琴于师襄。

30岁　公元前522年(周景王二十三年,鲁昭公二十年)

孔子自称“三十而立”(《论语·为政》)。

齐景公与晏婴来鲁国。齐景公与孔子问秦穆公何以称霸。

弟子颜回、冉雍、冉求、商瞿、梁鳣生。回字子渊,雍字仲弓,求字子由,瞿字子木,鲁国人。鳣字叔鱼,齐国人。

31岁　公元前521年(周景王二十四年,鲁昭公二十一年)

弟子巫马施、高柴、宓不齐生。

32岁　公元前520年(周景王二十五年,鲁昭公二十二年)

弟子端木赐生,赐字子贡,卫国人。

34岁　公元前518年(周敬王二年,鲁昭公二十四年)

孟懿子和南宫敬叔兄弟学礼于孔子,这是孔子收徒的最早记载。

孔子与南宫敬叔适周,向老子问礼,观周朝文物制度。

孔子问乐于苌弘。

35岁　公元前517年(周敬王三年,鲁昭公二十五年)

鲁国发生斗鸡之变。鲁昭公率师讨伐季平子,平子与孟孙氏、叔孙氏三家共攻昭公,昭公兵败,逃奔齐国。

孔子去齐国，道经泰山，发出“苛政猛于虎”的感叹。

36岁　公元前516年（周敬王四年，鲁昭公二十六年）

孔子在齐。

齐景公问政于孔子，孔子以“君君、臣臣、父父、子子”回答，获得齐景公赏识，欲以尼谿之田封孔子，被晏子阻止。

孔子在齐闻《韶》乐，如醉如痴，三月不知肉味。

37岁　公元前515年（周敬王五年，鲁昭公二十七年）

齐大夫欲害孔子，孔子由齐返鲁。

吴公子季札聘齐，其子死，葬于瀛、博之间，孔子往观其葬礼。

弟子樊须、原宪生。须字子迟，鲁国人；宪字子思，宋国人。

38岁　公元前514年（周敬王六年，鲁昭公二十八年）

晋魏献子（名舒）执政，举贤才，孔子认为“近不失亲，远不失举”，是义举。

39岁　公元前513年（周敬王七年，鲁昭公二十九年）

冬，晋铸刑鼎，将刑律铸于鼎上，孔子曰：“晋其亡乎，失其度矣。”（《左传·昭公二十九年》）

40岁　公元前512年（周敬王八年，鲁昭公三十年）

孔子自称“四十而不惑”。

弟子澹台灭明生。灭明字子羽，鲁国人。

41岁　公元前511年（周敬王九年，鲁昭公三十一年）

弟子陈亢生。亢字子禽，陈国人。

42岁　公元前510年（周敬王十年，鲁昭公三十二年）

昭公卒，弟定公立。

43岁　公元前509年（周敬王十一年，鲁定公元年）

弟子公西赤生。赤字华，鲁国人。

45 岁　公元前 507 年(周敬王十三年,鲁定公三年)

弟子卜商生。商字子夏,卫国人。

46 岁　公元前 506 年(周敬王十四年,鲁定公四年)

孔子率弟子观鲁桓公庙的欹器。

弟子言偃生。偃字子游,吴国人。

47 岁　公元前 505 年(周敬王十五年,鲁定公五年)

六月,季孙氏家臣阳货囚季桓子而专鲁政,欲见孔子,孔子不见,阳货送孔子豚,孔子趁其不在家时拜谢,结果途中相遇,阳货劝孔子出仕,孔子答应了却未出仕。

弟子曾参、颜幸生。参字子舆,幸字子柳,均为鲁国人。

48 岁　公元前 504 年(周敬王十六年,鲁定公六年)

季氏家臣阳货擅权日重,孔子称之为"陪臣执国命"。(《论语·季氏》)

阳货专权,孔子不仕,退而修《诗》、《书》、《礼》、《乐》,弟子日益增多。

49 岁　公元前 503 年(周敬王十七年,鲁定公七年)

弟子颛孙师生。师字子张,陈国人。

50 岁　公元前 502 年(周敬王十八年,鲁定公八年)

孔子自谓"五十而知天命"。(《论语·为政》)

公山不狃以费叛季氏,使人召孔子,孔子欲往,被子路阻拦。

51 岁　公元前 501 年(周敬王十九年,鲁定公九年)

孔子为中都宰,治理中都一年,卓有政绩,四方则之。

鲁伐阳货,阳货先后逃奔齐国、宋国,最后投奔晋国赵简子,孔子说:"赵氏其世有乱乎!"(《左传·定公九年》)

弟子冉鲁、曹卹、伯虔、颜高、叔仲会生。

52 岁　公元前 500 年（周敬王二十年，鲁定公十年）

孔子由中都宰升小司空，后升大司寇，摄相事。

夏，孔子随定公与齐侯相会于夹谷。孔子事先对齐国邀鲁君会于夹谷有所警惕和准备，故不仅使齐国劫持定公的阴谋未能得逞，而且逼迫齐国答应归还侵占鲁国的郓、讙、龟阴等土地。

53 岁　公元前 499 年（周敬王二十一年，鲁定公十一年）

孔子为鲁司寇，鲁国大治。

54 岁　公元前 498 年（周敬王二十二年，鲁定公十二年）

孔子为鲁司寇。为削弱三桓，采取堕三都的措施。叔孙氏与季孙氏为削弱家臣的权力，支持孔子的这一主张，但受到孟孙氏家臣公敛处父的抵制，孟孙氏暗中支持公敛处父。堕三都的行动半途而废。

弟子公孙龙生。龙字子石，楚国人。

55 岁　公元前 497 年（周敬王二十三年，鲁定公十三年）

春，齐国为离间孔子与鲁国君臣的关系，送八十名美女到鲁国。君臣迷恋歌舞，多日不理朝政。孔子愤而辞官离开鲁国到卫国，居住在子路妻兄颜浊邹家。

十月，孔子受谗言之害，离开卫国，前往陈国。路经匡地，被围困。后又返回卫都，住蘧伯玉家。

56 岁　公元前 496 年（周敬王二十四年，鲁定公十四年）

孔子在卫国，见卫灵公夫人南子。

卫灵公与夫人南子同车而让孔子在后车招摇过市，孔子以为可耻，离开卫国，但不久又返回。

郑国子产去世，孔子听到消息后十分难过，称赞子产是“古之遗爱”。

57 岁　公元前 495 年（周敬王二十五年，鲁定公十五年）

孔子在卫。

夏五月鲁定公卒，子哀公立。

58 岁　公元前 494 年（周敬王二十六年，鲁哀公元年）

孔子在卫。

59 岁　公元前 493 年（周敬王二十七年，鲁哀公二年）

卫灵公问阵于孔子，孔子婉言拒绝。孔子离卫欲去晋国，行至黄河听说晋国赵简子杀了两个贤人，又返回卫国。不久离卫如曹，途经宋国，宋司马桓魋伐树警告，孔子微服逃至郑国，由郑赴陈。

60 岁　公元前 492 年（周敬王二十八年，鲁哀公三年）

孔子自谓“六十而耳顺”。

在陈。秋，季桓子后悔未重用孔子使鲁国丧失强盛的机会，遗言其子季康子请回孔子，但因公之鱼的阻拦，只召回了冉求。

61 岁　公元前 491 年（周敬王二十九年，鲁哀公四年）

孔子离陈往蔡。

62 岁　公元前 490 年（周敬王三十年，鲁哀公五年）

孔子在陈。

63 岁　公元前 489 年（周敬王三十一年，鲁哀公六年）

孔子与弟子在陈蔡之间被困绝粮，后被楚人相救。

楚王欲重用孔子，将以书社之地封给孔子，因令尹子西反对而作罢。

楚人接舆劝谏孔子。

由楚返卫，途中遇隐者，劝子路隐居。

孔子见叶公，叶公问政，孔子以“近者说，远者来”作答。

叶公向子路问孔子，子路未答，孔子说你为什么不说“其为人也，发奋忘食，乐以忘忧，不知老之将至云尔”。

64 岁　公元前 488 年（周敬王三十二年，鲁哀公七年）

孔子在卫。主张在卫国为政先要正名。

65岁　公元前487年(周敬王三十三年,鲁哀公八年)

孔子在卫。

吴伐鲁,战败,弟子有若参战有功。

66岁　公元前486年(周敬王三十四年,鲁哀公九年)

孔子在卫。

67岁　公元前485年(周敬王三十五年,鲁哀公十年)

孔子在卫。

夫人并官氏卒。

68岁　公元前484年(周敬王三十六年,鲁哀公十一年)

春,齐师伐鲁,弟子冉有统率鲁师与齐战,获胜。季康子问冉有的军事才能从何而来?冉有答曰:“学之于孔子。”季康子派人以币迎回孔子。

季康子欲行“田赋”,质询孔子,孔子反对。

鲁哀公问政,孔子答以“政在选臣”。

鲁国不用孔子,孔子一边教育弟子,一边整理古代文献。

69岁　公元前483年(周敬王三十七年,鲁哀公十二年)

冬十二月蝗灾,季孙问于孔子,孔子认为是历法错误,不是气候反常。

儿子孔鲤卒。

70岁　公元前482年(周敬王三十八年,鲁哀公十三年)

孔子自谓“七十而从心所欲,不逾矩”。

71岁　公元前481年(周敬王三十九年,鲁哀公十四年)

春,西狩获麟,孔了停止修《春秋》。

六月,齐国陈恒弑齐简公,孔子求见鲁哀公及三桓,请求鲁国出兵讨伐陈桓,未果。

颜回卒,孔子十分悲伤。

72 岁　公元前 480 年(周敬王四十年,鲁哀公十五年)

孔子闻卫国政变,预感到子路有生命危险,子路果然被害,孔子十分难过。

73 岁　公元前 479 年(周敬王四十一年,鲁哀公十六年)

四月,孔子卒,弟子将其葬于鲁城北。鲁哀公诔之。

弟子为孔子守墓三年,独子贡守墓六年。

弟子在孔子故居内陈设上孔子使用过的衣冠琴车书,将故居改成纪念馆。

第二编　思想

孔子出身贫寒，生逢乱世，但不甘沉沦，自幼敏而好学，以食无求饱、居无求安的精神，学无常师，不耻下问，学而不厌，一生如饥似渴地追求知识，终于成为知识渊博、多才多艺的文化巨人。他以济世化民为己任，积极入世，干预社会，改造社会，提出“天下为公”的大同世界理想和“刑仁讲让”的小康社会近期目标。他主张仁政德治，提倡教化，反对苛政。孔子壮志难酬，兴学设教，对传统思想文化进行整理发展，创立了博大精深的儒家思想体系，成为伟大的思想家、政治家、教育家。

孔子确实如孟子所说是“集古圣先贤之大成”，他既是已往历史上学问思想的集大成者，又是一个新的思想体系的开创者。孔子所创立的儒家思想体系，内容广博，包括哲学、政治学、伦理学、教育学、经济学、史学、文艺学、军事学等众多思想领域。

第一章 政治思想

孔子思想博大精深，曾经是中国两千多年封建社会的思想基础和精神支柱，它既是统治者治国安民的理论基础，也是平民百姓修身立世的行为准则，对中国社会的各个方面都产生了深远的影响。孔子虽然被尊为至圣先师，但他对中国社会影响最深的并不是他的教育思想，而是他的政治思想。

第一节 政治理想

孔子生活的春秋时期，大一统的周王朝已经名存实亡，周天子虽然名义上还是天下共主，但是权力已经下移，“王道衰，礼义废，政权失，家殊俗”，社会严重失序，“君不君、臣不臣、父不父、子不子”成为时代的显著特点。孔子为了重整社会秩序，针对当时的社会现实，通过考察古代政治制度的兴废、社会的治乱和国家兴亡的历史，从“仁”的人本哲学思想出发，以怀古的方式憧憬未来，提出了大同世界和小康社会两个不同层次的政治理想。

大同世界是孔子的最高理想，远期的目标。

大道之行也，天下为公，选贤与能，讲信修睦，故人不独亲其亲，不独子其子,使老有所终,壮有所用,幼有所长,鳏寡孤独废疾者皆有所养。男有分,女有归。货,恶其弃于地也,不必藏于己;力,恶其不出于身也,不必为己。是故谋闭而不兴,盗窃乱贼而不作,故外户不闭,是谓大同。(《礼记·礼运》)

大同社会,天下为人民所共有,选举德才兼备的贤人来治理,人们讲究信用,和睦相处,不只亲爱自己的亲人,抚养自己的子女,而且使所有的老年人都得到赡养,成年人都能施展自己的才能,儿童都能得到抚养,鳏夫、寡妇、孤独者、残疾人都能得到照顾;男子都有自己的职责,女子都能适时嫁人;人们厌恶财富被浪费但并不攫为己有,厌恶有力气不用但不为自己谋利;阴谋诡计被遏制,盗贼和乱贼无法出现,夜不闭户。这是孔子憧憬的古代理想社会,是他政治理想的最高境界。

小康社会是孔子较低的政治理想,近期的目标。

今大道既隐,天下为家,各亲其亲,各子其子,货力为己;大人世及以为礼,城沟池以为固,礼义以为纪,以正君臣,以笃父子,以睦兄弟,以和夫妇,以设制度,以立田里,以贤勇知,以功为己。故谋用是作,而兵由此起,禹、汤、文、武、成王、周公由此其选也。此六君子者,未有不谨于礼者也,以著其义,以考其信,著有过,刑仁讲让,示民有常。如有不由此者,在执者去,众以为殃。是谓小康。(《礼记·礼运》)

小康社会的基本特点是,天下变成了私人的天下,人们只亲爱自己的亲人,只抚养自己的子女,财富、力气都为自己;官位世袭,与这种贵贱不等相适应,制定一系列的典章制度、伦理道德,以端正君臣关系,加深父子亲情,和睦兄弟,和顺夫妻,划分田地,尊敬勇敢聪明的人。这种社会显然没有"大同"世界那样完美，权谋施展，战争兴起，但社会有序，以礼表彰道义，成全信用，揭露过失，树立仁爱，提倡谦让，指示人们遵守法规，可以称为小康社会。小康社会实际上描述了私有制产生后的理想的阶级社会的盛世，也是他近期的奋斗目标。

近代学者认为，《礼记》是孔子以后才出现的著作，虽然大同、小康的描述都出自孔子之口，但并不可信。实际上，大同、小康的思想在《论语》中也有反映。孔子理想中的大同社会就是尧舜时期，孔子称赞尧舜重用贤人，"唐虞之际，于斯为盛"，盛赞尧"唯天为大，唯尧则之"，尧能像天一样大公无私，"巍巍乎，民无能名焉，巍巍乎其有成功也，焕乎其有文章"，恩惠广博，老百姓都不知道怎样赞美他，他的功绩很大，社会制度美好。称赞舜有天下而不与焉，贵为天子，富有四海，一点都不为自己。(《论语·泰伯》)再结合《论语》中的仁爱、礼义、君臣、父子等观点来看，《礼记·礼运》中的思想与《论语》中孔子的思想是一致的，大同、小康思想完全可以看做是孔子的思想。

第二节 政治主张

为改变社会失序的局面，实现自己的政治理想，孔子提出了建设理想社会的政治主张，其要点是尊崇天子，推行仁政，实行德治，富民教民，选用贤才。

春秋时期，社会失序，社会动乱，孔子认为其主要原因是周天子失去了管理国家的权力，诸侯擅权，不尊王室，互相攻伐，给人们带来无穷的灾难。"天下有道，则礼乐征伐自天子出"，要使社会有序，就必须尊崇周天子，维护周天子的绝对权威，恢复大一统的局面。孔子自知人微言轻，难以扭转这种混乱局面，只能以笔代刀，将自己的观点寄托在著述中。在《春秋》中，孔子开始就书“王正月”。对此，《公羊传》解释说：“王者孰谓？谓文王也。何谓先言王而后言正月？王正月也。何言乎王正月？大一统也。”首书“王正月”，是表明天下统一，各地都实行周天子的政令。周天子被晋国很不礼貌地召到践土，这种不尊王室的行为是孔子所不能容忍的，为了维护周天子的权威，孔子为尊者讳，记载为“天王狩于河阳”。孔子在《春秋》中维护大一统，尊崇周天子，笔诛乱臣贼子，所以孟子说：“孔子成《春秋》而乱臣贼子惧。”尊王实际上就是维护大一统，孔子大一统的思想对中华民族的巩固统一作出了重要贡献。

孔子主张仁者爱人，爱人的思想表现在政治上就是要实行德治，推行仁政，薄赋敛，轻徭役，厚施与，省刑罚。

孔子非常重视道德，主张依据道德来处理政事，进而形成了系统的德治思想。“为政以德，譬如北辰，居其所而众星拱之”，“道之以德，齐之以礼，有耻且格”（《论语·为政》），用道德治理社会，用礼教对人民进行整顿，使人民有羞耻之心，人民有羞耻之心就能自觉地不去犯罪；“道之以政，齐之以刑，民免而无耻”，用政令来引导，用刑罚来整顿，人民虽然也能免于犯罪，但不会有羞耻之心，这种免于犯罪是不敢而不是自觉地避免，当然要比自觉地不去犯罪低了一等。用道德引导、用礼仪整治，当然要比用政令引导、用刑罚整治要高明得多。

孔子主张德治，提倡进行教化，反对严刑峻法，但他并不否定刑罚，教化与刑罚都是治国的手段。“政宽则民慢，慢则纠之以猛，猛则民残，残则施之以宽。宽以济猛，猛以济宽，政是以和。”（《左传·昭公二十年》）孔子虽然赞同用严厉作为宽大的补救，但孔子反对不进行教育就严厉处罚，“不教而杀谓之虐”，不加教育便进行杀戮就是对人民的虐待。

薄赋敛就是减少向人民征收的赋税。鲁哀公问有若：“年饥，用不足，如之何？”收成不好，公室费用不足，怎么办？有若建议将税收标准由十分之二改为十分之一，鲁哀公认为“二吾犹不足”，怎么能减少呢？有若说：“百姓足，君孰与不足？百姓不足，君孰与足？”百姓富足了，国君才能富足，百姓不富足，国君怎么能富足呢？这种“以民为本”思想是非常可贵的。《论语》中的这段话出自孔子弟子有若之口，但它也反映了孔子的思想。季孙氏要增加土地赋税，派冉求去征求孔子的意见，孔子主张“施取其厚，事举其中，敛从其薄”，季氏没有听从孔子的意见，照常增加田赋，冉求作为季氏的家臣也帮助推行，孔子就公开宣布冉求不是自己的弟子，鼓动弟子们敲着鼓去攻击他。

轻徭役就是少派人民去从事不必要的国家建设，“省力役，少赋敛，则民富矣”，节省劳役，减少赋税，人们就会富裕；使用劳役要不误农时，“使民以时”；使用劳役要合乎道义，“使民也义”；使用劳役要做人民愿意做的事情，“择可劳而劳之”。厚施与就是要多给人民好处，要“养民也惠”，“施取其厚”，“博施于民而能济众”。当然，要贵族平白无故地拿出财物给人民也是很困难的，孔子提倡“惠而不费”，“因民之所利而利之”。

省刑罚就是对人民要减少刑律处罚，要“胜残去杀”。季康子问孔子“如杀无道以就有道”怎么样时，孔子明确反对，“子为政，焉用杀”。孔子反对残暴的政治，“苛政猛于虎也”是他的著名观点。

富民教民是孔子的又一个重要政治主张。孔子进入卫国看到人口众多，不禁称赞说：“庶矣哉！”弟子冉有问人多了以后怎么办，孔子说：“富之。”冉有又问富了以后怎么办，孔子说：“教之。”教育他们。这段对话反映了孔子富民教民的重要观点，现代学者把它简称为庶、富、教。在春秋时期，地广人稀，人是宝贵的资源，统治者喜欢人多，人多就能多创造财富，但孔子考虑问题的角度和统治者不同，他首先考虑的是改善人民的生活，让人民富裕起来，在人民富裕起来后，还要对人民进行教育，提高人民的文化素质。这也体现了孔子爱人的思想，孔子是一位具有民本思想的政治家。

孔子深知政治的好坏取决于执政者，他说："文武之政，布在方策。其人存，则其政举；其人亡，则其政息。……故为政在人。"（《中庸》）弟子子贡在公孙朝询问孔子的学问是从哪里学来的时候，子贡告诉他说："文武之道未坠于地，在人。贤者识其大者，不贤者识其小者。"（《论语·子张》）孔子特别强调贤人的重要，他说："舜有天下，选于众，举皋陶，不仁者远矣；汤有天下，选于众，举伊尹，不仁者远矣。"（《论语·颜渊》）。所以孔子提出要"举贤才"，选拔有能力的人来执政。鲁哀公问政时他说"尊贤为大"，尊重贤人最重要。弟子子游任武城宰，孔子便问他："女得人焉耳乎?"弟子仲弓问怎样找到人才，孔子告诉他："举尔所知。尔所不知，人其舍诸?"（《论语·子路》）鲁哀公问怎样才能使人民服从时，孔子说："举直错诸枉则民服，举枉错诸直则民不服。"（《论语·为政》）

在选拔人才上，孔子主张选用平民出身的人才，他说："先进于礼乐，野人也；后进于礼乐，君子也。如用之，则吾从先进。"（《论语·先进》），先学习礼乐然后做官的是平民子弟，先做官然后学习礼乐的是贵族子弟，孔子主张选用先学习礼乐然后做官的平民子弟是非常可贵的，因为当时采用的是世卿世禄制度，政府中的主要官员都是世袭，做官的主要是贵族子弟，孔子的主张打破了任人唯亲的传统。

第二章　伦理思想

伦理思想是孔子思想的重要组成部分，以至德国哲学家黑格尔错误地认为孔子的哲学就是“道德哲学”。仁是孔子思想的核心、基础，也是孔子伦理思想的核心、基础。孔子以仁作为最高道德理想和道德准则，在“仁者爱人”原则的指导下，对传统的伦理思想既继承又有所发展，形成了一套完整的伦理思想体系。

孔子伦理思想内容丰富广泛，包括仁、义、礼、智、信、忠、孝、恕、温、良、恭、俭、让、宽、敏、惠、廉、耻、勇、直、悌、笃等众多道德条目。

第一节　仁

仁是孔子思想体系的核心，在伦理学的意义上用来表示人的最高道德品质。后人将仁和义、礼、智、信合称为“五常”，是孔子伦理思想中最为重要的德目。

仁是一个出现较晚的字，甲骨文、西周金文中均未见，《尚书》中出现1次，“予仁若考”（《金縢》），《诗经》中出现2次，“洵美且仁”（《叔于田》），“其人美且仁”（《卢令》），都是指好的品德。到春秋时，仁字才开始频繁使用，《左传》中出现33次，《国语》中共出现24次，其中许多还出自孔子之口，《论语》中共出现109次，是《论语》中出现最多的伦理德目。

孔子明确提出“仁”即“爱人”(《论语·颜渊》)。仁作为人的最高道德品质包含了许多内容。仁包括恭敬、宽厚、诚实、勤敏、慈惠五种美德。子张问仁,孔子告诉他:“能行五者于天下为仁矣。恭、宽、信、敏、惠。恭则不侮,宽则得众,信则人任焉,敏则有功,惠则足以使人。”(《论语·阳货》)仁包括平日仪态端正,工作严肃认真,对别人忠心诚意。樊迟问仁,孔子告诉他:“居处恭,执事敬,与人忠。”仁包括结交品德高尚的人,子贡问仁,孔子说:“工欲善其事,必先利其器。居是邦也,事其大夫之贤者,友其士之仁者。”(《论语·卫灵公》)仁包括明大义,不拘泥于小节小信,齐桓公杀死公子纠,公子纠的老师召忽自杀,同为公子纠老师的管仲却去辅佐齐桓公,子路、子贡都认为管仲不仁,孔子却从民族大义出发,认为管仲不以战争而九合诸侯,抵抗外族入侵,称赞他有仁德。仁包括刚强、果断、质朴、说话谨慎四种品质,孔子教育弟子说“刚毅木讷近仁”,“巧言令色,鲜矣仁”,花言巧语、面容伪善就很少有仁德。仁德最主要的内容是己欲立而立人,己欲达而达人,己所不欲,勿施于人。仲弓问仁,孔子说:“出门如见大宾;使民如承大祭;己所不欲,勿施于人;在邦无怨,在家无怨。”这里包含了三个方面的内容:办事严肃认真,小心谨慎;自己不想做的事情不要强加于别人;不论在任何地方做任何事情都不要心存怨恨。在这三方面内容中,最为重要的是己所不欲,勿施于人,在与人交往时体谅他人、尊重他人。孔子还说“夫仁者,己欲立而立人,己欲达而达人”,自己想有成就也得让别人有成就,自己想事事行得通也得让别人事事行得通。己欲立而立人,己欲达而达人,己所不欲,勿施于人,这是仁的最高标准,是一种深刻的人文主义和人道主义思想,是孔子思想最为可贵的内容之一。

孔子认为仁德对于人非常重要,“人而不仁如礼何?人而不仁如乐何?”(《论语·八佾》)一个人如果没有仁德,得到的也会失去,“知及之,仁不能守之,虽得之,必失之”(《论语·卫灵公》)。“如有王者,必世而后仁”(《论语·子路》),所以人要依靠仁德,君子必须一时一刻也不离开仁德。“君子去仁,恶乎成名?君子无终食之间违仁,造次必于是,颠沛必于是。”(《论语·里仁》)

怎样才能做到仁呢?孔子在回答颜渊的请教时说:“克己复礼为仁。一日克己复礼,天下归仁焉。为仁由己,而由人乎哉?”颜渊又问仁的行动纲领,孔子说:“非礼勿视,非礼勿听,非礼勿言,非礼勿动。”实践仁德全凭自己,不凭别人,一切都操之在我。在日常生活中要当仁不让,“当仁不让于师”;在危难关头要敢于牺牲自己的生命,杀身以成仁,“志士仁人,无求生以害仁,有杀生以求仁”(《论语·卫灵公》)。

第二节　义

义伦理学的意义就是合理,孔子说:“义者,宜也”(《中庸》),“君子之于天下也,无适也,无莫也,义之为比”(《论语·里仁》)。

在伦理学中,义表示合理性,合理的事物,合理的行为,合理的状态。义是孔子伦理思想的主要内容之一,在《论语》中共出现24次,涉及孔子的哲学、政治、伦理道德、教育等各个方面,但主要的还是伦理道德。

孔子十分推崇义,“君子喻于义,小人喻于利”(《论语·里仁》),“君子义以为上”(《论语·阳货》),“君子义以为质”(《论语·卫灵公》),作为具有理想人格的君子应该懂得义,以义为贵,以义为原则,一切行动都要考虑是否合乎义,不能做有害于义的事情。要想提高自己的道德水准,增强自己明辨是非的能力,就要以义为中心,使自己的行为以义为转移,“主忠信,徙义,崇德也”(《论语·颜渊》)。孔子自己也将闻义不能徙作为忧虑的内容之一,“德之不修,学之不讲。闻义不能徙,不善不能改,是吾忧也”(《论语·述而》)。孔子提倡将义作为评判人们的思想、行为的道德准则。(《论语·述而》),面对不合乎义的富贵要毫不动心;“行义以达其道”(《论语·季氏》),实行自己的主张要依义而行。要“见利思义”,“见义而从”,“见义不为,无勇也”。不按义而行,即使是勇敢,也只能给社会带来祸乱,“君子有勇而无义为乱,小人有勇而无义为盗”(《论语·阳货》),义左右着勇的善恶,勇这种品德只有符合“义”的行为准则是才是善的。义作为社会伦理规范也反映在君臣关系之中,“君臣之义如之何其废之”(《论语·微子》),为国家服务是臣子的义务,这就是君臣大义。

孔子推崇义,提倡义,但并不否认利,一再强调“见利思义”,“见得思义”,就是在利益面前首先考虑是否合乎义。当义与利冲突时,孔子主张取义舍利;当利合乎义时,孔子并不排斥利,“义然后取”,只要合乎义,利是应该要的。总的来看,孔子主张以义来节制求利的欲望。

第三节　礼

春秋时期,宗法制度受到冲击,呈现出礼崩乐坏的局面。为重整社会秩序,孔子想用传统的礼来拨乱反正。他深知传统的礼是没有能力来解决当时的混乱局面的,但是传统的礼是具有一定的号召力,于是孔子借用传统礼的形式,加进自己的思想,将其改造为密切伦理关系、调整人际关系、改善社会关系的工具。

孔子的礼突出了仁的思想。在颜渊问仁时,孔子说:“克己复礼为仁。一日克己复礼,天下归仁焉。”克己复礼的目的就是培养自己的仁德,复礼是手段,培养仁德是目的。孔子认为礼不仅仅是祭祀的祭品,

"礼云礼云,玉帛云乎哉?"礼应该是什么,孔子在这里没有说,孔子的另一段话可以给我们以启示,"人而不仁如礼何?"人如果没有仁德,怎么使用礼呢?仁才是礼的根本。对礼的作用,弟子有若说得很清楚:"礼之用,和为贵,先王之道斯为美,小大由之,有所不行。知和而和,不以礼节之,亦不可行也。"(《论语·学而》)

孔子非常强调礼的作用。在治国上,"道之以政,齐之以刑,民免而无耻;道之以德,齐之以礼,有耻且格"(《论语·为政》)。在政治上,国君要依礼使用臣子,"君使臣以礼";臣子要按照礼节服事国君,"事君尽礼"。在修身上,"不知礼,无以立也","不学《礼》,无以立",不读礼书,不知道礼,就无法做人。只有知礼并以礼来约束自己才不会离经叛道,"君子博学于文,约之以礼,亦可以弗畔矣夫"(《论语·雍也》),孔子并以此教育弟子,颜渊就曾感叹说:"夫子循循然善诱人,博我以文,约我以礼,欲罢不能。"(《论语·子罕》)在学习上:"兴于《诗》,立于礼,成于乐。"(《论语·泰伯》)用礼立身处世。在家庭中,生养死葬和祭祀都要循礼而行,"生,事之以礼;死,葬之以礼;祭之以礼"(《论语·为政》),这样才能是孝。君子要依礼做事,"君子义以为质,礼以行之,孙以出之,信以成之"(《论语·卫灵公》)。统治者要依礼行事,"上好礼,则民莫敢不敬"(《论语·子路》),"上好礼,则民易使也"(《论语·宪问》),统治者好礼,人民就恭敬尽力。要以礼让治国,"能以礼让为国乎,何有?不能以礼让为国,如礼何?"(《论语·里仁》)礼对人非常重要,即使是美德也必须受礼的节制,"恭而无礼则劳,慎而无礼则葸,勇而无礼则乱,直而无礼则绞"(《论语·泰伯》),恭敬而没有礼就会劳累不安,谨慎而没有礼就会畏怯懦弱,勇敢而没有礼就会闯祸添乱,正直而没有礼就会急切伤人。礼如此重要,所以孔子要求"非礼勿视,非礼勿听,非礼勿言,非礼勿动"。

孔子认为礼是变化的，是不断增减的，"殷因于夏礼，所损益可知也；周因于殷礼，所损益可知也；其或继周者，虽百世可知也"（《论语·为政》），而且这种增减有规律可循，是可以预知的。对于礼的变化，孔子持积极的态度，在分析的基础上进行取舍，"麻冕，礼也；今也纯，俭；吾从众。拜下，礼也；今拜乎上，泰也；吾从下"（《论语·子罕》），礼帽按礼的规定应该用麻来做，现在改成了丝，节省了一些，我随同大家的做法。按礼的规定，臣子应在堂下拜见国君，现在改在堂上，这样做显得臣子傲慢，我不随同大家的做法，坚持在堂下行礼。有利民生的变化孔子是支持的，无益于民生却显得傲慢无礼的变化孔子就不会支持。

第四节　智

"智"在《论语》中作"知"，有聪明、明智、智慧、智谋、知识等意义。笔者认为，伦理学中的"知"的意义应该是明智。孔子说："君子道者三，我无能焉：仁者不忧，知者不惑，勇者不惧。"（《论语·宪问》）说自己没有做到，那是孔子的谦词，这里孔子明确指出知者为君子之道。在《中庸》中，孔子指出"知、仁、勇三者，天下之达德也"，将智纳入其道德规范体系中，并推其为通行天下的品德。

孔子对智没有作系统的论述，但对孔子所论述的伦理学意义上的"知"进行分类的话，可以将其分为明智和智者两类。

孔子论述的明智有两个方面。一是实事求是。"知之为知之，不知为不知，是知也。"（《论语·为政》）二是要通权变。孔子赞扬"宁武子，邦有道则知，邦无道则愚。其知可及也，其愚不可及也"（《论语·公冶长》）。孔子赞扬宁武子的权变，就是要人在政治黑暗时保全自己，不与社会同流合污，不助纣为虐，这就是孔子的本意，孔子的明智。

明智的人就是智者，孔子论述智者有以下四方面。一是智者利仁。孔子说："仁者安仁，知者利仁。"（《论语·里仁》）有仁德的人志在实践仁德，不论身处困境还是安乐之中都安然处之，明智的人知道仁德对自己有利便利用仁德。二是智者不惑。明智的人是不会被迷惑的，反之，就不算是智者。"里仁为美，择不处仁，焉得知？"选择住处没有仁德的风气，怎么能是聪明的人呢？鲁国大夫臧文仲被时人称为智者，但他却给大乌龟单独修建房子，并且修建非常豪华的房子，斗栱上有雕刻，柱子上有彩画，"臧文仲居蔡，山节藻棁，何如其知也"（《论语·公冶长》），孔子认为他不是智者。三是智者既不失人也不失言。孔子说："可与言而不与之言，失人；不可与言而与之言，失言。知者不失人亦不失言。"（《论语·卫灵公》）可以和人交谈而没有交谈就错失人才，不可以和人交谈而交谈了就是言语不当，只有智者既不失人也不失言。四是智者喜欢水；好动，常乐。"知者乐水，仁者乐山；知者动，仁者静；知者乐，仁者寿。"（《论语·雍也》）孔子将智者、仁者的喜好、特点进行对照：智者通达事理，随遇而安，如同流水，所以喜欢水；智者思维活跃，当然好动，智者通达事理，遇事想得开，当然快乐。

怎样做才能是"知"呢？为政者致力于义，敬鬼神而远之，是知。"务民之义，敬鬼神而远之，可谓知矣。"（《论语·雍也》）推举贤人是知。樊迟问知，孔子告诉他"知人"，樊迟不明白，孔子解释说："举直错诸枉，能使枉者直。"（《论语·颜渊》）选拔正直的人，把他们放在不正直的人之上，能使不正直的人也正直起来。正确把握时机是知。阳货想见孔子，孔子却不愿见他，阳货就派人给孔子送去一只小猪，孔子不能不去拜谢，他就选择阳货不在家的时候去，不料在路上碰到了，阳货问孔子："好从事而亟失时，可谓知乎？"喜好做官却一次次失掉机会，可以说是知吗？孔子对此没有回答，但最后同意了阳货的劝告，答应出来做官："诺！吾将仕矣。"说明孔子是同意把握时机是知，是明智的。

第五节 信

信就是说人要言行如一，诚实无欺，守信用，这是信的伦理学意义。在伦理道德中，孔子是很重视信的。他把信当成进行道德修养以完善人格的主要内容之一。"子张问仁于孔子。孔子曰：'能行五者于天下为仁矣。''请问之。'曰：'恭、宽、信、敏、惠。'"(《论语·阳货》)诚实守信被当做仁人必须具有的五种品德之一，其理由就是"信则人任焉"，诚实守信就能得到别人的信任。孔子把信看做礼的根本之一，"先王之立礼也，有本有文。忠信，礼之本也；义理，礼之文也。无本不正，无文不行"(《礼记·礼器》)，忠和信是礼的根本。孔子认为信是做人的根本，立身处世的原则，"人而无信，不知其可也。大车无輗，小车无軏，其何以行之哉？"(《论语·为政》)一个人不诚实守信是无法行事的，诚实守信就能走遍天下。"子张问行，子曰：'言忠信，行笃敬，虽蛮貊之邦行矣；言不忠信，行不笃敬，虽州里行乎哉？'"(《论语·卫灵公》)言语忠诚老实，行为忠厚严肃，就是到了落后地区仍能行得通，否则，在本乡本土也行不通。所以孔子一再以信教育弟子，"子以四教，文、行、忠、信"(《论语·述而》)，诚实守信是教育弟子的主要内容之一；教育弟子要"主忠信"，"弟子入则孝，出则悌，谨而信，泛爱众，而亲仁"(《论语·学而》)。做人要秉持忠信，谨慎而诚实守信；教育弟子要"敬事而信"(《论语·学而》)，严肃认真地对待自己的工作，诚实守信。在孔子的教育下，弟子们也非常看重信用，曾子将守信作为每日多次反省的三项内容之一："吾日三省吾身，为人谋而不忠乎？与朋友交而不信乎？传不习乎？"

(《论语·学而》)子夏也将“与朋友交言而有信”作为学习的表现之一。自己诚实守信才能得到别人的相信,所以弟子问志向时,孔子将朋友的信任作为自己的志向之一,“老者安之,朋友信之,少者怀之”(《论语·公冶长》)。

信不仅是社会伦理、人际关系的准则,还是政治伦理、为政治国的准则。“自古皆有死,民无信不立”(《论语·颜渊》),为政治国,守信比足食、足兵还重要。治理国家要严守信用,“道千乘之国,敬事而信,节用而爱人,使民以时”(《论语·学而》)。统治者如果讲信用,就很容易治理好国家,“上好信,则民莫敢不用情”(《论语·子路》),统治者讲信用,老百姓就不会不尽自己的本分。

孔子提倡守信用,但并不是一味死守信用,“言必信,行必果,硁硁然小人哉”,对信要作具体分析,只有符合义的诺言才能去兑现,不分事非黑白地去兑现诺言是不可取的。“信近于义,言可复也”,弟子有若的这句话,正是对孔子上句话的补充。

第六节　忠

忠是孔子伦理道德的一个重要原则,也是孔子伦理思想中备受争议的内容。

忠在《论语》中共出现 18 次,其中单独出现了 11 次,与“恕”合作“忠恕”出现一次,与“信”合作“忠信”出现 6 次。就其内容看,分别回答了从政、事君、治民、交友、处世、修养等问题,这些大都属于处理人际关系的范围。如果把这些处理人际关系的言语进行分类,最为突出的还是交友、治民、事君三大类,它们分别属于个人与个人、个人与集体之间的关系。

孔子谈论忠，最多的是交友，直接谈论交友的有七章（内一章重复），涉及待友的原则、择友的标准、待友的方法，内容很丰富。

朋友关系是一种重要的人际关系，它与君臣关系、父子关系、夫妇关系、兄弟关系并称为封建社会的“五伦”，被当做人与人之间最基本的关系。在五伦中，朋友关系是最不稳定的，父子、兄弟有血缘关系来维系，夫妇有爱情关系来维系，君臣有禄位的授受关系来维系，而朋友既没有血缘的、情感的关系来维系，也没有政治的关系可以借助，因此朋友关系最不稳定，孔子认为朋友关系只能依靠忠信来维系。

忠在朋友关系中指待人接物要尽心竭力，真诚专一。“与人忠”被孔子当做人的最高道德品质“仁”的重要内容。所以孔子将忠作为教育弟子的四项主要内容之一，“子以四教：文，行，忠，信”（《论语·述而》）。孔子一再教育弟子“主忠信”，“言忠信”，“言思忠”。对朋友要做诤友，对朋友要敢于批评指正。“忠焉，能无诲乎？”（《论语·宪问》）忠于朋友，能不进行教诲吗？在孔子的教育下，弟子们非常重视以忠待人，曾子就曾把“为人谋而不忠乎”作为“吾日三省吾身”的首要内容。

忠一直被孔子当做交友的基本原则，交友属于人与人之间的关系，孔子将忠列为人与人之间关系的道德原则，这是对忠的内容的扩大。

孔子在对于忠的论述中，两次提到了官民关系。另一次是季康子问：“使民敬、忠以劝，如之何？”孔子回答说：“临之以庄，则敬；孝慈，则忠；举善而教不能，则劝。”（《论语·为政》）要使尽心竭力，官员就必须对人民的事情严肃认真，尽心竭力。另一次是子张问政，孔子说：“居之无倦，行之以忠。”（《论语·颜渊》）在位做官不要懈怠，执行政令要尽心竭力。这两章的“忠”属于两种类型，前者讲执政官员怎样才能使人民尽心竭力，后者要官员尽心竭力，其实这两章都是对执政官员的要求。执政官员希望人民尽心竭力，官员就必须从自身做起，勤勤恳恳，尽心竭力。

事君属于君臣关系，君臣关系是一种被注入政治伦理的特殊的人际关系，在这种关系中，主体和客体的关系是不平等的：客体君位于主导地位，主体臣则位于从属地位。但事君不仅仅是人与人之间的关系，而且还是个人与集体之间的关系，因为国君是国家的代表，事君就是服务国家。在孔子关于忠的论述中，论述事君的非常少，只有一章。鲁定公问："君使臣，臣事君，如之何？"孔子回答说："君使臣以礼，臣事君以忠。"(《论语·八佾》)这是孔子对春秋中期以来忠君思想的继承和发展，将臣子单方面的忠君义务修正为君臣双方互有条件的义务。"臣事君以忠"是有前提的，这个前提就是"君使臣以礼"。国君只有依礼使用臣子，臣子才能忠心地服事君主，这是孔子提出的君臣关系的准则。如果国君不依礼使用臣子，臣子应该怎么办？孔子在此章中没有说，但在其他章中说得还是很明白的。"以道事君，不可则止"(《论语·先进》)，用道义奉事君主，如果行不通就辞职不干。孔子是这样说的，也是这样做的。当鲁国国君没有按照礼仪在祭祀后向大夫们分送祭祀的膰肉时，孔子毫不贪恋荣华富贵，毅然辞官。在《论语》中，孔子还多次提到事君的原则，要"事君尽礼"(《论语·八佾》)，"弑父与君，亦不从也"(《论语·先进》)，以礼事君，君主做坏事，绝不能顺从；对国君的不良行为，要"勿欺也，而犯之"，不能阳奉阴违，而要当面劝谏甚至触犯他。

孔子论忠主要是指朋友关系，虽然也谈了忠君问题，但忠君观念是淡薄的。孔子没有后世儒家所强调的"君权神圣不可侵犯"的观念。商汤、周武王作为臣子发动战争分别推翻了残暴的君主夏桀、商纣，孔子不但没有非议这种"弑君"行为，而且称赞他们为君子，称赞商汤举伊尹的行为，称赞武王有至德。孔子不但没有后世的忠君思想，而且赞成推翻残暴的君主。孔子也没有后世所提倡的"忠君不事二主"的概念。管仲是公子纠的老师，公子纠为齐桓公所杀，管仲不仅没有为公子纠尽忠，反而为齐桓公效力，帮助齐桓公成就霸业。像管仲这样一位“贰臣”，孔子没有指责他，反而高度评价他具有“仁”德，“桓公九合诸侯，不以兵革，管仲之力也。如其仁！如其仁！”（《论语·宪问》）

孔子给忠增加了利他的含义，使忠君从利民、利公、利国、利君的单纯政治伦理范围扩大到利他的社会伦理范围，忠不再仅仅是处理人与集体关系的准则，还成为处理人与人关系的准则。东汉时，随着封建集权制的加强，孔子“君使臣以礼、臣事君以忠”的君臣关系被僵化成“君为臣纲”，忠君思想从此成强化封建专制，禁锢了人们思想的工具。20世纪以来，人们将孔子当做“君为臣纲”的始作俑者、封建专制主义的祖师爷而大加挞伐。其实，这是不公正的。

第七节　孝

孝作为道德规范很早就形成了，早在奴隶社会，孝就已经成为了最高道德规范和道德准则。奴隶社会是宗法社会，实行以亲亲为原则的家族和政治体制。天子是天下的共主，嫡长子继承王位为大宗，其他儿子为小宗，被分封到各地为诸侯，保护王室；诸侯嫡长子继位为诸侯，是诸侯国的大宗，其他儿子被封为大夫，是诸侯国的小宗。在这种制度下，君臣关系既是政治关系，也是一种具有血缘关系的宗族关系，两者是一致的。为巩固统治，维护这种关系，“孝”成为社会的最高道德规范和道德准则。

春秋时期，奴隶社会已经土崩瓦解，孝也失去了作为奴隶社会最高政治规范的意义，只剩下社会道德规范的意义，所以孔子讲的主要是社会道德规范意义上的孝。

《论语》记载，孟懿子、孟武伯、子游、子夏曾分别向孔子问孝，孔子作了不同的回答。孟懿子问孝，孔子告诉他“无违”，并对樊迟解释说“生，事之以礼；死，葬之以礼，祭之以礼”（《论语·为政》），为孝确立了必须遵循的原则，那就是不论生养死葬还是死后的祭祀都必须严格执行礼的规定，“无违”就是不能违背礼法。礼的形式是仪式，但礼的本质是规范和法度，侍奉父母合乎规范和法度就是孝，不合乎规范和法度就是不孝。

孟武伯问孝，孔子告诉他“父母唯其疾之忧”（《论语·为政》），父母只担忧子女的疾病，言外之意就是除疾病之外没有任何可以让父母担忧的地方。其实，父母担忧子女的绝非只有疾病一项，父母最为担忧的还是子女的行事做人，特别是像孟武伯这样的贵族。孔子之所以只提出疾病一项，是因为疾病在医学并不发达的古代是人类自身所难以避免的，而人的行为是自己完全可以掌握的，只要自己的行为处处、事事合乎礼法，父母就不会担忧。要做到孝，就必须使自己的一言一行合乎社会规范和法度，孝不仅是家庭伦理，还是社会伦理。

弟子子游问孝，孔子告诉他：“今之孝者，是谓能养。至于犬马，皆能有养，不敬，何以别乎？”（《论语·为政》）子女孝顺父母不能仅仅满足于能够供养，如果不心存敬爱，那与养狗养马有什么区别呢？“子生三年，然后免于父母之怀”（《论语·阳货》），人三岁以后才能离开父母的怀抱，能不孝敬父母吗？要报答父母的养育之恩就必须心存孝敬，只有发自内心的敬爱才是真正的孝。

子夏问孝，孔子告诉他：“色难。有事弟子服其劳，有酒食先生馔，曾是以为孝乎？”（《论语·为政》）对于“色难”，历来有两种说法。一是汉代包咸解释的“谓承顺父母颜色乃为难也”；二是汉代郑玄解释的“和颜悦色是为难也”，侍奉父母，和颜悦色是最难的。有事情，年轻人效劳,有好吃好喝的,年长的先用,这不能称作孝,只有和颜悦色地侍奉父母才能叫做孝。侍奉父母要做到一时一事和颜悦色是很容易的,但要做到时时、事事都和颜悦色却是很难的。人活在世上,难免会有不顺心的事情,难免会将不顺心表现出来,也难免不被父母觉察到,所以孔子说和颜悦色最难,只有对父母心存爱敬才能在不论何种情况下都能保持和颜悦色。

《论语》中还谈到了孝与政治的关系。有人问孔子为什么不从政,孔子回答说:"《书》云:'孝乎唯孝,友于兄弟,施于有政。'是亦为政,奚其为为政?"(《论语·为政》)孝敬父母,友爱兄弟,虽然没有做官,通过自己的行动影响了社会风气也是参与了政治,而身在政界的官员更应该带头行孝,发挥表率作用。季康子问如何使人民尽心竭力,孔子告诉他"孝慈则忠",统治者孝敬父母、慈爱幼小,人民自然就会尽心竭力。

孔子谈孝的语言不多,对如何行孝却谈得非常具体、全面。孝顺必须合乎礼法,必须心存敬爱,必须和颜悦色,行事做人必须不让父母担忧,通过自己的孝行影响社会,改善社会风气。在他的影响下,弟子曾参将孝提高到"仁之本"的高度。汉代以来,历代王朝也都提倡以孝治天下。

第八节　恭

恭是传统的伦理道德之一,《尚书》中已频繁使用,《诗经》中也出现6次,除个别作奉行讲外,大多为伦理意义的恭。《左传》中只出现了1次,但《论语》中出现了13次,其中8次出自孔子之口,两次是对孔子的评价,由此可见孔子是很重视恭这种伦理道德的。

孔子非常注意容貌举止,他说:"君子有九思:视思明,听思聪,色思温，貌思恭，言思忠，事思敬，疑思问，忿思难，见得思义。”（《论语·季氏》）“貌思恭”，容貌举止庄严和顺，是君子必须考虑的九项内容之一。孔子是这样说的，也是这样做的。《论语》中说他“温而厉，威而不猛，恭而安”（《论语·述而》）。子贡说他通过“温、良、恭、俭、让”的态度，很快就了解了一个新到国家的政事。

恭不仅是个人的举止问题，而且还是道德问题。“樊迟问仁，子曰：‘居处恭，执事敬，与人忠，虽之夷狄，不可弃也。’”（《论语·子路》）平日容貌端庄，对工作严肃认真、对别人忠心耿耿一起被孔子当做最高的道德规范——仁德的内容。恭还是衡量仁人的标准之一，弟子子张问仁，孔子告诉他“能行五者于天下为仁矣”，并解释五者是“恭、宽、信、敏、惠。恭则不侮，宽则得众，信则人任焉，敏则有功，惠则足以使人”（《论语·阳货》），恭敬就不会遭受侮辱，能够将恭、宽、信、敏、惠推行于天下就是仁人。一个好的政治家要容颜态度庄严恭敬，孔子赞扬子产“有君子之道四焉：其行己也恭，其事上也敬，其养民也惠，其使民也义”（《论语·公冶长》）。孔子赞扬舜无为而治，“恭己正南面而已矣”。当然，要从容安静地使天下太平，仅靠端庄严肃地坐在朝堂上是不行的，还必须选拔重用贤人。

恭不能虚伪，“巧言，令色，足恭，左丘明耻之，丘亦耻之”（《论语·公冶长》），花言巧语，伪善的容貌，十足的恭顺，孔子认为是最可耻的。

任何一个人都应该对人恭敬，但不是越恭敬越好，而是应该合乎礼。孔子说“恭而无礼则劳”（《论语·泰伯》），容貌端庄，辞色恭谨，不合礼节，劳而无功，只能徒增劳倦。弟子子夏说：“君子敬而无失，与人恭而有礼，四海之内皆兄弟也，君子何患乎无兄弟也。”（《论语·颜渊》）另一个弟子有若说：“恭近于礼，远耻辱也。”（《论语·学而》）容貌举止恭顺得合乎礼仪才能免遭耻辱，恭必须合乎礼。

第九节　敬

敬是传统伦理道德之一,在《尚书》、《诗经》、《左传》中均大量使用。在《论语》中,敬字共出现 21 次,其中 16 次出自孔子之口。敬的内容除了与恭相同的端庄恭谨外,还有尊敬、尊重和慎重、严肃认真等含义。所以敬包括三方面的内容:一是对工作、对事业的慎重,严肃认真;二是对他人的尊敬;三是居家行事的端庄恭谨。

“事思敬”,“执事敬”,属于职业道德理论,孔子是这样说的,也是这样做的。齐鲁两国国君夹谷相会,鲁弱齐强,弱国无外交,本来就处于劣势的鲁国很容易在这种外交活动中吃亏,但孔子有严肃认真的工作态度,未雨绸缪,“文事而有武备”,事先在会盟地点附近布置了军队,盟会时据理力争,挫败了齐国的一个又一个阴谋,最后不但使鲁国在外交上获得了胜利,而且取得了军事上无法取得的胜利,收回了被齐国用武力夺取的土地。

对他人的尊敬,包括对父母、对国君、对朋友的尊敬。对父母要敬,“今之孝者,是谓能养。至于犬马皆能有养,不敬,何以有别乎?”(《论语·为政》)对父母尊敬,是人与动物的根本区别。对国君要敬,孔子赞扬子产“事上也敬”,对国君的尊敬要落实在工作中。“事君,敬其事而后其食”(《论语·卫灵公》),先做好自己的工作然后再考虑自己的报酬,这还是一个职业道德问题。对朋友要敬,楚人怕鱼腐烂赶快送给孔子,孔子接受后仍然举行祭祀;朋友送给孔子用陶器煮熟、盛放的食物,孔子也很高兴地接受,这是对朋友的尊敬。

孔子认为居家行事要“行笃敬”,做事忠厚严肃;行礼要敬,“居上不宽,行礼不敬,临丧不哀,何以观之哉?”(《论语·八佾》)行礼不严肃认真，怎么能看得下去呢？侍奉父母要心存恭敬，对父母不对的地方要婉转地劝谏，如果自己的意见没有被接受，也要“又敬不违”。

每一个统治者都希望他治下的人民能认真对待自己的工作，统治者首先要提高自己的修养，“修己以敬”，修养自己来严肃认真地对待工作。其次，要用严肃认真的态度来治理，“临之以庄，则敬”，“不庄以临之，则民不敬”（《论语·卫灵公》）。治民要“居敬而行简”，“敬事而信”，态度要严肃认真，处理事情要简易，不烦民，不扰民。统治者要得到人民的尊敬就要讲究礼节，“上好礼，则民莫敢不敬”（《论语·子路》），以礼对待人民才能得到人民的尊敬。

第十节　恕

恕在《论语》中虽然只出现了两次，但它却是孔子伦理思想的重要内容。

孔子自述“吾道以一贯之”，但并没有解释具体的内容，曾子解释说：“夫子之道，忠恕而已矣。”（《论语·里仁》）将忠与恕看做是贯穿孔子思想的基本观念。对忠恕，朱熹解释说：“尽己之谓忠，推己之谓恕。”恕就是推己及人。恕在《论语》中第二次出现是出自于孔子之口。当弟子子贡问“有一言可以终身行之者乎”时，孔子回答说：“其恕乎！”并进而解释说：“己所不欲，勿施于人。”（《论语·卫灵公》）自己不想做的事情就不要强加于他人。同样内容的话也见于《中庸》，也出自孔子之口：“忠恕违道不远，施诸己而不愿，亦勿施于人。”不愿别人加在自己身上的行为也不要加在别人身上，能够做到对人竭尽心力，做到推己及人，离儒家所追求的最高境界“道”已经不远了。对此，孔子还以己为例作了详细的解释：“君子之道四，丘未能一焉：所求乎子以事父，未能也；所求乎臣以事君，未能也；所求乎弟以事兄，未能也；所求乎朋友先施之，未能也。”君子的行为准则有四条：用要求人子应有的行为去侍奉父亲，用要求臣子应有的行为去侍奉君主，用要求弟弟应有的行为去侍奉兄长，用要求朋友应该做到的行为自己首先去做到。《大学》也说：“所恶于上，毋以使下；所恶于下，毋以事上；所恶于前，毋以先后；所恶于后，毋以从前；所恶于右，毋以交于左；所恶于左，毋以交于右。”你厌恶上、下、前、后、左、右的人的行为，就不要用同样的行为分别对待下、上、后、前、右、左的人。由此可见，孔子的恕是人己统一的情操，体现了人与人关系的平等，表现了孔子对他人人格的尊重。

《左传·襄公二十三年》记录了孔子关于恕的一段话：“有臧武仲之知而不容于鲁国，抑有由也，作不顺而施不恕也。《夏书》曰：‘念兹在兹。’顺事恕施也。”臧武仲以幼代长成为臧氏宗子，又帮助季武子废长立幼，所以孔子批评他不顺于事理，不合于恕道，自己做事已经违背了事理，怎么能再帮他人去做违背事理的事情呢？《礼记·孔子闲居》中也有对孔子讲恕的记载：“无服之丧，内恕孔悲。”君子对于五服亲人之外的丧事也很悲伤，因为别人的丧事如同自己的丧事一样，也体现了孔子恕的思想。

在回答子贡的另一次提问时，孔子说：“夫仁者，己欲立而立人，己欲达而达人。能近取譬，可谓仁之方已。”（《论语·雍也》）汉代孔安国解释说：“但能近取譬于己，皆恕己所欲而施之与人。”认为己欲立而立人、己欲达而达人是恕，是恕己所欲而施之与人。朱熹赞同孔安国的意见，他说：“近取诸身，以己所欲譬之他人，知其所欲亦犹是也，然后推其所欲以及乎人，则恕之事而仁之术也。”（《四书集注》）认为近取于己，以自己的欲望比于他人，他人的欲望与自己相同，然后将自己的欲望放在他人身上，就是恕的内容和实行仁德的办法。后代学者认为，“己所不欲，勿施于人”是恕的较低境界，“己欲立而立人，己欲达而达人”是恕的更高境界。

恕可以通过以己度人，推己及人，达到人际关系的和谐和感情的沟通。应该说，它反映了古代思想家追求人与人之间平等，对人宽容体谅的美好愿望，是一种与人为善、成人之美的优秀品格。

第十一节　让

让是儒家伦理思想的重要范畴之一。让在《论语》中作谦让、辞让、推让讲，共出现过 7 次。让不是一味地相让，什么都相让，而是在功、名、权、利上先人后己，而在职责、义务上先己后人。孔子曾这样教育弟子："孟之反不伐，奔而殿，将入门策其马，曰：'非敢后也，马不进也。'"（《论语·雍也》）孟之反不夸耀自己，败退时，他在后面掩护全军，到邻近城门的时候却用鞭打马急行，并说自己不敢落在后面，是自己的马不肯快跑，孔子以此教育弟子在荣誉面前要推让。孔子强调说："善则称人，过则称己，则民不争；善则称人，过则称己，则怨益亡"；"善则称人，过则称己，则民让善"；"善则称君，过则称己，则民作忠"；"善则称亲，过则称己，则民作孝"。（《礼记·坊记》）好事归功于他人，过错归于自己，那么人民就不会相争，怨恨就会消失，人民都会把好事归功于他人；好事归功于国君，责任归于自己，就会兴起忠诚的风气；好事归功于父母，责任归于自己，就会兴起孝敬的风气。功劳归于他人，责任留给自己，就会改善社会风气，创造良好的社会环境。

孔子主张礼让贤能，盛赞"泰伯其可谓至德也已矣，三以天下让，民无得而称焉"（《论语·泰伯》），泰伯为了实现父亲的意愿，与二弟仲雍南走，让国于幼弟季历，被孔子推许为有最高的品德，人们都找不出合适的语言赞颂他。孔子主张礼让治国,“能以礼让为国乎,何有？不能以礼让为国,如礼何?”(《论语·里仁》)如果用礼让治理国家,那还有什么困难呢？不能以礼让治理国家,那怎么对待礼仪呢？礼让治国是礼仪的本质,不能以礼仪治理国家,那礼仪还有什么用处呢？孔子非常喜欢谦让,他派弟子漆雕开去做官,漆雕开回答说“吾斯之未能信”,对自己的能力还没有信心,孔子听了很高兴,认为漆雕开在世人所追崇的权职上能够做到谦让。(《论语·公冶长》)相反,弟子子路抢先回答且大言不惭就受到孔子的讥笑。孔子要弟子们谈论各自的志向,子路抢先回答说:“千乘之国,摄乎大国之间,加之以师旅,因之以饥馑,由也为之,比及三年,可使有勇且知方也。”孔子对他报以面带讥笑的微微一笑,其后他对曾皙解释说:“为国以礼,其言不让,是故哂之。”(《论语·先进》)应该以礼让治国,子路却抢先发言,一点都不谦让,如何礼让贤能,解决他所说的那种内忧外患的国政问题呢？国家要兴起礼让之风,就需要统治者以身作则,“君子贵人而贱己,先人而后己,则民作让”(《礼记·坊记》),统治者贵人贱己,先人后己,民间就能礼让成风。

孔子推崇谦让,反对有悖于谦让的行为。弟子原宪问他:“克、伐、怨、欲不行焉,可以为仁矣?”孔子回答说:“可以为难矣,仁则吾不知也。”(《论语·宪问》)

让有谦逊之意,是孔子每到一个地方了解当地政事的途径。子禽曾问子贡:“夫子至于是邦也,必闻其政,求之与？抑与之与?”子贡回答说:“夫子温、良、恭、俭、让以得之。”(《论语·学而》)

孔子提倡让,并不是使人一味谦让,“当仁,不让于师”(《论语·卫灵公》),在仁德面前就是自己的老师也不能谦让。

第三章　教育思想

孔子是中国历史上第一个伟大的教育家，他首先创办私学，将教育从官府推向民间；他提倡有教无类，广收门徒，弟子三千，贤人七十二，培养了一大批德才兼备的政治人才；他一生从事教育，诲人不倦，在长期的教学实践中积累了丰富的教育经验，创造出科学的教育方法和教育方式，创立了完整的教育理论，为继承、发展和传播古代文化作出了重大贡献。孔子的教育主张、教育目的、教育方法，直到今天仍然有借鉴意义。

第一节　教育主张

孔子说："性相近也，习相远也。"（《论语·阳货》）人的本性是相近的，后天的习染不同才使人产生了差别。

孔子主张"有教无类"（《论语·卫灵公》），不论富贵贫贱，人人都应该接受教育，人人都有受教育的权利。有教无类打破了贵族阶级对教育和文化知识的垄断。在孔子以前的社会中，教育主要是官办，只有贵族子弟才有接受教育的资格和权利，平民子弟接受教育的可能性很小。孔子将"有教无类"的主张付诸实施，他首创私学，将教育扩大到民间，将受教育的对象扩大到平民和奴隶子弟。孔子的三千弟子中，虽有贵族子弟如南宫敬叔、司马牛，富商巨贾如子贡，但更多的是出身低微的贱民野人,如“一箪食,一瓢饮”、家住陋巷的颜回,“冠雄鸡,佩猳豚”、“衣敝缊袍”的子路,“终身空室蓬户,褐衣疏食”的原宪。所以有人说“夫子之门何其杂也”,子贡对此解释说:“君子正身以俟,欲来者不拒,欲去者不止。且夫良医之门多病人,檃栝之侧多枉木,是以杂也。”(《荀子·法行》)这说明孔子确实是实践了自己有教无类的主张。

“有教无类”充分表现了孔子思想的人民性和民主性,是孔子“泛爱众,而亲仁”(《论语·学而》)仁爱思想的具体实践。有教无类的主张是中国教育史上的创举,为中国开创了文化下移和教育普及的道路。

第二节 教育目的

孔子对兴办教育的目的没有明言,弟子子夏“学而优则仕”这句话道出了孔子兴办教育的真实目的。学习优秀者就要做官,学习是通向做官的途径,而孔子创办学校的目的就是培养能推行自己政治主张的官员。

为改造社会,实现自己的政治理想,孔子后半生凄凄惶惶周游列国,奔走于各国诸侯之间,寻求推行自己政治主张的机会。但他“削迹于卫,伐树于宋,穷于商周,围于陈蔡”,吃尽闭门羹,奔波十四年也没有找到能够施展自己政治抱负的舞台。孔子就把实现自己政治理想的希望寄托在弟子们的身上。他首创私学,目的就是培养推行仁政德治的政治人才,通过培养“上事君以忠、下使民以惠”的贤臣去实现小康社会,创造天下为公的大同世界。

孔子说:“先进于礼乐,野人也;后进于礼乐,君子也。如用之,则吾从先进。”(《论语·先进》)主张选用先学习礼乐的人做官,实际上就是主张学而优则仕,将学习与做官联系起来。孔子鼓励学生们努力学习,

“不患无位，患所以立”，不必担心没有官做，只去考虑学好做官所需要的知识本领就行了。孔子是支持弟子们出仕做官的，子张问当官求得俸禄的方法，孔子告诉他“多闻阙疑，慎言其余，则寡尤。多见阙殆，慎行其余，则寡悔。言寡尤，行寡悔，禄在其中矣”（《论语·为政》）。孔子鼓励弟子要尽早出仕做官，“三年学，不至于谷，不易得也”（《论语·泰伯》）。弟子们对此大都心照不宣，只有心直口快的子路说“不仕无义”，学习以后，不做官是没有道理的。孔子培养的一批弟子，大多或早或迟地参加了政治活动。孔子在世时，就已经有冉求、子路、子游、子贡、宓子贱等人走上政治舞台，孔子去世后，弟子们“散游诸侯，大者为师傅卿相，小者友教士大夫”。在学术上，儒分为八。

“学而优则仕”这一教育目的，在中国教育史上具有重要的意义，它把学习与出仕做官联系起来，有利于推行贤人政治，改良社会政治。它与孔子的举贤才思想是一致的，反映了封建制度兴起时的社会需要，打破了不学而仕的世袭制，为平民从政开辟了道路。

第三节　教学方法

在长期的教学实践中，孔子采用灵活多样的教学方式，因材施教，教学相长，循序渐进，循循善诱，举一反三，不悱不启，创造了一系列教育方法，为后人留下了一份宝贵的遗产。

因材施教　教学活动不同于一般的生产活动，它的教育对象是各个不同的具有独立意识的个人，而孔子有教无类，广收弟子，弟子的智力、性格、志趣各有差别，这就决定了在教学活动中不能采用同一种方式、方法同时教育好所有的受教育者。孔子很早就注意到这一点，并创造性地发明了因材施教的教学方法。

孔子说："中人以上，可以语上也；中人以下，不可以语上也。"（《论语·雍也》）孔子并非是要把弟子分成三六九等，而是根据学生资质上的差异进行不同的教育。孔子说："柴也愚，参也鲁，师也辟，由也喭。"（《论语·先进》）高柴愚笨，曾参迟钝，颛孙师偏激，子路鲁莽，孔子是很了解弟子的，当然要根据弟子的智力、性格进行有针对性的教育。《论语》中记载了这样一个故事，子路问孔子"闻斯行诸"，孔子说："有父兄在，如之何闻斯行诸？"冉求又问同样的问题，孔子告诉他："闻斯行之。"这使一旁的公西华大为不解，子路、冉求问的是同样的问题，老师你怎么给的答案不一样呢？孔子告诉他，冉求做事易退缩，胆子小，我就教他凡事要果断，听到了就应马上去做；子路胆子大，我怕他冒失惹祸，就教他遇事要同父兄商量。为了更好地因材施教，孔子经常了解弟子的志趣，《论语·先进》篇中记载孔子要子路、冉求、公西华、曾皙谈志向，"公冶长"篇中记载孔子要颜渊、子路谈志向，《孔子家语》记载孔子要子路、子贡、颜渊谈志向。师徒谈论志向使孔子了解了弟子，同时也进行了有针对性地因材施教。

启发式教学　孔子教育学生不是采取简单地灌输的方式，而是采用启发式教学，"不愤不启，不悱不发，举一隅不以三隅反，则不复也"（《论语·述而》），不到学生思考后仍不得要领时不去开导他，不到学生想表达而苦于说不出来的时候不去启发他，如果学生不能举一反三就不再勉强教下去。孔子教育弟子要独立思考，要触类旁通，闻一知二，闻一知十，"告诸往而知来者"（《论语·学而》）。

循循善诱　孔子积极引导弟子潜心向学，"知之者不如好之者，好之者不如乐之者"（《论语·雍也》），喜欢的人不如以此为乐的人；以颜回为例教育弟子安贫乐道，"颜回一箪食，一瓢饮，在陋巷，人不堪其忧，回也不改其乐，贤哉回也"（《论语·雍也》）；教育弟子不要贪图安逸，

"士而怀居,不足以为士矣"(《论语·宪问》);激励弟子积极向上,"君子上达,小人下达"(《论语·宪问》);鼓励弟子仁并不是很难追求的,"仁远乎哉?我欲仁,斯仁至矣"(《论语·述而》)。弟子颜回说:"夫子循循然善诱人,博我以文,约我以礼,欲罢不能。"

教学相长　教学中,孔子提倡相互切磋,共同讨论。子贡问:"贫而无谄、富而无骄,何如?"孔子说可以,"未若贫而乐,富而好礼者也"(《论语·学而》)。子贡说《诗经》"如切如磋,如琢如磨"就是这个意思吧,孔子高兴地说可以和你讨论《诗经》了,你能举一反三了。在学习中,孔子鼓励弟子们勇于发问,"不曰如之何如之何者,吾末如之何也已矣"(《论语·卫灵公》)。颜回不好提问,孔子批评他:"回也非助我者也,于我言无所不说。"(《论语·先进》)子夏提问后,孔子就表扬他"起予者商也"(《论语·八佾》),对自己很有启发。

针对性教育　孔子教育非常具有针对性,弟子问仁、问孝、问政、问君子,孔子几乎没有一个相同的答案。对仁,孔子给颜渊的答案是克己复礼,给樊迟的答案一次是"居处恭,执事敬,与人忠"(《论语·子路》)。另一次是"爱人",给子贡的是"工欲善其事,必先利其器。居是邦也,事其大夫之贤者,友其士之仁者"(《论语·卫灵公》),对子张是能将恭、宽、信、敏、惠推行天下,对司马牛是"其言也讱"(《论语·颜渊》),对仲弓是"出门如见大宾,使民如承大祭。己所不欲,勿施于人。在邦无怨,在家无怨"(《论语·颜渊》),都是有针对性的。

第四节　学习方法

孔子非常重视学习,认为人只有通过学习才能获得知识,提高能力,修养品德。即使有追求良好品德和才能的愿望,如果不努力学习,不仅不会达到目的,反而会带来毛病。孔子曾指出六种不好学习的毛病:"好仁不好学,其蔽也愚;好知不好学,其蔽也荡;好信不好学,其蔽也贼;好直不好学,其蔽也绞;好勇不好学,其蔽也乱;好刚不好学,其蔽也狂。"(《论语·阳货》)孔子主张学习的内容不在多而在于应用,他说:"诵诗三百,授之以政,不达,使于四方,不能专对,亦奚以为?"(《论语·子路》)熟读《诗经》三百篇,担任官吏不能处理政事,出使他国不能独自应答,学得再多又有什么用?

孔子自述"吾十有五而志于学","学而不已,阖棺乃止",一生都在如饥似渴地追求知识。他学无常师,敏而好学,不耻下问,在一生的学习经历中总结出了学思结合、温故知新、每事问、举一反三等学习方法。

学思结合 孔子主张学习与思考相结合,他说:"学而不思则罔,思而不学则殆。"(《论语·为政》)只读书而不思考就会迷惘不解,只思考而不读书就会困乏无益。他还以自己为例说:"吾尝终日不食,终夜不寝,以思,无益,不如学也。"(《论语·卫灵公》)学习必须多读书,在读书的基础上认真分析思考,"学"是"思"的基础,"思"是"学"的灵魂,读书的目的是掌握知识,只有通过思考,书本上知识才能被掌握,才能成为自己的知识。

温故知新 孔子主张"学而时习之","温故而知新",对学习过的内容要经常进行温习,通过温习学习过的内容而有新的发现,新的收获。孔子的观点是符合认识的客观规律的,学习是把外在知识转化为内在能力的过程,他人的知识不可能通过一次学习就能够全部理解,就会成为自己的知识,转化为自身的能力,只有对已经学过的知识不断地进行复习才能真正掌握。当然,复习不能简单地重温学过的内容,而是对学过的内容加深理解,从不同的角度、不同的方面去理解,这样每次复习才会有不同的感觉和体会,才会有不同的发现和收获。弟子子夏深得孔子温

故知新的真谛，他说："日知其所亡，月无忘其所能，可谓好学也矣。"（《论语·子张》）

每事问 孔子对学习采取每事问的态度，他进入鲁国的太庙，每事都要问，以至于别人认为他不懂得礼仪，孔子听到后说："这就是礼。"孔子对待学习的态度是"知之为知之，不知为不知"（《论语·为政》），不能不懂装懂，不懂的就要向他人请教。向他人请教时要"不耻下问"，不计较他的地位、身份、年龄。

学无常师 孔子周游列国在卫国停留时，公孙朝问子贡孔子的知识是从哪里学来的，子贡说："文武之道未坠于地，在人，贤者识其大者，不贤者识其小者，莫不有文武之道也。夫子焉不学，而亦何常师之有？"（《论语·微子》）孔子确实是学无常师，据记载，他就曾问官郯子，问礼老子，学琴师襄，访乐苌弘，进太庙每事问，"三人行必有我师"，"见贤思齐"，随时随地向他人学习。

举一反三 孔子提倡演绎类推的学习方法，主张举一隅而以三隅反，指出器物的一面就能推知其他的三面。"举一反三"这个成语就是从孔子的话中产生的。学习不仅要举一反三，还要"闻一知十"，子贡认为自己不如颜回聪明，自己闻一知二，颜回能闻一知十，通过一件事就能推知十件事，孔子同意子贡的意见，谦虚地说："我和你都赶不上他。"

第四章 哲学思想

孔子虽然自称“述而不作”，但事实上却开创性地基本建立了一个包括世界观、天命观、认识论、方法论在内的哲学思想体系。孔子不是进行纯哲学的研究，而是将哲学与政治、社会、文化、伦理道德等社会科学和自然科学紧密结合，通过对政治、社会、文化、伦理道德等社会科学和自然科学的历史研究和实际观察，归结于政治、社会、文化、伦理道德等社会科学和自然科学的实践。

第一节 世界观

孔子认为世界是在不断发展变化的，社会制度也在不断地变化，同时这种变化是可知的，要顺应客观规律。弟子子张问：“十世可知也？”孔子回答说：“殷因于夏礼，所损益可知也；周因于殷礼，所损益可知也；其或继周者，虽百世可知也。”（《论语·为政》）社会制度的变化是可预知的，那就是对旧的制度进行损益，适合的就保留，不适合的就废弃，不足的就创新。在这种损益中，要继承历史上的优秀文化，“行夏之时，乘殷之辂，服周之冕；乐则韶舞，放郑声，远佞人。郑声淫，佞人殆”（《论语·卫灵公》）。要跟随时代的变化，“麻冕，礼也；今也纯，俭，吾从众”（《论语·子罕》），按照传统的制度，礼帽应该是用麻料来做，现在都用丝料，虽然不合乎礼制，但节省费用，我采用大家的做法。孔子不仅跟随时代的变化，而且敢为人先，首创私学，有教无类，打破学在官府的传统，将教育扩展到民间，不分富贵贫贱，对青年一并进行教育。更难能可贵的是，孔子认为社会在发展，后人一定会超过前人，"后生可畏，焉知来者之不如今也？"（《论语·子罕》）

第二节　天命观

在孔子以前的传统思想中，"天"是自然和社会的最高主宰，"命"是自己无法控制的异己力量。春秋时期，人们仍然认为天主宰着一切，支配着人的命运，鬼神也可祸福人类。孔子谈论天，谈论天命，但更重人道，轻天道，敢于同命运抗争，对鬼神敬而远之。

子路说："夫子之文章可得而闻也，夫子之言性与天道不可得而闻也。"（《论语·公冶长》）孔子是很少谈论天的。在《论语》中，孔子仅有8次谈到天，如果把孔子谈的天进行分类的话，可以分作两类。一类是无意识的自然的天："天何言哉？四时行焉，万物生焉。天何言哉！"（《论语·阳货》）天并不是发号施令的主宰神。另一类是具有意志的人格神："吾谁欺？欺天乎。"（《论语·子罕》）"获罪于天，无所祷也。"（《论语·八佾》）"不怨天，不尤人，下学而上达，知我者其天乎。"（《论语·宪问》）"子见南子，子路不悦。夫子誓之曰：'予所否者，天厌之，天厌之。'"（《论语·雍也》）"颜渊死，子曰：'噫！天丧予！天丧予！"（《论语·先进》）匡地被围，孔子说："文王既没，文不在兹乎？天之将丧斯文也，后死者不得与于斯文也；天之未丧斯文也，匡人其如予何？"（《论语·子罕》）

《论语》说："子罕言利，与命与仁。"孔子也谈论命，可分做两类。

“君子有三畏:畏天命,畏大人,畏圣人之言。小人不知天命而不畏也”(《论语·季氏》),“不知命,无以为君子”(《论语·尧曰》)。结合孔子的“四十而不惑,五十而知天命”来看,天命并不是冥冥之中不可把握的一种神秘的主宰力量,而是人类可以掌握的自然界的客观规律。另一类是神秘的主宰力量:“命矣夫!斯人也而有斯疾”(《论语·雍也》),“道之将行也与,命也;道之将废也与,命也”(《论语·宪问》)。在命运方面,孔子敢于同命运抗争,“知其不可而为之”。他抛弃荣华富贵去周游列国,宣传自己的政治主张,寻求实现自己政治抱负的机会,颠沛流离、饱受困苦而不悔。“天下有道,丘不与易也”(《论语·微子》),天下无道,即使自己做不到,也要努力去改革。

《论语》说“子不语怪力乱神”,孔子很少讲鬼神。孔子重人事,轻鬼神,“未能事人,焉能事鬼”,所以“敬鬼神而远之”,对鬼神采取的是不相信的态度。对于传统的祭祀,孔子虽然要求“祭思敬”,但对祭祀的态度是“祭如在,祭神如神在”,“吾不与祭,如不祭”(《论语·八佾》)。对自己不能主持的祭祀是不会请别人代办的,因为“非其鬼而祭之,谄也”。

第三节　认识论

哲学的根本问题是存在与思维的关系问题,也就是认识的来源问题。孔子曾将人分为四等:“生而知之者上也,学而知之者次也,困而学之又其次也,困而不学,民斯为下矣。”(《论语·季氏》)在所有的文献中,虽然孔子推崇过很多人物,但并没有一个被他推许为生而知之者,对于自己,他说:“我非生而知之者,好古敏以求之者也。”(《论语·述而》)。《论语》记载说,太宰问子贡:“夫子圣者与?何其多能也?”子贡回答说:“固天纵之将圣,又多能也。”是上天要使孔子成为圣人,所以才使他多才多艺，但孔子却不承认，是自己少时卑贱，才学会很多技艺的，“吾少也贱，故多能鄙事”（《论语·子罕》）。

孔子提倡的学习方法，一是“每事问”，多问，多见。二是学习，随时随地地向他人学习，“三人行必有我师焉”；向有专门知识的人虚心求教，他曾问礼于老子，学琴于师襄，访官于郯子，访乐于苌弘；学习要刻苦，孔子研究《易经》，韦编三绝；学习要追根求源，孔子学琴师襄，反复练习，一直到弄清作曲人的志向、乐趣、形象之后才停止；学习要专心，在齐闻《韶》后，三个月都尝不出肉的香味来；学习要触类旁通，举一反三，“闻一知十”，“下学而上达”，学习基础知识，可由此进而领会高深的道理，此即理性演绎的方法。孔子观欹器，就领悟出满招损、谦受益的道理。三是学思结合，“学而不思则罔，思而不学则殆”（《论语·为政》），只读书不思考就会受欺骗，只思考不读书就会主观片面，思考要建立在已有知识的基础上，否则即为空想，“吾尝终日不食，终日不寝，以思，无益，不如学也”（《论语·卫灵公》）。孔子的这些言论已经涉及感性认识和理性认识的关系问题，而且相当重视理性认识。四是对知识采取实事求是的态度：“知之为知之，不知为不知，是知也”（《论语·为政》），不能不懂装懂，“子绝四：毋意，毋必，毋固，毋我”（《论语·子罕》），不凭空猜测，不绝对肯定，不固执己见，不唯我独是。

观察分析事物的方法，一是对感性认识要持存疑、审慎的态度，“多闻阙疑，慎言其余，则寡尤；多见阙殆，慎行其余，则寡悔”（《论语·为政》）。二是要进行分析，“法语之言能无从乎？改之为贵；巽与之言能无说乎？绎之为贵”（《论语·子罕》）。三是要综合考察，“视其所以，观其所由，察其所安，人焉廋哉！人焉廋哉！”（《论语·为政》）了解一个人要考察他的行动、方式方法和事后的心情，这样就不会被他所欺骗；了解一个人不仅要听他的话，而且还要考察他的行动，“始吾于人也听其言而信其行,今吾于人也听其言而观其行”(《论语·公冶长》)。

孔子关于认识论的言论中争议最大的是“唯上知与下愚不移”一语。此话比较难以理解,许多学者将其与上句“性相近也,习相远也”联系起来进行解释,人的天性是相近的,后天的习染不同就产生了差别,只有上知和下愚是不会改变的,它不符合事物不断变化的观点,这种解释是不对的。有的学者认为上知、下愚就是孔子所说的“生而知之者上也,学而知之者次也,困而学者又其次也,困而不学,民斯为下矣”,这不符合认识论的观点,也是不对的。宋儒程颐解释说:“所谓下愚有二焉,自暴也,自弃也。人苟以善自治,则无不可移者,虽昏愚之至,皆可渐磨而进也。惟自暴者拒之以不信,自弃者绝之以不为,虽圣人与居,不能化而入也。”将下愚解释为自暴自弃者,这种解释也是不对的,自暴自弃者不会向好的方向转化,但不一定不会向坏的方向转化。《反身录》解释说:“迟钝人能存好心,行好事,虽迟钝亦是上知,明敏人若心术不正,行事不端,不肯做好人,即明敏亦是下愚。”以能否存好心、行好事与否作为区分上知与下愚的标准。综而言之,以困而不学解释下愚是可以的,困而不学,恐怕是很难改变的,当然,困而不学的并不是只有老百姓,社会各阶层的人都有,而且非常多。

第四节　方法论

孔子提倡中庸之道,主张执两用中,反对过与不及,提倡和而不同,这是孔子在研究历史和实际观察中将逻辑思维与形象思维相结合,经过多方面对事物发展变化基本原因的分析、综合得出的方法论。

中庸是孔子哲学中的重要范畴,“中”就是中正、中和,“庸”就是常,“用中为常道也”(《礼记·中庸》)。朱熹解释说:“中庸者,不偏、不倚,无过、不及而平常之理。”(《四书集注》)二程解释说:“不偏之谓中,不易之谓庸。中者天下之正道,庸者天下之定理。”中庸就是恰当地处理问题的正确的、不能变易的原则。从文献看,孔子以前就有“中”的概念,但将“中庸”作为道德提出来的却是孔子,“中庸之为德也,其至矣乎!民鲜久矣”(《论语·雍也》),把中庸当成最高的道德。

中庸要求“允执其中”(《论语·尧曰》),既不支持矛盾的肯定方面实行残酷斗争,也不站在矛盾的否定方面促成矛盾转化,而是站在中立的角度,使矛盾统一体协调地保持下去。表现在方法论上,强调矛盾的统一、调和,反对过头和不及,“过犹不及”(《论语·先进》)。“《关雎》乐而不淫,哀而不伤”(《论语·八佾》),矛盾的两个方面——快乐与放荡、悲哀与痛苦——把握得恰到好处,和谐统一。治理国家要执两用中,“舜其大知也与!舜好问而好察迩言,隐恶而扬善,执其两端,用其中于民,其斯以为舜乎!”(《中庸》)。掌握过头和不足,取其中施行于民众。生活上要中庸,“张而不弛,文武弗能也;弛而不张,文武弗为也;一张一弛,文武之道也”(《礼记·杂记下》),劳逸结合才是正确的生活方法。处理人际关系要中庸,“君子和而不同,小人同而不和”(《论语·子路》),和而不同是允许保留不同意见之上的共识与和谐,同而不和是毫无原则地随声附和。个人修养要中庸,“质胜文则野,文胜质则史。文质彬彬,然后君子”(《论语·雍也》),文采和朴实把握得恰到好处才是文质彬彬的君子。

孔子中庸方法论的特点是承认矛盾,调和矛盾,使矛盾的两方面统一和谐,在具体的使用上是不论处理任何事情都要把握一个合适的度,要把矛盾的诸方面处理得恰到好处。毛泽东对此称赞说:“孔子的中庸观念是孔子的一大发现,一大功绩,是哲学的重要范畴,值得很好地解释一番。”(《毛泽东书信集》)

第五节 经济思想

孔子“罕言利”，关于经济的言论并不系统，散见于《论语》等文献中。

在生产观点上，孔子认为生产劳动是小人的事情，君子、士人不应从事生产劳动，“君子怀德，小人怀土”，“君子谋道不谋食”，所以弟子樊迟向孔子请教学习种庄稼和种蔬菜，孔子不仅不教他，背后还骂他是小人。孔子虽然反对君子和士人从事生产劳动，但孔子非常重视物质生产，“所重民、食、丧、祭”，粮食是仅次于人民被优先重视的事情，“足食足兵，民信之矣”。所以孔子主张富民，初到卫国，他赞叹人口众多，冉求问人口多了以后怎么办，孔子就说“富之”，冉求又问富裕以后怎么办，孔子回答说“教之”。孔子的富、教主张既体现了他的经济思想，也反映了他的政治思想，孔子的经济思想是为他的政治思想服务的。

在社会财富的分配上，孔子主张平均，要兼顾贵族和劳动者双方的利益。孔子提出“不患寡而患不均”的观点，治理国家，不必担心财富的贫乏，财富分配的不平均才是最值得担心的，社会财富的分配要平均。西周初年，实行助耕公田的贡赋法，将国家土地分作官田和私田，私田授给农民耕种，以解决其生活的需要，作为条件，农民必须耕种公田，公田的收入归国家所有，被称为“什一而藉”，国家征收了大约十分之一的税，同时，国家还征收军赋，用于军事活动。但是到了春秋时期，随着社会的发展，旧的土地制度已经被打破，土地私有制，赋税制度也必须进行改革。鲁宣公十五年（公元前594年），鲁国首先实行了“初税亩”制度，按照土地面积收税，大多学者认为，征税比例提高到十分之二，增加了一倍。鲁哀公十一年（公元前484年），季孙氏计划“用田赋”，将过去“有军旅之出则征之，无则已”的军赋也改为按照土地面积征收，而且改为年年征收的常赋，遭到孔子的反对，“君子之行也，度于礼，施取其厚，事举其中，敛从其薄”，要采用周公之典，收税要少。当冉求帮助季孙氏推行田赋时，孔子大怒，鼓动弟子们“鸣鼓而攻之”，反对季孙氏的横征暴敛。

在生产上，孔子主张不能耽误农时，要合理使用资源。所以孔子一再提出要“使民以时”，国家从事建设，一定要选在农闲季节，不要在农忙时征用农民，以免影响农业生产。孔子非常重视合理使用土地资源，他在任鲁国司空时，将土地分成五类，因地制宜地种植各种农作物，结果“物各得其所生之宜，咸得厥所”。孔子还主张“入山泽以其时”，按照节令狩猎、打鱼。孔子“钓而不纲，弋不射宿”，钓鱼时一杆一钓，不用长绳悬挂很多钓钩，射鸟时绝不去射歇宿了的归鸟。受孔子的教育，弟子宓不齐任单父宰，规定只准捉大鱼，不准捉小鱼，打鱼的人捉到小鱼都自觉地放生。

在商业流通方面，孔子主张废除关卡，自由贸易，反对商业行为中的弄虚作假和伪劣假冒。春秋以前，中国还没有重农抑商的思想，孔子虽然反对弟子樊迟学种庄稼和蔬菜，但没有反对弟子子贡经商，反而称赞他“亿则屡中”，能准确地预测商品的行情。孔子主张自由经商，“入山泽以其时而无征，关讥市廛皆不收赋”。鲁国臧文仲设置六关征收过往的商品税就遭到孔子的坚决反对。孔子还反对商业活动中的欺诈行为，他治理鲁国三个月以后，卖羊的沈犹氏再也不敢在早晨将羊灌得饱饱的，卖牛马的不再敢漫天要价，卖猪羊的不再敢装饰外表。

在消费上，孔子主张国家财政开支节用克俭，个人消费依礼而行。孔子逗留齐国期间，齐景公向他问政，孔子回答说“政在节财”，节约财政开支。孔子还说“道千乘之国，敬事而信，节用而爱人，使民以时”(《论语·学而》)，治理国家，要节省开支，爱护人民，国家减少了开支，就能减少对人民的剥削，就能实现孔子所提倡的轻敛薄赋，这和孔子的仁政思想是一致的。对个人消费，孔子主张依礼而行，既不奢侈，也不吝啬，要俭奢合度，注意节俭。他说："奢则不孙，俭则固，与其不孙也宁固。"(《论语·述而》)"礼，与其奢也宁俭；丧，与其易也宁戚"(《论语·八佾》)，行礼，与其铺张浪费，不如朴素俭约；丧事，与其礼仪周到，不如内心悲痛。以礼行事，也要坚持节俭的原则。

第六节　管理思想

孔子的管理思想是一个完整的体系，内容非常丰富，包括行政管理、经济管理、军事管理、人才管理、教育管理等方面，它的核心是道德教化，特点是重视人才，最高标准是无为而治。由孔子提倡而不断发展的儒家管理思想在长期的封建社会中成为治国方略的基础，对后世产生了深远影响。

孔子的管理思想是为他的政治思想服务的，"道之以政，齐之以刑，民免而无耻；道之以德，齐之以礼，有耻且格"(《论语·为政》)，最能反映孔子的行政管理思想。管理国家如果只用政令来引导，用刑罚来整顿，老百姓即使能免于犯罪也没有羞耻之心；如果用道德来引导，用礼教来整顿，老百姓不仅有羞耻之心而且能够诚心归服。用道德引导，用礼教整顿，这既是孔子行政管理思想的核心，也是孔子整个管理思想的核心。

在行政管理方面，孔子主张以德治国，以礼治国，提倡施行仁政，管理者要"节用而爱人"，进行礼乐教化，先教后诛，"不教而杀谓之虐"，少用刑罚，不用杀戮，"子为政，焉用杀?"管理者要"敬事而信"，严肃认真地从事治民的重任，对人民讲究信用；"信则人任焉"，对人民诚信无欺，才能得到人民的信任；“上好信，则民莫敢不用情”，管理者诚信无欺，人民才会竭心尽力；“信以成之”，讲究信用才能成功；管理者要切记“自古皆有死，民无信不立”，对人民不讲信用，国家就不能巩固；管理国家要正名，“名不正则言不顺，言不顺则事不成，事不成则礼乐不兴，礼乐不兴则刑罚不中，刑罚不中则民无所措手足”（《论语·子路》），管理者只有名分端正才能名正言顺地治理好国家。

在人才管理方面，孔子重视人才的作用。鲁哀公问政，孔子回答说“政在选臣”，治理好国家的关键是选拔人才，所以孔子主张“举贤才”。鲁哀公问怎样才能使人民服从，孔子说：“举直错诸枉则民服，举枉错诸直则民不服。”（《论语·为政》）要选拔重用正直的人，“举直错诸枉，能使枉者直”。弟子子游担任武城宰以后，孔子问他一个问题：“你得到人才没有？”弟子冉雍担任季孙氏的总管，向孔子请教如何进行管理，孔子告诉他“先有司，赦小过，举贤才”，自己以身作则给工作人员带头，不计较别人的小过失，选拔优秀的人才。冉雍又问怎样识别选拔人才，孔子说：“举尔所知。尔所不知，人其舍诸？”（《论语·子路》）选拔自己所了解的优秀人才，自己不了解的人才别人也会推荐的。

孔子主张举贤才，深知人才难得，“舜有臣五人而天下治”，孔子感叹地说：“才难，不其然乎？”（《论语·泰伯》）所以樊迟问什么是明智时，孔子深有感触地说“知人”，善于识别人才就是明智。对于如何识别人才，孔子提出了一套有效的原则和办法。

孔子选拔人才的原则一是“无求备于一人”，对人才不要求全责备。他说：“君子易事而难说也。说之不以道，不说也；及其使人也，器之。小人难事而易说也。说之虽不以道，说也；及其使人也，求备焉。”（《论语·子路》）在君子手下做事很容易，因为他按照人的才能去分配任务，但讨他喜欢很难，因为用不合乎道义的方法去讨他喜欢他是不会喜欢的；小人恰恰相反，讨他喜欢很容易，但在他手下做事很难，他用人求全责备。人无完人，金无足赤，看人要向前看，“后生可畏，焉知来者之不如今也？”（《论语·子罕》）孔子是看重年轻人的。二是“不以言举人，不以人废言”（《论语·卫灵公》）。对那些花言巧语、面容伪善的人要警惕，“巧言令色，鲜矣仁”（《论语·学而》）。

选拔人才首先要进行考察，考察的办法一是“听其言而观其行”。他说：“始吾于人也，听其言而信其行；今吾于人也，听其言而观其行。”（《论语·公冶长》）考察一个人不仅要听他如何说还要看他如何做，看他是不是言行一致。二是进行考察，“视其所以，观其所由，察其所安，人焉廋哉！人焉廋哉！”（《论语·为政》）三是考察要从大处进行。孔子说：“君子不可小知而可大受也，小人不可大受而可小知也。”（《论语·卫灵公》）君子可以担当重任，所以不要从小处去考察他。四是不要被社会舆论所左右，“众恶之，必察焉；众好之，必察焉”（《论语·卫灵公》），只有这样才能发现真正的人才。

孔子的管理思想所希望达到的最高境界是“无为而治”，“无为而治者其舜也与？夫何为哉？恭己正南面而已矣”（《论语·卫灵公》），赞颂舜能自己端坐朝堂而使天下太平。孔子的无为而治与道家的无为而治有很大的不同，道家的无为而治是顺应自然，不求有所作为而使国家得到治理，孔子的无为而治是最高统治者通过任贤使能、以德化民而使国家大治，最高统治者无为而治，其实国家还是有为而治。

第七节　史学思想

正如《汉书·艺文志》所说：“古之王者，世有史官，君举必书，所以慎言行、昭法式也。左史记言，右史记事。”自文字发明以来，中国就有了记载历史的传统。《尚书·多士》说:“惟殷先人,有册有典。”三千多年前的商朝就有了文献典册,以后历代均设有主管历史的史官,也积累了众多的历史资料。但是,早期的中国史官主要是对历史事实进行简单的记载,虽然也有一些史官善于分析形势,并能对历史趋势进行判断,但总的来看,对历史现象所反映的历史规律还缺乏必要的探索。在古代史学的初始阶段,已经有了秉笔直书的传统,但史学思想还尚未形成。孔子则不然,他通过对历史事件的考察能探索出历史的规律。他说:“天下有道,则礼乐征伐自天子出;天下无道,则礼乐征伐自诸侯出。自诸侯出,盖十世希不失矣;自大夫出,五世希不失矣;陪臣执国命,三世希不失矣。”(《论语·季氏》)权力中心越往下移,掌权者的寿命就越短,这是孔子对他那个时代及其以前历史考察后得出的正确结论。自孔子开始,中国史学思想开始了大发展。

孔子的史学思想注重道德伦理。中国古代史官记事直书,注重记事准确,很少对事情进行评价。孔子则不同,他记述历史非常重视对其进行政治的、道德的、伦理的评价。虽然孔子高度评价古代史官秉笔直书的传统,但他在著书时却并不信守这个传统,而是“笔则笔,削则削”,把自己的思想观点渗透到史书的字里行间。孔子根据鲁国史书作《春秋》就充分显示了这一点,如“吴楚之君自称王,而《春秋》贬之曰‘子’,践土之会实召周天子,而《春秋》讳之曰‘天王狩于河阳’”(《史记·孔子世家》),以一字寓褒贬,显示“微言大义”。后世经学家认为《春秋》每用一字必寓褒贬,称之为“春秋笔”、“春秋笔法”。孟子说:“王者之迹熄而《诗》亡,《诗》亡然后《春秋》作。晋之《乘》,楚之《梼杌》,鲁之《春秋》,一也;其事则齐桓、晋文,其文则史。孔子曰:‘其义则丘窃取之矣。’”(《孟子·离娄下》)。晋国的史书《乘》、楚国的史书《梼杌》所记载的不过是齐桓公、晋文公一类的事情,行文笔法不过一般史书的笔法。孔子说，他著《春秋》就不一样，借用了《诗经》褒善贬恶的大义。孟子评价孔子作《春秋》说："世衰道微，邪说暴行有作，臣弑其君者有之，子弑其父者有之，孔子惧，作《春秋》。《春秋》，天子之事也。是故孔子曰：'知我者其惟《春秋》乎！罪我者其惟《春秋》乎！'""孔子作《春秋》而乱臣贼子惧。"(《孟子·滕文公下》)孔子编纂史书具有明确的社会目的，也确实发挥了他所预期的社会作用。

孔子将历史的继承性和发展性有机统一，提出了"因、损、益"结合的历史观。弟子子张问"十世可知也"时，孔子回答说："殷因于夏礼，所损益可知也；周因于殷礼，所损益可知也。其或继周者，虽百世可知也。"(《论语·为政》)通过分析历史上的因、损、益就能把握将来。

治史要慎重，是孔子史学思想的一个重要特点。他说"吾犹及史之阙文也……今亡矣夫"(《语语·卫灵公》)，赞扬古代史书保留缺字的传统，对历史要慎重，缺失了的字宁愿空着也不要随便去补。在《论语》中，孔子只谈尧舜时代和尧舜以后的事情，尧舜以前的历史毫未涉及，因为尧舜以前的史料非常少，所以孔子避而不谈。对历史的研究孔子也非常慎重，他说："夏礼，吾能言之，杞不足征也；殷礼，吾能言之，宋不足征也；文献不足故也。足，则吾能征之。"(《论语·八佾》)历史的研究要以文献为依据。

孔子虽然对历史采取"笔则笔，削则削"的态度，但只是在需要表现自己政治观点的时候偶尔采用，总的看来，孔子还是赞成秉笔直书传统的。晋灵公做事不合君道，横征暴敛，随意弹打百姓，厨师烹治熊掌不熟就被杀死，臣子劝谏不听，他还阴谋杀害大臣赵盾，结果被臣子赵穿杀死，赵盾准备逃亡国外，没到边境就返回来，重新执政。晋国史官董狐记载"赵盾弑其君"，并宣示于朝。赵盾不同意，董狐说："您是正卿，逃亡没有走出国境，回来后又不讨伐杀死国君的人，杀死国君的不是您还是谁?”赵盾觉得董狐的话有道理。孔子评价说:“董狐,古之良史也,书法不隐。赵宣子,古之良大夫也,为法受恶。惜乎！越竟乃免。”赞扬董狐是好史官,依法直书其事而不加隐讳。赵盾太可惜了,如果逃亡出了国境就可以不用背负杀君的罪名了。孔子曾说“辞达而已矣”(《论语·卫灵公》),又说“言之无文,行而不远”(《左传·襄公二十五年》)。但是从他的“质胜文则野,文胜质则史”,“文质彬彬,然后君子”来看,孔子主张文采、朴实要搭配得当,因为朴实超过文采就显得粗野,文采超过朴实就显得虚浮。

第八节　军事思想

《论语》和《史记》都有记载,卫灵公问孔子如何排兵布阵,孔子说:“俎豆之事则尝闻之矣,军旅之事未之学也。”(《论语·卫灵公》)礼仪的事情曾经听到过,军队的事情从来没有学过,其实这是孔子不愿回答卫灵公的遁词,孔子并不是不懂军事。孔子所教弟子六艺中的射、御都属于军事,射是射箭,御是驾驭马车。在孔子生活的年代,马车是重要的作战工具。文献中虽然没有对孔子直接进行军事内容教育的记载,但《左传》记载了弟子冉求在成功打退齐国入侵后将自己建立军功归功于孔子的教育。鲁哀公十一年,齐国入侵鲁国,季康子问如何抵挡,冉求建议季孙、叔孙、孟孙三家一家守国,两家御敌于国境,季康子认为不能,冉求建议在郊外抵抗,孟孙氏、叔孙氏也不同意,冉求建议季孙氏一家背城而战,季孙一家的兵车就比齐国来犯的军队多,不用担心战败,而且大敌当前,不随你作战的就不是鲁国人。季孙执政,叔孙氏、孟孙氏当然不愿出兵,而季康子不出战就没脸面对诸侯。季康子上朝,让冉求在外等候,叔孙武叔把冉求叫过去咨询作战的问题,冉求回答说:“君子们有长远的考虑，小人知道什么。”孟懿子一定要他回答，冉求说：“小人考虑了自己的才干才说话，根据自己的能力来效力。”叔孙武叔明白了，他说：“你是说我不是大丈夫。”回去就检阅军队，准备抵抗齐国的入侵。季康子命冉求率领左军，孔子的另一个弟子樊迟做他的车右，季康子认为樊迟太小，冉求却认为樊迟能够完成任务。开战后，鲁国军队不敢过沟与齐军交战，樊迟对冉求说：“军队不是不能过沟，是不相信你，请你三申号令带头过沟。”冉求首先过沟，大军随之过沟攻击齐军。交战后，孟孙氏的右军不堪一击，在右翼败退的情况下，冉求亲自持矛作战，带领左军打败了齐军。事后，季康子问冉求是后来学会的打仗还是生来就会，冉求说是跟孔子学的。这说明，孔子是教弟子们学习过军事的。

孔子不仅懂得军事战术，而且懂得军政大计。子贡问政，孔子说“足食，足兵，民信之矣”（《论语·颜渊》），将粮食充足、军备充足当做国家大计。孔子注重文武两手结合，主张“有文事者必有武备，有武事者必有文备”，齐、鲁国君夹谷相会，正是因为孔子的建议，鲁国设置左右司马，预先准备了军队，才挫败了齐国的一个又一个阴谋，取得了外交上的胜利。他主张加强战备，教民习武备战，“善人教民七年，亦可以即戎矣”，人民经过七年的教育就能作战了。孔子反对不进行战争训练就让人民去作战，“以不教民战，是谓弃之”（《论语·子路》），用没有经过训练的人去作战，那就是让人去送死。孔子主张军权集中，“天下有道，则礼乐征伐自天子出；天下无道，则礼乐征伐自诸侯出”（《论语·季氏》），出兵打仗由天子决定就是天下有道，诸侯相互攻打就是天下无道，就造成了社会的动乱，给人民带来了痛苦。孔子提倡讲究谋略战术，子路问孔子：“子行三军，则谁与？”孔子说：“暴虎凭河，死而无悔者，吾不与也。必也临事而惧，好谋而成者也。”（《论语·述而》）孔子对战争持谨慎的态度，“子之所慎：斋，战，疾”（《论语·述而》）。孔子主张和平,反对侵略战争,季氏准备攻打颛臾,孔子强烈反对,不能"谋动干戈于邦内"(《论语·季氏》),在自己国家内进行战争,"远人不服,则修文德以来之"(《论语·季氏》),远方的人没有归服,要用礼乐教化招徕他们,不能用战争来征服。

第九节 外交思想

在对外交往中,孔子主张先做好自己国家的事情,让外国人主动前来交往、投奔。叶公问政,孔子回答说:"近者悦,远者来。"(《论语·子路》)为政的最高境界是使自己国家的人民安居乐业,境外的人主动前来投奔。如何才能使境外的人主动前来投奔呢?"有国有家者不患寡而患不均,不患贫而患不安。盖均无贫,和无寡,安无倾。夫如是,故远人不服,则修文德以来之。既来之,则安之。"(《论语·季氏》)国家财富分配平均,社会就会和谐,社会就安定,如果远方的人还不归附,就要通过加强自己国家仁义礼乐的政教来招引他们。远方的人来了,就要安置好他们。

在国家外交中,孔子主张文事要有武备,武事要有文备。鲁定公十年(公元前500年),齐国国君约请鲁国国君前往夹谷盟会,孔子就建议"有文事者必有武备,有武事者必有文备"(《史记·孔子世家》),外交礼仪活动必须有军事准备,军事活动必须有外交准备,诸侯盟会虽然是外交活动但必须提前做好军事准备。正是因为孔子事前的军事准备才挫败了齐国的阴谋,取得了外交上的胜利。

在外交礼仪活动中,孔子主张依礼依法而行。夹谷盟会时,齐国打算让亡国的莱国人借表演舞蹈之际劫持鲁定公,孔子马上指责齐景公"裔不谋夏,夷不乱华,俘不干盟,兵不逼好",齐景公这样做"于神为不祥,于德为愆义,于人为失礼",迫使齐景公撤走了舞蹈的人员(《左传·定公十年》)。齐国人又派一些侏儒倡优等表演宫中之乐,孔子认为匹夫营惑诸侯按照法律应该斩首,就派鲁国司马斩杀了齐国的侏儒倡优,挫伤了齐国的锐气。齐景公最后又提出宴请鲁定公,孔子说根据齐、鲁的制度,盟会后不应该举行宴会,而且根据礼制规定,牺尊、象尊是不能拿出国门的,钟磬等音乐是不能在野外演奏的。如果准备了牺尊、象尊等礼器和钟磬等乐器就违背了礼仪制度,如果不按照礼仪制度使用这些礼乐器就会使国君遭受羞辱,所以举行宴会是不合适的,使齐国人放弃了举行宴会的打算。

孔子认为外交官应该能够熟练地运用古代文献,独立地进行谈判和社交活动。孔子曾说:“诵《诗》三百,授之以政,不达;使于四方,不能专对;虽多,亦奚以为?”(《论语·子路》)熟读《诗经》三百篇,让他去处理政务不会办,让他去出使国外不能独立地去谈判和进行社交活动,即使读得再多,又有什么用处呢?在孔子的时代,出使外国的使节只接受使命,至于如何去交涉应对全靠自己独立行事,那个时候交通通讯不便,不可能事事请示国内或者在国内将一切应对全部安排好,只能靠自己随机应变,叫做“受命不受辞”,也就是孔子所说的专对。从《左传》记载来看,在外交活动中,不论是谈判还是酬酢,大多都是靠背颂《诗经》中的句子来表达自己的意见,所以孔子主张外交官在外交活动中要能够熟练地引用《诗经》,独立地进行谈判和交际。

在外事活动中,孔子十分严肃认真。《论语·乡党》中记载了一些孔子接待外国使者和出使外国的举动。接待外国使者时,“君召使摈,色勃如也,足躩如也;揖所与立,左右手,衣前后,襜如也。趋进,翼如也。宾退,必复命曰:‘宾不顾矣。’”出使外国时,“执圭,鞠躬如也,如不胜。上如揖,下如授,勃如战色,足蹜蹜如有循。享礼,有容色。私觌,愉愉如也”。不同的外交礼仪场合,举止、神态都是不一样的。

第三编　遗迹与纪念物

孔子生前已经在社会上享有盛名，随着子孙的繁衍与生徒的传承，孔子的许多遗迹得到很好的保护。从汉武帝“罢黜百家、独尊儒术”开始，孔子思想成为国家的指导思想，在崇德报功传统的影响下，孔子遗迹得到精心保护。为满足纪念和祭祀的需要，历代又陆续兴建了众多纪念物。

第一章 遗 迹

孔子生前主要活动在现在的山东、河南一带，留下了许多活动的遗迹。为了表达对孔子的尊敬与怀念，后世人在孔子曾经活动过的许多地方建造了纪念标志。

第一节 曲阜遗迹

孔子一生的绝大部分时间是在故乡曲阜度过的，留下的遗迹最多，后世制作的纪念标志也最多。

夫子洞 又名孔渎、孔窦、坤灵洞，相传为孔子出生处，位于曲阜城东南30公里的尼山东麓。孔子父亲叔梁纥为鲁国陬邑大夫，娶颜氏女征在为妻，颜征在母家在尼山东南的今颜母庄。一说颜征在回家的途中临产，急切中将孔子产于此洞中；一说孔子生来丑陋，其母将其遗弃，天气炎热，凤凰用翅膀为他扇凉，后被老虎衔来此洞喂养。东汉《史晨碑》（公元169年立）记载说，“史君念孔渎、颜母井去市道远，百姓酤买不能得香酒美肉，于昌平亭下立会市”，“又敕渎井”，“于渎上东行道表南北各种一行梓”。渎即窦，是夫子洞最早的记载。晋干宝《搜神记》说：“征在生孔子空桑之地，今名为孔窦，在鲁南山之穴，外有双石，如桓楹起立，高数丈，鲁人弦歌祭祀。穴中无水，每当祭时，洒扫以告，辄有清泉自石间出，足以用事。既已，泉亦止，其验至今存焉。”坤灵洞之名始见于金正大四年（1227 年）成书的孔元措《孔氏族庭广记》图中，杨奂《东游记》（1252 年成书）记载说：由观川“亭之东西旋而下得坤灵洞，石角溅溅不可人。族长云：庙户管用、吉成尝持火曳绠而人，比至数丈，忽隙间有光，睹一室，口广两楹许，中横石床、石枕，皆天成也，而不可动。”刻有洞名，为金代进士刘晔所刻。元至元三十一年（1294 年），司居敬刻孔子像置于洞中，后为战争所损，子孙奉之埋葬于山巅。修建尼山水库以后，夫子洞被水淤塞，1978 年清淤重修，1983 年李予昂题刻“夫子洞碑”。

尼山夫子洞

昌平乡　古地名，孔子幼年故里。《史记·孔子世家》记载“孔子生鲁昌平乡陬邑”，乡因山得名。唐张守节《史记正义》记载：“《括地志》云：昌平山在泗水县南六十里。孔子生昌平乡，盖乡去山为名。”后人认为昌平乡即今位于昌平山之北的鲁源村，1924 年康有为题刻“古昌平乡”石碑立于村内，“文化大革命”中石碑被砌入井口，1987 年移入尼山书院，将复制碑立于鲁源村西。该村位于昌平山之东北。

颜母井 位于尼山东南的颜母山前,又名扳倒井。相传颜征在生孔子后口渴思饮,无法取水,以手扳井,井随手而斜。颜母井始见于东汉建宁二年(公元 169 年),所立《史晨碑》,鲁相史晨“念孔渎、颜母井去市道远,百姓酤买不能得美酒香肉,于昌平亭下立会市”,并置颜母井舍守吏。明清时,每逢春秋,派族人祭井,井至今犹存。

阙里 《汉书·梅福传》载“今仲尼之庙不出阙里”,至东汉始盛称孔子故里为阙里。关于阙里名称的由来,郦道元《水经注》说:“孔庙东南五百步有两石阙,故名阙里,盖阙里即阙下之里也。”至于阙里的位置,伍缉之《从征记》作“阙里背洙面泗”,《括地志》作“兖州曲阜县城西南三里有阙里,中有孔子宅,宅中有庙”,《与地志》作“邹城西界阙里有尼丘山”,唐张守节《史记正义》折中作“夫子生在邹,长徙曲阜,仍号阙里”。其实,阙里是汉代孔子故居附近的地名。汉代时,孔子故里位于鲁国都城之内,西汉鲁恭王建造灵光殿,位置在孔子故居之东,殿前有阙,因以阙里为地名。后人以阙里为孔子故宅的代名,明代在孔庙东侧街上建造阙里坊以标其处。

五父衢 《礼记·檀弓上》记载说:“孔子少孤,不知其墓,殡于五父之衢。”孔子母亲死后,因不知父亲的葬所,将母亲灵柩暂存于五父之衢,“问于陬曼父之母,然后得合葬于防”。五父衢为鲁国都城内地名,鲁定公六年(公元前 504 年),阳虎“盟公及三桓于周社,盟国人于亳社,诅于五父之衢”。《后汉书·郡国志》说“鲁国……有五父衢”,《魏书·地形志》说“鲁县……有……五父衢”。关于五父衢的位置,唐《括地志》说“五父衢在兖州曲阜县西南二里,鲁城内衢道也”;宋孔传《东家杂记》认为在“庙东南五里”,金孔元措《孔氏祖庭广记》、明《阙里志》均采用此说;宋《太平寰宇记》说“在县东南三里”,清孔尚任《阙里志》说“在曲阜县东南五里”,应该在鲁城的东南部。

孔宅故井 在孔子庙内，相传是孔子当年的吃水井。此说法始见于清孔尚任《阙里志》："孔宅故井，井在诗礼堂后，先圣之所饮饲也。明兖州知府童旭作石栏护之。"孔继汾《阙里文献考》径称之为孔子故井。井深丈余，有"孔宅故井"石碑，周围石栏，东南二栏柱叩之铿然，若金石之声，是明代正德间用响石刻成的。

孔子故宅门 位于阙里街北端，孔庙毓粹门东略北，东为孔府西墙，西为孔庙东墙。门始见于宋代庙图中，时名庙宅，三间，金代亦然，是依庙而居的孔子的后代出入的门道。明代敕建衍圣公府后，子孙移居庙外，门无实际用途，后人指为孔子故宅门，"旧宅门犹存，毓粹门外红门是也"（清孔尚任《阙里志》）。现存门为一间，单檐悬山顶，灰瓦、木架、无斗栱。门柱肥短，微有卷杀，额枋出头，卷瓣圆和，可能建于明初。门内为南北狭长的一小天井，北部经礼器库可进入孔庙东路，天井尽头为清乾隆皇帝撰写的"故宅门赞"碑及亭。

诗礼堂 位于孔庙东路，相传即孔子故居。据《论语·季氏》记载，孔子曾经两次将经过堂前的儿子孔鲤叫住，分别问他学习《诗》、《礼》没有，教育他"不学《诗》，无以言"，"不学《礼》，无以立"。学诗学礼被孔子族孙当做祖训，元代时即有诗礼堂之名，孔子五十三代孙、衍圣公孔治"作堂私第，名以诗礼，示不忘过庭之教"。当时孔子后代依庙居住，位置在孔庙内，明弘治十七年（1504 年）大修孔子庙时始建今存诗礼堂。

鲁壁 在孔子庙诗礼堂后，故井以西。秦始皇焚书时，孔子九代孙孔鲋将《论语》、《尚书》、《礼记》、《春秋》、《孝经》等儒家经书藏于孔子故宅墙壁中，然后南下参加陈胜农民起义军，死于南方。汉武帝时鲁恭王扩建宫室，拆除孔子故宅时才发现这批经书，因竹简用先秦文字书写，故称"古文经"，后世也称"孔壁古文"、"壁经"，由此开创古文经学派。明代为纪念孔鲋保藏儒家经书的功绩而刻制了鲁壁碑。

曲阜孔子庙鲁壁与故井

燕申堂 《论语·述而》说:“子之燕居,申申如也,夭夭如也。”孔子在家闲居,整齐规矩而和乐舒展。孔子旧居之堂早已不存,后人为纪念孔子,金代始以“燕申”命名孔庙东路前门,清孔尚任《阙里志》载明洪武十年孔庙制度中也有“燕申堂”之名,位于孔庙东路述圣殿之后,约始建于元末,明弘治修庙后已无此建筑,燕申门也于清雍正七年(1729 年)改名为承圣门。

叔梁纥墓 位于曲阜城东八公里的梁公林中部,是孔子父母的合葬墓。叔梁纥(? —约公元前 548 年),名纥,字叔梁,曾治鄹(一作“聊”、“陬”)邑,也称聊人纥、鄹叔纥,以力大善战著称。鲁襄公十年(公元前 563 年),跟随诸侯的部队攻进偪阳城(在今山东枣庄南),城门突然坠下,他力举城门,救出入城部队。十七年,齐国包围鲁国防邑,鲁国援军不敢进军,叔梁纥与臧畴、臧甲率领军队护送主将臧纥后返回防邑坚守,终使齐军无计退兵。死后葬于防山之阴。叔梁纥死时孔子年幼,颜征在又没有告诉其葬处,所以母亲去世后,孔子只得将母亲灵柩暂时停放在五父之衢，访问邻人陬曼父之母后才将父母合葬在一起。孔子认为古人墓而不坟，“今丘也东西南北之人，不可以弗识，于是封之，崇四尺”，修墓后，孔子先返，大雨毁墓，孔子听说后，“泫然流涕曰：‘吾闻之，古不修墓。’”（《礼记·檀弓上》）蒙古乃马真后三年（1244年），五十一代衍圣公孔元措始刻立墓碑，益津高翱题写“圣考齐国公墓”。元至元二年（1336年），济宁路总管张仲仁为立“大元追赠圣考启圣王墓”碑，并刻立石仪。现元碑已佚，蒙古碑仍立于墓前。

鲁亲里 地名，汉代时孔子母亲颜氏家族居住处。东汉永寿二年（公元156年），鲁相韩敕曾优免颜氏家族的徭役，“颜氏圣舅家居鲁亲里，并官圣妃在安乐里，圣族之亲，礼所宜异，复颜氏、并官氏邑申繇发”（汉《韩敕碑》）。

安乐里 地名，孔子夫人并官氏家族居处，东汉永寿二年（公元156年）鲁相韩敕曾免居住此处的并官氏家族徭役。

问礼堂 位于城东周公庙内。孔子曾入太庙问礼，“子入太庙，每事问。或曰：‘孰谓鄹人之子知礼乎？入太庙，每事问。’子闻之，曰：‘是礼也！”’（《论语·八佾》）为纪念孔子每事问，后人于太庙旧址周公庙内建问礼堂。堂始建年代不详，清初已见记载，今已圮，旧址仍存，有清乾隆皇帝《问礼堂赞》碑。

鲁太庙 太庙是天子的祖庙，鲁国为公国，本不应称太庙，因周公制礼作乐，有功于周，为褒奖周公，成王命鲁国郊祭文王，鲁有天子礼乐，鲁国祖庙也被称为太庙。孔子曾多次到太庙活动。鲁国灭亡后，太庙也被毁，旧址在今周公庙处。

舞雩台 又名舞雩坛，本是鲁国雩祭的地方。古代雩祭有两种。一是常雩，每年孟夏，苍龙昏见东方，以是月祭五方上帝；一是非常雩，每当天旱不雨则举行，“君亲之南郊……使童男女各八人舞而呼雩，故谓之雩”(《公羊传·桓公五年注》),舞而呼雩,后人就称为舞雩台。孔子设教时经常在此活动,樊迟曾问崇德、修慝、辨惑,曾点也以“暮春者,春服既成,冠者五六人,童子六七人,浴乎沂,风乎舞雩,咏而归”作为自己的志向,并得到孔子的赞同。舞雩台现存曲阜城南的沂水北岸,考古钻探证实,是一座夯土台。上层夯土深褐色,厚约0.6米,三个夯层,夯窝圆形圜底,直径8—9厘米,夯土中包含布纹瓦和陶片,时代当属西汉。中层夯土灰褐色,土质坚硬而纯净,厚4.1米左右,夯层厚11—15厘米,夯窝圆形底,直径6—7厘米,从夯具看,当属战国时期。下层夯土为黄黑色花土,黏性大,夯窝圆形圜底,直径3—4厘米,厚约1.5米,时代当在春秋以前。现台东西120米,南北115米,高约7米,与北魏郦道元《水经注》“坛高三丈”(后魏中尺约28厘米)差不多。宋《寰宇记》记载说:“雩坛当县南六里,临沂水,有坛埠、树木。”明嘉靖四十五年(1566年),署曲阜知县陈又新立“舞雩坛”石碑,万历十年(1582年),吴同春刻“凤翔千仞”石碑,原还有“圣贤乐趣”石碑,三碑现在均已不存。

两观台 相传孔子诛少正卯处。《史记·孔子世家》记载:“定公十四年,孔子年五十六,由大司寇行摄相事……诛鲁大夫乱政者少正卯。”据《孔子家语》载:“戮之于两观之下。”两观,本是鲁国的阙名。《春秋·定公二年》载:“冬十月,新作雉门及两观。”雉门为鲁国公宫的南门。唐李吉甫《元和郡县志》记载两观台“在县东南五十步”,宋《太平寰宇记》说“台各高二丈”,宋孔传《东家杂记》载:“庙东南二里,鲁城高门之外,曰两观,周回各四十步,高一丈一尺,东西相去一百步。”以后屡见于曲阜方志。旧址在鲁国故城南墙外,台已不存,近年重刻“两观台”石碑,并辟为公园。

先师手植桧 位于孔庙大成门后,石陛东侧,为孔子亲手所植。唐代封演《闻见记》记载:“曲阜县文宣王庙内并殿西南各有柏叶松身之

曲阜孔子庙的先师手植桧

树，各高五丈，枯朽已久，相传夫子手植，永嘉三年其树枯死。”南宋孔传《东家杂记》记载：“先圣手植桧三株，两株双立御赞殿前，各高六丈余，围一丈四尺，其一在杏坛之东南，高五丈余，围一丈三尺。晋永嘉三年（公元309年）枯死，至隋义宁元年（公元617年）复生，唐乾封二年（公元667年）又枯，至本朝康定年（1040—1041年）一枝复生。”（公元纪年均为摘者加注）金贞佑二年（1214年）孔庙毁于火，三桧无复孑遗。元至元三十一年（1294年），三氏学教授张须将东庑废墟新生桧苗移栽于今处，明弘治十二年（1499年）被雷火烧死，清雍正二年（1724年）枯树再次被烧，现仅存树桩。桩旁挺拔高耸的桧树叫再生桧，是雍正十年（1732年）复生的新苗。再生桧粗可合抱，高达十五六米，周有石栏围护。东有石碑，阴刻“先师手植桧”，明万历二十八年（1600年）杨光训书，旧有宋米芾撰书“孔子手植桧”诗碑，诗行草，运笔潇洒俊逸，结构散朗妍妙，体势俊迈，筋骨刚毅，神气飞扬，碑经火焚烧，几经迁移，现存庙后西仓汉魏碑刻陈列馆。

季桓子井 《史记·孔子世家》记载：“季桓子穿井得土缶，中若羊，问仲尼云‘得狗’。仲尼曰：‘以丘所闻，羊也。丘闻之：木石之怪夔、罔阆，水之怪龙、罔象，土之怪坟羊。’”宋孔传《东家杂记》记载，此井位于孔庙之东，金孔元措《祖庭广记》记载其在“庙东三里”，清孔尚任《阙里志》记为在周公庙直北。诸书均记载井围五丈三尺，深八十尺，以石为之，孔尚任并记为“石皆如磬”。

问礼故址 位于曲阜城南的林放墓东，相传即林放问礼的地方。《论语·八佾》记载：“林放问礼之本。子曰：‘大哉问！礼，与其奢也，宁俭。丧，与其易也，宁戚。’”清乾隆四十九年（1784 年），曲阜儒学教谕王得厚在林家村林家林内刻立“问礼故址”碑，碑在“文化大革命”中移入孔庙，现在原址刻立了复制碑。

高门 孔子由大司寇摄行相事，鲁国大治，齐人为扰乱鲁国，挑选美女八十人、文马三十驷送给鲁君，陈列在鲁国城南高门外，季桓子接受后不理政事，祭祀后又不按照礼制分送膰肉，致使孔子辞官周游列国。晋杜预认为高门即鲁城南门，宋孔传认为在两观台之北，近年考古发现曲阜市五金交电公司以南有城门遗址，门外有夯土台基，向北正对鲁国宫殿遗址，即是鲁城南门高门遗址。

砚台井 在洙泗书院之西。周敬王三十六年（公元前 484 年），孔子结束周游回到鲁国，鲁终不能用孔子，孔子亦不求仕，专心整理古代文献和从事教育。删《诗》、《书》，定《礼》、《乐》，修《春秋》，系《易》，砚台井即为此时所用。三国时，“诸弟子房舍、井瓮犹存”。蒙古宪宗二年（1252 年），杨奂《东游记》记载说：“砚台井在其西，惜去秋为水漫没矣。”此后未见记载。

矍相圃 位于今曲阜孔庙西侧，是孔子师徒射箭的地方。《礼记·射义》记载：“孔子射于矍相之圃，盖观者如堵墙。射至于司马，使子路执弓矢出延射。曰：‘贲军之将，亡国之大夫，与为人后者，不入。其余皆入。’盖去者半，入者半。”晋《太康志》记载“矍相圃在鲁城内县西南，近孔子宅是也”，宋孔传《东家杂记》记载“庙西南一百二十步，有圃曰矍相，回二里，高一丈”。金泰和四年（1204 年），五十一代衍圣公孔元措曾重修。明代曾建殿堂，弘治十六年（1503 年），六十二代衍圣公孔闻韶曾立“古夔相圃”石碑。

观川亭　位于尼山孔子庙门前，东依沂水，下临悬崖，相传孔子在此观川，感叹时光奔驶不返，“子在川上曰：‘逝者如斯夫，不舍昼夜。’”（《论语·子罕》）金代建亭以作纪念，今亭为清代重建。方形，每面一间，各阔6.15米，木架无斗栱，单檐灰瓦歇山顶。

尼山书院观川亭

息鄹　村名，位于曲阜城东南八公里处。据《史记·孔子世家》记载：孔子周游列国，在卫国得不到重用，打算渡过黄河去见赵简子，至黄河边，听说赵简子杀死了晋国贤大夫窦鸣犊、舜华，不再渡河，“乃还息乎陬乡，作为‘陬操’以哀之”。唐司马贞《史记索隐》说：“此陬乡非鲁之陬邑。《家语》之作‘盘操’也。”清孔尚任《阙里志》却认为在鲁国，“鄹邑，鲁之附庸，叔梁纥尝为其邑大夫，先圣从之以居，昌平尼山在邑东，是其别业也。及壮，筮仕于鲁，乃有阙里之宅。晚年退息于鄹，作‘息鄹操’，今尚有息鄹村”，太嫌牵强。“鄹操”，琴曲名，相传为孔子所作。陬，又作鄹、郰。

春秋台　相传孔子作《春秋》处，在曲阜城东南的息鄹村北。此说始于南朝《述异记》，宋时立祠设像奉祀，后称春秋书院，清乾隆三十六年辛卯(1771年)刻立“孔子作春秋处”石碑。

讲堂 相传为孔子讲学处。宋孔传《东家杂记》说:“孔子自卫返鲁,于此删诗、序书、定礼乐、系周易”,“鲁记所载孔子讲堂者是也。昔汉光武东巡过鲁,坐孔子讲堂,顾指子路室谓左右曰:‘此吾太仆之室也。’”至三国时,“诸弟子房舍井瓮犹存”(《皇览》)。宋代时“学已废,遗址存焉”,金代时有门堂等建筑,元代时因旧址建洙泗书院。

孔子墓 位于孔林中部偏南。《史记》记载“孔子葬鲁城北泗上”,“弟子及鲁人往从冢而家者百有余室”,“鲁世世相传以岁时奉祠孔子冢,而诸儒讲礼、乡饮、大射于孔子冢。孔子冢大一顷”。墓前有祠坛,本为弟子们以砖砌成,“方六尺,与地平”。东汉永寿二年(公元156年),鲁相韩敕改为石,石方三尺,纵横各七,并于墓前建神门一间,东南建斋厅三间。唐代时将祠坛改为泰山封禅石,北宋宣和元年(1119年),经朝廷同意刻制石仪,五年立于墓前。建炎二年(1128年),金兵南下,曾挖掘孔子墓,被金将完颜宗翰制止。蒙古乃马真后三年(1244年),孔子五十一代孙、袭封衍圣公孔元措始立墓碑,题“宣圣墓”三字,益津高

曲阜孔林孔子墓

翱篆书。《曲阜县志》、《阙里文献考》诸书作北宋宣和间刻立，误，那时孔元措尚未出生。明正统八年(1443 年)，五十九代衍圣公孔彦缙新立“大成至圣文宣王墓”碑。

附一 弟子遗迹

颜回墓 位于曲阜城东防山之南的颜子林内。南朝梁任昉《述异记》称颜子墓上有石楠树二株，可三四十围，传是颜子手植。金大定二十四年(1184 年)，孔子五十代孙、袭封衍圣公孔摠始立墓碑，题刻“先师兖国公之墓”，明嘉靖二十六年(1547 年)，鲁王府辅国将军朱当㴐篆书“兖国复圣公墓”。墓碑均毁于“文化大革命”之中，1986 年重刻明碑。颜回(公元前 521—前 490 年)，名渊，字子渊，鲁国人，孔子得意弟子，被列为四科之首。最早从祀孔子庙堂，唐贞观二年(公元 628 年)被尊为先师，唐开元二十七年(公元 739 年)封为兖公，北宋大中祥符二年(1009 年)加封为兖国公，元至顺元年(1330 年)晋封为“兖国复圣公”，明嘉靖九年(1530 年)改称复圣。

有若墓 位于曲阜城南的南泉村东，墓有封土，高约两米，以砖砌成八角形，前有碑，题“先贤有子之墓”。清乾隆后期，孔子七十二代孙、袭封衍圣公孔宪培立石，“文化大革命”中均被毁。有若(公元前 518—?)，字子有，孔子弟子，今曲阜人。他勤奋好学，重视孝悌，主张以礼为本、“和为贵”，轻敛薄赋，以义为尚。貌似孔子，孔子死后，曾被孔门弟子推举为“师”。唐开元二十七年(公元 739 年)追封为汴伯，北宋大中祥符二年(1009 年)加封为平阴侯，从祀孔庙两庑，清乾隆三年(1748 年)升为十二哲，配祀大成殿内。

林放墓 位于曲阜城南林家村西北，一零四号国道西侧。墓有封土，碑刻“先贤长山侯林子放墓”，周围并有裔孙墓葬多所。林放，鲁国人,《论语·八佾》记载他曾向孔子问礼,但《史记·仲尼弟子列传》和《孔子家语·弟子解》均未收入,西汉文翁《礼殿图》反而有他的名字和画像。据唐杜佑《通典》记载,唐开元二十七年(公元 739 年)林放被追封为清河伯(此事《新唐书·礼乐志》、《唐会要》无记载),从祀孔庙两庑,北宋大中祥符二年(1009 年)加封为长山侯,明嘉靖八年(1529 年)十二月被罢祀,改祀乡贤祠,清雍正二年(1724 年)恢复孔庙从祀。

宰予墓 孔子弟子宰予之墓。《魏书·地形志》记载:"鲁县……有……宰我冢。"宋《太平寰宇记》说宰我墓在曲阜县西南二十里,古鲁城之下,明吕元善《圣门志》说宰我墓在曲阜县西南三里,清潘相《曲阜县志》说宰我墓在今县东南五里。据清孔毓圻说,曲阜旧志记载宰予墓在东关外,因岁久荒芜,后人迁居齐河,祭扫有阙,遂失墓所。清康熙间,农民犁田,土中发现断碑,文字题为"齐公宰子墓",于是将附近土冢断为宰予墓,康熙四十七年(1708 年)新刻"先贤宰予之墓"碑立于墓前,并置墓户二丁守护,买地数亩以供祭祀。墓前原有石供案、石香炉,现均毁,墓土也被取用。墓所在今古城村南。宰予(公元前 522—前 458),又名宰我,字子我,鲁国人,孔子弟子。以擅长言语著称,被列为"孔门十哲"之一,从祀孔庙大成殿内。唐开元二十七年(公元 739 年)被追封为齐侯,北宋大中祥符二年(1009 年)加封为临淄公,南宋咸淳二年(1267 年)改封为齐公。

子贡手植楷 位于孔林孔子墓东南,相传为孔子弟子端木赐(字子贡)亲手所植。《皇览》记载说:"冢茔中树以百数,皆异种,鲁人世世无能名其树者。民传言孔子弟子异国人,各持其方树来种之,其树柞、枌、雒离、安贵、五味、毚檀之树。"宋孔传《东家杂记》始见楷木记载:"广志云:夫子没,弟子各持其乡土所宜木,人植一本于墓而去。冢上特多楷木,楷木出南海。今林中楷木最盛。"明陈镐《阙里志》始见子贡手植的记载:“孔林古楷,在至圣林享殿后,高四丈五尺,围一丈,枯而不朽。《水经注》:‘孔子既葬,弟子异国,各持其土所宜植于墓前。此盖子贡植也。’”清孔尚任《阙里志》记载除此株外,“又庐墓场之北有古楷一株,高五丈余,围一丈三尺,尝有白雀栖其上,亦云子贡手植”。今庐墓场北一株已无,享殿后一株仍存,清光绪八年(1882 年)曾遭雷火。前有“子贡手植楷”碑,北有楷亭,亭内有清康熙五十一年(1712 年)刻“楷图”碑,后有清初诗人施闰章“子贡植楷诗”碑。近年于地下又发现一块明碑,也移立于树旁。

子贡庐墓处 又名庐墓场,相传即孔子死后其弟子子贡庐墓处。据《史记·孔子世家》记载:“孔子葬鲁城北泗上。弟子皆服三年,三年心丧毕,相诀而去,则哭,各复尽哀,或复留,唯子赣庐于冢上,凡六年,然后去。”子赣即子贡。为纪念子贡守墓,明嘉靖二年(1523 年)在孔子墓西侧始建庐墓堂三间。明补本《阙里志》说:“庐墓堂,在夫子墓西,东向。后人因子贡庐墓建堂三间,匾曰:‘子贡庐墓处。’”今堂仍存,三间,灰瓦单檐硬山顶。堂东有“子贡庐墓处”石碑。

孔里 位于孔林前。孔子死后,“弟子及鲁人往从冢而家者百有余室,因命曰孔里”(《史记·孔子世家》),清孔尚任《阙里志》认为即今林前村。

附二 家族遗迹

梁公林 又名启圣王林,是孔子父母及哥哥伯皮的墓地。孔子三岁时,父亲叔梁纥去世,葬于防山之阴,母亲颜征在去世后,孔子将父母合葬。叔梁纥于北宋大中祥符元年(1008 年)被封为齐国公,宋孔传《东家杂记》记为齐国公墓,元至顺元年(1330 年)加封为启圣王,此后均记为启圣王林。金代时,“墓前有齐国公庙廊庑祭亭凡二十余间”，蒙古乃马真后三年(1244 年)，五十一代衍圣公孔元措始刻立墓碑、修神道，“林广四十亩”。元至元二年(1336 年)，“创造石仪、石门、护坟砖墙、享堂”。明永乐十五年(1417 年)，五十六代衍圣公孔希学曾重修，清康熙十年(1671 年)重修享殿、林门、围墙，乾隆二十年(1755 年)又重修。大门为坊，三间四柱冲天柱式、柱出头，木构。门前有石狮一对，清乾隆间刻立。东狮后有元至元六年(1340 年)立“启圣王墓”石碑。门内有享殿五间，前后有廊式木架，前为廊，绿瓦单檐歇山顶，檐下用重昂五踩斗栱，前檐用石柱，中四柱八角形，平钑阴刻荷花、牡丹、西番莲等花卉。殿前两侧有石刻望柱、文豹、甪端、翁仲，享殿后有叔梁纥夫妇合葬墓和伯皮墓。

孟皮墓 孔子之兄孟皮的坟墓，位于梁公林内，叔梁纥墓东南。孟皮，一字伯尼，有足病，不能承嗣。文献中关于他的记载很少，有子孔忠，为孔子弟子，从祀孔庙，有女嫁与孔子弟子南宫适。孟皮死后葬于父亲墓侧。明永乐间，曲阜世职知县孔希范始刻立墓碑。清乾隆五十年(1785 年)，七十二代衍圣公孔宪培又刻“圣兄之墓”碑，赵佑题书。今墓前仅存“圣兄伯尼墓”碑，即孔希范所立，孔询篆书。

颜母祠 位于尼山东南的颜母山前，是奉祀孔子母亲颜征在的祠堂。祠堂始见于《魏书·地形志中》：“鲁县……有……颜母祠。”历代重修，现存有明弘治六年(1493 年)、万历二十年(1592 年)重修石碑，1987 年又重修。有正祠三间，灰瓦硬山顶，前后廊式木架，前出廊，祠内原供颜征在木主；祠门一间，砖墙承重，灰瓦歇山顶。

第二节 外地遗迹

孔子一生三次外出，第一次是到齐国，第二次是到洛阳，第三次是周游列国，在各地都留下活动的遗迹。

孔子回辕处 位于山东省茌平县博平镇三教堂村北老徒骇河岸。孔子周游列国时，想西去晋国，走到黄河边，听说赵简子杀死贤人窦鸣犊和舜华，孔子临河而叹，折回卫国。他对不理解的子贡说：窦鸣犊、舜华都是晋国的贤大夫，过去赵简子依靠他们执政，现在羽翼丰满就杀死了他们。君子讳伤其类，不能到晋国去。清乾隆十三年（1748 年）刻立“孔子回辕处”石碑。

孔子登临处 位于泰山脚下，孔子曾经登泰山而小天下。明嘉靖三十九年（1560 年），山东巡抚朱锋、河道总督胡植等在泰山脚下建造“孔子登临处”石坊。石坊三间四柱楼阁式，石质仿造木构，宽 6. 80 米，高 6 米，额板楷书“孔子登临处”，罗洪先书。

孔子小天下处 位于泰山平顶峰，封顶比较平坦，相传即孔子登泰山而小天下处。

泰山孔子庙 位于泰山玉皇顶西侧。明初建过化亭，明嘉靖、万历间改为孔子庙，清康熙十五年（1676 年）重修，1994 年重建。为独立的院落，有大成殿、东西两庑、庙门、照壁等。

望吴圣迹 相传在泰山顶上，颜回看到吴国都城阊门外有一匹洁白的丝绢，前边染有蓝色，孔子说那是一匹叫芦苕的白马，在阳光照射下如同白练。后人为纪念此事，建造一间石牌坊，题作“望吴圣迹”。

孔子观礼处 位于莱芜市口镇垂阳村内。吴国公子季札出使齐国途中儿子去世，埋葬在嬴、博之间，因为季札以知礼著称，孔子曾前去观看葬礼。明隆庆间莱芜县知县傅国璧刻立了“孔子观礼处”石碑，碑高 3 米。

夹谷 位于莱芜市牛泉镇上峪村东南云台上夹谷峪。鲁定公十年（公元前 500 年），齐鲁两国国君在此相会，孔子辅佐鲁定公，挫败了齐国劫持鲁定公等阴谋,取得了外交上的一大胜利。现在有谢过台、防门、石寨等遗迹。

孔子闻韶处 位于淄博市临淄区齐都镇韶院村,相传孔子在齐闻韶乐三月不知肉味处,后世刻"孔子闻韶处"石碑,建闻韶书院。

孔子小鲁处 位于邹城市峄山,孔子登东山而小鲁,登泰山而小天下,后人认为峄山即为东山,在山上题刻"登东山小鲁"和"孔子登临处"。

孔子避雨处 位于河南省永城市芒砀山,相传孔子自卫返鲁途中在此避雨,后人雕刻孔子石像置于其中。明初建造孔子庙,2002 年大修,有大成殿、两庑、大门等建筑。

晒书台 位于河南省永城市芒砀山孔子避雨处,相传孔子途中遇雨,雨后在此晾晒书籍。

子路问津处 相传为孔子周游列国时派子路打听渡口处。一在河南省新蔡县关津乡集市南,后人曾建造问津台,明末毁于兵火,清乾隆五

河南永城芒砀山孔子避雨处

年(1740年)刻立“子路问津处”石碑,碑高两米。一在河南省罗山县青山乡洪河村董家湾,一碑刻“子路问津处”,一碑为“子路问津遗迹碑”,清代刻立。一在湖北省武汉市新洲区旧街镇孔子河村东北,唐代中期建造孔子庙,宋末于孔子庙右侧建造问津书院。现有两进院落,有“孔子使子路问津处”石碑、大成殿、讲堂、孔叹桥等。

夫子崖 位于河南省济源市下冶乡清河口,相传为孔子赴晋至黄河折返处。北魏时在此处建造孔子庙,延兴四年(公元474年),北魏太上皇献文帝曾派人祭祀,三年后重修,都曾刻碑为记。崖洞内原有孔子泥像,现仅存清碑一通。

孔子入周问礼处 位于河南省洛阳市东关大街,孔子入周向老子问礼处。清雍正五年(1727年)刻立石碑,题为“孔子入周问礼乐至此”,碑高3.56米。额刻“重修文庙碑记”。

孔子问礼处 位于河南省鹿邑县城西大街,明代刻立石碑,题为“孔子问礼处”。鹿邑为老子故里。一在河南省修武县周庄乡五里堡村,现在仅存“重建孔子问礼处”石碑,明崇祯四年(1631年)刻立。

孔子击磬处 位于河南省卫辉市南关村南,相传孔子在卫国击磬处。明万历十五年(1587年)、清乾隆十五年(1750年)均重修。有清乾隆皇帝题书“孔子击磬处”石碑,碑后并有题诗。碑置于亭内,亭方形,攒尖顶,东西各辟一门,西门上镶嵌“玉振遗韵”石额。

过化祠 位于河南省襄城县双庙乡化行村学校内,为纪念孔子周游列国到此教化所建。祠堂五间,后改为五虎庙,奉祀三国时蜀将关羽、张飞、赵云、马超、黄忠。

封人见圣祠 位于河南省西平县杨庄乡仪封镇北门外。孔子周游列国到卫国去,封人请见孔子,见到孔子出来对弟子们说:“天下无道久矣,天将以夫子为木铎。”祠堂已毁,现存清乾隆三十五年(1770年)记事碑。

圣人阁　位于河南省叶县邓李乡妆头村，孔子周游列国曾经经过此地，明洪武年间本村富户任宾建造圣人阁，清代重修。阁两层，硬山灰瓦顶。

圣井　位于河南省叶县城东南隅，相传为孔子周游列国时的吃水井，井深约 15 米，直径约 3 米，以两块大石板覆盖，凿有四个圆洞，可供四人同时打水。

学堂冈圣庙　位于河南省长垣县满村乡学堂冈村东，相传汉代时为纪念孔子周游列国时在此讲学而建，元代毁于兵火，明天顺三年（1459 年）重建。现在建筑多被改造，院内有杏坛亭，四方攒尖顶，高 6 米，宽 6.40 米。

孔子晒书处　位于河南省上蔡县华陂乡陈蔡铺村，相传孔子周游列国时在此遇雨，于此土台上晾晒书籍，明代时台上有孔子庙，东北有晒书亭，八角，砖石建筑。

厄台　在河南省上蔡县蔡河镇内，相传即孔子周游列国时在陈蔡被困，绝粮七天，孔子仍弦歌不绝。遗址原在蔡河镇北里许，清康熙二十八年（1689 年）迁至蔡河镇中。

弦歌台　在河南省淮阳县城西南隅，相传孔子周游列国时在陈蔡绝粮处，唐开元中迁建孔子庙于台上。明嘉靖二十一年（1542 年），根据孔子弦歌不绝命名为弦歌台，台上原有知德书院。清乾隆五年（1740 年），改名弦歌书院。台三面临湖，有建筑约百间。

第二章　孔子庙

孔子庙是历代祭祀孔子借以表彰儒家思想的礼制庙宇，遍及中国、朝鲜、越南、日本等国家，而曲阜孔庙是世界孔子庙的祖庭，也是世界上两千多座孔庙中历史最久、规模最大的一座。

第一节　修建历史

周敬王四十一年（公元前479年），孔子逝世，奉祀在家庙中，弟子们在孔子故居中陈列上孔子生前使用过的衣、冠、琴、车、书，将其改造为孔子纪念馆。周威烈王二十四年（公元前402年），孔子之孙子思去世，按照大夫三庙的制度，孔子已经不能继续奉祀在家庙中，后孙根据孔子"古者祖有功而宗有德，谓之祖宗者其庙皆不毁"（《孔子家语·庙制》）的观点，将孔子的故居改成孔子庙，所以司马迁说："故所居堂，弟子内，后世因庙。"（《史记·孔子世家》）

汉高祖刘邦建立政权后，深知以马上得天下而不能以马上治之，他于十二年（公元前195年）自淮南还，"过鲁，以太牢祠焉"，首开帝王祭祀孔子的记录。但汉朝初年统治者崇尚黄老刑名之学，儒学并没有受到多大重视。直到汉武帝时，接受董仲舒的建议，罢黜百家，独尊儒术，儒家思想才成为国家的正统思想，孔子的地位也随之提高。元始元年（公元 1 年)，平帝刘衎追谥孔子为褒成宣尼公。此后，孔子庙备受重视，“诸侯卿相至，常先谒然后从政”。

东汉建武五年(公元 29 年)，光武帝刘秀路过阙里，命司空祭祀孔子，十四年(公元 38 年)恢复孔子后裔奉祀的爵位。其后，明帝刘庄于永平十五年(公元 72 年)、章帝刘炟于元和二年(公元 85 年)、安帝刘祜于延光三年(公元 124 年)先后到曲阜祭祀孔子。

皇帝尊崇孔子，地方官也注重保护孔子庙。永兴元年(公元 153 年)，鲁相乙瑛奏请设官守庙，奏书说：“孔子作春秋，制孝经，删述五经，演易系辞，经纬天地，幽赞神明，故特立庙，褒成侯四时来祠，事已即去。庙有礼器无常人掌领，请置百石卒史一人，典主守庙，春秋飨礼，财出王家钱，给犬酒直。”[1]国家开始派专员管理孔庙，并拨给祭祀经费。永寿二年(公元 156 年)，鲁相韩敕“修饰宅庙”，“造礼乐器”。[2]建宁元年(公元 168 年)，鲁相史晨“礼孔子宅，拜谒神庙”，并加意保护孔庙，“补完里中道之周左墙垣”，“作屋涂色，修通大沟，西流里外，南注城池”。[3]

东汉末年，天下大乱，孔庙残毁，祭祀中断。魏晋南北朝时期，政治变动频仍，玄学泛滥，佛道盛行，儒学地位相对下降，但孔子仍然受到尊崇。魏文帝曹丕即位后，赞扬孔子“屈己以存道，贬身以救世”，“俾千载之后，莫不宗其文以述作，仰其圣以成谋咨。可谓命世之大圣，亿载之师表者已”，并“令鲁郡修起旧庙，置百石吏卒以守卫之，又于其外广为屋宇以居学者”。[4]

南北朝时，保有曲阜的君主莫不修饰孔庙、祭祀孔子。西晋泰始三年(公元 267 年)，武帝司马炎命鲁国四时备三牲祭祀孔子。东晋时，孔庙“庭宇倾顿，轨式迹驰”，太元十四年(公元 389 年)，孝武帝司马曜命“兖州鲁郡，准旧营饰”，但因主修人员去世，“成规不

❶[汉]《乙瑛碑》，碑在曲阜孔子庙。
❷[汉]《礼器碑》，碑在曲阜孔子庙。
❸[汉]《史晨碑》，碑在曲阜孔子庙。
❹[魏]《孔羡碑》，碑在曲阜孔子庙。

遂”。南朝宋元嘉十九年(公元442年),文帝刘义隆下令于孔庙“特为营建,依旧给祠直,令四时飨祀。阙里往经寇乱,黉学残毁。并下鲁郡复修学舍,采召生徒”,但“事未克就”。孝建元年(公元454年),孝武帝刘骏下诏赞扬孔子“体天降德……经纬三极,冠冕百王”,命开建庙制,同诸侯之礼。北魏太和十九年(公元492年),孝文帝元宏亲临曲阜祭祀孔子,尊孔子为“文圣尼父”。东魏兴和三年(公元541年),兖州刺史李珽“修建容像,雕素十子”。北齐天保元年(公元550年),文宣帝高洋命“鲁郡以时修崇庙宇,务尽褒崇之至”,并遣使致祭。南朝梁太平二年(公元557年),敬帝萧方智诏赞孔子“立忠立孝,德被烝民,制礼作乐,道冠群后”,命“缮庙堂,只备祀典,四时荐秩,一皆遵旧”。北周大象二年(公元580年),静帝宇文衍诏称孔子“载弘儒业,式次彝伦”,“作范百王,垂风万叶”,追封孔子为“邹国公”。

隋代北周,建立了巩固统一的中央集权制度,大力提倡儒学,实行科举制度,儒学的正统地位得到加强。文帝杨坚于开皇元年(公元581年)尊孔子为“先师尼父”,大业七年(公元611年),曲阜县令陈叔毅重修孔子庙。

唐武德二年(公元619年),高祖李渊诏赞孔子“道济生民”,于长安国子监建孔子庙。九年(公元626年)十一月,太宗李世民即位,下诏赞颂孔子“以大圣之德,天纵多能,王道藉以裁成,人伦资其教义”。贞观二年(公元628年),尊孔子为“先圣”。贞观四年(公元630年)命全国州县学校皆建孔子庙。贞观十一年(公元637年)尊孔子为“宣父”,命兖州重修阙里孔子庙。乾封元年(公元666年),高宗李治东巡过曲阜,遣官致祭,尊孔子为“太师”,因“庙宇制度卑陋”,命兖州都督霍王李元轨大修阙里孔子庙,“接泮林之旧遗,削灵光之前殿”,扩大了孔庙的规模。开元六年(公元718年),兖州刺史韦元圭及褒圣侯孔璲之等又重修孔子庙,"树缭垣以设防"。开元十三年(公元725年),唐玄宗李隆基祭祀泰山,路过曲阜,命礼部尚书祭孔子墓。玄宗深知"弘我王化,在乎儒术",二十七年(公元739年)又追谥孔子为"文宣王"。大历八年(公元773年),兖州刺史孟休鉴、曲阜县令裴有象新修孔子庙门。咸通十年(公元869年),孔子三十九代孙孔温裕奏请皇帝获准,出私俸重修孔子庙"命工庀事,饰旧加新"。

后周广顺二年(公元952年),太祖郭威过阙里,亲自拜祭孔子庙和孔子墓,命兖州修葺墓所祠宇。

北宋建隆元年(公元960年),太祖赵匡胤即拜谒孔子庙,撰诗赞颂孔子,下令增修孔子祠宇,三年(公元963年),命孔庙用正一品礼,立戟十六枝。太平兴国八年(公元983年),太宗"御便殿,顾谓侍臣曰:'朕嗣位以来,咸秩无文,遍修群祀……唯鲁之夫子庙堂,未加营葺,阙孰甚焉。况像设庳而不度,堂庑陋而毁颓,触目荒凉,荆榛勿翦,阶序有妨于函丈,屋壁不可以藏书,既非大壮之规,但有岿然之势,倾圮寝久,民何以观?'上乃鼎新规,革旧制",进行了一次"振古莫俦"、"于今为盛"[1]的扩修。其后,景德三年(1006年)又加以维修。

大中祥符元年(1008年),真宗赵恒过曲阜亲拜孔子庙,祭以太牢,并御制赞诗,赞颂孔子为"人伦之表,帝道之纲",为显示"崇儒重道",追谥孔子为"玄圣文宣王"。大中祥符二年(1009年)颁给孔子庙桓圭,增加孔子像冕九旒,服九章,一如上公之制。大中祥符五年(1012年)改谥孔子为"至圣文宣王"。天禧五年(1021年),"命转运司支破官钱、差拨兵士工匠,修完本庙",命选差孔氏朝官一人监督工役,遣太常博士孔道辅监修。孔道辅请得封禅行宫余材椽、樟、梗、梓等木,大修孔庙,"殿宇益加洪丽"。

[1] [宋]吕蒙正《重修兖州文宣王庙碑》

嘉祐六年(1061 年),仁宗将御书金字篆书"宣圣庙"额和飞白书"大成殿"榜颁给孔庙。元丰元年(1078 年),因"州县惮于申请,庙久不修,榱栋倾落",命"兖州常以省钱修葺宣圣祠庙……以省钱修,遂为定例"。元丰五年(1082 年),命"转运司于丝绢钱内支钱二千贯、又赐度牒三十本给兖州"以重修孔子庙,并令孔子四十七代孙孔若升监修。绍圣三年(1096 年),"敕转运司于系省钱内支钱三千贯修葺"[1],命四十七代奉圣公孔若蒙监修。政和元年(1111 年),敕孔子执镇圭,庙门改立二十四戟,如太庙之仪,提高了孔庙的规格,并命转运司以省钱重修,以四十八代衍圣公孔端友督工。

北宋末,金兵南下,因孔子说过"夷狄之有君,不如诸夏之亡也"(《论语·八佾》)而火烧曲阜孔庙,"庙宇与书籍俱为灰烬"。但一些有头脑的统治者深知要在中原地区站稳脚跟,必须借重儒家思想,显示尊儒重道。建炎二年(1128 年),金将完颜宗翰得知军士所挖的是圣人孔子墓后,尽杀挖墓兵士。天会五年(1127 年),金将完颜宗尧(太祖子、世宗父)驻燕京,戎马未息,首建太学,修国子监。七年(1129 年)兵临曲阜,因其为孔子出生地,他命令军士不得剽夺,下城第二天,命曲阜知县"引诣圣庙","登杏坛,望殿火奠拜",诣庙后,又奠拜孔子墓,将挖掘孔鲤墓、孔宗翰墓的十二名兵士执缚至庙南十余里全部杀掉。

女真贵族占据北方后,进一步认识到崇儒的重要性。金熙宗完颜亶于皇统元年(1141 年)拜诣上京孔子庙,"北面再拜,顾儒臣曰:为善不可不勉。孔子虽无位,以其道可尊,使万世高仰如此","敕行台支拨钱一万四千余贯修盖宣圣殿","四年行省降钱一万四千五百贯,发南京入作司见材,修完本庙,创盖大成殿,至正隆二年,以羡钱修两庑及齐国公殿",但此次维修规模不大,被毁建筑并没有

[1]〔宋〕吕蒙正《重修兖州文宣王庙碑》。

全部修复。其后,大定十九年(1179 年),衍圣公孔摠与族长孔端修率领庙丁到东蒙山采木重建郓国夫人殿,至明昌间才进行了一次大修。

金章宗幼习儒家经书,认为是“圣贤纯全之道”,即位第二年(明昌元年,1190 年),对侍臣说:“昔夫子立教于洙泗之上,有天下者所当取法。乃今遗祠久不加葺,且隘陋不足以称圣师之居,其有以大作新之。”三月又下旨说:“比闻曲阜县孔圣庙兴盖多年,门庑位次厄陋损坏,委本县逐旋申部支钱修补。”降钱八万三千贯有奇,进行了一次“三分其役,因旧以完葺者才居其一,而增创者倍之”的大修,使孔庙扩展到“殿堂廊庑门亭斋厨黉舍合三百六十余楹”的规模,“位叙有次,像设有仪,表以杰阁,周以崇垣”,“制度大备于历朝”,前后历时四年,至明昌五年(1194年)竣工。

金贞祐二年(1214 年)“正月二十四日,兵灾及本庙,殿堂廊庑灰烬什五”,这是孔庙有记载以来遭受的第二次兵火大难。此次兵灾,金正大四年(1227 年)成书的孔元措《孔氏祖庭广记》四次提及,只说“兵灾”、“兵火”、“兵革”。正大三年(1226 年)六月赵秉文的《手植桧刻像记》说“贞祐初,虏寇犯曲阜、焚孔庭桧”,均未说明是谁所焚,独《孔庭纂要》记载说:“贞祐二年北虏犯本庙,殿堂廊庑灰烬什五”,“金贞祐甲戌,北虏犯祖庙”。可见,孔庙是被蒙古骑兵焚毁的。

蒙古贵族入主中原后,即认识到尊孔的重要,诏示天下“孔子之道垂宪万世,有国家者所当崇奉”,下令修建孔子庙,遣官到曲阜代祀孔子。他们清楚地知道“孔子之教非帝王之政不能及远,帝王之政非孔子之教不能善俗。教不能远及,无损于道;政不能善俗,必危其国”。尊崇孔子的目的,正如加封孔子为“大成至圣文宣王”的诏书所说,“尚资神化,祚我皇元”,即乞求孔子的神灵保佑元朝的统治。因此,蒙古贵族不惜耗费巨资,重建被他们焚毁的孔庙。

蒙古太宗五年(1233年)六月,蒙古兵攻克金都汴京,十二月即敕修孔庙。九年(1237年)始诏衍圣公孔元措修阙里孔子庙,“官给其费”,所修建筑不详,其费用是“是岁历日银,诸路以其半,益都、东平以其全”。定宗三年(1248年),“东平行台严中济奏以本路历日钱修圣庙,又得美材于盗伐树木者……修起郓国夫人殿,暂寓先圣颜孟及十哲像”。

至元四年(1267年),衍圣公孔治以修庙余钞五锭和本路至元四年历日钱内支给钞二十锭维修,“奎文、杏坛、斋厅、黉舍即其旧而新之,礼殿则未遑也”,仍未能修起孔庙正殿。

元代初年,屡加重修,但除郓国夫人殿一役,均是“即旧而新之”的维修,所以元十九年(1282年)的《修阙里庙垣记》说:“阙里庙制,周三里而弱,崇垣四护,皆圬以粉涂,庇以瓦木,与夫殿阁门廊等余五百架……荐经丧乱,表里凋敝……主祀财单力薄,扶倾缀朽,联缺续垩,所成者不偿其坏。朝廷频年议加修复……以军国庶务方殷而事未及措也。”

大德元年(1297年)十一月,济宁路达鲁花赤按檀不花奏书朝廷,愿自修葺,一切所资,首先出备,如有不敷,劝率好事者津助。申准许令修盖,遂自输钱币万缗维修孔庙。储材选匠之间,御史台以孔庙维修不可使臣下独专其美而上奏皇帝致使其停工,至大德四年(1300年)正月十三日,工部以“本路已有收到钞两木植砖瓦等物,恐日久消费”上奏,请照已拟间座起盖,所用工物先尽现在,余有不敷,官为给降钱物。八月初一依议复工,十二月初七又接到“不急之役停罢”的诏书,工程再次停止。五年(1301年)五月二十日,才以“奉诏书时圣庙工役已及八分,若今住罢,经值霖雨,损坏失落”的理由获准再次动工,好事者闻风争施,至六年九月十二日才完工。这次维修是元代最大规模的工程,“市木于河，辇石于山，抡材于野，宋栋栌桷楹础之属悉俱”，“大小以楹计者百二十有六，俱各完成，约费十万金有奇”，按檀不花终于以“国无费财，民不知劳，卒成一代之盛事”。其后天历二年，(1329 年)，因“圣庙岁久渐坏，敕济宁路出官钱五万二千余缗为修葺之资……焕然一复旧观”。至顺二年(1331 年)，衍圣公孔思晦奏请依前代故事，周起围墙，四隅建角楼，仿王宫之制，文宗赐给“山东盐转运司岁课及江西浙江两省学田岁人中统楮币三十一万四千四百缗”交济宁路督修。元统二年(1334 年)鸠工，至元二年(1336 年)工竣，“宫室之壮以宁神栖，楼阁之崇以虔宝训，周垣缭庑，重门层观，丹碧黝垩，制侔王居”。至元五年(1339 年)又以台储中统楮币二万五千缗立碑建亭，以纪其事。

明王朝建立后，朱元璋意图“行先师之教，淑海内，洽人心”，所以“武功未戢，已事俎豆”。洪武元年(1368 年)二月，诏以太牢祭孔子，遣使到曲阜祭祀，召孔子嫡长孙衍圣公晋见，要他“领袖世儒，益展圣道之用于当世”，并赐祭田二千大顷。洪武七年衍圣公报请修庙，皇帝批复：“明年时和年丰，与他修造。”洪武八年、九年均大水，十年大熟，山东布政使司“委兖州判袁良督所属州邑鸠工蒇事，辇石抡材，宋栋栌桷、瓦甓锻冶髹漆之属毕备，逾三月而后成”。这次维修，重建正殿左右回廊十八间、三氏学生员房舍二十二间，“合七十余楹”。衍圣公又劝本族“有禄者鸠金补塑圣贤像”。洪武二十年(1388 年)，皇帝又命工部派行人张敏带领千名工匠进行维修。

明成祖朱棣赞扬孔子“参天地，赞化育，明王道，正彝伦，使君君臣臣、父父子子、夫夫妇妇各得以尽其分”，并将汉唐有为之君使天下大治的原因归为能表彰孔子思想。于永乐十年(1412 年)又对孔庙进行了一次“撤其旧而新之”的维修，至永乐十五年(1417 年)五月告竣，修廊庑楼阁共二百七十余楹，增建了棂星门、德侔天地、道冠古今二牌楼，大门三洞(今圣时门)、石桥三座(今壁水桥)。其后宣德九年(1434年),工部侍郎周忱、苏州知府况钟捐金重建金丝堂,天顺四年(1460年),衍圣公重建启圣王寝殿。

明宪宗朱见深认为"孔子之道之在天下,如布帛粟菽,民生日用不可暂缺","生民之休戚系焉、国家之治乱关焉","有天下者……孰不赖孔子之道以为治","有天下者诚不可一日无孔子之道"。[1]他即位之日,即亲自到太学祭祀孔子,不久又命山东巡抚重修阙里孔子庙,于天顺八年(1464年)九月动工,成化元年(1465年)十一月落成,历时一年零两个月。这次维修"去故易新",修后"规模视旧有加"。成化三年(1467年)四月,又命建碑以纪成功,成化四年(1468年)六月,落成。

成化十九年(1483年),衍圣公孔弘泰以"阙里乃天下文教之本源也,使庙貌不极其壮丽,将何以耸四方之观瞻,起后学之尊仰"为由,封章奏请重修孔庙。宪宗"命有司作新,凡殿堂廊庑门亭斋厨黉宫等三百五十八楹,规模一新,其间有不可易者仍旧"。此次维修至成化二十三年(1487年)六月告成,"耗公帑货财十余万金","梁楝榱桷,圆中规而方中矩,平中准而直中绳,柱石缕以龙凤之形,轮奂绘以金碧之色,圣贤之像以新,章服之制以正"[2],位于"正殿者皆盘石斫木为龛,位于两庑者亦皆如制,迄周垣层路皆甃以砖石",这是明初以来对孔庙规模最大、质量最高的维修。

弘治十二年(1499年)六月十六日夜,孔庙遭受一次雷火,焚烧了大成殿、寝殿、两庑、家庙、启圣殿等房一百二十三间,孔庙主要建筑几乎全部被毁,十三碑亭以北仅有启圣门、燕申门、启圣寝殿、杏坛等几座小建筑幸免。七月底皇帝派山东巡抚何鉴会同钦差太常寺少卿李杰等相度庙工,拟定孔庙殿宇廊庑等项房屋间座规模,动

❶明宪宗《御制重修孔子庙碑》。
❷〔明〕王珙《落成纪功碑》。

用“荆州、芜湖、杭州各抽分厂木植，江西、九江、苏州、浒墅并临清钞关船料钱钞及山东起运夏税折钞、户口、食盐并各司府在库无碍钱粮”，工程“限三年完备”。始工于弘治十三年1500年)二月，落成于弘治十七年(1504年)正月，耗银十五万二千六百余两。“木则市之楚蜀诸境，石则取之邹泗诸山，瓴甓铅铁则官为之陶冶，丹垩髹彩则集之于商，斫削搏埴雕琢绘饰之工则征之京畿及藩府之良者。”①这次大修重建了被焚建筑，维修了幸存建筑，还扩建了奎文阁、大中门、二门(今弘道门)、大门(今圣时门)等，增建了仰高门、快睹门，奠定了现存孔庙的规模。

弘治一役后，明代再无大修，隆庆三年(1569年)，山东巡抚姜廷颐、河道巡抚翁大立等“捐岳祠之香税与有司之赎锾，得一千六百金”维修孔庙，“诸殿寝门庑堂阁斋亭，烂然改观”，扩建了杏坛，扩大了庙前空地。万历六年(1578年)，山东巡抚赵贤等捐香税赎锾又加小修。万历二十年(1592年)，山东巡抚郑汝璧、巡按连标修孔子林庙等集两台赎锾、岳祠香税、管库存银各一千两，以十分之三修理孔庙，“乃新殿阁，乃饰廊庑”，并在庙门前立重城皋门，以象朝阙。二十九年(1601年)，山东巡抚黄克缵捐银二千两维修。三十六年(1608年)，济宁兵巡副使捐俸三百金修理西庑。

满族统治者深知孔子思想在汉族士大夫心目中的地位，早在崇德元年(1636年)即于盛京建孔子庙，春秋二仲月上丁致祭。清兵入关后，以“崇圣学”为要策。顺治元年(1644年)，山东巡抚方大猷奏报皇帝：“先圣孔子为万世道统之宗”，认为尊崇孔子“可卜国脉灵长，人文蔚起”，“本朝开国之初，一代纲常培植于此”。清廷采取了方大猷的建议，全盘承认了孔子长孙在明代的一切特权，并于顺治二年(1645年)追封孔子为“大成至圣文宣先师”，十四年

①〔明〕李东阳《重修阙里庙图序》。

(1657年)改称“至圣先师”。

清初,连年征战,清廷无暇顾及孔庙的维修,只有地方官们进行零星修补。顺治十二年(1655年),山东巡盐御史王秉乾捐银二千两并劝募属员捐助,重修奎文阁,十三年(1656年)兖镇参戎华承恩、十四年(1657年)山东提学道施闰章等都曾捐赀维修,康熙二年(1663年),东兖道参议张弘俊倡募重修奎文阁、大中门、角楼、宋元碑亭等,十六年(1675年),衍圣公孔毓圻以祭田赢余维修诗礼堂、金丝堂以及大成门、棂星门等十几座门坊。

曲阜孔子庙门坊

康熙二十三年(1682年),皇帝到曲阜孔庙祭祀孔子,亲行三跪九叩大礼,题匾赞颂孔子为“万世师表”。二十八年(1687年)六月,衍圣公疏请修庙,工部以“事务繁多”为由拟暂行停止,但康熙帝认为:“阙里圣庙崇奉先师,万代瞻仰,今既日渐毁敝,理宜修葺,着差工部、内务府官员前往确估,到日再议。”估后,即“发帑银八万六千零十八两零八分”维修,这是清王朝第一次维修孔庙,皇帝非常重视,命内务府郎中皂保、工部郎中阿尔稗监修,工匠由京中带到,琉璃瓦料在京烧办。工始于康熙三十年(1689年)四月,竣于三十一年(1690年)八月,"修理圣庙大成殿各殿共五十四间,大成门各门共六十一间,两庑八十八间,共二百零三间,棂星门一座,牌坊二座,龛案一座,拆去梁檩瓴甓敝坏者,添料修盖"。维修实用银七万一千多两,其中工食银一万五千八百多两,办买木料银四千五百多两,京中烧办琉璃瓦料银三万八千八百多两。从开支看,这次只是大面积维修,没有大修项目。工程结束后,衍圣公请求御制碑文纪成,捐赀自行立碑建亭。康熙帝在碑文中赞扬孔子"为往圣继绝学,为万世正人心",要求"凡我臣民,瞻仰宫墙……益思敦德崇义,砥砺伦常,以不负朕尊师重道之意"[1]。

雍正二年(1724年)六月九日"申时,疾风骤雨,雷电交作,有火从先师大成殿脊螭吻间出,栋宇高峻,火势猛烈,不能扑灭。……沿烧寝殿、大成门、圣祖仁皇帝御碑东西二亭、启圣王旧殿、金丝堂等处,到丑时方熄",这次火灾烧毁大成殿等一百三十三间。灾报到京,雍正皇帝引咎自责,素服斋居,撤乐减膳,斋戒二日,不设卤簿,素服前往国子监孔庙致祭,派礼部侍郎来曲阜慰祭,命署工部侍郎马腊会同山东巡抚陈世倌相度修庙。雍正三年(1725年)八月十二日兴工,八年(1730年)九月十六日竣工,除重建被焚建筑外,还维修所有幸存建筑,添建乐器库、雍正修庙、皇子祭庙碑亭,并将正殿正门改为黄色琉璃瓦,两庑改为黄瓦剪边。对这次维修,雍正帝十分重视,"特发帑金,命大臣等督工监修,凡殿庑制度规模以至祭器仪物皆令绘图呈览,朕亲为指授,遴选良工,庀材兴造"。先后命山东巡抚陈世倌、塞楞额董工,但因"陈世倌委用不得其人于前,而塞楞额又复因循怠忽于后,以致工程迟缓",六年命署山东巡抚岳浚董工,七年又命通政使留保从北京到曲阜督修,并将原任山东巡抚陈世倌调回曲阜,督率从前因承修迟误而被解职的知府、知州、知县

[1] 清圣祖《重修阙里孔子庙碑》。

办理庙工。由于雍正帝的重视，孔庙确如他要求的那样，“巍焕崇闳，坚致壮丽，纤悉完备，灿然一新”，共用帑银十五万七千多两。

乾隆十三年(1748年)，皇帝到曲阜祭祀孔子，亲行三跪九叩大礼，以后又七次到曲阜祭祀。乾隆十九年(1752年)，衍圣公孔昭焕将棂星门改为石质，二十三年(1756年)、三十五年(1768年)为迎接皇帝祭祀孔子，又对孔庙加维修。嘉庆六年(1801年)，滋阳县令孙良炳捐银五百八十九两五钱重修大成殿。十一年(1806年)，富户刘克昌捐银三千二百两重修圣迹殿。

嘉庆后期，对孔庙进行了一次全面的维修。嘉庆十三年(1808年)，监察御史孔昭虔奏请维修颜庙，皇帝想到孔庙“自雍正年间估修以后，迄今历有岁时，恐垣墉栋宇间有渗圮之处，亦宜速为缮治以肃观瞻。着山东巡抚吉即亲往敬谨阅勘，一并核实确估奏明，动帑兴修，用副朕崇儒重道之意”，山东巡抚提交了十五万九千三百多两的维修预算。工程于二十一年(1816年)八月开工，二十四年(1819年)三月竣工，将孔庙建筑维修一新。

同治三年(1864年)，清兵攻克太平天国首都南京，告功孔子庙，九月诏修曲阜孔庙。八年(1869年)，曾国藩、李鸿章镇压捻军后，即到曲阜祭祀孔子，要“戢干戈，修文事”，奏请修庙，同治帝命两江、湖北、山东各筹银二万两共计六万两维修孔庙，八月动土，十一年(1872年)春竣工。同年八月，又以前山东巡抚等人的捐银四千五百两和运库庙工生息银两等款续修，共维修了除弘道门以南的全部建筑及墙垣，并重建鼓楼。

光绪二十三年(1897年)，山东巡抚李鉴堂拨善后局、临德关节款各五千两，动用济宁州旧存木料一千五百余根，维修大中门以前各门坊，李调任四川总督后，继任巡抚张汝梅续拨银四千两及出售济宁余木银一千四百两续修，至次年七月告竣。二十四年（1898年）六月，山东抚院又筹银五千两维修大成殿后檐及庙后围墙。

光绪三十二年（1906年）十一月十五日，西太后赞颂孔子"德配天地，万世师表"，将孔庙祭祀规格由中祀升为大祀，拟将孔庙全部改为黄瓦，考虑到"物力维艰，良材难得，若从新改造，工程巩固恐不及前，不如择要修理，以示尊崇"[1]，山东抚院拨支库平纹银五万两，维修了清代九座碑亭，更换了毓粹门、观德门、德侔天地坊、道冠古今坊的檐椽等木构件并改换黄瓦。工程至宣统二年（1910年）告竣，实用银五万四千余两。

民国年间，孔庙从未大修。1915年曲阜县知事魏正鸿用洋九百元修葺寝殿并浚孔林洙水河，1925年以省款及捐款三万八千元修寝殿，因款不足，1926年增拨三万四千七百元，1927年又拨二万六千九百元维修明代二碑亭、同文门。1930年，蒋冯阎大战，蒋军固守曲阜，阎军围攻，交战十日，孔庙大成殿、寝殿、西庑、奎文阁、碑亭、启圣门、观德门、大中门等都遭受不同程度的损毁。1935年，梁思成曾奉命到曲阜勘察孔庙，编制了七十九万七千元的修葺计划，但并未能付诸实行。

中华人民共和国成立以后，国家十分重视对孔庙的维修工作。1950年拨粮、1951年拨款一亿元（旧币）进行维修，1952年拨款两亿元（旧币）整修大成殿，1954年揭瓦阙里坊，1956年揭瓦整修东西两庑并角楼，1957年拨款三万元整修大成殿，同年，山东省人民委员会公布孔庙为山东省重点文物保护单位。

1959年，曲阜对外开放，国家拨款对孔庙进行了全面维修，揭瓦圣迹殿、诗礼堂等，并彩画了部分建筑。1961年，国务院公布孔庙为第一批全国重点文物保护单位，拨款九万多元为大成殿、奎文

[1]《孔府档案》5011卷。

阁等高大建筑安装了避雷设备。1963 年、1964 年又相继揭瓦维修了寝殿、崇圣祠等建筑。

“文化大革命”中,曲阜孔庙遭受了严重破坏。周恩来总理依然非常关心孔庙的保护工作,1970 年派人到曲阜察看孔庙的破坏情况,随后国家拨款十二万九千元维修大成殿,以后又连年拨款三十多万元维修了杏坛、金元碑亭、启圣王殿、启圣王寝殿等建筑。

“文化大革命”以后,特别是党的十一届三中全会以来,国家更加重视对孔庙的保护工作,每年拨款几十万元用以维修古建筑,1985 年国务院又批准拨给一千三百多万元的专款用来全面整修曲阜文物古迹。先后落架大修了奎文阁,揭瓦了大成殿、寝殿、两庑、崇圣祠等二百余间,耗资四百多万元。

第二节　历代形制

一、形制分析

孔庙从孔子的三间故居逐步发展成四百多间规模的宫殿式建筑群,其发展大约有以下九个形制:

(一)春秋到北朝因宅为庙的形制

公元前 479 年,孔子去世,“故所居堂第之内,后世因庙,藏孔子衣冠琴车书”。汉代虽多次重修,但仍以宅为庙,“依依旧宅,神之所安”。建宁元年(公元 168 年),鲁相史晨祭祀孔子,“国学冗员,吏无大小,空府竭寺,咸俾来观,并泮宫文学先生执事诸弟子合九百七人,雅歌吹笙,考之六律,八音克谐”,祭祀隆重,可以想见,孔氏故宅面积也是很大的。

汉末,“遭天下大乱,百祀堕坏,旧居之庙毁而不修,褒成之后绝而莫继,阙里不闻讲诵之声,四时不睹烝尝之位”。魏黄初元年(公元 220

年)，“令鲁郡修起旧庙，置百石吏卒守卫之”。东晋时，孔庙“准旧营饰”，南朝宋修复学舍，命“开建庙制，同诸侯之礼，”但并未施行。所以直到北魏时，“孔庙即夫子之故宅也。宅大一顷，所居之堂，后世以为庙。……庙屋三间，夫子在门，东向；征母在中间，南面；夫人隔东一间，东向。夫子床前有石砚一枚，作甚朴，云平生时物也”[1]。东魏时雕塑孔子及十弟子像，但于庙制并无改变。

(二)隋唐初扩的形制

隋大业七年(公元611年)，陈叔毅扩修孔庙，“粉壁椒涂，丹楹刻桷”，“寝庙孔硕，灵祠赫奕，圆渊方井，绮窗画壁”，已非孔子故宅旧观。

唐代，“天下通祀，惟社稷与孔子”，对孔庙多加扩修。乾封元年(公元666年)，以“庙宇制度卑陋”，高宗下诏“改制神宇”，“更加修造”，命兖州都督霍王李元执“大启藩维”。大历八年(773)时，“阙宫霞敞，正殿岑立，缭以环堵，邃其台门，巍若化造，嶷如口动”。唐代，孔庙的规模为：“正庙五间，祀文宣王，南向坐，颜子面西，配闵子以下十哲及曾子，东西列坐，皆为塑像。两庑二十余间，祀七十二贤，图绘于壁上。庙后为寝庙，祀亓官夫人。前为庙门，三间，甚壮丽。”[2]孔庙已有正殿、寝殿、两庑、大门等。大门“大屋横亘，双扉洞开，丹栱绣桶”，门犹如此，“正殿岑立”，规模更大。

(三)北宋大扩的形制

宋太平兴国八年(公元983年)，“鼎新规，革旧制”。天禧五年(1021年)，又大扩孔庙。金代孔元措《孔氏祖庭广记》中的《宋阙里庙制图》与南宋孔传《东家杂记》“宅图”文字记载相同。“直外门曰前三门，仁宗皇帝御书门榜之门；三门之后曰御书楼，盖藏赐书

❶[北魏]郦道元《水经注》。
❷[清]孔尚任《阙里志》。

之楼；书楼后御路东西之亭，其东曰本朝修庙碑亭，其西曰唐封孔子太师碑亭；次殿庭门；殿庭门内曰御赞殿，乾兴中，兖州奏乞于夫子之后选朝官一人专切监修，本朝是时祖父中宪被选，奏修是殿；次后曰杏坛；杏坛之后即先圣正殿，仁宗皇帝御书飞帛殿榜之殿；直殿后曰郓国夫人殿；后殿东庑曰泗水侯殿，西庑曰沂水侯殿。祖殿廊西门外曰齐国公殿，直殿后曰鲁国太夫人殿，鲁国太夫人旧与齐国同殿，庆历八年，四十五代孙彦辅宰乡邑，奉圣旨监修祖庙，始乞移于后殿，自太夫人殿由东廊以北曰五贤堂。祖殿廊东门外曰斋亭，斋厅之东廊门外曰客位，直斋厅后曰家庙。自客位东门直北曰袭封视事厅，直厅后曰恩庆堂，中丞公典乡郡日，侍致政尚书、会孔氏亲族于此堂，徂徕石守道先生有碑纪其事。堂之东北隅曰双桂堂，皇佑元年，先公、仲父同年赐第，旧常于此会学，故以名之。诸位皆列于祖殿之后，恩庆堂东西，自祖庙并诸位旧系敕修，近世监修祖庙者窘于用度，不敢以官钱营饰私居，遂罢修诸位，今族间居处皆自备修葺。除诸位外，祖庙殿庭廊庑共三百一十六间。”

从图和文看，孔庙除附属的袭封视事厅一组外，已成东、中、西三路布局，前后四进院落。元祐元年（1086 年），又于孔庙之东南隅添建庙学。

（四）金代盛扩的形制

北宋末，金兵南下，孔庙被焚，金代皇统、正隆、大定间相继重修。金明昌二年（1191 年）大扩孔庙，“制度大备于历朝”。孔元措《孔氏祖庭广记》所收录的《金阙里庙制图》即是这次扩大后的规模。同书还记载：“正殿、廊庑、大中门、大成门、郓国夫人殿，自皇统、大定以来建之，其制犹质素。至明昌初，增后位城殿。殿庑皆以碧瓦为缘，外柱以石，刻以龙文。其藻、栱之饰，涂以青碧。每位皆有龛，至于栏槛帘栊并朱漆之。齐国公位仅与正位同，又创二代、三代祖殿、毓圣侯殿、五贤堂、奎文阁之属，焕然一新，与夫厅堂黉舍门庑凡四百余楹。方之前古，于此为备。”

从图文看，金代基本上保持宋代孔庙的格局，但扩大部分建筑规模，增添一批建筑，前面增建大中门、棂星门，提高了孔庙规格。殿庑以碧琉璃瓦剪边，青碧彩画，朱漆栏槛帘栊，檐柱也改为石柱，并刻龙为饰。以石柱擎檐，成为曲阜一带儒家祠庙建筑的特点。

（五）元代重建的形制

金代，孔庙又遭兵灾，“殿堂廊庑灰烬什五”。元代几次维修，重建被焚建筑，维修幸存建筑，大德元年（1297 年）、至元五年（1339 年）分别于奎文合后添建了一座碑亭，至顺二年（1331 年）仿王宫之制，在孔庙围墙四角建有角楼。

元代孔庙的规制未见有记载，孔尚任《阙里志》收有明洪武十年（1357 年）重修的庙制。从洪武十年的维修记载看，那次工程仅用三个月，维修了正殿左右回廊、东西庑、三氏生员房舍共七十余楹，于庙制并无改变，洪武十年的庙制基本上应为元代孔庙的形制：

大门三间，门内大中门三间，大中门内宋时旧庙门三间，谓之三门，左右俱有回廊，门北为奎文阁，阁左便门内宋金碑亭二座，阁右便门内元唐碑亭二座。宋碑亭东为毓粹门，门内北为燕申门。燕申门内左曰庙库，右曰松亭，正北曰诗礼堂，后曰金丝堂，又后为中兴家庙，庙后为燕申堂。唐碑亭西为观德门，门内北为启圣门。启圣门内右曰庙库，左曰�亭，正北曰五贤堂，又后为启圣王殿，殿后启圣王夫人颜氏殿。奎文阁后正中曰大成门，门内为御赞殿，殿北为杏坛，左为东庑，右为西庑，正中曰大成殿，即正庙也。殿后为寝殿，祀夫人并官氏。寝殿东为泗水侯殿，西为沂水侯殿。寝殿后左右便门为神厨、牲房、焚帛所。四直崇垣，四隅角楼，备王宫之制也。

较金代庙制,此次维修在庙前增建了大门,东路添建了燕申堂,西路省去了毓圣侯殿,并移五贤堂面南。庙制不像金代那样杂乱,已经相当规整。

(六)明永乐十五年南扩的形制

明永乐九年(1411 年),衍圣公孔彦缙奏请修庙,申报“殿宇廊庑楼阁等共四十六处二百八十七间”,永乐十年(1412 年)获准动工,永乐十五年(1417 年)五月工竣,除维修外,还将孔庙向南扩建。据孔尚任《阙里志》记载:“添棂星门一座、门外面墙一堵、东西下马牌、门内东西牌楼各三架,东曰德侔天地,西曰道冠古今,又北增洞门三间,其内修石桥三座。”元代庙门前添建石桥、洞门、牌坊、棂星门等,规制已与今庙基本相同。

(七)成化二十三年扩建的形制

成化十九年(1483 年),应衍圣公孔弘泰之请,皇帝同意,拨银十余万两,对孔庙进行扩建,至成化二十三年(1487 年)六月告成。扩建后的规模,据孔尚任《阙里志》记载:

大成殿九间,重檐石柱,先圣南面,四配十哲东西列侍。寝殿七间,祀夫人亓官氏。寝殿之左转角便门后为望瘗所,稍东为神厨,造粢盛之所;寝殿之右转角便门后为望燎所,稍西为神庖,宰牺牲之所。寝殿前改泗水殿为左厢,贮礼器几案等;改沂国公殿为右厢,贮乐器悬架等。东连便门一间通述圣庙,西连便门一间通启圣庙。东庑五十间祀澹台灭明以下诸贤,西庑五十间祀宓不齐以下诸贤。殿陛石栏两层,阶级七层,神路俱盘龙陛。前为杏坛,重檐八角,朱槛两层。坛前为拜位,又前御赞殿,前为大成门五间,左为金声门三间,与西庑连檐;门前左有元至正碑亭、宋金碑亭;右有元大德碑亭、唐碑亭。

碑亭东为居仁门三间,又东毓粹门三间。两门之中南向曰述圣门,门左右有榜棚。门内东有礼器库九间,藏尊、彝、簠、簋之属,西有松亭一座。北为诗礼堂,乃纠族宣训之所,亦习礼其间。堂后照墙一堵,后为述圣庙门,左右俱有便门,门内述圣殿七间,祀泗水侯、沂国述圣公及中兴祖由圣而下者也。殿后燕申堂五间,族人私饫之所,后有高垣与神厨隔。

碑亭西为由义门三间,又西观德门三间,两门之中南向曰启圣门,门左右俱有榜棚。门内西有乐器库九间,藏琴瑟钟磬之属,东有筠亭一座。北为金丝堂,改五贤堂而建之也,乃合族燕享之所,亦演乐其间。堂后照墙一堵,后为启圣庙门,左右俱有便门。门内启圣殿七间,祀启圣王由圣而上推者也。殿后寝殿五间,祀启圣夫人,后有高垣与神庖隔。

大成门直前曰奎文阁,三层七间。上层藏历代颁赐制书并经史子集,凡十架;中层藏群书印板;下层御祭庋香帛之所,每春秋释奠张榜供祝其中,习仪其下。阁左掖门三间,东连直房十五间,为学生、族人斋宿之所;阁右掖门三间,西连直房十五间,为礼乐生、户丁斋宿之所。阁前旧庙门三间,汉魏隋唐碑在焉,凡祭祀戒誓于其间。东西有洪武、永乐碑亭。其左为家庙,正门一间,南向,正庙五间,中以先圣为始祖,左右二祧庙则二世、三世也,二昭二穆东西向,则宗子之高曾祖父也,俱考妣一龛如家礼制。东西二厢谓之别室,宗子奉祀官遇祭期散斋其中。其后曰寝庙,藏历代木主于壁,左右壁橱四架,藏先世之衣冠琴书,八节荐新于寝庙。其右为神祠,正门一间,南向,正祠五间,中祀阙里土地之神;左祀尼山毓圣侯,昌平,防山祔之;西祀泗水广济侯,沂水、洙水祔之。东西二厢谓之别室,有司学官散斋其中。其后曰寝庙,藏各神牌于壁。左右壁橱十架,藏家传古制度量权衡各五事。家庙神祠之门外有东西二门,通庙之外。

其前为大中门三间,大中门之外有典籍、司乐、管勾、百户办事厅四所,各外门一间,东向,正厅三间,左右厢房各三间,后房三间。

大中门前又三门三间,璧水一曲,石桥三座。又前大门三间,皆圆洞。东西牌坊各三间,前为棂星门,左右有下马牌。

庙垣周数里,崇严如城内宫,四隅各建望楼,设钟鼓其上,庙户朝夕巡卫。

此庙制所记建筑名称及间数与弘治十二年庙灾报告多有不符,孔继汾《阙里文献考》曾指金丝堂西移和典籍、司乐、管勾、百户四厅为错误。而杏坛重檐,改泗水侯殿、沂水侯殿为库房等记载恐也不确,孔尚任所记当有所本,这样完整详细的记载恐非杜撰。弘治元年的修庙记说:"成化十八年六十一代孙孔弘泰因庙年久请复修建,广正殿为九楹,展两庑、家庙以及门墙楼阁,一皆重新鼎建,规制有加。"崇祯重修《阙里志》说:"成化十八年始广正殿为九间,规制益宏。"万历《曲阜县志》说:"成化十八年重修,规制有加。"可见成化间孔庙确实进行过扩修,不一定全如孔尚任所记。

(八)弘治十七年重修庙制

弘治十二年(1499年),孔庙遭受雷击,主要建筑几乎全部被焚,次年(1500年)动工修建,弘治十七年(1504年)春落成,将庙制绘刻于石上。崇祯补本《阙里志》记录了修建情况,并对各建筑尺寸、材料、彩画、屋顶盖瓦、地面铺砌等作了详细记述:

大成殿九间,两檐,高七丈八尺,阔一十三丈五尺,深八丈四尺。前面石盘龙柱,两山及后檐俱镌花石柱,中俱楠木攒柱,围圆一丈。梁檩枋嵌俱楠木，龙顶天花板四百八十六片，俱浑金盘龙。菱花龟背摄外泊风板、木柱俱银朱。神龛七座，供桌七张，并香几俱水花朱油漆，及与内外枋檩斗栱俱用上等青绿间金妆绘，龛座七处，俱须弥样磨石甃砌。盖瓦俱绿色琉璃，铺地、砌墙俱大号方砖、城砖。露台并台基两层，俱起花石须弥座，石栏杆两层，俱磨光。系吻索四条，并马黄拘子、包福叶、寿山福海俱用铜。

寝殿七间，附檐，高六丈四尺，阔九丈五尺，深五丈。四围擎檐俱镌花石柱，枋梁柱俱楠木。菱花龟背、槅扇、木柱、外泊风板俱银朱，供桌、香几各一张，俱小花朱油漆，及天花风板、内外枋檩斗栱俱用上等青绿间金妆绘。龛座须弥样，磨石甃砌。盖瓦铺砌同前。

大成门五间，高二丈八尺，阔六丈五尺，深三丈五尺。前后擎檐中间盘龙，两傍俱镌花石柱。银朱油漆，门六扇，俱用大蘑菇铜钉及铜兽面俱贴金。戟二十四枝，盖瓦铺砌同前。

两庑连廊共一百门，高二丈三尺，每庑阔五十五丈三尺，深二丈五尺。窗隔与神龛五十五座、供桌五十五张俱银朱，油漆彩画用次等青绿，盖瓦铺砌同前。

杏坛，仍旧，用上等青绿间金彩画，盖瓦用绿色琉璃，朱红油漆。

奎文阁七间，三檐，高七丈四尺，阔九丈，深五丈五尺。前面擎檐俱石柱，上两层长柱俱楠木。朱红油漆，彩画用次等青绿。盖瓦铺砌同前。

阁两傍各建便门三间，又两傍空房共三十间仍旧。

阁前门一座，五间，仍旧。

大中门旧三间，新添两间，高二丈四尺，阔六丈四尺，深二丈四尺，从新盖瓦甃砌、彩画油漆。两傍又新添小门各一间。

二门旧门三间，朽坏拆去，新修五间，高一丈七尺，阔五丈四尺，深二丈八尺，四周俱石柱，盖瓦铺砌同前。两傍又新添小门各一间。

石桥三座，中阔三丈三尺，长五丈。两傍各阔一丈，长各四丈，俱石栏杆。河岸俱石甃，上砌小墙。

大门旧三间，新添二间，退后二丈，两傍各添八字墙，盖瓦同前。俱上等青绿间金妆饰。

面墙一堵，长五丈五尺，用须弥石座，绿色琉璃盖瓦。

东西牌坊仍旧，各三间，俱从新盖瓦、彩画、油漆、贴金。

大门内东西各新添门三间，匾曰快睹、仰高。盖瓦俱绿色琉璃，朱红油、青绿彩画。

家庙五间，高三丈，阔七丈二尺，深三丈六尺。前面擎檐中二根蟠龙，傍四根镌花，俱石柱。松楠桐木间用，木柱、槅扇俱银朱。神龛四位连座，供桌四张并香几俱水花朱油漆，及与内外枋檩斗栱俱用上等青绿间金妆画。盖瓦铺砌同前。庙前小便门三间。

寝殿三间，原移过，从新盖瓦、油漆彩画。

金丝堂五间，高二丈八尺，阔七丈五尺，深四丈二尺，松楠桐木，槅扇用朱红油，次等青绿彩画，盖瓦铺砌同前。

燕申、毓粹、启圣、观德四门俱仍旧，从新盖瓦、油漆彩画。

神厨二十四间，高一丈六尺，共面阔二十五丈六尺，深各一丈六尺。

后土祠三间，高一丈五尺，阔二丈四尺，深一丈七尺。

库房九间，高一丈六尺，阔八丈五尺。

衍圣公斋居一十一间。

县官等斋居一十一间。

焚帛所一处。

旧碑亭三座，从新盖瓦。

碑亭四座，二檐，各高三丈五尺，四面各阔二丈五尺。

石碑三统，各长一丈三尺一寸，阔七尺一寸，厚一尺七寸；龙顶高六尺六寸，阔七尺三寸；龟趺高四尺五寸，长一丈五尺，阔七尺五寸。

阙里牌坊，仍旧，从新彩画油漆，修整。

弘治庙工，提高了孔庙的规格，主要建筑通用绿色琉璃瓦，使用上等青绿间金彩画；扩大了庙前部各门的规格，添建仰高门、快覩门、弘治碑亭等，基本奠定了现存孔庙规模。

（九）明嘉靖至民国添建、改建的庙制

弘治十七年庙工以后，孔庙规制再无大的变化，嘉靖十七年（1538年）于庙门前添建了金声玉振坊，二十三年（1543年）于棂星门内添建了太和元气坊，万历二十年（1592年）于寝殿后添建了圣迹殿。特别值得陈述的是正德八年（1513年）以孔庙为中心修建了曲阜城，万历间于孔庙正门前城墙上新辟县城正南门，"重城皋门，以象朝阙"，更加突出孔庙的地位。

清雍正二年（1724年），孔庙东路略有变化，主要建筑家庙改祭孔子上五代祖先，改名崇圣祠，于祠后另建新家庙。

雍正二年火后重建时，虽皇帝有"倘旧制之外，有应行添设者……着估计奏闻，添发帑银葺理"的谕旨，但只添建了修庙、遣祭碑亭等，于格局并无改变。但是这是孔庙首次使用黄色琉璃瓦，并用沥粉金云龙地伏五色妆颜彩画，均仿帝王宫殿之制，提高孔庙规格。

光绪三十二年（1906年），孔庙升为大祀，建筑可改为黄色琉璃瓦顶，但因财力不足，只改换了部分建筑，到民国时期又改换了寝殿、同文门，使孔庙建筑有黄色琉璃、绿瓦黄边、绿琉璃、灰瓦绿边、灰瓦等五种瓦顶。

二、庙制分析

曲阜孔庙是在孔子故居的基础上发展起来的一座庙宇，祭祀列入国家祀典，规格最终升为大祀，但主要由孔子后代奉祀，形制与其他孔庙不尽相同，是由孔子故宅、孔氏家庙、帝王宗庙宫室等因素构成的复合体。

孔子故居位于今庙的中东部，随着历代的扩建，故居已了无痕迹，但后人为纪念孔子，仍建造了一系列的纪念物。为纪念孔子杏坛设教、赞颂孔子在教育事业上作出的卓越贡献建造了杏坛，为纪念孔子教子学诗学礼建造了诗礼堂，为推崇儒家经典建造了金丝堂，为标明孔子故居遗址、赞扬孔子后裔保存儒家经典刻制了“鲁壁”碑，还有纪念孔子的孔子手植桧、孔宅故井、孔子故宅门，这些纪念物虽然规模不大，但在庙中却占有非常重要的位置，是曲阜孔庙所独有的组成部分。

曲阜孔庙自汉代起一直由孔子嫡孙奉祀，祭祀活动异常频繁，明清时期每年要祭四十多次，在大成殿进行释奠、释菜、行香等重大祭祀活动，别立家庙供奉孔子、孔鲤、孔伋、中兴祖孔仁玉，均夫妇二人一龛，举行时享、祫祭、荐新、祭告等祭祀活动，别立寝殿祭祀孔子夫人并官氏，别立启圣王殿、寝殿祭祀孔子父母。明嘉靖时曾令天下文庙立启圣祠祭祀孔子父，以颜曾思孟之父配享，二程、朱熹、蔡沈之父从祀。清雍正元年(1723 年)各地文庙启圣祠改称崇圣祠，主祭孔子上五代先人，配享从祀不变，而曲阜孔庙新建崇圣祠，仍保留启圣王殿、寝殿，这是曲阜孔庙孔子子孙家庙的因素。

孔庙祭祀规格在很长一段时间里一直是中祀，直到清光绪三十二年(1906 年)始升为大祀，但升为大祀后曲阜孔庙只将部分建筑改为黄色琉璃瓦，于庙制并未进行相应的改变(北京国子监孔庙大成殿由阔七间，深三间改为阔九间、深五间、庑殿顶)，所以曲阜孔庙是中祀规格的形制。但是历代统治者竞相推崇孔子，褒扬儒学，孔子被追封为王(周天子文王、武王之“王”)，曲阜孔庙也部分袭用帝王宗庙、宫室的形制。

孔子于唐开元二十七年(公元 739 年)年被封为“文宣王”,宋徽宗时主像始冕十二旒,执镇圭,庙门立二十四戟,明成化十三年(1477 年)祭祀采用天子礼乐,由十笾豆、六佾舞增为十二笾豆、八佾舞(嘉靖九年又复改为十笾豆、六佾舞),这都是帝王宗庙的因素。

孔庙具有帝王宫室的因素始于元至顺二年(1331 年),四隅建角楼,仿王者宫室角隅之制,明永乐十五年(1417 年)又南扩成五门(今圣时门、弘道门、大中门、同文门、大成门),比附天子宫室五门的制度。

曲阜孔庙和其他孔庙的不同还表现在与学校的关系上。

孔子一生主要从事教育活动,去世后也和学校结下不解之缘。汉明帝永平二年(公元 59 年)即享祀于学校,并命郡县行乡饮酒礼于学校,以犬祀周公、孔子,北齐令郡国建造孔子庙。唐贞观四年(公元 630 年)将祭祀孔子推广到全国各地的学校,诏令州县学皆作孔子庙,孔庙遂遍及于全国各地,成为中国分布最广的庙宇之一。全国各地孔庙均采用庙学合一的形制,庙附于学,甚至日本、朝鲜、韩国、越南也不例外,如日本足利学校、东京汤岛圣堂、冈山闲谷学校、韩国首尔成均馆等都采用这种形制。

曲阜孔庙早期也采用庙学合一的形制,但它是孔子的本庙,由孔子嫡孙奉祀,有家庙的性质,学校多收宗人,有私学的性质,不同于其他庙学的因学设庙之制。学校“因庙而设”,仅是庙的附属,虽然后来学校改为官学,设学录,以比国子监,并增收颜子、曾子、孟子子孙,但附属地位仍未改变。到明万历十年(1582 年)学校竟远迁于庙东里许的地方,万历四十二年(1614 年)又迁至庙西观德门外,但与孔庙建筑群仍无直接联系,各自独立。

孔庙南北原长 1300 多米,其中前部神道长 512 米,宽 30.8 米,两侧栽植桧柏,营造出一种庄严的气氛,衬托谒庙者崇敬的情绪;后部后作长138米,储放冰块,贮存祭粮,供祭祀所用,是庙的附属;中部是庙的主体。南北长度东墙为637米,西墙为651.7米,东西宽度南墙为141米,大成门处为153米。建有殿庑堂阁门坊等建筑,供奉孔子及儒家著名人物,满足表彰儒家思想和祭祀的需要。全庙总占地面积约200亩,其中主体部分约144亩,古建筑面积约15890平方米。

主体部分前后九进院落,中贯轴线,左右对称,布局严谨,气势雄伟。前三进为引导性庭院,只有一些规模较小的门坊,院内遍植桧柏,蓊郁蔽日,高耸挺拔的苍翠古树间辟出笔直如矢的甬道。座座门坊高揭"金声玉振"、"太和元气"、"德侔天地"、"道冠古今"、"棂星"、"至圣"、"圣时"、"弘道"、"大中"等金、红、绿色醒目额、匾,歌颂孔子的功绩,赞扬孔子思想的高深,给人以强烈的印象。第四进庭院以后,建筑多为黄瓦,红墙绿树相映,寓示孔子的丰功伟绩和孔于思想的博大高深。

第三节　建　筑

孔庙是中国著名的宫殿式建筑群之一,历史悠久,建筑众多。由于历代越来越尊崇孔子,孔子庙建筑规模也越来越大,当然建筑的年代也越来越晚。现存建筑104座,466间,分别建于金、元、明、清时期,民国年间曾经维修,新中国成立后不断维修,并重建来早已倒塌的神厨正厅、西厢和庙后的西仓等。

仰圣门　曲阜城的正南门。明正德八年(1513年),为保护孔庙,"移县城卫庙",以孔庙为中心营建新县城。初建时,庙前原无城门,万历二十二年(1594年)始于庙前城墙上辟门,命名"仰圣门",习称正南门。门砖砌券栱,重门,中夹瓮城。前门南面有额,阴刻"万仞宫墙"四字，是根据子贡赞扬孔子的“夫子之墙数仞”语来命名的。额原为明山东巡抚胡缵宗题，清乾隆十三年（1748 年），高宗弘历重题，书体端庄典雅，秀丽中透刚健之气。门上有重檐城楼，1930 年蒋冯阎大战时被毁，1989 年重建。四柱前后廊式木架，灰瓦歇山顶，原有额“万代瞻仰”。两侧城墙 1977 年春被拆除，2003 年重建。门过去平时紧闭，只有皇帝祭孔或派人祭孔时才开启，如同孔庙的大门。

金声玉振坊　明嘉靖十七年（1538 年），山东巡抚胡缵宗建，据孟子赞扬孔子的“孔子之谓集大成。集大成也者，金声而玉振之也”命名题额。坊三门四柱三楼冲天柱式，高 5.6 米（柱顶，下同），长 13.5 米（柱中至柱中，下同）。柱八角形，前后石抱鼓夹抱，柱头仰莲座，顶踞圆雕（一种石雕做法，将物刻成完全立体，不附着任何背景，可以四面欣赏）石兽。石兽鳞甲独角，造型古拙，雕刻精美。明间额枋稍高，阴刻“金声玉振”四字，书体刚健雄浑。两稍间额枋稍低，平钑（一种石雕做法，在石平面上阴刻线条构成图形）云龙图案，线条流畅优美。额枋均覆屋盖，整石刻成瓦陇形，悬山顶，有脊无吻。

下马碑　位于庙门前，棂星门两侧。阴刻“官员人等至此下马”，习称下马碑。碑始立于金明昌二年（1191 年），明永乐十五年（1417 年）重刻。过去不论文武官员还是庶民百姓，从孔庙前经过都要下马下轿，皇帝祭祀孔子也是步行进庙，以示尊敬。

泮水桥　清康熙十六年（1677 年），孔子六十七代孙、衍圣公孔毓圻建，雍正三年（1725 年）修庙时曾更换桥北栏板十一块、栏柱四根。桥单孔，栱形，宽 4.45 米，长 7.38 米，中置浅浮雕（石雕的一种做法，将圆形刻出，高出周围底面几毫米至三四厘米）龙陛。两侧有桥栏，桥北端沿河也置石栏，栏北折与庙墙相连，与棂星门组成一个长 21.1 米、深 8.55 米的半封闭空间，桥下河水呈半圆形从庙前穿过。

棂星门　孔庙的第一道门。棂星，又名灵星、天田星，古人认为“主得士之庆”，帝王祭天时要先祭棂星。曲阜孔庙在明宣德九年（1434 年）以前就有棂星门，但位置不详，约明嘉靖初年建于庙门前，原为木质，清乾隆十九年（1754 年），七十一代衍圣公孔昭焕改为石质。棂星门名为门，实为坊，三间四柱火焰冲天柱式，三间均安设栅栏门，左右接墙垣。坊高 10.34 米，长 13 米。圆柱，前后石抱鼓夹抱，上下两节，两节相交处

曲阜孔子庙棂星门

加石戗柱斜撑。柱头刻云罐，分刻圆雕四大天王。柱出头用云板，但高在额枋以上四五十厘米处，与一般石坊做法不同。额枋以铁梁承托，每梁上各铸有四个龙头阀阅。额枋明间两层，稍间一层。明间上层与稍间两侧刻绦环花纹，明间中刻二龙戏珠，稍间中刻云鹤，均为浅浮雕，顶上圆雕火焰宝珠。明间下层两端浮雕云鹤，中刻阳文“棂星门”三字，书体隽秀，清乾隆十三年（1748 年）高宗弘历题。坊结构匀称，造型清秀，雕刻精美。

太和元气坊　太和典出《易》：“保合大和，乃利贞。”后人解释说：“乃能保安合会大利之道，乃能利贞于万物。”“大和”即“太和”，后世因以指阴阳会合、冲和的元气。元气，本指产生和构成天地万物的原始物

质,宋程颢以此比喻孔子思想,明英宗朱祁镇又以"太和元气"赞颂孔子。明嘉靖二十三年(1544 年),山东巡按郑芸建坊时命名为"太和元气",山东巡抚曾铣书额,书体端庄雄雅。

至圣庙坊 位于圣时门前,未见始建年代,始见于明弘治庙图中,当为弘治十三年(1500 年)修庙时所添建。时名"宣圣庙"坊,清雍正七年(1729 年)改名为"至圣庙"。坊为汉白玉质,三门四柱冲天柱式,形式简朴,无楼,额枋也仅为一层,明间额枋顶上刻圆雕火焰宝珠,中阴刻篆书"至圣庙"三字,笃重典雅,不知何人所书。两稍间额枋平钑镌刻云龙图案,线条柔畅,构图匀称,雕刻精细。中二柱仰莲座下出云板,向内一侧刻日形,以宝瓶支于额枋上。

德侔天地坊 位于圣时门东庙墙上,是孔庙的第一道偏门。坊始建于明永乐十三年(1415 年),明弘治、清康熙、雍正、乾隆、嘉庆、光绪间均重修,光绪三十四年(1908 年),并改换黄瓦,但更换部件不多。现存建筑为木构,三间四柱五楼,柱不出头。黄色琉璃瓦顶,如意斗栱,明间庑殿顶,斗栱十三踩,两稍间歇山顶,斗栱九踩,明稍间之间有小屋顶,斗栱五踩。两层额枋间装花板,明间阳刻"德侔天地",楷书,书者不详,两稍间刻云纹。额枋高瘦,平板枋扁宽。柱下夹杆石圆雕石狮、天禄各八只,形象古拙,须弥座所刻圆角柱、卷草雕刻粗放,都显示着明初的风格。

道冠古今坊 位于圣时门西庙墙上,建筑年代、形制与德侔天地坊相同。

圣时门 孔庙的大门,始建于明永乐十三年(1415 年),原为三间,弘治十三年(1500 年)修庙时"新添两间,退后二丈,两傍各添八字墙",以上等青绿间金妆饰。清康熙二年(1663 年)曾重修,时名宣圣门,雍正七年(1729 年)又重修,八年(1730 年),世宗钦定为圣时门,据《孟子》"孔子,圣之时者也"命名。乾隆十三年(1748 年)高宗题匾,乾隆二十三年(1758年)、嘉庆二十一年(1816年)均重修。光绪二十三年(1897年),"上顶木料,琉璃瓦脱落十之八九","几无一椽一瓦之可用",揭顶拆卸到地重新建造,换大梁四根,斗栱七十朵等木构件。现存门屋五间,灰瓦绿边单檐歇山顶。高12.09米(室内地面至正脊上皮,下同),长23.03米,深11米(墙至墙)。砖木结构,下部砖砌,中三间发券为栱顶洞门,上部木结构,五踩斗栱,斗欹有𫗪,柱头科斗昂仅宽1.5斗口,平板枋扁而宽,仍保留了明代特点。圣时门斗栱比较奇特,明次间补间用四攒,稍门用两攒,稍间斗栱栱长几乎为明次间栱长的二倍。栱长不一,不合程序,是一种地方做法。门立于1.15米高的台基上,两侧门前后设台阶,中门前后御道设陛石,浮雕双龙戏珠,以山水云朵相衬,行云流畅,波涛汹涌,山势高峻,二龙翻转腾跃,图像生动,雕刻精美,是明初不可多得的石刻佳品。

璧水桥 位于弘道门前,明永乐十三年(1415年)添建,用国学辟雍水"壅绕如璧"命名。弘治十三年(1500年)庙工时于桥上添加石栏,河岸砌石,并砌小墙。清康熙十六年(1677年),河岸小墙也改为石栏,雍正庙工时曾以大成殿旧料等更换部分栏板、栏柱。桥三座,以砖石券栱,中桥宽10.3米,长6.68米,两翼辅桥宽3.43米,长13.35米。

弘道门 始建于明洪武十年(1377年),是当时孔庙的大门,三间。永乐十三年(1415年)后成为二门,弘治十三年(1500年)庙工时重建,扩成五间,石柱木构。清初名天阶门,雍正八年(1730年)清世宗据孔子"人能弘道,非道弘人"语钦名为"弘道门"。雍正七年(1729年)、乾隆二十三年(1758年)、嘉庆二十一年(1816年)均重修。到光绪二十三年(1897年)时"木材俱已糟朽,琉璃瓦脱落残破,几无一椽一瓦之可用",是年重修,更换梁枋斗栱等木构件。现存建筑就是这次维修的遗物,门屋高9.92米,面阔五间,长7.28米,深二间,8.96米。中三间开门。单檐歇山顶，灰瓦绿边，七檩三柱分心式木架，檐下施五踩重昂斗栱。梁枋肥宽，平板枋高狭，都呈清代特点，只有外檐八角石柱侧脚生起，当是明代遗物。

仰高门 位于圣时门后西墙上，是孔庙的第二道偏门。始建于明弘治十三年（1500 年）庙工时，清康熙十六年（1677 年）、雍正七年（1729 年）、乾隆二十三年（1758 年）、嘉庆二十一年（1816 年）均重修，到光绪二十三年（1897 年）时，“木柱仅存，琉璃瓦全无”，山东巡抚命“照毓粹、观德门式修盖一新”。今存规模形制与清雍正修庙记载相同，当是照原样重建的。门屋三间，三门，单檐悬山顶，灰瓦绿边，五檩三柱分心式木架，无斗栱。门原为方便人们拜庙添建的，过去是人们拜谒孔庙的进入通道，据颜回赞扬孔子“仰之弥高”而命名。门匾竖于中门上，字正书，笔势刚健，书体端庄，匾缘云纹，极其简洁，仍显示明代风格。

快睹门 与仰高门相对，是过去拜谒孔庙后出庙的通道，寓意先睹为快。建筑维修与仰高门相同，唯光绪二十三年（1897 年）时“坍塌尤甚，基址仅存”，“木料全损，琉璃瓦无存”，照原样重建。

大中门 始见于金代孔庙图中，是当时孔庙的大门，三间，当是五十代衍圣公于大定年间新建。金末免于兵火，明弘治十三年（1500 年），庙工时扩建成五间，明天启六年（1626 年）、清康熙二年（1663 年）、雍正七年（1729 年）均重修，乾隆十三年（1748 年）高宗题写门匾，乾隆二十三年（1758 年）、嘉庆二十一年（1816 年）、同治十一年（1872 年）、1940 年、1978 年又重修。门屋五间，高 9.42 米，长 20.44 米，深 7.49 米。三门、单檐悬山顶，灰瓦绿边，五檩三柱分心式木架，檐下、脊檩下均施一斗三升斗栱，木架纤弱，做法简率，当是清同治十一年重修的遗构，檐柱柱顶石镌宝装莲瓣，构图匀称，当是初建的遗物。

角楼 共四座，前两座位于大中门两侧院墙的终端与庙墙交接处，后两座分别建于庙北端东北、西北角。角楼始于元至顺二年(1331 年),五十四代衍圣公孔思晦奏请依前代故事,起围墙,四隅建角楼,仿王宫之制。明代未见修葺记载,从弘治庙图碑看,角楼位置与今无异,形制似亦相似。清康熙二年(1663 年)曾重修,雍正七年(1729 年)东北一座重建,其他三座维修彩画,其后乾隆二十三年(1758 年)维修,嘉庆二十一年重修,1956 年、1988 年又重修。今存角楼平面为曲尺形,三间,每面见两间,单檐,绿瓦歇山顶,五檩二柱通檐式木架,檐下施重昂五踩斗栱。楼下是庙墙转角形成的高台,向庙内一侧有马道供上下。

同文门 始建于北宋初期,是当时孔庙的大门,五间,两侧有回廊,金代成为二门,明代孔庙南拓,门逐渐退居次要地位。清初名参同门,清雍正七年(1729 年)维修,八年(1730 年)世宗据《礼记》"书同文"钦命为"同文门",乾隆十三年(1748 年)高宗题写门匾。嘉庆二十一年(1758 年)、同治十一年(1872 年)均重修,1927 年大修,换角科等部分木构件,并改换为黄瓦,1978 年又重修。门独立院中,周无墙垣。门屋五间,高 10. 62 米,长 16. 9 米,深 9. 34 米。中三间辟门,单檐黄瓦歇山顶,七檩三柱分心式木架。脊檩下施一斗二升交麻叶斗栱,檐下设重昂五踩斗栱,明、次、稍间均用补间斗栱两攒,因间宽不同,为使各攒斗栱之间距离相近,设计者就以栱的长短来调节,所以明间斗栱的栱很长,次稍间的很短。特别奇特的是中二柱柱头科,在明间一侧栱长,次间一侧栱短,同一钻斗栱左右不同,是比较罕见的,这是明清时期曲阜一带流行的地方做法。门东南立有明成化四年(1468 年)"御制重修九子庙碑",碑文说:"天不生孔子……万古如长夜","天生孔子,实所以为天地立心,为生民立命,为往圣继绝学,为万世开大平者也",赞颂"孔子之道之在天下,如布帛粟菽,民生日用不可暂阙","生民之休戚系焉,国家之治乱关焉。有天下者诚不可一日无孔子之道焉"。西南立明弘治十七年(1504

年)"御制重建阙里孔子庙碑",二碑原均有亭,清中期已无,现仍露天。

奎文阁 本名御书楼,过去多认为始建于宋天禧二年(1018 年),但早在至道三年(公元 997 年)就有"曲阜县文宣王庙有书楼而无典籍"的记载,书楼可能始建于太平兴国八年(公元 983 年)。从《宋阙里庙制》图看,宋时书楼立于高台上,重檐五间,下檐之上有平座,两侧有廊。金明昌六年(1195 年)扩建,章宗完颜璟赐名为"奎文阁"。"奎"本为二十八宿之一,有星十六颗,"屈曲相钩,似文字之画",古人便认为"奎主文章"。从《金阙里庙制》图看,阁仍为五间,但已成三檐,下檐之上仍有平座,两侧有掖门,门东西有廊。金贞佑二年(1214 年)兵火毁孔庙,阁幸免于难。元至元三年(1266 年)权衍圣公孔之全曾修葺,明洪武、永乐间又重修。弘治十二年(1499 年)庙火犹存,但在维修时,因"规摹不称",为使"与殿等栋宇相埒"撤而新之,扩建为七间,三檐,高七丈四尺,阔九丈,深五丈五尺,前面擎檐俱石柱。清顺治十二年(1655 年)、康熙二年(1663 年)均维修。雍正七年(1729 年)重修,拆卸西北上中下三角及西南上檐角,更换子角梁等木质构件。乾隆十三年(1748 年),高宗弘历题写阁匾,二十三年(1758 年)维修,嘉庆二十一年(1816 年)因二层歪斜进行拆修,同治十一年(1872 年)维修,光绪三十四年(1908 年)改换为黄瓦。1985 年落架大修,校正大架,加固、更换部分木构件,并彩画外檐,找补室内彩画,耗资一百一十万元。现存建筑为弘治十七年(1504 年)扩建,高 24.35 米,面阔七间,30.1 米,进深五间,17.62 米,歇山黄琉璃瓦顶。三重檐,四层斗栱。上层斗栱单翘重昂七踩,承上檐,中层斗栱单昂三踩,承附檐,另一层重翘五踩,承平坐,下层重昂五踩,承下檐。补间斗栱明间为四攒,其他均为二攒,因间阔不同,攒间距离不同,明间、次间的栱长短也不相同,明次间、次稍间柱斗科栱长也不一。奎文阁内部两层,中夹暗层,为层叠式木构架,上层柱立于下层的斗栱之上。下层南一间为走廊，后四间为阁身，外围用八棱石柱二十四根，内柱用木柱二十二根，为使用方便，减去了明间南面二金柱。柱同高，柱头以额枋相连，上施斗栱，室内为五踩品字斗栱，斗栱承承重梁或桃尖梁，梁上安天花。暗层上层柱为通柱，外金柱直达上檐斗栱之下，内金柱（省去了南面明次间的内金柱）高十三米多，直达三架梁之下，童柱立于下层廊的桃尖梁上，穿过平坐，直通上层附檐斗栱之下，平坐斗栱自童柱半身伸出，这些做法在中国古建筑中是不多见的。阁下层在孔氏族人家祭时存放祝版，御祭时存放香帛，祭前设孔子、四配、十二哲虚位，供祭祀官员演习祭祀礼仪。暗层仅靠垫栱板上的古钱形孔采光，光线很暗，过去只存印书木版，上层才藏御赐经书。前廊下存有明李东阳撰"奎文阁赋"碑和熊相撰"奎文阁重置典籍碑"。

奎文阁掖门　东西各一座，均面阔三间，深二间，单檐硬山顶，灰瓦绿边。掖门始见于金代《阙里庙制》图中，当为明昌扩建奎文阁时添建。明弘治十七年（1504 年）扩建奎文阁时重建，清雍正七年（1729 年）、乾隆二十三年（1758 年）均维修，嘉庆二十一年（1816 年）东门重新拆盖，西门拨正。1986 年为使屋面避开奎文阁雨水，两门均重新拆建，向外移动 0. 25 米。门五檩三柱分心式木架，无斗栱。现存木架当为弘治遗构，角替短小，柱身粗矮，保存着明代特征。

值房　各五间，在奎文阁掖门左右，灰瓦硬山顶，低小狭窄，原是祭祀前族人、礼乐生等斋宿的地方。本为三十间，明弘治十七年（1504 年）维修，清雍正七年（1729 年）时已各为五间，西值房重建，东值房维修，改为陪祭官员的斋所。

洪武碑亭　内立明洪武四年（1371 年）太祖诏旨碑，始建年代不详，明弘治十二（1499 年）年庙灾时，"延烧家庙五间……大成门五间，植桧一株，太祖高皇帝诏旨碑文并楼"，似当在大成门前，弘治庙工时重新刻碑建亭，移于奎文阁前。据记载，亭二檐，清雍正七年（1729 年）维修，乾隆二十三年（1758 年）维修时为布瓦，嘉庆二十一年（1816 年）上面坍塌，进行拆修，1927 年又大修，更换很多木构件。碑亭在雍正时仍为“重复檐歇山转角，上下檐斗科成造”，但 1927 年维修时更换檐椽梁柱等木构件，毫未提及斗栱，可能在嘉庆拆修时省去。碑亭方形，每面三间，重檐布瓦顶，无斗栱。亭壁上内外镶嵌十方元、明谒庙诗文题记刻石，亭内还立有四幢谒庙诗碑和一幢祭文碑。

永乐碑亭　内立明永乐十五年（1417 年）成祖“御制孔子庙碑”，重刻、重建、重修同洪武碑亭，唯清雍正初年亭已不存，七年（1729 年）重建。碑文赞扬孔子“参天地，赞化育，明王道，正彝伦，使君君臣臣、父父子子、夫夫妇妇各得以尽其分”，命有司维修孔庙，“撤其久而新之”，以期“作我士类，世有才贤，佐我大明，于万斯年”。

东斋宿　始见于弘治十七年（1504 年）修庙记载。《阙里志》说“衍圣公斋居十一间”，从弘治庙图碑看，斋居正厅五间，单檐，中三间辟门，南北厢各三间，大门一间，均单檐。康熙二年（1663 年）重修，康熙末年或雍正初年重修，所以雍正七年（1729 年）修庙时未加修葺，乾隆二十三年（1758 年）重修，并添建屏门一座，嘉庆二十一年（1816 年）、同治十一年（1872 年）均重修，1959 年维修并彩画。现存东斋宿与《阙里志》记载的基本相同，但已非明代原构，是清代官式小式建筑。厅房均为七檩四柱前后廊式木架，正厅檐下施一斗二升交麻叶斗栱。大门内为屏门，七踩二昂斗栱，始建时为金琢墨，龙凤枋心，沥粉大点金彩画。现斗栱为烟琢墨，额枋为小点金。正房、厢房、游廊原来也贴金，彩画规格颇高，这是因为清圣祖、清高宗致祭时均在此院休息，所以又名驻跸，现在均改为雅五墨。

西斋宿　建筑年代同东斋宿，原是县官等祭祀前斋居的地方。清康熙二十六年(1687 年)建筑即已不存,现仅存大门。道光十八年(1838 年),孔子七十一代孙孔昭熏将庙内宋、金、元、明、清文人谒庙碑一百三十余块集中镶嵌在院墙上,习称碑院,著名的有宋杜衍书札、元郭守敬谒庙题记等。

十三碑亭 位于奎文阁后一处东西狭长的庭院内,南八北五,横向排列,五十余块石碑露天林立,东南西南,各自成区。碑亭院历史上变化比较大,宋代时,院落较小,略成方形,四面有廊,东西廊与中路两庑相连,院中只有两座碑亭。金代东西两廊外移,并添建居仁门、由义门,再外添建了毓粹门、观德门。元代未见变动记载,约大德六年(1302 年)、后至元五年(1339 年)于原碑亭之内靠近轴线处分别添建了一座碑亭。明初,院内增建了洪武、永乐两座碑亭,位置大约靠近大成门,所以弘治十二年(1499 年)庙火被延烧,迁于奎文阁前重建。弘治修庙或以前,碑亭院还有一点变动,即省去了居仁门、由义门,院落已同现在形制。清代,院内添建了九座碑亭,南排四座,金元碑亭以外每侧各两座,西二座约建于顺治、康熙初年,东二座约建于雍正年间。北排五座,自东至西分别始建于乾隆十三年(1748 年)、雍正八年(1730 年)、康熙二十六年(1687 年)、康熙三十三年(1694 年)、雍正八年(1730 年)。碑亭院在宋金时期,四周回廊,两亭对立庭中,布局十分合理,元代于金碑亭之内添建两座碑亭,过于靠近轴线,挡住了正门的视线。清代添建九座,北边一排碑亭占压了东西向通道和金声门、玉振门的甬道,挡住了大成门及掖门的立面,庭院拥挤不堪,空间壅阻不畅,完全破坏了旧有布局。碑亭形式大同小异,重檐歇山,黄琉璃瓦顶,平面呈方形,三间见方,明间开敞,稍间砌墙。其中两座为金代遗构,一座为元代遗构,其他十座均为清代建筑。亭内存唐、宋、金、元、明、清、民国石碑五十余块。

金代碑亭 两座,即南排东起第三座和西起第三座。碑亭始见于宋代庙图，单檐，十字脊，悬山顶，金代庙图中成为重檐歇山顶。金末幸免于兵火，明洪武十年（1376 年）、弘治十七年（1504 年）、清康熙二年（1663 年）均重修。雍正七年（1729 年）大修，角柱均改为石柱（旧料），修理添换了斗栱，梁枋等，更换了部分桁椽，亭顶由灰瓦绿边改为全部绿色琉璃，是碑亭建成后最大规模的维修。以后乾隆二十三年（1758 年）、嘉庆二十一年（1816 年）、同治十一年（1872 年）、1976 年均重修。亭顶在道光四年仍为绿瓦，可能是嘉庆或同治修庙时改为黄色琉璃。亭结构大致相同，重檐，上下檐均施斗栱，明间补间两朵，稍间不用。下檐五铺作，单抄单下昂，重栱造，外跳计心，里跳偷心，昂尾施于串枋上，上承重栱，栱承承椽枋。上檐六铺作，单抄双下昂，里跳减一抄，重栱计心造，昂尾直接承托屋盖干架的槫枋。斗栱的瓜栱、令栱、慢栱长度依次递增，阑额高瘦，普柏枋扁宽，都显示着宋式建筑的特点。这两座碑亭可能建于金明昌二年至六年（1191—1195 年）的大修工程中，是孔庙现存最古老的建筑。东亭内存三碑，一为吕蒙正撰《大宋重修兖州文宣王庙碑铭》，白崇矩书丹并篆额，宋太平兴国八年（公元 983 年）刻，碑阴刻蒙古杨奂等八则题记等。一为党怀英撰文、书丹并篆额的“大金重修至圣文宣王庙碑”，金明昌六年（1195 年）立，碑阴刻元好问、杨奂、郝经等金、元题记、题诗等十六则。三为刘翊撰“大明重修宣圣庙记”碑，明弘治元年（1488 年）立。三碑均是研究孔庙修建历史的重要史料。西亭存四碑，一为“大唐赠泰师鲁先圣孔宣尼碑”，隶书，孙师范书，崔行功撰文，唐总章元年（公元 668 年）立，碑阴刻武德九年（公元 626 年）太宗封孔嗣悊为褒圣侯诏书、乾封元年（公元 666 年）追赠孔子太师诏书、乾封元年遣扶余隆致祭曲阜孔庙祝文、皇太子李弘请立碑孔庙奏文等。二为“鲁孔夫子庙碑”，李邕文，张庭珪书，隶书，开元七年（公元 719 年）立。碑阴及两侧满刻唐、宋、金、元、明、清六代题记二十三则，元代墨书二则。二碑对研究唐代思想史、孔庙史具有很大价值，书法艺术水平也很高。其他二碑为元碑，刻皇帝遣官致祭祝文等。

大德碑亭　即南排东起第五座，始建于元大德六年（1302 年），几经修建，已经全失元代风格。下檐为五踩重昂溜金斗栱，上檐为五踩重昂斗栱，后尾全偷心，不用斗，明间补间斗栱两攒，布置虽然疏朗，但用料细小，呈现出晚清风格。亭内现存六碑，主碑为大德五年（1504 年）“大元重建至圣文宣王庙之碑”，阎复撰文，刘赓书丹，刘愻篆额。

至元碑亭　即南排东起第四亭，始建于至元五年（1339 年），明洪武十年（1376 年）、弘治十七年（1504 年）、清康熙二年（1663 年）均加以维修。清雍正七年（1729 年）大修，修补了金柱，添补了所有斗栱，亭顶由绿瓦剪边改为绿色琉璃。其后乾隆十三年（1748 年）、嘉庆二十一年（1816 年）、同治十一年（1872 年）、1977 年均维修。亭顶约与金碑亭同时改为黄色琉璃。碑亭重檐，上下檐均施斗栱，明间补间三朵，稍间不用。下檐斗栱五铺作双下昂，上檐斗栱六铺作单抄双下昂，但都为假昂，昂嘴弧形，下皮线向上弯曲，也是比较独特的做法。亭内现存八碑，重要的有：（一）元武宗加封孔子为大成至圣文宣王诏书碑，汉文、八思巴文逐字对刻；（二）欧阳玄撰文“大元敕修曲阜宣圣庙碑”，巎巎书丹，张起岩篆额，至元五年（1339 年）立；（三）元崇奉颁诏碑，全为八思巴文；（四）清同治十一年（1872 年）丁宝桢立“重修至圣庙碑记”碑，碑阴刻光绪二年（1876 年）“续修至圣庙碑”，都具有很高的史料价值。

清御制碑亭　五座，均位于北排。西起第二、第三座分别始建于康熙三十三年（1694 年）、二十六年（1697 年），初为绿琉璃瓦，雍正二年（1724 年）孔庙雷火时被延烧，雍正庙工时重建。西起第一、第四亭为雍正修庙时新建，第五亭为乾隆十三年（1748 年）新建。清嘉庆二十一年（1816 年）、同治十一年（1872 年）、光绪三十四年（1908 年）、1978 年均加以维修。五亭因存御制碑，规格等级高，斗栱下檐用五踩重昂，上檐用七踩单翘重昂。明间施平身科四朵，亭内有天花，彩画用沥粉金云龙。亭内各存一碑，西一为雍正八年遣皇五子弘画御祭碑；西二为康熙三十二年“大清皇帝御制重修至圣先师孔子庙碑”，朱镐篆额；西三为康熙二十五年“大清皇帝御制阙里至圣先师孔子庙碑”，圣祖御书，朱汉雯篆额；西四为雍正八年“大清皇帝御制重修至圣先师孔子庙碑”，张照篆额；东为乾隆十三年“大清皇帝躬诣阙里孔子庙庭御制碑”，汪由敦篆额，高宗御书。

清遣官致祭碑亭 四座，即南排西起第一、二座及东起第一、二座。西二亭建于康熙二十六年（1687 年），前、东二亭当为雍正间所建。西二亭雍正二年（1724 年）庙工时拆卸重建，并将绿瓦改为黄瓦。其后维修与御祭碑亭相同。碑亭因存遣官致祭碑，规格较御制碑较低，所以虽然也为重檐歇山顶，但均无斗栱，彩画也仅为雅五墨。

毓粹门 位于十三碑亭院东墙上，是孔庙的第三道侧门。门始见于金代庙图中，三间单檐，当为金明昌二年（1191 年）庙工增建。金末幸免于火，元初犹存，明弘治十七年（1504 年）、清康熙十六年（1677 年）、雍正七年（1729 年）、乾隆二十三年（1758 年）、嘉庆二十一年（1816 年）、同治十一年（1872 年）均维修，光绪三十四年（1908 年）改为黄瓦，1978 年揭瓷重修。现存门屋为五檩三柱分心式木架，无斗栱，进深两间，面阔三间，明间辟门，稍间砌墙，柱有侧脚，额枋略有升起，仍保持着早期建筑的特点。

观德门 位于十三碑亭院西墙上，与毓粹门相对，此二门建筑年代、维修、形制均相同。

大成门 原名仪门，宋崇宁三年（1104 年）因大成殿而得名。北宋时，门三间，立于台基之上，单檐，檐下有斗栱，两侧有廊与两庑相连，并向外延伸,分别与西庙墙和东院墙相接。金代曾加重修,于门两侧添建掖门,金贞佑二年(1214年)被焚。元大德六年(1302年)重建,“转裹五间,周围亦皆石柱,基高一丈,殿门皆琉璃沿裹,碾玉桩饰”。明弘治十二年火后重建,屋顶为绿色琉璃。雍正二年(1724年),大成门再次被焚,七年重建落成,屋顶改为黄色琉璃,柱子门扇槛框朱红油饰,枋心沥粉金云龙地伏五色妆颜彩画,斗科金琢墨,重建用银一万三千余两。嘉庆二十一年(1816年)、光绪三十四年(1908年)、1979年多次维修,但主要部件并没有更换。现存门屋高13.53米,面阔五间,24.68米,进深两间,11.2米,单檐黄瓦歇山顶,七檩三柱分心式木架,檐下用五踩重昂溜金斗栱,金龙和玺彩画。擎檐为石柱,明间前后石柱高浮雕(一种镌刻做法,将图形周围的石面剔去,使图形高出五六厘米甚至十厘米以上)二龙戏珠,其余为八棱石柱,减地平钑(一种镌刻做法,在石平面上阴刻线条图形,将图形以外的石面浅浅砍去一层,使图形更加明显)小幅云龙。高浮雕石柱云朵线条流畅,龙猪嘴姿态生动,可能是明代遗作。清雍正修庙预算中曾有重刻大成门龙柱的造价,恐没有全部重新刻制。浮雕石柱祥云飘逸,波涛激射,龙躯夭矫自如,龙鬣随首飘拂,充满了动态美,恍如二龙飞腾嬉戏于云水之间。门上悬“大成门”竖匾,两侧悬“先觉先知为万古伦常立极、至诚至圣与两间功化同流”对联,清世宗雍正七年题书,匾联木雕贴金,高浮雕云龙。大成门立于台基之上,台基高1.65米,石须弥座,束腰部分所刻卷草和圭脚部分所刻云纹构图匀称,线条圆和,当是明代所刻。门前后各有六级台阶,中用陛石,浅浮雕云龙山水,雕刻非常精美。大成门两侧有掖门,各三间,并非独立,而与两庑连檐,这样既突出了大成门作为正门的地位,又避免了单立门屋缺少整体联系的弊病,处理方式非常巧妙。

金声门 大成门的西掖门,始见于金代庙图,明弘治庙工时重建,位置较金代外移，与今存形式相同。清雍正二年（1724 年）火后重建，“三间，各面阔一丈六尺六寸，通面板四丈九尺八寸，进深二丈四尺八寸，前檐柱高一丈一尺二寸五分，后檐柱高一丈六寸，系七檩六搭椽，前檐斗口单昂斗科，后檐一斗二升麻叶斗科”，屋顶改为黄瓦剪边，前后檐头用石碾玉大点金彩画。乾隆十三年（1748 年）、嘉庆二十一年（1816 年）、同治十一年（1872 年）、1956 年、1987 年曾多次维修。门屋三间，一门，西与西庑连檐，三柱七檩分心式木架，檐下用一斗二升交麻叶斗栱，雅五墨彩画，加黄线。

玉振门 大成门东掖门，与东庑连檐，修建规制与金声门相同。

杏坛亭 专为纪念孔子办学设教建造的纪念物。宋天禧五年（1021 年）大修孔庙，正殿北移，“旧基不欲毁拆”，因《庄子》中有“孔子游乎缁帷之林，休坐乎杏坛之上，弟子读书，孔子弦歌”的记载，即以“瓴甓为坛，环植以杏，鲁人因名曰杏坛”。从宋庙图看，当时为名副其实的坛，三层台。金代始于台上建亭，单檐，似为十字脊，四面悬山。元至元四年（1267 年）曾重修，明弘治十七年（1504 年）大修时，“杏坛仍旧，用上等青绿间金彩画，盖瓦绿色琉璃”。从弘治庙图看，仍作单檐，十字脊。隆庆三年（1569 年）重建，“杏坛旧制则撤而更新，增置石楹重檐”。清雍正二年（1724 年）幸免于庙火，是时，杏坛“见方二丈二尺九

曲阜孔子庙杏坛

寸五分，二次间各面阔四尺八寸，四檐柱高一丈一尺三寸。四面显山，十字脊，重复檐，歇山转角成造”，尺寸、形制与今存建筑相同。雍正七年维修，没有更换木构件，只进行揭瓦、彩画，柱子朱红油漆，枋梁大木石碾玉大点金，天花沥粉金云龙五彩妆颜，斗科金琢墨。其后，嘉庆二十一年（1816 年）揭瓦，同治十一年（1872 年）维修。光绪三十四（1908 年）年改换为黄色琉璃瓦顶，更换四老角、四子角。1973 年揭瓦彩画。现存建筑仍为隆庆遗构，高 12.5 米，阔 7.34 米，平面正方形，四面敞开，每面三间。每面中柱为石柱，金柱为木柱，用料粗大，角柱也为木柱，但砍作八角形。屋盖十字结脊，四面悬山，重檐，上下檐均为五踩重昂斗栱，明间用补间斗栱三攒。亭内上下檐均用天花，上层天花中心用斗八藻井，细小斗栱装饰，纤巧可爱。枋梁大木为金龙和玺彩画，斗栱金琢黑。坛基两层，上层用石栏杆，南面八根栏柱下用螭首，异常美观。东南西北每面都有踏跺，刻圭角形云纹。亭内存有金党怀英篆书“杏坛碑”和清高宗御制“杏坛赞”碑。

大成殿　孔庙的主殿，供奉孔子的塑像，在此进行祭祀活动。唐代时为五间，约在今杏坛处。宋天禧五年（1021 年）大修孔庙，移于今处，并扩建为七间重檐，两侧建廊与两庑相连。崇宁三年（1104 年）宋徽宗赵佶取《孟子》“孔子之谓集大成”语“诏名文宣王殿曰‘大成’”，政和四年（1114 年）并自书殿额颁予曲阜孔庙。北宋末年，孔庙被火，金天会七年（1129 年）“殿火犹未息”，皇统九年（1149 年）重建。金代时，大成殿仍为七间重檐，两侧改为斜廊与两庑相连，“殿庑皆以碧瓦为缘，外柱以石，刻为龙文，其藻栱之饰，涂以青碧……栏槛梐并朱漆之”。金贞祐二年（1214 年）焚于兵火，元大德四年（1300 年）重建，六年（1302 年）九月十二日落成，“七间，复檐，重基，高一丈有奇，内外皆石柱，外柱二十六，皆刻龙形”，“殿门皆琉璃沿裹，碾玉妆饰”。明成化十九年（1483 年）扩

曲阜孔子庙大成殿内景

建为九间，“柱石镂以龙凤之形，轮奂绘以金碧之色”。弘治十二年(1499年)被焚，十三年(1500年)重建，十七年(1504年)落成，仍为九间两檐，屋顶用绿色琉璃瓦，台基两层，镌花石须弥座，石栏杆，两面磨光。殿两侧无廊、门，独立院中，石柱由徽州工匠錾刻。清雍正二年(1724年)，雷落大成殿被焚，三年(1725年)重建，八年(1730年)秋落成，仍为九间，屋顶瓦黄色琉璃。这次重建，不计瓦件，用银五万五千多两。嘉庆六年(1801年)修西北角，二十一年(1816年)揭瓦，光绪二十四年(1898年)维修后檐，1952、1957年分别拆东山、西山，1970年揭瓦，更换两次间、东北角部分木构件，并彩画外檐。1988年全部重新揭瓦。为了突出孔子的崇高地位，大成殿被建成全庙最高的建筑物，无论瓦色、开间、彩画都是最高规格。殿高24.8米，面阔九间，45.69米，进深五间，24.85米，重檐九脊，黄瓦歇山顶，金龙和玺彩画。基高2.1米，重层石阶，前与站台相连，后与寝殿相连。殿基为须弥座，两层栏杆，上层为火焰宝珠柱顶，下层为重层覆莲瓣柱顶，柱下有螭首外探，雕刻古拙，连同踏道云龙山水御道,多是明代遗物。大成殿雄峙在高台上,加之回廊围绕的建筑形式,益发显得雄伟壮丽。殿的柱、架简洁整齐,柱网由外、中、内三圈柱列形成。外围为二十八根石檐柱,高近6米,围绕为廊,承下檐斗栱及围廊天花;中圈为十六根木金柱,高约15米,承上檐斗栱及殿内外槽天花;内圈为十六根木内金柱,高约18米,承殿内槽天花,殿内正中为斗八藻井。檐柱用石,是本地建筑的一个特点,在曲阜比较普遍。但大成殿的石檐柱最有代表性。檐柱均以整石刻成,高约6米,前檐十根为高浮雕,直径80厘米,两山及后檐十八根为减地平钑,直径75厘米。减地平钑刻小幅团龙,石柱八面,每面九条,每柱七十二条,并衬以云朵。高浮雕刻二龙戏珠,一为升龙,一为降龙,上下对翔,盘绕升腾。龙周遍刻云朵,柱下端刻山石波涛,雕刻极深,几成圆雕,二龙宛如腾海升空,穿云飞翔。十根龙柱图案各具变化,两两相对,无一雷同,造型优美生动,雕刻玲珑剔透,刀法刚劲有力,龙姿栩栩如生,是我国罕见的石刻艺术品。郭沫若曾写诗赞说"石柱盘龙二十株,大成一殿此尤殊","天工开物眼前是,梓匠何曾读圣书",歌颂了劳动人民的智慧和才华。大成殿用刻龙石柱始于金代,明弘治庙火后征调徽州工匠重刻,清雍正二年(1724年)火后又重刻。从《孔府档案》记载看,清代高浮雕龙柱每根价银九十一两一钱八分,减地平钑石柱每根价银六十

曲阜孔子庙大成殿龙柱

八两八钱二分七厘，莲花柱础每个价银二十两，从雕刻风格看，今存龙柱当为雍正时重刻。大成殿下檐为七踩单翘重昂斗栱，施于外围回廊石柱以上；上檐为九踩单翘三昂斗栱，施于中围金柱之上。补间斗栱明间用四攒，次稍间用三攒，下檐尽间用一攒。殿内内额坊及内小额坊之间为一斗六升斗栱，内额枋上用以承托天花者为七踩品字斗栱，但金柱纵缝上斗栱仅露明一面出踩，隐入天花一面斫齐，不加卷杀。斗栱用材很大，规格很高，平身科斗口平均为12.5厘米，比故宫太和殿的斗口（9厘米）还大，这种相当于清代《工程做法》四寸斗口，一般只用于城楼而不用于殿堂，这是一个比较少见的例子。殿内悬挂着清康熙二十三年（1684年）御书“万世师表”，清乾隆三年（1738年）、十三年（1748年）、三十六年（1771年）分别御书“与天地参”、“时中立极”、“化成悠久”、仁宗嘉庆四年（1799年）御书“圣集大成”、宣宗道光元年（1821年）御书“圣协时中”、文宗道光三十年（1850年）御书“德斋畴载”、穆宗同治元年（1862年）御书“圣神天纵”、德宗光绪十四年（1888年）御书“斯文在兹”九块匾额，明间前后内金柱上分别悬挂清高宗乾隆十三年（1748年）御书“觉世牖民诗书易象春秋永垂道法，出类拔萃河海泰山麟凤莫喻圣人”、“气备四时与天地鬼神日月合其德，教垂万世继尧舜禹汤文武作之师”对联。明间正中为孔子塑像，冕十二旒，服十二章，手执镇圭，东西两侧分

曲阜孔子庙大成殿藻井

别为颜回、子思、曾参、孟子四配塑像，再外两侧分别为闵损、冉雍、端木赐、仲由、卜商、有若和冉耕、宰予、冉求、言偃、颛孙师、朱熹十二哲塑像，手执躬圭，冕九旒，服九章，玄衣纁裳。孔子为一龛，四配十二哲均二人一龛。龛均为木雕，贴金彩绘。明间前金柱上悬挂清世宗雍正七年(1729年)御书“德冠生民溯地辟天开咸尊首出，道隆群圣统金声玉振共仰大成”对联，上悬雍正四年(1726年)御书“生民未有”匾额。

两庑　位于大成殿东西两侧，供奉孔子弟子及历代先贤先儒，两庑连同转角掖门共一百间，每侧正面均为四十间，长近170米，象征着儒家思想的源远流长。唐贞观二十一年(公元647年)始以先儒左丘明等二十二人配享孔庙，开元八年(公元720年)又以孔子弟子七十二贤从祀，那时孔庙就有两庑之设，供奉先贤先儒，“图绘于壁上”。宋代时，两庑北端分别与寝殿两侧的泗水侯殿、沂水侯殿相联，与寝殿行廊相接，南接书楼行廊，与寝殿、大成殿、仪门、书楼及两侧行廊构呈“且”字形。宋末被毁，金正隆元年(1156年)重修，明昌二年(1191年)改两庑画像为塑像。从金庙图看，两庑又名东贤廊、西贤廊，北端与宋代相同，但南端只接大成门行廊。金贞祐二年(1214年)兵火，两庑也被焚。元大德四年(1300年)才“照已拟间座起盖”，六年(1302年)九月完工，“碾玉妆饰七十二贤廊”。此时两庑的间数，从明洪武七年(1374年)修庙奏书看，当

曲阜孔子庙东庑内景

均为三十三间。洪武十年(1377 年)重建东庑,永乐十年(1412 年)重修。弘治十二年(1499 年)火灾报告却说东庑二十八间,当是计算方法不同所致。弘治十七年(1504 年)重建落成,清雍正二年(1724 年)被焚,七年(1729 年)重建落成,乾隆二十三年(1758 年)、嘉庆二十一年(1816 年)、同治十一年(1872 年)、1956 年均重修,1973 年彩画前檐,1987、1988 年分别全部揭瓦。今存两庑为雍正重建遗构,"连转角共八十八间,各面阔五十一丈九尺三寸。前檐柱高一丈六寸,后檐柱高一丈一尺一寸五分"。两庑每间尺寸并不一致,南部"二十八间各面板一丈一尺四寸",中间腰门"一间面板一丈三尺七寸",北部"十一间各面阔一丈二尺四寸"。雍正重建当是依循弘治旧制,连同寝殿掖门、大成门掖门也是共一百间。两庑供奉从祀先贤儒的木主,祭祀规格较低,因此建筑的规格也较低,木架用七檩四柱前后廊式,前为廊,用一斗二升交麻叶斗栱,屋顶用绿色琉璃,而以黄色琉璃剪边,彩画用雅五墨,前檐头原为大点金,现也为雅五墨(加黄线),是殿庭院落中规格最低的建筑。

寝殿 位于正殿庭院的北端,是供奉孔子夫人的专祠。夫人为宋国人,她的姓氏汉碑作并官氏,后人作亓官氏。她大约在孔子十九岁时与孔子结婚,孔子六十六岁时去世。汉魏晋南北朝时与孔子同室祭祀,宋大中祥符元年(1008 年)追封为郓国夫人。天禧修庙时,增大殿像,时为重檐,阔五间,两侧有行廊与两庑相连。宋末金兵南下时被焚,金大定十八年(1178 年)重建,有司吝于出纳,欲"破广为狭,划崇为卑",五十代衍圣公孔摠另筹经费,并率庙丁到东蒙山采树,终于恢复旧制。从庙图看,殿前有廊与正殿相连,采用了宋金时期盛行的工字殿形式。贞祐二年(1214 年)庙火,寝殿也被焚,元定宗三年(1248 年)恢复寝殿,但改为正殿使用,供奉孔子、十哲神像。大德六年(1302 年)重建大成殿后,"黼座既迁,更塑郓国夫人于后寝"。当时的寝殿,左右仍有十八间回廊,但到明洪武七年(1374 年)时回廊已废坏无存。成化十九年(1483 年)大扩庙制,寝殿扩建为七间,弘治十二年(1499 年)被焚,十七年(1504 年)重建落成。重建后,“七间,附檐,高六丈四尺,阔九丈五尺,深五丈,四周擎檐俱镌花石柱、木柱槅扇等银朱,天花风板、内外枋檩斗栱俱用上等青绿间金妆绘,绿色琉璃瓦顶”。清雍正二年(1724 年),殿又一次被焚,八年(1730 年)重建落成,《曲阜县志》所记尺寸与明代《阙里志》所记相同,但《孔府档案》则记为面阔十丈四尺五寸,进深五丈五尺八寸,以今存建筑尺寸验证,《孔府档案》是正确的。重建后的寝殿,“檐柱高一丈五尺,金柱高三丈三尺四寸七分,中柱高五丈六尺一寸,重复檐歇山转角。下檐斗口重昂斗科,上覆檐单翘重昂斗科,内里隔井天花,外廊周围隔井天花,连挑檐,拾一檩成造”。柱子槛框朱红油饰,上架枋檩柁梁俱沥粉金云龙地伏五色妆颜彩画,屋顶绿瓦,黄瓦剪边,估价二万七千六百多两白银。今存寝殿即为雍正间所重建,乾隆二十三年(1758 年)、嘉庆二十一年(1816 年)、同治八年(1869 年)均维修,1925 年揭瓦大修,改为全黄瓦,更换四角等六根金柱、全部椽望及部分斗栱,并重新油漆彩画,用洋七万元。1988 年重新揭瓦。殿重檐九脊,黄瓦歇山顶。面阔七间,33.44 米,进深四间,17.86 米,高约 20 米(砖面至殿顶)。殿身阔五间,深二间,周为回廊,有八角形镌花石檐柱二十二根,满镌减地平钑小幅凤凰牡丹图案。殿基高 2.06 米,南面为须弥座,石栏杆两层,前有平台与大成殿殿基相连,呈“工”字形平面,后面及两山为普通台基,也无栏杆,这是建筑上一种少见的处理方式,寝殿的木架形式是由殿堂分心槽式发展而来的,三柱分心,外加一周回廊。在殿中心正脊下纵向加一列中柱的木架形式,一般只用于门屋,中柱一列便于安装门扇,而很少用于殿堂,因为它不利于建筑空间的使用,观瞻效果不佳,寝殿是一个比较特殊的例子。殿的斗栱比正殿低一等,上檐为七踩单翘重昂,下檐为五踩重昂。明间补间四攒，次、稍间三攒，下檐尽间一攒。彩画为龙凤和玺，枋心绘龙，天花绘凤，俱沥粉贴金。殿中置木刻神龛，供孔子夫人神位，有砖刻须弥座，为雍正年间所刻。

圣迹殿 明万历二十年(1592 年)，山东巡按御史何出光为保存《圣迹图》创建。清康熙、雍正、乾隆间均维修，但工程不大，独嘉庆十一年(1806 年)耗银三千二百两重修，可能更换构件较多，同治十一年(1872 年)、1959 年、1980 年均重修。雍正七年(1729 年)、嘉庆二十五年(1820 年)均重新彩画，现彩画为 1959 年所绘。殿高 12. 55 米，面阔五间，30. 69 米，深三间，10. 22 米，单檐绿瓦歇山顶。彩画为旋子大点金，木架为七檩四柱前后廊式，檐下用五踩单翘单昂斗栱，明间补间六攒，次、稍间四攒。昂嘴下刻出华头子线道，平板枋略宽于额枋，额枋高而瘦，都保存着明代的手法，但经多次维修，有些构件被更换，造成细部式样参差不一，坐斗斗欹或无皻，或有皻，瓜栱、厢栱相互错用。殿内保存石刻《圣迹图》和晋顾恺之、唐吴道子所绘孔子像的宋代石刻，清康熙、乾隆皇帝御制石碑等。

承圣门 东门的大门。孔庙三路之设始于宋代，东路自奎文阁以东起，有斋厅、斋堂、宅厅之设，主要供孔氏族人斋居、讲书、接待宾客之用。金代略有变化，南自大成门以东起，有斋厅、金丝堂、家庙等建筑。明弘治修庙后，东路有诗礼堂、家庙、神厨等建筑，功能已不同于宋代，分别供讲书、习礼、宣训族规、家祭、制作祭品所用。清雍正元年(1723 年)改家庙为崇圣祠，祭祀孔子上五代先人及大成殿四配等圣贤之父，功能大变，以显示报功崇德推恩先人为主。东路南起承圣门，北至家庙，与正殿殿庭等长，分别以诗礼堂、崇圣祠、家庙三座主要建筑构成三进庭院。东路大门始建于宋代，单檐三间，两侧有廊，金代名燕申门。明弘治十七年(1504 年)、清康熙十六年(1677 年)均重修，雍正七年(1729 年)诏改名为承圣门,是年维修彩画,枋梁大木用雅五墨,斗栱用烟琢墨。其后乾隆二十三年(1758 年)、嘉庆二十一年(1816 年)、同治十一年(1872 年)又加以维修,1959 年揭瓦,枋梁大木以旋子点金彩画。承圣门三间三门,五檩三柱分心式木架,檐下施三踩单昂斗栱,悬山顶,灰瓦,以绿瓦剪边。檐柱有侧脚,高约 3.1 米,直径却达 0.36 米,肥短粗壮,额枋高瘦,平板枋扁宽,斗栱用假昂尾,不与昂嘴相联,昂嘴下有的刻华头子线道,柱斗科上的梁头与梁齐平,略高于蚂蚱头,平身科用两朵,疏朗简洁,脊檩两侧用叉手,都呈现着早期建筑的特征。

诗礼堂 始建于宋代,本是宋真宗大中祥符元年(1008 年)拜谒孔庙驻跸之所,"诏去其吻,许本家为厅",供孔氏族人祭祀时斋居,并作讲学之用。时为单檐三间,穿心有廊,与斋堂相联,呈宋代常用的工字形平面。金代重建,两侧加廊,但省去了穿堂。明弘治时为纪念孔子教育儿子孔鲤学《诗》学《礼》而命名。十七年(1504 年)因东庑东迁,"稍迁而东"重建,"五间,高二丈八尺,阔七丈五尺,深四丈二尺",次等青绿彩画,绿色琉璃屋顶。清康熙十六年(1677 年)维修,但未换木构件,只重新油漆彩画,外檐枋桁为大点金,斗栱为金琢墨。嘉庆二十一年(1816 年)拆卸揭瓦,1959 年揭瓦彩画,1987 年揭瓦重修。现存诗礼堂面阔五间,进深三间,南面敞开,不设门窗。屋盖为绿瓦紫心悬山顶,彩画为雅五墨,檐下点金,木架为九檩前后廊式,比例纤细,前檐下用一斗二升交麻叶云斗栱,斗欹无頔。清代时诗礼堂功能有所改变,祭祀前在此演礼,康熙、乾隆皇帝祭祀孔子时又在此听孔子后裔讲解儒家经书。堂内明间正中上悬两块匾额,上为清乾隆十三年(1748 年)高宗在此堂听孔子后裔讲经后对衍圣公孔昭焕等孔氏族人的谕示,赞扬孔子思想"至圣之道,参天地,赞化育,立人极,为万世师表",要孔子后裔"务学道敦伦,修身慎行,克秉先师之彝训",下匾为高宗御题"诗礼堂"。原还有"则古称先"额和"绍绪仰斯文识大识小,趋庭传至教学礼学诗"对联。院中有古槐一株,银杏二株,习称唐槐、宋银杏,密叶蟠空,为院生色不少。堂后有故井、鲁壁。

礼器库 位于诗礼堂东侧,是存放祭祀礼器的地方。始见于金代庙图中,位于庙宅门内,为东厢房,五间,单檐,位置约在今故宅门内偏东。明洪武十年(1377 年)时名庙库,弘治十七年(1504 年)重修孔庙后,"库房九间,高一丈六尺,阔八丈五尺",位置已在今处。清雍正七年(1729 年)维修彩画,用雅五墨,并没有更换木构件,其后乾隆、嘉庆、同治间及 1959 年均维修。现存礼器库面阔九间,中间辟门,是由孔子故宅门进入孔庙东路的通道。进深三间,西为廊,施一斗二升交麻叶云斗栱。屋架为五檩四柱前后廊式,顶为灰瓦绿边,硬山顶。室内有"礼器赞"碑,西廊下有"故井诗"碑,均为清高宗御制。

故宅门赞碑亭 一间见方,单檐歇山顶,黄瓦,木架,檐下施一斗二升交麻叶斗栱。亭内立清高宗乾隆十三年(1748 年)撰书"故宅门赞"碑,亭也为是年所建。

崇圣祠 西值大成殿。宋代时,此处为斋堂,金代为金丝堂,弘治十七年(1504 年)重建后为家庙,"五间,高三丈,阔七丈二尺,深三丈六尺。前面擎檐中二根盘龙,傍四根镌花,俱石柱……内外枋檩斗栱俱用上等青绿间金妆画",屋顶用绿色琉璃。从庙图看,为单檐庑殿顶。殿内供奉孔子夫妇和儿子孔鲤夫妇、孙子孔伋夫妇及四十三代孙、孔氏中兴祖孔仁玉夫妇,是衍圣公举行家祭的地方。清雍正元年(1723 年),世宗追封孔子上五代先人为王,将旧家庙改为崇圣祠以供祭祀。雍正二年(1724 年),孔庙火灾报告说:"新建崇圣祠……幸得无恙。"近人多将崇圣祠建筑年代定为雍正二年。其实,雍正二年改崇圣祠,并非重建,只是"将神牌祭器等项修制"。所以到雍正七年(1729 年)大修孔庙时,屋面要“拔草捉节，夹陇齐檐，添补瓦片”。今存建筑面阔五间，进深三间，单檐绿瓦庑殿顶，旋子大点金彩画。木架为九檩四柱前后廊式，檐下斗栱为五踩重昂，明次间补间四攒，稍间两攒。前有廊，檐柱至前金柱间深六尺一寸（约1.95米），后檐柱至后金柱深一丈二寸（约3.26米），远深过前廊，这是为了在后廊安置神龛的需要。所以前廊用单步梁，后廊用双步梁。前金柱直支老檐枋下，后金柱直支下金枋下。前檐柱为石柱，中二根为高浮雕蟠龙，傍四根为减地平钑花卉，刻牡丹、菊花、荷花、西番莲等。高浮雕龙柱线条流畅，构图和谐，龙嘴猪形，龙鬣前伸，颈细身粗，都呈现出明代中期的特征，当为弘治十三年（1500年）修庙时所刻。殿内正中奉祀孔子五世祖肇圣王木金父，东祀高祖裕圣王祈父、祖父昌圣王伯夏，西祀曾祖诒圣王防叔、父启圣王叔梁纥，两侧分别以颜无繇（颜子之父）、孔鲤（孔伋之父）、曾点（曾参之父）、孟孙激（孟轲之父）配享，再外两侧分别以周辅成（周敦颐之父）、程珦（程颢、程颐之父）、蔡元定（蔡沈之父）和张迪（张载之父）、朱松（朱熹之父）从祀。殿独立成院，前有院门三座，砖墙承重，木过梁，中门为绿瓦歇山顶，掖门为灰瓦硬山顶。

家庙　孔子长孙家祭的专祠。宋代孔庙就建有家庙，是一处独立的小院，位置约在今土地祠处，仅有三间正房，一间正门。金代亦然，但位置南移于今家庙处。明代家庙仍位于正殿之东，弘治十二年（1499年）雷落家庙，引起正殿殿庭被焚，重建后的家庙即今崇圣祠，规格较高。清雍正二年（1724年）家庙改称崇圣祠后，于今址新建家庙。家庙面阔七间，进深三间，灰瓦绿边，硬山顶，雅五墨彩画，木架为七檩四柱前后廊式，前为廊，不施斗栱，脊桁下以叉手支撑，梁枋瘦小。院前三门，砖墙承重，均为灰瓦硬山顶。

启圣门　西路正门。西路南起启圣门，北至启圣寝殿，与正殿殿庭院等长，分别以金丝堂、启圣殿为主体构成两进庭院。西路之设始于宋代,主要功能是祭祀孔子父母,当时规制略简于东路,只有孤立的一座门,三座殿堂——齐国公殿、鲁国太夫人殿、五贤堂,没有用以界分庭院的廊或墙。金代规制大变,成为一个独立的庭院。正门两侧有廊,西面不再借用庙墙,于庙墙内建廊,北面也建廊,东面仍借用正殿西庑,轴线上仍建齐国公殿及鲁国太夫人殿,五贤堂移建于西廊为西厢房,齐国公殿以西添建毓圣侯殿。五贤堂本为景佑二年(1035 年)孔道辅添建,祭祀孟子、荀子、扬雄、王通、韩愈五人,毓圣侯殿当为宋皇佑二年(1050 年)后添建,是年宋仁宗封尼山山神为“毓圣侯”,当建祠奉祀。毓圣侯殿于明弘治十二年(1499 年)被焚,五贤堂也被省去,改建为金丝堂。今存规制即为明弘治十二年布置,只雍正七年(1729 年)又添建了礼器库。启圣门始见于宋庙图,三间单檐,周无墙垣,独立院中,位置在今门处稍前,金代移于今处。门名始见于明弘治大修孔庙记载,“燕申、毓粹、启圣、观德四门仍旧”,其后清康熙十六年(1677 年)、同治十一年(1872 年)又维修。今存启圣门三间三门,形制结构与承圣门相同,年代当亦相近。

金丝堂 始见于金代庙图,单檐、三间,位于东路斋厅之后,即宋代斋堂之处,当是根据鲁恭王拆除孔子故居、闻金石丝竹之声而发现古文经书命名的。明洪武七年(1374 年)时,“金丝堂五间”已“废坏不存”,至宣德九年(1434 年)工部侍郎周忱及苏州知府况钟等捐俸重建,次年八月落成,“高二寻有二尺”。弘治十七年(1504 年)庙工时移往孔庙西路,“五间,高二丈八尺,阔七丈五尺,深四丈二尺”,次等青绿彩画,绿瓦顶。清雍正二年(1724 年)被焚,七年(1729 年)重建落成,“五间,内明间面阔一丈七尺二寸,二次间各面阔一丈五尺五寸,两稍间各面阔一丈四尺,通面阔七丈六尺二寸;通进深三丈二尺二寸,内前后廊各六尺一寸;檐柱高一丈三尺五寸,金柱高一丈七尺五寸”,雅五墨彩画,与今存建筑相同。该建筑经嘉庆、同治重修,虽更换大梁等构件,1988 年揭瓦维修时又改接角柱，但基本为雍正遗构。堂面阔五间，中三间辟门，稍间安槛窗，进深三间，绿瓦悬山顶，七檩前后廊式木架，檐下用一斗二升交麻叶云斗栱，雅五墨彩画。堂的主要功能是祭祀前演习乐舞，祭祀后合族燕享，为便于活动，堂内省去了明间南面二金柱。

乐器库 面阔九间，中间辟门；进深一间，前有廊，硬山顶，灰瓦绿边，檐下用一斗二开交麻叶云斗栱，雅五墨彩画。乐器库建筑年代较晚，雍正七年（1729 年），为保存康熙皇帝赐予孔庙的中和乐器奏请皇帝同意添建。

启圣王殿 又名启圣祠，是奉祀孔子父亲叔梁纥的祠堂。宋初孔庙即有叔梁纥专祠，宋大中祥符元年（1008 年），真宗祭祀孔庙，曾幸祠堂，并追封叔梁纥为齐国公。从宋庙图看，齐国公殿位于孔庙西侧，约在今金丝堂稍后，三间，单檐，有廊与夫人殿相连呈工字形。金正隆二年（1157 年）、元至元三年（1266 年）均重修，至顺元年（1330 年），叔梁纥被加封为启圣王后改称启圣王殿。明初时，殿五间，歇山转角。弘治十二年（1499 年）被延烧，十七年（1504 年）重建，五间，庑殿顶，“高三丈，阔七丈二尺，深三丈六尺，前面擎檐，中二根盘龙，傍四根俱镌花石柱”，彩画用上等青绿间金，屋顶用绿色琉璃。清雍正二年（1724 年）被延烧，七年（1729 年）重建。“五间，内明间面阔一丈七尺一寸，二次间各面阔一丈五尺六寸，两稍间各面阔一丈一尺七寸，通面阔七丈一尺八寸，进深三丈六尺三寸，内前廊六尺，后廊一丈零五分，檐柱高一丈三尺六寸，庑殿顶，单檐，斗口重昂斗科成造”，“枋檩柁梁枋心沥粉金云龙地伏五色妆颜彩画，斗科烟琢墨”。今存建筑即为雍正重建遗物。形制构造与崇圣祠基本相同，但前檐石柱为雍正间重刻，不如崇圣祠石柱雕刻水平高。殿内中置神龛，供奉叔梁纥塑像，冕九旒，服九章，手捧躬圭。

启圣王寝殿 祭祀孔子母亲颜征在的专祠。颜征在于宋大中祥符元年(1008年)被追封为鲁国太夫人,与齐国公同殿祭祀。庆历八年(1048年),四十五代孙孔彦辅被旨监修祖庙,奏准"迁于后殿奉安",始有专祠。从庙图看,三间,单檐。元至顺元年(1330年)被追封为启圣王夫人,改称启圣王夫人殿。明天顺四年(1460年)殿圮毁,六十一代衍圣公孔弘绪"撤旧而新之",将启圣王殿重建,"五间,高一丈七尺,深视高杀二尺,广袤称是,穿心有廊,以通前后,歇山转角,规模壮丽"。弘治十七年(1504年)庙工后,"寝殿三间,原移过,从新盖瓦,油漆彩画",不知何时移往何处,又自何处移建于今处。清雍正二年(1724年)免于火灾,时"明间面阔一丈四尺五寸,二次间各面阔一丈四寸,通面阔三丈五尺三寸;进深二丈五尺,山明间一丈六尺五寸,前后廊各四尺二寸五分,檐柱高一丈二尺,七檩歇山转角",重修时没有更换大构件,只揭瓦彩画,枋桁大木为雅五墨,斗栱烟琢墨。今存建筑与雍正时记载相同,灰瓦绿边单檐悬山顶,七檩四柱前后廊式木架,檐下施五踩重昂斗栱。

神庖 是祭祀前准备牺牲——宰杀牛、羊、猪的地方。明洪武十年(1377年)庙制位于寝殿之后,弘治十七年(1504年)"暂改燕申堂为神厨,而神庖则附于神厨焉,"将神庖、神厨合二为一,移于寝殿之东,今崇圣祠之后。据记载,"神厨二十四间,高一丈二尺,共面阔二十五丈六尺,深各一丈六尺"。从庙图看,正房两厢各七间,大门三间。神厨、神庖分建和移于今处时间不详,但雍正七年(1729年)时神庖、神厨形制已经与今制相同,重修时,神庖正房、西厢已倒坏,神厨两厢歪斜,俱拆卸重新盖造,可见,神庖、神厨最迟是清初分建的。神庖位于后院的东北角,有正厅五间,两厢各五间,大门一间。大门为灰瓦悬山顶,五檩分心式木架,用一斗二升交麻叶斗栱。正、厢房均为灰瓦硬山顶,五檩三柱式木架,无斗栱。

神厨 位于庙后西北角,是制作祭品的地方。约清初重建,维修同神庖，原仅存大门、东厢，1993 年复原正厅和东厢。

后土祠　供奉孔庙土地神主，位于圣迹殿东南，与焚帛所东西相对，也是一处独立的小院。后土祠，始见于金代庙图，位于寝殿之北偏东，是一处独立的庭院，正房、两厢各三间，门一间。明弘治火后，土地祠位于今处，但仅为孤立的正房。清雍正七年（1729 年）重修已成独立院落，形制与今存相同。围墙十六丈，门阔五尺二寸，正祠明间面阔一丈，二次间各面阔七尺，进深一丈七尺，其中前后廊各三尺，檐柱高八尺四寸，雅五墨彩画。乾隆十三年（1748 年）维修，嘉庆二十一年（1816 年）正祠坍塌重修，1988 年重修。正房三间，灰瓦硬山顶，七檩四柱前后廊式木架，前为廊。门一间，砖墙承重，木过梁，灰瓦硬山顶。

焚帛所　祭祀时迎神后瘗埋牺牲毛血、送神后焚烧香帛之处。位于圣迹殿西南、神厨东南，是一处院墙围绕的空院，院内设瘗坎与焚帛池。前辟门，砖墙承重，木过梁，灰瓦。焚帛所始见于明洪武十年（1377 年）庙制，位于寝殿后，弘治后位于今处，形制与今相同。

钟楼　位于阙里街中部，西接孔庙东南角楼。钟楼始见于明弘治修庙之后李东阳所撰《重修阙里庙图序》，“在右为钟鼓楼，与角楼而六”。清初已废，“钟楼在观德门之上，规模未称也，今悬钟处本为金代庙宅外门，是依庙居住的孔子裔孙出入的外门。清初名端门，是为迎合汉儒神化孔子西狩获麟“天下血书鲁端门”[①]命名的。今存钟楼单檐悬山顶，灰瓦绿边，五檩二柱木架，无斗栱。三间，明间敞开，不设门，次间不设窗。内置铜、铁钟各一，铜钟为明嘉靖元年（1522 年）山东巡抚陈凤梧造。楼下为砖砌高台，高 5.6 米，南北向辟券门一洞。台无马道，借用孔庙东南角楼马道上下。

鼓楼　位于毓粹门之东。始建于明弘治年间，清中期以后毁于

①《春秋公羊传·哀公十四年》何休注。

火，同治十一年（1872 年）重建。楼高约 16 米，面阔五间，深三间，周为回廊，重檐歇山顶，绿瓦，前后廊式木架，无斗栱。楼下为砖砌方台，高 7.2 米，南北长 25.4 米，东西深 12.1 米，中间辟东西向券形栱门一洞，台南侧设马道供上下。台上楼内置大鼓，供孔庙祭祀和平时报时用。

汉石人亭 1953 年添建。亭内存有二石人，“一者峨冠介而侍，一冕执殳拖修绅”。峨冠者在西，高 2.54 米，腰间佩剑，胸腹间阴刻篆书“汉故乐安太守庑君亭长”；执殳者在东，高 2.2 米，双手执殳（殳尖已残），胸腹间阴刻篆书“府门之卒”四字。二石人原在城东南八里的张曲古墓前，乾隆五十九年（1794 年）阮元移存于庙西矍相圃，1953 年移入孔庙。乐安为郡国，始设于东汉和帝永元七年（公元 95 年），石人当刻于东汉。孔庙漢礼器碑（公元 156 年立）有故乐安相庑季公捐款题名。

第四节 碑 刻

孔庙存有西汉以来历代碑刻 1172 通，其中石碑 242 通（从庙外移入 20 通），刻石 218 块（从庙外移入 22 块），圣迹图及孔子画像石刻（均有文字）128 块，玉虹楼法帖 584 块，尤以汉魏碑刻驰名中外。

一、两汉碑刻

孔庙保存西汉石刻 6 石（均为庙外移入），东汉石碑 12 通（庙外移入 8 通），刻字 6 石（均为庙外移入），是全国保存汉碑最多的地方。现在大都保存在西仓汉魏碑刻陈列馆。

北陛石 1941 年出土于周公庙东的高地上，原存北京大学，1979 年移存曲阜孔庙。石长 95 厘米，宽 42 厘米，高 19.5 厘米，石灰岩质。向上一面浅刻浮雕二璧纹，并刻“六五乙”三字，已有浓厚的隶书笔意。前侧面刻菱形纹,后侧未加工。文字刻于一端,文为“鲁六年九月所造北陛”,4行,篆书。近人多认为“鲁六年”为西汉鲁恭王六年。汉景帝三年(公元前154年)徙封淮阳王刘馀为鲁王,死后追谥“恭”(一作“共”)。刘馀好治宫室,起建了著名的建筑灵光殿。恭王六年(公元前149年),发掘者日本人关野雄、驹井和爱等认为此石即灵光殿的阶石。

五凤刻石 又名鲁孝王刻石。金明昌二年(1191年)出土于钓鱼池。当时工匠取石维修孔庙,提领修庙的开州刺史高德裔随即将石移入孔庙。石长71.5厘米,左高38厘米,右高40厘米,厚43厘米,石灰岩质。刻字为“五凤二年鲁卅四年六月四日成”,3行,隶书,带有篆书笔意,简质古朴。刻字处宽25厘米,高24.5厘米,凿成龛形。五凤二年即公元前56年,鲁孝王三十四年。左侧刻高德裔发现此石的题记。

祝其卿坟坛刻石 又名汉居摄坟坛刻石、孔子墓前石坛刻文等,原存孔林内孔子墓前,清雍正十年(1732年)移入孔庙。石长99厘米,宽50厘米,高25厘米,石灰岩质。中部阴刻成龛,文字刻于龛内,龛长20厘米,高14厘米。文为“祝其卿坟坛居摄二年□月造”,5行,行以阴线界开,篆书。居摄二年即公元7年。

上谷府卿坟坛刻石 原存孔林内孔子墓前,清雍正十年(1732年)移入孔庙。石长69厘米,宽38厘米,高31厘米,石灰岩质。中部凿刻成龛,龛长20厘米,高14.5厘米。文为“上谷府卿坟坛居摄二年二月造”,4行,行以阴线界开,篆书。

王陵塞石 1970年出土于九龙山摩崖汉墓中,现存孔庙东庑。石宽92.5厘米,长229厘米,厚47厘米,石灰岩质。塞石原为墓道口的封门石,上刻“王陵塞石广四尺”,2行,刻字处宽29厘米,高60厘米,下刻横书“二尺”,均为隶书,但带有篆书笔意。除此石外,其他石上分别刻有“得于文”、“胡纪国”、“问”、“兜”、“尺八寸”、“一尺八寸”、“一尺九寸”、“二尺九寸半”等文字,仍在原地保存。考古界定其为西汉刻石,墓主为西汉鲁王。

安汉里画像石刻字 1937年韩家铺出土,后移入孔庙,原石现存神庖汉画像石陈列馆。出土共8石,四侧石分刻青龙、白虎、朱雀、玄武四灵,中石两面刻。文字刻于中石顶部,石长250厘米,高85厘米,厚27厘米,石灰岩质。文为“山鲁市东安汉里禺石也”,1行,篆书,“山”字双钩,其他九字单钩。根据画像及刻字风格,考古界定为西汉所刻。

新富里渎石 1992年2月23日发现于小北关村北104国道西侧高地。石长114厘米,宽39厘米,厚18.5厘米,石灰岩质。从出土现场看,当为汉城北墙下排水沟的盖石。字刻于向南一侧,文为“建武廿二年十月作渎新富里”,“建武”“渎新富里”为大字,1字1行,“廿二年十月作”为小字,2行,行3字。文隶书。建武二十二年即公元46年。

两城山永和二年食堂题记 微山两城出土,1957年移入曲阜孔庙,现存神庖。石高、宽均为92厘米,厚23.5厘米,石灰岩质。字刻于正面右侧,高92厘米,宽8厘米,下角已残去10厘米。文2行,隶书,错落有致,笔势开张,东汉永和二年(公元137年)刻。画像主图为树,缀刻飞鸟、人面鸟、弯弓仰射之人、牵马人等,分刻“山鹊”、“蜚鸟”、“乌生”、“长卿”、“伯昌”、“女黄”等字,为隶书。

乙瑛碑 全称《汉鲁相乙瑛请置孔庙百石卒史碑》,又称《孔庙置守庙百石卒史碑》、《鲁相乙瑛碑》。文为东汉元嘉三年(公元153年)三月二十七日司徒吴雄、司空赵戒就鲁国前国相乙瑛请求为孔庙设置守庙百石卒史的奏书及司徒、司空府和鲁相选任百石卒史公文。碑宽91.5厘米,高198厘米,厚22厘米,刻字18行,每行40字。隶书,笔势刚健,书法雄劲,结构严密,中敛旁肆,是汉隶的代表碑之一。

孔谦墓碑 又名《孔谦碣》、《孔德让碑》,约东汉永兴二年(公元

154年)刻。原在孔林,清初移入孔庙。碑高83厘米,宽52厘米,厚22.5厘米,石灰岩质。圆首,有穿,无额无题。文8行,每行10字,隶书。波磔较长,虽磨损严重,仍能窥见其淳厚的风格。孔谦(公元121—154),字德让,曾官郡曹史,为孔子二十代孙。

孔君墓碑 东汉永寿元年(公元155年)立。见载于《金石录》,清乾隆五十八年(1793年)重新发现于孔子墓红墙外,当即移入孔庙。碑圆首,宽47.5厘米,高120厘米,文字刻于碑上部,高103厘米。下半部未细加工,右下角磨光刻清翁方纲题记。碑有额,刻"孔君之墓",2行,行2字,篆书。文隶书,8行,每行15字。墓主名已蚀,字少垂,孔子十九代孙。

礼器碑 又称《鲁相韩敕造孔庙礼器碑》、《汉韩明府孔子庙碑》、《韩敕碑》,东汉永寿二年(公元156年)立。高170厘米,宽78.5厘米,厚20厘米。有额,无字。四面刻,碑阳16行,其中正文13行,每行36字,赞颂鲁相韩敕造立孔庙礼器、修复孔子车舆、修饰孔庙、免除孔子母族颜氏和妻族并官氏邑中差徭等功绩,后三行及碑阴、碑侧均刻捐款人姓名及钱数。隶书,捺脚粗壮斜行,长波尾部尖挑,结体宽博疏放,风格质朴淳厚,古人曾推为汉碑的第一杰作。

徐家村延熹元年藏堂题记 东汉延熹元年(公元158年)刻,1968年防山徐家村出土,后移入孔庙。石高103厘米,宽22厘米,厚度不均,上顶处厚56.5厘米,石灰岩质。题记4行,满行19字,隶书,结体方整,用笔浑厚。同时出土画像石3块,分别高103.5厘米、100厘米、104.5厘米,多刻人物,浅浮雕,刻制较粗。

孔宙碑 又称《泰山都尉孔宙碑》。东汉延熹七年(公元164年)孔宙故吏门人立,原在孔林孔宙墓前,清初已移入孔庙。碑通高302厘米,宽107厘米,厚24厘米。圆首,有穿,额分刻于穿两侧,文有题,正文14

行,行28字,记叙孔宙生平功绩。碑阴也有碑首,刻弟子、门生、故吏等62人题名。隶书,碑阳波磔饱满,横画斜长,圆浑流丽,风神逸宕,碑阴字体紧密,端庄凝重。汉隶代表碑之一。

史晨碑 东汉建宁二年(公元169年)立,通高207.5厘米,宽85厘米,厚22.5厘米,有碑首,无穿无字。碑身高173.5厘米,前后刻,前刻鲁相史晨、长史李谦请求鲁国孔庙"依社稷,出王家谷,春秋行礼"的奏文,因此称《鲁相史晨奏祀孔子庙碑》、《鲁相史晨祀孔子奏铭》,又名《史晨前碑》。碑阴记史晨祭庙的盛况及修治孔子遗迹的功绩,因此称《鲁相史晨飨孔子庙碑》,又名《史晨后碑》。隶书,笔法含蓄蕴藉,结构疏密匀称,风韵自然跌宕,为汉隶代表碑之一。

孔彪墓碑 又称《博陵太守孔彪碑》。东汉建宁四年(公元171年)立,原立于孔林孔彪墓前,清康熙年间移入孔庙。碑高283厘米,宽99厘米,厚27厘米。圆首有穿,额刻于穿上,篆书。正文18行,每行46字,记述孔彪生平事迹。孔彪(?—171),字元上,孔子十九代孙,举孝廉,曾官郎中、博昌长、尚书侍郎、治书侍御史、博陵太守、下邳相、河东太守等职,在官有清政,死后博陵太守任内故吏等刊石铭文。碑阴刻故吏籍贯姓名。前后均为隶书,字体较小,结构谨严,笔画精劲,风格秀润清逸,是汉代名碑之一。

熹平残碑 清乾隆五十八年(1793年)黄易访得于曲阜东关外,阮元将其移于孔庙。碑应为墓碑,仅残存中部左侧,墓主不详,文有"熹平二年"字样,故称熹平残碑。残石不规则,最高处69厘米,最宽79厘米,厚21厘米,文7行,后有阮元题记、翁方纲题名等4则刻字。碑隶书,结体方健,风格淳厚。

孔褒碑 始立年代不详,清雍正三年(1725年)出土于周公庙东侧,随即移入孔庙。碑高235厘米,宽101厘米,厚27厘米。有额,篆书,位于穿上。文剥蚀严重,约14行,每行30字,隶书,书体严整,书风苍厚。

鲁相谒孔庙残碑 又名《吉日令辰碑》。始立年代不详,宋代即定为汉碑。碑仅存下段,残高105厘米,宽85厘米,厚26厘米。文字自宋代即剥泐严重,后又损去碑阳上部及碑阴文字。现存字8行,每行11字,右下部字较清晰。隶书,结体丰肥,宽博厚重。碑侧有唐贞元七年(公元791年)殿中侍御史杜兼等人的题记。

竹叶碑 始立年代不详,因石纹如竹叶故名,出土时间约在清康熙晚期至乾隆年间。初以为阳面无文字,乾隆五十四年(1789年)何元锡洗碑精拓始见阳面有"少昊之冑"等字,因此又名《少昊之冑碑》。碑原归曲阜颜懋伦,后存曲阜孔庙。清同治三年(1864年)毁为三段,后裂为四段,再裂为六段,以水泥固结成碑形。现碑阳字已不存,碑阴三石,上石字已不清,下石可见十余字,字隶书,左上石无字。

汉石人麃君亭长刻字 石人高254厘米,胸围290厘米,字刻于胸腹间,文为"汉故乐安太守麃君亭长",篆书。石人原在张曲村南大墓前,始见于杨奂《东游记》(1252年成书),清乾隆五十九年(1794年)阮元移入城内矍相圃,1953年移入孔庙,并建碑亭保护,现存孔庙西仓。石人刻制时间不详,但乐安国始设于永元七年(公元95年),汉永寿二年(公元156年)立《礼器碑》有"故乐安相季公"捐钱题名,刻字当在东汉后期。

汉石人府门之卒刻字 石人高220厘米,胸围254厘米,胸腹间阴刻"府门之卒"四篆字。其他同君亭长刻字。

陶洛残汉碑 1957年发现于陶洛村南,1959年发掘出土碎石90余块,其中有字者24块,文字最多者32字,少者仅1字。碑阳有字者10石,界格4.5厘米;碑阴有字者24石,界格4厘米。文意难贯,立碑时代不详,从书体风格、碑型、门生故吏籍贯地名及碑石附近出土石人看,当为东汉无疑。字隶书,笔划刚健,字体清秀,书风隽逸。1998 年以砖石固结为碑形,展出于西仓。

舞雩台刻石 1979 年舞雩台附近出土,当即移入孔庙。刻石长、宽均为 64 厘米,厚 28 厘米,刻 2 字,一立一横,近人多释为"鹿"字,隶书,一字高 32 厘米、宽 25 厘米,一字高 23 厘米、宽 16 厘米。刻石时代约为东汉。

二、魏及北朝石碑

鲁孔子庙碑 又名《封孔羡碑》、《孔羡碑》。魏黄初元年(公元 220 年)刻。碑额呈三角形,有穿,高 234 厘米,宽 93 厘米,厚 25 厘米。篆书题额"鲁孔子庙之碑"6 字,碑文隶书 22 行,行 20 字,记曹魏封孔子二十一世孙、议郎孔羡为宗圣侯使奉祀孔子、修理孔庙等事。

贾思伯碑 又名《贾使君碑》。北魏神龟二年(公元 519 年)刻。原存兖州,宋绍圣三年(1096 年)、元至正二十二年(1362 年)两度湮而复出,1951 年移入曲阜孔庙。碑高 215 厘米,宽 84 厘米,厚 20 厘米。额饰浮雕龙纹,题"魏兖州贾使君之碑",正文记贾思伯兖州任内政绩,24 行,每行 40 字,均为楷书,笔法高古,结构精绝,为北魏名碑。碑阴上刻宋温益题记,下刻元人题记,右侧有清兖州太守金一凤移立庑下题记,又有翁方纲辨非三国魏题记,均为楷书。

张猛龙碑 全称《魏鲁郡太守张府君清颂之碑》,立于北魏孝明帝正光三年(公元 522 年)。碑高 226 厘米,宽 91 厘米,厚 21 厘米。额刻正书魏体。碑文 26 行,行 46 字,记颂魏鲁郡太守张猛龙兴办学校功绩。碑阴为题名。字用方笔,右肩上挑,横画主线横长,结体紧密且富有变化,笔法刚劲有力,遒劲雄奇,碑阴尤为恣肆,古人评价为"正法虬健,已开欧、虞之门户",实为国内魏碑珍品。

李仲璇修孔子庙碑　又称《鲁孔子庙之碑》，东魏兴和三年（公元541年）刻。碑额饰晕状龙纹，篆书“鲁孔子庙之碑”。碑通高220厘米，宽86厘米，厚14厘米。碑文隶书而有楷书笔意，25行，行51字，记兖州刺史李仲璇修孔子庙及塑孔子弟子像配祀孔子事。碑阴字39行，前7行在额后，余32行在碑阴下截，记60余人的姓名、官职。碑侧一行为“内□书任城王长儒书碑”，书体与碑文不类，疑为后人所增。

北齐夫子庙碑　北齐乾明元年（公元560年）兖州刺史郑述祖立。碑呈圭状，有穿，高205厘米，宽93厘米，厚23厘米。碑文19行，行24字。石残已甚，仅存140余字。额题篆书“夫子之碑”，正文隶书，书法与郑述祖所题“天柱山铭”相似。

三、隋唐碑刻

据宋孔传《东家杂记》载，孔庙原有隋碑一，唐碑十四，由于种种原因，见于著录的唐碑现仅存4通，另有不见于《东家杂记》、《孔氏祖庭广记》的裴孝智撰《文宣王庙门记碑》和唐睿宗《孔颜赞》刻石。1957年以后又将新近出土的墓志及散存于农村的碑刻移入孔庙。现共有隋碑1通，唐碑6通，墓志5石。

陈叔毅碑　又称《陈叔毅修孔子庙碑》。仲孝俊撰文，隋大业七年（公元611年）立。碑高214厘米，宽82厘米，厚21厘米。圆首，有额，篆书阳文“修孔子庙之碑”。正文21行，每行47字，记颂曲阜县令陈叔毅维修孔庙功绩，隶书，笔法严整。

大唐赠太师鲁先圣孔宣尼碑　唐仪凤二年（公元677年）七月立，崔行功撰文，赞颂孔子功绩并记维修孔庙事迹，孙师范书，隶书。碑阴刻武德九年（公元626年）十二月二十九日唐太宗封孔子后裔为褒圣侯诏书、乾封元年（公元666年）赠孔子太师诏书、遣扶余隆致祭祝文和皇太子李弘请立碑孔庙奏文。碑通高364厘米,宽127厘米,厚32.5厘米。圆首,有额,篆书。原有龟趺,金明昌二年(1191年)因树折压倒石碑,龟趺断裂为二,改易方座。碑今存孔庙十三碑亭南排西起第三亭内。

鲁孔夫子庙碑 唐开元七年(公元719年)立。碑高402厘米,长145厘米,厚61.2厘米。李邕撰文,张庭珪书,隶书。圆首,有额,篆书。正文19行,每行60字,记述孔子三十五代孙褒圣侯孔璲之建庙墙、立碑事。存孔庙十三碑亭南排西起第三亭内。

孔颜赞刻石 唐睿宗撰文,楷书,开元十一年(公元723年)刻。石已残,高、宽均为49.5厘米,厚14厘米。碑阴有宋政和六年(1116年)夏鰆恭拜孔庙题记,但不见于宋金时孔庙唐碑记载。

兖公之颂碑 曲阜知县张之宏撰文,包文该书,唐天宝元年(公元742年)立。碑高200厘米,宽84厘米,厚16厘米,楷书。有额,隶书。碑文21行,每行49字,赞颂颜回德行。现存孔庙东庑。

文宣王庙门记碑 裴孝智撰文,裴平书丹并篆额,唐大历八年(公元773年)立。碑高168厘米,宽72厘米,厚14厘米,碑首浮雕龙纹,有额,篆书。碑文隶书,20行,每行35字,记述兖州刺史孟休鉴、曲阜知县裴有象新修孔子庙门事迹。碑阴刻有贞元十五年(公元799年)、咸通九年(公元868年)两则题记。碑不见于宋、金志书,却见于宋《金石录》。

新修庙记碑 贾防撰文,唐咸通十一年(公元870年)立。记述孔子三十九代孙、郓曹濮等州观察使孔温裕维修孔庙事迹,并录刻孔温裕修庙奏文及中书门下省准孔温裕奏请牒文。正书,27行,每行44字。

四、宋金元碑刻

从宋代开始,孔庙出现了大量的谒庙题诗、题名、题记,虽然仍有刻于前代碑石上的现象,但已经以专门的刻石为主。现孔庙存有宋碑9通、刻石10块、孔子画像刻石4块,明代重刻宋碑5通,另有宋人题记16则。其中孔舜亮《祖圣手植桧诗碑》不知何故被砸碎埋于地下,《诸公诗碑》不知何故磨去碑文重刻"孔子故井",也埋于地下,此二碑1988年、1989年分别出土于故井之东和十三碑亭东南。

孔庙现存金碑3通,金代刻石3块,另有明代重刻金党怀英诗刻石1块。《大乘寺铸钟铭碑》由庙外移入。

元代文人、学士谒庙题记之风颇盛,孔庙现存元代题记刻石57块(其中明代重刻1石),题记39则(未刻墨书2则),碑刻34通(从庙外移入3通、明代重刻1通),刻文7条(从庙外移入1条)。孔庙元代碑刻水平较高,有赵孟頫、虞集、揭傒斯、欧阳玄、巎巎、周伯琦、张起岩等著名书法家书写的碑刻,也有元好问、杨奂、郭守敬、郝经等著名学者的题诗、题记。

宋重修文宣王庙碑 宋太平兴国八年(公元983年)立,吕蒙正撰文,白崇矩书丹并篆额。碑文行书,记颂宋太宗命修孔庙功绩,计29行,每行72字。碑龟趺螭首,位于十三碑亭内。

杜衍书札刻石 石高100厘米,宽66厘米,杜衍草书,孔舜亮命刻于石上,宋元祐二年(1087年)刻。现嵌于西斋宿东墙上。

米芾《孔圣手植桧赞》碑 宋崇宁二年(1103年)刻。碑圆首,高148.5厘米,宽61厘米。刻文6行,题、款各1行,正文4行,米芾撰文并书,行草。原位于孔子手植桧侧,后移入十三碑亭院内,现存西仓。

米芾篆书《玄圣文宣王赞》碑 文为宋真宗御制,米芾篆书,宋崇宁四年(1105年)刻。碑方首方趺,高202.5厘米,宽68.5厘米。文以小篆为主,间或有金文。原存碑亭内,现存西仓。

大金重修至圣文宣王庙碑 金承安二年(1197年)立,党怀英撰文、书丹并篆额。碑龟趺螭首，高约360厘米，宽158厘米。隶书，文19行，每行75字，记颂金章宗维修孔庙功绩。位于金代碑亭内。

元好问题记 蒙古乃马真后四年(1245年)题，刻于党怀英《大金重修至圣文宣王庙碑》碑阴。题记长42厘米，高35厘米，楷书，间有行书，字体欹侧。

杨奂谒庙诗 刻于党怀英《大金重修至圣文宣王庙碑》碑阴。题诗长24厘米，高36厘米，行书，用笔清劲、朴拙。诗为七律，无年代，从其《东游记》看，诗当题于蒙古宪宗二年(1252年)。

郭守敬题记刻石 位于西斋宿南墙上，石宽60厘米，高51.5厘米。题记隶书，笔画瘦劲，风格雄健，前至元十二年(1275年)刻。

元武宗加封孔子诏书碑 刻元大德十一年(1307年)七月武宗加封孔子为“大成至圣文宣王”诏书。碑龟趺螭首，螭首高88厘米，高浮雕云龙。碑身高247厘米，宽100.5厘米。诏书为汉文、八思巴文逐字对刻，汉字正书，字体秀美。碑现位于十三碑亭内。

揭傒斯书敕赐孔庙田宅碑 欧阳玄撰文，赵期颐篆额，揭傒斯书文，晁本深刊石。碑楷书，圆首方趺，通高102厘米，宽95厘米，元元统二年(1334年)立。现位于奎文阁西掖门下。

巎巎书敕修曲阜宣圣庙碑 欧阳玄撰文，张起岩篆额，巎巎书文，詹献刊石，元至元五年(1339年)立。碑楷书，螭首龟趺，高700厘米，宽188厘米。现位于十三碑亭内。

五、明清碑刻

孔庙有明碑70通(其中庙外移入1通)，刻石94块(其中一文三石)，石坊额2块，题记等41条。明代碑刻内容丰富，最具特色的是谒庙诗，著名的有洪武、永乐、成化、弘治4通御制巨碑和董其昌题跋、李东阳诗赋刻石、周天球谒庙题诗题记等，史料价值较高的还有记录刘六、刘七农民起义和白莲教起义的碑刻。

孔庙存清代碑刻108通，刻文100则；刻石32块，刻文19则；附属刻文69则，墨书4则；石坊额3处。碑刻中重刻明文1通，庙外移入4通。附属刻文中，庙外移入4则。清代碑刻的特点是帝王御祭碑多，凡皇帝登基、平叛、修庙、祝寿、立正宫、立国储等，均派员到曲阜孔庙致祭，大多刻碑为记。另一特点是御碑多，清圣祖、高宗都曾亲到曲阜孔庙祭祀，留下很多碑刻。

成化碑 即明宪宗御制重修孔子庙碑，明成化四年(1468年)立，龟趺螭首。碑额高约160厘米，宽228厘米，浮雕云龙，碑身高约460厘米，龟趺高125厘米。碑文为朱见深御制，为修庙而立，认为“天不生孔子”，“万古如长夜”，“天生孔子实所以为天地立心，为生民立命，为往圣继绝学，为万世开太平者也”，“孔子之道之在天下，如布帛菽粟民生日用不可暂缺”，“有天下者一日不可无焉”。正书，结体方整，书法刚劲，明代名碑之一。

李东阳诗赋文碑刻 明弘治十七年(1504年)李东阳受遣至曲阜代祀孔庙，赋诗《新庙告成》、《望阙里》，作《金丝堂铭》、《诗礼堂铭》、《奎文阁赋》、《南溪赋》及《代告阙里孔子庙记》等，均刊于石上，楷、隶、篆、行、草诸体皆备。

城阙里记碑 明嘉靖四年(1525年)立，费宏撰文并书丹，记述移建曲阜城经过，有对正德六年(1511年)刘六、刘七农民军攻占曲阜城、焚烧县衙、驻军孔庙的记载。正书。碑额高约105厘米，浅雕麒麟纹，碑身高240厘米，宽118厘米。

周天球谒庙诗 约刻于明嘉靖四十五年(1566年)，位于十三碑亭院东南部的朱衡谒庙题记碑下部。题诗处长45厘米，高34厘米，行书，笔势刚健，结体端谨，风神清峻。

董其昌题跋 明万历三十九年（1611年）跋并书，刻于吴尔成诗后。刻文长64厘米，高33厘米，行书，笔意潇洒，丰润逸畅。石位于启圣门东榜棚内。

赵彦镇压徐鸿儒白莲教起义题记 明天启二年（1622年）记，刻于李东阳《代告阙里孔子庙记碑》碑阴。题记处高210厘米，宽65厘米，刻字6行，满行21字。正书，记述赵彦派兵护卫孔子林庙，镇压徐鸿儒起义事，有很高的史料价值。

清圣祖《过阙里》诗碑 清康熙二十三年（1684年）十一月作。孔毓圻刻成两碑，一置孔庙圣迹殿内，一置孔府宸翰阁内。孔庙碑有额，浮雕云龙，额高80厘米，宽89厘米，中刻"御笔"二字；碑身高175厘米，宽84厘米，碑边也浮雕云龙，诗为五律，行书。

清高宗御制碑刻 清高宗先后八次亲临曲阜祭祀孔子，每次必有诗作，并书匾额对联。先后刻碑14通、额坊2处、刻石3块（一副对联2块），计有对联1幅、匾额1则、额坊2则、碑文2篇、赞诗8首、诗27首（一首两刻），均为御笔，其中正书12幅，其他均为行书。

清高宗御制平定金川告成太学碑 清乾隆十四年（1749年）立，高宗撰文，梁诗正书，前为汉文，正书，后为满文。碑高82厘米，宽165厘米。

清高宗御制平定准葛尔告成太学碑 清乾隆二十年（1755年）立，高宗撰文并书丹，正书，碑高330厘米，宽163厘米。

阮元《中庸说》刻石 阮元撰文并书丹，有跋，为清道光十八年（1838年）应孔宪彝之嘱书录旧文，刻后存于孔庙，隶书。刻石2块，前石长61.5厘米、高32.2厘米，后石长47.5厘米、高32.6厘米。

重修三圣堂序碑 孔尚斌撰文并书丹，行书。清康熙八年（1669

年)立。题"大清"二字,残高106厘米,宽62.5厘米。碑文中有关于地震的记载:"……年六月间地震百余日,初震时平地裂泉,深井冒水。人间房屋倾者九,存者一。"考之史书,当为康熙七年(1668年)地震。

六、民国碑刻

孔庙有民国碑刻2通,刻石2块,题记1则。其中《重修尼山祠庙记功碑》记载维修尼山孔庙事迹,一碑两刻,一置于尼山,一置于孔庙,冯恕书。

七、玉虹楼丛帖刻石

玉虹楼丛帖是孔子六十九代孙孔继涑摹刻的书法丛帖。刻石共584块,分为14类,有"玉虹楼帖"、"玉虹鉴真"、"玉虹续鉴真"、"谷园摹古"、"国朝名人"、"瀛海仙班"、"金人铭"、"隐墨斋"、"黄涪州"、"米海岳"、"祝京兆"、"临《中兴颂》"、"张文敏小楷"、"张文敏书诗"等,编为101卷。其中玉虹楼帖16卷、瀛海仙班帖10卷、临《中兴颂》2卷、张文敏小楷1卷、张文敏书诗1卷,均刻张照书作;瀛海仙班帖专刻张照小楷,均为应制作品;临《中兴颂》刻张照,临摹颜真卿《大唐中兴颂》帖。玉虹楼帖广刻张照各种书体,是研究张照书法艺术的重要资料。玉虹鉴真帖、续鉴真帖各13卷,摹刻各种古代书法,计有王羲之、王献之、颜真卿、褚遂良、欧阳询、李白、苏轼、黄庭坚、米芾、蔡襄、赵构、赵孟頫、吴宽、文征明、董其昌、祝允明、沈周、王铎等200余人的书法作品;谷园摹古帖20卷,摹刻旧拓石刻碑帖,汇拓钟繇、王羲之、智永、李邕、苏轼、黄庭坚、米芾、蔡襄、赵孟頫等人的名碑书作;国朝名人帖12卷,专刻清人墨迹,计有顾炎武、高士奇、恽寿平、王澍、梁同书等49人的书作;隐墨斋帖8卷,全刻孔继涑书作;金人铭帖2卷,刻六十七代衍圣公孔毓圻书作;黄涪州帖、米海岳帖、祝京兆帖各 1 卷，分刻黄庭坚、米芾、祝允明书作。

玉虹楼法帖规模巨大，搜罗宏富，摹刻精细，是中国著名的大型书法丛刻之一。摹古帖中所刻南宋《群玉堂帖》1 卷是该帖散佚后搜求存留的重要资料，《北魏崔敬邕墓志》在原石佚失后显得弥足珍贵。

第五节　石　刻

孔庙存有大量的石刻艺术品，有满布纹饰的陛石、碑额、石柱、额枋，也有肖物象形的造像，具有很高的艺术价值和历史价值，尤以汉画像石、明清龙柱最为著名。

一、汉画像石

曲阜境内现存汉画像石 90 余块，大部分保存在孔庙神庖内。其来源，一是孔庙、孔府旧藏，一是 20 世纪 50 年代从微山两城山移入，一是曲阜本地出土。雕刻技法有线刻、凹面线刻、凸面线刻、浅浮雕等，具有很高的艺术价值。汉画像石题材广泛，内容丰富，既有狩猎、捕鱼、车骑出行、庖厨、享乐、舞蹈、杂技等现实社会生产、生活的场景，也有历史故事和神话传说，为研究汉代政治、经济、文化、艺术等提供了重要的资料。

石阙　现存 3 组，均置孔庙神庖内。西起第一组原散存于孔庙各处，1978 年为加强保护叠立，通高 180 厘米，宽 95 厘米，厚 71 厘米，共有 4 石，中二石阴刻人物、车马、禽兽，最下一石一面浮雕龙，其他三面浮雕璧纹。西起第二组原散存于孔府前上房东侧院内，1978 年叠立。通高 269 厘米，方 73 厘米，共计 6 石，阴刻车马人物。西起第三组由曲阜鲁贤村移入，计 3 石，通高 119 厘米，宽 96 厘米，厚 74 厘米，左侧有凹处，宽 36 厘米，此面无纹饰；上石正面雕翼虎，背面雕二人击鼓，一人执彗，右侧一人躬身，后随一人执杖，均为浮雕；中石前后均刻车马人物，正面为一车，后随二骑，前上方一骑，下刻二兽。上置石顶，下为底座，底刻瓦纹，顶和底移自孔林。

安汉里画像刻石 1937年出土于曲阜韩家铺村，现存孔庙东庑。此组画像石原为一座双室石椁墓，共有7石，分别为墓的四壁、墓室隔板和二室盖板。画像石浅浮雕，四周有整齐的花纹边饰，由外而里分别刻为重菱纹、素面、錾点纹三重。四壁石分刻青龙、白虎、朱雀、玄武。青龙左行，四爪伸出，右下方有一仙人手抓龙尾，画面刻有穿璧纹并有蟾蜍、熊、鸟、兔等点缀。白虎右行，虎身刻条状斑纹，前后穿璧纹间刻有熊、鸟、犬、兔等禽兽。朱雀一石二图，两只朱雀展翅相对而立，分置于两室南端，向外一侧也有图案，刻两人相对：在左者一手执刀，一手执枝状物；在右者一手执刀，一手前伸。玄武也为一石二图，各刻一玄武，昂头相对。右边玄武上立一人，手持三枝果，向外一侧刻二人，左者右向侍立，手执腰上系带，右者左向跪，双手拱于胸前。隔板也为两面刻：一面中刻一建鼓，两侧二人相对舞击，左边一人长袖起舞，两人坐地吹乐，右边二人相对跽坐，中间置有方席、博盘；一面刻六女乐舞宴饮，中间一人起舞，一人击拍，左边二人右向坐，中置一樽有勺，右边二人攀谈。隔板顶侧阴刻“山鲁市东安汉里禺石也”10字。盖板二石，一主刻爬行状大壁虎形兽，一主刻一长尾龙形兽。此组画像石约刻于西汉晚期。

两城山画像石 共17石，20世纪50年代移入孔庙，现存16石，均置于神庖。多为浅浮雕，著名的图案为扁鹊行医，共有4幅（一幅1989年调往中国历史博物馆），扁鹊人面鸟身，其中两幅一手持针，是考察针灸发展史的重要资料。行猎图像石残后仍余十猎人，或执毕，或荷弩，或架鹰，或牵犬，有二犬跃起咬啮猎物，刻画最为生动。连理树一图并有两行题刻，为东汉永和二年（公元137年）刻。

其他汉画像石　大部分于20世纪60年代农田基本建设中出土，出土地点有梁公林、徐家村、旧县、大峪、南辛、于家村等。徐家村一座汉墓中出土4石，一石刻字，为东汉延熹元年（公元158年）刻，另三石均为浅浮雕，分别刻翼龙、人物。旧县画像石一组也为4石，浅浮雕3石，三角形一石刻翼龙，长条形一石刻一虎一鸟，竖条形一石刻衔鱼立鹤、玉兔捣药，方石图案最为复杂，满刻建筑、人物：前为大门双阙，中为庭堂，后为楼阁，人物或楼上抚琴，或倒立院中奏乐。大峪画像石长270.5厘米，刻车骑出行，计有五轺车、五辎车，一骑前导，一骑后从，二人前迎，凹面线刻，奔马最为传神。西颜村画像石凸面线刻，左残，两格已断失，现存四整格：中上格一楼双阙，楼门紧闭，楼上三人端坐，楼阙下四人迎候、侍卫；中下格车骑出行，六骑一轺车；右上格主人凭几而坐，前有二人执笏跪拜，二人捧笏躬立，身后一人执鞭侍立；右下格树下一人射鸟，旁系一马，右停一车。

二、孔子像刻石

孔子像刻石共有8块，均位于圣迹殿内。

司寇像　2石，一位于圣迹殿正面正中，一位于西侧正中。正面石高150厘米、宽80厘米，西侧石高140厘米、宽80厘米。孔子像半身，侧视，长须高冠，相传为唐吴道子所画，均无文字，始刻年代不详。正面一石当刻于明万历前，否则不会装嵌在《圣迹图》石刻中。

行教像　位于西侧北起第一石，石高228厘米，宽91厘米。孔子着袍服，拱手站立，左侧佩剑，神态端庄慈祥，富有学者风度，相传为唐代吴道子所画，是后世常见孔子像的范本。画像上刻“德配天地，道冠古今，删述六经，垂宪万世”的赞诗。刻制年代不详。

凭几像　位于正面司寇像之东，石高138厘米，宽69厘米。孔子手持麈尾，凭几而坐，七位弟子站立，簇拥在身后及两侧，人物肥硕，博衣大袖，线条流畅，相传为唐代吴道子所作。上刻宋太祖、宋真宗御制《孔子赞》，但题作"至圣文宣王赞"，有误，至圣文宣王为真宗追封。下刻孔宗寿刻石题记："宗寿家藏唐吴道子画先君夫子按几而坐、从以十弟子者，世谓之《小影》；又立而颜渊侍者，谓之《行教》。《行教》已有石本，但《小影》模传极多，虑久而讹，今亦刻坚珉，庶愈久不失其真也。绍圣二年十月一日四十六代孙、宣德郎、知兖州仙源县孔宗寿记。"从题记看，此图时名《小影》，原刻为十弟子，较今图多三人，金孔元措《孔氏祖庭广记》有凭几图，孔子周围与此石刻相同，而孔子前多三弟子，呈正在受教状，由此可知，此石刻图已不全。石刻于北宋绍圣二年(1095年)。

颜子从行像 2石，一位于正面司寇像之西，一位于西侧最南。正面者石高90厘米，宽54厘米，孔子拱手在前，颜子拱手后随，广袖，长衣曳地，上刻宋太祖、宋真宗御制《孔子赞》，下署"绍圣二年三月一日四十八世孙端本书，端友立石"。参考凭几像孔宗寿题记，此图时名《行教》，自南宗孔传《东家杂记》始称为《小影》，认为此像最真。孔尚任《阙里志·祀典》并说"乃当年端木赐传写，晋顾恺之重摹"。西侧者高64厘米，宽42厘米，下题"先圣画像"，"宋政和戊戌上元日四十九代孙孔立石，胡□刻"。

米芾赞孔子行教像 位于西侧北起第二石，石高158厘米，宽98厘米。画为孔子立像，也传为唐吴道子所画。右上刻米芾《孔子赞》，篆书，文为："孔子孔子，大哉孔子。孔子以前，既无孔子。孔子以后，更无孔子。孔子孔子，大哉孔子。"

夫子小像 位于西侧北起第四石，石高73厘米，宽38厘米，题为"大清雍正十三年三月朔日七十一代孙袭封衍圣公广棨百拜沐手敬书，毗陵朱承瑞敬镌"。

三、圣迹图

《圣迹图》石刻是一部反映孔子生平事迹的连环图画。

从汉代开始，为了表达对孔子的崇敬，人们不断塑造孔子的形象。早期的孔子形象多是肖像，为便于传之久远，宋代时便刻像于石。至明代，为了介绍孔子的生平事迹，出现了名为《圣迹图》的连环图画。

明正统九年(1444 年)，监察御史张楷依据《史记·孔子世家》中的孔子史事，旁采《论语》、《孟子》，辑成《圣迹图》，并配以说明画面的赞诗，介绍孔子生平中的 29 件大事。弘治十年(1497 年)，何廷瑞等新增九事后重新刊刻印行。新增九事有图、有说明而无赞诗。

曲阜孔庙原有若干幅木刻《圣迹图》，散存在各庑内。万历十九年(1591 年)，山东巡按御史何出光倡议将木刻改为石刻。次年，山东按察副使张应登建议增加“克复传颜”、“孝经传曾”、“合葬于防”、“杏坛植桧”、“过庭诗礼”、“三垅植楷”、“望吴门马”等，将画面增至 111 幅。《圣迹图》由曲阜县学生员毛凤羽汇校，淮扬画工杨芝作画，吴郡章草刻石，至万历二十年(1600 年)十二月告成。为保存《圣迹图》，何出光筹款四千缗于庙后空地创建圣迹殿。

《圣迹图》共 120 幅，首幅题“圣迹之图”，次下二幅刻邵以仁撰书《圣迹殿说》，再下二幅刻张应登撰文《刻圣迹图记》，其后为孔子、颜子从行像，再后为图。首四图为孔子出生前的事情：父母尼山祈祷求子，麒麟衔玉书临于家中，出生时有二龙绕室、五老降庭，空中鸣乐。第五图至一百零六图介绍孔子的事迹，反映孔子志学、立教、为宦、周游列国、著述的史事。最后五图分别反映弟子植楷、守墓、鲁哀公立庙和汉高祖、宋真宗祭祀的史事。《圣迹图》构图匀称，线条流畅，人物形象生动，且有文字说明，是中国内容最为丰富的人物传记式石刻连环画，具有很高的艺术价值。

四、孔子事迹图

1988年秋始作，由石可、陶天恩等编绘，匡亚明撰写前言，高小岩书丹，石可等雕镌，1989年9月制作完毕，镶嵌在孔庙诗礼堂内。

《孔子事迹图》分54个主题：儒家宗师、孔子家世、孔子诞生、父丧徙居、俎豆礼容、志于学、入太庙每事问、父母合葬、阳虎阻宴、娶并官氏、生子名鲤、职司委吏、职司乘田、学于郯子、学琴师襄、三十而立、推重子产、崇敬季札、有教无类、朝周问礼乐、斗鸡之变、泰山闻政、齐王问政、在齐闻《韶》、退修《诗》《书》、弟子侍坐、孔子仕鲁、听讼众议、夹谷会齐、归田谢过、堕三都、女乐文马、弃官去鲁、周游列国、卫公礼遇、在匡遭困、临河兴叹、子见南子、屈从次车、击磬抒怀、桓魋寻衅、被困绝粮、叶公问政、子西阻封、路遇隐者、再度去卫、自卫归鲁、杏坛讲学、纂修六经、子伤回卒、子路遇难、哲人其萎、植楷庐冢、高山仰止，形象地再现了孔子一生的重要活动与经历。

《孔子事迹图》采用大理石版面，总计1560块，画面31幅。

《孔子事迹图》的镌刻汲取了汉代石刻技法的特点，突出了民族风格，画面突出，线条流畅，有一定的艺术价值。

五、石雕

孔庙石雕广泛使用在碑刻、陛石、栏杆以及建筑物的檐柱、坊柱、坊额和夹杆石上，近年又从庙外移入石人、石兽等。雕刻技法有混作圆雕、突起高浮雕、隐起浅浮雕、平钑阴刻等。

石柱　建筑物用石柱是曲阜一带的传统做法，重要建筑物的石柱刻花为饰，又是孔庙建筑的一大特点。石柱上雕刻的饰物有龙、凤及牡丹、西番莲、石榴、菊花等。雕刻技法有减地平钑、起突等，最有代表性而且使用最多的图案是云龙。孔庙内现有龙柱 48 根，其中起突雕刻的 18 根，减地平钑 30 根。起突雕刻二龙戏珠以孔庙大成殿石柱最为高大，大成门西侧及崇圣祠的石柱雕刻年代最早。大成门西侧及崇圣祠前檐石柱雕刻盘龙翻转腾跃，姿态矫健，云朵飘逸活泼，是明弘治年间的作品。大成殿龙柱高达 600 厘米，径达 80 厘米，龙身曲屈翻腾，造型优美，雕刻生动，前檐十柱并列，气势宏伟。减地平钑石柱分别用于大成门、大成殿、启圣祠、崇圣祠和寝殿之上。大成门、大成殿、启圣祠用团龙，寝殿用凤凰、牡丹，崇圣祠分别刻牡丹、石榴、荷花、西番莲、菊花等。崇圣祠石柱所刻花卉构图优美，气韵生动，系明代作品。

陛石　孔庙内共有陛石 8 块，分别置于泮水桥上、圣时门、大成门前后和大成殿前。陛石均起突浮雕云龙，以圣时门前陛石年代最早，龙躯翻转腾跃，烘托云朵飘飞，波涛翻滚，具有很高的艺术价值。所刻龙头偏瘦，龙发整束由两角间向前翻飞，鼻须靠后，属明代前期风格。大成门前后及大成殿前陛石均为清雍正二年（1724 年）重刻。

第三章　孔　林

孔林是孔子及其后代的墓地，在孔子被封为文宣王后称宣圣林，改封至圣先师后随之改称至圣林。

第一节　修建历史

鲁哀公十七年（公元前 479 年），孔子去世，埋葬在鲁国都城北面的泗水边上，墓冢封成偃斧形，高四尺，弟子们在冢前以砖瓦砌成祠坛，方六尺，仅与地平，并无祠堂等奉祀建筑。

西汉武帝罢黜百家、独尊儒术后，孔子林墓受到国家的重视。为显示褒扬圣道，历代王朝相继修坟植树，增拓墓园，添加建筑，设官守卫，使孔林成为世界上延时最久的家族墓地。东汉永寿三年（公元 157 年），鲁国国相韩敕始于孔子墓前建神门一间、东南建斋厅三间，形制初备，并设洒扫户人，“复民吴初辈若干户给扫除”。建宁二年（公元 169 年），鲁相史晨为设守墓官吏，“月与佐除”。汉末，孔林面积已有一顷，并有数百株相传孔子弟子们亲手栽植的树木。

宋元嘉十九年（公元 442 年），拨给鲁郡上民孔景等五户长供洒扫，禁止在林内刍牧，并添植松柏五百余棵。北朝时，连年争战，孔林也受到破坏，林内树木“无复余条矣”，仅有五十余座墓葬，“人名昭穆，不可复识，有铭碑三所，兽碣俱存”（《水经注》）。北魏太和十九年（公元495年），孝文帝元宏到曲阜祭祀孔子，“诏兖州为孔子起园栽柏，修饰坟珑”，逐渐恢复孔林旧规。

隋朝以后，历代皇帝非常关心孔子墓园的守护。唐太宗拨给二十户奉守林庙，唐懿宗拨给五十户长供洒扫。北宋景德四年（1007年）诏增十户守护，大观元年（1107年）禁止樵采林木，并悬赏十贯奖励告发、捉拿破坏林木者。宣和元年（1119年）“有司请于朝，命工镌刻石仪，五年立于墓所”，经朝廷批准，为孔子墓刻立了石表一对、石兽二对、石人一对，形成墓道轴线。金代又绕孔子祖孙三代墓添建围墙，增建享殿、思堂等建筑。元至顺二年（1331年），五十四代孙、曲阜县尹孔思凯认为“樵牧难禁”，“始作周垣，建重门”，于孔林周围创设围墙和两重林门。

明代是孔林的大发展时期，面积扩至1800亩，并增加了许多新建筑。洪武十年（1377年），曲阜人居文约等人将林外自己的土地56亩捐赠为林地。永乐二十年（1422年），五十九代衍圣公孔彦缙重建斋厅，永乐二十一年（1423年）曲阜县尹孔克中捐赀募众重修并增拓围墙，林墙周长已达十余里，添建林门木坊，“建铺舍以居巡卫者”。弘治七年（1494年），六十一代衍圣公孔弘泰重修享殿、林墙、驻跸亭，添建洙水左右二平桥和二门城楼，增植桧柏数百株。嘉靖元年（1522年）曲阜新城落成后，辟出直对县城北门的神道，嘉靖二年（1523年），山东巡抚陈凤梧添建洙水桥坊、庐墓堂等建筑。万历二十二年（1594年），巡按连标等跨神道添建“万古长春”石坊和两侧碑亭，栽植神道桧柏数百株。崇祯七年（1634年），兖东兵备道李一鳖捐俸重修林门、门楼、享殿，并添刻石狮。

清康熙二十三年（1684年），圣祖玄烨到孔林瞻拜孔子墓，问到孔林面积，孔尚任以族众日繁、祔葬无隙、只好坟积墓累作答，康熙皇帝问为什么不向外开扩，孔尚任趁机请求扩大，林外皆为版籍民田，欲扩不能，尚望皇上特恩。皇帝答应了他的请求，下诏扩展孔林，将孔林向东、西、北三面各扩“一百五十五丈七尺，计地十一顷十四亩九分”，同时新修围墙14.5华里，奠定了现在孔林的规模。

第二节　陵园制度

孔林规制的记载文献很少，从墓碑看，汉代墓葬位于孔子墓周围，南北朝至唐代因没有墓碑难以确定墓葬位置，宋代墓葬位于孔子墓西，金、元再西，明代再西并西北，清代向东、西、北三面展扩。

孔林的总体布局虽然不是一时形成的，但还是很成功的。林门以长达1266米的神道南与县城城门相连，神道平直如矢，两侧桧柏龙干纠枝，夹道侍立，营造出一种古老而又庄严的气氛，使人清心涤虑，凝神直进。进入大林门，高大笔直的围墙将大林门与二林门之间围成一个封闭的纵深空间，挺拔的桧柏，夹峙的红墙，中间辟出一条狭长的甬道，使人屏息，崇敬之情油然而生。穿过二林门，眼前突现古木森森、芳草如茵、流水潺湲的天然野趣，使人精神突然解放，神清气爽。折而向西，过洙水桥，沿轴线前行，登墓门，穿甬道，过享殿，入墓园，一代哲人长眠在抔土之中，使人倍感亲切，徜徉徘徊，不忍离去。

在古代陵园中，孔林的轴线是比较独特的。大林门前神道北偏东5度，大林门至二林门间甬道北偏西5度，为避免犯子午冲，于大林门处形成折角。进入二林门后，轴线折西，至洙水坊向北，经洙水桥、墓门、享殿，至孔鲤墓前折西方到孔子墓前。造成这种轴线转折和轴线没有直对主要墓葬的原因：一是孔子死时身份低微，初葬时没有规划，孙子孔伋葬在墓南略东，堵住出路，孔子地位提高后，开辟墓道，已不能移动孔伋之墓，只好改在其东，致使墓道直对孔鲤墓；二是孔子墓距鲁国都城城墙太近，墓南又有城墙，神道不好穿过，只好借用城墙缺口，致使轴线至二林门内西折近百米。

孔林面积3000亩（二百万平方米），有孔子及孔伋、孔尚任等历代子孙墓葬十余万座，孔宙碑（已移入孔庙）、赵孟頫、李东阳、严嵩、翁方纲、何绍基、阮元、康有为等人题碑以及李格非题记刻石等汉、宋、明、清三千六百余块碑刻，石人、石马、石兽、望柱、供桌等汉、宋、明、清石刻艺术品数百件，为表彰儒家思想、满足祭祀需要的门、坊、享殿、碑亭等明清木、石建筑二十余座。孔林埋葬孔子长孙已到七十六代，旁系子孙已到七十八代，2400余年全无间断，延续时间之久，墓葬数量之多，保存之完好，作为家族墓地在世界上是绝无仅有的，它是儒家思想在漫长的中国封建社会中所居统治地位的必然产物。林内墓冢累累，碑碣如林，石仪成群，古木参天，地上地下文物丰富，对于研究中国墓葬制度的沿革，研究中国古代政治、经济、文化、风俗、书法、艺术都具有重大的价值。

第三节　建　筑

孔林是孔子家族的墓地，虽然墓葬很多，但是由于封建社会的礼制中没有关于墓葬建筑的规定，所以孔林的建筑很少，只有明清时期的木石建筑二十余座。建筑主要集中在主轴上，个别的衍圣公墓前建有碑亭、石坊、石门等建筑。

一、神道建筑

万古长春坊　位于孔林神道上，明万历二十二年（1594年）山东巡抚郑汝璧、巡按连标添建。坊石质、仿木结构，庑殿顶，除明间外，其他四间向内一端切断。檐下斗栱富有地方特色,没有生硬仿造木斗栱,而是结合石质的受力特性和加工条件以简化的座斗承托两层如意斗栱。额枋、立柱、花板遍布精美雕刻,柱、枋高浮雕,花板浅浮雕。明间两石柱前后各浮雕两条盘龙,再外两石柱只上部各雕一条,边柱上部各雕一只立凤。明间额枋南雕双龙戏珠、北雕双狮戏球,次间均雕双凤朝阳,稍间前后雕双龙戏珠。龙门枋明间前后均雕二龙戏珠,两次间雕双凤朝阳,稍

曲阜孔林万古长春坊

间雕一条行龙。花板雕刻祥云、瑞草等图案。坊额刻于明间花板上,字正书,笔势沉厚,字体端庄,形制如匾,匾缘也用浮雕,前后各不相同。南面上缘饰祥云,下缘饰三只凤凰,左右缘各饰一条团龙,北面上缘饰缠枝蔓草,下缘四只行走麒麟,左右缘各饰一只蹲立麒麟。石柱前后用石抱鼓,鼓上浮雕石狮,两侧面上分别浮雕龙、鹿、牡丹等图案。坊通宽约19米,通高约9.7米,矗立于旷野之中,益显得雄伟精美。

神道碑亭 位于万古长春坊东侧偏南,内立"大成至圣先师孔子神道碑",明万历二十二年(1594年)山东巡抚郑汝璧、巡按连标立石,碑亭也当为此时建造。亭方形,明间南面洞开,东、西、北三面设石栏,次间均砌实墙。重檐绿瓦歇山顶,上下檐均用一斗二升交麻叶斗栱,明间三攒,

次间一攒，麻叶头雕成云纹，出锋。座斗斗欹有䫜，额枋高瘦，平板枋扁宽，角柱略有升起。上檐因踩步金梁较低，老角梁坡度平缓，屋角高翘，下檐角梁尾插入金柱，梁尾位置较高，使下檐坡度变陡，致使屋角升起平缓，上下檐适成对比。从整个木架看，虽经明崇祯年间及清代几次重修，仍保存着明代特点。

万历重修林庙碑亭 位于孔林神道西侧，万古长春坊略南。亭重檐歇山顶，结构全如神道碑亭。亭内立“阙里重修林庙碑”，于慎行撰文，杨巍书丹，赵焕篆额，记述山东巡抚郑汝璧、巡按连标维修孔子林庙并周公庙、颜子庙事。碑立于万历二十三年（1595 年），碑亭也当为此时建。

至圣林坊 位于孔林正门前，原名“宣圣林”坊，大约在清雍正七年（1729 年）与孔庙同时改称“宣圣”。四柱三间三楼式牌坊，绿琉璃庑殿顶，侧楼向内一侧切断。正脊高约 9 米，通宽 10.5 米（柱中至柱中）。明间用重翘三昂十一踩斗栱，平身科六攒，次间用单翘重昂七踩斗栱、平身科二攒。昂嘴刻云纹形并向上翻起，昂下刻有华头子线。四柱前后用夹杆石和戗木，中柱通到座斗后缩为灯笼榫直通屋顶脊檩，次柱直托转角斗栱。坊始见于明正德本《阙里志》，从文献记载看，明永乐二十二年（1424 年）曾“创门宇以严锁钥，建铺舍以便巡卫”，而至圣林坊正是门的形制，柱间设栅栏，柱外栅栏与两侧八字墙相接。柱子肥硕，仍存早期建筑特点，当是此时所建。

大林门 孔林的正门，位于至圣林坊后。门屋三间，宽 10.8 米，深 5.3 米（均柱中至柱中），正脊高 6.7 米。断砌造，门筑于高台上（台高 1.1 米），明间留出车道，是宋元时期的流行做法，与元至顺二年（1331 年）“作周垣，建重门”的记载正吻合，此门即为这年始建。现存门屋绿瓦悬山顶、五檩三柱分心式木架，无斗栱，中柱柱顶直承脊檩，边柱略有侧脚，均用鼓礅为柱础，悬山挑山很小，单双步梁的断面均近方形，都呈清代建筑特点。门初建时榜名“宣圣林”，大约在明永乐添建“宣圣林”坊后改称大林门。

二林门 位于大林门后。本为鲁城北墙的缺口（旧文献记为龙门遗址，但近年考古记为此处非门），金代时此处无门，元至顺二年（1331年）始建，明弘治七年（1494年）六十一代衍圣公孔弘泰添建门楼，“神门隘陋也，架以楼观”。今存门楼五间，面阔21.8米，进深10.89米，五檩重檐绿瓦歇山顶，无斗栱，室内深一间，阔三间，下檐有一周副阶。明间前后辟门，次间只设槛窗。次间前后加老檐柱支承朱步金梁是比较特殊的做法，三架梁上用叉手，仍采用古老的做法，外檐柱均用鼓墩柱础，但檐柱肥硕，当是清代重修仍用旧料。

二、孔子墓前建筑

洙水桥坊 位于孔子墓轴线南端，石质，三间四柱冲天柱式，柱为方形抹角，有收分，边柱有侧脚，前后以抱鼓石夹持，柱顶圆雕石兽，独角披鳞，仰天蹲坐。柱以石枋相连接，枋上覆盖石雕屋顶。明间额枋阴刻“洙水桥”坊额，二次间均减地平钑二龙戏柱图案，造型简朴庄重。

洙水桥 位于孔子墓轴线南端，洙水桥坊后。拱形，石券，宽6.6米，长25.24米。桥面拱起如虹，遮住人们北望的视线，以示墓室深藏。始建年代不详，金代孔元措《孔氏祖庭广记》“孔林图”中已有此桥，明弘治七年（1494年）六十一代衍圣公孔弘泰“以石桥卑小，增以栏杆”，并于左右两侧各添建一座辅桥。

墓门 位于孔子墓轴线中部，门屋三间，绿瓦悬山顶，三柱五檩分心式木架。檐下用一斗二升交麻叶斗栱，麻叶并未雕刻云纹，只以颜色画出。平身科明间四攒，次间三攒。墓门之建始于汉永寿三年（公元157年），金代时位于今享殿处，明永乐十二年（1414年）重建。现存建筑不用平板枋，雀替前部呈巨大S形，坐斗斗欹无<U+9865>，都呈清代建筑特点，当是清代重建。但檐柱肥短，高约3.5米，直径却近0.4米，应是明代旧物。墓门两侧也设八字墙，如同阳间住宅。门基高1.31米，用以遮挡人们视线，南设八级台阶，北设六级，均取双数。三间均设门，每扇门上均施门钉九排，每排九个，已是最高等级的装饰。

享殿 祭祀时设置香坛的地方。始见于金孔元措《孔氏祖庭广记》"孔林图"中，孔子祖孙三代墓前各有一座，明正德本《阙里志》，万历本《兖州府志》"孔林图"中均作一座享殿，考之于文献，当为明弘治七年(1494年)六十一代衍圣公孔弘泰创建。明万历二十二年(1594年)重修，清雍正九年重修并改为黄瓦。现存建筑五间，面阔20.3米，进深约9.7米(柱中至柱中)，脊高约10米。九檩单檐黄瓦歇山顶，前后廊式木架，前为廊。檐下用重昂五踩斗栱，每间均为两攒，布置疏朗。柱斗科头昂宽度为1.5个斗口，梁头作耍头形，因间宽不一，为照顾栱间距离，柱头科两侧栱长不一样。殿内和前廊无用平棊天花，沥粉贴金龙，额枋为金龙和玺彩画。室内置供案，存有清世宗维修孔林"纶言"碑和高宗御制诗碑，诗碑四面刻高宗五次谒孔林诗五首。

楷亭 位于享殿后，墓道东侧，纪念子贡手植楷树的建筑，又传为子贡偃息处。楷亭始见于清孔尚任《阙里志》。今亭方形，每面阔5.50米，一间，攒尖灰瓦顶，不用斗栱，不设门窗墙体，四面空透，柱用鼓礅柱础，木料纤细，当为清晚期重建。亭内立有楷图碑，为清康熙五十一年(1712年)刻立。

清高宗驻跸亭 位于孔子墓道东侧，楷亭之北。亭一间，方形，每面约6.5米，黄瓦攒尖顶，南面设门，北面为墙，东、西面设格窗。檐下用一斗二升交麻叶云斗栱，每面四攒，也是绘出云纹。室内以抹角梁承金檩，下装平棊天花。北墙悬挂清高宗乾隆十三年(1748年)御制诗木牌："宫墙亲释奠，林墓此重来。地辟天开处，泗南洙北隈。春鸣仙乐鸟，冬绿石碑苔。教泽垂千古，泰山终未颓。”清高宗八次来曲阜，多次至孔子墓前亲行一跪三叩礼。

清圣祖驻跸亭 位于孔子墓道东侧。亭方形，面阔约6.5米，一间，黄瓦歇山顶。南面设槅扇门，北面设墙，东西设窗。檐下用一斗二升交麻叶斗栱，每间二攒。南北二面以扒梁头出麻叶头，宽约二斗口，扒梁上架三架梁，瓜柱皆有角背，刻三幅云及云纹，收山大于一檩径。亭内有碑，题“圣祖仁皇帝驻跸亭”。清康熙二十三年（1684年），圣祖曾至孔林亲祭孔子墓。为纪念此事，衍圣公于林内建亭，乾隆间亭曾倒塌，即依原样重建。

宋真宗驻跸亭 位于孔子墓道东侧。宋真宗于大中祥符元年（1008年）至曲阜，亲拜孔子墓，孔子后代即建亭纪念。金代时亭在今二林门略外，明代时在今享殿甬道东侧，清康熙间已位于今处。亭方形，面阔5.6米，绿瓦歇山顶。南面设门，东西面设窗，北面为墙，檐下用一斗二升交麻叶斗栱，每面两攒。坐斗尺度较大、斗欹有𩑶，额枋高瘦，平板枋扁宽，出榫平切，转角处置斗口跳，不设斜向麻叶头，屋顶收山大于一檩径，仍存有明代建筑的特点，亭内立碑一通，阴刻“宋真宗驻跸亭”。

子贡庐墓堂 位于孔子墓前两侧，明嘉靖二年（1523年）山东巡抚陈凤梧为纪念子贡为孔子守墓创建，后经多次维修。现存建筑三间，东向，灰瓦硬山顶，五檩抬梁式木架，无斗拱。明间设门，两次间设直棂窗，室内原设有端木赐神位。堂前有“子贡庐墓处”石碑。

思堂 又名斋厅，位于孔子墓轴线东侧，墓门之东，是孔子后代祭祀孔子墓之后宴饮之处。始建于东汉永寿三年（公元157年），金代时位于甬道之东，即今二林门东北。蒙古乃马真后四年（1245年）曾重修，明永乐十九年（1421年）五十九代衍圣公孔彦缙扩建，面阔由三丈五尺扩至四丈五尺，进深由一丈八尺扩至二丈八尺，高一丈七尺扩至二丈一尺，并建大门三间。万历二十二年（1594 年）、清道光二年（1821 年）多次重修。现存建筑为三合院，正厅三间，七檩灰瓦悬山顶，四柱前后廊式木架，前出廊。柱高 3.25 米，直径近 0.4 米，比例短粗，挑山很大，出墙米许，建筑尺度低矮，仍存明代风格。西山有一间耳室，两侧各有三间厢房，五檩灰瓦悬山顶，前出廊。再前有照壁一堵，大门一间。门灰瓦悬山顶，三柱分心式木架，前面有垂花，而后面却无。院西北设一门，砖墙承重，灰瓦庑殿顶，直接通向孔子墓甬道。两厢墙上镶嵌宋、元、明代谒林题记、题诗石刻 39 块，较为著名的有宋李格非、明吴宽等人的题记。

后土祠　奉祀孔林土地的地方。明正德本《阙里志》、万历本《兖州府志》“孔林图”中均已记载，均位于思堂之东，面西。今后土祠仍位于思堂之东，面南，有门相通。祠三间，灰瓦硬山顶。

神庖　祭祀孔子时治办祭品的地方，明正德本《阙里志》、万历本《兖州府志》“孔林图”中均名厨房，面西，位于思堂之东，后土之南。今神庖位于后土之东，独立成院。前有门，一间，砖墙承重，门上嵌砖阴刻“神庖”二字，正房三间，灰瓦硬山顶。

三、衍圣公墓前建筑

孔毓圻墓碑亭　位于孔林东部孔毓圻墓前。清雍正元年（1723 年），世宗追封孔子上五代为王爵，衍圣公孔毓圻入朝谢恩，病逝于北京，世宗追谥恭悫，并御制碑文，次年立碑建亭。亭方形，阔 8 米，每面三间，中间设栅栏，次间砖砌实墙。灰瓦重檐歇山顶，上下檐均用重昂五踩斗栱，明间两攒。斗口较小，昂头雕云纹，向上翻起，昂下刻华头子线。柱头科昂宽约两个半斗口，有剥腮，角科有附角斗，连有三个座斗。歇山顶没有收山，反而跳出柱中心线外一檩径，是奇特的做法，加长了歇山正脊的长度，调整了比例，外观显得庄重匀称。亭内石碑龟趺螭首，东刻汉文，西刻满文。梁枋施旋子彩画。

儒宗在念坊 位于七十代衍圣公孔广棨墓前。三间四柱冲天柱式石坊，柱八棱形，前后以石鼓夹抱，中柱顶饰圆雕蹲兽，边柱顶饰宝瓶。额枋一层，上施平板枋、枋上施山形饰物，两次间浮雕云纹，明间浮雕二龙捧珠，珠下刻出竖匾形，阴刻“恩荣”二字。明间额枋边饰云龙纹，减地阴刻，中刻“儒宗在念”坊名，坊名正中上刻“玉音”二字，阴刻二龙捧护。孔广棨卒于清乾隆八年(1743年)，坊当略晚于这年建。

于氏坊 位于孔林东北部的七十二代衍圣公孔宪培墓前。清道光三年(1823年)十二月二十八日，孔宪培元配夫人于氏(相传为清高宗之女，其实为于敏中之女)去世，五年(1825年)皇帝循例派人御祭，七十三代衍圣公建坊，将祭文刻于正面，背面刻“鸾音褒德”四字。三间四柱三楼式木牌坊，明楼灰瓦庑殿顶，次间向内一侧切断，向外一侧为歇山顶。明间楼下用重翘三昂十一踩斗栱，补间六攒。次间用单翘重昂七踩斗栱，补问二攒。柱左右用夹杆石，中柱两层，直托龙门枋。

孔彦缙墓神门 位于孔林西部孔彦缙墓前。神门一间，石构。双柱方形，抹角，前后以石鼓夹抱。额枋一层，阴刻“荣禄大夫衍圣公神门”，额枋顶上中间雕宝珠，宝珠外两侧各雕一朵祥云，再外即柱顶上部各雕一只蹲兽，兽首相向，均为圆雕，且舆额枋为一体。孔彦缙卒于明景泰六年(1455年)，神道碑立于天顺二年(1458年)，神门当刻于此间。检《明史》，二品官墓前石仪可立石翁仲、石虎、石羊、石马、望柱，并无神门的规定，自孔彦缙之后，衍圣公墓前多立神门。

第四节　名人墓葬

孔林延时两千多年，埋葬子孙将近八十代，有历代墓葬十多万座。由于孔氏家族诗礼传家，名人辈出，因此林内保存着许多名人的墓葬。

一、始祖墓

孔子墓　位于孔林中部偏南。孔子去世后，弟子们将他埋葬在鲁国城北的泗水边上，弟子和鲁国人迁到孔子墓前居住的有100余家。他们岁时奉祀，并在孔子墓前讲论礼仪，举行乡饮酒、大射等礼仪活动。墓在宋建炎二年（1128年）曾遭女真骑兵挖掘，被金将完颜宗翰制止。蒙古乃马真后三年（1244年），五十一代衍圣公孔元措刻立墓碑，篆书“宣圣墓”，高翱题书。明正统八年（1443年）五十九代衍圣公孔彦缙又刻立“大成至圣文宣王墓”，黄养正题书。墓前有祠坛，原来是弟子们用砖砌成的，东汉永寿二年（公元156年），鲁相韩敕改为石砌，唐代又改为泰山封禅石。碑前有供案，明代刻制，案前有香炉、奠酒池，清雍正十年（1732年）刻制。

二、长孙墓

孔鲤墓　位于孔子墓东，孔子为殷商后裔，以右为上，所以孔鲤葬在孔子墓之左，而孙子子思葬在前面，后人将这种埋葬方式称之为“携子抱孙”。墓前也立二碑，前碑题“泗水侯墓”，后碑题“二世祖墓”，刻制时间与孔子墓相同，题碑者也应该相同。泗水侯是宋崇宁元年（1102年）徽宗追封的封号。

子思墓　位于孔子墓前略东，墓前也刻立两块石碑，前碑刻“沂国述圣公墓”，明正统八年（1443 年）五十九代衍圣公孔彦缙立，后碑刻“三世祖墓”，蒙古乃马真后三年（1244 年）五十一代衍圣公孔元措立，墓碑也应分别为黄养正、高翻题书。碑前也有供案、香炉、祠坛，再前有一对石人，原来在享殿前，是宋宣和元年（1119 年）刻制的，清雍正十年（1732 年）维修时新刻石人立于享殿前，将原来宋代石人移至子思墓前。

曲阜孔林子思墓

孔仁玉墓 孔子四十三代孙，墓位于孔子墓园外东北约 100 米。墓碑螭首，题刻“宋兵部尚书袭封文宣公之墓”，2 行，篆书，明正统八年（1443 年），五十九代衍圣公孔彦缙立，黄养正题书，碑前有石供案，是同时刻制。

孔宜墓 位于孔子墓园红墙以西，墓碑方首削肩，题为“宋袭封大殿丞墓”，隶书，书者不详。孔宜，孔子四十四代孙，袭封文宣公。

孔宗愿墓 孔子四十六代孙，首任衍圣公。墓位于孔子墓园外西南约 50 米，前立两块石碑。前碑题刻“宋故四十六代衍圣公尚书比部员外郎通判潍州事子庄先生墓”，清乾隆三十四年（1769 年），七十一代衍圣公孔昭焕等刻立，后碑题刻“比部员外郎袭封衍圣公墓”，北宋时刻立。

孔元用墓　位于明墓群之南。墓碑圆首，题为“五十一世袭封衍圣公世袭曲阜县令墓”，篆书，2 行。孔元用，孔子五十一代孙。金末，蒙古入侵，衍圣公孔元措南走汴京，孔元用被蒙古封为衍圣公。

孔之全墓　位于明墓群之南。神道碑圆首，额题“故五十二世袭封衍圣公墓铭”，篆书，3 行，行 4 字，墓铭为楷书。孔之全，元用之子，蒙古太宗时接父袭封衍圣公。

孔治墓　位于明墓群之南。墓前原有石碑，圆首，题为“五十三世孙袭封衍圣公之墓”，篆书，赵孟頫书，元大德三年（1299 年）孔思诚立，1978 年移入孔庙。墓前现存神道碑，圆首有额，额题“大元故中议大夫袭封衍圣公神道碑铭”，篆书，4 行，行 4 字，杨僖篆。本文楷书，国子祭酒蔡文渊撰文，李庭实书。孔治，之全之子，元成宗时袭封衍圣公。

孔思晦墓　位于孔林西北角，明墓群东侧，环林路北侧。墓碑圆首，浮雕云龙纹，碑文题作“宣圣五十四世孙通议大夫袭封衍圣公礼部尚书赠通奉大夫江北河南等处行中书省参知政事护军追封鲁郡公谥文肃孔公墓”。元至正十五年（1355 年）立石。

孔克坚墓　位于孔子墓西北角，明墓群东侧，环林路南行东转初路北。墓前石碑圆首，篆书“五十五世孙前袭封衍圣公通奉大夫国子祭酒之墓”，3 行，其子衍圣公孔希学书，明洪武十年（1377 年）十月立。路南有神道碑，圆首，额为“元故袭封衍圣公国子祭酒孔公神道碑”，篆书，正文楷书，宋濂撰文，胡复性书。

孔希学墓　位于孔林西北部，明墓群东，环林路北侧。墓碑圆首，已残，题为“五十六世孙资善大夫袭封衍圣公之墓”，篆书，2 行，明洪武三十年（1397 年）九月立。

孔讷墓 位于孔林西北部孔希学墓之西，墓前石碑方首，上两角抹圆，浮雕云凤麒麟纹，题为“五十七世孙袭封衍圣公之墓”，篆书，2行。明永乐二十二年(1424年)立。

孔公鉴墓 位于孔林明墓群，环林路西侧。墓前两碑，西碑为墓碑，减底阴刻云凤麒麟纹，题为“五十八世孙袭封衍圣公之墓”，篆书，明永乐二十二年(1424年)孟春立。东碑为圣旨碑，方首抹圆，浮雕云蟒纹，额刻“奉天诰命”，碑身刻圣旨两道，为宣德二年(1426年)分别赐予孔公鉴夫妇的诰命。前有神道碑，碑方首，两上角抹圆，浮雕双凤朝阳纹，额题“宣圣五十八世孙袭封衍圣公神道碑铭”，篆书，4行，行4字，碑文有题，“故衍圣公孔公墓表”，楷书，华盖殿大学士杨士奇撰文，朱晖书，陈登篆额。碑边浅浮雕云鹤纹。明宣德元年(1425年)刻立。

孔彦缙墓 位于孔子墓西北部，孔公鉴墓西。墓碑题为“五十九代孙袭封衍圣公之墓”，楷书，一行，清乾隆四十一年(1776年)衍圣公孔昭焕重立。墓前有石人、石马、石羊、石虎、望柱各一对，神道碑一通，是第一位刻立全套石仪的衍圣公。神门一间，额上装饰火焰宝珠，一对石狮东西看护，石额题刻“荣禄大夫衍圣公神门”。神道碑龟趺螭首，额题“故袭封衍圣公孔公神道碑铭”，篆书，3行，行4字。本文有题，“故袭封衍圣公孔公神道碑”，文字楷书，内阁首辅王直撰文，吏部右侍郎李贤书，吏部尚书王翱篆，明天顺二年(1458年)立。

孔承庆墓 位于孔林明墓群内，孔彦缙墓之西。墓碑题作“六十代孙赠袭封衍圣公之墓”，楷书，2行，程南云书，明天顺五年(1461年)立。前有圣旨碑，龟趺螭首，刻诰命三道，圣旨碑东侧有御祭碑，刻皇帝遣官御祭的祭文。有正套石仪，石门额题“赠袭封衍圣公神道”。

孔弘绪墓 位于孔林西部明墓群。墓前石碑方首，浮雕云蟒纹，篆书“六十一代袭封衍圣公南溪先生墓”，2行，李东阳书，明正德二年

(1507年)二月立。再前有一龟趺,不知原来是神道碑还是圣旨碑。两侧刻立石人、石马、石羊、石虎各一对。

孔弘泰墓 位于孔林明墓群内,孔弘绪墓之西。墓碑方首,高浮雕云蟒纹,题为"六十一世孙袭封衍圣公东庄先生之墓",楷书。2行,乔宗书丹,明弘治十七年(1504年)七月立。刻立全套石仪、石门和圣旨碑。石门一间,额题"六十一代袭封衍圣公神道"。圣旨碑刻明成化十二年(1476年)加封孔弘泰为衍圣公和孙氏为衍圣公夫人的诰命。

孔闻韶墓 位于孔林明墓群内,孔弘绪墓之北。墓碑方首,浮雕云蟒纹,题为"六十二代袭封衍圣公成庵先生墓",篆书,2行。内阁首辅严嵩篆,明嘉靖三十五年(1556年)三月立。墓前有全套石仪。

孔贞干墓 位于孔林明墓群内,孔闻韶墓西北。墓碑方首,浮雕云蟒纹,题为"六十三代袭封衍圣公可亭先生墓",2行,篆书,吏部尚书袁炜篆,明嘉靖四十年(1561年)季春立。墓前有全套石仪和石门,石门一间,额题"六十三世袭封衍圣公神道",残去额上宝珠、石狮等装饰。

孔尚贤墓 位于孔林明墓群内,孔闻韶墓之西。墓碑方首,浮雕云蟒纹,题为"六十四代赠太子太傅袭封衍圣公龙宇先生之墓",篆书,2行,吏部尚书、中极殿大学士方从哲篆,明崇祯四年(1631年)立。碑后有石挡板三块,减底阴刻,中板刻云日山纹,西板刻云鹤纹,东板后配,无花纹。墓前有全套石仪,武石人顶盔贯甲,手捧宝剑,环目圆睁,非常传神。

孔胤植墓 位于孔林明墓群东北,东临和南对环林路,墓碑方首螭纹,题为"六十五代太子太傅袭封衍圣公对寰先生墓",篆书,2行,礼部尚书李若琳书。清顺治六年(1649年)四月立。墓前有全套石仪和石门。石门一间,顶饰莲花宝珠和云朵,石狮残去,额题"六十五世诰封太子太傅袭封衍圣公神道"。石人武将顶盔贯甲,环目圆睁,拄剑而立。

孔兴燮墓 位于孔林东北部，环林路西侧。墓前石碑方首，碑额浮雕云螭纹，碑文题作“光禄大夫少保兼太子太保六十六代袭封衍圣公辅垣先生之墓”，篆书，边款楷书，工部尚书、东阁大学士李霨篆。清康熙八年(1669年)立。碑前有石供案、石鼎各一，石翁仲、石马、石羊、石虎各一对，再前有石门坊一座。

孔毓圻墓 位于孔林内东北部，孔兴燮墓东。墓前石碑方首，碑额浮雕云螭纹，碑文题作“光禄大夫太子少师六十七世袭封衍圣公恭悫先生墓”，篆书，王顼龄篆，清雍正四年(1726年)立。墓前碑后有石板三块阴刻云龙纹，碑前有石供案、石鼎、石仪、石门坊。神道西侧有御碑楼，内立清雍正二年(1724年)世宗圣旨碑，下满汉文对刻，碑龟趺螭首。清雍正元年(1723年)，加封孔子上五代先人为王，孔毓圻入京谢恩，死于北京，世宗为其御制碑文。

孔传铎墓 位于孔林东北部，孔毓圻墓西。墓碑题为“光禄大夫六十八代袭封衍圣公振路先生之墓”，篆书，一行，大学士兼吏部尚书张廷玉篆。清雍正十年(1732年)十二月立。墓前有石供案、石香炉、全套石仪和石门。

孔继濩墓 位于孔林东北部，环林路之北。墓碑螭首，题字为“光禄大夫六十九代赠衍圣公体和先生之墓”，楷书，一行，文华殿大学士于敏中题。清乾隆三十九年(1774年)七月立。碑边、供案均浮雕云龙纹。前设供案、香炉和全套石仪，无石门。

孔广棨墓 位于孔林东北部，正对环林路。墓前石碑螭首，题字为“诰授光禄大夫七十代袭封衍圣公京立先生之墓”，篆书，一行，文渊阁大学士兼工部尚书陈世倌题，清乾隆十年(1745年)十一月立。碑前石供案、香炉、全套石仪和石坊。石坊三间，额枋刻“儒宗在念”四字。

孔昭焕墓 位于孔林东北部东墙根。墓碑螭首，题字为“诰授光禄大夫七十一代袭封衍圣公显文先生之墓”，楷书，太子少傅、户部尚书梁国治题，清乾隆四十八年（1783年）三月立。墓前有石雕云龙供案，但未刻制石仪。

孔宪培墓 位于孔林东北部，环林路之北。墓碑螭首，篆书“光禄大夫七十二世袭封衍圣公笃斋先生墓”，2行，文华殿大学士、军机大臣董诰题，清嘉庆十九年（1814年）三月立。墓前有石雕供案、香炉、全套石仪和牌坊。牌坊刻道光五年（1825年）皇帝遣官御祭孔宪培夫人于氏祭文。墓前原有享堂三间，“文化大革命”中被拆除。

孔庆镕墓 位于孔林北部偏东，孔宪培墓西。墓碑螭首，篆书“光禄大夫七十三世袭封衍圣公冶山先生墓”，2行，振威将军觉罗崇恩题，清咸丰六年（1856年）二月立。前设石供案、香炉和全套石仪。墓前原有享堂三间，“文化大革命”中被拆除。

孔繁灏墓 位于孔林内偏东北部，孔庆镕墓之西。墓碑螭首，题字为“光禄大夫太子太保七十四世袭封衍圣公端恪先生墓”，诰授资政大夫、兵部侍郎彭祖贤题，清光绪七年（1881年）九月立。前设供案、香炉和全套石仪，无神门。

孔祥珂墓 位于孔林内东北角，紧靠林墙。墓碑螭首，篆书“光禄大夫七十五世袭封衍圣公庄悫先生墓”，2行，赏用紫缰军机大臣、兵部尚书孙毓汶题，清光绪二十一年（1895年）三月立。墓前设石雕云龙供案和香炉，未设石仪。

孔令贻墓 位于孔林东北部环林路东侧。墓前石碑方首，高浮雕螭纹，碑边也服事云龙纹。题字为“孔子七十六代孙袭封衍圣公燕庭先生墓”，篆书，2行，前国务总理、外交总长孙宝琦题，1921年一月立。墓前设石雕供案、香炉、奠酒池，1996年刻制全套石仪。

三、族孙墓

孔彪墓 位于孔子墓园外西北。墓前汉代墓碑于清康熙年间移入孔庙，在墓前刻立新碑题为“汉博陵太守孔君之墓”，隶书。孔彪，字元上，孔子十九代孙，举孝廉，曾官郎中、尚书侍郎、博陵太守、下邳相、河东太守。

孔宗翰墓 位于孔子墓园之西，环林路西侧。墓碑方首削肩，题为“宋刑部侍郎墓”，楷书，一行。孔宗翰，字周翰，与兄舜亮同登进士，官至刑部侍郎。

孔宗彀墓 位于明墓群之南，孔子墓西，环林路西侧。墓碑圆首，题为“有宋阙里孔公志父先生之墓”，篆书，一行。孔宗彀，孔子四十六代孙，曾官国子监博士。

孔尚坦墓 墓在孔林中部偏北，东临、南对环林路。墓碑方首，浮雕云蟒纹，题为“六十四代诰赠衍圣公玄宇先生墓”，楷书，2行，建极殿大学士周延儒书，明崇祯十五年(1642年)立。孔尚坦(1572—1598)，字安之，因儿子孔胤植过继给堂弟为袭封衍圣公被追赠衍圣公称号。墓前也有全套石仪和石门。

孔尚任墓 位于孔林东北部，于氏坊之东，环林路外侧。碑方首，浮雕云螭文，题为“奉直大夫户部广东清吏司员外郎东塘先生之墓”，楷书，陈世倌题。清雍正十三年(1735年)立。孔尚任(1648—1718)，字聘之，号东塘，孔子六十四代孙，清代著名文学家，代表作为戏曲剧本《桃花扇》。

孔毓珣墓 位于孔林北部，环林路之北。墓前石碑正书“诰授光禄大夫兵部尚书都察院右副都御史总督江南河道提督军务加八级谥温僖孔公封一品夫人孔母徐氏之墓”，夫妇各一行，文渊阁大学士兼礼部尚书世弟陈元龙题。清雍正九年(1731年)十月立。墓前有石供案、香炉、全套石仪和石门坊。神道南端两旁原来各有一座御碑楼,东刻清世宗御制碑文,刻有汉、满两种文字,西碑刻御祭祭文。碑亭已倒塌,石碑于1986年修复。

孔继涵墓 位于孔林内东北角,六十九代赠衍圣公孔继濩墓东。墓碑圆首,隶书,题为"赐进士出身朝议大夫户部河南司主事加二级军功加一级孔子六十九代孙体生先生之墓",正文3行,郑际堂题书。清乾隆四十九年(1784年)七月立。碑阴刻卢文弨"哀词",行书。

孔祥柯墓 位于孔林内东北部,孔令贻墓以西。墓前石碑圆首,题为"孔子七十五代孙则君先生之墓",楷书,一行,肖方俊题,1933年农历二月立。碑阴刻"曲阜孔则君碑阴记",楷书。

第五节 碑 刻

从汉代起,孔子后代就在孔林内刻立墓碑,从文献记载看,刻立了孔翊、孔谦、孔少垂、孔宙、孔彪、孔扶、孔志、孔乘等墓碑,上谷府卿坟坛、祝其卿坟坛、韩敕修孔子墓碑等记事碑刻。汉以后由于墓碑改为墓志,直到宋代以前孔林就没有增加墓碑。宋代以来,刻制墓碑成风,清代达到鼎盛时期,孔林墓碑逐渐增多。到民国末年,孔林内已刻制墓碑三千多块,连同记事碑和历代文人官员的谒林题记等共达四千多块。碑刻中宋碑22块,金碑6块,元碑45块,明碑506块,清碑2626块,民国碑刻568块,此外地下还保存着大量的墓志。碑刻真草隶篆各体皆备,名家法书众多,除汉碑和赵孟頫书碑移入孔庙外,还保存着李东阳、严嵩、施闰章、翁方纲、何绍基、阮元、康有为等人题写的墓碑以及李格非题记等。

孔宗翰书"留题圣林诗"刻石 位于孔林思堂东厢房西墙上。刻石宽38.5厘米,高35厘米,楷书,孔宗翰书。诗曰:"灵光殿古生秋草,曲阜城荒噪晚鸦。惟有孔林残照里,至今犹属仲尼家。"后有孔宗翰跋:"宗翰在童稚时,闻人讽诵此诗,不知谁氏之作也,爱其雅正,将恐遗坠,谨书于石。时乙未仲夏五日也。"孔宗翰,孔子四十六代孙,题刻于宋至和二年(1055年)。

李格非拜林题记刻石 位于孔林思堂东厢房东墙上。刻石宽29厘米,高57厘米,文字为"提点刑狱历下李格非崇宁元年正月二十八日率遹、迥、迒、迈恭拜林冢下",行书。李格非,北宋文学家,著名女词人李清照之父。宋崇宁元年(1102年),李格非路经曲阜,率领儿子们恭拜孔子墓后题刻。

李东阳书孔弘绪墓碑 墓碑在孔林西北角明墓群北部,环林路以西。墓碑方首,浮雕云蟒纹,碑文篆书,题为"六十一代袭封衍圣公南溪先生墓",2行,左右边款均为楷书,李东阳书,明正德二年(1507年)立。李东阳(1447—1516),明代诗人、书法家,官至内阁首辅,其女嫁与六十二代衍圣公孔闻韶为妻。

严嵩书孔闻韶墓碑 墓碑在孔林西北角明墓群北部,环林路以西,李东阳书碑之北。墓碑方首,浮雕云蟒纹。碑文篆书,题为"六十二代袭封衍圣公成菴先生墓",2行,边款楷书,均为严嵩题。严嵩(1480—1567),明代奸臣,官至内阁首辅,其孙女嫁与六十四代衍圣公孔尚贤为妻。墓主孔闻韶(1482—1546),字知德,号成庵,六十二代衍圣公。

施闰章子贡植楷诗碑 位于孔子墓园东南角,子贡手植楷后。文为五言律诗:"不辨何年植,残碑留至今。共看独树影,犹见古人心。阅历风霜尽,苍茫天地阴。经过筑室处,千载一沾襟。"行书。

孔尚任题孔贞选墓碑 位于孔林北部,环林路南侧。碑方首,题为"至圣六十三代孙望溪孔公墓",碑左侧有孔贞选小传,康熙三十四年(1695年)立,行书,款署"户部福建清吏司主事前特用国子监博士宗教生尚任顿首拜撰书”，从此款可知孔尚任的国子监博士是特用，主事是在户部福建清吏司。孔贞选（1600—1671），字用登，号望溪。

翁方纲题孔传钲墓碑 乾隆四十七年（1782 年）立，题为“六十八世孙奉直大夫晋赠朝议大夫正一品荫生圣庙三品官振远先生墓”，隶书，翁方纲题书。翁方纲（1733—1818），清代著名书法家。墓主孔传钲（1705—1747），字振远，号松皋，六十七代衍圣公第三子。

阮元书孔宪增墓碑 位于孔毓圻墓后。碑螭首方趺，题为“敕授修职郎世袭翰林院五经博士赠封光禄大夫衍圣公孔子七十二代孙怡斋先生墓”，2 行，篆书，边款也为篆书，阮元为其岳父孔宪增题，清道光十九年（1839 年）立。阮元（1764—1849），清代著名学者。墓主孔宪增（1758—1812），字如川，号怡斋，因子庆镕过继给七十二代衍圣公孔宪培为嗣，被追赠为衍圣公。

何绍基题孔昭杰墓碑 位于孔毓圻墓北，清咸丰四年（1854 年）刻立。碑圆首方，正文为篆书，题为“敕授文林郎例授奉政大夫嘉庆辛酉科举人江苏盐城县知县孔子七十一代孙俊峰先生墓”，边款为楷书，均为何绍基题。何绍基（1799—1873），清代诗人、书法家。墓主孔昭杰（1780—1865），字俊峰，曾官盐城知县。

康有为题孔祥霖墓碑 位于儒宗在念坊北，环林路外侧。1919 年立，康有为书，行书题为“清授资政大夫河南提学使署布政使孔子七十五代孙少霑先生之墓”。康有为（1858—1927），近代维新派首领，书法家。墓主孔祥霖，号少霑，曾官河南提学使兼署理布政使。

第六节 石 刻

汉代是中国石刻艺术的大发展时期，产生了优美的画像石和大型石雕,孔林内也出现了画像石、圆雕石兽以及石阙。东汉末年,实行薄葬,一直到北宋以前,孔林内地面上未见石雕艺术品。宋代开始,立石碑,刻石仪,建石坊,石雕艺术品逐渐增多,明清达到鼎盛时期。

孔林石刻艺术品主要有石仪、香炉、墓碑、供案、挡板、石坊、石门、奠酒池等。雕刻技法有圆雕、高浮雕、浅浮雕、减底阴刻等,雕刻内容有龙、凤、麒麟、獬豸瑞兽、神兽,狮子、虎、鹿、马、羊等走兽,牡丹、灵芝、西番莲等花卉,麟吐玉书、封侯挂印、天官赐福、竹梅双喜等吉祥图案,艺术风格多样,或严谨精细,或粗犷古拙,或填充缜密,或布局疏朗,具有很高的艺术价值。

汉代时,孔林就设置有圆雕石兽,现在已经迁往孔庙。现存圆雕石仪 19 组,其中宋代 1 组,明代 8 组,清代 10 组。

北宋石仪 位于孔子墓前甬道上,宋宣和元年(1119 年)刻制,五年(1124 年)树立。有翁仲、玄豹、角端、望柱各一对,翁仲清雍正十年(1732 年)被移到子思墓前,代之以新刻。玄豹微笑侧首坐立,角端温顺仰首伏卧,翁仲一捧圭,一拄剑,面容祥和,都非常精美。

孔思晦墓碑 碑首浮雕二龙戏珠,龙尾蜿蜒向下而龙首向上,造型优美,雕刻技艺精湛,是元代石雕艺术的珍品。

孔讷神道碑碑首 浅浮雕双凤朝阳,两只站立在山石上的凤凰回首向内眺望一轮太阳,天上祥云密布,雕刻十分优美。

孔公缙墓碑碑首 减底雕刻,图案为两只凤凰凌空翱翔,两只麒麟伏卧回首向上张望,空白处雕刻祥云,构图生动活泼。

孔彦缙墓石门 位于孔林西部孔彦缙墓前。神门一间,石构,双柱,方形抹角,前后以石鼓夹抱。额枋一层,阴刻“荣禄大夫衍圣公神门”,额枋顶上中间雕宝珠,宝珠外两侧各雕一朵祥云,再外即柱顶上部各雕一只蹲兽,兽首相向,均为圆雕,且与额枋为一体。孔彦缙卒于明景泰六年(1455年),神道碑立于天顺二年(1458年),神门当刻于此间。据《明史》记载,二品官墓前石仪可立石翁仲、石虎、石羊、石马、望柱,并无神门的规定,自孔彦缙之后,衍圣公墓前多立神门。

孔彦缙墓石仪 有石马、石虎、石羊、石翁仲、石望柱各一对,神道碑一块,是第一位刻制石仪的衍圣公。石仪形态较小,马瘦癯而壮健,最为传神。

孔胤植墓石人 明前中期的翁仲武将着装与文官相同,只以带剑与文官区别。但到明末清初,武将改为武装,顶盔贯甲,环目圆睁,须冉猬张,非常生动,折射出社会动荡不安时人们祈求得到保护的心态。

孔宪培墓石仪 墓前石仪有石虎、石羊、石马、石翁仲各一对,石兽体满膘肥,翁仲温文尔雅,呈现出清平盛世的风格。

第四章 书 院

曲阜有尼山、洙泗、春秋、石门四大书院，这四座虽然名为书院，除尼山书院在宋元时期曾经设收徒教外，其他三座一直都没有从事教育活动，除石门书院外，名为书院其实都是依托孔子的活动遗迹建造的奉祀建筑群。

第一节 尼山书院

尼山书院位于曲阜城东南30公里处的尼山东麓。相传孔子父亲叔梁纥和母亲颜征在登尼山祷天而生孔子，后世建庙奉祀。庙初名叔梁纥

曲阜尼山书院正门

庙,《三国志·魏书·地形志中》记载:"鲁县……有……叔梁纥庙。"唐《括地志》也记载说:"叔梁纥庙亦名尼丘山祠,在兖州泗水县五十里尼丘山东址。"五代后周显德(954—960)间兖州太守赵侯于尼山再建庙祀,宋庆历三年(1043年),孔子四十六代孙、袭封文宣公孔宗愿"作新宫庙,有殿,有寝,有讲堂,有学舍,有祭田",成为主祭孔子的地方。金明昌五年(1194年)因"庙宇颓毁几尽",以维修孔庙羡钱四千余贯,兴工大修,"逾年告成,惟正殿虽加修葺,而旧制卑陋,有所未称"。从《孔氏祖庭广记》"金尼山庙制图"看,形制与今庙基本相同。前为"至圣文宣王庙"门,门内分为三路,中路大成门内有大成殿及两庑、郓国夫人殿及泗水侯殿、沂水侯殿。与今庙不同的是,大成殿与郓国夫人殿前后有廊相连,呈宋金常见的"工"字形,而大成殿两侧有斜廊与两庑相连。东路仅有斋厅,西路有齐国公殿位、后殿、慈母殿并毓圣侯殿。庙门前东南有观川亭,庙后有斋所,为一正两厢的四合院式,与今存形式基本相同,斋所东并有两座房子。金末,除斋厅外,建筑全部被毁,"大成之东斋厅也,兵余独存焉"。元至顺三年(1332年),五十四代孙、衍圣公孔思晦上书重修,至元四年(1338年)三月以廉访佥事杨讷等捐赀兴工重建,五月后告成,"作大成殿、大成门、神厨,作明伦堂、东斋、西斋、东塾、西塾,作毓圣侯庙,作观川亭"[1],"学堂在庙之西,仿国子监制也","继以塑绘圣贤之像成,乐器祭器以次第成"[2],至正十四年又增塑四配像。元末,"元运既去,毁于兵燹,故址颓基,鞠为茂草,春秋祭祀,扫地而行",明洪武十年(1377年)重修,永乐十五年(1417年),五十九代衍圣公孔彦缙等"鼎新重建,正殿三间,高广如制,其西则为毓圣侯殿,其西北则为启圣王殿,又其北则为启圣王夫人殿也,神门三间,斋厅五间,庖湢有庐,祭器有库,缭垣云矗,如矢斯棘"[3]。其后

❶〔元〕陈绎曾《尼山书院碑》。
❷〔元〕虞集《创建尼山书院之记》碑。
❸〔明〕张敏《重建尼山庙记》碑。

弘治七年(1504年)、万历十七年(1589年)、清康熙十三年(1674年)、雍正二年(1724年)、乾隆二十年(1755年)多次维修。道光二十六年(1846年),七十四代孙、衍圣公孔繁灏奏请,皇帝同意,拨银三万一千五百五十两重修,翌年二月动工,二十九年(1849年)五月竣工。1924年,香港商人郭祯祥捐洋四万元重修,1953年维修,1978年全面大修,1989年重制孔子大成殿神龛,重塑孔子、四配像。

尼山书院背倚尼山,面对沂水,东临沂水支流,隔水与颜母山相望。前为庙宇,后为书院,各自独立成区。庙宇占地约23亩,有大小建筑27座,建筑面积1700平方米。庙前为智源溪,跨溪建桥,桥后为棂星门,右转为大成门。大成门内轴线上前有大成殿及其两庑,后有寝殿及其两庑,前祀孔子,以四配、十二哲配祀,群弟子从祀,后祀孔子夫人,以子孔鲤、孙孔伋从祀。轴线东区有讲堂和土地祠,西区有启圣王殿及寝殿,奉祀孔子父母。轴线与西区间有通道通向书院,西区东南部有毓圣侯祠一小院落,奉祀尼山山神。庙后有独院一处,原是尼山书院学录的办公处所,占地约一亩,为四合院式小建筑,有正房、两厢、茶房、大门等。

棂星门 清道光二十七年(1847年)添建,三间四柱冲天柱式石坊,八角柱,前后石鼓夹抱,柱上出云朵,首饰莲花座。中二柱顶刻圆雕石狮,旁二柱顶刻花瓶。枋两层,如同额枋、平板枋,明间阴刻“棂星门”三字,上刻火焰宝珠。坊两侧建有八字墙。

大成门 三间三门,单檐黄瓦硬山顶,五檩三柱分心式木架,无斗栱。

大成殿 五间,面阔18.57米,深10.57米,单檐黄瓦歇山顶,四柱前后廊式木架,前为廊。檐下施五踩重昂斗栱,明次间平身科两横,斗栱稀疏,设计者以厢栱与瓜棋同长、正心万栱远长于里外拽万栱进行补救。檐柱用石,八角形,每面满刻减地平钑小幅云龙。现存建筑虽为清道光间重建,但保留了旧建筑的风格。平板枋宽于额枋,柱斗科、平身科昂头同宽,梁头宽约三斗口,仍有元代遗风。殿内只供奉孔子及四配,均为塑像。

两庑 各五间,面阔 18. 4 米,进深 8. 04 米,七檩四柱前后廊式木架,前为廊,无斗栱,单檐灰瓦硬山顶。1978 年维修时重建东庑,大修西庑。室内原供奉十二哲及七十二贤木主,1989 年重建神龛,恢复木主。

寝殿 五间,面阔 12. 4 米,进深 8. 08 米,七檩四柱前后廊式木架,前为廊,无斗栱,单檐黄瓦歇山顶。殿内原供奉孔子夫人神位,1989 年重刻神龛。

二代殿 寝殿东厢,奉祀孔子之子孔鲤,因孔鲤于宋崇宁元年(1102 年)被追封为泗水侯曾名泗水侯殿。现存建筑三间,面阔 12. 40 米,进深 8. 08 米,七檩四柱前后廊式木架,前为廊,无斗栱,单檐灰瓦硬山顶。

三代殿 寝殿西厢,奉祀孔子之孙孔伋,因孔伋于宋崇宁元年(1102 年)被追封为沂水侯曾名沂水侯殿。建筑尺寸形式与二代殿相同。

启圣王殿 奉祀孔子之父叔梁纥,因叔梁纥于元至顺元年(1330 年)被加赠为启圣王而得名。现存建筑五间,面阔 15. 45 米,进深 8. 53 米,四柱前后廊式木架,前为廊,无斗栱,单檐绿瓦歇山顶。

启圣王寝殿 奉祀孔子之母颜氏,建筑形式同启圣王殿,单檐灰瓦歇山顶。

毓圣侯祠 奉祀尼山山神。宋皇祐三年(1051 年)因孔子生于尼山封尼山山神为毓圣侯,祭祀规格同四渎(江、淮、河、济四水),建祠奉祀,历代修建。现存建筑为清道光修庙时重建,三间,面板 10. 67 米,进深 7. 5 米,七檩四柱前后廊式木架,前为廊,无斗栱,单檐灰瓦硬山顶。

讲堂 三间,面阔 12. 52 米,进深 8. 05 米,七檩四柱前后廊式木架,前为廊,无斗栱,单檐灰瓦硬山顶。明间后面有厦。

土地祠　奉祀尼山土地神，一间，灰瓦硬山顶，二柱抬梁式木架。前有照壁。

神庖　位于庙后，于庙墙上辟门通向庙内，正房三间，灰瓦硬山顶，西厢二间，灰瓦卷棚顶，均为抬梁式木架。

学录院　建筑均为单檐灰瓦顶。其中正房三间，硬山顶，面阔10.09米，进深6.24米，七檩四柱前后廊式木架，前为廊；两厢各三间，面阔9.9米，进深4.7米，茶房二间，附建于东厢之南，三建筑均为抬梁式木架，卷棚顶；大门一间，方3.05米，砖墙承重，歇山顶。

第二节　洙泗书院

洙泗书院原是孔子周游列国归来后讲学和整理文献的地方，“孔子自卫返鲁，于此删诗、序书、定礼乐、系周易”。后人称作讲堂，“昔汉光武东巡过鲁，坐孔子讲堂，顾指子路室谓左右曰：‘此吾太仆之室也。’”到三国时“诸弟子房舍井瓮犹存”，宋代时“学已废，遗址存焉”，金代时

洙泗书院

有门堂等建筑,元初讲堂已毁,“故基化为禾黍”。至元三年(1337 年)孔子五十五代孙、曲阜县尹孔克钦出赀因讲堂旧址重建,因“泗水经其北,洙水带其南”,而洙泗之间为孔子讲学之区改称洙泗书院,并设山长一人主持。明弘治七年(1494 年),衍圣公孔弘泰以维修阙里孔庙余赀重修。正德二年(1507 年)改山长为国子监学录,秩正九品。六年(1511 年)书院大门被刘六、刘七农民起义军所毁,嘉靖二年(1523 年)重建大门并维修,天启七年(1627 年)再次大修。清顺治八年(1651 年)、十三年(1656 年)、康熙三十八年(1699 年)、雍正十二年(1734 年)多次维修。乾隆元年(1736 年)洙泗书院学录升秩为正八品,二十二年(1757 年)重修。其后道光二十九年(1849 年)、民国年间相继维修,1988 年全部大修,并重建外围墙。

书院南北全长 136 米,东西宽 99. 4 米,前有神道,南北长 193. 4 米,东西宽 34. 35 米,共占地约 29 亩。建筑分为三区,东区有更衣厅等建筑,西区有礼器库,后有神庖、神厨,中区前后两进院落,有大门、讲堂、大成殿、两庑等建筑。

洙泗书院坊　洙泗书院坊位于书院门前神道上,明嘉靖三年(1524 年)建,民国初年被大水冲倒,1996 年用旧坊额重建。

大门　三间,面阔 12. 09 米,进深 6. 91 米,明间辟门,单檐灰瓦悬山顶,五檩三柱分心式木架,檐下用一斗二升交麻叶斗栱,平身科每间两攒。

大成殿　五间,面阔 25. 8 米,进深 12. 15 米,单檐绿瓦悬山顶,高 10. 2 米,七檩前后廊式木架,前为廊。檐下用一斗二升交麻叶斗栱,平身科每间两攒,殿内奉祀孔子、四配、十二哲。

两庑　东西各三间,单檐灰瓦悬山顶,五檩抬梁式木架,前设廊,无斗栱。建筑面阔 12. 64 米,进深 7. 77 米。原来供奉孔子弟子牌位。

讲堂 三间,面阔 11.70 米,进深 6.52 米,五檩抬梁式木架,无斗栱,呈清代风格,单檐灰瓦悬山顶。明间南北辟门,稍间南面安窗,北面砌墙。明间前后石柱础浮雕莲瓣饱满,是元代遗物。

第三节 春秋书院

春秋书院位于曲阜城东南的息陬村内,在相传孔子作《春秋》的春秋台前。宋代就有祠庙塑像奉祀孔子,以本村集市交易税作为祭祀资金,以孔氏学官主祭。但春秋书院一名始见于清乾隆三十七年(1772 年)成书的《曲阜县志》。1934 年改办明德小学,后因年久失修,建筑全部倒塌,乾隆三十六年(1771 年)刻立的《孔了作春秋处》石碑也被当做基石砌入墙内,1987 年重立于原址。

第四节 石门书院

在曲阜城北的董家庄村内,原为奉祀孔子、老子、释迦牟尼的三教堂,清康熙三十六年(1697 年),衍圣公孔毓圻请求毁除三教堂,因董家庄靠近石门山遂将三教堂改称石门书院,以董家庄集市税收为祭祀费用,派四氏学教授或学录前往祭祀。现在建筑全部不存。

第四编　孔氏家族

第一章　历代优渥

从汉武帝罢黜百家、独尊儒术开始，孔子思想逐渐成为中国封建社会的指导思想，按照崇德报功的传统，历代王朝在不断追谥加封孔子的同时，也对孔子的后裔给予种种优渥。一方面对孔子的嫡长孙不断加封晋爵，一方面还恩及孔子的所有后裔，给予免差、轻粮、赐田、设学等优待。

第一节　嫡孙袭封

孔子后代的奉祀称号是从西汉后期开始的。孔子十三代孙孔霸曾为太子传授经书，太子即位后于初元元年（公元前48年）拜孔霸为太师，赐爵关内侯，封号褒成君，食邑八百户。后来元帝又屡次欲让孔霸为宰相，孔霸坚辞不就，于永光元年（公元前43年）请求以食邑奉祀孔子，元帝同意，就将孔霸之子孔福的户籍由长安迁回曲阜。其后子孙孔福、孔房、孔均代代世袭褒成君，主持孔子的祭祀。

元始元年（公元1年），平帝加封孔子十六代孙孔均为褒成侯，这是朝廷专为奉祀孔子给予的第一个封号。褒成侯比关内侯高一等，是汉代二十等爵位的最高一等，食邑两千户，子孙世袭。居摄二年（公元7年），王莽执政，推举孔均为太尉，孔均坚辞不就，返回故里，因此失去了世袭的爵位。

东汉复兴，建武十四年（公元38年），光武帝刘秀恢复了孔子后裔的封号，封孔子十七代孙孔志为褒成侯，食邑仍旧。和帝永元四年（公元92年）将孔子长孙爵位降为亭侯，食邑也减为一千户。《后汉书》、《文献通考》都认为改封为褒亭侯，其实都是错误的，从汉《乙瑛碑》和《史晨碑》看，孔子长孙的封号仍为褒成侯。

汉末社会动乱，孔子长孙失去了世袭爵位。曹丕代汉，黄初二年（公元221年）封二十一代孙孔羡为宗圣侯。晋代魏，泰始三年（公元267年）封二十二代孙孔震为奉圣亭侯。宋代晋，孔子长孙封爵仍旧，元嘉八年（公元431年）长孙因故被夺爵，十九年又封孔隐之为奉圣亭侯，二十二年孔隐之因为侄子孔熙先谋逆被夺爵，二十八年再封孔惠云为侯。陈代梁，光大元年（公元567年）封孔英哲为奉圣亭侯，南朝时期孔子子孙一直保持着奉圣亭侯的爵号。

北魏兴起后，曲阜成为北魏的领地，虽然是少数民族政权，但统治者也懂得崇儒重道，祭祀孔子，加封孔子子孙。延兴三年（公元473年），封二十七代孙孔乘为崇圣大夫，太和十九年（公元495年）改封二十八代孙孔灵珍为崇圣侯。北齐天保元年（公元550年），封三十一代孙孔长孙为恭圣侯。北周大象二年（公元580年），追封孔子为邹国公，命立后承袭，子孙的封号随之改为邹国公。

隋统一全国，大业四年（公元608年），封三十二代孙孔嗣悊为绍圣侯。唐朝建立，武德九年（公元626年），封三十三代孙孔德伦为褒圣侯，开元二十七年（公元739年）晋封三十五代孙孔璲之为文宣公。唐末动乱，孔子长孙失去了封号。孔府奴仆孔末见有机可乘，于后梁乾化三年（公元913年）杀害了四十二代长孙孔光嗣，取而代之当上了泗水县令，并追杀孔光嗣之子孔仁玉，刚满九个月的孔仁玉被外祖父用自己的孙子顶替而幸存下来。后唐长兴元年(公元930年),经孔氏族人奏明,朝廷诛杀孔末并以孔仁玉主祀,三年,续封孔仁玉为文宣公。

宋朝建立,太平兴国三年(公元978年)续封四十四代孙孔宜为文宣公。至和二年(公元1055年),改封四十六代孙孔宗愿为衍圣公,元祐元年(公元1086年),改封四十七代孙孔若蒙为奉圣公。崇宁三年(公元1104年),复改四十八代孙孔端友为衍圣公。

建炎二年(公元1128年),金兵占领曲阜,四十八代衍圣公孔端友追随宋朝皇帝南渡,女真人在北方设立伪齐傀儡政权,伪齐阜昌二年(宋绍兴元年,1131年),伪齐刘豫封孔端友之侄孔璠为衍圣公。伪齐被废后,金天眷三年(1140年),封孔璠为衍圣公,因孔璠已经去世,改封孔璠之子孔拯。

蒙古兴起后,金代五十一代衍圣公孔元措被召往首都。蒙古占领曲阜,封孔元用为衍圣公。此时中国东部有三个政权,每个政权都有一个衍圣公。

蒙古太宗五年(1233年),攻下汴都,金朝灭亡,取得金朝衍圣公孔元措,仍以孔元措为衍圣公,将原封的衍圣公孔之全(孔元用之子)改封为世袭曲阜县尹。孔元措无子,以其弟弟的孙子孔浈为嗣。孔浈为庶出,幼年时母亲被嫡母赶出,孔浈随母改嫁驱口(奴隶)李氏,户籍名为李纸糊头,宪宗元年(1251年)袭封,整日游猎,不认真奉祀。孔之全之子孔治率领族人攻讦孔浈不是孔子后裔,次年孔浈就被罢免。至元十六年(1279年),元灭南宋,取得南宋所封五十三代衍圣公孔洙,至元十九年(1282年),元世祖忽必烈亲自召见孔洙,孔洙愿守浙江先人陵墓,不愿北归,愿将爵位让给北宗,忽必烈赞叹说“宁违荣而不违亲,真圣人后也”,任命孔洙为国子监祭酒、提举浙东学校事,赐给护持衢州林庙玺书,但没有续封衍圣公。南宗与北宗并立了百余年,文献记载以南宗让位给北宗圆满解决了，其实那时北宗并没有衍圣公，忽必烈不愿封南宗为衍圣公，就如同他不愿承认南宋政权为中国正统一样。十三年后，北宗在中断了四十三年后才又有了衍圣公。元贞元年（1295 年），密州知州孔治入京，有大臣以其祖父孔元用没于王事、代理祀事三十余年为由建议成宗续封孔治为衍圣公。延祐三年（1316 年），孔氏族人以孔思诚（孔治之子）并非孔子长孙为由要求改封孔思晦，元仁宗于是改封孔思晦为衍圣公。

明朝开国当年，朱元璋就让刚刚攻占济宁的徐达通知孔克坚到南京觐见，孔克坚以病推辞，派儿子、在任衍圣公孔希学赴南京，朱元璋非常恼火，亲书诏书给孔克坚："尔祖宗垂宪万世，子孙宾职王家，代有崇荣，非独今日。吾奉天命安中国，虽起庶民，然古人由民而称帝者汉之高祖是也。闻尔辞疾，未知实否，若无疾称疾以慢吾国不可也，谕至思之。"孔克坚接到诏书，日夜兼程赶到南京觐见。朱元璋对其极力笼络，十一月十四日在谨身殿召见，开口就说："老秀才，进前来，你多少年纪也？"孔克坚回答后，朱元璋接着说："我看你是有福快活的人，不委付你勾当。你常常写书与你的孩儿。我看资质也温厚，是成家的人。你祖宗留下三纲五常垂宪万世的好法度，你家里不读书是不守你祖宗法度，如何中？你老也常写书教育者，休怠惰了，于我朝代里你家里再出一个好人好不好？"同时封孔希学为衍圣公。

顺治元年（1644 年），清兵入关，山东巡抚方大猷上书朝廷说："孔子为万世道统之宗，本朝开国之初，一代纲常培植于此。"建议尊崇孔子，恢复孔子长孙的一切特权，"可卜国脉灵长，人文蔚起"。清廷接受方大猷的建议，全盘承认孔氏家族在明代的一切特权，并封六十五代孙孔胤植为衍圣公。

辛亥革命推翻了清王朝，1913 年，南京新政府发布大总统令，"所有衍圣公暨配祀圣贤后裔膺受前代荣典祀典均仍其旧”，并给予衍圣公孔令贻一等大绶宝光嘉禾章，次年，又根据大总统令制定“崇圣典例”十八条，继续给予孔氏家族各种优待。衍圣公这种封建爵位在共和体制下已经不合适了，1935 年，将七十七代孙孔德成改封为大成至圣先师奉祀官，并给予特任官待遇。

长孙承袭表

代次	名	字	号	生卒时间	封号	受封时间	备注
2 代	鲤	伯鱼		公元前 532—前 483	泗水侯	宋崇宁元年(1102 年)	追封
3 代	伋	子思		公元前 483—前 402	沂水侯 沂国述圣公	宋崇宁元年(1102 年) 元明宗至顺元年(1330 年)	追封 追封
4 代	白	子上		享年 47 岁			齐威王两召为相，不受
5 代	求	子家		享年 45 岁			楚王召，不赴
6 代	箕	子京		享年 46 岁			为魏相
7 代	穿	子高		享年 51 岁			楚魏赵三国交聘，皆不就
8 代	谦	子顺		享年 57 岁			为魏安僖王相
9 代	腾	子襄		享年 57 岁			汉惠帝时官博士，长沙太守
10 代	忠	子贞		享年 57 岁			汉文帝时官博士
11 代	武	子威					汉文帝时官博士
12 代	延年			享年 71 岁			博士，转太傅
13 代	霸	次孺		享年 72 岁	褒成君	西汉永光元年(公元前 43 年)	以官拜太师，爵关内侯，食邑八百户。请以食邑奉祀孔子

续表

代次	名	字	号	生卒时间	封号	受封时间	备注
14代	福			享年73岁	关内侯	西汉绥和元年(公元前8年)	
15代	房				关内侯	西汉建平二年(公元前5年)	
16代	均	长平		享年81岁	褒成侯	西汉元始元年(公元1年)	食邑两千户。王莽时辞官失爵
17代	志				褒成侯	东汉建武十四年(公元38年)	
18代	损	君益			褒成侯	东汉永平十五年(公元72年)	永元四年改亭侯,食邑一千户
19代	曜	君曜			褒成侯	东汉延光三年(公元124年)	
20代	完				褒亭侯	东汉建宁二年(公元169年)	
21代	羡	子余			宗圣侯	魏黄初二年(公元221年)	食邑一百户,孔完弟之子
22代	震	伯起		享年75岁	奉圣亭侯	西晋泰始三年(公元267年)	食邑二百户
23代	嶷	成功		享年57岁	奉圣亭侯	东晋太宁三年(公元325年)	孔嶷一作孔亭
24代	抚				奉圣亭侯	东晋	《家谱》记,史书未载
25代	懿			享年61岁	奉圣亭侯	东晋	《家谱》记,史书未载
26代	鲜	鲜之			奉圣亭侯	宋元嘉十九年(公元442年)	因兄子熙先谋反,元嘉二十二年夺爵
27代	乘	敬山			崇圣大夫	北魏延兴三年(公元473年)	食邑五百户,并给十户供洒扫
28代	灵珍			享年58岁	崇圣侯	北魏太和十九年(公元495年)	食邑一百户

续表

代次	名	字	号	生卒时间	封　号	受封时间	备　注
29 代	文泰			享年 59 岁	崇圣侯		《家谱》记，史书未载
30 代	渠				崇圣侯		《家谱》记，史书未载
31 代	长孙			享年 64 岁	崇圣侯 邹国公	北齐天保元年（公元 550 年） 北周大象二年（公元 580 年）	食邑一百户
32 代	嗣悊			享年 70 岁	绍圣侯	隋大业四年（公元 608 年）	食邑一百户
33 代	德伦			享年 71 岁	褒圣侯	唐武德九年（公元 626 年）	朝会位同三品
34 代	崇基			享年 56 岁	褒圣侯	武周证圣元年（公元 695 年）	授朝散大夫
35 代	璲之	藏晖			褒圣侯 文宣公	唐开元五年（公元 717 年） 唐开元二十七年（公元 739 年）	国子四门博士，阶通直郎，兼兖州长史
36 代	萱				文宣公	唐上元二年（公元 761 年）	兼兖州泗水令
37 代	齐卿				文宣公	唐建中三年（公元 782 年）	授兖州功曹，转青州司兵参军
38 代	惟晊			享年 65 岁	文宣公	唐元和十三年（公元 818 年）	授兖州参军
39 代	策			享年 57 岁	文宣公	唐会昌二年（公元 842 年）	会昌元年曾迁尚书博士
40 代	振	国文		享年 74 岁	文宣公	唐咸通四年（公元 863 年）	状元，曾官监察御史、员外郎
41 代	昭俭			享年 61 岁	文宣公	唐	兼曲阜令
42 代	光嗣	斋郎		公元 872—913	泗水主簿	唐天祐二年（公元 905 年）	后梁乾化三年为孔末所杀

续表

代次	名	字	号	生卒时间	封号	受封时间	备注
43代	仁玉	温如		公元912—956	文宣公	后唐长兴三年（公元932年）	后周广顺二年赐五品服
44代	宜	不疑		享年46岁	文宣公	宋太平兴国三年（公元978年）	授太子右赞善大夫，迁殿中丞
45代	延世	茂先		享年38岁	文宣公	宋至道三年(公元997年)	
46代	圣佑			公元997—1026	文宣公	宋天禧五年（1021年）	光禄寺丞，知仙源县事
	宗愿				文宣公 衍圣公	宋宝元二年(1039年) 宋至和二年(1055年)	国子监主簿，仙源知县，孔圣佑从弟
47代	若蒙	公明			衍圣公	宋熙宁元年（1068年）	元符元年坐事废，弟若虚袭
	若虚	公实			奉圣公	宋元符元年(1098年)	
48代	端友	子交			衍圣公	宋崇宁三年（1104年）	建炎二年南迁，寓居浙江衢州
49代 南	玠	锡老			衍圣公	宋绍兴二年（1132年）	端友弟端操子，南宗
49代 北	璠	文老		1103—1140	衍圣公	伪齐阜昌四年（1133年）	端操子。金天眷三年封，先卒
50代 南	搢	季绅			衍圣公	宋绍兴二十四年(1154年)	
50代 北	拯	元济		1136—1161	衍圣公	金皇统二年(1142年)	
	揔	元会		1138—1190	衍圣公	金大定三年(1163年)	孔拯之弟
51代 南	文远	绍先			衍圣公	宋绍熙四年(1193年)	
51代 北	元措	梦得		1181—1245	衍圣公	金明昌二年(1191年) 蒙古太宗五年(1233)年	视四品，实八品，后晋中议大夫，从五品上
	元用	俊卿		？—1227	衍圣公	宋宝庆元年（1225年）	元措赴汴，元用代理。宋封？

续表

代次		名	字	号	生卒时间	封号	受封时间	备注
52代	南	万春	耆年			衍圣公	宋宝庆二年(1226年)	
	北	之全	工叔			衍圣公	元太祖二十一年(1226年)	蒙古太宗五年免,袭曲阜县令
53代	南	洙	景清			衍圣公	宋绍定四年(1231年)	元至元十九年免,授国子祭酒
	北	浈	昭度			衍圣公	元宪宗元年(1251年)	次年因游猎罢。元措弟之孙。
		治	世安			衍圣公	元元贞元年(1295年)	元用之孙,之全之子
54代		思诚				衍圣公	元	延祐三年因支庶罢
		思晦	明道		1267—1333	衍圣公	元延祐三年(1316年)	思晦是宗愿三子孔若愚之后
55代		克坚	璟夫		1316—1370	衍圣公	元顺帝至元六年(1340年)	中奉大夫,从二品。礼部尚书
56代		希学	士行		1335—1381	衍圣公 衍圣公	元至正十五年(1355年) 明洪武元年(1368年)	令朝会,位班上相后
57代		讷	言伯		1358—1400	衍圣公	明洪武十七年(1384年)	令朝会,班文臣首
58代		公鉴	昭文		1380—1402	衍圣公	明建文二年(1400年)	
59代		彦缙	朝绅		1401—1455	衍圣公	明永乐八年(1410年)	赐诰、服饰视一品
60代		承庆	永祚		1429—1450	衍圣公	明景泰六年(1455年)	赠衍圣公
61代		弘绪	以敬	南溪	1448—1504	衍圣公	明景泰元年(1450年)	成化五年因宫室逾制夺爵
		弘泰	以和		1450—1503	衍圣公	明成化五年(1469年)	弘绪弟
62代		闻韶	知德	成庵	1482—1546	衍圣公	明弘治十六年(1503年)	弘绪子

续表

代次	名	字	号	生卒时间	封号	受封时间	备注
63代	贞干	用济	可亭	1519—1556	衍圣公	明嘉靖二十五年(1546年)	
64代	尚贤	象之	龙宇	1544—1621	衍圣公	明嘉靖三十五年(1556年)	二子早卒，以从弟尚坦子袭
65代	胤植	懋甲	对寰	1592—1647	衍圣公	明天启元年(1621年)	天启七年加太子太保，明崇祯三年晋太子太傅
66代	兴燮	起吕	辅垣	1636—1667	衍圣公	清顺治五年(1648年)	七年晋太子少保，八年晋少保兼太子太保，十三年晋光禄大夫
67代	毓圻	钟在	兰堂	1657—1723	衍圣公	清康熙六年(1667年)	十四年晋太子少师
68代	传铎	振路	牖民	1673—1735	衍圣公	清雍正元年(1723年)	
69代	继濩	体和	纯斋	1697—1719	衍圣公	清雍正十三年(1735年)	赠衍圣公
70代	广棨	京立	石门	1713—1743	衍圣公	清雍正九年(1731年)	
71代	昭焕	显文	尧峰	1735—1782	衍圣公	清乾隆九年(1744年)	
72代	宪培	养元	笃斋	1756—1793	衍圣公	乾隆四十八年(1783年)	原名宪允，乾隆帝时更名为宪培
73代	庆镕	陶甫	冶山	1787—1841	衍圣公	乾隆五十九年(1794年)	孔庆镕系孔宪培弟宪增之子
74代	繁灏	文渊	伯海	1806—1862	衍圣公	道光二十一年(1841年)	
75代	祥珂	观堂		1848—1876	衍圣公	清同治二年(1863年)	
76代	令贻	燕庭		1872—1919	衍圣公 衍圣公 衍圣公	清光绪三年(1877年) 民国二年(1913年) 伪洪宪元年(1916年)	加郡王衔
77代	德成	达生		1920—2008	衍圣公 大成至圣先师奉祀官	1920年 1935年	特任官待遇位

第二节 长孙优待

历代政权不仅不断提高孔子长孙的爵位,而且还不断给予各种优待。

长孙的社会地位经历一个由高到低再到逐渐升高的过程。汉代初封的褒成侯是当时爵位的最高一等,东汉时改为亭侯,食邑由两千户降为一千户,到汉末逐渐降为一百户。三国和南朝孔子长孙爵高位低,魏国宗圣侯爵第十八级,南朝的奉圣亭侯在宋为秩第五品,陈为第八品,秩视千石。北朝品秩有所提高,北魏崇圣大夫为秩从五品中,崇圣侯为秩从二品,北齐恭圣侯为秩第三品。唐贞观时命褒圣侯朝会位同三品,神龙元年(公元 705 年),授朝散大夫,秩从五品下,升为文宣公后,上元二年(公元 761 年),命朝会位二品文官下,后周广顺二年(公元 952 年),赐五品官服,实际品秩不高。宋改衍圣公后,许兼任地方官或京官,可以任满考绩就任关升。改奉圣公时,授承奉郎,秩从八品上,可三年考绩升转,但最高的四十八代衍圣公孔端友也只做到知州,品秩很低。金以后,衍圣公品秩逐步提高。皇统二年(1142 年),授文林郎,秩正八品,明昌二年(1191 年),晋阶中议大夫,秩从五品上。蒙古太祖二十年(1225 年),给四品银印,元泰定四年(1327 年),升嘉议大夫,秩三品,至正八年(1348 年),晋中奉大夫,秩从二品,改给二品银印。明洪武元年(1368 年)"先圣后特优礼之,养以禄而不任以事",令衍圣公不再兼职,专主孔子祀事,授资善大夫,秩正二品。洪武十七年赐诰以织文玉轴,与一品相同,废除丞相后,衍圣公朝会班列文臣之首,文东武西,文臣之首其实就是百官之首。正统三年(1438 年)改赐衍圣公三台银印、玉带、织金麒麟衣。天启七年(1627 年)加六十五代衍圣公太子太保衔,崇祯三年(1630

年)晋太子太傅。清代相沿,顺治元年(1644 年),命衍圣公班列内阁大臣之上,五年给十二岁的六十六代衍圣公加太子少保,八年晋少保兼太子太保,十五岁的衍圣公既是皇帝的老师也是太子的老师,康熙十四年(1675 年)晋衍圣公为太子少师。民国时期,衍圣公爵位仍旧,袁世凯复辟时曾加衍圣公郡王衔。改为奉祀官后,特任官待遇,十四次等,都是文官的最高一等。

长孙的俸禄,宋代以前主要采用食邑制。汉代褒成侯初为两千户,亭侯降为一千户,汉末降至一百户,魏国宗圣侯也为一百户,晋奉圣亭侯增为二百户,北魏崇圣大夫再增为五百户,其后的崇圣侯、恭圣侯、绍圣侯、褒圣侯、文宣公食邑都是一百户。宋、金时取消食邑制,改为依品秩和兼职给禄。元代给月俸,大德四年(1300 年),依四品官给月俸中统钞二锭,延祐三年(1316 年)增至五百缗。明洪武元年(1368 年),赐给祭田两千大顷(约四万公顷),土地收入主要供祭祀使用,剩余部分就是衍圣公俸禄,国家不再单发,洪武八年曾按照品官给予节钱,冬至七贯二百文,正旦十二贯,元宵节四贯八百文。清代相沿,不再发给俸禄。民国三年又单给俸禄,每年给俸银两千元。

从明代开始,对衍圣公家族的优待达到顶峰。衍圣公经常到北京朝见皇帝,皇帝就赐宅赐地供衍圣公在京时使用。永乐二十二年,新即位的仁宗对侍臣说:“外蕃贡使皆有公馆,衍圣公假馆民间,非崇儒重道意。”于是赐给东安门外一所宅第,天顺元年(1457 年),因为原来宅第太小,改赐给一所更大的宅第。为方便衍圣公在京的生活,皇帝还赐给京郊汤沐地,其收入供衍圣公在京时使用。万历七年(1579 年),皇帝上朝时看到衍圣公在朝臣队伍中行礼,就对衍圣公孔尚贤说:“文武官员原为承旨奏事,衍圣公不在文武百官之列,朕以宾礼待之。今后不必常朝,只以万寿入贺,事毕辞回,永为定例。”

衍圣公生有荣典,死有哀荣。死后工部给价造坟,夫妇死后皇帝都有派员致祭。长子十五岁就可以用二品官员服饰,次子十五岁就可以承袭世袭翰林院五经博士,主持邹县中庸书院祭祀子思,三子十五岁就可以承袭太常寺博士,主持汶上圣泽书院祭祀孔子。此二博士随每一代衍圣公递为更授。

第三节 族人优待

历代封建王朝不仅优待孔子的长孙,而且还将优待扩大到所有的孔子子孙。历代对孔子后裔的优待主要有免除徭役、轻粮、兴办学校和科举出仕四个方面。

从汉代起,国家就免除孔子长孙的徭役,明代时将免除徭役扩大到孔氏全族,不论孔子的后裔迁居到什么地方,只要孔氏家谱有名,就可以享受国家的优待。流寓外地的族人由于交通不便,续修孔子世家谱时许多族人因为联系不到而造成遗漏,外地族人可以自己编修本支的族谱,拿到曲阜经衍圣公府审查后加盖衍圣公官印,各地政府只要见到衍圣公的官印即给予免除徭役的优待。

在明朝初年,孔氏家族享受免差免粮的优待。洪武元年(1368 年),明太祖曾亲下圣旨,“孔氏子孙皆免差发、税粮,有司依例科征”,免去孔氏子孙对国家应该负担的交粮当差义务。洪武三年,皇帝又下了一道圣旨:“孔祭酒在前曾说:‘多有同姓的指着先圣宗派都来曲阜四散居住,中间多有不知礼仪,相聚日久,恐相连累。’今后除先圣这一派休教他当差,其余假托孔子子孙分拣出来,与百姓一体当差。”后来逐渐演变为全国孔氏子孙都不当差,只曲阜孔氏子孙享受轻粮待遇,曲阜孔子后裔的土地可以少交 10% 的地租。

孔氏家族兴办学校具有悠久的历史，孔子死后，子弟互为师友，这就是著名的孔氏家学。三国魏黄初二年（公元221年），魏文帝曹丕下令在孔子庙外广建学舍，国家开始介入孔氏的家学。宋大中祥符二年（1009年），国家为建造学校，乾兴元年（1022年）国家为设置老师。元祐元年（1086年），赐给国子监一部经史全书，并在孔子庙东南建造学校，设置一名教授，按照州学学正之例优先供给，教育孔氏子孙。四年，又增设学录一员。孔氏子孙的家学逐渐演变成了官学。元代增加颜子和孟子的后代改称为孔颜孟三氏子孙学校。明代增加曾子后裔改称孔颜曾孟四氏子孙学校，设置教授和学录，国家拨给部分办学经费，清代教授、学录薪俸等也由国家拨给。

从宋代开始国家还拨给学田。宋元祐八年赐给学田二十小顷，其后元明清代代继续拨给土地，连同官员捐赠，到清康熙年间共有学田24700多亩。学田除满足学校日常开支外，剩余部分还用于资助贫穷学生。

科举优待主要表现在三个方面：一是学校像国立官学一样设立学生名额，二是在科举考试时给予优待，三是特殊的恩贡。学校设立名额始于金代，金章宗规定曲阜孔子庙附近居住的十三岁以上的孔氏子弟都可以入学学习，享受府学学生的待遇，庙学虽然不设学生名额，但是规定经府试合格和终场免试可以参加会试的人员不超过20人。当时国家规定的在校学生总数只有2755人，可以参加会试的大约只有760人，最高级别的京府学每次参加会试的名额也不到15人，而孔氏庙学可以不超过20人，就这一点可以说是全国最大的学校。明代开始将学校秀才名额确定为40人，相当于府级学校的规模，府以上不设学校，府学其实就是最高的国立学校。科举优待还有两个方面：一是像府学一样，每年可以推荐一名贡生，贡生在国子监学习后可以直接出仕做官，也可以参加科举考试考取举人、进士然后出仕做官；二是山东乡试单独为孔子后裔设立举人名额。明天启元年(1621 年)规定，山东乡试考取举人时，将孔氏生员单编耳字号，如果没有孔氏族人考中，就将孔氏生员的试卷当堂公阅，选中二人中举，孔氏的两名举人在山东省的正额之外，而那时山东全省的举人名额只有 70 名，全国也只有 1185 名。雍正二年又增加一名，使四氏学的举人名额达到三名。顺治十四年虽然改为颜曾孟三氏子弟也可应选，但是四氏学生主要是孔氏族人，所以选中的举人也主要是孔氏族人。除文生外，康熙四年还设置武生名额，每遇岁考考取 15 名。恩贡始于明天启四年(1624 年)，皇帝祭祀孔子，要衍圣公率领四氏族人进京观礼，凡是进京观礼的生员、监生、奉祀生都以恩例准做贡生，每次贡生名额都比较多，孔氏一般都是七名。

第二章　子　孙

孔子后裔早期依庙居住，汉代时有子孙因为为官开始外迁，汉末开始，族人因为做官、避乱等原因陆续外迁，现在孔子后裔已经遍及全国各地，并有一些族人移居朝鲜、日本、越南、缅甸、泰国、马来西亚、新加坡、印度尼西亚、菲律宾、澳大利亚、新西兰、美国、加拿大、法国、瑞士等二十多个国家。

第一节　家族繁衍

孔子以后子孙八代单传，人丁稀少。汉代时由于国家的优待，子孙繁衍很快，《后汉书·孔昱传》说："自霸至昱爵位相系，其卿相牧守五十三人，列侯七人。"长孙一支从十三代孙孔霸到二十代孔昱八代人中就有五十三人官至卿相牧守，七人封为侯爵，但是家谱记载其间只有四十八人，可见家谱遗漏是很多的。从家谱结合历史来看，孔子后裔随着社会的治乱而兴衰。兴于东汉，衰于汉末；复兴于晋，再衰于南北朝；再兴于唐，复危于五代；重兴于宋，再衰于金元；明清改朝换代的方式相对不算激烈，裔孙受到的影响不是很大。清代时期裔族繁衍较快，六十户族人，康熙二十三年（1684 年）修谱时有丁仅万人，乾隆九年（1744 年）重修家谱，族人已达两万多，咸丰年间已经"丁满四万"。1949 年，曲阜孔氏族人约六万,1978 年发展到十万,1978 年开始实行计划生育,增加速度减缓。现在曲阜有孔氏族人约十三万人,占全市人口的五分之一略多。

孔姓的源头有子姓、姜姓、姞姓、姬姓、妫姓、满族改姓和奴仆改姓。子姓也就是孔子后裔,是孔姓的主体,姜姓、姞姓、姬姓、妫姓现在几乎未见,能够见到的有满洲八旗温屯氏和温都氏改姓的孔和奴仆随主人改姓的孔,前者主要在东北,后者主要在曲阜一带,曲阜一带的称作外孔。非子姓孔很少,据人口统计,现在全国有孔姓人口 349 万人,非子姓孔大概连 9 万都不到,孔子后裔大约有 340 万人。孔子后裔绝大多数是汉族,也有一小部分长期与少数民族杂居的孔氏族人被划成了少数民族,如青海有的族人划成了藏族,云南红河一带有的族人被划成了彝族,内蒙及东北有的族人被划成了蒙古族。

孔氏家族族大人众,内部管理还是很科学的,迁居外地的称作派和支,一律都是以地名为名。居住在曲阜附近的宋代时分作五位,元代再分为二十派,明初细分为六十户。现在曲阜一带主要是六十户族人,但是从明代中期开始,六十户族人也纷纷外迁。

五位　孔仁玉有四子九孙十一位曾孙。长子宜有三子,长子延世传一世绝,三子延渥无后,次子延泽之子宗愿接堂兄圣佑袭封文宣公,至和二年(1055 年)改衍圣公,子孙称作袭封位。次子宪、三子冕都是传两世而绝。四子勖有五子,长子道辅有二子,长子舜良曾官中散大夫,子孙称作中散位,次子宗翰曾官刑部侍郎,子孙称作侍郎位。勖次子良辅有二子,长子宗寿曾官太子中舍,子孙称作中舍位。勖三子彦辅的次子宗㲉曾官国子监博士,子孙被称作博士位。

二十派　派以五十三代孙分,孔仁玉十一代孙除去外迁曲阜的还有八十八人,但是只有二十人有后代,所以就分作二十派。其中袭封位传一至六派，即孔浣、孔沂、孔瀳、孔治、孔澄、孔济的各自子孙；中散位传七至九派，即孔淙、孔泴、孔演的各自子孙；侍郎位传十至十二三派，即孔淑、孔泗、孔滨的各自子孙；中舍位传十三派，即孔滋的子孙；博士位传十四至二十七派，即孔浩、孔淋、孔滃、孔洵、孔汭、孔泾、孔灊的各自子孙。

六十户图：六十户分户不统一，有的是从五十三代分，有的从五十五代分，有的从五十六代分，还有的从五十七代分。详见下表。

各户人口悬殊很大，1937 年家谱记载，大宗户共有人丁 13307 人，时存 6042 人，而文献户共有人丁 369 人，时存仅有 94 人。

六十户图

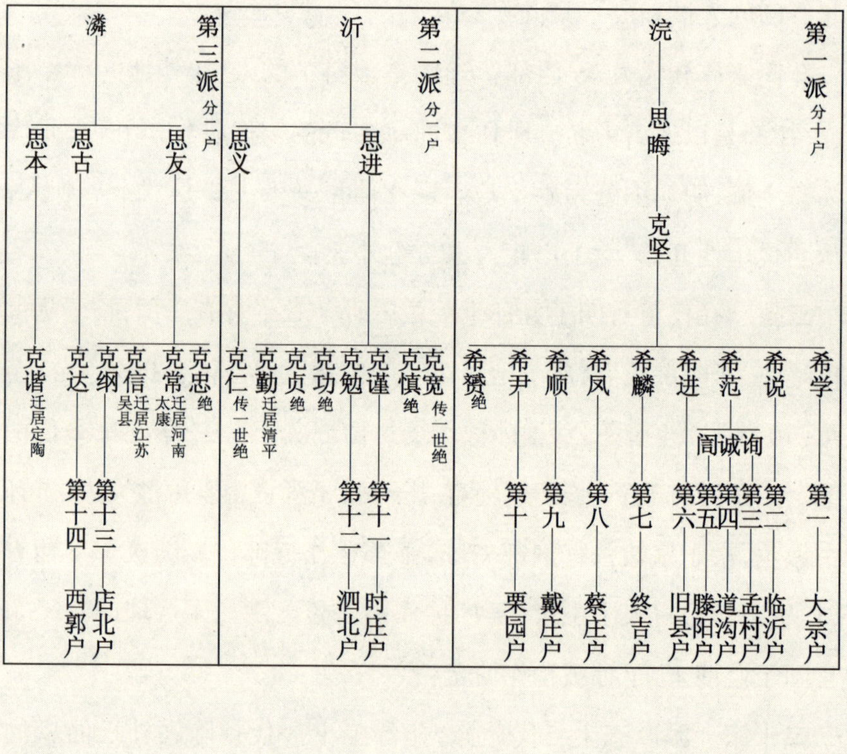

第四派

治—思诚—克钦、克纯（绝）、克容（绝）

克钦—希大、希章

诗—第十五—仙源户

诰—第十六—泉南户

讵—第十七—齐王户

词—第十八—盛果户

第五派

澄—思忠、思恭、思谦（传一世绝）、思正（传一世绝）、思仁（传一世绝）、思履、思循（传一世绝）、思智（传一世绝）

思忠—克善（迁广西灌阳）

思恭—克清（迁居城武）

思履—克伸、克静（绝）、克恪（绝）

克伸—希祚、希武、希绪

希祚—第十九—苗孔户

希武—第二十—文献户

希绪—第二十一—沂北户

第六派

济—思凯、思庸、思直、思元（传一世绝）、思贤（迁居寿光）、思善（传一世绝）

思凯—克义、克迁（绝）

思庸—克礼（迁居平阴）

思直—克允

希皋—第二十二—舋门户

希岩—第二十三—石村户

希云—第二十四—鲁贤户

希显—第二十五—沂阳户

第七派

淙—思蹈（传一世绝）、思静、思德（绝）、思敬（传二世绝）

思静—克谅、克敏（绝）

克谅—希英—诲、谌

诲—第二十六—孔村户

谌—第二十七—王堂户

第八派

湴—思顺（传一世绝）、思从

思从—克久—第二十八—小庄户

第九派

演—思睿—克逸、克温（传一世绝）、克全、克学（绝）

克全—希文（迁居安徽舒城合肥）、希泰

希泰—第二十九—宫端户

第十派

淑—思遵、思通（传二世绝）、思逮（传二世绝）、思迪、思永、思礼、思立（绝）

思遵—克绍、克修（迁居河北枣强恩县）、克刚（绝）

克绍—希祖（迁居肥城）、希武（绝）、希圣（迁居冠县荷泽浮山）、希先、希贤（绝）、希颜（绝）

希先—第三十—华店户

思迪—克昌、克光（绝）

克昌—希毅、希彧

希毅—第三十一—古城户

希彧—许、谕、言

许—第三十二—冈山户

谕—第三十三—鲁城户

言—第三十四—孔屯户

思永—克庄（迁居河北晋县）、克方（迁居河南考城）

思礼—克康、克振

克康—第三十五—西城户

克振—第三十六—旧城户

第十一派

泗—思福、思盛、思盎（同迁居长清）

思福—克先—第三十七—吕官户

第十二派

滨—思范、思政、思常（绝）

思范—克砥—第三十八—林前户

思政—克渊、克一、克中

克渊—第三十九—防西户

克一—第四十—林门户

克中—第四十一—官庄户

第十三派

滋—思文（绝）、思忍（绝）、思庄

思庄—克虑—第四十二—大薛户

第十四派

浩
- 思明 传一世绝
- 思讷 — 克诚 迁居河南济源
- 思用 — 克珪 — 第四十三 — 广文户
- 思宾 绝

第十五派

淋
- 思则 传一世绝
- 思举 — 第四十四 — 小薛户

第十六派

瀹
- 思宣 — 克懋
  - 希儒 — 第四十五 — 陶乐户
  - 希韶 — 第四十六 — 北公户
- 思盛 绝

第十七派

洵
- 思权 — 克清
  - 希翥 — 第四十七 — 纸坊户
  - 希翀 绝
  - 希铎 — 第四十八 — 董庄户
- 思衍 — 克庄
  - 希从 — 第四十九 — 防上户
  - 希让 — 第五十 — 高庄户
  - 希干 — 第五十一 — 南宫户
  - 希善 — 第五十二 — 星村户
  - 希恒 — 第五十三 — 古柳户
  - 希豫 — 第五十四 — 吴孙户
  - 希节 — 第五十五 — 东村户
  - 希济 — 第五十六 — 磨庄户

第十八派

汭 — 第五十七 — 张曲户

第十九派

泾 — 第五十八 — 息陬户

第十二派

赣 — 思度
- 克佐 — 第五十九 — 西林户
- 克弼 — 第六十 — 林西户

第二节 外迁子孙

子孙移居从汉末开始，二十二代孙孔衍迁居会稽。西晋末许多族人南迁，而且多为名人，史书多有传记，由于宋以前家谱只收长孙，所以这批族人大多失传。家谱记载的三十五代孙孔贤迁居河南宁陵，子孙形成宁陵派；孔立言移居河北献县，子孙形成献县派；三十六代孔至移居河南鲁山，子孙形成鲁山派；三十八代孔惟时移居河南郏县，子孙形成郏县派，孔瑛移居湖南浏阳，子孙形成浏阳派；三十七代孔温宪移居湖南桂东，子孙形成桂东支；四十代孔绚移居江苏丹阳，子孙形成丹阳派，孔绩移居江西临江，子孙形成临江派；四十一代孔昌弼移居岭南，子孙形成岭南派；四十二代孔桧移居浙江平阳，子孙形成平阳派。四十三代以后子孙继续外迁，四十八代衍圣公孔端友南渡家于浙江衢州，子孙形成南宗派，同时南渡的四十七代孙孔若古子孙形成衢州派，其他还有山东牟平派、浙江慈溪派以及江西新建、四川阆中、浙江温岭、河南太康、江苏吴县、福建闽县、河北枣强、广西灌阳等共计三十四个支派。六十户族人从明代开始就不断外迁，但是家谱并没有将他们分列，仍然列在各户之内。如大宗户就有族人移居黑龙江阿城、内蒙古赤峰、江苏邳县和山东郓城，吕官户族人远迁四川潾水、云南富民、贵州毕节。除上述之外，民国续修家谱时，还收录了上代失续已经难以接续的七十七支。

各派人口差别也很大，最大的衢州派1937年修谱时共有人丁41060人，现存11346人，最小的南宗派总共只有57人，现存21人。

第三节　海外子孙

早在唐末中国人就已经南下，蒙古军队远征爪哇，明初郑和下西洋，清中期开放海禁，20 世纪远走欧美，中国人逐渐遍及全世界，孔子后裔随着中国人的外迁也逐渐遍及世界各地。

蒙古太宗三年（1231 年），蒙古军队攻占高丽，经过三十多年的六次战争终于使其臣服。为了控制高丽王室，蒙古也采用联姻手段，将宗室之女下嫁高丽国王。元至正九年（1349 年），将封国在济宁的鲁王之女宝塔失里加号承懿公主下嫁给在中国为人质的高丽忠肃王之子王颛，次年将王颛送回高丽任国王，史称恭愍王。王颛回国时，承懿公主带孔昭、皇甫荣随行，至高丽后二人都被选入国学，史称八学士。

孔昭（1304—1381），据韩国孔氏家谱说是孔子五十四代孙，孔浣之子，衍圣公孔思晦之弟，但中国孔氏家谱却无此人。从取名没有辈字看，不应是从曲阜外迁的，那时曲阜族人已经实行统一的辈字。孔昭到高丽后，为避光宗的名讳改名为绍，字虞卿。在高丽官至门下侍郎同平章事，即宰相，先后封桧原君、昌原伯。他初家水原，死后葬在昌原。儿子孔帑（1329—1397）官至集贤殿大学士同平章事，长孙孔俯官至判尹，次孙孔隐（1348—1403）官至门下侍郎同平章事，父子都官至宰相。李成桂发动宫廷政变，建立朝鲜王朝，兄弟二人都隐居不仕，孔隐因此被谪居顺天，很受时人推崇，孔俯被推为八清之首，孔隐被推为九逸之首。曾孙四人，孔逵曾出使日本，孔晖官至汉城判尹，孔臣肱官至神护卫大将军，孔臣肘官至保胜中郎将，玄孙孔畂官至成均馆司成兼两馆大提学，后代更是名人辈出，成为朝鲜望族。

朝鲜孔氏因为始祖孔昭被封为昌原伯，子孙因此以昌原为籍贯。正宗十六年(1792年),国王考求孔氏族谱后,命其以曲阜为籍贯,以示不忘祖先。朝鲜王朝推崇儒学,对孔氏子孙格外优待,读书者录名学校,序齿分任,各别任用,一般百姓免除军校等杂役,沦为奴隶者一律恢复平民身份,甚至犯罪者也永除杖囚之例,并仿造中国之制,给予两支后裔世爵,“东来之孔当以故都宪孔瑞麟派为正,都宪派之显族,亦当以参奉特除后不仕之孔德一派为副”,“此两派支裔中世世录仕以仿中朝衍圣公之世爵”,并将此事“著为定式,书于御览官案卷首及政案第一张,以为传示来后,永世遵守”。

由于朝鲜王朝的优待和朝鲜早婚风俗的影响,朝鲜孔氏子孙繁衍很快,现在已经传到八十七代。在韩国的孔氏子孙据1987年人口普查,有17207户,72382人,人口总数在韩国274个姓氏中位居第56位。现在韩国已经有82000多人,朝鲜也有两万多人。韩国孔氏从五十八代分派,有成吉、凤鸣、仁吉、义吉、畋、斯文诸派,派下再分派,如监司公派就出自斯文派。朝鲜孔氏现在仍然是望族,朝鲜孔镇泰曾任政务院副总理,韩国孔鲁明曾任外务省长官。韩国还有许多孔氏后人担任过将军、大学校长、大法官等,20世纪90年代的全国宗亲会中就有两位退役中将(海军司令和陆战队司令)和三位退役少将。韩国孔氏宗亲活动非常活跃,成立了全国性的韩国曲阜孔氏大宗会以及地域宗亲会和派支宗亲会,几乎每个道、市和每派都成立了宗亲会。各宗亲会都经常组织增进宗谊的活动,祭祀先人,修饰先人坟墓,编印族谱。曲阜孔氏大宗会编修刊印了收录全国族人的《曲阜孔氏世谱》,各支派也编修刊印了本支派的族谱。

历史上由于联系不便,朝鲜族人与曲阜族人联系很少,民国年间曾经与衍圣公府有书信往来,1988年第一次组团来曲阜拜谒祖庙,以后经常组团到曲阜祖庙参拜。1997年重修《孔子世家谱》时,也将韩国孔氏族人收录其中，这是孔昭移居朝鲜后其子孙第一次收入家族全谱。

韩国除孔昭一支，还有二十多户华侨，大多是从山东半岛移居过去的。他们也成立了宗亲会，每年孔子诞辰时轮流在族人家里举行祭祀活动。

越南孔氏族人的始迁时间由于史书无载难以确定，现在会安有族人孔天如的墓，墓主曾封文惠侯，追赠忠良侯，墓前圣旨碑为其子孔毓琼立，观其辈分应该是在清康乾时期，从墓前对联“杏坛延圣裔”和残存“桂岭”字样看应该是从两广南迁的族人。越南统一前后，华侨纷纷外迁，许多孔氏族人西走欧美。

马来西亚孔氏族人比较多，吉隆坡附近有一个聚集的村落，现在就有 200 多人，此外各地还有一些散居的族人。许多族人事业有成，有人还获得过拿督爵位。

新加坡现在有孔氏族人 300 多人，始迁年代也不详，孔昭潜(1865年生)是岭南派小榄族人移居新加坡的第一人。

印度尼西亚也有孔氏族人，具体人数和移居时间都不详。印尼排华时，不少族人移居新加坡、美国等地。现在有一支是岭南派从广东南海于 20 世纪 40 年代移居过去的。

缅甸孔氏族人有一支是岭南派小榄七十代族人移居的。缅甸排华时，部分族人移居美国，部分族人仍然留在本地创业，本支仍有几十人留居缅甸。

日本孔氏族人很少，有几位是从韩国移居过去的，属于孔昭的后裔。

美国孔氏族人主要居住在旧金山、洛杉矶、纽约等华人聚居的城市，人数不多，大多是从 20 世纪初开始陆续移居的。

加拿大自民国年间就有孔氏族人自香港移居，现在族人也不多。

欧洲孔氏族人一部分是在20世纪70年代由动乱中的柬埔寨、越南移居的，一部分是从中国香港、台湾和改革开放后的内地移居的，人数都很少。

澳大利亚和新西兰也有部分孔氏族人，大多是20世纪后期移居的，人数也很少。

第三章 宗族管理

孔氏家族沿袭封建宗法制度，以嫡长孙为大宗，其余子孙为小宗，大宗领小宗，宗子衍圣公以大宗主的地位主祀孔子，代祖立言，处于全族的最高地位。历代皇帝又给予衍圣公统辖全族的权力，更加强了衍圣公在全族中的统治地位。衍圣公既要管理孔氏族人，又要维护孔氏族人的权益。

衍圣公通过族长、举事、户首、户举、各支派小宗子等家族头领，族长衙门、各支派家庙等行使族权场所，修家谱、订族规、行家法等手段，约束管理孔氏族人。

第一节 奉诏管理

孔子嫡长孙为孔子后代的宗子，按照宗法的原则，为全族所共尊，负有尊祖守族即奉祀祖先、管理族人的职责。在明以前，由于战乱等原因，孔子子孙数量不多，尤其在曲阜的更少，嫡长孙管理族人的任务不重。入明以后，子孙渐多，而明初给予曲阜孔子裔孙免除差徭的优遇，以后又给予轻粮即减少地租的优待，孔子裔孙闻讯陆续迁居曲阜。衍圣公自觉责任重大，五十五代长孙孔克坚上奏皇帝说："多有同姓的指着先圣宗派，都来曲阜四散居住，多有不知礼义，相聚日久，恐相连累。"洪武三年

(1370 年)，明太祖下令"今后，除袭封这一宗派休教他当差，其余不系圣派子孙，分拣出来，与百姓一体当差"[1]，尚未授予衍圣公管理族人的权力。

明正德四年(1509 年)，武宗始授予衍圣公管理孔氏族人的权力，事情的起因在于保举曲阜知县上。

洪武元年，明太祖命孔氏子孙世袭曲阜知县，由衍圣公保举堪用人员除授。但在正德四年保举曲阜知县时，族人孔承章、孔承周以为不公，赴京控告，孔氏家族的矛盾闹至朝廷。武宗为此专门下诏给六十四代衍圣公孔闻韶："我太祖高皇帝崇重尔祖先圣之道，即位之初，首命访求大宗之裔袭封衍圣公，既又择其支裔之良者授曲阜县知县，世守其职，著在令典，累朝遵行。兹惟我国家之盛事，非独尔一家之荣也。近者曲阜缺知县，尔及族长、举事人等遵故事，共举一人，而族人孔承章、承周乃怀挟私仇，越关赴京，连名奏讦，该吏部参酌覆奏，别用一人，以承章等所奏多虚，薄示罪责。顾潜住京师，复谋奏扰，缉事衙门发其事，遂命锦衣卫镇抚司究问。本当照依榜例处治，但念先圣子孙，免枷号决打，俱发戍广西边卫。夫先圣之道垂宪万世，朝廷用之以为治天下之法，在尔辈守之则为治家之法。承章等首开讼端，毁诬宗子，以朝廷名爵为私家争夺之具，是先圣不肖子孙耳。迁发边方，小惩大戒，正用先圣家法为之教不肖子孙耳。先圣尝言'其身正，不令而行'，尔闻韶尚佩服家训，进学修德，与族长、举事管理族人，读书循礼，以称朝廷崇重至意。今后再有恃强挟长、朋谋胁制、不守家法、为圣门之玷者，尔即指名具奏，国典具存，必不轻恕。尔其钦承之。"赐予衍圣公管理族人、指名具奏的权力。

嘉靖三十二年(1553 年)，皇帝又降敕给予衍圣公统摄宗人、查

[1] 孔尚任《阙里志》卷一五。

照家范发落的权力。敕命说:"惟我祖宗列圣稽古右文,崇儒重道,于先师孔子特隆象贤之典,其大宗之裔锡爵嗣封,承奉祀事,统摄宗人,其支庶之众亦加优遇。肆朕率循旧章,恩礼益至。顾族属既繁,哲愚非一,往往干犯国宪,有玷圣门。兹特敕谕,令尔贞干督率族长、举事,管束族众,俾各遵守礼法,以称朝廷嘉念至意。尔宜修德谨行,以身先之。如有恃强挟长,朋谋为非,不守家法,听尔同族长查照家范发落,重则指名具奏,依法治罪。"

因为衍圣公过世后原领敕谕或皇帝过世后原颁敕谕应一并缴回,嘉靖四十一年又将给孔贞干的敕谕原文颁敕给六十四代衍圣公孔尚贤。穆宗即位后,孔尚贤又请求皇帝降敕,后得降敕,敕文说:"朕今嗣统,尔复具奏,族属愈繁,善恶宜别,特允所请,再降敕一道,令尔回府申饬训规,严明约束。凡尔族人如有为善出群,无忝先德者,许尔疏闻,特示旌励;如有轻犯国典,不守家法,及恃强挟长、背违教令者,轻则听尔查照家范发落,重则指名参奏,依法治罪。"除对违犯国典家法者处罚的内容外,又增加了对为善出群的族人可以疏闻请求表彰的内容。熹宗即位后,六十七代衍圣公孔胤植也曾请求皇帝降敕一道。

清兵入主中原后,也仿效明朝做法。顺治六年(1649 年),世祖颁敕给六十六代衍圣公孔兴燮,令其统摄宗姓。敕文说:"国家功成治定,必先重道崇儒。特于先师孔子聿隆象贤之典,其大宗之裔锡爵嗣封,承奉祀事,即支庶亦加优遇。但族属繁衍,贤愚不同,该府官员恐有依恃公爵,肆行无忌,慢上凌下,侵占骚扰,大累地方。今朝纲整肃,法纪严明,尔其统摄宗姓,督率训励,申饬教规,使各凛守礼度,无玷圣门。如有轻犯国典,不守家规,恃强越分,朋比为非,轻则径自察处,重则据实指名参奏,依律正罪。尔尤宜率祖奉公,谨德修行,身立模范,禁约该管员役,俾之一遵法纪,毋致骄横生事,庶不负优加盛典。"除令统摄宗姓外,还令禁约员役。此敕谕被刻制成匾，称为统摄宗姓匾，至今仍悬挂在孔府大堂内衍圣公公案的上方。此后七十代衍圣公孔广棨、七十一代衍圣公孔昭焕等都曾循例领到钤束族人的敕文。

第二节　管理系统

衍圣公肩负管理孔氏全族的重任，但他并不直接管理族人，而是在封建朝廷的支持下，建立完整的管理系统，由各级族长进行管理。

族长有全族的孔庭族长、举事和每个支派的小族长户头、户举等。

孔庭族长始设于北宋崇宁二年（1103 年），是年朝廷下诏命文宣王家选亲族一人，判仙源县（即曲阜县）簿尉事，即以家长承袭，授迪功郎，正八品散官。明洪武元年（1368 年），因元代翰林检阅官孔泾齿行俱尊，释还回乡，任孔庭族长，面赐藤杖一枝，令世守主领宗族事。其后，由衍圣公选择年长行尊有德者担任。

明以后，孔庭族长无品秩，清雍正八年（1730 年），为曲阜孔子庙特设圣庙执事官四十员后，多以最高品秩的三品执事官兼任。

孔庭族长的主要职责是督领各户户长绳愆子孙，凡有不率不若者申明家范依例责罚，孔子庙祭祀时担任领班官，率领各户族人随班陪拜。

孔庭族长有副手名林庙举事，始设于宋天禧五年（1021 年）。是年，朝廷命于孔子后裔中选朝官一人，监督孔庙工程，孔道辅被选任。元代时由行省选择廉洁干练的孔氏族人充任孔庙提领监修官，授八品冠带。明初改称孔庭族举提领林庙事，由衍圣公选择才德兼优的族人委任，无品秩。清雍正后多由圣庙执事官兼任。其职责，专一督领各户户举查理林庙及一切家族事务，凡有惰慢误工者直言举出，依家范责罚，祭祀孔子时充任纠仪官，族人不敬不谨者可以指名纠察。

宋代以前，族人较少，流寓外地者又大都缺少与曲阜族人联络，很好管理。宋以后，族人增多，为便于管理，按照血缘关系，将四十三代孙孔仁玉的五位曾孙分为五位（袭封衍圣公孔宗愿为袭封位，中散大夫孔舜亮为中散位，刑部侍郎孔宗翰为侍郎位，太子中舍孔宗寿为中舍位，国子监博士孔宗彀为博士位）。到元代时，将留在曲阜的五十三代孙们分为二十派。明代时将二十派再分为六十户。明清时，新迁出和旧迁出的族人大多陆续与曲阜族人建立联系，他们被编为派支，流寓外地的四十三代中兴祖子孙被分为四派三十支，四十三代以前子孙被分为九派一支，上代失续难与家谱连接的分为七十七支。每户、派、支几乎都有自己的族长，大的派支因族人众多或居住分散也按血缘设立了许多小族长。

总的来看，六十户管理相对严格。每户按嫡长伦次设小宗子，主持祭祀本户始祖；推举行尊年长者担任户头（又名户长、户首），主持本户家法；推选德优才兼者担任户举，主持本户家政。户头根据族人多寡或居住远近可设一至三人，户举则只设一人。流寓外地族人管理相对较松，或设族长，或同曲阜一样设立户头、户举，就近进行管理。户头、户举均由衍圣公任命，并给以执照，外地的还要知会地方政府。六十户户头、户举执照一般只要求训迪族人、竭力奉公，外地执照还要求对族人"不遵约束，肆行滋事者，轻则责以家法，重则指明禀报，以凭究惩"[①]。外地户头、户举除负责族务外，还要负责催促本户族人缴纳国赋，因为孔氏族人另编圣裔号，不入里甲。户头、户举荣以衣顶，免除杂泛差徭，与生员一样优恤。

衍圣公对族长、族举、户头、户举的管理也非常严格，族长、户举有不正、不廉等行为可以免职，户头、户举所在本户出了忠孝节义之人给予荣以花绥的奖励，出了奸盗弑逆之辈，户头、户举都要革职，

①《孔府档案》1060卷之22。

修谱时遗漏了本户族人户头也要革职。

第三节　管理机构

管理族人的机构主要有族长衙门和各户以及流寓各地族人的宗祠。

族长的主要职责就是绳愆子孙，对不服从、不善良者按家法进行责罚，族长衙门就成了族长处罚族人的公堂。从孔尚任《阙里志》“宗族志”看，孔氏族规非常严格、具体。“家范”有十八条，可惜此书已残，仅存辨嫡裔、杜伪姓、敬祭祀、笃宗族、遵行辈、平讼争六条，几乎每条都有罚、责字样，将外孔私入家谱或葬入孔林者开除族籍，不按公布的名、字行辈取名训字者不准入谱。“敬祭祀”尤其具体，全文为：“凡遇祖庙朔望祭期，依例斋戒，临期各照执事位次骏奔对越。若不洁不谨及失仪者俱罚，失误不到者责，享馂分胙贪得不均者罚，争夺丧廉耻者责。”每月初一、十五的小祭，就有针对行为过失的四种罚、两种责。“家政”中有庙工、庙禁、林工、林禁、供祭、奉公、造器、修书等诸项内容，残存七页，就有细目130多条，绝大多数是针对族人的，差不多每条不是责就是罚，严重的官员革职，族人以不孝治罪。

为加强对族人的管理，族规明文规定：“凡本族有家产不均及斗殴不和等事，俱赴家庭告理，从公剖断，依家范责罚，不许赴有司讦讼，违者责。”孔氏家族内部的一般矛盾只能由族长处理，不许到政府诉讼。其实，封建政权也支持族权，孔氏家族的内部纠纷地方官也不受理。当然，族人与外姓的纠纷族长不能受理，“凡异姓与族人争讼，俱令赴有司申告，家庭不得问理，违者罚”。

族长衙门除责罚族人、调解族人纠纷外，还为族人办理入林埋葬死者的信票。

曲阜及附近六十户每户都有祠堂。祠堂正祠三间，供奉本户始祖，以春秋次丁（农历二、八月的第二个丁日）为大祭，祭品用一羊、一猪、四笾、四豆，始祖夫妇生忌之辰为小祭，祭品随意，每月初一、十五和冬至、元旦行礼；两厢各三间，贮存祭器；“后寝三间，为聚族燕饫之所；西为户仓，贮祭田岁入，以办牲醴，以备凶荒，以养本户鳏寡独孤；东为户学，延请师儒以教本户之子弟”[1]。功能是很齐全的。外地流寓族人也建有祠堂，规模有大有小，但功能基本相同。福建建宁巧洋孔氏每年清明、端午、中秋、冬至次日还在祠堂举行家课，无论秀才、监生、儒童，年龄14岁以上50岁以下的都必须齐集祠堂，进行作文比赛，平时每季四篇文章，少交一篇文章罚银一钱，少参加一次家课罚银三钱，还得补写文章。

祠堂是每户族人的活动中心，本户的重大活动均在此举行。主要有：祭祀祖先，教养子弟，调解族内纠纷；教忠、教孝，睦宗、敬老，对族人进行教化；本户族人有考中进士、举人时，全族在祠堂欢迎祝贺，衍圣公、曲阜世职知县、四氏学学录教授、孔庭族长、举事都到祠堂展拜；有考中秀才或选取贡生、监生时，全族也在祠堂欢迎祝贺；本户新添一代子孙，全族同到祠堂祝贺；本户最高一辈最后一人去世，全族同到祠堂哭祭；当然，族人违反家法族规也在祠堂处罚。巧洋孔氏族规规定：私收祭田地租笞责三十，家庭富裕者加倍；盗葬祖山笞责三十；忤逆父母，凌辱尊长，纵容妻妾辱骂祖父母、父母，笞责三十，严重的革胙除派，再严重的按家法处死，不必禀呈官长；大盗者处死；小偷小摸初犯笞责三十，再犯笞责五十，革胙除派，三犯处死；奸淫笞责三十，革胙除派；未经家族处理而直接上诉官府，笞责三十。

[1] 孔尚任《阙里志》卷一一。

第四节　管理方式

衍圣公身负朝廷管理孔氏全族的重任，但孔氏家族历经两千多年的繁衍，族大丁众，几乎遍及全国各地，鞭长莫及。为加强管理，衍圣公采取了修族谱（见第七章）、立行辈、订族规等有效手段。

立行辈　孔子子孙早期人丁不算兴旺，八代单传，至九代方有孙三人，人丁稀少，很好管理，而且家谱官修，只收录长孙，所以没有统一的辈字。随着子孙的增多，为使族人代次有序，便于管理，宋代时开始采用辈字或取同偏旁字为名。从四十七代至五十五代依次为：若、端、玉部字为名，扌部字为名，元、之、氵部字为名，思、克部字为名，但并没有推行到孔姓全族。到明代时，族人渐多，而皇帝又授予衍圣公管理孔氏全族的重任，为加强管理，衍圣公开始制定统一的辈字。

据衍圣公府告示，"照得立行辈所以分尊卑，定表字所以别长幼。迩来我族人满数万丁，居连数百里，岂唯目不能遍识，而且耳不能遍闻，若无行辈则昭穆易紊，无表字则称谓不伦。在前业经奉旨更定，今依所定吉字开列于后。凡我族人俱当遵照后开行辈取名训字，有不钦依世次随意妄呼者不准入谱。计开：

明洪武三十三年定十字

希士言伯公文彦朝承永　宏以闻质贞用尚之衍茂

清乾隆五年二月十七日定十字

兴起毓钟传振继体广京　昭显宪法庆泽繁羽祥瑞

道光十九年定十字

令德维垂佑　钦绍念显扬"①。

①《孔府档案》1162卷。

洪武仅三十一年,洪武三十三年当为建文二年,因建文帝被成祖推翻,其后不承认其正统地位,连年号也不承认了。有书说洪武赐给“公彦承弘闻贞尚胤”八字,此八字为此时所定应该是正确的,因为五十六代孔希学早在元代时即已袭封了衍圣公。内中的“言”为“讠”部字取名,“宏”为乾隆时为避皇帝讳由“弘”所改,“衍”为康熙时为避皇太子讳由“胤”所改,大字为名的辈字,小字为字的辈字。

1919年,七十六代衍圣公孔令贻又续立二十字二十辈,自八十六代至一百零五代辈字为:

建道敦安定　懋修肇彝常

裕文焕景瑞　永锡世绪昌

辈字由衍圣公排定,报礼部备案,民国时报内务部备案。

定族规　早期孔子子孙较少,而且大多流寓在外,在曲阜者很好管理,在外者鞭长莫及,所以至今未见成文的祖规。现在所能见到的最早的族规是明万历十一年(1583年)衍圣公制定的祖训箴规:

袭封衍圣公府为申明礼仪事。尝闻木之有本,本之盛者木必茂,水之有源,源之深者流必长,此皆理势之自然明著而易见者。我先祖宣圣,万世礼乐宗师,德配天地,奕世教学模范,道冠古今。子孙蕃庶,难以悉举,故或执经而游学,或登科而筮仕,散居四方,所在不乏,然虽涣犹之聚也。今据族人等具有始终本末,请颁祖训箴规,等因。可谓兴水木本源之念,不忘世系。所从所愿,合行给榜开其条件,于以昭有德,于以示将来,不事繁文,永为遵守。须至榜者。

计开:

一、春秋二祭,各随土宜,必丰必洁,必诚必敬,恭肃以来临。此报本追远之道,子孙所当知者;

一、孔氏子孙，寓居州县，朝廷追念先圣，优免差役，毋得因而隐占他姓，以蠹有司之所；

一、崇儒重道，好礼尚德，孔门预知而素行者。为子孙者，毋嗜利而忘义，以干吏卒出入府县衙门，有亏先德；

一、有司科派，各随地亩钱粮，为子孙者，勿得包揽，有犯祖训家规，以(罹)刑宪；

一、有司差役各验丁力，不可假以先圣子孙，为人嘱托，有违法律；

一、谱牒家规，正所以别外孔而正宗派者，子孙勿得勾相誊换，以混来历宗枝；

一、孔氏嗣孙非常人也，男不敢为奴，女不敢为婢。凡有职官员，不敢擅辱孔氏嗣孙，遇大事申奏朝廷，小事谅情责究；

一、婚姻嫁娶，所以正伦理，为子孙间有不幸再婚再嫁，必慎必戒；

一、民间词讼，所犯自有虚实，有司各从理断，毋得为人所惑，有坏心术，以损阴德；

一、儒冠儒服，所以昭先德、显家声者，子孙岂可借之往来官府，有干民事，以取羞辱；

一、祖训宗规，朝夕教示子孙，务要读书明礼，显亲扬名，勿得入于流俗，甘为人下。[1]

此祖训箴规榜示给全国族人一体遵行，在江西临江派、广东岭南派和潮州孔氏族谱中均有收录。

孔氏祖训箴规是孔氏全族族规的纲领，各地族人依照其精神并结合本地的实际情况制定了更为详细、具体的族规家法。四川蓬州

[1]《孔府档案》1101卷。

孔氏族规有孝弟宜敦、宗族宜和、乡党宜睦、子孙宜教、农桑宜务、国赋宜纳六条。岭南保昌平林孔氏族规有孝敬父母、尊敬长上、严教勤读、尊贤重士、早完钱粮、异姓勿抚、择婚谨始、毋好棋牌赌博、毋好斗殴健讼、毋好奢侈十条。江苏丹阳十里甸族规有崇孝道、睦友支、秩尊卑、训子孙、勤农桑、戒争讼、定生理、毋赌博八条。福建建宁巧洋孔氏族规有作兴文学、恪共祀事、培植祭产、护理祠墓、酌定优奖、惩治不率、禁止词讼、严防乱宗、督率急公、屏绝邪教、节制财用、慎藏谱籍十二条。江西临川孔氏族规最为复杂,共有二十条之多:尊族长,立房长,立纲首,首孝弟,重节义,励读书,崇学校科举,贵教子,义同居,正婚姻,诛不孝,除淫乱,戒赌博,究窃盗,禁僧尼、道师、学戏、隶卒之类,禁妇女朝神拜庙,禁负养螟蛉,禁构讼,禁穿构衙蠹,禁拖欠钱粮。

不可否认,孔氏族规中有些属于封建糟粕,但有些内容如睦乡党、和宗族、敦孝弟、教子孙、务农桑、纳国赋、毋赌博、究窃盗、除淫乱等在现代社会中仍有值得提倡的价值。

衍圣公管理孔氏族人应该说是很严格的,但因情势所迫,也不得不如此。封建王朝赐给衍圣公管理孔氏全族的责任,又给予孔氏全族免除赋役、不入编氓和曲阜族人给予正项钱粮减免一半的优待,一旦确定孔子后裔的身份即可享受优待,而确定权即在衍圣公,衍圣公不得不谨慎从事。由于衍圣公的系统管理,孔子后裔延时 2500 多年,延人八十余代,流传有序,辈字统一,代次不乱,全族有谱,谱系完整,内容丰富,成为世界上最为系统的家族。

第五节　维护族人权益

衍圣公对族人自称愚宗,称族人为宗老,族人自称族末,称衍圣公为宗主。衍圣公既然是宗主，就应维护族人的权益，特别是在族人权益受到侵害时，族人都是上书衍圣公，由衍圣公对外交涉。

清雍正十三年(1735 年)，流寓关外义州的盛果户族人孔衍俊被旗人庄头高氏霸占为奴，上书衍圣公求援。衍圣公查清孔衍俊确系盛果户族人，因孔氏族规规定“孔氏嗣孙非常人也，男不敢为奴，女不敢为婢”，遂行文户部、奉天将军，经与内务府、锦州府几经公文往返，“孔衍俊等即经衍圣公府查明宗谱，实属先师苗裔流落关外，则从前即有卖身旗下经伊主婚配之事，亦应准令开档归宗”[①]，将孔衍俊五十余口全部恢复平民身份。道光四年(1824 年)，流寓奉天族人孔兴和等人来曲阜呈请修谱，衍圣公函请兴京厅取具保结后为其支谱钤印认可，但盛京将军案下总管以未咨会将军为由挑拨将军发怒，将孔兴山等族人以和硕豫亲王门下壮丁冒称衍圣公后裔、抗违王差为由拘押，并经盛京刑部移咨山东巡抚核查，后经衍圣公交涉，为他们恢复了平民身份。

东汉时，孔子后裔即享受免除徭役的优遇，历代相沿。到明清时，族人增多且遍及全国各地，谁都希望享受到这种优遇，而能否享受的依据就是是否为真正的孔子子孙，判定的依据就是孔氏家谱。明清时，孔氏家谱只收录曲阜一带族人，流寓外地的子孙只能自修支谱，各地支谱经衍圣公审核确系孔子后裔后加盖衍圣公官印，这种钤印支谱就可以作为享受优遇的依据。免除孔子后裔徭役实际上是牺牲了国家利益，而审核失误就要承担一定的责任，但衍圣公为了族人的利益，对族人的要求还是有求必应的，现在孔府档案中保存的许多流寓外地族人的钤印支谱就是明证。

族人免除徭役的权益有时也会受到侵害，衍圣公为维护族人的权益有时也有风险。清乾隆二十年(1755 年)，邹县知县大章上任

①《孔府档案》1298 卷。

不久，孔氏族人将孔孟家族遵例免差碑碣抬至县衙呈验，结果碑碣被摔断。衍圣公听信族人之词，在上皇帝的奏折中说大章私毁孔孟遵例免差碑碣，皇帝命代理山东巡抚白钟山调查，白钟山本来就因派庙户当差与衍圣公发生过纠纷，调查后上奏说，大章认为碑碣应由官府刻立，随命抬到一旁，杠夫失手，碑碣摔断，并非私毁，衍圣公孔昭焕年少怯懦，系由其叔祖孔继涑、孔继汾怂恿所致。皇帝认为衍圣公干预地方公务，于是下令将孔继汾革职，孔继涑革去贡生，孔昭焕部议革职。皇帝“念其为先圣后裔，且尚属年少无知，着加恩免其革退公爵”，给了衍圣公一个警告。

孔子死后，子孙“世以家学相承，自为师友”，逐渐形成家学。三国魏黄初二年（公元221年），文帝命于孔庙外“广为屋宇，以居学者”。宋代始设官教授。明正统九年（1444年），五十九代衍圣公孔彦缙以“三氏子孙初止在学读书习礼，未定生员名额”为由，奏请“照郡县学例，置立生员，听提学官考选，应山东布政使司乡试”，获准设立生员，参加山东乡试，但未定数目，为孔子、颜子、孟子子孙争得科举特权。成化元年（1465年），六十一代衍圣公孔弘绪奏准给三氏学官印，奏准三年贡一人为监生。衍圣公还争取到地方官员的支持，由地方官出面奏准。嘉靖六年（1527年），三氏学照州学例，设立廪膳生员三十人，增广生员三十人；万历四十年（1612年），四氏学（加入了曾子后裔）照府学例，廪膳、增广生员各增至四十人，贡生每年一人；天启元年（1621年），又为孔氏族人争得山东乡试无孔不开榜的特权，每次乡试必须取中二名孔氏举人。为照顾族人学生，朝廷拨给部分学田，地方官也捐给一些土地。历经社会动乱，五十四代衍圣公孔思晦甚至南下沛县找回迷失的土地。对贫困生员以学田地租给予养赡，对贫困生员还按等分给学田佃种，极贫生员分给十亩左右，次贫生员分给三至九亩不等，并给以减免地租的照顾。

第四章 家族教育

孔子首创私学,一生从事教育事业,弟子三千,贤人七十,培养了一大批德才兼备的人才,同时注重家庭教育,教育儿子孔鲤"不学诗,无以言","不学礼,无以立"。子孙以孔子学诗学礼为祖训,一向重视家族教育,又由于历代王朝优待孔子后裔,在教育科举方面给予种种优待,教育由家学发展到官学,由旧式教育发展到新式教育,孔氏家族的教育一直兴盛发达。

第一节 家 学

孔子去世以后,弟子们守丧三年,大多相互告别而去,孔子生前兴盛的教育不再,但是鲁国仍然保持着浓厚的教学传统。司马迁来鲁国时,曾见"诸生以时习礼其家","诸儒亦讲礼,乡饮大射于孔子冢"。孔子的子孙们坚持学习的传统,传承孔子的思想,"世以家学相承,自为师友",《后汉书·孔僖传》说孔家"自安国以下世传古文《尚书》、《毛诗》",以至形成了一个学派。十一代孔安国、孔臧,十三代孔驩,十四代孔光,十六代孔奇,十七代孔嘉,十九代孔僖,二十代孔昱、孔融,二十二代孔衍,二十五代孔伦、孔愉、孔群,二十六代孔严、孔汪、孔坦,二十八代孔廞、孔灵运、孔灵符,二十九代孔琳之、孔稚珪,三十一代孔晔、孔休源,都有著作传世，而且大多都是经学。时间从公元前2世纪至6世纪，延续七百多年，即使西晋末年由于少数民族入侵，子孙移居江南，仍然保持着家学的传统。孔子子孙不仅“自为师友”进行学习，而且收徒设教，虽然目前没有见到汉代曲阜孔子后裔收徒设教的记载，但《后汉书·孔僖传》记载孔僖病死临晋县令任上，遗令就地安葬，二子长彦、季彦守墓不归，“长彦好章句学，季彦守其家业，门徒数百人”。汉代学者收徒设教非常流行，流寓在外地的孔子后裔都守家学收徒数百人，曲阜的孔子后裔也是收徒授学的，所以三国魏黄初二年（公元221年），魏文帝曹丕下诏“令鲁郡修起旧庙”，“又于其外广为屋宇，以居学者”，“莘莘学徒，爰居爰处”，建造学舍，供学者居住修业。孔氏家学除孔子后裔自己学习外，还收徒设教，研究传播孔子思想。

魏文帝曹丕令鲁郡“广为屋宇”，说明国家开始关注孔氏家学，并直接介入孔氏家学的建设。“西晋之乱，百度废弛，数百年中无复讲诵”，西晋末年社会动乱，孔氏家学也受到冲击。东晋太元十年（公元385年）时使臣李辽“路经阙里，过觐孔庙，庭宇倾顿，轨式颓弛”，请求“赐给《六经》，讲立庠序，延请宿学，广集后进”（《宋书·礼》），后因主持人去世，未能完成。南朝宋元嘉十九年（公元442年），宋文帝下诏“阙里往经寇乱，学校残毁，并下鲁郡，修复学舍，采招生徒”，令鲁郡恢复孔氏家学。当时曲阜正处在南北朝争夺的中心地带，元嘉二十七年北魏攻占鲁郡，“魏人杀掠不可胜计，丁壮者即加斩截，婴儿贯于槊上盘舞以为戏，所过赤地无余，春燕归巢于林木”[①]，即使恢复了学校，也不会有人就学。从此以后一直到北宋之前，文献中就没有了对孔氏家学的记载。唐代后期，孔家人才辈出，功名特盛。三十九代兄弟九人，一位状元，一位榜眼，四位

①潘相《曲阜县志》卷二一。

进士，两位明经，只有一人没有功名还官四门博士。四十代兄弟十五人，四位状元，一位明经状元，五位进士，一位明经，四人没有功名，一位任太子舍人，一位任曲阜县令，长孙兄弟二人全都考中状元。

第二节 官 学

官学演变 从北宋开始，国家越来越多地介入孔氏家学，孔氏家学逐渐成为官学。

大中祥符二年(1009年)，四十四代孙孔勖任仙源(宋代因黄帝生于曲阜寿丘，将曲阜改作仙源)知县，上奏朝廷请求在家学旧址重建讲堂，得到允许，重建后的学校名为庙学。此后，国家逐渐关心孔家学校。乾兴元年(1022年)，兖州知州孙奭维修庙学，请以杨光辅为讲书，元祐元年(1086年)改建庙学于孔子庙东南隅，国家为其设置一员教授，教育孔氏子弟，也允许乡邻入学听讲，不久又增加颜回、孟子的子孙，赐给经史书籍各一部。四年，增设学正、学录各一员，专门教育奉圣公(不久复改为衍圣公)胄子。

金明昌元年(1190年)，朝廷下诏维修庙学，设教授一员，还规定按照兖州府学的例子给已习辞赋经义准备应试的孔氏子弟每人每月官钱二贯，米三斗，尚不具备考试资格的小生减半供给。元中统三年(1262年)，世祖下诏命“进士杨庸教授孔氏颜孟子弟，务严加训诲，精通经术，以继圣贤之业”。

洪武元年(1368年)，明朝将学校改称三氏子孙教授司，正统九年(1444年)，设立廪生名额，成化元年(1465年)颁给三氏学官印，并许三年一贡，自此孔氏家学彻底完成了向官学的转变。

作为官学的标志，孔氏家学有生徒名额、贡生名额，国家为之设置学官并拨给经费和土地。

生贡名额　金明昌元年，诏给孔氏子弟20名参加进士考试的名额，这是名额最多的学校，当时最高一级的京府府学只有15个名额。明正统九年，五十九代衍圣公孔彦缙奏书朝廷，请求仿造“郡县学例置立生员，听提学官考选，应山东布政使司乡试”，朝廷同意，但是没有明确的额数。嘉靖六年（1527年），经山东巡抚奏请，部议确定，“照州学例设置廪生、增生各三十名”。万历四十年（1612年），因在校学生已达三百多人，经山东提学道奏准，增加廪生、增生各十名，达到府学的规模。清康熙四年（1665年），四氏学还增设武生名额，每遇岁试考取15名。

贡生之设始于成化元年（1465年），命四氏学每三年贡一人，嘉靖六年增加为三年贡二人，万历四十年改为一年一贡。

学官　学官之设始于宋乾兴元年（1022年），以杨光辅为讲书，后来转为奉礼郎，元祐元年国家为孔氏庙学设置教授一员，按照州学学正之例优与供给，四年添设学正、学录各一员，金明昌元年设置教授一员，“于四举、五举终场进士出身人内选博学经史、众所推服者充”。元代复设教授、学录、学正各一员，明洪武七年裁去学正。

教授职责为考论道德，申明伦纪，讲究经史，训课文艺，表坊士类，化导风俗。在金代时从进士中选任，元代改为遴选，明洪武元年改为“于师儒官内保升”，万历十五年改为由山东提学从本省儒学教谕、训导中优选，送衍圣公咨送吏部题升，四十年改为直接由部中题授，清顺治二年经衍圣公题准，由衍圣公保举博学生员咨部铨除。教授在明代为从九品，清乾隆七年改为正七品，可以与其他官员一样升转。

学录为孔氏家学特设的学官，郡县学校设置教授、教谕，副职为训导。孔氏家学设置学录也有比拟国学的意思。学录的职责为绳愆纠谬，察功考过，劝勤惩惰，纪事司籍。学录明代时由师儒官内保升，宣德元年改为由孔氏出任，由衍圣公会同族人公举年德俱尊、学问优长者咨部铨授，职衔属国子监，清乾隆二十六年改为由衍圣公“于孔氏岁贡廪生、捐贡及廪生内”“拣选应用人员移送抚臣验看”后报部除授。孔氏家学教授不用孔氏，但学录必须由孔氏担任，这是因为“异姓则师严而道尊，宗人则情亲而爱笃”。学录在明代时没有品级，清雍正十三年定为正八品。

经费　国家给予的经费，一是学官俸禄，二是学生廪米，三是杂费，四是学田收入。

学官俸禄在明代时由衍圣公从孔庙祭田收入内支给，薪银和马草银由曲阜县支给。清代制定百官品俸时改为由曲阜县正项钱粮内支给，教授、学录每年俸银五十九两九钱六分，斋薪银各十二两，马草银各十二两。

宋代时庙学学生就按照府学标准，应试者每人每月给官钱二贯，米三斗，不具备考试资格的小生减半供给。明嘉靖十九年给生员廪米，每人每年十二石，闰月加给一石，后来增加的十名从学田收入内支给。不久改米折银，共给银三百七十两，后裁去三分之二，清乾隆二年又恢复原额。

杂费很少，主要有岁贡袍帽伞盖银十三两九钱七分，以及斋夫、门斗各役的工食等一百八十余两。后来廪生不再统一就餐，膳夫银两逐渐减少至二十四两多，杂费也就减少到一百三十五两。

设置学田始于宋元祐元年，国家拨给尼山附近土地二十顷，元至元三十一年（1294 年），拨给沛县土地五十大顷，曲阜土地九大顷五十亩，元统元年（1333 年），拨给没收贪官江西佥事忙古台郓城县土地八顷八十九亩和房屋二十九间。明清时期山东地方官员还为四氏学购置学田，万历二十八年（1600 年），山东巡盐御史吴达可以郡县赎款购置曲阜、泗水土地共七顷五十六亩，三十七年巡盐御史毕懋康也以郡县赎款购置曲阜土地三顷二十六亩，四十年兖州知府陈良材续查拨给学田五十八亩八分，连同其他捐赠，四氏学共有学田24700多亩。

特殊优待 除一般官学待遇外，孔氏家学还有举人名额、恩贡等特殊的优遇。

天启元年（1621年），因为当时孔氏科举不盛，云南道监察御史李日宣奏请将孔氏后裔于山东举人名额外每科加举一二人，经朝廷批准，山东乡试时，将孔氏生员单编耳字号，如果无人考中，就将孔氏生员试卷当堂公阅，选取中举者加在山东原额之外，“但不必拘定一人，以滋多碍”，以后五科，每科都取二人。崇祯七年（1634年）将举人名额分给鲁王宗学一名。清顺治十四年（1657年），复还给四氏学，雍正二年（1724年）又增加一名，使举人名额增加到三名，除正额外，乾隆元年恩科还增加一名。清代时，随着教育的发达，孔氏家族文化素养的提高，山东乡试孔氏族人中举很多科都超过三名。

除官学的正常恩贡外，四氏学还有陪祀恩贡。天启四年（1624年），皇帝祭祀孔子，命衍圣公率领子弟进京观礼，观礼的生员、监生、奉祀生都作为恩贡送入国子监读书，此次恩贡只有五人，孔氏三人，孟、曾各一人，以后逐渐增多，到清代时，孔氏一般都是七名，颜、孟、曾以及仲由、卜商、颛孙师、言偃、端木赐、冉耕、冉雍和周公后裔东野氏各二名。

校舍 北宋初建庙学是利用原来家学的旧址，元祐元年迁建在孔庙东南隅。金代时在今阙里宾舍处，学舍在西，前后两进院落，正房都是三间，东西两厢前院为五间，后院为三间；教授厅在东，也是两进院落，正房也是三间，前院东西厢房各三间，后院无厢房。明洪武十年扩大，明伦堂三间，东西斋十二间，教授宅八间，学正、学录宅十二间，生员房舍二十二间。弘治十一年扩大到一百一十多间。万历十年由于学校后临孔府，前接藩臬行署，地方狭窄，迁建于古泮池之北，四十二年再迁于孔庙观德门之西。

校舍中间为明伦堂，后为尊经阁。阁左右厢房各五间，名公子号房，是衍圣公之子读书的地方。堂前东西两厢各五间，分别名启蒙斋、养正斋。堂东为教授宅，西为学录宅，都是后房五间，东西两厢各三间，都有正厅五间，分别名兴斋、立斋。

第三节　近代教育

清朝末年，近代教育兴起，光绪三十一年（1905 年），又停止科举取士，原有的教育机构、教育方式、教育内容等都已经不再适合社会的需要，衍圣公也紧跟时代，兴办近代教育，兴办了师范学堂和明德中学。

曲阜县官立四氏师范初级学堂　清光绪二十九年十一月二十六日（1904 年 1 月 13 日），清政府颁布了《奏定学堂章程》，内中制定了《优级师范学堂章程》和《初级师范学堂章程》，要求每省于省城设一所优级师范学堂，各州县设一所初级师范学堂，山东随之筹建各级师范学堂。光绪三十一年（1905 年），山东巡抚杨士襄指令在孔庙东侧的原兖州府东考院创建“曲阜县官立四氏初级完全师范学堂”，以钦命会同稽查山东全省学务的袭封衍圣公孔令贻为学堂总理，总领一切，“以资震慑”，以举人孔昭曾为学堂监督（校长），于光绪三十二年正月正式开学。

四氏初级师范学堂由政府出资，开办时每年经费为白银 4960 两。虽然名为官立，实际由孔府管辖。政府行文先发孔府，学堂事务也先请示孔府，由衍圣公签发，学堂监督由衍圣公推荐任免，学校账务报孔府核存，学堂监督、监学、庶务、收支、文案、检察等职员多由孔庙执事官和四氏学学录等兼任。

学堂教师由举人及高等学堂或师范学堂毕业生担任，按学科分为中、西学教员，按级别分为正、副教员，在1909年以前教师只有五六人，一般一人兼任多科。

学生定额一百名，开始规定从孔、颜、曾、孟四氏贡生、廪生、增生、附生及文理优长的监生中招收，先试学四个月，“须在四个月内细察其资性品行，实在相宜者始准留”。初创时生源不足，1906年2月招生93人，经秋冬两次考察淘汰33人，开除3人，送省优级师范学堂肄习9人，实际只剩48人。1908年不得不扩大招生范围，衍圣公孔令贻发文曹州府、兖州府、济宁直隶州，称“外姓聪敏子弟亦可取录就学，以期广为造就”，将招生范围扩大至鲁西南及苏北、豫东外姓子弟。外姓子弟单独编班，称为外班，四氏子弟称为内班。内班学生每月饮食费白银二两，外班则略少一些。

初期学堂分完全科和简易科。完全科学制五年(预科一年，本科四年)，简易科学制二年，春季开学，春季结业。宣统元年(1909年)，根据山东提学使指令停办师范简易科。

学堂的教育宗旨是培养贤材、通材，学校“首重德育”，将品德教育和人格养成放在最重要的位置，提倡“忠君、尊孔、尚武、尚实”，“明人伦，尚躬行”，“激励学生精神，砥砺学生志操”，“故教师者宜勉励各生谨言慎行，贵庄重而戒轻佻，尚和平而忌暴戾”。教育以“中学为主，西学为辅”，完全科开设国文、修身、教育、经学、历史、地理、算学、理化、博物、图画、习字、体操十二门课程，根据年级还相应增加外语、商业、农业、工业一科或数科。学生按照考试成绩录用：考试成绩70分以上者为优秀生，给予奖励；60—70分者为师范贡科生，“以训导用，令充小学堂及程度相当之各项学堂正教员”；50—60分者授予及格文凭，“充小学堂及程度相当之各项学堂副教员”；50分以下者授予修业文凭。毕业后官费毕业生完全科服务六年，简易科服务三年，自费生完全科服务三年，简易科服务两年，服务期满后，完全科和简易科毕业生都可升考优级师范本科或优级师范附设补习班。

辛亥革命以后，1912 年改称山东省立曲阜师范学校，取消总理，监督改称校长，1914 年合并兖州、济宁、临沂、曹州四处师范，改称山东省立第二师范学校，纳入教育系统管理，但是由于历史的原因和孔府的影响，校长仍由衍圣公提名。1919 年衍圣公孔令贻去世，学校基本脱离孔府的控制。

学校东部附设附属小学，1934 年时招生 11 个班，学生 503 人，每年经费 19512 元。

明德中学 四氏师范学堂是培养小学教师的学校，只有较高文化水平的子弟能够入学受教，广大的四氏子弟没有自己的学习场所。1924 年，出国留学归来的曲阜籍学生孔令俊、颜振兹、孔令煊等在酝酿了一段时间后，由孔令俊等正式向衍圣公府建议出资兴办一所中学。当时衍圣公孔德成年幼，孔令贻遗孀陶氏与本家孔繁澂主持府务，经与省立七中（在济宁）校长孔令灿、山东省财政厅科长孔令誉等协商，决定从衍圣公府奉祀金内拨出地租 3000 元、集市税收 2400 元开办一所中学。校址就设在原来的四氏学内，以“大学之道，在明明德”取名为阙里孔氏私立明德中学。学校成立董事会，总揽学校一切事物，由衍圣公孔德成担任名誉校长，聘请清末进士、曲阜孔教会会长孔繁朴担任校长，优级师范毕业生孔宪滢担任教务主任，于 1925 年夏招生正式开学。1931 年 2 月，报请教育部批准立案时改称曲阜私立明德初级中学。1937 年 12 月，日军侵占济南，社会动乱，学校宣布解散。

初定的《校则》规定以“尊崇孔教，阐扬东方文化，造成中坚人才，挽救世风为宗旨”，后来根据教育部颁布的《中学校令》改为“以尊崇孔教，阐扬礼乐，注重道德，完足普通教育，造成健全国人为宗旨”。学校管理十分严格，明文规定，“加入政党者”、“在外滋生事端致巡警干涉者”一律除名，聚众要挟罢课辍业者除名外还要追回校费，即每名学生应该平均分摊的全部经费。专设舍监（后改监学）进行管理，学生课外出校必须请假。

学校开始招收初中三个班，1931年八月增加一个班。四氏子弟学生免收学费，孔府庙佃户人子弟学生学费减半，其他外姓学生学费四元。学校经费主要由孔府拨给，每年5400元，省款每年补助1200元，学生学费每年约3000元。

学校课程设置比较传统，经学课、国故课请孔教会知名人士授课，音乐课学习琴瑟和孔庙祭祀乐舞等。1929年，孔昭润任校长后，聘请省立第二师范一些著名老师任教，教学水平大为提高，1934年参加全省会考取得良好成绩，成为当时山东有名的私立学校。

学校附设小学三所，一在城内古泮池旁文昌祠内，一在城东南息陬村春秋书院内，一在城北董家庄石门书院内，每班学生三十人。文昌祠小学1934年秋停办，后改为分校，招收初中一个班。

第五章 名 人

孔子教育儿子孔鲤“不学诗，无以言”，“不学礼，无以立”，后世子孙奉为祖训，一直重视学习，又由于历代王朝在教育、科举上给予种种优待，孔子子孙英彦辈出。据1937年成书的《孔子世家谱》记载，孔子子孙中获取各种功名的有五千多人，而同谱收录子孙中生活在科举时代的大约不到三十万人，获得功名的大约占1.7%，这个比例在所有姓氏中是最高的。四十代孙兄弟十五人，九名进士，一名明经，其中状元就有四人。孔子后裔中，有哲学家子思，经学家孔安国、孔颖达、孔继涵、孔继汾、孔广森、孔广林，文学家孔融、孔稚圭、孔文仲、孔武仲、孔平仲、孔尚任，名宦孔光、孔奋、孔巢父、孔纬、孔戣、孔道辅，书法家孔继涑等。

第一节 长 孙

孔子长孙虽然从汉代开始就有了世袭罔替的奉祀爵位，但他们并没有躺在孔子的余荫下无所事事，坐享其成，多数人都是潜心学习，具有较高的文化素养。允许参加科举时，四十代长孙兄弟二人全都高中状元。明清时，衍圣公几乎都有诗文集传世。

孔鲤（公元前532—前483） 孔子之子。出生时，鲁昭公赐给鲤鱼，孔子为荣君之赐，取名鲤，字伯鱼。孔子曾先后分别教育他“不学诗，无以言”,“不学礼,无以立”,他退而学诗学礼。鲁哀公曾以币招他做官,他称疾不行。宋崇宁元年(1102年),因其“亲闻诗礼,鲁堂从祀”,被追封为泗水侯,奉祀在孔庙寝殿东庑。咸淳三年(1267年),因其“以先圣为之父,子思为之子,而闻诗闻礼、《周南》、《召南》之学著名鲁论”改祀于孔庙大成殿西庑。明嘉靖八年(1529年),命改祀于启圣祠,配祀祖父叔梁纥。清雍正二年(1724年),命改祀于崇圣祠,因系孔伋之父,位在四配之列。

孔伋(公元前483—前402) 字子思,孔子之孙,战国初年著名的思想家、哲学家,儒家学派的代表人物。自幼有志于继承家学,相传曾受业于曾参,游于卫宋诸国,晚年返归鲁国。一生授徒著书,《汉书·艺文志》著录有《子思》二十三篇,但早已亡佚。宋汪晫辑有《子思子》一卷,九篇,或取自《孔丛子》,不尽可靠。相传《礼记》中的《中庸》、《坊记》、《表记》、《缁衣》为其作品。子思继承和发扬了孔子的中庸思想,建立了以中庸为核心的学说。孔子将中庸当做最高的道德准则,“中庸之为德,其至矣乎!”子思将中庸系统化。在认识论上,主张“执两用中”,“择乎中庸,服膺勿失”;在方法论上,主张致中和,处理事情不偏不倚,无过无不及;在宇宙观上,认为“诚”是宇宙万物的根源,“诚者,天之道也”,“诚者,物之终始,不诚无物”,至诚才能尽人之性,尽物之性,赞天地之化育,与天地并列为三。相传孟子曾受业于子思的门人,将子思思想加以发挥,形成为战国时的显学之一——思孟学派。《中庸》经程颐、朱熹倡导与《大学》、《论语》、《孟子》同列为“四书”,成为儒学经典之一。宋崇宁元年(1102年),因孔伋“圣人之道,孟氏之师,作为《中庸》,万世宗仰”被追封为沂水侯,大观二年(1108年)从祀孔庙两庑,端平二年(1235年)升祀大成殿内,列于十哲之间,咸淳三年(1267年)加封为沂国公,升为配享,元明宗至顺元年(1330年)加封为沂国述圣公,明嘉靖九年

(1530年)改称“述圣”。子思除配享孔庙外，在山东邹县还建有“中庸书院”专祠，以衍圣公次子主持祀事，并获封世袭翰林院五经博士。

孔白 字子上，孔伋之子。《史记·孔子世家》仅记为“子思生白，字子上，年四十七”，生平事迹不详，《阙里文献考》等孔氏志书、族谱记“齐威王两召为相，不受”。《孔丛子》记其曾在卫国，同书又记子思教育他“学必由圣”，“始于诗书而终于礼乐，杂说不与焉”；“虽有本性，加之以学，则无惑焉”；“知以身取节者则知足矣，苟知足则不累其志矣”。

孔求 字子家，五代孙，生平事迹不详，《史记·孔子世家》记为“子上生求，字子家，年四十五”。《阙里文献考》等孔氏志书、族谱记为“楚王召，不赴”。

孔箕 字子京，六代孙，生平事迹不详。《史记·孔子世家》记为“子家生箕，字子京，年四十六”，《汉书·孔光传》作“子真箕”，字子真。《阙里文献考》等孔氏志书、族书记载其曾为魏相。

孔穿 字子高，七代孙。《史记·孔子世家》记“子京生穿，字子高，年五十一”。《孔丛子》记载其曾周游于齐、赵、魏之间。在赵国曾与公孙龙在平原君处辩论“白马非马”。公孙龙是名家的代表人物，他认为“白”是命色的，“马”是命形的，形色各不相干，这说明他看到了“一般”与“个别”两个概念的差异，但过分夸大了这种差异，没有认识到“一般”与“个别”的辩证关系；孔穿则认为“马”是马的总称，“白”是马的颜色，“色以名别，内由外显”，平原君称他“理胜于辞”，公孙龙“辞胜于理”，“终必受诎”。在魏，曾与魏王论大臣，认为“大臣必取众人之选，能犯颜谏争、公正无私者”。在齐国，曾劝齐王废除车裂酷刑。《阙里文献考》等孔氏志书、族书记载楚、赵、魏三国交聘之，皆不就，著有《谰言》十二篇。

孔谦 八代孙，《史记·孔子世家》记载有字无名，“子高生子慎，年五十七,尝为魏相”,《汉书·孔光传》有名无字,“穿生顺,顺为魏相”,《孔丛子》也有字无名,作“子顺”,注作“孔武,后名斌,字子顺,子高之子也”,金孔元措《祖庭广记》作“八代谦,又名斌,字子慎”,以后孔氏志书、族谱均作孔谦。唯《孔丛子》记载其事迹颇详:孔谦曾被聘为魏相,举贤才,赐有功,遭致众谤,“相魏凡九月,陈大计辄不用。乃喟然叹曰:‘不见用是吾言之不当也,言不当于主而居人之官,食人之禄,是尸利也。尸利素餐,吾罪深矣’”,于是以疾辞官。在魏曾劝魏王“修仁尚义,崇德敦礼”,出使外国曾劝赵王与北狄互市,以无用之货取其有用之物而弱敌,并劝赵王、韩王与魏相结以抗强秦。自《祖庭广记》以后族谱、志书又记载他被魏封为文信君。

孔鲋(约公元前264—前208) 字甲,又字子鱼,九代孙。秦始皇焚书坑儒时将家藏《论语》、《孝经》、《尚书》等藏在孔子故宅墙内,然后南下投入陈胜农民军,曾任博士,劝陈胜建立霸业,兴灭继绝,莫因秦乱而轻敌等,未获采纳,两月后病死于陈。相传《孔丛子》为其所著。

孔腾 字子襄,九代孙。孝惠帝时征为博士,迁为长沙太守(此从《史记·孔子世家》),《汉书·孔光传》及《东家杂记》等孔氏志书、族谱均作“长沙太傅”)。身长九尺六寸,五十七岁卒。子一,忠。

孔忠 字子贞,十代孙。精通六艺,汉文帝时征为博士,五十七岁卒。《史记·孔子世家》作“忠生武,武生延年及安国”,《汉书·孔光传》作“忠生武及安国”,《祖庭广记》采用《史记》说,《东家杂记》将安国作十一代孙,《阙里志》以后诸志书、族谱均采《汉书》说。

孔武 字子威,十一代孙,汉文帝时征为博士。《史记·孔子世家》作“生延年及安国”,《汉书·孔光传》作“武生延年”。而《阙里志》以后志书、族书作一子,名延年。

孔延年 孔子十二代孙,《史记·孔子世家》未谈及其官职,《汉书·孔光传》只说“安国、延年皆以治《尚书》为武帝博士”，《东家杂记》说“转太傅，迁大将军”，《祖庭广记》又说其“博览群书，无所不备”，“年七十一，葬祖墓北”。子霸。

孔霸　字次孺，十三代孙。治《尚书》，师事太傅夏侯胜。汉昭帝末年为博士，宣帝时官大中大夫，为太子传授经书，迁詹事，任高密国相。元帝初元元年（公元前48年），征拜为太师，赐爵关内侯，号褒成君，食邑八百户，官给事中，赐宅一区、黄金二百斤，并赐名数于长安。孔霸为人谦退，不好权执，元帝几次想任命他为丞相，孔霸再三上书推辞。孔霸上书请求奉祀孔子，元帝命以所食邑奉祀，并将其长子孔福户籍迁回鲁国。七十二岁卒于长安第宅，元帝两次素服到宅吊唁，策赠列侯礼，赐谥曰“烈君”，并赏赐给东园秘器、钱帛。子四，福、捷、喜、光。

孔福　十四代孙。汉成帝时袭爵关内侯。六十三岁卒，葬于孔子墓北。子房。

孔房　十五代孙。汉哀帝时袭封关内侯。子均。

孔均　本名莽，为避王莽名改为均，字子平，十六代孙。继父袭封关内侯，敦笃好学，恬淡有才，征拜尚书郎，言辞清辩，奏对成章。汉平帝元始元年（公元1年）封褒成侯，食邑二千户，以奉孔子祀事。王莽代汉后，拜为太尉，坚辞不就，托病归乡，遂失爵位，年八十一卒。子志。

孔志　十七代孙。《孔氏祖庭广记》及孔氏家谱诸书载东汉光武帝时曾官大司马。建武十四年（公元38年）四月仍袭封褒成侯，食邑二千户，卒谥“元成”。子三，损、澍、恢。

孔损　字君益，十八代孙。汉永平十五年（公元72年）袭封褒成侯，元和二年（公元85年）二月，章帝巡狩泰山，柴望山川，告祀明堂，孔损助祭。三月章帝过鲁，亲祀孔子及七十二弟子，孔家又获赏赐布帛。立于永兴元年（公元153年）的《乙瑛碑》记述乙瑛给朝庭的报告说，曲阜孔庙“褒成侯四时来祠”，立于永寿二年（公元156年）的《礼器碑》碑阴有“褒成侯鲁孔建寿千”的捐钱题名，由此可知，褒成侯封号并无改变。《后汉书·百官志》说“列侯……以赏有功，功大者食县，小者食乡、亭”，亭侯当指食禄于乡亭的列侯。褒成侯原来二千户，此次减为一千户，应该是由县级侯改为亭级侯。子曜。

孔曜 字君曜（汉《礼器碑》中有孔曜题名，字仲雅，似当为一人），十九代孙。袭封褒成侯。子二，完、赞。

孔完 二十代孙，东汉时袭封褒成侯，早卒无子，曹魏时以弟孔赞之子孔羡绍封。

孔羡 字子余，二十一代孙。生父孔赞，字符宾，任孔庙守庙百石卒史。三国魏黄初二年（公元221年）封孔羡为宗圣侯，邑百户，奉孔子之祀，并令鲁郡修起旧庙，置百石吏卒守卫之。又于其外广为屋宇以居学者。卒后葬祖墓之南。子震。

孔震 字伯起，二十二代孙，初袭封宗圣侯，晋武帝泰始三年（公元267年）十二月被徙封为奉圣亭侯，食邑二百户，后拜太常卿、黄门侍郎。七十五岁卒。子嶷。

孔嶷 字成功，二十三代孙。正史无此人袭封的记载，而《东家杂记》、孔氏族谱作袭封奉圣亭侯，五十七岁卒，子抚。

孔抚 二十四代孙。举孝廉，辟太尉掾，官豫章太守，袭封奉圣亭侯，但正史无此记载。子懿。

孔懿 二十五代孙。东晋时袭封奉圣亭侯，官从事中郎，但正史无此记载。卒后葬祖墓西。子鲜。

孔鲜 字鲜之，二十六代孙，南朝宋元嘉十九年（公元442年）袭封奉圣亭侯，但正史所载为孔隐之袭封，后改封崇圣侯，但正史所载为北魏太和十九年（公元495年）封二十八代孙灵珍。子孔乘。

自二十三代孔嶷至二十六代孔鲜，正史所记与孔氏家谱记载全部不合，而正史所记袭封者孔亭、孔靖之，孔继之、孔惠云，孔迈、孔莽诸人家谱中并无记载。自西晋建兴元年（公元313年），曲阜县屡次被后赵石勒占领，东晋永和八年（公元352年）后，又多被前燕占领，咸安二年（公元372年）秦灭燕，曲阜又被前秦占有，太元九年（384年）又收归晋有，南朝宋景平元年（公元423年）后多被北魏占领。家谱所载诸人父死子封，世次井然，恐怕是不可能的。清孔继汾说："汾以臆度之，亭与靖之、继之三人或系二十二代震之冢嫡，至隐之、惠云、迈、莽等或以大宗无人遂取旁支代袭，后因鼎祚屡移，子孙不嗣，家乘失传。殆由于此，至灵珍崛起北朝，大约由于支别，自溯祖父以接大宗，如懿如鲜，未必尽曾主鬯。其所封爵，或系追崇。第《唐书·宰相世系表》所载世次、名字、官爵皆与谱志吻合，是以未敢妄改。"史书所记袭封者，唯孔隐之家谱有名，为二十六世孙，十四代长孙孔福次子的后裔，高祖孔衍《晋书》有传，兄淳之、默之，侄熙先《宋书》、《南史》有传。由此可知，南朝所封奉圣亭侯当为旁支。

孔隐之　二十六世孙，孔宙八世孙。南朝宋元嘉十九年（公元442年）十二月丙申，授奉圣亭侯。二十二年，因兄默之之子熙先阴谋叛乱被夺爵。

孔乘　字敬山，二十七代孙，博学有才，北魏孝文帝时举孝廉，延兴三年（公元473年）夏四月被封为崇圣大夫，食邑五百户，主孔子庙祀事，并给十户洒扫林庙。子二，灵珍、景进。

孔灵珍　二十八代孙，初为北魏秘书郎，太和十九年（公元495年）夏四月，孝文帝元宏到曲阜祭祀孔子，命选孔氏宗子一人奉祀孔子，给世袭封爵，灵珍被推举受封为崇圣侯，食邑一百户。子二，文泰、文僖。

孔文泰　二十九代孙，袭封崇圣侯，年五十八岁卒。子一，渠。

孔渠 三十代孙，袭封崇圣侯。子一，长孙。

孔长孙 三十一代孙，袭封崇圣侯。北齐天保元年（公元550年）夏二月被改封为恭圣侯，食邑一百户，北周大象二年（公元580年）春三月追封孔子为邹国公，并立后承袭，遂承袭为邹国公，食邑仍旧。年六十四岁卒。子一，嗣悊。

孔嗣悊 三十二代孙。隋文帝时应制登科，授泾州司兵参军，后迁太子通事舍人。大业四年（公元608年）十月因孔子苗裔被封为绍圣侯，食邑一百户，卒年七十岁。子一，德伦。

孔德伦 三十三代孙，唐高祖武德九年（公元626年）被封为褒圣侯。太宗贞观十年（公元636年）诏褒圣侯朝会，位同三品，食邑一百户。武则天天授元年（公元690年）曾受赐敕书及时服。卒年七十一岁。子二，崇基、子叹。

孔崇基 三十四代孙，武则天证圣元年（公元695年）袭封褒圣侯，中宗神龙元年（公元705年）被晋阶为朝散大夫（从五品下），许陪祭朝会。同年，诏以邹鲁百户为隆道公（孔子封号）采邑，收其租税供孔庙祭祀之用，并许褒圣侯子孙世袭。睿宗太极元年（公元712年）诏给孔子庙侧三十户以备洒扫。卒年五十六岁。子一，璲之。

孔璲之 字藏晖，三十五代孙，唐开元五年（公元717年）袭封褒圣侯，特授国子四门博士，守邠王府文学，蔡州长史，阶通直郎（从六品下）。开元二十七年，因追封孔子为文宣王而被改封为文宣公，兼兖州长史，后迁都水使者。璲之护卫林庙，多有建树，开元六年曾倡修孔庙。天宝十五年（公元756年）安禄山叛乱，攻占曲阜，孔璲之避乱迁居宁陵（今属河南），死后也葬于宁陵。子一，萱。

孔萱 三十六代孙，袭封文宣公兼泗水县令。子一，名齐卿。

孔齐卿 三十七代孙。唐建中三年（公元782年）袭封文宣公，兼兖州功曹,转青州司兵参军,因逢叛乱,陷于东平。子三:惟晊、惟坊、惟时。

孔惟晊 三十八代孙。初居宁陵,兵解后返归曲阜,留弟惟时守护先人陵墓。唐元和十三年(公元818年)袭封文宣公,授兖州参军,年六十五卒。子一,策。

孔策 三十九代孙,明经及第,授曲阜县尉,历少府监主簿,会昌元年(公元841年)由国子监丞迁尚书博士,二年袭封文宣公。大中元年(公元847年)。经宰相白敏中奏请,朝廷年给封户绢百匹以充春秋享祀。会昌五年、大中元年命赐一子出身。卒年五十七岁。子三,振、拯、郁。

孔振 字国文,四十代孙。唐咸通四年(公元863年)进士第一人及第,除秘书省校书郎,曾官兖州观察判官、监察御史、右补阙、水部员外郎,袭封文宣公,卒年七十四岁。子一,昭俭。

孔昭俭 四十一代孙,初任南陵尉,授广文馆博士、兖州司马,赐绯,除秘书郎,袭封文宣公兼曲阜令,卒年六十岁。子一,光嗣。

孔光嗣(公元872—913) 四十二代孙,唐天佑二年(公元905年)以斋郎授泗水县主簿,因唐末社会动乱,失去世袭封号,后梁乾化三年(公元913年)被佃户孔末杀害。

孔仁玉(公元912—956) 字温如,四十三代孙。出生九个月时,其父孔光嗣被户人孔末杀害,孔仁玉被抱藏于外祖母家,幸免于难。后唐长兴元年(公元930年),孔氏族人上诉官府,孔末并非圣人之后,朝廷命诛杀孔末而以孔仁玉主持孔子祀事,授曲阜县主簿。长兴三年迁龚邱令、封文宣公。后晋天福五年(公元940年)迁曲阜令。后周广顺二年(公元952年)太祖郭威过曲阜祭祀孔子,召见孔仁玉并赐五品服,命兼监察御史,死后赠兵部尚书。唐末动乱,孔子后裔多流寓外地,长孙单承门祚，佃户后裔孔末乘乱弑长孙取而代之。幸孔仁玉承袭爵位，接续世胄，其后子孙繁衍，被孔氏尊为中兴祖。

孔宜(公元941—986) 字不疑，四十四代孙。北宋乾德四年(公元966年)诣阙上书，自述家世，被授为曲阜主簿，迁黄州军事推官。太宗即位(公元976年)，被召入京，迁司农寺丞，出掌星子镇市征。孔宜上书朝廷说“星子当江湖之会，商贾所集，请建为军”，朝廷以星子镇户口少升格为县，命孔宜知县事。太平兴国三年(公元978年)回京觐见，太宗召问孔子世数，孔宜据实答对，皇帝对左右说：“家世之远，有如此者乎！”命擢太子右赞善大夫，袭封文宣公。不久，任密州通判。不久还京，迁殿中丞。雍熙三年(公元986年)北宋北征契丹，被遣督运军粮，溺死于拒马河。子三，延世、延泽、延渥。

孔延世 字茂先，四十五代孙。宋雍熙三年因父孔宜殁于王事特赐同学究出身，授曲阜县主簿，秩满，授福州闽县县令，再调许州长葛县令。至道三年(公元997年)七月，真宗访求孔子子孙，十一月被召进京，改授曲阜县令，袭封文宣公，并赐九经、太宗御书、帛五十匹、银器五十两。咸平三年(1000年)，真宗又命本道转运使及州长吏待文宣公以宾礼，文宣公不必按照惯例在公堂上按礼节谒见长官。三十八岁卒。子一，圣佑。

孔圣佑(公元997—1026) 四十六代孙，景德四年(1007年)赐同学究出身。大中祥符元年(1008年)真宗到曲阜祭祀孔子，命陪位，授太常寺奉礼郎，后改大理评事，掌本县钱谷。天禧五年(1021年)授光禄寺丞，袭封文宣公，知仙源(即曲阜)县事，终太子中舍。无子，以堂弟孔宗愿为嗣。

孔宗愿 字子庄，孔宜次子孔延泽之子，四十六代孙。宋天圣中以从父孔道辅荫补太庙斋郎，宝元二年(1039年)九月授国子监主簿，袭封文宣公。至和二年(1055 年)改封衍圣公。不久迁尚书比部员外郎、潍州通判。子四,若蒙、若虚、若愚、若拙。

孔若蒙 字公明,四十七代孙(《宋史》礼志)录先圣后作四十八代,误)。宋熙宁元年(1068 年)袭封衍圣公,授仙源县主簿,后迁新泰县主簿。元祐元年(1086 年) 改为奉圣公,除承奉郎,每三年一考,许关升资任,如朝廷非次擢用,许依旧带公爵出,令以次合袭封者权主祀事。每遇亲祠大礼及冬正朝位,许赴京陪位。元符元年(1098 年)因监修祖庙坐事被罢免。子二,端友、端操。

孔若虚 字公实,四十七代孙。宋元符元年因兄若蒙坐事被废袭封奉圣公,崇宁三年(1104 年)复改为衍圣公。子一,端本。

孔端友 字子交,四十八代孙,崇宁三年(1104 年)十二月袭封衍圣公,直秘书阁,管勾祀事。宣和三年转通直郎,除直秘阁,赐绯章服,并许就任关升。建炎二年(1128 年)冬随高宗南渡,先赴扬州陪位,后定居浙江衢州,阶至朝奉郎。无子,以弟端操幼子孔玠为嗣。

孔玠 字锡老,四十九代孙。南宋绍兴二年(1132 年)袭封衍圣公,阶至朝奉郎。子一,搢。

孔璠(1103—1140) 字文老,四十九代孙,孔端友弟端操之子。伪齐刘豫阜昌三年(南宋绍兴元年,1131 年)补迪功郎,袭封衍圣公、管勾祀事。阜昌八年,刘豫被废,失去爵号。金天眷三年(1140 年)访求孔子后裔,封孔璠为衍圣公,阶承奉郎,未袭封先卒,年三十八岁。《金史·孔璠传》作"皇统三年璠卒",误。子三,拯、揔、摶。

孔搢 字季绅,南宋绍兴二十四年(1154 年)授右承郎,袭封衍圣公。后知建昌军,终浙西参议。子一,文远。

孔拯(1136—1101) 字符济,五十代孙。金皇统二年(1142 年)袭封衍圣公,授文林郎,天德二年(1150 年)十二月定衍圣公俸格加于常品，不久晋承直郎。大定元年（1161 年）卒。无子，以弟孔摠继嗣。

孔摠（1138—1190） 字符会，《金史》作孔总，误。金大定三年（1163 年）七月继兄孔拯袭封衍圣公，授文林郎。大定二十年世宗召至京师，欲授以他官，孔摠力辞，请求专主孔子祀事，皇帝允其请，特授曲阜县令。严洁祭祀，奉卫林庙，曾率族人道东蒙山伐树修建郓国夫人殿。阶至奉直大夫，以子贵赠正奉大夫。子二，元措、元纮。

孔文远 字绍先，五十一代孙。南宋绍熙四年（193 年）授承奉郎，袭封衍圣公。官至隆兴府倅（佐贰副官），秩朝奉郎。

孔元措（1181—1245） 字梦得，五十一代孙。金明昌二年（1191年）四月袭封衍圣公，阶文林郎，正八品上，特旨令视四品，三年超授中议大夫、正三品上，赐四品勋封。贞祐二年（1214 年）遥授东平府判官，三年召至开封，授太常博士。兴定四年（1220 年）七月晋太常丞，元光元年（1222 年）十一月授同知集贤院事，正大二年（1225 年）三月授知集贤院事，仍兼行太常丞，天兴元年（1232 年）九月遥授泰定军节度使、兖州管内观察使，兼行太常少卿。二年正月迁光禄大夫，改太常卿。蒙古兵攻占汴京，元太宗命还东平，仍袭封衍圣公。金亡，孔元措上书请求收录礼乐旧人，皇帝同意，将礼乐旧人及家属迁送东平交孔元措管领。太宗十一年（1239 年）奉诏到燕京，将金掌乐、掌礼、乐工等九十二人带至曲阜，在孔庙演习登歌乐。元代一朝的礼乐，实际上是由孔元措创始的。元措无子，养其弟元纮之孙孔浈为嗣。

孔元用（？—1227） 字俊卿，孔宗愿第三子若愚五世孙。金贞祐二年衍圣公孔元措被召赴汴京，以孔元用代摄祀事。宋兵收复山东，南宋宝庆元年（1225 年），命孔元用袭封衍圣公，世袭仙源县令，出为兖州判官，明年改授济州通判兼京东西路安抚司主管机宜文字。蒙古占领曲阜，蒙古太祖二十一年（1226 年），郡王带孙攻益都，以元用有将略，命带兵从征，以其子之全袭封。次年，卒于军。

孔万春 字耆年，五十二代孙，南宋宝庆二年（1226 年）袭封衍圣公。阶至通直郎，官终泉州佐贰。

孔之全 字工叔，五十二代孙，孔元用之子。蒙古太祖二十一年（1226 年）因父元用被命从征益都，八月朝命特授迪功郎，袭封衍圣公兼曲阜县令，太宗元年（1229 年）晋阶奉训大夫。太宗五年，孔元措自汴归鲁，仍袭衍圣公，之全被免去衍圣公封号，只任曲阜县尹。蒙古宪宗二年（1252 年），孔湞被废，仍以孔之全为衍圣公。卒年五十二岁。子三，治、澄、济。

孔洙 字源鲁（宋孔传《东家杂记》）、景清（清孔继汾《阙里文献考》），五十三代孙。南宋绍定四年（1231 年）袭封衍圣公，官至吉州通判。元灭南宋，元世祖访查孔子后裔中应由谁袭封，至元十九年（1282 年）召孔洙入覲。孔洙让位于居住在曲阜的孔氏子孙，元世祖大加赞赏孔洙"宁违荣而不违亲，真圣人后也"，任命孔洙为国子祭酒兼提举浙东道学校事，授承务郎，并给护持林庙玺书。秩满，再授奉训大夫，儒学提举。卒年六十一岁。

孔湞 字昭度，五十三代孙。祖父孔元纮为元措之弟，仕金官至安远大将军、武昌节度判官。湞庶出，出生后不久生母即被嫡母赶出家门，孔湞也随生母改嫁驱口（奴隶）李氏。孔元措无子，将孔湞领回收养，作为自己的继承人，引起女婿李天辅的不满，在填造户籍时，将孔湞户口填在驱口李氏名下，更其名为李纸糊头，孔元措并不知情。孔元措去世后，孔湞于宪宗元年（1251 年）袭封衍圣公，但整天架鹰牵犬打猎，不管祭祀。次年，族人上书攻击孔湞不事儒雅，并非孔子后代，而是驱口李氏之子。朝廷查对户籍，以户籍为准，免去孔湞衍圣公封号。嫡母任氏非常后悔，上表申诉辩解，但为时已晚，不可挽回。孔湞后官至潍州尹，无子。

孔治(1236—1307) 字世安,一字先己,五十三代孙,孔之全之子。蒙古中统元年(1260年)袭世职曲阜县尹,四年,权主孔子祀事。至元三年(1266年),上书请得白金五十两重修圣庙,十三年授承事郎,二十二年授奉训大夫、单州防御史,朝廷命其子思诚任曲阜县尹。二十八年晋奉直大夫,知密州,首创儒学。元贞元年(1295年)朝见皇帝,有大臣推荐孔治袭封衍圣公,孔治为"至圣文宣王孔夫子之嫡孙,其祖元用以军功没于王事,是开国立功之臣。治权奉祀事三十余年,有德有文,可袭封爵",成宗封孔治为衍圣公,特授中议大夫,赐庙田五十顷,复给林庙洒扫户,重修孔庙。孔治感荷祖荫,"作堂私第,名以诗礼,亦不忘过庭之教"。大德四年(1300年),衍圣公给随朝四品官俸,十一年七月卒。子一,思诚。

孔思诚 元世祖至元二十二年(1285年),因父孔治升任单州防御使,世袭曲阜县尹,大德五年(1301年)升任国子监丞,父死后袭封衍圣公,延祐三年(1316年)因非嫡被罢免。曾官安庆推官,迁知恩州,因丁内忧未赴任,继拜佥江南湖北道肃政廉访司事,后以朝列大夫、濮州尹政仕。子三,克钦、克纯、克容。克钦及子希大、希章均曾任世职曲阜县尹。

孔思晦(1267—1333) 字明道,五十四代孙,四十六代衍圣公孔宗愿三子若愚之后。若愚生端禀、端立,端立生琥,琥生拂。拂为思晦高祖,字文通,曾官进义校尉。拂生元直、元孝、元用,元孝生之厚,之厚为思晦祖父。父浣,字日新。思晦,至大三年(1310年)被三氏学校教授推举茂才,授范县儒学教谕。延祐二年(1315年),调宁阳县学。三年,族人合议,认为衍圣公孔思诚系支庶,孔思晦嫡长而贤,请求朝廷罢孔思诚而以孔思晦袭封,政府议而未决。一日仁宗问儒臣,孔子之裔以世次应袭爵位者为谁,礼部尚书元明善以孔思晦为对,仁宗亲取孔氏谱牒查阅,"以嫡应袭封者思晦也。复奚疑!"于是罢孔思诚,以孔思晦袭封衍圣公,特授中议大夫,月俸由百缗加至五百缗,给四品印。泰定四年

(1327年)因山东廉访副使王鹏南上言升嘉议大夫。至顺二年(1331年),因少监欧阳玄上言诏给三品银印。至顺二年奏请依前代故事起围墙,四隅建楼,仿王宫之制,重修金丝堂,修补礼器、祭服,由江南采购书籍,收回尼山祭田一百五十亩,修复尼山书院,收回被沛县豪民侵占的孔颜孟三氏学学田三千亩,子思书院营运钱万缗。思晦上书朝廷加封孔子之父为启圣王,母为启圣王夫人。延祐四年、六年分别奏请设置属官管勾、司乐,分掌土地租税和乐章、乐器,禄秩均视国子监。五代时,孔末以伪灭真,思晦为防孔末后裔混入孔氏家族,将家谱重刻于石。卒后至正加赠官号,并谥"文肃"。子一,克坚。

孔克坚(1316—1370)　字璟夫,五十五代孙。元顺帝至元六年(1340年)袭封衍圣公。至正八年(1348年)因中书上言衍圣公爵阶不称,特授衍圣公中奉大夫(从二品),赐二品印章。十五年因明习礼乐被征为同知太常礼仪院事,以子希学袭封衍圣公。是年冬,皇帝郊祀,克坚摄太常事,登降有容,观者均认为达礼。拜中台治书侍御史,克坚辞官归籍,明年拜山东道肃政廉访使,接诏书后又辞。因山东动乱,克坚带领家人北上,至藁城,皇帝派使迎去京师,授集贤直学士。十八年,红巾军抵达京郊,朝议迁都关中,克坚坚决反对,不久红巾军被勤王兵击败,大都复安。十九年,迁礼部尚书,知贡举,建议设流寓科选取避难进京的士子。擢陕西行台侍御史,因反对行省丞相帖里木儿接受叛将自劾而归。二十二年,授国子祭酒,因世乱不愿为官,谢病归阙里,于城南终吉营建别墅,后再被任为资善大夫、集贤学士、山东廉访使,均不出任。明洪武元年(1368年)三月,徐达攻下济宁,要孔克坚到南京觐见,克坚称病派儿子希学入觐,不久又赶赴南京,于淮安接到朱元璋手敕:"闻有风疾在身,未知实否?然彼孔氏非常人也。彼祖宗垂教于世,历数十代,每每宾职王家,非胡君运去,独为今日之异也。吾率中土之士奉天逐胡以安中夏，虽曰庶民，古人由民而称帝者汉之高祖也。尔若无疾称疾以慢吾国，不可也。谕至思之。”克坚接敕，日夜兼程赶往南京。十一月十四日获朱元璋在谨身殿接见，亲切地问他：“老秀才，近前来，你多少年纪也？”孔克坚回答：“臣五十三岁也。”朱元璋又说：“我看你是有福快活的人，不委付你勾当。你常常写书与你的孩儿，我看资质也温厚，是成家的人。你祖宗留下三纲五常垂宪万世的好法度，你家里不读书是不守你祖宗法度，如何中？你老也常写书教训者，休怠惰了，于我朝代里你家里再出一个好人好不好？”孔克坚将朱元璋谕示仔细抄去，朱元璋非常高兴：“道与他，少吃酒多读书者。”接见当天即赐宅一区、马一匹、米二十石，又赐田一顷。明日再次召见，命克坚训励族人。朱元璋并对侍臣说：“先圣后，特优礼之，养以禄而不任以事也。”居南京二年，备受优渥，皇帝待以宾礼，郊祀必致膰肉。洪武三年春以病请归，朱元璋派中使存问，给驿送归曲阜，三月二十八日卒于下邳新安驿。能文，整理成《祭酒逸稿》二卷。子九，希学、希说、希范、希进、希麟、希凤、希顺、希尹、希赟。

孔希学(1335—1381)　字士行。元至正十五年(1355年)因父孔克坚被征为同知太常礼仪院事而袭封衍圣公，翌年因山东动乱，随父避乱大都，拜秘书卿。明洪武元年(1368年)三月，受父命至南京觐见。召对时，敷陈历代治乱，朱元璋深为嘉许。十一月膺封衍圣公，进秩二品，阶资善大夫。朱元璋手敕中书省，命优给供廪，赐衍圣公袭衣冠带，遇正旦朝贺，命衍圣公班列上相之后，并为衍圣公府设置掌书、典籍、司乐、知印、奏差、书写等属官，设立孔颜孟三氏教授司教授、学录、尼山书院、洙泗书院山长，免孔氏子孙差发税粮，赐祭田二千大顷。六年，孔希学再次至南京觐见，八月二十九日获朱元璋召见。朱元璋教育他说：“年代虽远，而人尊敬如一日者，何也？为帝者师，为常人教，传至万世不可废也。今尔为袭封，爵至上公，不为不荣矣，此非尔祖之遗荫欤？朕以尔孔子之裔，不欲于流内铨注，以政事烦尔，正为保存尔也。尔若不读书，孤朕意矣。且人年自八岁至弱冠，多昏蒙不开，不肯向学；自弱冠至壮年，有室，血气正盛，百为营营，亦无暇好学。尔年近四十，志虑渐凝定，见识渐老成，正好读圣人之书，亲近明师良友，蚤夜讲明道义，必期有成学。学成之后，四方之人知尔之能，俱来执经问难，且曰‘此无愧孔氏子孙者’，岂不美欤？然四体之动乃德之符，步履进退亦必用安详，不可攲斜飞舞，久久习熟，遂为端人正士。朕今婉曲教尔，尔其自择，还家亦以此教子孙可也。勉之哉！勉之哉！”七年，奏请修庙，朱元璋允诺“明年时和年丰，与他修造”。十年秋大熟，命修正殿、回廊等七十余间。希学又募族人之有禄者捐金补塑圣贤像，收回被豪民侵占的五十顷祀田。十四年卒，明太祖亲制祭文，遣官至曲阜致祭。希学自幼明敏好学，经籍子史之书无不研究，文词典雅，又善隶书，为士大夫所重。子一，孔讷。

孔讷（1358—1400）　字言伯，五十七代孙。明洪武十六年（1383年）因国丧赴京，祭孝陵，蒙太祖召见，命礼部馆于太学，遣礼部尚书劳问，并使袭封爵位，孔讷因居父丧推辞。明年正月，服除，入京袭封，百官班列，太祖命礼官以教坊乐引导送至太学，学官率太学诸生二千余人迎至成贤街，观者如堵。明日入朝谢恩，复赐袭衣，命宴于礼部。这时明太祖已革除丞相，命孔讷班文臣之首。礼部拟照故事授孔讷资善大夫阶，太祖说：“既爵公，勿事散官，但诰以织文玉轴为异耳。”以后遂为定例。孔讷魁梧厚重，寡言笑，笃学恭谨，不以贵胄自傲，乐善好施，能诗，工篆书。子四，公鉴、公铎、公钧、公镗。

孔公鉴（1380—1402）　字昭文，五十八代孙。明建文二年（1400年）袭封衍圣公，四年四月卒，八月成祖遣使谕祭。子一，彦缙。

孔彦缙（1401—1455）　字朝绅，名与字皆仁宗为太子时所赐。五十九代孙。明永乐八年（1410年）袭封衍圣公，虽只十岁，但言动进退，从容详雅，太宗非常高兴，命馆之太学，礼待甚厚。永乐九年，咨文工部请求维修曲阜孔庙，维修殿宇廊庑楼阁二百七十余楹。二十二年，仁宗即位，彦缙入京朝贺，获赐宅于东安门之外。宣德四年(1429 年)为充实孔庙藏书，咨文礼部派人去福建购书，宣宗知道后，命福建买书后送至曲阜。上书朝廷，阙里孔庙雅乐及乐舞冠服敝坏，宣宗命所司修治。正统九年(1444 年)，上书朝廷获准为三氏学设置 生员名额。景泰元年(1450 年)，代宗视学，率孔颜孟三氏子孙入京观礼，赐坐彝伦堂听讲，赐冠带锦衣。三年，再次入朝，“赐三台银印，玉带，衣织金麒麟文，视一品”。从此，衍圣公“朝服、公服、常服皆同于一品，冠八梁冠，带佩与绶俱用玉，笏用象牙”。子四，承庆、承吉、承泽、承源。

孔承庆(1420—1450)　字永祚，六十代孙。锐志于儒家经典，曾从孔颜孟三氏学教授裴侃、江永清，学录孔克晏受业，朝夕淬砺，盛夏寒冬也不稍停，汲汲于功名的三氏学生员也不如他勤学。喜吟咏，诗歌多有新意，结集为《礼庭吟稿》。未袭封衍圣公先卒。景泰六年，因子弘绪袭封而追赠为衍圣公。子二，弘绪、弘泰。

孔弘绪(1448—1504)　字以敏，号南溪，六十一代孙。景泰六年(1455 年)十二月被召进京袭封衍圣公。陛见之日，进止应对如成人，代宗亲赐玉带，并赐“谨礼崇德”金图书印，特下敕书要他“钦承祖德，聿体朕怀。修身谨行，以孝弟为先；力学亲贤，以诗礼为本。和敬以睦族姻，仁厚以处乡党。毋骄毋傲，惟俭惟良，庶无忝于宗亲，且有光于朕命”，担心遭族人欺侮，又敕族人“共加保护，如有恃强挟长肆为凌害者，许具实以闻”，并令悬之公堂，永为法守。为使弘绪学有所成，代宗特命吏部挑选一名教授教育，并派少詹事孔公恂帮助理家。天顺元年(1457 年)英宗复辟，召孔弘绪进京，亲握其手置于膝上，因衍圣公赐第湫隘，更赐太仆寺街一所大宅，广百余间。成化元年(1465 年)，宪宗祭祀国学孔子庙，命弘绪分献邹国公，视学时又赐坐彝伦堂听讲。受封后多建请，成化元年请颁给三氏学印，请许三氏学每三年贡士一人，请免孔氏粮税三分之一。成化五年因宫室逾制被参劾，夺爵为庶人，廷议改由其弟弘泰袭封。弘治十一年（1498 年）因迁善改行，孝宗命恢复冠服家居。子七，闻韶、闻礼、闻善、闻义、闻政、闻忠、闻孝。

孔弘泰（1450—1503） 字以和，号东庄。明成化六年（1470 年）代兄袭封衍圣公，鉴于弘绪少贵僭礼失爵，宪宗特别教育他，“惟学可以希圣，惟德可以绳先。尔尚进学修德，统率族人，毋忝圣裔，以副朕怀”。成化十九年上书朝廷请求扩大孔子庙，宪宗特命方面大臣督修，拨银十余万两，大扩庙制，广正殿为九间，殿庑楼阁、庖厨、堂库、斋室、黉舍三百五十八楹一皆更新。弘治元年（1488 年）被召入京陪祀，分奠兖国公。十二年再次被召入京，六月，曲阜孔庙遭雷击起火，大部分建筑被焚。弘泰闻灾奔归，引咎乞罢，但未获同意。当年，孝宗命重修孔庙，弘泰多所赞划，十六年工未竣而先卒。子一，闻诗，以父荫为世袭翰林院五经博士，主子思祀。

孔闻韶（1482—1546） 字知德，号成庵，六十二代孙。明弘治十六年（1503 年）十月袭封衍圣公，孝宗面赐玉带、麒麟服。娶李东阳之女为妻，临归，朝中士大夫均赠诗送行，汇刻为《振鹭集》。正德元年（1506 年），武宗祭祀国学孔子庙，召闻韶进京，以有父丧请免陪祀，命坐彝伦堂听讲，赐茶，赐宴礼部。嘉靖元年（1522 年）、十二年世宗两次视学皆驿召入京，陪祀分献四配，加赐金织麒麟绯袍及冠带。每值皇帝生日，闻韶必进京入贺，正德二年武宗赐御制回文诗。正德四年，闻韶循例保选族人出任曲阜知县，族人承章、承周攻击闻韶有私，武宗以承章等所奏多虚，量加谴责，但也没有任用闻韶保举之人。承章等仍奏辩，武宗大怒，将承章、承周充军广西，并给闻韶玺书，命约束族人：“先圣之道，垂宪万世，朝廷用之以为治天下之法，在尔辈守之则为治家之法。承章等首开讼端，毁诬宗子，以朝廷名爵为私家争夺之具，是先圣不肖子孙也。迁发边方，小惩大戒，正用先圣家法为之教不肖子孙耳。先圣尝言："其身正，不令而行，尔闻韶尚佩服家训，进学修德，与族长、举事管理族人，读书循礼，以称朝廷崇重至意。今后再有恃强挟长，朋谋胁制，不守家法，为圣门之玷者，尔即指名具奏，国典俱存，必不轻恕。"正德二年，朝廷命衍圣公次子袭五经博士，主祀邹县子思书院。三年，请于朝，获免孔氏全部税粮，改洙泗、尼山二书院山长为学录。六年刘六、刘七农民军焚毁曲阜县衙、驻军孔庙后，疏请迁县城、城阙里以护卫孔庙。子二，贞干、贞宁。

孔贞干（1519—1556）　字用济，号可亭，六十三代孙。明嘉靖二十五年（1546年）袭封衍圣公。三十二年，上疏言"族属日繁，家范日弛，往违度干纪，无以仰称朝廷崇重至意"，世宗给特敕："惟我祖宗列圣，稽古右文，崇儒重道于先师孔子，特隆象贤之典，大宗之裔，锡爵嗣封，承奉祀事，统摄宗人。其支庶之众，亦加优遇。肆朕率循旧章，恩礼益至，顾族属既繁，哲愚非一，往往干犯国宪，有玷圣门。兹特敕谕，令尔贞干督率族长、举事，管束族众，俾各遵守礼法，以称朝廷嘉念至意。尔宜修德谨行，以身先之。如有恃强挟长，朋谋为非，不守家法者，听尔同族长查照家范发落，重则指名具奏，依法治罪。"三十五年秋，带病入京祝贺万寿节，行前有人劝他上疏因病不能赴京，贞干说："其可爱身而忘君乎！"至京未及贺寿而于八月八日卒于北京赐第。世宗闻讣惊悼，命礼部侍郎谕祭，祭九坛，命其子尚贤袭爵，给驿护送灵柩返葬孔林。

孔尚贤（1544—1621）　字象之，号龙宇，六十四代孙。明嘉靖三十五年（1556年）袭封衍圣公，因尚贤年幼，世宗特命吏部"孔尚贤着袭封衍圣公。族人等敢有恃强欺害他的，许孔尚贤奏来治罪。你部里还行文与抚按官知道"，并采用山东巡抚丁以忠的建议，命孔尚贤肄业国学。

尚贤历事四帝，备受优渥。隆庆元年(1567年)穆宗祭祀太学孔庙，召尚贤陪祀，命分献。万历七年，入京为神宗祝寿，神宗见尚贤随朝官行礼，特颁御札："朕昨御门听政，文武百官原为承旨奏事，衍圣公孔尚贤不在文武职官之列，朕以宾礼待之。今后不必常朝，只以万寿入贺，事毕辞回，永为定例。"二十二年，请得应袭长子比照勋卫例，十五岁冠服麟袍、犀带。晚年留居京师，杜门读书，研思儒学，以明明道为宗。子二，胤椿、胤桂，皆早卒无嗣，以从弟之子胤植绍封。崇祯元年(1628年)赠太子太保，三年，晋赠太子太傅。

孔胤植(1592—1647) 字懋甲，号对寰，六十五代孙。曾祖闻韶，袭封衍圣公，祖贞宁，字用致，明嘉靖二十五年(1546年)袭封五经博士。父尚坦，字安之。万历四十七年(1619年)袭封五经博士，天启元年(1621年)袭封衍圣公。天启七年(1627年)加太子太保，崇祯三年(1630年)晋太子太傅。清兵入关，山东巡抚方大猷陈列平定山东十三要策，第七条为崇圣学："先师孔子为万世道统之宗，本朝开国之初，一代纲常培植于此。礼应敕官崇祀，复衍圣公并四氏翰博之封，可卜国脉灵长，人文蔚起。"清世祖览奏后说："先圣为万世道统之宗，礼当崇祀，昭朝廷尊师重道至意，本内所开各款，俱应相沿，期于优渥，以成盛典。"承认明代给予孔子后裔的全部特权。顺治元年(1644年)应召进京，世祖遣官迎劳于邸第，赐宴礼部，赐给衍圣公三台银印，陛见时班列内阁大臣之上。次年二月返里，兵部给勘合。胤植袭封于乱世，但仍多建树。初孔氏家谱只有抄本，明天启间，胤植主修，刊印成书，增定六十六代以下辈字：兴、毓、传、继、广、昭、宪、庆、繁、祥。崇祯十三年(1640年)山东大饥，疾疫流行，胤植奏请蠲免粮税，并出资买谷救济贫民。著有《述圣图》一册。子一，兴燮。

孔兴燮(1636—1667) 字起吕、调五，号辅垣，六十六代孙。清顺治五年(1648年)袭封衍圣公,七年晋太子少保,八年晋少保兼太子太保,十三年晋阶光禄大夫。顺治六年朝廷曾颁给遵守家法敕谕:“国家功成治定,必先重道崇儒,特于先师孔子聿隆象贤之典,其大宗之裔锡爵嗣封,承奉祀事,即支庶亦加优宜。但族属繁衍,贤愚不同,该府官员恐有依恃公爵肆行无忌,慢上凌下,侵占骚扰,大累地方。今朝纲整肃,法纪严明。尔其统摄宗姓,督率训励,申饬教规,使各凛守礼度,无玷圣门。如有轻犯国典,不守家规,恃强越分,朋比非为,轻则径自家处,重则据实指名参奏,依律正罪。尔尤宜率族奉公,谨德修行,身立模范,禁约该管员役,俾之一遵法纪,毋致骄横生事,庶不负优加盛典,尔其钦承之。”兴燮将敕谕刻制成匾,悬挂于大堂之上。子二,毓圻、毓埏。

孔毓圻(1657—1723)　字钟在,号兰堂,六十七代孙。清康熙六年(1667年)袭封衍圣公,九年授光禄大夫,十四年晋太子少师,备受朝廷优宠。随朝官拜见圣祖,退出时,圣祖命从御道行走。康熙二十三年,圣祖到曲阜祭祀孔子,亲行三跪九叩大礼,并听孔子后裔讲解儒家经书,敕谕孔毓圻说:“至圣之道与日月并明,与天地同运,万世帝王咸所师法,下逮公卿士庶,罔不率由。”谆谆告谕说:“尔等远承圣泽,世守家传,务期型仁讲义,履中蹈和,存忠恕以立心,敦孝弟以修行,斯须弗去,以奉先训,以称朕怀。”二十八年,孔毓圻获皇帝御书“诗书礼乐”匾额。六十一年,命荫一子五品官。袭爵五十年间,多有建树。康熙十年重修启圣林,十三年重修尼山孔庙,十六年以祭田赢余陆续维修孔庙,二十三年圣祖至曲阜时,请得展扩孔林墓地一千一百余亩,重筑围墙,又请得由朝廷任命衍圣公府属官百户。二十八年以孔庙渐就毁敝疏请修庙以光大典,皇帝拨银八万六千余两,修理大成殿等建筑三百余间。康熙二十三年命孔尚任修孔氏家谱,新修《阙里志》,皇帝幸鲁后,又组织人编写《幸鲁盛典》,并请皇帝作序。清雍正元年(1723年)世宗追封孔子上五代为王爵，十月赴京谢恩，病卒于京，世宗命三品以上汉官会吊。灵柩返曲时，世宗命皇三子及庄亲王叩奠，亲为御制碑文，赐谥恭悫。工书，有《金人铭》、《后赤壁赋》传世。善画，尤喜画兰，笔墨清雅。子四，传铎、传铻、传钲、传镛。

孔传铎（1673—1735） 字振路，号牖民，六十八代孙。清康熙四十年（1701年）以衍圣公长子得授二品冠服，雍正元年（1723年）袭封衍圣公，九年因病告休，由长孙广棨袭封，十三年病卒。袭封次年，孔庙因雷击起火，大成殿等主要建筑几乎全部被焚，被委与山东巡抚重建，添建乐器库诸房。九年重修孔林，被委与山东巡抚监理。除监理朝廷大修工役外，传铎还自行维修尼山书院。雍正二三年间赐给御书"钦承圣绪"额，七年颁给世祖御制《人臣儆心录》，圣祖御制文集等二十七种书籍，八年世宗又为阙里孔庙专设三品至九品四十位执事官员。林庙工竣后，又请得朝廷同意开馆编纂《崇鲁盛典》。精于三礼，凡庙中一器一物无不详见订正。有《三礼合纂》十二卷、《礼记摘藻》一卷、《读古偶志》一卷、《古文源》二卷。工古文、诗词，有《安怀堂文集》二卷、《申椒集》二卷、《绘心集》二卷、《盟鸥草》一卷、《红萼词》二卷、《炊香词》三卷。子六，继濩、继溥、继洞、继汾、继涑、继澍。

孔继濩（1697—1719） 字体和，号纯斋，六十九代孙。未袭封衍圣公先卒，雍正十三年（1735年）赠衍圣公。能诗，有《纯斋遗草》一卷。子二，广棨、广柞。

孔广棨（1713—1743） 字京立，号石门，七十代孙。清雍正二年（1724年）以衍圣公嫡长孙授二品官服，九年袭封衍圣公。十年，以孔林工竣入朝谢恩，世宗命太学士会同礼臣商议召见仪式。召见于圆明园正大光明殿，命坐赐茶，赐御铭松花砚等物。题请周公后裔东野氏五经博士一体赴京陪祀。乾隆四年、五年入京祝贺万寿，会开经筵，命入班听讲，广棨请得将每开经筵入班听讲成为制度。能诗文，有《敏求斋文集》八卷，诗集四卷，别集一卷。子一，昭焕。

孔昭焕(1735—1782)　字显文，号尧峰，七十一代孙，清乾隆八年(1743年)袭封衍圣公。生当乾隆盛世，备受皇帝优渥。乾隆十三年高宗初过曲阜，赐诗曰："历代崇阶首百僚，欣看弱冠着清标。学诗适合趋庭训，读礼因迟望阙朝。泗水溯沿长不绝，尼山景仰近匪遥。圣言广大求亲切，守贵由来在不骄。"十六年，高宗再至曲阜，又赐诗告诫"克继家声慎勖旃"，次年诰授光禄大夫。孔昭焕一生九觐京师，六逢高宗幸鲁，二十三次拜见高宗，陪宴于紫光阁，侍祀于辟雍，皇帝赐诗赐书，赏赉迭至。孔昭焕受高宗教诲、优礼，立志报效，为接待高宗将孔府南池别墅交给地方改作皇帝行宫；为使孔庙祭祀用舞合于礼制，改习太学舞谱为阙里文庙舞谱；为亲祭家庙，改四仲月上丁日为上亥日行时享礼；改建启圣王林享殿、林门，重修尼山、中庸书院，咨请地方官吏清厘孔庙祀田，重修《孔子世家谱》。但一生多变故，屡受处罚。乾隆三十一年，因空白札付委员赴江浙清查宗支被罚半俸九年，三十二年因滥委属官赴赣州查谱被罚俸一年九个月，三十三年又因族人潜往铁岭查访户人被罚俸一年，同年府吏盗用印文伪劾屯田管勾事发后又被降二级留任并罚俸二年，高宗之母八旬寿庆时才被曲予开复。能诗，也能书，工画，尤擅人物。子五，宪培、宪增、宪圭、宪均、宪堃。

孔宪培(1756—1793)　本名宪允，清乾隆三十六年(1771年)高宗赐名，字养元，号笃斋，七十二代孙。乾隆三十五年赏给二品顶戴，四十七年袭封衍圣公，五十年诰授光禄大夫。袭爵时专折谢恩，自誓"敬承祀事，读书饬行"，高宗亲自朱批"勉此八字可也"。多所兴建，曾筹资维修阙里孔庙大成殿、尼山孔庙大成殿等建筑，补植孔林数千株柏树。任内也曾受过处罚，乾隆五十五年因率请将守丧未满的周公后裔题授五经博士被罚俸九个月。工诗,好为古今体,清代诗人袁枚为其诗集作序,认为宪培诗冲淡高旷,于"风"为近。有《凝绪堂诗集》八卷。善画,工花鸟,尤精于墨兰,得孔毓圻意趣。能书,学宗苏黄。无子,以胞弟宪增长子庆镕为嗣。

孔庆镕(1787—1841) 字陶甫,号冶山,七十三代孙,清乾隆五十九年(1794 年)袭封衍圣公,嘉庆十四年(公元 809 年)诰授光禄大夫,面训"读书励行",二十四年面谕"忠孝存心"。道光三年(1823 年),皇帝面谕:"孔庙孔林的事总要留心,祭品洁净","林内第一讲究风水","断不可听信更改"。嘉庆二十一年朝廷拨银十六万两大修孔庙,道光二年又逢朝廷拨银约二万两维修孔林,庆镕不时查看工程,每遇风雨必周历详规。孔庙工竣后,以私蓄三千五百余增修整礼器、乐器,重做乐舞生服装。孔林工竣后,又添植桧柏。娴礼仪,九岁入京觐见皇帝,肃雍将事,进退未尝失仪。十二岁即能作诗。有《铁山园集》七卷、《春华集》一卷、《鸣鹤集》一卷、《忠恕堂集》一卷。诗人董诰称其诗"工于论古而不失之偏断,善于咏物而不失之纤巧,长于叙事而以端风化为准,娴于写景而以理情为先",经文学家、诗人孙星衍称其诗"性情肫挚如杜陵,风调潇洒如香山,咏古赋物工雅如皮陆"。能书,行书得力于兰亭,隶书脱胎于孔宙。善画,少时喜绘蛱蝶,栩栩如生,工画兰,得先祖孔毓圻之法。

孔繁灏(1806—1862) 字文渊,号伯海,七十四代孙。嘉庆二十五年(1820 年)以衍圣公嫡长子钦授二品冠服,道光二十一年(1841 年)袭封衍圣公。历事三朝,迭邀宠眷。道光二十三年初次入觐,蒙皇帝五次召见,垂询谆详,旁及家庭眷属,告诫他"要把忠信礼义廉耻一个字也少不得",赏给御书"福"、"寿"二字,回籍谢恩,皇帝又在谢恩折上朱批谕示"行者,本也;文者,末也。孝弟忠信,礼义廉耻,勉力而行,以端风化,以阐正宗,朕有厚望于卿,即所以钦慕先师之微忱于无既矣”。文宗即位,进京蒙文宗七次召见,开复留任处分(孔繁灏革职留任处分未见记载,可能是因道光二十年百户官盗伐孔林树木一事被处分)。咸丰三年(1853年)入京陪祀,特恩加太子太保衔,赏给御制诗:“曾向宫墙荐德馨,高山向往景前型。千秋人觐衣冠化,一代天钟海岳灵。诗礼泽长庭有训,粥馇风古鼎留铭。时清尚染浇漓俗,愿借家传铎唤醒。”受皇帝厚恩,繁灏时图报效,咸丰三年为助朝廷平定太平天国,捐银三千两。咸丰十年,甚至亲上城头抵御捻军攻城。同治元年(1862年),咸丰帝入葬,不听劝阻,抱病入京,卒于京师,赐谥端恪。在任期间以林庙为重,道光二十六年咨准工部拨帑银三万两重修一新。孔庙乐器大琴、大瑟年久失传,无人演奏,一意讲求,延请专家互相考稽,终于恢复祭祀古音。好读书,不用章句之学,能诗,有《红萼轩诗文钞》传世。好书画,精鉴别。

孔祥珂(1848—1876)　号观堂,七十五代孙,清同治二年(1863年)袭封衍圣公,同年因捻军过曲阜损毁尼山孔庙孔子塑像受到降级处分。四年入京觐见,皇帝赏赐御书“福”、“寿”各一张。曾国藩、李鸿章督师先后过曲阜,祥珂请李鸿章专折奏请拨银六万两维修孔庙,又维修孔林,疏通洙水桥、文献泉。好读书,讲求古今掌故,陶情诗酒,旁及书画音律。死后谥庄悫。

孔令贻(1872—1919)　字燕庭,七十六代孙,清光绪三年(1877年)袭封衍圣公。备受清廷优渥,光绪十四年年满十六岁首次入觐,蒙德宗赏赐“福”、“寿”各一张,御颁孔庙“斯文在兹”额。十五年,德宗谆谆告诫“允宜读书砥行,勉承先泽”,“加意进修,延访名师,讲求经史实学,勿染世禄骄奢之习,庶可仰副朝廷殷殷期望之意”。二十年,奉母携妻入京为慈禧太后祝寿,迭蒙皇帝召见,母、妻留住御园,慈禧太后多次召见,亲热如同家人,赏给御书“寿”字、“福寿”字、“松鹤图”、“蟠桃图”等,并获赏戴双眼花翎。请求清查孔庙祀田，德宗命户部行文两江总督、江苏、山东各巡抚确切履勘。宣统二年(1910年)，因报效津浦铁路占地被赏穿戴膝貂褂。1919年，又获清废帝赏紫禁城骑马。民国期间，受到历任总统的优遇，1913年颁给一等大绶宝嘉禾章，袁世凯称帝后甚至加给郡王衔。1919年病逝北京，大总统徐世昌命派专列将灵柩送回曲阜。孔令贻忠心报效朝廷，光绪三十二年德宗命稽查山东全省学务，先后到济南、泰安、兖州、济宁及莱州、胶州、登州、青州六府二直隶州考察，“每到一校，必集校员生徒，示以效忠守正之道，教育强国之图，使知端其趋向，壹志学业。更取教员所辑讲义及生徒所习文艺细加观览，其有授受不合者，随时示以改良之法”。两次上奏皇帝：“育才之道以培植根本为先，办学之方以考核实际为主，东西各国于学术进步之事彼此择善而师，然于本国独擅优胜之学，赖以团结国家人民者，学校中必注意教授，弗使失传。”生逢光绪二十三年、三十四年、1915年三次维修孔庙，督促庙工，辛勤检视。光绪三十一年又建曲阜孔颜曾孟四氏师范学堂，自任总理。1914年与康有为等筹建孔教会，提倡尊孔读经。能诗，善画，工书，书风秀媚。

孔德成(1920—2008)　字玉汝，号达生，七十七代孙。1920年袭封衍圣公，1935年改封大成至圣先师奉祀官，特任待遇。1937年日寇入侵，离家南下，暂居重庆，战后回南京，1947年曾回曲阜，1948年去台湾。1955年起在台湾大学任教，开设三礼、金文、殷周青铜彝器研究，指导中文、人类两系师生以实验、复原的方法研究《仪礼》。曾获韩国成均馆大学、日本丽泽大学、中国台湾大学荣誉文学博士和韩国岭南大学荣誉博士等荣誉学位。在台湾曾任故宫、“中央博物馆”联合管理处主任委员，“考试院”院长，中华孔孟学会理事长等职，著有《礼记释义》、《金文选读》等。工书法。

孔建寿　代次不详，汉永寿二年(公元156年)，《礼器碑》捐钱题名有“褒成侯孔建寿千”，足证其为孔子嫡孙。但《后汉书·孔僖传》记录孔均至孔完子孙代代世袭中并无此人，而孔氏家谱与孔僖传相同，此恐是某代长孙之子。《礼器碑》中还有“鲁孔曜仲雅二百”的捐钱题名，孔建寿承袭褒成侯在孔曜前，可能是十八代孙孔损之字。

孔亭　世次不详，家谱不载，《宋书》载，东晋明帝太宁三年（公元325年）诏给奉圣亭侯孔亭四时祀孔子祭直，如泰始故事。

孔靖之　世次不详，家谱不载。《晋书·孝武帝纪》载太元十一年（公元386年）“八月庚午封孔靖之为奉圣亭侯，奉宣尼祀”。

孔惠云　世次不详，家谱不载。南朝宋元嘉二十八年（公元451年）被封为奉圣亭侯，但不久即因疾失爵。南朝宋孝建元年（公元454年）十月戊寅命开建孔庙规制的诏书中有“典司其人，用阙宗祀”的记载，说明在此之前，孔惠云已被夺爵。

孔继之　世次不详，家谱不载，孔亭五世孙，袭封奉圣亭侯后博塞无度，甚至将祭祀用钱用于赌博而废弃祭祀，南朝宋元嘉八年（公元431年）被夺去爵位。

孔迈　世次不详，家谱不载，南朝宋大明二年（公元458年）被封为奉圣亭侯。

孔莽　世次不详，家谱不载，孔迈之子，继父袭奉圣亭侯，后因罪失爵。

第二节　裔　孙

孔子后裔以学诗学礼为祖训，只要有条件，大多数子孙都重视学习和接受教育，许多人还学有所成，或出仕为宦，或教书育人，或著书立说，或创作文学，给后人留下一份宝贵的遗产。

孔立 字子立，十四代孙，孔安国之孙。少游长安。与刘歆为友。孔立曾以清论讥刺皇戚史丹，西汉成帝时，史丹以护持太子为皇帝有大功，官至左将军。死后，儿子们因史丹之功并为侍中诸曹，很得皇帝亲幸。孔立不愿出仕，返归故里，以教书为业，弟子多达数百人。

孔子建 《后汉书·孔僖传》作名子建，孔氏家谱、志书作孔建，字子建，十六代孙，孔驩曾孙，孔僖曾祖。少游长安，与崔篆友善，崔篆后出仕王莽，任建新大尹，曾劝孔子建出仕，孔子建推辞说："吾有布衣之心，子有衮冕之志，各从所好，不亦善乎！""且刁与子幼同志，故相友也。今子以富贵为荣，而吾以贫贱为乐，志已乖矣。乖而相友，非中情也，请与子辞。"于是返归故里，终生未仕。东汉初，董宪部将彭丰等活动于邹鲁之间，侵害百姓，孔子建与太守鲍永合谋，借祭祀孔子之机杀死彭丰，安静了地方。子建有子孔仁，通文学，曾官议郎、博士，官至南海太守。

孔子祛(公元496—546) 会稽人，孔氏家谱不载，世次不详。早年丧父，家境贫寒，但立志向学，耕地打柴时都携带书籍。初任长沙嗣王侍郎兼国子助教，讲解《尚书》，听众常达数百人。中书舍人贺琛受命撰写《梁官》，推荐子祛助撰，被授为西省学士，书成后命兼司文侍郎，不愿任职，后兼主客郎舍人，累迁湘东王国侍郎、常侍、员外散骑侍郎、云麾庐江公记室参军，转兼中书通事舍人，不久任步兵校尉，仍兼舍人。梁武帝撰《五经讲疏》和《孔子正言》，命子祛检阅各种书籍用作义证，书成后，命子祛和朱异、贺琛递日相继在士林馆讲经。官终通直正员郎，仍兼中书通事舍人。博通经书，尤明《古文尚书》，著有《尚书义》二十卷、《集注尚书》三十卷、《续朱异集注周易》一百卷，《续何承天集礼论》一百五十卷。

孔元敬 字忠卿，五十一代孙，孔萧之子。少孤，奋志励学，弱冠投入蒙古军队忽必烈部中。元灭宋，曾官江东宣慰司照磨、池州青阳县尹、浙东海右道提刑按察照磨、福建闽海道照磨，升任邵武路经历，以兴化路经历致仕。为官多行善政。兵燹之后,士民大多藏于山谷,官吏乘机恐吓,倾覆其家产。莅任青阳,即告示士民,迁于城中即免除赋税,任照磨时,平冤狱,决大狱,人服其公允。能文,以纂述祖德为事,撰成《素王世纪》十二卷。

孔元演 字流远,五十一代孙,居广州。性情耿介,不乐仕进。宋咸淳间曾被征召为官,不就,送给廪粟也不接受。朋友曾南宝劝他说:"人生读书求致用耳。今世道衰微,正学人经济之秋,何独善为?"元演笑而不答。博闻洽记,于广州北门建明德堂,以讲道为业,为一时士人宗师,后隐居水村,人称"溪隐先生"。能文,著有《明德集》十卷。

孔元龙 初名拚,字伯凯,五十代孙,孔传曾孙。父孔璞,南宋理宗时授迪功郎,南宗孔庭族长,著有《景丛集》十卷。元龙曾随南宋理学家真德秀游学,曾作《诲忠策》,辑录《洙泗言学》四十余章。真德秀认为"其以先圣之裔而研精先圣之书,其所发明有补学者",将其书推荐给朝廷,受到皇帝的嘉奖,授迪功郎,孔庭族长。后任饶州余干县主簿,不久返归家乡衢州,以教书为业,后被聘请为柯山精舍山长。元龙一生好学,年逾九十仍手不释卷,著有《柯山论语讲义》、《鲁樵集》。死后门人私谥为"文介子"。有子应得,官至资政殿大学士、谏议大夫、签枢密院事。元龙因子贵被追赠少师。

孔公才 字羲文,五十八代孙。明成化十九年(1483 年)中举,任江都知县,正德二年(1507 年)入京任兵部车驾司主事,时宦官刘瑾专权,百官承顺意旨,公才耻与为伍,自请外迁。改大名府通判,不久改知和州。正德九年,农民军攻州城,州将闭城自卫,将避乱百姓关于城外,公才不满这种做法:"如此,其如城外生灵何!"命开城放进数万人,事平后,难民特建生祠祭祀。正德十年升山西按察使命事兼理大同兵备道,时鞑靼小王子屡犯大同,官员多借故不敢上任,公才受命即赴大同,修缮城池,整饬武备,大同以安,时称北门锁钥,受到朝廷多次优赐。后致仕归里,卒年七十六岁。

孔公恂(1413—1471) 字宗文,五十八代孙。明景泰五年(1454年)参加会试,因得知母亲有病,不去参加廷对,代宗问知原委后,派人召至朝廷,日近中午,来不及准备试卷,命翰林发给笔札,以二甲十四名举进士,即丁母忧。次年,因六十一代衍圣公孔弘绪年幼被族人欺侮,孔彦缙妾江氏上报朝廷,命孔公恂料理孔府事务,天顺元年(1457年)授礼科给事中,被派赏边,宣布德意,禁革侵渔。五年,被派苏州、嘉定勘察滞狱,很快处理完毕。七年,因大学士李贤举荐,以圣人后裔与司马光后裔司马恂同日被任命为少詹事,侍东宫讲读。宪宗即位,改任大理左少卿,公恂因"世儒家,不通法律"请辞,仍任少詹事。成化二年(1466年),上章议论兵事,引起武臣群起反对,给事中、御史交章批驳,因此下狱,被谪汉阳知府,未上任而丁父忧。服满后仍任少詹事,不久升南京詹事。能文,结集《詹事集》二十卷。

孔公璜 字黼文,五十八代孙。明成化十三年(1477年),因文行卓异被举荐为三氏学学录,多所建请,于尼山之东设颜母祠以祀孔子之母颜征在,请求朝廷设置奉祀孔伋的世袭翰林院五经博士,请求改称尼山书院、洙泗书院山长为学录,并创建奉祀孔仁玉外祖父张温的祠堂。自幼刻苦励学,独喜诗歌,著有《北窗迂叟稿》。

孔公锜 字御文,五十八代孙。少奉父命,专习举子业,有名于学校,父死后自叹说:"蚤年读书,欲求第以悦亲耳,今见背矣,奚龊龊为也?"放弃举业,专工诗歌,究心理学,寒暑不辍。后卜居泗水上,自号泗渔,学者称泗渔先生。著有《南坡集》、《元和景象集》、《泗渔乐府》。

孔公镗 字声文,五十七代衍圣公第四子。慷慨有气节,敦尚信义,人有过错常当面指责,被人称为孔门御史。明宣德九年(1434年)被举荐为曲阜知县,兴学重农,邑中大治。居官十载,请求致仕,但未获允准。后被诬陷,并不申辩,"得挂冠是吾愿也",罢官家居。景泰元年(1450年),经五十九代衍圣公代陈始得昭雪,朝命复官。能诗,有《沂雩散人集》。

孔文仲(1038—1088)　字经父,四十七代孙,延之次子。七世祖孔绩曾官吉州军事推官,家于江西临江,遂为临江新喻(今新余)人。考中进士时,考官吕夏卿称赞他"词赋赡丽,策论深博,文势似荀卿、扬雄",推荐给主试官,擢为第一名。熙宁初年,翰林学士范镇推荐参加制举,上对策书九千余言,反对王安石变法,宋敏求定为异等,王安石怒奏皇帝,御批罢归故官,虽经齐挟、孙固封还御批,韩维、陈荐、孙永、范镇多人上书相救终未能免。吴充为宰相,本欲将文仲调入馆阁,又担心被人忌恨,授为国子直讲。当时考试经义论策,都得用王安石《三经新义》说法,文仲偏不读其书,被换为三班主簿,排挤出京城任保德军通判。元祐初年被召回京师,任秘书省校书郎,升为礼部员外郎,迁中书舍人,擢为左谏议大夫,再改中书舍人。元祐三年(1088 年)被任为同知贡举,身虽有病,仍昼夜供职,病情日益加重,归家不久即去世。文仲性格刚直敢言,洁身自守。虽因上策反对王安石变法被黜免,仍不改变自己的主张,任左谏议大夫时,借日食上疏,指出社会五条弊端:"邪说乱正道,小人乘君子,远服侮中国,斜封夺公论,人臣轻国命。"指斥王安石"青苗免役首困天下,保甲乘马茶盐之法为遗螯留蠹"。死后,苏轼手拊其柩说:"世方嘉软熟而恶峥嵘,求劲直如吾经父者今无有矣!"名列元祐党籍,被追贬为梅州别驾,元祐末才恢复旧官号。文仲与弟武仲、平仲均以能文见称,时称三孔先生。有《起居令集》五十卷。

孔平仲　字义甫,四十七代孙,延之四子,江西新喻(今新余)人。宋治平二年(1065 年)进士,再应制科,经吕公著荐举为秘书丞、集贤校理。元祐三年(1088 年)因兄文仲死后归葬南康,诏命护葬,出任江东转运判官,提点江浙铸钱、京西刑狱。绍圣元年(1094 年)复行王安石新法,平仲被指控为在元祐年间附会当路、讥毁先烈,削去集贤校理,改知衡州,提举董必又劾奏不推行常平法,陷失官米价值六十万钱,被置狱潭州。平仲上疏朝廷,自辩无罪,改知韶州。不久,又因上书被责为惠州别驾,安置英州。徽宗初,入京为户部员外郎、金部郎中,出任提举永兴路刑狱,出使陕西,帅鄜延环庆。党论再起被罢免,主管兖州仙源县(今曲阜)景灵宫。平仲长于史学,工于文词,著有《续世说》、《释稗》、《诗戏》、《良史事证》、《孔氏谈苑》、《珩璜新论》等书,有文集二十一卷,为《清江三孔集》之一。

孔光(公元前 65—公元 5) 字子夏,十四代孙,西汉经学家。幼随父习大夏侯《尚书》,又事周堪弟子牟卿受业,经学尤明。元帝时举为议郎,举方正,任谏大夫。成帝初举为博士,以高第为尚书,转仆射、尚书令,迁光禄大夫,历光禄勋、御史大夫、左将军等,官至宰相,封博山侯。平帝时为太傅,徙太师。谥简烈。居官守法度,常依据经法言事,与何武制定限名田、限奴婢方案。反对外戚专权,主张崇德博施,精诚政事,反对祈禳等迷信活动。

孔至 字惟微,三十六代孙。因父孔若思曾官卫州刺史,流寓河南鲁山县。孔至曾官著作郎,通晓氏族学,与韦述、萧颖士、柳冲齐名,四人均撰百家类例,但孔至所撰为最工。

孔休源(公元 469—532) 字庆绪,三十一代孙。二十二代祖孔潜在汉末避居江东,遂为会稽山阴(今浙江绍兴)人。随吴兴沈麟士学习经书,被州举为秀才,齐太尉徐孝嗣读其策文,称赞“董仲舒、华令思何以尚此!可谓后生之准也,观其此对足称王佐之才”,被任为西邸学士。梁代齐,任太学博士,后任临川王府行参军。梁朝新建,急需“有学艺、解朝仪者”，被任为兼尚书仪曹郎中。新朝礼制多所改作，每逢寻访前朝故事，孔休源即以所背诵晋宋起居注对答，一无凝滞，被人称为“孔独诵”。迁建康狱正，改中书舍人、司徒临川王府记室参军，迁尚书左丞，改给事中、黄门侍郎，迁长史兼御史中丞。正色直绳，无所回避，朝中大臣无不惮惧。除少府卿，又兼行丹阳尹事，出任宣惠晋安王府长史、南郡太守行荆州府州事。始兴王镇荆州，改始兴王府长史。在州很有治绩，平心决断，请托不行。除通直散骑常侍，领羽林监，转秘书监，迁明威将军，复出为晋安王府长史、南兰陵太守行南徐州事。入朝为太府卿，不久授都官尚书，领太子中庶子。南朝梁普通七年（公元526年）授宣惠将军，出监扬州，中大通二年（公元530年）加授金紫光禄大夫。休源深得梁武帝信任，每当巡幸，常常将军国大事委托给他。公卿议事，奏决于休源之前，被称为“兼天子”。休源死后，遗令薄葬，追赠为散骑常侍，谥号贞子。武帝赞其“奉职清忠，当官正直”，皇太子赞其“立身中正，行己清恪”。后人将其奏议、弹文汇成十五卷。

孔安国　字子国，十一代孙，西汉经学家。武帝时为博士，任谏议大夫，出为临淮太守。鲁恭王拆除孔子故宅，发现《尚书》、《论语》、《孝经》等儒经。在以古文书写的四十五篇《尚书》中选取行世的二十九篇以通行的隶书释出，被称作《古文尚书》，开古文尚书学派。天汉间献于武帝，请立学官，遭巫蛊之事未能施行。传学于都尉朝、倪宽等，司马迁撰写《史记》也曾问故，所以《史记》所引《尚书》多是古文。也传《古论语》、《古孝经》，都已佚失。相传著有《尚书孔氏传》，明清学者认为这是东晋梅赜编造的伪书。

孔汪（？—公元392）　字德泽，二十六代孙。高祖孔潜在东汉末年移居会稽，因此以会稽为籍贯。父孔愉，晋成帝时官至镇军将军、会稽内史。孔汪好学，有志向，守气节，晋孝武帝时官至侍中。当时茹千秋奸巧谄谀，被会稽王司马道子宠爱，孔汪多次劝谏，孝武帝不听，请求出朝为官，任假节、都督交广二州诸军事、征虏将军、平越中郎将、广州刺史。很有政绩，被岭南人所称许。能文，后人结为《中郎集》十卷。子一，孔俟，官至江夏太守。

孔扶　字仲渊，孔子十九代孙。征为博士，出任太守，入朝为太常。汉阳嘉二年（公元133年）六月升为司空，但第二年十一月即被罢免，出为弘农太守。

孔克伸　字刚夫，五十五代孙。曾官元丰县教谕，明洪武七年（1374年）曲阜世袭知县孔希大因族长孔泾告发其不法诸事被罢免，太祖命衍圣公保举孔氏族人继任，孔克伸被举荐赴南京。召见时，太祖问他："你晓得作诗么?"孔克伸回答"臣颇晓"，太祖说："颇晓即是晓得。"命以蒋山为题，孔克伸很快成诗："压尽群山素有名，巍巍雄峙独峥嵘。数峰碧玉朝天阙，一带螺屏映帝京。云窦雨晴龙虎现，月岩风暖凤凰鸣。应知圣主无疆福，日听昆仑万岁声。"太祖非常高兴，"朗诵数遍，笑曰：'莫说你别才调，只这首诗也该与你个知县做。'"命任曲阜世职知县。居官勤恪，明嘉靖二十八年（1549年）入祀乡贤祠。

孔克表　平阳（今属浙江）人。行为惇厚，学问广博，尤精史学，明洪武年间被举荐为翰林修撰，承诏注释儒家经书，书成后，皇帝赐名为《群经类要》。

孔克慧（1301—?）　字慧元，五十五代孙。迁居广州，父思齐曾官福建市舶提举。十八岁为进士，授宁化县尹，不久升任抚州同知。当时催科政急，克慧专以抚字为务，兴学教民，户口倍增。任满后升任浙江行中书省参议，迁陕西路廉访副使。能文，著有《德台集》、《奏疏》、《历官纪》、《归田录》等书。

孔延之　字长源，四十六代孙，迁居新淦。幼孤，发奋读书，宋庆历二年(1042年)乡试第一,明年成进士,授钦州军事推官,迁监杭州龙山税,转知洪州新建、筠州新昌,升封州知州,迁本路转运判官,改荆湖北路提点刑狱、转运使,知越州,入京任尚书司封郎中,再出知润州,未行先卒,年六十一岁。为官多善政,阻筑封州城,平反方倪冤狱,使六百家采珠户免受富人掠夺。喜藏书,家食不足却以俸钱购书。工于为文,有《会稽掇英总集》。子七,其中文仲、武仲、平仲为宋代著名诗人,人称"三孔"。

孔坦 字君平,二十六代孙。祖孔冲,官至晋丹阳太守,父孔侃,官至晋大司农。孔坦通《左传》,能写作。司马睿为晋王时为世子文学,司马睿即位后为太子舍人,迁尚书郎。典客令万默负责北方各少数民族事务,各族互相诬告,朝廷认为万默偏袒不公,要将其处以死刑,孔坦却不联署,因此遭到谴责,弃官返回会稽故里。后朝廷重新起用,授官领军司马。东晋永昌元年(公元322年)尚未赴任,王敦造反,沈充起兵在吴兴响应,孔坦与右卫将军虞潭在会稽起兵讨伐沈充,事平后才就职。扬州刺史王导请任别驾,咸和初迁官尚书左丞,二年,苏峻起兵作乱,孔坦与司徒司马陶回建议王导趁苏峻未到,赶快切断阜陵之界,守住江西当利诸口,敌少我众,可一战而胜,王导认可但庾亮不认可,致使苏峻攻占姑熟。孔坦认为苏竣将攻台城,而兵士将大多战死,百姓不会受到多大伤害。事实果然如此,时人赞他有先见之明。苏峻挟持成帝到石头城,孔坦投奔荆州刺史陶侃,被任命为长史。时陶侃连夜修筑白石垒,天明刚成,苏峻军到,众人都怕苏峻来攻。孔坦认为苏峻攻垒必须趁东北风,现在天气清静,苏峻一定会派人攻掠京口以东。孔坦建议速让郗鉴回守京口,陶侃犹豫不决,经孔坦坚持争劝陶侃才令郗鉴回军京口。后来一如孔坦预见。平定苏峻后,命任吴郡太守,孔坦认为吴郡多贤豪,自己年轻,不宜担此重任。王导、庾亮打算任命孔坦为丹阳尹,孔坦坚决推辞,最后被任命为吴兴内史，封晋陵男，加建威将军。兵乱之后又遭荒歉，孔坦从自己家中运来粮食救济百姓。时朝廷命孔坦招募江淮流人从军，有叛兵东还应募，孔坦不知，被人诬告为招纳叛兵而免官。不久，被任命为侍中。东晋咸康元年（公元335年），以司马随大司马王导伐石聪。孔坦劝成帝亲政，因此得罪王导，被任命为廷尉。孔坦不悦，因病辞职，加职散骑常侍，迁官尚书，尚未下诏而病已重，临死前写信给庾亮，希望他能统一中国。去世时五十一岁，朝廷追赠光禄勋，追谥“简”。能文，有《侍中集》十七卷。

孔宙（公元103—163） 字季将，十九代孙，孔融之父。少习家训，治严氏春秋，被举孝廉，除郎中、都昌长，祗传五教，尊贤养老，三载考绩，迁元城令。时泰山不宁，被任命为泰山都尉，“以文修之，旬月之间，莫不解甲服罪”，地方大治。后因病辞官，卒于家。

孔奇 字子异，孔奋之弟，十六代孙。二十一岁时随兄孔奋避王莽之乱至河西。澹忽荣禄，终生未仕，“删撮《左传》之难者，集为义诂，发伏阐幽，以开后之学者，著书未毕而没”，同宗孔子通惜书不成，校其篇目，并序答问，终使《春秋左氏删》三十一卷传世。

孔宗旦（？—1052） 四十六代孙。曾祖为中兴祖、孔子四十三代孙孔仁玉。宗旦初在京为官，和李师道、徐程、尚同为监司耳目，被人厌恶，号为“四瞪”。后出京任邕州司户参军。侬智高未反之前，建议知州陈珙防备，陈珙不听。侬智高反，攻占横州，孔宗旦把亲属送往桂州，自己返回邕州坚守，城破后被俘，叛兵劝他投降，并许他为官。孔宗旦不为利诱，不为势降，大骂叛兵，因而被杀。叛乱平定后，袁州知州祖无择将此事奏报朝廷，赠予太子中允。

孔宗翰 字周翰，四十六代孙，孔道辅之子。宋皇祐五年（1053年）与兄舜亮同科进士，官仙源知县，治有条理，经王珪、司马光推荐，升陵州通判,转夔峡转运判官、提点京东路刑狱、虔州知州。知虔州时,州城数被章江、贡江侵啮,伐石护砌,冶铁加固,终于制服水害,受到皇帝嘉奖。后官蕲、密、陕、扬、洪、兖诸州知州。哲宗初立,下诏求言,吏民上书数千,皇帝命司马光采阅,独称奖孔宗翰与王巩,宗翰被召入京,官司农少卿,迁鸿胪卿,进刑部侍郎。上元日皇帝幸凝祥池,大宴群臣,教坊伶人以孔子为戏,孔宗翰上表劝阻。后因病求去,命以宝文阁待制知徐州,未拜即卒。宗翰能诗,熙宁九年(1076 年)年底接替苏轼为密州太守,与苏轼诗酒唱和。宗翰有憾于孔氏族谱只载长孙世次,使子孙泯灭不闻,于是合修族谱刊印流传。感于长孙兼领他职,不能专主祀事,上书朝廷,改衍圣公为奉圣公,除有料钱寄禄官,三年一任,依吏部格关升资任,不使兼职,每遇亲祀大礼及冬正朝会许赴阙陪位。请求添增庙学田一百项,洒扫户五十人,看林户五人,赐给国子监书,为孔氏子弟立学官。访得颜子陋巷故井,作亭于井上,命名颜乐,苏轼、司马光赋诗记颂。

孔尚任(1648—1718)　字聘之、季重,号东塘、岸堂、云亭山人,六十四代孙。幼承家学,后入曲阜孔颜曾孟四氏学校读书,成为秀才。屡次乡试不中,愤而入石门山隐居读书。清康熙二十年(1681 年),纳赀为国子监生,次年被衍圣公子孔毓圻礼请出山治夫人张氏丧,二十二年被委编修《孔子世家谱》和《阙里志》,训练祭祀礼生和乐舞生。二十三年,清圣祖康熙到曲阜祭祀孔子,行礼后,命孔尚任进讲《大学》首章,深得皇帝赏识,“经筵讲官不及也”,面谕大学士“孔尚任等陈书讲说,克副朕衷,着不拘定例,额外叙用”,“从优额外授为国子监博士”,次年入京赴任,第二年被派差淮阳,随刑部侍郎孙在丰疏浚黄河海口。停工后回京,康熙三十四年春升任户部福建清吏司主事,三十六年被委监铸宝泉局,后升任广东清吏司员外郎,不久于三十八年被罢官。四十一年离京重返石门山隐居,晚年曾几次出游,寄食伴书,景况寂苦。孔尚任博学有文名，通音律，谙祖庭典故，著有《阙里志》、《孔子世家谱》、《岸堂文集》、《湖海集》、《长留集》、《会心录》、《节序同风录》、《桃花扇》、《小忽雷》等，以戏剧作品成就最高，《桃花扇》是其代表作，也是我国古代戏剧的代表作之一。该剧灌注了他毕生的心血，未出仕前就"画其轮廓"，治河期间又结识了冒辟疆、邓孝威、僧石涛等一批明末遗民，搜集到不少轶闻和史料。回京后，惨淡经营，三易其稿，终于康熙三十八年成书。上演后，"岁无虚日"，"名臣公卿，墨客骚人，骈集者座不容膝"，轰动京师，连皇帝也派内侍索要剧本。正当"方挥桃扇春无限"的时候，他却突然被罢官。至于罢官的原因，从他的"命薄忽遭文字憎，缄口金人受诽谤"诗看，他是因文字遭祸的，后人因此怀疑祸因《桃花扇》。

孔尚则 字仪之，又字方训，六十四代孙。明崇祯十三年（1640年）举进士，任洛阳知县。农民军攻占洛阳时，有人偷得福王宝玩，有的官吏想得到宝玩，悉意穷究，引起孔尚则不满，将案子搁置不问。太守诬其有疾，罢官归里。后复起任全椒知县，全椒地瘠民贫，民多逃亡，而赋税未减，尚则力请上司，方许减少数额。为政敢于执法，魏国公家奴犯法也按法械治，并不宽容。先后任刑部山东司主事、广西司员外、江西司郎中，不久解职归里，五十九岁时卒于家。明末清初尚则曾在南京，清顺治三年（1646年）还曲阜，知南明事迹甚详，孔尚任创作《桃花扇》得力于他不少。

孔尚典 字天征，号汶林，六十四代孙，祖先移居江西，落籍为新城。清顺治时为岁贡生，清初散文家魏禧弟子，能文，著有《天征文集》数卷，魏禧亲为评定。

孔武仲 字常父，四十七代孙，延之三子，宋江西新喻（今新余）人。举进士，中甲科，调谷城主簿，选为齐州教授，入京任国子直讲。元祐初年，历任秘书省正字、校书、集贤校理、著作郎、国子司业，进起居郎兼侍讲迩英殿,改起居舍人,数月后拜中书舍人,入值学士院。擢给事中,迁礼部侍郎,以宝文阁待制出知洪州,迁宣州。武仲为官敢言,任国子司业时,曾经论述科举弊端,攻击王安石学说,请求恢复以诗赋取士,废除大义,增加诸经。后被列入元祐党籍,罢免官职,安置池州。五十七岁去世,元符末年追复旧官。自幼努力学习,著有《诗说》、《书说》、《论语说》、《金华讲义》、《内外制》、《杂文》等,有《秘书正字集》一百卷。

孔承恭　四十三代孙。高祖孔温质官至太子少傅,曾祖孔炅官至莱州刺史,祖孔昌庶曾官虞部郎中,随唐昭宗东迁,家于河南。父孔庄,曾为后晋右谏议大夫。承恭以门荫授官秘书省正字,出任温县、安丰县主簿,摄寿春节度判官,迁郑州录事参军,入朝为大理寺丞。宋太祖时,曾献宫词托意求进,因引喻不当被免官,放归田里。太宗时复官,太平兴国二年(公元977年)初榷酒酤,命监西京酒曲,岁增六千万,迁大理正议,理狱平允,升库部员外郎,判大理少卿事,迁屯田郎中、兵部郎中,同考校京官朝官课第。端拱年间任太常少卿,不久,以病请求解官,皇帝怜其羸瘦,赐给御药,命以将作监致仕,赐其子孔玢同学究出身,任登封县尉,以就养其父,未成行而先卒,年六十二岁。少时狂放不羁,成年后折节自励,蔬食奉佛,但近迂腐,甚至上书劝皇帝不要杀人,于战争之地广修佛寺,普度僧尼。为政时,曾上书朝廷,请令州县长吏询访耆老,以知民间疾苦及吏政得失,请令京兆并各州于要害处设立刻写"贱避贵,少避长,轻避重,去避来"等交通规定的木牌,都获得皇帝同意而颁行。

孔承倜　字永冠,号冲亭,六十代孙。曾祖孔夔、祖父孔公珏均曾任曲阜世职知县。明万历四年(1576年)以拔贡生随衍圣公陪祀国学,出任河北保定知县、陕西宁州知县,官终荆王府长史。自幼好学,垂老不厌,笃信阳明学,做官每到一地,一定开馆召集生徒讲授良知之学。当时从弟承仍及子弘斐都随他受业,余姚邹组也讲良知,共相唱和,从游者很多。承偶勤于著书，有《易经代言》、《书经代言》、《诗经代言》、《四书代言》、《孔庭续问》、《天理说》、《日言》、《梦解》、《三教指述》、《四事请教录》、《谈柄》、《天人直指图》、《日月篇》、《荆藩辅政录》等十余种。

孔季彦(公元78—124) 二十代孙。父孔僖卒于临晋，年方十岁，与兄长彦(十二岁)留守坟墓，跟随父亲生前好友姚进受学，成为地方著名学者，从游者数百人。时人作歌谣曰："鲁国孔氏好读经，兄弟诵经皆可听。学士来者有声名，不过孔氏哪得成。"东汉士人崇尚文辞，以章句为内学，经术为外学。兄长彦追随时尚爱好章句之学，季彦恪守家业爱好经术，兼修史学。族弟孔昱劝其放弃经术改治章句："今朝廷以下四海之内皆为章句内学，而君独治古义。治古义则不能不非章句，非章句内学则危身之道也。"季彦说："吾学不要禄，贵得正义耳，复以此受患犹甘心焉。"延光元年(公元122年)，河西大雨，雹大如斗，安帝下诏，命有道术之士极陈变情，时季彦恰在同宗孔扶处，与孔扶议论，长孙子逸听到孔季彦的议论后推荐给安帝。安帝召见于德阳殿，季彦答对说："此皆阴乘阳之征也。今贵臣擅权，母后党盛，陛下宜修圣德，虑此二者。"安帝听后默然不语，但却招致安帝左右的厌恶。季彦退朝后说："吾岂容媚势臣而欺天子乎!"季彦为人谦退爱厚，简而不华，不因名利改变自己的志向。后长孙子逸为鲁国国相，推荐季彦为孝廉，季彦坚辞不就。卒年四十七岁。

孔述睿(公元730—800) 三十八代孙，休源八世孙，唐越州山阴(今浙江绍兴)人。少与兄克符、弟克隐于嵩山志学不倦，深受唐代著名理财家、时任转运使的刘晏所赏识，称赞他有颜回、闵损的德行，言偃、卜商的文学才能，经多次推荐，大历中召为太常寺协律郎，转任国子监博士，历迁尚书司勋员外郎、史馆修撰。每有新任命，述睿均先谢恩领任，过十几天就借口有病归山隐居。德宗即位，派河南尹捧赍诏书、玄纁、束帛以谏议大夫、银章朱绶赴山召请。至京师，皇帝召对别殿，赏给宅第厩马，命其兼太子侍读。十几天后，述睿又请归山，皇帝不许，只好任职。后任秘书少监兼右庶子，再加史馆修撰。述睿精通地理学，在史馆重修地理志以详究著称。贞元九年（公元793年）以病求去，皇帝仍不同意，再三请求，命以太子宾客、赐紫金鱼袋致仕，赏给帛五十匹、衣一袭，给公驿送还乡里，开官吏致仕朝廷给公乘的先例。七年后去世，朝廷赠工部尚书。子一，敏行。

孔奂（公元514—583） 字休文，三十二代孙。曾祖诱之曾官齐左民尚书、吴兴太守，祖孔臻曾官太子舍人、尚书三公郎，父幼孙曾官梁宁远枝江公主簿、无锡令。孔奂早孤，由叔父虔孙抚养。自幼好学，善写文章，经史百家，无不通读。州官推举其为秀才，考试又为高第，被任命为扬州主簿、宣惠湘东王行参军，均不出任。后出任镇西湘东王外兵参军，入京为尚书仓部郎中，迁仪曹侍郎。侯景攻陷京城后，任侯景心腹将领侯子鉴掌书记。侯景军队无恶不作，孔奂从中保护，使许多人免遭灾难。不久，母亲去世，孔奂辞职守丧。侯景之乱平定后，大将王僧辩任为左西曹掾，又任丹阳尹丞。梁元帝萧绎即位（公元552年）于荆州，命孔奂西上，王僧辩再三请求挽留，元帝不许，亲自写信给王僧辩，暂时借用。至荆州，任太尉从事中郎。王僧辩任扬州刺史，又被任命为扬州治中从事史。侯景之乱，典章制度全部被毁，元帝新立，诸事草创，幸赖孔奂博物强识，甄明故实，问无不知，仪注体式，笺表书翰，均出自孔奂之手。太平元年（公元556年），陈霸先为丞相，任孔奂为司徒右长史，迁给事黄门侍郎。北齐伐梁，军至后湖，郡邑骚扰，因四方壅隔，粮运不继，军量只好在京师筹集，孔奂被任命为贞威将军、建康令，筹措军需。连年兵荒，人口流散，很难筹措。陈霸先命孔奂筹做麦饭，但无餐具，孔奂命以荷叶包饭，一夜之间筹得数万包，兵士早晨饱餐后，大破齐兵。梁太平二年，陈霸先称帝代梁，任命为太子中庶子，永定二年（公元558年）出任晋陵太守。陈文帝即位，召为御史中丞，领扬州大中正，迁散骑常侍，领步兵校尉，中书舍人，知制诰，扬、东扬二州大中正。天嘉四年（公元563年）重任御史中丞，不久任五兵尚书、常侍，中正仍旧。天康元年（公元566年）任太子詹事，二州中正仍旧。废帝即位，再任散骑常侍，国子祭酒。光大二年（公元568年）出为信武将军、南中郎康乐侯长史、浔阳太守领江州事。宣帝即位，进号仁威将军。太建三年（公元571年），入朝任度支尚书，领右军将军，五年改领太子中庶子，参掌尚书五条事。明年迁吏部尚书，七年加散骑常侍，明年改加侍中。精于治事，太建九年，陈出兵攻周，收复淮泗，地方酋长相继降伏，朝廷封赏选叙，纷纭重迭，孔奂鉴识人物，甄拔妥当，无不悦服。陈后主为太子时，想让江总任太子詹事，派陆瑜转达自己的意见，孔奂认为江总有文才而无德行，不宜为太子之辅。太子无奈，只好亲自请求皇帝，孔奂又当面与太子争论，但宣帝答应了太子的要求。太建九年，迁为侍中中书令，领左骁骑将军，扬、东扬、丰州大中正，后年转太常卿，侍中，中正如故。十四年迁散骑常侍、金紫光禄大夫、领前军将军，未任职又改领弘范宫卫尉。卒后加赠散骑常侍。能文，有文集十五卷，《弹文》四卷。子三，绍安、绍薪、绍忠。绍忠有才学，曾官太子洗马、鄱阳王东曹掾。

孔衍（公元268—320）　字舒元，二十二代孙。曾祖孔曜为孔氏长孙，祖父孔文官至魏大鸿胪，父孔毓官至晋征南军司马。孔衍自幼好学，十二岁通诗书，二十岁被公府征召，又被本州举荐异行直言，但均不应召。西晋末年，避居江东，司马睿为征东将军时任命为参军，专掌记室。司马睿称帝后，任中书郎，领太子中庶子。东晋初创，礼制不备，孔衍经学博深，又熟悉典章制度，对制订朝廷礼仪制度多有建树。王敦专权，孔衍私下劝太子“博延朝彦，搜扬才俊，询谋时政，以广圣聪”。王敦听说后，非常厌恶，将孔衍赶出朝廷，出知广陵郡。当时广陵处于战争前线，人们都为他担心，但他毫无惧色，不因战争荒废学业，亲自教诱后进。后赵石勒认为孔衍是儒雅之士，告诫部下不要侵犯广陵。孔衍到郡视职才一个月就因病去世。孔衍博通儒术，勤于著述，著有《春秋公羊传集解》、《春秋谷梁传训注》、《凶礼》、《汉尚书》、《后汉尚书》、《魏尚书》、《汉春秋》、《后汉春秋》、《魏春秋》、《春秋时国语》、《春秋后国语》、《兵林》、《琴操引》等一百余卷。子孔启，曾官庐陵太守。

孔昱 字符世，孔宙少子，孔融之弟，二十代孙。孔昱幼承家学，习《尚书》。大将军梁冀征召为官，不应；太尉推荐贤良方正，对策不合，借病辞归。时宦官执政，士子耻与为伍，激扬名声，互相题拂，品核公卿，裁量执政，触怒朝廷，延熹九年（公元 166 年）酿成大祸，孔昱列党人八及（言其能导人追宗者）之五，被禁锢。中平元年（公元 184 年）大赦党人，公车征拜为议郎，补洛阳令，因丧师弃官，卒于家。

孔彦绳 字朝武，五十九代孙，据《阙里文献考》载：其十二世祖是孔子四十七代孙孔传，又名孔若古，北宋末年，随四十八代衍圣公孔端友南渡，家于浙江衢州。明初旧家谱刊刻历代世次有序，明弘治十一年（1498 年）彦绳改刊家谱，将自己列为孔端友五世孙孔洙之后，成了孔氏的嫡长，引起曲阜孔氏族人的反对，在浙江衢州学校刊碑，指责彦绳改刊家谱。当时的衢州知府沈杰支持孔彦绳，为他上书朝廷："衢州圣庙自孔洙让爵之后，衣冠礼仪猥同氓庶。今访得洙之六世孙孔彦绳，请授以官，俾主祀事。"并请求照洪武初年旧例，减轻孔庙祭田税金。皇帝同意了沈杰的请求，授孔彦绳为世袭翰林院五经博士，主奉衢州孔子庙祀事。其后子孙代代世袭，1935 年改称奉祀官，传至第七十五代孙孔祥楷。

孔贞时 字仲甫，六十三代孙，孔贞运之兄。年少多病，读书不辍，明万历四十一年（1613 年）成进士，授翰林院检讨，知起居注。万历四十八年,神宗、光宗相继去世,熹宗即位,所有诏诰表册谥议之文多出其手,详观典要,为时所称。能文,有《在鲁斋文集》。

孔贞运(1576—1644) 字开仲,六十三代孙。明万历四十七年(1619年)殿试第二人进士及第,授翰林院编修。天启中充经筵展书官,纂修两朝实录,不久升任中允。崇祯元年(1628年)擢任国子监祭酒,不久升任少詹事,仍兼国子监事。次年正月,思宗祭祀孔子,临幸辟雍,贞运为皇帝进讲《尚书·大禹谟》,敷陈明切,皇帝揭起貂皮暖耳审听,群臣仿效,传为一时盛事。这是自唐贞观十四年(公元640年),国子监祭酒孔颖达为皇帝进讲《孝经》。近千年来再次由孔子后裔为皇帝进讲儒家经书,皇帝特加优礼,赐一品服。十月,后金军队南下进攻北京,贞运条上御敌、守城、应援數策,不久升任詹事府詹事,以养亲乞归。服丧期满后,于崇祯六年授南京礼部侍郎,八年转北京礼部左侍郎,不久改任吏部左侍郎,九年升礼部尚书兼东阁大学士、参预机务、同知经筵、总裁实录。十年改户部尚书、少傅兼太子太傅,十一年四月,晋太子太保,文渊阁大学士,升为内阁首辅。皇帝亲自考选诸臣,发下内阁再阅,贞运有所更改,但并未被皇帝采纳,贞运认为皇帝所定说多难实行,被御史参劾,皇帝处罚御史,而没有追究贞运,贞运只好借口年老辞职归家,任首辅仅两个月。崇祯十七年,思宗自杀后,贞运闻讯恸哭气绝,不久去世,南明福王追谥文忠。贞运为官清正,初入仕途时,宦官魏忠贤把持朝政,贞运不与魏党交往,出典顺天乡试时,拒绝宦官的请托。入阁后,曾劝内阁首辅温体仁不要严治复社党人。任首辅后,郑三俊、钱谦益、刘宗周因言事得罪皇帝,贞运借进讲《春秋》之机援古证今暗为救护。能诗文,著有《敬事草》、《行余草》、《皇明诏制全书》、《词林典类》等书。

孔贞瑄 字用六,号历洲,晚号聊园,六十三代孙。清顺治十七年(1660年)举人,次年会试中副榜,授泰安学正、升云南大姚知县。云南盐法壅滞，明代时按丁派食，但明末清初战火以后，丁亡额缺，人民难以负担，贞瑄请求减少数额，减轻了人民负担。大姚境内原有明代黔国公庄田，被土著首领掠占，上司官员接受了土著首领的贿赂而任其占有，孔贞瑄不胜愤慨，力争于上司，未能成功。遂罢官归里，构聊园以自乐。贞瑄自幼究心经史，精算法、韵学，通乐律，著有《大成乐律全书》、《聊园诗略》、《聊园文集》、《四书约注》、《琴瑟谱》、《操缦新说》、《泰山纪胜》、《滇纪》、《黔纪》、《缩地歌》诸书。清代诗人王士祯《聊园诗略序》称其诗"多高古雅健"，"远任边邑，万里炎荒，异水奇山新其耳目，犷风猺俗恢其才思，所为诗益富且工"。八十三岁卒，乡谥"恭惠"。

孔若思（？—719?） 三十五代孙。少孤，幼承母教，以博学闻名，擢明经，曾官库部郎中。中宗初年，敬晖、桓彦范当政，知若思博古通今，每遇重要政事，必先征求若思的意见然后定。若思因此曾三迁至礼部侍郎，出为卫州刺史。若思刚正敢言，唐代制度，以宗室为州别驾，别驾因皇室自居，见刺史骜放不肯致恭，若思劾奏别驾李道谨不敬，请求朝廷讯状，皇帝为此下诏：别驾见刺史要致敬。若思性清廉，年少时有人送他数卷褚遂良书法，他只取一卷，别人迷惑不解，说："此书当今所重，价比黄金，何不总取？"他回答说："若价比黄金，此为多矣。"更还其半。官刺史后为官清白，加银青光禄大夫，赐绢百匹，后迁官汝州刺史、太子右谕德，累封梁郡公。卒谥惠。

孔思友 字益道，五十四代孙。以通儒被荐为太师掾，官至汝宁府推官。蒙古初年，孔氏大宗因孔湞被废后断绝，依宗法制度应以小宗之嫡为嗣，但孔治因其家有功于蒙古被命袭封衍圣公，并传子思诚。遭致孔氏族人反对，思友于是叙述家谱，力言于官府，最后终于罢免了思诚而以思晦绍封。七十四岁卒。

孔思逮 字惟道，五十四代孙。元贞元年（1295 年）任曲阜孔颜孟三氏学学正，凡八岁以上三氏族人愿意学习的人都进行教诲，学校一时非常兴盛。至大中曾官曹州教授、左三部照磨。至大三年（1310 年），见曲阜孔庙礼乐器物残缺，请求礼部准予制造，“阙里四方之所瞻仰也。今释奠行礼无大成雅乐，不称。如蒙制造发下本庙，以修祭祀，无尽事神之礼”，朝廷命江浙行省制造后运往曲阜孔庙，终使祭祀一复旧规。后任曲阜县尹，入京任大乐署丞、令，升太常礼仪院制。通音律，著有《大元乐书》。

孔衍栻 字懋法，号石村，六十五代孙，孔尚任兄尚悊之子。曾官济宁州训导。善画，尤精焦墨，曾住京都一载，但无人赏识，孔尚任为题诗说：“从子托名老画师，浪游京洛鬓成丝。牡丹屏障家家有，焦墨枯毫那入时。”精画理，著《画诀》，也能诗，有《题画诗》。死后乡谥“夷靖”。

孔昭杰 初名昭辰，字汉瞻，号俊峰，七十一代孙，六十八代衍圣公曾孙。清嘉庆六年（1801 年）乡试第一名，曾官沧州越支长芦盐大使、江苏盐城知县，年过五十即辞官归养，屡主东昌卫辉保定书院，倡率实学。著有《学庸指掌》、《论语集注》、《孟子摘要》、《读史格言》、《拜经书屋文稿》、《诗余》、《孤灯吟草》、《知非录》。七十三岁卒。

孔昭虔 字符敬，号荃溪，七十一代孙，广森之子。清嘉庆六年（1801 年）进士，授翰林院编修，曾官监察御史，官至贵州布政使。少孤力学，恭谨自守，嘉庆十七年奏请重修颜庙，朝廷拨银四万两大修。善隶书，工吟咏，平生踪迹遍及全国，纪游诗尤为奇警，吴兰泉称其诗才大法细，力追古人，私自为其刊刻《扣舷小草词》一卷。有《镜虹吟室诗集》三卷，《经进稿》一卷，《缯声琴雅词》二卷。尤精韵学，曾著《古韵》、《词韵》，惜未成。

孔昭慈（1795—1862） 字云鹤，六十二代衍圣公孔闻韶之后，孔子七十一代孙。道光元年（1821 年）中举，十三年（《清史稿 · 孔昭慈传》

作十五年,误)进士,改翰林院庶吉士,散馆授广东饶平县知县,因丁忧归里,守孝期满,署莆田沙县,摄兴化通判,任古田知县。道光二十八年调往闽县,进邵武同知,移台湾鹿港同知。洪恭攻陷凤山后,郡城岌岌可危,孔昭慈闻警后,航海赴援,协力守护,郡城乃安。四年升台湾知府,再升台澎兵备道,加按察使衔,兼提督学政,以捐银助饷,授二品顶戴。同治元年(1862 年),戴万生纠集众民,结会作乱。时孔昭慈卧病于兵备道署,闻讯急命抬入彰化,布兵守城,坚守三昼夜。因内应夜间开门失城,巷战中被伤,退入彰化文庙,自杀于大成殿孔子神位前。事闻朝廷,谥刚介,崇祀于京师昭忠祠,建专祠于台湾、济宁(祖父孔继申由汶上迁居济宁),予世袭骑都尉。在台时,开挖水渠,抗旱排涝,指定贸易区域,不让外国商人入郡城贸易。

孔昭熏 字惠如,号琴南,孔继涑长孙。清嘉庆十八年(1813 年)举人,曾官临邑县训导。喜鉴别金石,编列孔庙孔林碑目,搜访残石,妥为安置。能作诗,尤好填词,有《柳村诗》二卷,《贮云词》三卷,《雪门竹枝词》一卷,《北游诗词小草》若干卷,编刻《阙里孔氏词钞》四卷。

孔泾 字世清,五十三代孙。元代时曾官兴化路学正、平阳路教授、绍兴路知事,翰林国史院检阅。元亡后,依例徙居临濠,经五十六代衍圣公孔希学保奏被放还,因年德俱尊,被任为孔庭族长。明洪武七年(1374年),呈告曲阜世袭知县孔希大不法诸事,经山东省审鞠,查得数事为实,其他为虚。孔希大违法,孔泾也坐诬告。赖朝廷不予治罪,责备孔泾教育不先,赐给龙头藤杖,命主理孔氏宗族事务。晚年曾增修《祖庭广记》二十卷,卒年七十二岁。

孔祥柯(1888—1920) 字则君,七十五代孙,七十代衍圣公孔传铎之后。幼随外祖父劳乃宣在直隶、江苏、浙江等省就学,清光绪三十二年(1906 年)以优异成绩考入北京译学馆,宣统三年(1911 年)毕业,分发京曹为官。辛亥革命后回山东,任山东高等学堂教务长,民国元年(1912年)以共和党员身份当选为山东省临时议会议员,次年三月当选为省议会议员,并被推举为省议会副议长。时议会中国民、共和两党议员遇事争执,相持不下,祥柯从中调解,解决了不少问题。从政同时,不忘教育,兼任山东高等学校校长、山东商业学校教授,创办济南育英中学,自兼校长。民国三年袁世凯下令解散各省议会,入京任财政部参事上行走,赴河北、湖北、广东、福建、浙江、江苏等省调查金融情况。四年,袁世凯阴谋恢复帝制,辞职再回山东,就任山东法政学校校长。袁世凯复辟失败后,恢复省议会,再次当选为议员、副议长。民国七年,倡议组织省议会联盟,以促进南北和平,亲自起草文件,但遭到一些军阀的反对,不得不避难上海。1919 年,第一次世界大战结束,中国是战胜国,但在巴黎和会上,英、法、美等国竟在对德和约上规定把原来德国在山东的一切权利转给日本,引起全国人民的极大愤慨。四月初,山东省议会、工会、农会、商会、教育会等联名致电中国出席巴黎和会的专使,要求取消条约,并公推孔祥柯、许宗祥二先生为民间代表前往欧洲直接向中国专使和巴黎和会请愿。祥柯于四月十六日由上海乘船赴欧洲,在会议内外慷慨陈词,“登坛演论,闻者动容”,对于维护国家主权、收复青岛作出积极贡献。回国后,任经济调查局参议。积劳成疾,病逝于北京。

孔祥桐(1874—1922)　字润生,七十五代孙。清光绪二十八年(1902 年)曾赴日本考察学务,回国后,一意研求新学,入山东优级师范学堂学习,毕业后又东渡日本研习理化专科。宣统元年(1909 年)取录拔萃科,例授直隶州州判,并不赴选,以教育为已任,初长齐河县小学,再长临邑小学堂,历任济宁中学堂、兖州中学堂监督,执教山东省立中等工业学堂,1912 年任曲阜师范学校校长,1914 年曲阜、兖州、济宁、临沂、曹州五师范合并后改称山东省立第二师范,仍任校长。五四运动波及曲阜，二师学生也投入到反帝反封建浪潮中去，孔祥桐毕竟是深受封建礼教熏陶的旧文人，力劝学生安心读书，不要参与政治，终于激化了与学生们的矛盾，后引咎辞职。

孔勖 字自牧，四十三代文宣公第四子。少年丧父，刻苦自立，北宋雍熙二年（公元985年）进士及第，任太平州推官，后以殿中丞通判广州，为官清廉，番酋知其被召纷纷赠送宝货，孔勖一无所受，良言劝回。大中祥符元年（1008年），真宗到曲阜祭祀孔子，以成绩突出任为太常博士、仙源（今曲阜）知县。大中祥符六年转屯田员外郎，仍知仙源，景祐元年（1034年）迁太常卿，提举仙源景灵宫、太极观，宝元元年（1038年），以秘书监上章求退分司南京，主管祖庙，授尚书工部侍郎致仕，加上柱国，封会稽县开国伯，赐金紫。孔勖为官五十年，政绩昭著，八十九岁去世，赠吏部尚书。博学能文，工于诗。子五，长道辅，曾官御史中丞，次良辅，曾官太子中舍，三彦辅，曾官国子博士。

孔彪（？—171） 字元上，十九世孙。举孝廉，除郎中、博昌长，迁京口府丞，因父丧未赴任。服竟，除尚书侍郎，转治书御史，出为博陵太守。时博陵饥馑，民间多盗，孔彪到任后，敷五教，削四凶，“路不拾遗，斯民以安”。迁下邳相、河东太守，后因病辞官。

孔巢父（？—784） 字弱翁，三十七代孙，冀州人，孔颖达后裔。幼年即攻文史，年少时隐居徂徕山，与韩准、裴政、李白、张叔明、陶沔同称“竹溪六逸”。唐天宝十五年（公元756年），永王李璘起兵江淮，闻巢父贤名，征为从事，巢父预知李璘必败，潜身逃脱，李璘兵败被杀，巢父因此更加知名。广德中，经江淮宣抚使推荐授为左卫兵曹参军，大历初被泽潞节度使奏为宾幕，先后被授为监察御史、殿中检校、库部员外郎，出任归州刺史。建中初年被泾原节度留后表为试秘书少监兼御史中丞、行军司马，不久任汾州刺史，入朝为谏议大夫，出任潭州刺史、湖南观察使，未上任即被荆襄副元帅普王任命为元帅府行军司马兼御史大夫。建中四年(公元783年)泾原兵哗变,随德宗出奔奉天,被授为给事中、河中陕华等州招讨使,多次献平乱谋略,很受德宗赏识,不久命兼御史大夫,兴元元年(公元784年)二月,任魏博宣慰使。巢父知识广博,能言善辩,又多智谋,对节度使田悦多加规劝。田悦自恃善骑射、有勇力,自诩无坚不摧,巢父劝其归国,为国平患。巢父对兵将讲君臣之道及背叛朝廷的利害关系,田悦背叛朝廷已久,部下厌恶战乱,田悦兄子田绪趁机杀死田悦,巢父顺应众意,命田绪权知军务。七月任河中宣慰使,先前朝廷已夺李怀光兵权,命选功高望崇者统领,但无人奉诏。巢父至河中,李怀光素服受命,巢父遵照朝廷意旨,于大庭广众之中问谁能替代怀光。怀光本是靺鞨人,部下有蕃浑之兵数千人,知怀光被罢免兵权,又见怀光素服,误认为已被罢官,群起为乱。李怀光知巢父宣慰魏博,田悦被杀,认为是巢父所为,本有戒心,而巢父没有阻止其穿素服,又问谁能替代自己,因此对他更加仇视,所以兵士作乱并不制止,致使巢父被杀。事报朝廷,追赠孔巢父尚书左仆射,谥曰“忠”。巢父能文,有《仆射集》十卷。

孔淳之(公元372—430)　字彦深,二十六代孙。爱谈书籍,性爱山水,每次出游,一定尽览风光,常常旬日不归。一次入山游览,碰到法崇和尚,一见如故,竟然三年未归。朝廷先后授官著作郎、太尉参军,均不赴任。宋元嘉初年又授官散骑常侍,不愿任职,逃往上虞境内,连家人也不知所往。弟默之被任命为广州刺史,出都送别,司徒王弘邀请淳之到冶城聚会,淳之当日即返,不去赴会。

孔琇之(?—约494)　二十九代孙,灵运之子。以国子生举荐为孝廉出仕,初任卫军行参军,后官员外郎、尚书三公郎,出任乌程县令,还朝迁通直郎,再出任吴令,迁官尚书左丞,转前军将军兼少府,迁骁骑将军,仍兼少府,出为宁朔将军、冠军长史、征虏长史、江夏内史。还朝任正员常侍兼左民尚书、廷尉卿，出任临海太守，以辅国将军监吴兴郡，不久任吴兴太守。南朝齐隆昌元年（公元494年），西昌侯萧鸾杀死齐帝萧昭业，另立萧昭文，独揽朝政，担心其他藩王反对，给各藩主要佐官密下旨意，可以对藩王便宜行事。任命琇之为晋熙王冠军长史、江夏内史、行郢州事，命琇之杀害晋熙王，琇之坚辞不去，萧鸾不答应，琇之要自杀，朋友陆闲劝他，他不听，最后绝食而死。琇之为官清廉俭约，任临海太守后回京，仅献干姜二十斤，武帝都嫌少。有才干，精吏治，以清廉严明、政绩突出著称。《南齐书》将其列入"良政传"。

孔绍安（公元577—约622） 三十三代孙，琇之之后。父孔奂仕陈至金紫光禄大夫，隋灭陈，迁居京兆鄠县（今陕西省户县），闭门读书，外兄虞世南叹为异才。兄绍新也有文才，均以文词知名。曾对虞世南说："本朝沦陷，分从湮灭，但见此弟，窃谓家族不亡矣。"绍安与词人孙万寿有忘年之好，时人称为"孙孔"。隋大业末，绍安为监察御史，奉命为山西河东抚慰大使，李渊监军，受到礼遇。李渊称帝（武德元年，公元618年），绍安自洛阳间道投奔，李渊拜为内史舍人。夏侯端与绍安同任李渊监军，因先投奔李渊，被任为秘书监，侍宴时应诏咏石榴，绍安有"只为时来晚，开花不及春"，深受时人赞赏。不久，奉诏撰写梁史，书未成而去世。绍安能诗文，有《秘书集》五十卷。

孔敏行（公元787—835） 字至之，三十九代孙。唐元和元年（公元806年）进士第一人及第。元和五年由吕元膺等举荐为宾佐，因丁母忧而罢。元和十四年入朝为右拾遗，迁左补阙，长庆年间为起居郎，改任左司员外郎，历任司勋郎中、集贤殿学士，迁吏部郎中，不久拜谏议大夫。太和四年（公元830年），监军杨叔元制造谣言激怒募军杀死节度使李绛，人不敢告发，孔敏行上表朝廷，李绛冤案得明，杨叔元被治罪。孔敏行自少品德高尚。出仕后交接豪杰，名重一时。太和九年正月卒，赠尚书工部侍郎。

孔愉（公元268—342） 字敬康，二十五代孙。曾祖孔潜，官至太子少傅，东汉末年避乱迁居会稽；祖孔竺，仕吴官至豫章太守；父孔恬，仕吴官至湘东太守。孔愉十三岁丧父，奉养祖母，以孝闻世，与同郡张茂（字伟康）、丁潭（字世康）齐名，人称会稽三康。晋灭吴，孔愉被迁至洛阳。惠帝末年返归故里，途中遇到石冰、封云乱军，封云逼孔愉为参军，孔愉不应，险些被杀，多亏封云司马统营救得免。回到会稽后，入新安隐居，改姓为孙，耕种自食，潜心读书，很受乡人尊重。忽然一天，舍弃房产，下落不明，乡人认为他已是仙人，立祠祭祀。永嘉元年（公元307年），琅琊王司马睿（后为东晋元帝）为都督扬州江南诸军事，任命孔愉为参军，族人却找不到他的下落。建兴初年，孔愉出山应召任丞相掾，被任命为驸马都尉、参丞相军事。后因随军讨伐华轶有功被封为余不亭侯，元帝命为晋王使长兼中书郎。当时王导被朝廷疏远，刁协、刘隗等执政，孔愉认为王导忠直贤明又有大功，建议朝廷凡事都应征求他的意见，结果遭到贬斥，出为司徒左长史，累迁至吴兴太守。东晋永昌元年（公元322年），沈充追随王敦造反，孔愉弃官返回京城，被任命为御史中丞，迁侍中、太常、大尚书，再迁安南将军，江州刺史，未上任即转尚书右仆射、领东海王师事。孔愉忠正敢言，苏峻作乱攻占京城，孔愉穿上朝服去守护朝廷宗庙。任尚书左仆射时，咸和八年（公元333年），皇帝下诏称赞他"恪居官次，禄不代耕，端右任重，先朝听崇"，赏给亲信二十人禀赐，孔愉上书固让，皇帝不许，孔愉认为"方今强寇未殄，疆场日骇，政烦役重，百姓困苦，奸吏擅威，暴人施虐，大弊之后，仓库空虚"，"宜并官省职，贬食节用，勤抚其人，以济其艰"，再次上书方得到允许，但却得罪了司徒王导，当面质问孔愉："奸吏擅威，暴人施虐，为患是谁？"王导要任命赵胤为护军，孔愉又当面表示反对，终于引起王导报复，趁朝廷废除左右仆射之机将孔愉改任尚书仆射,又不答应孔愉年近七十退休的要求,转任孔愉为护军将军,加散骑常侍,再改领军将军,加金紫光禄大夫,领国子祭酒,不久赶出朝廷,以镇军将军出任会稽内史,再加散骑常侍。孔愉虽年过七十,但勤于政事,修复起废弃几百年的汉代水利工程。在郡三年,辞去官职,结茅隐居。辞官时,士人赠送钱财数百万,一无所取。临死遗嘱不准收取乡邑助葬之物,只以身上服装入葬。咸康八年(公元342年)去世,朝廷追赠车骑将军、开府仪同三司,追谥曰贞。长子孔訚袭爵,官至建安太守;次子孔汪,官至平越中郎将,广州刺史;三子孔国,官至尚书左仆射。孙孔静官至尚书左仆射,加后将军。

孔戢(?—829) 字方举,三十八代孙,孔颖达之后。唐兴元元年(公元784年),叔父孔巢父宣慰河中被杀,命给一子为官,授孔戢为修武尉,因兄长孔戣尚未出仕,让官给孔戣。后以明经登第,判入高等,授官秘书省校书郎、阳翟尉。入拜监察御史,转殿中侍御史、库部员外郎。迁京兆少尹,出为汝州刺史,迁大理卿,再出为潭州刺史、湖南观察使,当时兄长孔戣正任岭南节度使,兄弟俱任节镇,被人羡慕。入朝任右散骑常侍,拜京兆尹。赴任时,京兆数月无雨,天气大旱,孔戢在曲池祷雨,当夜大雨如注,文宗非常高兴,命其兼御史大夫。太和三年去世,赠工部尚书。孔戢为人忠直,疾恶如仇。在殿院分司东都时,昭义节度判官徐玫狡猾邪恶,帮助节度使卢从史作恶多端。卢从史被贬斥,而新任节度使仍欲用徐玫为副佐。孔戢先命收系徐玫,然后开列徐玫罪状上奏,皇帝怒将徐玫流放播州。彭充符之父彰偃在朱泚称帝时曾任中书舍人,朱泚之乱平定后,彭充符任鄜坊从事,有人推荐他有才能,被召至京师,孔戢非常厌恶,劝说京兆尹裴武将彭充符赶出长安。

孔温裕 孔戣之子,三十九代孙。举进士,授官补阙。唐大中四年(公元850年),党项人劫掠犯边,朝廷发兵讨伐,连年无功,温裕上疏劝谏，触犯皇帝，被贬为柳州司马，后迁尚书左丞。咸通八年（公元 867 年），任天平节度使、郓曹濮等州观察使，后封鲁国公。咸通十年，奏准朝廷以私俸维修曲阜孔子庙。

孔温业 字逊志，孔戢长子，三十九代孙。唐长庆元年（公元 821 年）进士第二人及第。迁礼部员外郎。太和中受命校刊《周易》等儒家经书，于开成二年（公元 837 年）刊成“开成石经”。后官吏部侍郎，大中四年（公元 850 年）孔温裕被贬柳州司马，温业不安于位，请求外迁，后迁太子宾客。

孔道辅（公元 986—1039） 字原鲁，初名延鲁，四十五代孙。宋大中祥符五年（1012 年）进士，授宁州军事推官。宁州天庆观有蛇出真武殿中，一郡以为神异，州将率领属官前往奠拜，并欲上奏朝廷，孔道辅以笏板击碎蛇首。九年迁大理寺丞，因文宣公孔圣佑年幼，特命知仙源县（今曲阜），主孔庙祀事。以孔庙规制卑陋，上书朝廷允准，并请得真宗封禅泰山余材大兴扩建。乾兴元年（1022 年）迁太常博士，天圣元年（1023 年）转左正言，知谏院，八年直史馆，又判三司理司。九年出使契丹，道授右司谏、龙图阁待制。契丹演出孔子戏，道辅愤而退场。契丹自恃兵力强盛，屡侮宋朝使者，此次又要道辅谢罪，道辅据理力争，“‘中国与北朝通好，以礼文相接，今俳优之徒慢侮先圣而不之禁，北朝之过也，道辅何谢！’契丹君臣默然”，在交锋上取得胜利。历判吏部流内铨，纠察在京刑狱，因纠察不当，出知郓州、青州。还朝再判流内铨，迁尚书兵部员外郎，十年出知许州，明道二年（1033 年）移知应天府，兼南京留守，开仓赈济，然后上奏。十一月入任右谏议大夫，权御史中丞，因废皇后一事与宰相相争，出知泰州，迁徐州，景祐二年（1035 年）知兖州。时有人献诗百篇，执政者请任其为龙图阁直学士，皇帝说“此百首诗不如孔道辅一言”，进道辅为龙图阁直学士，迁给事中。宝元元年（1038 年）再为御史中丞。道辅性鲠挺特达，遇事弹劾无所避。任左正言之时，论奏枢密使曹利用等窃弄威柄，请求黜免以清朝廷。在谏院七年，“封章论事，轩陛尽规，忠言密启，无所隐避”，劝谏废除郭皇后时直斥宰相，范仲淹赞其“方正名，天下所共知，昨当撄鳞之际，事在不测，观其容止愈端重，颜色不沮丧，附中臣之对，答丞相之语，应若宿构，言有条理，此过于前所闻矣”，但被权贵所忌，不久被宰相张士逊所卖，出知郓州，行至韦城而卒。皇祐二年(1050年)，仁宗追思孔道辅忠直，特赠尚书工部侍郎，累赠太尉、开府仪同三司。道辅能诗，好学。知兖州时，两赴泰山执弟子礼拜见孙复，与谈儒学。

孔琳之(公元369—423) 字彦琳，会稽山阴(今浙江绍兴)人，二十九代孙。高祖孔群曾官晋御史中丞，祖父孔沈有隽才，人称为“孔家金”，被征为丞相司徒掾等均不出任，父孔廞官至廷尉、光禄大夫。孔琳之刚强正直，有志力，好文义，解音律，能弹棋，妙善草隶。郡守任命其为主簿，不去任职，举荐为本国常侍，也认为官职太小。桓玄执政时，他反对废除钱币和恢复肉刑，认为只要朝廷重农，授民以时，农民一定会尽力农事，野无遗壤，丰衣足食，民风纯正，就少犯法。桓玄喜欢别人附和，琳之却不顺承旨意，因此不被重用，迁官楚台员外、散骑侍郎。遭母忧去职，服丧期满，任司徒左西掾，因父致仕，主动解职，会稽内史司马休之任为长史。父亲去世，辞官守丧，期满后补太尉主簿、尚书左丞、扬州治中从事史。建议官印沿用，不要改铸；丧事简办，取消凶门柏装习俗；除皇帝侍卫外只准依旧用铠甲，不准用袍袄，以降低绢价；节俭饮食，改变奢侈风气。后迁尚书吏部郎，东晋义熙六年(公元410年)，任刘裕领平西将军长史，后相继任大司马琅玡王从事中郎，刘裕平北、征西长史，侍中。刘裕代晋，为宋侍中，出为吴兴太守，永初二年(公元421年)任御史中丞，明宪直法，无所屈挠。劾奏尚书令徐羡之亏违宪典，时羡之领扬州刺史，琳之之弟璩之为扬州中从事，羡之派璩之向琳之解释，希望琳之停息事端。琳之对璩之说："我触忤丞相，罪止一身，不会连累于你，何必这样殷勤。"从此，官员震肃，不敢犯禁。宋高祖刘裕特别赞赏，出行经过，亲到御史台，又命领本州大中正，迁祀部尚书。琳之为官不治产业，家中贫俭朴素。南朝宋景平元年去世，朝廷追赠太常。善草书，"羊真孔草，萧行范篆，各一时绝妙"，与羊欣、萧思话、范晔各以一体知名当世。

孔戡（公元754—810） 字君胜，三十八代孙，孔戣之弟。唐德宗时举进士，兴元元年（公元784年），叔父孔巢父宣慰河中被杀，被补修武尉，迁金吾卫录事，以大理评事出为昭义军幕佐。贞元二十年（公元804年），节度使李长荣去世，兵马使卢从史继任，留任掌书记。孔戡方正严肃，崇尚忠义，卢从史恣意行事，多有不法，孔戡直言暗中劝谏，甚至在大庭广众之中当面指责，卢从史面羞颈赤，不敢解答。开始卢从史还能接受一些意见，五六年后更加骄横，孔戡劝争无效，只好借病隐居洛阳。李吉甫镇守扬州，欲请孔戡为幕佐，卢从史听说后诬陷孔戡，多次上奏朝廷要将其贬逐。依当时惯例，节度使劾奏属官，朝廷并不验理，就依节度使意见降黜。宪宗无奈，只好任命孔戡为卫尉丞，分司东都。门下省给事中吕元膺认为不公正，封还诏书，宪宗派人对吕元膺说："吾岂不知戡也？行用之矣。"元和五年，孔戡未上任就去世，朝廷追赠为尚书司勋员外郎。子一，名温质，官至四门博士。孙四：孔绚、孔纶，咸通二年（公元861年）同榜进士及第，孔纁咸通十四年进士第一名及第。

孔戣（公元752或751—824） 字君严，三十八代孙。登进士第，贞元十六年（公元800年），义成军节度使卢群举荐为判官。卢群死后，奉命权掌留后事务，监军使杨志谦平素纵恣放肆，更不把孔戣放在眼里，众人都很担心。孔戣邀请杨志谦到府，对榻起卧，以示不疑，杨志谦严惮，不敢有所举动。归朝任侍御史，累转尚书郎。元和初年，改任谏议大夫，后兼太子侍读，迁吏部侍郎，改给事中，迁尚书左丞。在朝忠直敢言，曾上书指出多冗官、吏不奉法、百姓田不尽垦、山林榷酤为州县弊端。不畏宦官威势，敢于直谏。元和六年，宦官刘希光接受羽林大将军孙璹二十万贯贿赂为求方镇，事情败露后被赐死，事连左卫上将军、知内侍省事、宦官吐突承璀，而承璀又出师无功，谏院建议贬为淮南监军使。太子通事舍人李涉知承璀深受宪宗宠幸，投匦上疏为承璀鸣屈，孔戣为知匦使，不接受李涉上疏副本，并当面责问。李涉又到光顺门上疏，孔戣指责李涉交结宦官，终于贬李涉为陕州司仓。为宦官所不容，出任华州刺史、潼关防御等使。后入为大理卿，改任国子祭酒。元和十三年，岭南节度使去世，宪宗想起曾上疏请罢南海进贡蚶菜的那个人疏词忠正，可任此职，裴度访得是孔戣认为明州贡献淡菜蚶蛤之类水产，路途遥远，劳民太多，请求朝廷罢停，即任命为广州刺史兼御史大夫、岭南节度使。到任即免去下属各州所欠钱十八万缗、米八万斛、黄金岁税八百两。孔戣刚正清俭，俸科以外一毫不取。属州刺史俸禄三万，但并不按时发给，刺史往往取自所部，孔戣将刺史俸禄增加，约定不准贪暴，如有违犯，以法治罪。南海流行买卖人口，京师权要也常托买岭南人为奴婢。孔戣到任，严加禁止，亲近官吏在路旁拾到一位小儿养育也被处以死刑，刹住了买卖人口的恶习。广州为海外交通重要港口，外国船下碇就要交税，官员检验货物，外国商人要赠送很多珍贵货物，孔戣下令禁止索要。依旧例，外国商人去世，货物三个月没妻子请领官府即予没收，孔戣认为海道一年才能一返，不论时间长短，只要有证据即发还货主遗属。戣为官勤慎，朝廷命岭南往祭南海神祠，节度使常借病委托属下官吏代祭，孔戣却不顾风浪之苦，亲自渡海致祭，韩愈曾写诗赞美。贞元以来，广西少数民族即与朝廷作对，容州、桂州官员想借平乱立功掳掠，就向朝廷建议出兵镇压。孔戣再三劝阻，朝廷不听，调集江、湖军队会同容、桂二管部队讨伐。由于不服水土，士兵死亡很多，安南乘机杀死都护李象古，桂管、容管不久也因无功忧虑而死，只有孔戣不贪功利，没有损失，交广一带晏然大治。长庆元年（公元821年），召回京师任吏部侍郎，后改任右散骑常侍，二年迁尚书左丞，三年请求退休，以礼部尚书致仕。死后赠兵部尚书，谥号“贞”。

孔祯 孔绍安之子，三十四代孙。举进士，曾官苏州长史，时唐太宗之子曹王李明为刺史，不循法度，孔祯多次劝谏，曹王不听：“寡人天子之弟，岂失于为王哉！”孔祯劝诫他：“恩宠不可恃，大王不奉行国命，恐今之荣位非大王所保，独不见淮南之事乎？”惹得李明很不高兴。李明因罪被贬为零陵王，迁往黔中，始后悔：“吾愧不用孔长史言以及于此！”后转监察御史，累迁绛州刺史，封武昌县子，死后追谥为“温”。为官刚直清正，任苏州长史时，曹王李明左右侵暴百姓，孔祯敢于执法，将他们逮捕杀掉。任监察御史时，门无宾谒，时称耿介。

孔靖（公元347—422） 字季恭，因避讳宋武帝祖父名以字行。二十七代孙。祖父孔愉，曾官晋尚书右仆射，父孔訚，官至散骑常侍。举孝廉入仕，曾官功曹史，著作佐郎，太子舍人，镇军司马，守丧间于东晋隆安五年（公元401年）被任命为建威将军、山阴令，没有就任。刘裕讨伐孙恩，屡过会稽，孔靖得以结识，刘裕打算在山阴公开讨伐桓玄，孔靖认为山阴离京师太远，而且桓玄尚未篡权，不如待桓玄篡权后在京口起事，被刘裕采纳。平定桓玄后，孔靖被任命为会稽内史。到任后整治浮华，翦罚游惰，境内肃清。朝廷征为右卫将军，加给事中，不愿就任，不久改任侍中、领本国中正，迁琅琊王大司马，不久又出任吴兴太守，加冠军将军。吴兴连丧太守，传说项羽之神为卞山王，居郡听事，太守不敢到郡衙办公，孔靖却不相信，在郡处理政务，丝毫无害。朝廷征为尚书右仆射，坚决辞让，义熙八年（公元412年）复任会稽内史，督五郡诸军，加征虏将军，在郡修饰学校，督课学习。两年后复授尚书右仆射，加散骑常侍，再辞不任。不久授领军将军，加散骑常侍，本州大中正。十二年致仕，拜金紫光禄大夫，常侍如故。刘裕北伐，请求随军，任太尉军谘祭酒、后将军，随军平定关洛。刘裕代晋，授为尚书令，加散骑常侍，坚辞不受，最后受任侍中，特进，左光禄大夫。辞事东归，宋武帝在戏马台设宴送行，文武百官纷纷赋诗记载这一盛事。孔靖淡于名利，宋永初元年（公元420年），加开府仪同三司，辞让几年，坚决不受。去世后，朝廷追赠侍中、左光禄大夫、开府仪同三司。

孔传 原名若古，字世文，晚号杉溪，四十七代孙，道辅之孙，舜亮之子。宋元祐四年（1089年），任仙源县主簿，建炎二年（1128年）随四十八代衍圣公孔端友南渡，家于浙江衢州。绍兴二年（1132年），任邠州知州，锄强扶贫，吏民畏服，移知陕州，因镇压杨幺农民军获得进秩奖励，绍兴四年以右朝议大夫知抚州，建昌兵乱，杀知军，孔传军车驰入兵营，晓谕祸福，一军帖然，平息了变乱。后阶至中散大夫，封仙源县开国男，七十五岁卒，赠中奉大夫。孔传博览群书，尤精易学，著有《续白氏六帖》三十卷，《杉溪集》十卷，《孔子编年》三卷，《文枢要记》。熟悉孔氏典故，著有《东家杂记》二卷，是孔氏最早的志书。

孔传堂（？—1755） 字升庵，六十八代孙。清雍正二年（1724年）进士，授祀祭主事，升员外郎，晋武库郎中，拣发广西，七年任镇安知府，内辑土民，外接越南，宽严有法，罢土官承袭陋规，请免下雷等八州常贡，建学宫，置博士弟子员，请有学问的汉人进行教育。三年后，请终养假归里。后起为贵州思南知府，整治沟洫，正理疆界，新修文庙，兴乡饮礼，亲自教育诸生。后因病辞官还里。著有《琴律易知》、《修学杂记》、《识字日知》。

孔传钲 字振远，号松皋，六十八代孙，衍圣公孔毓圻三子。清雍正八年(1730 年)授孔庙三品执事官,十三年长兄衍圣公传铎去世,侄孙广棨袭封,传钲又协理府事。通晓祖庭故实,雍正修庙后,董修《阙里盛典》。工诗,有《炊经堂诗集》四卷。

孔传鋕 字振文,号西铭、蝶庵,六十七代衍圣公孔毓圻次子。清康熙四十五年(1706 年)袭封翰林院五经博士,雍正二年(1724 年)世宗祭祀国学孔庙,随衍圣公入京。召见时,世宗欲留其为官,传鋕以职在奉祀子思祖庙为由推辞,世宗赐给"六艺世家"匾。传鋕自幼通敏,能诗,工书画篆刻,著有《补闲堂集》、《清涛词》、《软锟铻传奇》。

孔传橿 字振茂,六十八代孙。清雍正中举贤良方正,引见记名,皇帝称赞为好人品,发往安徽试用,任广德州州判,升顿邱令,摄寿阳篆,再授五河知县。调荆山治水,再调清河,升江防同知,后保举知府,但未上任而先卒。荆山治水时,开古宿水利,筑蒋家坝十二陡门塘,新修文庙,请曲阜孔庙乐师教习乐舞,于卡和洞右创设书院。任江防同知时,承办皇帝南巡大差,诸务毕张,并不累民,清高宗在赐和钱陈群《江防孔司马传橿招饮锦春园》有"北海惟客待"句,时人争称"小北海"。

孔稚珪(公元 447—501) 《南史》作孔珪,二十九代孙。祖道隆,曾官侍中,父灵产,好道术,官至中散太中大夫。少时好学,早有名声,太守王僧虔一见就很器重,任为主簿。州推荐为秀才,任宋安成王车骑法曹、行参军,转尚书殿中郎。宋元徽五年(公元 477 年),萧道成任骠骑大将军,因稚珪有文采,任命为记室参军,与著名文人江淹对掌文书,迁正员郎、中书郎、尚书左丞。因父丧辞职,服满后,先后任司徒从事中郎、州治中别驾、从事史,本郡中正。齐永明七年(公元 489 年)转骁骑将军,复领尚书左丞,迁黄门郎,左丞如故,转太子中庶子、廷尉、御史中丞,迁骠骑长史、辅国将军,建武初年迁冠军将军、平西长史、南郡太守,朝廷征为侍中,不愿赴任,永元元年(公元 499 年)征为都官尚书,迁太子詹事,加散骑常侍，三年去世，赠金紫光禄大夫。稚珪任职廷尉时，热心刑律，曾将晋律裴斐和杜预注删录为律文二十卷、录叙一卷，上之朝廷，并请在国学内设置律学助教，国子生有学刑律者考试上等就擢用，但并没有被朝廷采纳。有感于连年战争，征役不息，百姓死伤，建议朝廷采用汉代和亲政策，也未被采纳。稚珪喜文咏，爱山水，不乐世务，好饮酒，居宅盛营山水，院草不整，青蛙乱鸣，称之为两部鼓吹。博学能文，著有《孔詹事集》。名作为《北山移文》，用檄移的文体，假借“钟山之英、草堂之灵”口吻，对“缨情好爵”的假隐士周颐口诛笔伐。全文采用拟人手法，使山岳草木都充满嬉笑怒骂的声音和姿态。描写生动，语言华美精练，讽刺辛辣有力，一反赋文歌功颂德的传统。

孔闻礼 字知节，号立斋，六十一代衍圣公孔弘绪次子，因此袭封世袭翰林院五经博士，奉子思书院祀事。潜心研究天文、律历、声学、制度等书，五十九岁卒。

孔僖（？—约公元88） 字仲和，十九代孙。游国学，与崔骃为好友，读吴王夫差事，很有感触，叹息说“像吴王夫差这样就是画龙不成反为狗的人”。崔骃接着又谈起汉武帝十八岁为天子，崇信圣道，效法先王，五六年间天下大治，但到后期放纵恣肆，已忘了前期的善政。孔僖说古史中这样的人太多了，邻房学生梁郁插话说：“这样的话，武帝也是狗了。”孔僖、崔骃默然不答。梁郁于是上书诬告孔僖、崔骃诽谤先帝，讥刺时事，有司下令逮捕。孔僖担心被杀，上书给皇帝说：“所谓诽谤是实无其事而虚加诬蔑，汉武帝为政善恶全在汉代史书上，我们是直说史书事实而不是诬蔑诽谤。皇帝即位以来，政教没有过失，我们有什么可讥刺的呢？齐桓公历数其兄襄公的种种丑事，使管仲为相，群臣尽心，齐国终于强盛起来。现在陛下要为十世祖先武帝避讳，采取的不是与管仲不同的做法吗？”章帝读了奏书，下诏不予追究，并任命孔僖为兰台令史。

元和二年(公元 85 年),章帝东巡,经过鲁国,以太牢祭祀孔子和七十二弟子,作六代之乐,召见二十岁以上孔氏男子六十三人,命儒者讲论。章帝对孔僖说:“今天对你们家族是很光荣吧!”孔僖回答说:“臣闻明王圣主莫不尊师贵道。今陛下亲屈万乘,辱临敝里,此乃崇礼先师,增辉圣德。至于光荣,非所敢承。”章帝大笑说:“非圣者子孙,焉有斯言乎?”于是拜孔僖为郎中,校书东观。这年冬又任命为临晋令,好友崔骃为他占卜后认为不吉,就劝他请求不去任职。孔僖认为学不为人,仕不择官,吉凶由己而不在占卜,谢绝崔骃的劝告而去赴任,在县三年而去世,遗嘱令就地安葬。

孔广居 号瑶山,七十代孙,江阴(今属江苏省)人。工刻石,能诗文,通许慎《说文解字》学,著有《说文疑疑》。

孔广林(1746—1814) 字丛伯,别号幼髯,曲阜人,七十代孙。祖传铎,六十八代袭封衍圣公,父继汾曾官户部主事。十九岁为四氏学弟子员,考试优等,第二年食廪,但四次乡试均未考中,援例成贡生。乾隆三十六年(1771 年)署太常寺博士,主持汶上圣泽书院祀事。二十六岁即绝意仕进,专治郑学,阮元曾赞扬他“海内治经之人无其专勤”。著有《周礼肊测》七卷、《仪礼肊测》十八卷、《吉凶服名用篇》九卷、《禘洽觿解》一卷、《明堂亿》一卷、《仪礼士冠礼笺》一卷、《延恩集》一卷、《通德郑氏遗书所见录》七十二卷、《幼冉韵语录存》一卷、外集一卷、《温经楼游戏翰墨》二十卷。一生作诗三千六百余首,自以为不足以传世,将书稿全部焚烧,只刻十五首悼亡诗传世。

孔广牧 字力堂,七十代孙,清代山东曲阜人。著有《礼记天算释》、《先圣生卒年月考》。

孔广栻 字伯诚,号一斋,七十代孙,继涵长子。幼承庭训,戴震、孙星衍与其父讲析疑义,他常片语相质,深得戴、孙喜爱。及长,锐志于学,自经传子史至杂家无不研究，清乾隆四十四年(1779年)中举。著有《周官联事》二卷、《藤梧馆诗钞》八卷。校刻《春秋世族谱》、《春秋地名人名同名录》、《春秋闰例日食例》、《左国蒙求》、《国语解订讹》。手序隋刘铉《春秋规过》、唐卢同《春秋摘微》、唐陈子昂《春秋折衷论》。

孔广森(1752—1786)　字众仲、扐约，号㢲轩，孔继汾之子。清代著名经学家、数学家、音韵学家。十七岁中举，二十岁中进士，选翰林院庶吉士，散馆授检讨。出身圣门，年少入仕，学业早成，学者敬仰，权贵垂青，士子争相结纳，但广森淡泊名利，无意仕进，耽于著述，不久即告养辞官归里。乾隆四十九年(1784年)，父亲继汾因文字狱客死外地，忧愤交集，三十五岁即去世。少时师从戴震、姚鼐，博览群书，淹通经史、训诂、六书、九数，尤精三礼和公羊春秋。著有《大戴礼记补注》十四卷，《诗声类》十二卷，《礼学卮言》六卷，《经学卮言》六卷，《少广正负术内外篇》六卷。数学继承戴震勾股定理之说，对解方田、粟米、差分、少广、商功、均输、勾股、方程、赢不足等研究多为前人所不及。文学造诣很深，著有《仪郑堂骈俪文》三卷，《仪郑堂诗稿》一卷。

孔广铭　字文箴，七十代孙。避乱至汉中，黄鼎延之入幕，因功授通判。驻藏大臣崇绸调其专司文檄，卒于蜀。博通群书，著有《公羊释例》、《孟子义疏》、《五经异义疏证》、《庄子义训》、《前汉书考证》，可惜均未成书。

孔端隐　字子宣，四十八代孙。自幼聪敏，博极坟典，成童即以明经授博士弟子员，十八岁即登进士。金兵南下，端隐与族人中义气激昂者数十人投至宗泽军营。后随军南渡，官江宁府观察推官，为政清白爱民，历官十载，卒于任上，百姓为之立碑颂德。

孔毓功　字惟叙，江西新城人，六十七代孙。受学于清初散文家魏禧，擅长散文，著有《惟叙集》六卷。

孔毓埏 字钟舆，号宏舆，又号拾箨老人，清康熙十八年(1679年)，袭封世袭翰林院五经博士，赐三品官阶，授奉议大夫。二十九年，上书请求仿照颜子、曾参、孟子之例创建子思专祠，后经朝廷允准，但因病卒未能建立。自幼好学，能诗文，著有《研露斋文集》、《丽则诗集》、《蕉露词集》。清圣祖为嘉奖其好学，于康熙二十八年颁给御书"远秀"，后人将其诗文合编为《远秀堂集》。卒年五十八岁，乡谥为"孝文"。

孔毓珣(1668—1731) 字东美，号朴岩，六十七代孙，父孔兴洪，官至福建按察使。毓珣幼年即留心经济，不为章句。康熙二十三年(1684年)，皇帝至曲阜释奠孔子，因陪祀赐恩贡出身，康熙二十九年(1690年)授武昌通判，三年后被举卓异迁徐州知州，康熙三十九年因熟谙河务授邳睢同知，康熙四十三年迁山西平阳知府，未任职即改云南顺宁知府，任满改开化知府，丁母忧服满后任四川龙安知府。历守边郡，皆因俗为治，去其弊端，人民安服。康熙五十五年再举卓异，升任湖广上荆南道，挑开荆门万壑之险，筑堤捍卫水患，人民因此命名为孔公堤。次年升广西按察使，时广西地瘠民贫，多发盗案，各土司也往往自相仇杀，地方官不能制止。孔毓珣力除因循之习，每遇大案设法捕治，务尽除根。康熙五十七年迁四川布政使，时清政府用兵西藏，毓珣筹饷，在叉木多转输，民不知劳，并重筑灌江口堰，蜀人比之李冰。康熙六十一年升广西巡抚，雍正元年(1723年)加授总督，核实常平仓，春耕借粮于民，秋收还仓，丰年加息，歉年免息，荒年次年还本，因广西边远，盐商送运不便，请拨藩库银官办运销，有赢余则量减盐价，慎催科，平狱讼，端士习，淑民风，次年授两广总督，皇帝谕示："广东武备废弛，劫掠公行，举劾官吏，百无一公。尔当尽心料理。"整治广东军备，厘定盐政，改隶矿场，翌年加兵部尚书衔。雍正五年入觐，奉命与河漕督抚诸臣会勘苏松水利，黄河、运河水势，九年命移节治河，调任江南河道总督，不惮劳悴，冲冒风雪浪涛，积劳成疾，卒于任上，谥“温僖”。

孔毓琼　字钟英，六十七代孙，江西新城人。受学于清初散文家魏禧，能文，风格颇雄健，有《钟英集》十卷。

孔臧　字子武，十一代孙。西汉文帝九年(公元前171年)继父孔藂袭封为蓼侯，后官博士，历位九卿。元朔二年(公元前127年)迁御史大夫，孔臧不愿任此职，上书朝廷说：“臣世以经学为业，家传相承，作为训法。今俗儒繁说远本，杂以妖妄，难可以教。侍中安国受诏缀集古义，臣乞为太常，典臣家业，与安国纪纲古训，使永垂来嗣。”武帝同意他的要求，任命为太常，礼赐一如三公。次年，却因南陵桥坏致使衣冠车不能通过被免职。孔臧有志于儒学。武帝初年，鲁恭王拆除孔子故居，于壁中得古文《尚书》、《论语》等儒家经典，从弟孔安国奉命作传，孔臧写信鼓励他坚持整理：“人之所欲，天必从之。旧章潜于壁室，正于纷扰之际欻尔而见，俗儒结舌，古训复申，岂非圣祖之灵欲令仁弟赞明其道，以阐其业者哉！”子孔琳继承家业，与叔父们讲习书传，孔臧教育他远效孔子，近法安国，立身修行。曾著书十篇，作赋二十四篇，仅有《谏格虎》、《杨柳》、《鸮》、《蓼虫》四赋传世。

孔范　字法言，南朝陈会稽山阴(今浙江绍兴)人，三十一代孙。自幼好学，博读书史，陈太建中曾任宣惠江夏王长史。后主即位后，任都官尚书，与江总、陈瑄等与后主嬉游饮宴，被人称为狎客。孔范形容举止文雅，善写五言诗，又能曲意承欢，对后主文过饰非，称扬赞美。后主宠幸孔贵妃，就与孔贵妃结为兄妹，很受后主宠爱，后主言听计从，百官自然惧怕。孔范自以为文武全才，骄横跋扈，轻视将领，说他们行伍出身，没有远见，后主听从他的意见，将帅一有过失，就剥夺他们的兵权。祯明二年(公元588年)，隋兵大举南侵，急报到京，孔范却说长江天堑，隋兵难渡，是边将图立功劳，故意谎报，并说自己官位卑下，隋兵若来，当立军功，官至太尉。第二年正月，隋军渡江，相继攻下南徐州、南豫州，军情紧急，将军司马消难建议北据蒋山，南断淮水，坚守城池，待敌粮尽出兵。孔范志在立功，力劝出战，以忠武将军屯兵宝田寺，出兵交战，兵未成列就已败阵，孔范脱身逃归。陈亡后，与后主同被解往长安。隋文帝将他和王磋、王仪、沈瓘列为四罪人，流放到边远地区。

孔纬（？—895）　字化文，四十代孙。祖父孔戣官至礼部尚书，父遵孺官至华阴县丞。孔纬少时丧父，随叔父温裕、堂叔温业生活，交游当时名人，早著声望。大中十三年（公元859年），以进士第一登第，授秘书省校书郎。经举荐出为梓州从事、扬州支使，历观察判官、长安尉、直弘文馆，迁监察御史，转礼部员外郎，兼集贤直学士，改任考功员外郎。母忧服满后任右司员外郎，以能文被任为翰林学士，转考功郎中、知制诰，赏给绯服，正拜中书舍人，累迁户部侍郎，赏给金鱼袋紫衣。乾符中升为御史中丞，经户部侍郎、兵部侍郎迁吏部侍郎，动循法令，不循私情，朝中权要请托之信满案，从不省视，因此得罪执政大臣，改任太常卿。广明元年（公元880年），黄巢农民军攻长安，随僖宗出奔成都，改任刑部尚书判户部事。当时萧遘为相，在翰林时就与孔纬不合，借户部取给不充足改授散秩，任太子太保。光启元年（公元885年），随驾还京，沙陀李克用进攻长安，田令孜胁迫僖宗出奔凤翔，邠宁节度使朱玫迎驾，田令孜又挟僖宗半夜奔山南，大臣未能追随，僖宗驻扎宝鸡，授孔纬御史大夫，令其率群臣扈从。宰相借口有病不见，群臣借口因遭乱兵劫掠没有朝服不行，孔纬召集三院御史，劝以臣子之义，而御史们借口无食不行，孔纬拂衣而起，借兵五十骑只身赶赴陈仓，知朱玫必来争夺僖宗，劝僖宗速幸梁州，车驾刚刚离开，朱玫的军队就围攻宝鸡。僖宗入蜀，授孔纬兵部侍郎、同中书门下平章事，不久改任中书侍郎、集贤殿大学士，迁门下侍郎、监修国史。从驾还京途中，进阶特进，兼吏部尚书，领诸道盐铁转运使。文德元年(公元888年),僖宗还京,进位左仆射,赐号“持危启运保乂功臣”,兼领京畿营田使,赐给铁券,恕十死罪。昭宗即位,进加司空,兼领国子祭酒。龙纪元年(公元889年),加太清宫使、弘文馆大学士、延资库使,后又进位司从,封鲁国公,再进位太保。大顺元年(公元890年),因支持张浚讨伐沙陀李克用用兵失败被罢相,贬为荆南节度观察处置使,十天后又被责授均州刺史,经朱全忠上章救护,得以寓居华州。乾宁二年(公元895年)五月,李茂贞等三镇统帅带兵至长安,杀前宰相韦昭度等。昭宗有感于朝中大臣互为朋党,外连方镇,朝廷不宁,派人召孔纬入京,授官司空兼门下侍郎同平章事、太清宫使、修奉太庙、弘文馆大学士、延资库使,并全部恢复旧有阶、爵功臣名、食邑。但孔纬年老久病,已难视事,任职不足十天,李克用进攻长安,孔纬随皇帝避乱出逃,途中病危,返回京城,九月去世,追赠太尉。孔纬崇重儒术,战乱中仍不忘修复国学。大顺元年曾建议从内外官员俸禄中集资修复孔子庙。

孔褒(?—169) 字文礼,二十代孙,孔宙长子。继承家业,博通《春秋》,被推举为孝廉,曾官豫州从史。东汉建宁二年(公元169年)十月,中常侍侯览兴起钩党狱,州郡大举钩党,“八及”之一的名士张俭遭到通缉,投奔好友孔褒,褒不在家,幼弟孔融代兄留客。事发后,鲁国国相秘密掩捕,张俭逃走,孔褒、孔融被捕,按当时法律,留藏者该治死罪。孔融以收藏张俭争抵罪,孔褒以张俭投奔自己争抵罪,官吏去问其母,其母说家事任长,该我抵罪。满门争死,郡县疑不能决,上报朝廷,诏书命孔褒抵罪。孔褒墓碑湮没了很长时间,清雍正三年(1725年)于曲阜城东出土,不知何故,碑没在孔林内。当时即移往孔庙,可惜剥蚀严重,能识者仅有数十字。

孔庆铦(?—1853) 字仪甫,号菊农,七十一代衍圣公之孙。清道光十八年(1838年),举进士,授河北平乡知县。平乡地瘠民贫,数遇荒旱，百业凋敝，三年十二官，无一能终任。庆铨任职三年，百废兴举，生意盎然。再调交河，咸丰三年（1853年）九月二十三日，太平天国北伐军攻陷交河，庆铨率练丁巷战被杀，子繁渥同时遇难，死于父怀，清文宗曾赞扬“该父子一门忠孝”，命追赠知府，照知府例赐恤，并敕建专祠。能诗文，著述多被焚毁，仅传《种芝山房遗集》一卷。

孔庆镕 字稷臣，号诚甫，七十一代衍圣公之孙。自幼聪慧，十六岁入四氏学，清道光五年（1825年），选拔贡，八年中举，十六年成进士，改庶吉士，散馆以主事分工部行走，考取军机章京，二十二年补章京入直，勤劳谨慎，明年补工部硝磺库主事，再升营缮司员外郎、都水司郎中。二十八年，京察一等记名，次年，授甘凉兵备道，赴任道中改授山西按察使。入觐宣宗，称其“品学俱好”。明年调贵州按察使，咸丰四年（1854年）以眼疾辞官归里，五十五岁卒。勤于治事，在山西，大小之狱无不悉心研鞫，多所平反，巡抚以“品端学粹，公正廉明，办事实心，有才识”专折保奏。在贵州，命与湖南接壤的镇远、黎平各府严加防范太平军；平反冤狱，乡民具送万民衣伞，却而不受，民演为戏剧；反对镇压遵义抗粮民众，但却镇压过瓮安、桐梓农民起义。善于延揽人才，曾拔擢胡林翼、徐河清、韩超等人。能诗，著有《省香斋诗集》。

孔德绍（？—621） 三十四代孙，孔休源曾孙。曾官隋秘书省正字、景城县丞，后任窦建德中书侍郎、中书令，有清才，专掌书檄，曾为窦建德撰写檄文攻击秦王李世民。唐武德四年（公元621年），秦王李世民消灭了窦建德，德绍被俘，在汜水楼上，李世民责备德绍为什么用檄文诽谤他，德绍回答说：“犬吠非其主。”李世民大怒：“贼乃主耶？”当即命武士投下城楼摔死。

孔熙先（？—445） 二十七代孙，南朝宋会稽人。学问广博，文史星算，无不兼善，且有纵横之才，但仕途偃蹇，三十岁才官员外散骑侍郎，久不升迁，愤愤不平。熙先之父默之为广州刺史，因赃下狱，幸赖彭城王刘义康保护得免，对义康心存报效。元嘉十七年(公元440年)，刘义康被罢黜，出镇江州。熙先以天文图谶得知文帝将因骨肉相残而被杀，而江州应出天子，于是心怀不轨，联络朝中大臣作乱。时左卫将军、太子詹事范晔对朝廷不满，但熙先并不被范晔看重，范晔外甥谢综任刘义康记室参军，熙先家中富有，先与谢综兄弟赌博，故意将财物输给他们，通过他们结识范晔，又故意输财物给范晔，范晔既贪其财，又喜爱熙先的文学才能，逐渐成为知己，熙先借朝廷不与范家结姻激起范晔不满。为推翻文帝，熙先多方联系，广州人周灵甫有家兵部曲，送钱六十万，收买他在广州配合。道士法略与刘义康有交往，使他返俗出仕，任臧质宁远参军。尼姑法静经常出入刘义康府邸，派她携带书信和图谶南下与刘义康联系。法静妹夫许耀领队在台宿卫殿省，也被争取为内应。为使刘义康登极，熙先预先作好准备，命弟弟休先拟好了檄文，建议范晔伪造了刘义康同意造反的信函，定于元嘉二十二年(公元445年)九月起事，趁文帝为征北将军、衡阳王刘义季和右将军、南平王刘铄出镇送行之机在虎帐冈发难。这天，许耀随侍皇帝，扣刀请示范晔动手，范晔却不敢示意，错过了机会。十一月，丹阳尹徐湛之告发了造反阴谋，参与造反人物全部被捕。首犯范晔初时抵赖，后想求生。而熙先望风吐款，辞气不挠。文帝惊异他的才能，派人到狱中慰劳，“以卿之才而滞于集书省，理应有异志，此乃我负卿也”，并当面责怪前吏部尚书：“使孔熙先年将三十作散骑郎，哪不作贼?”熙先狱中上书皇帝，告诫他有骨肉相残之祸(不到八年，文帝即被儿子刘劭杀死)。范晔冀求存生，熙先劝他说：“设令今时赐以性命，人臣图主，何颜可以生存!”最后与弟休先、景先、思先和子桂甫、孙白民同时被杀。

孔奋 字君鱼，十六代孙，孔霸曾孙。少从刘歆学《春秋左氏传》，刘歆对门人说“吾已从君鱼受道矣”，赞扬孔奋学问高深。西汉末避王莽之乱，奉母携弟迁居河西。汉建武五年（公元29年）应河西大将军窦融之请，署河西议曹掾，守姑臧长，八年赐爵关内侯。东汉初年天下未定，士人大多不修节操，而孔奋力行清廉。姑臧是汉人与羌胡贸易的重地，称为富邑。河西守令被召东还时，财货连车，而孔奋居职四年，单车上道，士人感恩，共敛价值千万的牛马器物追赶至数百里外相赠，孔奋一无所取。归京后被任命为武都郡丞，陇西余党隗茂等夜袭郡城，杀死太守，恐孔奋讨伐，抓走了孔奋的妻、子。当时孔奋已五十岁，只有一子，隗茂军在阵前推出孔奋妻、子相威胁，孔奋以国事为重，挥军讨伐，消灭隗茂，但妻、子均被杀害。孔奋的义不顾亲受到朝廷的褒奖，被任命为武都太守，为政明断，甄善疾非，治理清平，后因病辞官，卒于家。晚年又得一子孔嘉，官至城门校尉，通家学，著有《左氏说》。

孔融（公元153—208） 字文举，二十代孙，东汉著名文学家，建安七子之一。幼时以让梨著称，十六岁以收留通缉的张俭入狱，兄孔褒被杀。入仕后先后官侍御史、司空掾、北军中侯、虎贲中郎将。董卓擅权，废少帝，立献帝，孔融不时匡正，被贬为议郎。北海郡为黄巾军活动要地，任孔融为北海相。到任建立学校，表显儒术，荐举贤良。后经刘备举荐领青州刺史，建安元年（公元196年），被袁绍攻破，连妻子都被俘获。献帝迁都许昌，任将作大匠，迁少府，官至太大夫，曾反对恢复肉刑。恃才负气，多次非议讽刺曹操专权。曹操破袁绍，儿子曹丕强娶袁绍儿媳甄氏，孔融致书曹操说：武王伐纣以妲己赐周公，曹操以酒亡天下禁酒，“夏商亦以妇人失天下，今不断婚姻，而将酒独急者，疑但惜谷也”，处处与曹操作对。操外表容忍其实内心忌恨，于是借欲行不轨、谤讪朝廷、败伦乱理等罪名将孔融杀害。能诗文，诗歌直抒胸臆，散文词藻华丽，文章好发议论，虽然沿习时风善用骈俪对偶，但能以气运词，深受时人与后世的推崇。著有诗、颂、论议、碑文、策文、表檄、教令等25篇，但久已散佚，明人辑有《孔北海集》。

孔谔（1384—1452） 字贞伯，五十七代孙。明永乐六年（1408年），乡试第一名中举，但会试下第，时太子监国，授以教官。太子召见，见其年少俊伟，务令成进士，命冠带送国子监肄业。不久，恰逢左春坊中允员缺，太子授以中允，命教皇子诸王读书。后转大理寺评事，改监察御史，巡按江西、辽东，风纪肃然。官至河南按察佥事。生平嗜好性理文学，著有《中庸补注》三卷；工于诗赋，著有《舞雩春咏集》二十卷。

孔鬳 字器之，五十代孙。幼时父母双亡，励志读书。蒙古兵南下，避乱汴京，流离失所，仍手不释卷。左丞张琪赏识他的才干，推荐给朝廷，被任命为开封令。金亡后归元，官至济兖单三州等处宣课提领。曲阜孔庙自金贞祐二年（1214年）毁于兵火后，荒凉残破。蒙古定宗三年（1248年）孔鬳请求东平行台严实维修，严奏请朝廷同意，命孔鬳提领监修林庙事，重修起郓国夫人殿等建筑。

孔宪圭 字玉川，号镇斋，七十一代衍圣公第三子。恩贡生，四氏学教授，候选知县。澹于世情，只以书咏自遣，诗纵横奇警。晚年多奉道语，著有《抱真集》十卷、《志道集》三卷。

孔宪堃 字载元，号厚斋，七十一代衍圣公第五子。恩贡生，就职州判，效力河南，年余即告归。好读书，博闻强识，精医学，善弈棋，能草书，工吟咏，著有《逸友堂适性草》一卷、《诗余偶存》一卷。

孔宪彝 字叔仲，号绣山，七十二代孙，昭杰次子。清道光十七年（1837年）举人，曾官内阁侍读。少师事李宗传，习桐城古文学，后与盛大士、阮元交游，居京时又与魏源、曾国藩、何绍基等切磋请习，学问大进。生平爱读韩愈文章，名其斋为韩斋，著有《翰斋文集》四卷，《对岳楼诗集》二卷，续集一卷，词一卷，《还乡吟》一卷，选辑有《阙里孔氏诗钞》

十四卷,《曲阜诗钞》八卷。工画兰,萧疏淡远,不染尘埃。

孔颖达(公元574—648) 字冲远,三十二代孙。隋大业初年以优异成绩考取明经,授河内郡博士,不久召全国儒学官员到洛阳与国子监秘书学士辩论经学,驳倒众多年长儒士,成绩最好,年长众儒不甘受屈,偷派刺客暗杀,赖礼部尚书杨玄感保护幸免,补太学助教。入唐任秦王李世民文学馆学士,武德九年(公元626年)擢国子监博士,贞观初转给事中,封曲阜男,六年升国子司业,七年迁兼太子右庶子,累迁散骑常侍,晋曲阜子。卒后陪葬昭陵,赠太常卿,谥"宪"。与颜师古、司马才章、王恭、王琰受诏撰《五经正义》一百八十卷,折中南北经学,成为科举考试的标准读本,一直沿用到元初。

孔默之 二十六代孙。宋元嘉间曾任广州刺史,因赃货犯罪下狱,幸得彭城王刘义康保护得免。爱好儒学,曾注谷梁春秋,有《谷梁注》一卷。

孔兴泰 字林宗,六十六代孙,清代河南睢州(今睢县一带)人。精通数学,著有《大测精义》,其求半弧正弦法与清代数学家梅文鼎正弦简法补说不谋而合。

孔兴钎 字绍先,六十六代孙。清康熙九年(1670年),进士,选翰林院庶吉士,散馆授江西道监察御史。三藩之乱,上书建言陷入叛乱官民凡来投归的即抚循安插,务令得所。调任江南道监察御史,上书建言裁去偏僻地方驿马,增加交通要道地方驿马工料。时州县地方遇盗劫之案处分太严,民不敢报案,"报官而官往验,或指为家贼刑其僮仆,或诬以奸状牵其妇女";官员讳案,"或遇绅衿势力之家,州县官往往遣人密嘱按其所失之物而暗为赔补",致使"劫盗反倚地方官为护身之符",建议"遇有盗案轻其处分,处分轻而犹讳则严治其罪"。再调福建道,掌山西道事,出为陕西潼商道、摄布政使司印,卒于官。死后仅图书数卷,同僚属吏聚金治丧,哭送灵柩者达数百里。刻印有《塾训》、《石仓诗选》、《西台奏议》。

孔兴询 字爰咨,六十六代孙。清康熙间以陪祀恩贡授云南丽江府通判。丽江为少数民族聚住区,自明初设置军民府,以酋长木氏世袭知府,而以流官为通判。少数民族尚少教育,通判多以闲曹不愿治事,而兴询到任后力变其俗,创建孔子庙,兴盖学舍,设置师傅,讲习儒学,以诗书训治,文教始兴。后升任贵州定番知州,因病辞官,归卒于家。

孔兴诰 字远猷,六十六代孙。由监生任太谷知县,历署祁、徐沟、乐平、太原诸县,摄偏关同知。清康熙末年征西域,命解送牛、粮,自上谷楼至哈密、吐鲁番,往返万里,无误军用。擢庐州府知府,剔除宿弊,裁汰烦文,严惩贪墨,善鞠疑狱,居职二年,所辖二州六县均称大治。后致仕归里。

孔兴灿 字凤图,六十六代孙。诸生,明末,李自成部将郭升攻占曲阜,至孔庙拜谒孔子,兴灿瞋目大骂,被执不屈,郭升最后还是释放了他。

孔觊(公元416—466) 字思远,三十一代孙,浙江会稽山阴人。祖父孔琳之,曾官晋尚书左丞,终宋御史中丞。孔觊口吃,自少正直,重气节,以是非为己任,爱好读书,声名早著,被扬州举为秀才,出任主簿,以后相继任长沙王镇军功曹、衡阳王安西主簿、户曹参军,领南义阳太守,被任代理记室,坚辞不就。入朝任通直郎、太子中舍人。经建平王秘书丞、中书侍郎、随王安东咨议参军、领记室、黄门侍郎,建平王中军长史、黄门侍郎,后任临海太守。南朝宋孝建三年(公元456年)任散骑常侍,领本州大中正。大明元年(公元457年)改任太子中庶子,领翊军校尉,转秘书监,迁廷尉卿、御史中丞。因鞭打令史被参劾,蒙皇帝原谅不予追究。不久任寻阳王冠军长史,加宁朔将军,行淮南、宣城二郡事。转任安陆王冠军长史、江夏内史。好酒,一醉常整日不醒,但明晓政事,酒醒判决，决无塞积，众人都说：“孔公一月二十九日醉，胜他人二十九日醒也”，连孝武帝召见都先派人看他喝醉没有。但使酒仗气，经常侵犯或忽略同僚，更不能委曲己意奉承别人，权贵们对他又怕又恨。性情真素，不尚奢华，与顾恺之同被称为宋代清廉俭约之人。弟道存，堂弟孔徽好营产业，请假东还，孔觊相迎时见他们载有十多船绵绢纸席等财物，就借口贫困需要资助将财物搬上岸来全部烧掉，并教育他们做官不要像商人那样。大明八年由郢州行真入朝为右卫将军、司徒左长史，弟道存接任后军长史、江夏内史。江东大旱，京城米贵，道存派人送米五百斛给他，孔觊认为自己任职三载，全无积蓄，而道存任职不久却能送他这么多米，坚辞不受。押运小吏要求在京师卖掉孔觊也不同意，一定要他带回。永光元年（公元465年）迁侍中，未任即改为江夏王太宰长史，不久出任寻阳王右军长史，加辅国将军、行会稽郡事。明帝即位，召任太子詹事。泰始二年（公元466年），因受都水使者孔璪劝说，不赴朝任职，转而拥护晋安王刘子勋称帝，兵败被擒，并不求活，临死求酒说“此是平生所好”，被斩于东阁外。

孔璐华（？—1830）　字经楼，宪增之女，衍圣公孔庆镕之姐。阮元继室，随阮元仕宦，死于云贵总督衙署。能诗，有《唐宋旧经楼诗稿》六卷。

孔繁朴（1863—1930）　字厚庵，七十四代孙。清光绪十一年（1885年）中举，十六年进士，以知县归部铨选，出使日本，任长崎正理事官。任满归国，以直隶州知州任用，加四品衔，签分陕西，曾知乾州、商州、绥德，以卓异保升知府，补同州府。辛亥革命后，辞官归里，1917年被推为曲阜孔教总会会长。1928年蔡元培提议没收孔府财产，繁朴奔走南京，与政府力争，其议遂寝。1930年中原大战，蒋介石军队据守曲阜，阎锡山军队攻城，激战十余日，毁伤孔子林庙，繁朴突负兵火，卫庙庇民，并撰

《曲阜十一日战事记》，不怕触犯忌讳，刊布天下，揭露军阀罪行。这年秋筹办第十八届全国孔教大会，祭祀孔子后于奎文阁讲经，悲愤久积，劳役新增，以致演讲完毕气厥猝发，不能言动，抬归至家，不久去世。

孔蘩(？—公元前174) 十代孙，孔树之子。追随汉高祖刘邦砀山起义，屡立战功，先后官左司马、将军、都尉。高祖五年(公元前202年)随韩信将左军在垓下进攻楚王项羽，韩信将前军首战失利，孔蘩带领左军与右军合力纵兵进攻楚兵，大胜，韩信乘机进攻，终于击败了项羽，六年正月被封为蓼侯，文帝九年卒，谥号为夷。

孔严(约公元321—370) 字彭祖，二十六代孙。年轻时曾在州郡为官，后官司徒掾、尚书省殿中郎。殷浩为扬州刺史任别驾，迁尚书左丞。桓温灭蜀，势力渐大，声望很高，引起朝廷担心，为与桓温相抗衡，朝廷重用在朝野都有盛名的殷浩，致使桓温不满。殷浩又想建立边功，引用敌国降俘。孔严劝告殷浩，要他以国事为重，与桓温团结，不用敌国降俘，均被殷浩采纳。东晋隆和元年(公元362年)，哀帝想举行鸿祀之礼以祈求福祥，祛除灾变，孔严劝阻说“天道无亲，唯道是辅”，要哀帝“祇顺恭敬，留心兆庶，可以消灾复异”，也被哀帝接受。任为扬州大中正，不就，有司官员请求罢免，哀帝命以侯领尚书。又劝哀帝不要将海盐税交给东海王，不要随便赏赐左右侍从。太和中被任命为吴兴太守，加秩为二千石。在任善于治理，很得民心。太和五年(公元370年)因病辞职，卒于家中。能文，著有《吴兴太守集》十一卷。

孔丽贞 字蕴光，号藉兰主人，六十六代衍圣公孔兴燮孙女，世袭翰林院五经博士孔毓埏之女。嫁与济南戴文谌为妻，婚后一年丈夫去世，不久家兄也去世，返家奉养父母，父母去世后又回夫家。擅书画，能诗，著有《鹊吟集》、《藉兰阁诗集》。

孔纁 字徽夫，四十代孙，孔戣之孙。唐咸通十四年(公元873年)

进士第一人及第，此前从弟孔纬大中十二年（公元858年）进士第一人及第，兄孔绚、孔纶咸通二年进士及第，四年四十代长孙孔振进士第一人及第，这是孔氏家族科第最为显赫的时期。

孔继汾（1725—1786）　字体仪，号止堂，六十九代孙，衍圣公孔传铎第四子。自幼博闻强记，淹通经史。清乾隆三年（1738年）贡生，十二年举人。十三年，高宗初次到曲阜祭祀孔子，继汾引驾，并为皇帝进讲《中庸》要旨，深受赏识，被授为内阁中书舍人，后曾任军机处行走、户部主事，十九年被命随军营筹饷，不久告假归里。二十一年，高宗要再到曲阜祭祀，地方官派人当差，衍圣公孔昭焕就孔庙佃户人被差事与署山东巡抚白钟山发生争执，被指责为干预地方公事，白钟山归罪于孔继涑、孔继汾指使把持政务，继汾被革职。后经捐复，再未出仕。继汾通晓历朝掌故和典章制度，乾隆二十七年写成《阙里文献考》一百卷，同年接编《孔氏家仪》，三十年书成刊印，全书十四卷，因所述服制与《大清会典》不符，序言中又有"其今之制，显悖于古者"等字样，被族人孔广成告发。高宗亲自过问，说他"小有才干"，"本非安分之人，故弃而弗用耳。彼应安分改过，乃著《家仪》一书，则因其平日抑郁不得志，借以沽名纾忿，其心更不可问。若使仕宦通显，必不以著述为能。此等进退无据之徒最可鄙恨"，"着命革职，拿交刑部，交大学士九卿会同该部严审"。继汾极力分辩，仍被定为增减会典服制，发往伊犁充军。经次子广森多方营救，中途被赦回籍。不愿家居，南游杭州，客居于友人梁同书家，不久染病不治，归葬曲阜，未能葬进祖林，葬于城西犁铧店村南。继汾还著有《乐舞全谱》二卷，《劻仪纠缪集》三卷，《行余诗草》（附词）二卷，《丧祭仪节》、《嫡系小谱》十卷，校刻《文献通考序》一卷。子七，长子广林、次子广森均通经学。

孔继涑（1726—1791）　字体实，号信夫，又号谷园，别号葭谷居士，六十八代衍圣公孔传铎第五子，行十二。自幼勤奋好学，才华过人，乾隆九年（1744年）取为优贡生。十三年高宗幸鲁亲祀孔子，被选进讲《周易》。二十一年，衍圣公孔昭焕为派孔庙佃户人当差事与地方官发生争执，继涑被指控为把持府务、干预地方公事，被革去功名。三十三年乡试中举，后屡试不第，纳资为候补内阁中书舍人，但终未出仕。乾隆五十五年春，南下江宁钟山书院探访恩师姚鼐，季夏又北上京师游历，因病卒于北京，后归葬曲阜，未入祖林，葬于城西大柳村。酷爱书法，初习张照，几可乱真，后临苏东坡、黄庭坚、米芾、蔡襄诸家法帖，书艺大进，高宗东巡，曾被召入行宫作书，获得赞许。终生专心研究书法，著有《谷园论书》一卷。善于鉴别，收集古今名家法书，精心临摹，雇人精工镌刻，汇成《玉虹楼丛帖》，全帖刻石584块，装成101卷，习称百一帖。其中《玉虹楼帖》十六卷、《瀛海仙班帖》十卷、《临中兴颂》二卷、《张文敏小楷》一卷、《张文敏书诗》一卷，专刻张照书作，是研究张照书法艺术的重要资料。《玉虹鉴真帖》、《续鉴真帖》各十三卷，摹刻各种古代法书，有王羲之、王献之、颜真卿、褚遂良、欧阳询、李白、苏轼、黄庭坚、米芾、蔡襄、赵孟频、吴宽、文征明、董其昌、王铎等晋至明二百余人的书作。《谷园摹古》二十卷，摹刻旧拓碑刻拓片，有钟繇、王羲之、智永、李邕、苏、黄、米、蔡、赵孟频等人的名碑，帖中所刻南宋《群玉堂帖》一卷是该帖散佚后的重要依据，《北魏崔敬邕墓志》在原石佚去后更加珍贵。《国朝名人帖》十二卷，专刻清人墨迹，计有顾炎武、恽寿平、王澍、梁同书等49人的作品。《隐墨斋法帖》八卷，全刻自己书作，《金人铭》二卷，刻六十七代衍圣公孔毓圻书作，《黄涪州帖》、《米海岳帖》、《祝京兆帖》各一卷，分别刻黄庭坚、米芾、祝允明书作。工诗词，有《玉虹楼诗词》四卷。热心民间慈善事业，曲阜被灾，曾三次各捐银一千两赈济灾民。无子，以兄继汾第七子广廉为嗣。

孔继泰　字鹤瞻，号鹗庄，六十九代孙，清昆山(今属江苏省)人。拔贡生，善画山水，有名当时。精于鉴别，收藏古代书画绝无伪作。

孔继尧　字砚香，号莲香，六十九代孙，江苏昆山人。工画山水花鸟，尤精人物。

孔继涵(1739—1783)　字体生，号荭谷、南洲、昌平山人，六十七代衍圣公孔毓圻之孙。二十二岁中举，三十三岁中进士，任户部河南司主事兼理军需局，并充任《日下旧闻》纂修官。在京六年，结识戴震、钱大昕、姚鼐、周永年、卢文弨、罗聘等著名学者，“讲析疑义，考证异同”，学识日富。乾隆四十三年(1778年)请求卸官回籍奉养母亲。于城外营建聚芳园，潜心著述，校勘群籍，将著述与校勘书籍以书斋命名为《微波榭丛书》。学识广博，天文、地理、经学、数学、文学、金石考据无不擅长，专攻三“礼”，尤精历算。著有《考工车度记补》、《林氏考工记解》、《同度记》、《勾股粟米法释数》各一卷，《水经释地》八卷，《红榈书屋诗集》四卷，《红榈书屋文集》二卷，《斲冰词》三卷。校勘书籍有《五经文字》三卷，《九经字样》一卷，《春秋长历》十卷，《春秋地名考》十四卷，《春秋金钥匙》一卷，《国语补音》三卷，《孟子注》十卷，《算经十书》五十卷。还校订了戴震遗著《考工图记》二卷，《毛郑诗考证》四卷，《果溪诗经补注》二卷，《原善》一卷，《原象》一卷，《孟子字义疏证》三卷，《声韵考》四卷，《声类考》十四卷，《续天文略》三卷，《水经注》四十卷，《水地记》一卷，《策算》一卷，《文集》十卷。

孔继榦　字荫泗，号雩谷，别号铁骨道人，六十九代孙，山东滕县(今滕州市)人。廪贡生，先后任江苏泰兴、江都，广西平乐、临桂，湖北郧西、江夏等县知县，襄阳府同知。清嘉庆元年(1796年)，白莲教于枝江、宜都起义，聂杰人去世后，余众依然活动。继榦召募乡勇，设伏堵御，于三年三月击败白莲教军，杀死其首领齐王氏、姚之富，因此赏戴花翎，补授松江知府。嗜文翰，精篆刻，工画墨梅，尤善写影，富有横斜浮动意趣，乾隆四十四年（1779年），罗聘曾为作《梅》图。热心族务，嘉庆十七年曾捐俸刊修《孔氏滕阳户支谱》。

孔继铼 字宥涵，六十九代孙，大兴县（今属北京市）人。清道光十六年（1836年）进士，曾官刑部主事，后官知府，随军镇压太平天国至江浦，死于战争。能写文章，好作古诗歌，师事潘德舆，崇尚气节。著有《心向斋和陶诗》、《壬癸诗录》等。

孔灵符（？—465） 二十八代孙，孔靖之子。宋元嘉末年曾任南谯王刘义宣司空长史、南郡太守、尚书吏部郎。大明初年由侍中为辅国将军、郢州刺史，入为丹阳尹。时山阴土境褊狭，民多田少。灵符上表朝廷，请求将没有产业之家迁往余姚、鄞县、鄮县三县界，垦起湖田，受到太宰、江夏王刘义恭等朝中大臣的反对，但得到孝武帝刘骏的支持，徙民垦湖获得成功。再出为会稽太守，不久，加任寻阳王子尚抚军长史。灵符几世为宦，家多赀财，产业甚广，又于永兴设立别墅，周围三十三里，水陆地265顷，含带二山，并有果园九处。被有司纠劾，皇帝下诏予以赦免，但他答对不实，最后被罢免。再起后官会稽太守，不久又加寻阳王子房右军长史。灵符忠厚有才干，不尚华饰，每至任所，政绩修理。前废帝景和元年因犯忤近臣，被谗言陷害，遣使鞭打致死。明帝即位后，追赠为金紫光禄大夫。

孔灵产 二十八代孙，孔群曾孙。父道隆，官至侍中。宋泰始年间灵产曾官晋安太守，因隐遁辞官，崇尚道术，于禹井山设馆，事道精笃。每遇吉日，必在静屋之中四向朝拜，涕泣滂沱。尤其佩服杜子恭，经过钱塘北郭，常在舟中遥拜杜子恭墓。到都城居住，一定东向坐，不敢以背对墓。元徽间，出任中散大夫。灵产通星文，好术数。萧道成执政，使人杀宋帝。元徽五年（公元477年），荆州刺史沈攸之起兵讨伐萧道成，灵产对萧道成说:“攸之兵众虽强,以天时冥数而观,无能为也。”后果然如灵产所说,沈攸之起兵月余即兵败而死。萧道成擢灵产为光禄大夫,曾派人用竹箱将灵产抬上灵台,命他观察天象变化以测吉凶,并赠送给他白色羽毛扇和素隐几,称赞他有古人之风才赠给他古人用具。

孔骧 字子仲,安国之孙,幼习家学,精《春秋》三传,举为博士,官至弘农太守,著有《公羊训诂》和《谷梁训诂》。

孔伯华(1884—1955) 现代医家,北京四大名医之一。原名繁棣,号不龟手庐主人,曲阜人。祖父为当地名医,深受影响。幼时攻读经书,随父宦游各地,后以母病立志学医。16 岁移居河北易州行医,与当地名医狄虎堂等交善。25 岁时在北京外城官医院任职,与名医张菊人、陈伯雅等共事,切磋医道。1929 年,行政院长汪精卫明令废止中医,激起中医界公愤,伯华被推为新成立的全国医药团体联合会临时主席,据理力争,终使当局收回成命并成立国医馆。同年与名医萧龙友共办北京国医学院,培养中医人才。平时喜用并善用石膏,有“孔石膏”之称。中华人民共和国成立后,曾任全国政协第二届委员。逝世后,周恩来总理任治丧委员会主任并亲临寓所吊唁。著有《八种传染病证治析疑》、《脏腑发挥》等,尚未付梓。

孔从周(1906—1991) 陕西西安灞桥人。1924 年投奔杨虎城部,参加安边军事教导队。1926 年后任炮兵连、营、团长,参加了西安守城、北伐以及新军阀混战。为人忠厚老实,深受杨虎城信赖。西安事变时任警二旅长兼城防司令。抗战期间,先后任 38 军独 46 旅长、新 35 师长、55 师长。参与过血战永济、保卫中条山、中原等战役,所属部队战斗力很强。1946 年任 38 军中将副军长,成为继孙蔚如、赵寿山之后 38 军的第三面旗帜,同年率 55 师起义,与前一年起义的 17 师组建了西北民主联军 38 军,加入晋冀鲁豫野战军行列,1948 年,任豫西军区副司令,后任二野特纵副司令。新中国成立后,一直从事炮兵领导工作,1955年再次成为中将。

孔祥祯(1905—1986) 曾用名叔东。山西凤台(今晋城)人。1925年加入中国共产党。1926年赴苏联,先后入莫斯科中山大学、列宁格勒军政学院学习。1930年回国。后任中共陕北特委、唐山市委军委书记。1936年任东北军学兵队教官,发动学兵队参加西安事变。后往西北军做统战工作,曾任第三十八军高级参议、八路军一二九师情报处处长、中共鲁山县委书记、豫西专署专员、中共晋冀鲁豫中央局城市工作部部长、中共汝南地委书记,中共中央中原局常委、组织部副部长。淮海战役中做敌军策反工作有功,受中央军委嘉奖。新中国成立后,历任中共中央中南局常委、城市工作部部长,中南总工会主席,国家建委副主任,交通部副部长、党组书记,轻工业部第一副部长、党组书记,中共八大代表,中纪委常委,第一届全国人大代表,全国政协第四至六届常委。

第三节 朝鲜族人

元朝臣服高丽后,为牢牢控制高丽国王,统治者采用联姻政策,将宗室之女下嫁高丽国王。元至正九年(1349年),鲁卫王之女承懿公主下嫁入元为人质的高丽忠肃王之子王颛,两年后王颛回国为国王,同去的有孔子五十四代孙孔昭。孔昭在高丽官至门下侍郎同平章事(宰相),封桧原君、昌原伯,落居朝鲜,子孙世为高官,名人辈出,成为朝鲜望族。

孔昭(1304—1381) 字虞卿,号昌庵,五十四代孙,仕元至翰林学士。至正十一年(1351年),元立王颛为高丽国王,王颛先娶元鲁卫王女承懿公主,回国即位时,孔昭被派陪同鲁国公主至高丽,官至门下侍郎同平章事,封桧原君。入高丽后,为避光宗讳改名为绍。孔昭为朝鲜孔氏后裔之祖，死后葬于桧原。桧原后更名为昌原，子孙遂以昌原为籍贯。李朝正宗十六年（1792 年），燕行使求得曲阜孔氏族谱，皇帝认为：“东孔之世派来历分明符合，可与鲁孔氏同谱，何以异本哉！”于是命朝鲜孔姓后裔以曲阜为籍贯。昭先娶皇甫荣之女，入高丽后，皇甫氏亡，再娶高丽赞成事高晋庆之女。子一，帑。

孔帑（1329—1397）　初名希，字希尔，孔昭之子，朝鲜高丽人。曾官都官正郎，明洪武己酉（1369 年）按廉岭南，有正声，当时名士纷纷赋诗赞颂其功德，李穑、陶隐并撰其行状。后官至集贤殿大学士、同平章事、知鹰扬军、千牛卫大将军。娶庆州崔粹女，子二，孔俯、孔愢。

孔俯　字伯恭，号渔村，孔帑之子，朝鲜高丽人。明洪武九年（1376 年）生员，同年再登文科。高丽王八年（1381 年），朝廷商议权臣李仁任谥号，太常诸僚均谢病不出，时孔俯为太常副令，“独慨然曰：‘吾不议谥，谁敢为者！’出而谥之曰荒缪，时论快之”。后官至判尹，高丽末年社会动乱，退隐广德。李氏朝鲜建立后，太宗三年（1403 年）被征，授宝文阁提学，不起。耕田钓水，了其残年。能诗，与名贤郑梦周、李穑诗文唱和，原有诗卷，已佚，诗文散见于李穑、郑梦周集中。善书，时称笔苑首题，曾写韩州牧翁碑，时人比之孔鼎铭。后人标榜东国名流，有八清九逸之名，孔俯居八清之首，弟孔愢居九逸之首。子二，长逵，生员，世宗二年（1420 年）曾出使日本；次晖，官至汉城判尹。

孔愢（1348—1403）　字伯良，号孤山，孔帑次子，朝鲜高丽人。明洪武十三年（1380 年）登第，官至门下侍郎同平章事。自少志操卓异，与兄俯同游于理学家李穑、郑梦周门下。学宗理学，多次上疏指斥统治者推崇的佛教，见忤于时。高丽灭亡后，不仕新朝，李朝太宗累征不起，因此被谪赴顺天。虽五十余岁高龄，坦然上路，渡海道中赋诗言志说：“亡国孤身痛一躬，岂忧此路海边穷。波风挠楫怀唐介，瘴雾横濑感寇公。

谷鸟避罗飞野外，池鱼畏钓就溟中。人生自古谁无死，留取丹心照日红。”不久卒于谪所。能画，曾作青山白雪图挂于壁上以寓己意，李穡曾题诗说：“风尘漠漠暗消魂，独立乾坤日欲昏。一望便知山下路，好携藜杖过云门。”后人推为九逸之首。子二，长孔臣肱，官至神护卫大将军，次孔臣肘，官保胜中郎将、精勇校尉。孙二，孔畋官至司成兼两馆大提学，孔斯文官中训大夫，文参判。

孔珪(1432 —?)　号学堂，孔绍六世孙。曾祖孔臣肱，有武略，曾官神虎卫大将军，祖孔畋，通文学，曾官两馆提学，父孔和，曾官翊卫司卫率。孔珪中进士后曾官行艺文馆奉教、弘文馆提学，阶资宪大夫。李朝端宗即位后，其叔李瑈蓄谋篡位，大杀大臣、宗室，于端宗三年(1455 年)废端宗而自立。孔珪不满这种篡位举动，曾奉和端庄御制蜀魄诗以言志：“子规曾是蜀中魂，遗恨千秋尚此存。形影苦孤犹瘁色，声音呜咽带清冤。邵闻不喜缘何事，杜拜应知有所尊。吾亦尔啼多感发，愁深家国未能谖。”于南门外大哭三日，敛然引退，隐居于和顺天云山，穷饿以殁。

孔宗周(1398—1476)　字汉汝，号渔斋，孔斯文之子。李朝太宗十四年(1414 年)生员，同年并文科登第，官行成均馆典籍，世宗十年(1428 年)官司宪府监察，后官行执义，终户曹参判，赠吏曹判书，曾参加回榜宴。成宗十五年(1484 年)谥孝节。子四，长子辅硕曾官成均馆典籍、司宪府监察。

孔季孙(1444? —?)　孔宗周之孙，父孔辅硕曾官李朝成均馆典籍、司宪府监察。季孙姿状魁梧，志气卓荦，以功名事业自期，中虎榜进士，朝野称为文武兼才，出宰巨济。巨济为滨海剧邑，百弊滋蔓，民不聊生，教化未敷，民俗贸贸。莅任之初，重农桑，兴教育，聚邑人于乡校讲授四书，勉以孝悌之训。季孙勤于奉公，不谋私利，爱民以礼，听讼以理，不逾年，乡邑大治。离任后，百姓感恩，刻石颂德，并列入《巨济志》。死后葬于灵山郡，有明正德八年(1513 年)刻碑，只书“清白吏”三字。

孔瑞麟(1483—1541)　字希圣，号休岩，孔绍九世孙。曾祖孔淑，曾官礼曹判书。祖孔悌老，曾官兵曹参判。禀性正直，好读书，从学于朝鲜著名理学家金宏弼(号寒喧堂，从祀于朝鲜孔庙，为东国十八贤之一)之门。与赵光祖(从祀于朝鲜孔庙的东国十八贤之一)、金正国为道义之交。李朝中宗丁卯(1507 年)举进士，庭试第二名。寡言端重，刚直敢谏，不屑于小节。己巳(1509 年)以郎官入对，请撤法筵女乐。不久，升司谏院正言，极言时政得失，批评选曹循私舞弊，请罢忌辰斋及内需司。戊寅(1518 年)升吏曹参议，再迁大司谏。当时，以赵光祖为代表的新进士林派与以南衮、沈贞为代表的功臣派矛盾异常尖锐，执政者郑光弼等务主调和，孔瑞麟站在士林派的立场上直言不讳地攻击功臣派，功臣派为之侧目，指之为愚，“老而愚者李世任，少而愚者孔瑞麟”。中宗崇尚道学，复兴儒教政治，起用赵光祖等新进士林，倾听他们符合民意的改革意见，但逐渐地嫌恶士林派过分强调独善主义与急进性，终于接受功臣派的主张，反将士林派扣上叛逆罪嫌，于己卯年(1519 年)一举肃清。时孔瑞麟官左承旨，就直政院，发觉南衮、沈贞的阴谋，面诘南、沈，事发下狱，赖郑光弼等营救免于一死，又与柳仁淑等伏阁请与赵光祖同罪，因此被黜免。癸巳(1533 年)，钩党稍解，中宗欲起用，因金安老反对而罢。金安老死后，戊戌(1538 年)被任命为京畿监司、大司宪，明年除黄海监司。死后立碣墓前，刻“平生清苦”四字。丙寅(1746 年)以己卯名贤赠资宪大夫、吏曹判书兼知经筵义禁府事、弘文馆大提学、艺文馆大提学，知春秋馆、成均馆事，谥“文献”。

孔祥麟(1510—1557)　字应星，孔绍十二代孙。李朝中宗二十三年(1528 年)，十九岁中进士，同年并登文科，曾官司谏院正言、礼曹正郎。居官秉直，以激浊扬清为准的，人不敢干以私。中宗去世后，外戚执政，相互争斗，终于爆发了乙巳（1545年）士祸，明宗外戚尹元衡一派清除了仁宗一派的外戚势力，熟通朱子学的学者们受到打击。次年春，孔祥麟辞职南下，隐居于全州青虾山，自号青聋，杜门谢客，寓乐山水，终老其间。

孔遇吉（1581—1637） 字乃元，孔绍十五代孙。李仁祖十四年（1636年），清兵入侵朝鲜，攻占汉城，遇吉与从弟亨吉率领家僮几十名，自备粮饷，同赴本乡义兵，与乡里士绅同盟起义，抵抗清兵。后闻仁祖已与清兵签订城下之盟，痛哭三日，自号复斋。谢绝荣利，日与亨吉谈论义理。为立纪正风，与乡老制定乡约，有《约案》二卷传世。

孔德一（1602—1658） 字应三，号酒隐，孔绍十四代孙，孔瑞麟玄孙。德一自幼好学，八岁能诗，未冠即赴试，但累举不利。本欲废除举业，绝意功名，但父母以门户零替为念，只得勉力俯就。学非所好，科场屡屡失意，就致力于理学，"立身显亲，虽在科目，富贵在天，不可力致，须吃紧于心身上工夫，以追先业"，"潜心于圣贤之书，励志于为己之学。先以小学为律身之绳墨，沉潜玩绎于经传性理之文，而于《论语》尤加研穷，读至累千。濂洛诸哲之嘉言善行或记衣绅，或粘壁上，朝夕庄诵"，"旁及医乐卜筮算数兵流，贯穿涉猎，洞见阃奥"。李仁祖未即位前，听说孔德一有文武全才，曾亲往住处探访，德一以有父母在身不敢许人推辞，当夜即返归故里。仁祖即位后，朝臣地方交相推荐，丙子春（1636年）曾被授为缮工监参奉，不就。能诗，有诗文若干卷传世。李肃宗丙戌（1706年）因多士呈文，命赠户曹参判。

孔时夏（1624？—？） 字清兮，号讷窝，孔绍十五代孙。少游学于理学大师宋时烈（后入朝鲜孔庙从祀）之门，不事举业，潜心经籍，深受宋时烈赏识，称赞他说："夫子，亿万古之夫子，则夫子之子孙，亘万世之士夫也。"终生未仕，以气节自重，居处植以松竹，日吟其间，名其居曰讷窝，取孔子“刚毅木讷近仁”、“君子欲讷于言而敏于行”之意。教育子弟：“持循名训，不坠先业，此吾家法也。”肃宗十四年(1698 年)因士大夫吁请，朝廷命赠刑曹参议。

孔镇泰　七十六代孙，朝鲜南部人，日本占领时北上抗日，曾任朝鲜人民民主共和国文化相，政务院副总理。

第六章　著　述

孔子删《诗》、《书》，定《礼》、《乐》，系《周易》，作《春秋》，弟子将孔子生前言行汇编成《论语》，相传子思作《中庸》，中国儒家经典“六经”和《四书》中的八种都同孔子及其后裔有着密切的关系。孔子虽然述而不作，但是后代子孙们却乐此不疲，从孔子到20世纪前期，孔子子孙中有著作的近三百人，作品有近千种。作品中经史子集全备，经学、史学、文学、数学、医学、天文、地理、音韵、训诂、方志，均有涉及。

第一节　经

《易传》　传〔周〕孔子作。

《尚书》　传〔周〕孔子整理。

《诗经》　传〔周〕孔子整理。

《春秋》　传〔周〕孔子著。

《论语》　〔周〕孔子言行，弟子记而整理。

《论语义疏》二卷　〔秦〕孔鲋疏，佚。

《孔子家语》　〔汉〕孔安国撰次。

《小尔雅》一卷　〔秦〕孔鲋著，在《孔丛子》之后。

《论语训解》　〔汉〕孔安国著。

《尚书传》十三卷	〔汉〕孔安国著。
《孝经传》一卷	〔汉〕孔安国著。
《古文尚书》二卷	〔汉〕孔安国著，佚。
《古文尚书音》五卷	〔汉〕孔安国著，佚。
《古训》十篇	〔汉〕孔臧著。
《公羊训诂》	〔汉〕孔驩著，佚。
《谷梁训诂》	〔汉〕孔驩著，佚。
《孝经注》一卷	〔汉〕孔光著。
《左氏义诂》一卷	〔汉〕孔奇著，摘左氏之难者，集为一卷。
《春秋左氏删》三十一卷	〔汉〕孔奇著。
《左氏说》一卷	〔汉〕孔嘉著。
《古文尚书传》	〔汉〕孔僖著。
《毛诗传》	〔汉〕孔僖著。
《尚书传》	〔汉〕孔昱著。
《春秋杂义难》五卷	〔汉〕孔融著，佚。
《春秋公羊传集解》十四卷	〔晋〕孔衍著。
《春秋谷梁传训注》十三卷	〔晋〕孔衍著。
《左传训注》十三卷	〔晋〕孔衍著。
《凶礼》一卷	〔晋〕孔衍著。
《集注丧服经传》一卷	〔晋〕孔伦著。
《仪礼注》一卷	〔晋〕孔伦著。
《谷梁注》一卷	〔宋〕孔默之著。
《尚书义问》三卷	〔宋〕孔晁著，佚。
《春秋外传国语孔氏注》	〔宋〕孔晁著，佚。

《逸周书注》十卷	〔宋〕孔晁著。
《逸周书王会解》一卷	〔宋〕孔晁著。
《汲冢周书注》十卷	〔宋〕孔晁著。
《谥法注》三卷	〔宋〕孔晁著。
《论语注》十卷	〔齐〕孔澄之著,佚。
《尚书义》二十卷	〔梁〕孔子祛著,佚。
《集注尚书》三十卷	〔梁〕孔子祛著。
《续朱异集注周易》一百卷	〔梁〕孔子祛著,佚。
《续何承天集礼论》一百五十卷	〔梁〕孔子祛著,佚。
《习经》一卷	〔北齐〕孔拱著。
《周易正义》二十卷	〔唐〕孔颖达著。
《尚书正义》二十卷	〔唐〕孔颖达著。
《毛诗正义》四十卷	〔唐〕孔颖达著。
《春秋正义》三十六卷	〔唐〕孔颖达著。
《礼记正义》七十卷	〔唐〕孔颖达著。
《孝经义疏》一卷	〔唐〕孔颖达著,佚。
《周易注疏》十三卷	〔唐〕孔颖达著。
《尚书注疏》二十卷	〔唐〕孔颖达著。
《礼记注疏》六十三卷	〔唐〕孔颖达著。
《春秋左传注疏》六十卷	〔唐〕孔颖达著。
《毛诗注疏》二十卷	〔唐〕孔颖达著。
《周易兼义》九卷	〔唐〕孔颖达著。
《公羊疏》三十卷	〔唐〕孔颖达著。
《大唐仪礼》一百卷	〔唐〕孔颖达参著。
《易正义补阙》七卷	〔唐〕孔颖达著。

《校勘五经正义》一百八十卷	〔宋〕孔维著，佚。
《书说》十三卷	〔宋〕孔武仲著。
《诗说》二十卷	〔宋〕孔武仲著。
《论语说》十卷	〔宋〕孔武仲著。
《金华讲义》十三卷	〔宋〕孔武仲著。
《大衍说》	〔宋〕孔旼著，佚。
《太元图》	〔宋〕孔旼著，佚。
《尚书解》	〔宋〕孔梦斗著，佚。
《四书详解》	〔宋〕孔习周著。
《书经什文》	〔宋〕孔习周著。
《尚书本义》	〔宋〕孔之斗著。
《柯山论语讲义》	〔宋〕孔元龙著，佚。
《论语集说》	〔元〕孔元龙著。
《大元乐书》	〔元〕孔思逮著。
《群经类要注释》	〔明〕孔克表著。
《中庸补注》二卷	〔明〕孔谔著。
《孔庭续问》一卷	〔明〕孔承倜著。
《中庸或问》	〔明〕孔承倜著。
《易经代言》	〔明〕孔承倜著，佚。
《书经代言》	〔明〕孔承倜著，佚。
《诗经代言》	〔明〕孔承倜著，佚。
《四书代言》	〔明〕孔承倜著，佚。
《天人直指图》	〔明〕孔承倜著。
《天理说》	〔明〕孔承倜著。
《学庸正解》	〔明〕孔尚严著，佚。

《四书讲义》六卷　〔明〕孔兴治著。

《太极辨疑》八卷　〔明〕孔学周著，佚。

《大成乐律全书》一卷　〔清〕孔贞瑄著。

《四书约注》　〔清〕孔贞瑄著。

《学庸正解》　〔清〕孔尚忻著。

《纂集经史大成》　〔清〕孔尚熹著。

《圣门礼制》一卷　〔清〕孔尚竹著。

《圣门乐制》一卷　〔清〕孔尚竹著。

《庙庭礼乐典故》　〔清〕孔衍璐著。

《家庙礼则》　〔清〕孔衍纲著。

《编正孔子家语》二卷　〔清〕孔毓圻著。

《四书辨义》　〔清〕孔传心著。

《三礼合纂》十二卷　〔清〕孔传铎著。

《礼记摘藻》一卷　〔清〕孔传铎著。

《三传合纂》十二卷　〔清〕孔传铎著。

《圣门乐制》一卷　〔清〕孔传铎著。

《孔圣图谱》三卷　〔清〕孔贞丽（女）著。

《太极图浅说》　〔清〕孔传来著。

《大衍新法》一卷　〔清〕孔传游著。

《孔氏家仪》一卷　〔清〕孔继汾著。

《家仪答问》四卷　〔清〕孔继汾著。

《阙里仪注》三卷　〔清〕孔继汾著。

《劻仪纠谬集》一卷　〔清〕孔继汾著。

《乐舞全谱》二卷　〔清〕孔继汾著。

《校刻文献通考序》一卷　〔清〕孔继汾著。

《水经释地》八卷　〔清〕孔继涵著。
《五经文字疑》一卷　〔清〕孔继涵著。
《考工车度记补》一卷　〔清〕孔继涵著。
《林氏考工记解》一卷　〔清〕孔继涵著。
《同度记》一卷　〔清〕孔继涵著。
《勾股粟米法释数》一卷　〔清〕孔继涵著。
《春秋地名考》一卷　〔清〕孔继涵著。
《诗经古韵》四卷　〔清〕孔继堂著。
《诗经备考》一卷　〔清〕孔广沭著。
《周官肊测》七卷　〔清〕孔广林著。
《仪礼肊测》十八卷　〔清〕孔广林著。
《吉凶服名用篇》九卷　〔清〕孔广林著。
《禘祫觿解》一卷　〔清〕孔广林著。
《明堂亿》一卷　〔清〕孔广林著。
《仪礼士冠礼笺》一卷　〔清〕孔广林著。
《周易注》　〔清〕孔广林著。
《尚书注》　〔清〕孔广林著。
《论语注》　〔清〕孔广林著。
《孝经注》　〔清〕孔广林著。
《毛诗谱》　〔清〕孔广林著。
《礼记天算释》二卷　〔清〕孔广牧著。
《礼记郑注考》四卷　〔清〕孔广牧著。
《周官知事》二卷　〔清〕孔广栻著。
《春秋世族谱》一卷《附录》一卷　〔清〕孔广栻著。
《春秋世族谱考》一卷　〔清〕孔广栻著。

序陈子昂《春秋折衷论》一卷　〔清〕孔广栻著。

《春秋地名人名同名录》一卷《补遗》一卷　〔清〕孔广栻著。

《春秋闰例日食例》　〔清〕孔广栻著。

《春秋摘微》一卷　〔清〕孔广栻著。

《国语解订伪》一卷　〔清〕孔广栻著。

《春秋土地名考》一卷《补遗》一卷　〔清〕孔广栻著。

《疏引土地名》一卷　〔清〕孔广栻著。

《地名考异》　〔清〕孔广栻著。

《书经末》六卷　〔清〕孔广海著。

《诗经末》二卷　〔清〕孔广海著。

《周礼仪礼尔雅考经读本》八卷　〔清〕孔广海著。

《周易史论》二卷　〔清〕孔广海著。

《四书提纲》四卷　〔清〕孔广海著。

《公羊释例》　〔清〕孔广铭著。

《孟子义疏》　〔清〕孔广铭著。

《五经异义疏证》　〔清〕孔广铭著。

《春秋公羊经传通义》诗一卷《序》一卷　〔清〕孔广森著。

《大戴礼记补注》十三卷《序》一卷　〔清〕孔广森著。

《诗声类》十二卷　〔清〕孔广森著。

《礼学卮言》六卷　〔清〕孔广森著。

《经学卮言》六卷　〔清〕孔广森著。

《春秋公羊经》一卷　〔清〕孔广森著。

《十三经札记》　〔清〕孔广森著。

《謣轩说经》十卷　〔清〕孔广森著。

《曾子十二篇读本校注》一卷　〔清〕孔广森著。

《勾股难题》一卷　　〔清〕孔广森著。

《周易述翼》　　〔清〕孔广謇著。

《周易观象祖翼》　　〔清〕孔广謇著。

《家语注》二卷　　〔清〕孔广德注。

《大学指掌》一卷　　〔清〕孔昭辰著。

《中庸指掌》三卷　　〔清〕孔昭辰著。

《学庸指掌》　　〔清〕孔昭杰著。

《论语集注》　　〔清〕孔昭杰著。

《孟子摘要》　　〔清〕孔昭杰著。

《四书大义辑要》　　〔清〕孔祥霖著。

《经史考说》　　〔清〕孔祥霖著。

《圣门礼制》　　〔清〕孔令贻著。

第二节　史

《汉尚书》十卷　　〔晋〕孔衍著。

《后汉尚书》六卷　　〔晋〕孔衍著。

《魏尚书》八卷　　〔晋〕孔衍著。

《汉春秋》十卷　　〔晋〕孔衍著。

《后汉春秋》六卷　　〔晋〕孔衍著。

《魏春秋》九卷　　〔晋〕孔衍著。

《汉魏春秋》九卷　　〔晋〕孔衍著。

《春秋时国语》十卷　　〔晋〕孔衍著。

《春秋后国语》十卷　　〔晋〕孔衍著。

《国志历》五卷　　〔晋〕孔衍著。

《长历》十四卷　〔晋〕孔衍著。

《千年历》二卷　〔晋〕孔衍著。

《晋咸和咸康故事》四卷　〔晋〕孔愉著。

《国语注》二十卷　〔宋〕孔晁著，佚。

《晋明堂郊社仪》三卷　〔宋〕孔晁著。

《地志》　〔宋〕孔灵运著。

《会稽志》一卷　〔宋〕孔灵符著。

《会稽记佚文》一卷　〔宋〕孔灵符著。

《读史》三卷　〔北齐〕孔拱著。

《隋史》八十五卷　〔唐〕孔颖达著。

《梁史》　〔唐〕秘书监孔绍安著，未成而卒。

《百家类例》　〔唐〕孔至著。

《姓氏杂录》一卷　〔唐〕孔至著。

《百官要理》一卷　〔唐〕孔至道著。

《重修地理志》　〔唐〕孔述睿著。

《会稽掇英总辑》二十卷　〔宋〕孔延之著。

《阙里世系》一卷　〔宋〕孔宗翰著。

《孔氏族谱》　〔宋〕孔宗翰著。

《祖庭杂记》三卷　〔宋〕孔传著。

《孔子编年》三卷　〔宋〕孔传著。

《东家杂记》二卷　〔宋〕孔传著。

《文枢要记》一卷　〔宋〕孔传著。

《宣靖妖化录》　〔宋〕孔倜著。

《良史事证》一卷　〔宋〕孔平仲著。

《野史》一卷　〔宋〕孔平仲著。

《释稗》一卷	〔宋〕孔平仲著。
《孔六帖》三十卷	〔宋〕孔传著。
《祖谱》	〔金〕孔瓌著。
《祖庭广记》	〔金〕孔瓌著。
《孔氏祖庭广记》二卷	〔金〕孔元措著。
《续祖庭广记》	〔金〕孔璪、〔元〕孔浧相继修纂。
《素王世纪》	〔元〕孔元敬著。
《元朝一统志》	〔元〕孔淑著。
《阙里世系》	〔元〕孔淑著。
《孔氏族谱》	〔元〕孔淑著。
《静斋至正直记》	〔元〕孔齐著。
《孔氏续录》	〔元〕孔元祚著。
《增修祖庭广记》二十卷	〔元〕孔浧著。
《历官纪》	〔元〕孔克慧著,佚。
《孔氏新谱》	〔明〕孔承懿著。
《荆藩辅政录》	〔明〕孔承倜著。
《重修曲阜县志》六卷	〔明〕孔弘毅著。
《重订三迁志》五卷	〔明〕孔弘毅著。
《孔氏族谱》	〔明〕孔弘颢著。
《阙里文献集》四卷	〔明〕孔弘干著。
《孔门佥载》四十卷	〔明〕孔弘干著。
《曲阜县志》	〔明〕孔弘干著。
《孔庭摘要》	〔明〕孔弘存著。
《皇明诏制全书》	〔明〕孔贞运著。
《阙里志》十二卷	〔明〕孔贞丛著。

《阙里志》二十四卷　〔明〕孔胤植著。

《述圣图》　〔明〕孔胤植著。

《滇纪》一卷　〔清〕孔贞瑄著。

《黔记》一卷　〔清〕孔贞瑄著。

《泰山纪胜》一卷　〔清〕孔贞瑄著。

《缩地歌》　〔清〕孔贞瑄著。

《孔氏家乘》　〔清〕孔贞祐著。

《阙里志》二十四卷　〔清〕孔尚任著。

《孔子世家谱》二十四卷　〔清〕孔尚任著。

《平阴府志》三十六卷　〔清〕孔尚任著。

《宗谱世系图》　〔清〕孔尚颜著。

《孔庭摘要》　〔清〕孔衍法著。

《增补曲阜县志》六卷　〔清〕孔衍淳著。

《孔子世家宗谱》二十三卷　〔清〕孔兴燮著。

《幸鲁盛典》四十卷　〔清〕孔毓圻著。

《曲阜县志稿》　〔清〕孔毓琚著。

《孔子宗谱纂要》一卷　〔清〕孔毓佶著。

《崇鲁盛典》五十卷　〔清〕孔传铎著。

《阙里盛典》　〔清〕孔传钲著。

《文庙考略》十二卷　〔清〕孔传书著。

《洙泗书院学录》　〔清〕孔传崋著。

《修武县志》五卷　〔清〕孔传中著。

《南阳府志》六卷　〔清〕孔传金著。

《阙里文献考》一百卷　〔清〕孔继汾著。

《嫡系小谱》十卷　〔清〕孔继汾著。

《保康县续志》四卷	〔清〕孔继榦著。
《郧西县续志》	〔清〕孔继榦著。
《续修优复恩例》	〔清〕孔继善著。
《纪略》一卷	〔清〕孔广电著。
《读鉴提要》十二卷	〔清〕孔广沐著。
《孔氏支谱》	〔清〕孔广林著。
《先圣生卒年月考》二卷	〔清〕孔广牧著。
《读史先》一卷	〔清〕孔广海著。
《县志采访未誊草》八卷	〔清〕孔广海著。
《莘县志》十卷	〔清〕孔广海著。
《阳谷县志》十六卷	〔清〕孔广海著。
《前汉书考证》	〔清〕孔广铭著。
《阙里通考》八卷	〔清〕孔广德著。
《读史格言》	〔清〕孔昭杰著。
《续孔庭摘要》	〔清〕孔昭玺著。
《增修孔子世家谱》二十二卷	〔清〕孔昭焕著。
《曲阜圣迹古迹择要略考》	〔清〕孔昭曾著。
《中西四千年记历》	〔清〕孔昭焱著。
《重修孔氏大宗支谱》十四卷	〔清〕孔昭薪著。
《至圣林庙碑目》六卷	〔清〕孔昭薰著。
《圣迹图》	〔清〕孔宪兰著。
《别订炊经堂支谱》一卷	〔清〕孔宪彀著。
《历代帝王总记》一卷	〔清〕孔宪逵著。
《光绪丙子纂修宗谱》	〔清〕孔宪辅著。
《孔子世系表》	〔清〕孔宪锟著。

《校补大宗支谱》　〔清〕孔庆余著。

《绥德直隶州志》　〔清〕孔繁朴编。

《沁源县志》八卷　〔民国〕孔兆熊编著。

第三节　子

《子思子》　〔战国〕孔伋著。

《谰言》十二篇　〔战国〕孔穿著。

《孔丛子》七卷　〔秦〕孔鲋著。

《连丛子》　〔汉〕孔臧著。

《兵林》三卷　〔晋〕孔衍著。

《说林》五卷　〔晋〕孔衍著。

《琴操引》三卷　〔晋〕孔衍著。

《孔氏说林》二卷　〔晋〕孔衍著。

《杂药方》二十九卷　〔晋〕孔汪著。

《夏侯鬼语集》一卷　〔齐〕孔晔著。

《弹文》四卷　〔陈〕孔奂著。

《谈玄》六卷　〔唐〕孔颖达著。

《本草音义》二十卷　〔唐〕孔志约著。

《续世说》　〔宋〕孔平仲著。

《孔氏谈苑》四卷　〔宋〕孔平仲著。

《芍药谱》一卷　〔宋〕孔武仲著。

《杂说》一卷　〔宋〕孔传著。

《珩璜新论》一卷　〔宋〕孔传著。

《吏事总龟》　〔宋〕孔琦著。

《洙泗言学》 〔元〕孔元龙著。

《在穷记》一卷 〔元〕孔元舒著。

《历官纪》 〔元〕孔克慧著,佚。

《归田录》 〔元〕孔克慧著,佚。

《吾学编》 〔明〕孔公恂著。

《日言》 〔明〕孔承倜著。

《梦解》 〔明〕孔承倜著。

《三教指述》 〔明〕孔承倜著。

《四事请教录》 〔明〕孔承倜著。

《谈柄》 〔明〕孔弘干著。

《疹科》一卷 〔明〕孔弘擢著。

《家政》 〔明〕孔贞灿著。

《琴谱》一卷 〔明〕孔贞遇著。

《词林典类》 〔明〕孔贞运著。

《云蕉馆纪谈》一卷 〔明〕孔迩著。

《琴瑟谱》一卷 〔清〕孔贞瑄著。

《操缦新说》一卷 〔清〕孔贞瑄著。

《日知录》 〔清〕孔贞望著。

《会心录》一卷 〔清〕孔尚任著。

《享金簿》一卷 〔清〕孔尚任著。

《人瑞录》 〔清〕孔尚任著。

《清夜录》 〔清〕孔尚任著。

《律吕管见》 〔清〕孔尚任著。

《鲁谚》 〔清〕孔尚任、颜光敏合著。

《画林雁塔》 〔清〕孔尚任著。

《节序同风录》十二卷	〔清〕孔尚任著。
《画诀》一卷	〔清〕孔衍栻著。
《续画诀》一卷	〔清〕孔衍栻著。
《塾训》一卷	〔清〕孔兴釪著。
《孝行录》	〔清〕孔兴持著。
《痢疾论》四卷	〔清〕孔毓礼著。
《拾箨余闲》一卷	〔清〕孔毓埏著。
《律吕考略》一卷	〔清〕孔毓焞著。
《宝应成蓉镜注解》	〔清〕孔毓焞著。
《读古偶志》一卷	〔清〕孔传铎著。
《学修杂记》	〔清〕孔传堂著。
《识字日知》	〔清〕孔传堂著。
《琴律易知》四卷	〔清〕孔传堂著。
《跋汉魏六朝名碑》	〔清〕孔传崋著。
《玉虹楼丛帖》	〔清〕孔继涑著。
《隐墨斋法帖》	〔清〕孔继涑著。
《申学斋课徒草》	〔清〕孔广沐著。
《汉石经残字证异》二卷	〔清〕孔广牧著。
《说文疑疑》三卷	〔清〕孔广居著。
《岳学楼书画录》五卷	〔清〕孔广陶著。
《校注北堂书抄》一百六十卷	〔清〕孔广陶著。
《庄子义训》	〔清〕孔广铭著。
《普天忠愤》十四卷	〔清〕孔广德著。
《重校吕新吾救命书》	〔清〕孔昭杰著。
《知非录》	〔清〕孔昭杰著。

《王阳明先生读书十八则》　〔清〕孔昭玺著。

《钦定台规》四十二卷　〔清〕孔宪彀著。

《曲阜碑碣考》四卷　〔清〕孔祥霖著。

《广东俗语考》　〔民国〕孔仲南著。

《县政建设》　〔民国〕孔充著。

第四节　集

《太常集》二卷　〔汉〕孔臧著。

《北海集》十卷　〔汉〕孔融著。

《中丞奏议》二十二卷　〔汉〕孔群著。

《侍中集》十七卷　〔汉〕孔坦著。

《御史中丞集》十卷　〔晋〕孔琳之著。

《吴兴太守集》十一卷　〔晋〕孔严著。

《中郎集》十卷　〔晋〕孔汪著。

《廷尉集》十二卷　〔晋〕孔廞著。

《散骑常侍集》十卷　〔齐〕孔稚圭著。

《文贞公集》十五卷　〔梁〕孔休源著。

《孔奂文集》十五卷　〔陈〕孔奂著。

《国子博士集》五卷　〔唐〕孔颖达著。

《光禄大夫集》十五卷　〔唐〕孔兴著。

《秘书集》五十卷　〔唐〕孔绍安著。

《仆射集》十卷　〔唐〕孔巢父著。

《秘书正字集》一百卷　〔宋〕孔武仲著。

《起居令集》五十卷　〔宋〕孔文仲著。

《金人集》二卷	〔宋〕孔文仲著。
《朝散集》十五卷	〔宋〕孔平仲著。
《平仲集》二十一卷	〔宋〕孔平仲著。
《宗伯集》十一卷	〔宋〕孔武仲著。
《杉溪集》十卷	〔宋〕孔传著。
《沂川集》	〔宋〕孔端问著。
《行台都事集》	〔宋〕孔璪著。
《南山樵隐集》	〔金〕孔玮著。
《孔珍诗集》一卷	〔金〕孔珍著。
《行台集》五卷	〔元〕孔汭著。
《祭酒逸稿》二卷	〔元〕孔克坚著。
《景丛集》十卷	〔元〕孔璞著。
《鲁樵集》	〔元〕孔元龙著。
《拱锡山草堂集》五卷	〔元〕孔元龙著。
《村居杂兴》三卷	〔元〕孔元龙著。
《奏议丛璧》	〔元〕孔元龙著。
《明德集》十卷	〔元〕孔元演著。
《愚斋文集》	〔元〕孔梦斗著。
《雁山樵唱》	〔元〕孔克烈著。
《考槃集》	〔元〕孔克烈著。
《德台集》	〔元〕孔克慧著。
《归田录》	〔元〕孔克慧著,佚。
《东窗事犯》	〔元〕孔学诗著。
《孔文卿杂剧》	〔元〕孔学诗著。
《江陵百咏诗》一卷	〔明〕孔克学著。

《巢愚稿》	〔明〕孔克晏著。
《希古文集》二卷	〔明〕孔希古著。
《刍荛言集》	〔明〕孔希祯著。
《韦庵诗稿》	〔明〕孔希恭著。
《芸窗赞古》	〔明〕孔希恭著。
《舞雩春咏集》二十卷	〔明〕孔谔著。
《晗斋集》	〔明〕孔公杰著。
《沂雩散人集》	〔明〕孔公镗著。
《詹事集》二十卷	〔明〕孔公恂著。
《北窗迂叟稿》	〔明〕孔公璜著。
《元和景象集》	〔明〕孔公锜著。
《南坡集》	〔明〕孔公锜著。
《泗渔集》	〔明〕孔公锜著。
《泗渔乐府》	〔明〕孔公锜著。
《东村耕隐集》	〔明〕孔公琅著。
《秋塘乐府》	〔明〕孔彦臣著。
《礼庭吟》	〔明〕孔承庆著。
《南坡集》	〔明〕孔承懿著。
《桥梓联编》五卷	〔明〕孔承懿著。
《淳丽风味》	〔明〕孔弘干著。
《北游吟》	〔明〕孔弘颐著。
《西山雅吟》	〔明〕孔弘颐著。
《唱酬集》	〔明〕孔弘颐著。
《振鹭集》一卷	〔明〕孔闻韶著。
《奏议》一卷	〔明〕孔闻诗著。

《萌孽集》二十卷	〔明〕孔弘仁著。
《莲塘诗文集》	〔明〕孔弘仕著。
《敬事草》五卷	〔明〕孔贞运著。
《古今奇文品胜》五卷	〔明〕孔贞运著。
《在鲁斋文集》五卷	〔明〕孔贞时著。
《孔方伯集》一卷	〔明〕孔天胤著。
《孔文谷集》十六卷	〔明〕孔天胤著。
《聊园文集》十五卷	〔清〕孔贞瑄著。
《聊园诗略前后集》十三卷	〔清〕孔贞瑄著。
《诗续集》一卷	〔清〕孔贞瑄著。
《西园诗集》一卷	〔清〕孔贞灿著。
《岸堂文集》六卷	〔清〕孔尚任著。
《湖海集》十三卷	〔清〕孔尚任著。
《桃花扇》	〔清〕孔尚任著。
《小忽雷》	〔清〕孔尚任著。
《大忽雷》二卷	〔清〕孔尚任著。
《石门山集》	〔清〕孔尚任著。
《出山异数记》一卷	〔清〕孔尚任著。
《长留集》十二卷	〔清〕孔尚任著。
《绰约词》一卷	〔清〕孔尚任著。
《春秋闺词集句》	〔清〕孔尚任著。
《宫词百首》	〔清〕孔尚任著。
《鳣堂集》	〔清〕孔尚任著。
《介安堂集》	〔清〕孔尚任著。
《重编三孔文集》五卷	〔清〕孔尚斌著。

《鹤林集》 〔清〕孔尚颜著。
《求野斋文集》 〔清〕孔衍纲著。
《题画诗》一卷 〔清〕孔衍栻著。
《小岸诗》一卷 〔清〕孔衍谱著。
《世泽堂文集》 〔清〕孔衍法著。
《湖海诗集》 〔清〕孔衍治著。
《温泉诗集》 〔清〕孔衍钦著
《湖山吟集》 〔清〕孔衍钦著。
《孔心一诗》一卷 〔清〕孔衍樾著。
《滇游集》一卷 〔清〕孔兴诏著。
《诗钞》一卷 〔清〕孔兴诏著。
《草堂诗稿》一卷 〔清〕孔兴釪著。
《石仓诗选》一卷 〔清〕孔兴釪著。
《西台奏议》 〔清〕孔兴釪著。
《绍先诗集》一卷 〔清〕孔兴釪著。
《琴苑心传全篇》二十卷 〔清〕孔兴琇著。
《兰堂遗稿》二卷 〔清〕孔毓圻著。
《耕砚田笔记》 〔清〕孔毓圻著。
《远秀堂集》八卷 〔清〕孔毓埏著。
《曲阜县赋》一卷 〔清〕孔毓埏著。
《丽则诗集》 〔清〕孔毓埏著。
《水木山房诗》一卷 〔清〕孔毓璘著。
《文津轩文集》 〔清〕孔毓书著。
《秋水亭诗集》 〔清〕孔毓书著。
《三肆堂诗草》 〔清〕孔毓昌著。

《红杏山房诗》一卷	〔清〕孔毓琚著。
《孔英尚文集》五卷	〔清〕孔毓琼著。
《友梅随笔》一卷	〔清〕孔毓焞著。
《絅斋随笔》二卷	〔清〕孔毓焞著。
《安怀堂文集》二卷	〔清〕孔传铎著。
《申椒集》二卷	〔清〕孔传铎著。
《绘心集》二卷	〔清〕孔传铎著。
《盟鸥草》一卷	〔清〕孔传铎著。
《红萼词》二卷	〔清〕孔传铎著。
《炊香词》三卷	〔清〕孔传铎著。
《古文源》二卷	〔清〕孔传铎著。
《补闲堂集》二卷	〔清〕孔传鋕著。
《清涛词》二卷	〔清〕孔传鋕著。
《软锟铻传奇》	〔清〕孔传鋕著。
《软羊脂》二卷	〔清〕孔传鋕著。
《蝶庵词》一卷	〔清〕孔传鋕著。
《芥圃遗诗》一卷	〔清〕孔传枞著。
《鹄吟集》	〔清〕孔丽贞(女)著。
《藉兰阁诗集》	〔清〕孔丽贞(女)著。
《望洛文集》二卷	〔清〕孔传来著。
《铭心录》四卷	〔清〕孔传来著。
《虚镜斋诗》	〔清〕孔传松著。
《芥园遗诗》	〔清〕孔传枞著。
《小龙山人诗稿》	〔清〕孔传经著。
《嵩阳遗稿》	〔清〕孔传岿著。

《九峰录诗集》 〔清〕孔传尚著。

《炊经堂诗集》 〔清〕孔传钲著。

《炊经堂诗钞》一卷 〔清〕孔传钲著。

《铉余诗文集》 〔清〕孔传铖著。

《片云词》 〔清〕孔传铖著。

《纯斋遗草》一卷 〔清〕孔继濩著。

《五泉庄拟古乐府》一卷 〔清〕孔继汧著。

《行余诗草》二卷 〔清〕孔继汾著。

《秀岭诗草》一卷 〔清〕孔传平著。

《莲乡题画偶存》一卷 〔清〕孔继尧著。

《听竹楼诗稿》 〔清〕孔继坤(女)著。

《映槐堂诗》 〔清〕孔继芳著。

《焚余草集》 〔清〕孔继炌著。

《蔗亭诗》 〔清〕孔继炘著。

《桂窗小草》 〔清〕孔继孟(女)著。

《玉虹楼遗稿》一卷 〔清〕孔继涑著。

《玉虹楼诗词》四卷 〔清〕孔继涑著。

《红榈书屋诗集》四卷 〔清〕孔继涵著。

《红榈书屋文集》二卷 〔清〕孔继涵著。

《斲冰词》三卷 〔清〕孔继涵著。

《宋黐堂稿》八卷 〔清〕孔继宣著。

《耀尘集》二卷 〔清〕孔继诰著。

《弃余集》四卷 〔清〕孔继诰著。

《诗述》十卷 〔清〕孔继堂著。

《恕斋吟草》 〔清〕孔继堂著。

《岳雪楼诗存》四卷　　〔清〕孔继勋著。
《西园草堂诗集》　　〔清〕孔广义著。
《云樵诗集》二卷　　〔清〕孔广电著。
《内公余草》三卷　　〔清〕孔广电著。
《晋游草》一卷　　〔清〕孔广电著。
《爱莲书屋诗集》十卷　　〔清〕孔广权著。
《观海集》一卷　　〔清〕孔广权著。
《留正集文稿》二卷　　〔清〕孔广沐著。
《赋学留正》二卷　　〔清〕孔广沐著。
《盆都咏兴》　　〔清〕孔广沐著。
《手批唐诗》二卷　　〔清〕孔广沐著。
《延恩集》　　〔清〕孔广林著。
《温经楼游戏翰墨》二十卷　　〔清〕孔广林著。
《温经楼杂剧》三种　　〔清〕孔广林著。
《东城父老斗鸡传奇》二卷　　〔清〕孔广林著。
《幼冉韵语录存》　　〔清〕孔广林著。
《省疚录》二卷　　〔清〕孔广牧著。
《勿二三斋诗集》一卷　　〔清〕孔广牧著。
《漱石山房诗文集》　　〔清〕孔广珪著。
《微波榭杂抄》　　〔清〕孔广栻著。
《秋蓼山房诗词稿》　　〔清〕孔广根著。
《侍姬名艳朝》　　〔清〕孔广根著。
《传子孙遗》　　〔清〕孔广根著。
《仪郑堂文集》二卷　　〔清〕孔广森著。
《仪郑堂诗稿》一卷　　〔清〕孔广森著。

《仪郑堂遗稿》一卷	〔清〕孔广森著。
《仪郑堂骈俪文》三卷	〔清〕孔广森著。
《顨轩孔氏所著书》	〔清〕孔广森著。
《敏求斋诗集》四卷	〔清〕孔广桀著。
《敏求斋文集》八卷	〔清〕孔广桀著。
《敏求斋别集》一卷	〔清〕孔广桀著。
《弦歌诗集》	〔清〕孔广德著。
《孤灯吟草》	〔清〕孔昭杰著。
《拜经书屋文稿》	〔清〕孔昭杰著。
《诗余》	〔清〕孔昭杰著。
《寄生草诗稿》	〔清〕孔昭质著。
《镜虹吟室诗集》三卷	〔清〕孔昭虔著。
《镜虹吟室诗钞》四卷	〔清〕孔昭虔著。
《扣舷小草词》一卷	〔清〕孔昭虔著。
《经进稿》一卷	〔清〕孔昭虔著。
《新镌古今大雅北宫词记》	〔清〕孔昭虔著。
《荡奴秋思》(杂剧)	〔清〕孔昭虔著。
《葬花》(杂剧)	〔清〕孔昭虔著。
《利于不息斋初集》	〔清〕孔昭焜著。
《利于不息斋古今体诗》五卷	〔清〕孔昭焜著。
《会我实馆吟稿》三卷	〔清〕孔昭焜著。
《却扫山巢赋》一卷	〔清〕孔昭焜著。
《桐华书屋诗钞》	〔清〕孔昭蕙(女)著。
《柳村诗》二卷	〔清〕孔昭薰著。
《贮云词》三卷	〔清〕孔昭薰著。

《绶藤吟舫词》一卷　〔清〕孔昭薰著。

《雪门竹枝词》一卷　〔清〕孔昭薰著。

《阙里孔氏词钞》四卷　〔清〕孔昭薰编。

《北游诗词小草》　〔清〕孔昭薰著。

《圣贤赞》　〔清〕孔宪兰著。

《抱真集》十卷　〔清〕孔宪圭著。

《志道集》三卷　〔清〕孔宪圭著。

《玉川诗钞》一卷　〔清〕孔宪圭著。

《岱麓诗稿》　〔清〕孔宪彀著。

《种蕉吟馆试帖近稿》二卷　〔清〕孔宪彀著。

《逸友堂遗稿》　〔清〕孔宪堃著。

《逸友堂适性草》一卷　〔清〕孔宪堃著。

《诗余偶存》一卷　〔清〕孔宪堃著。

《十三经阁诗录》二卷　〔清〕孔宪庚著。

《疏花馆纪年诗》一卷　〔清〕孔宪庚著。

《经之文抄》　〔清〕孔宪庚著。

《一莲诗草》　〔清〕孔宪奎著。

《谦益斋诗集》　〔清〕孔宪钰著。

《凝绪堂诗稿》　〔清〕孔宪培著。

《笃经堂文稿》　〔清〕孔宪瑛著。

《凝祉堂诗》　〔清〕孔宪增著。

《翰斋文集》四卷　〔清〕孔宪彝著。

《对岳楼诗集》三卷　〔清〕孔宪彝著。

《对岳楼词集》一卷　〔清〕孔宪彝著。

《绣山文钞》　〔清〕孔宪彝著。

《拏云馆诗草》一卷	〔清〕孔宪彝著。
《还乡吟》一卷	〔清〕孔宪彝著。
《小莲华室图卷题辞》五卷	〔清〕孔宪彝著。
《尺五庄钱春诗荟》一卷《题辞》一卷	〔清〕孔宪彝著。
《曲阜诗钞》八卷	〔清〕孔宪彝编。
《阙里孔氏诗钞》十四卷	〔清〕孔宪彝编。
《种芝山房遗集》一卷	〔清〕孔庆铨著。
《鼎甫诗集》一卷	〔清〕孔庆钺著。
《敏文斋文集》	〔清〕孔庆锄著。
《省香斋诗集》六卷	〔清〕孔庆锄著。
《衍元小草》二卷	〔清〕孔庆霁、孔庆霭、劳絅章合著。
《铁山园诗稿》四卷	〔清〕孔庆镕著。
《铁山园集》七卷	〔清〕孔庆镕著。
《鸣鹤集》一卷	〔清〕孔庆镕著。
《春华集》一卷	〔清〕孔庆镕著。
《忠恕堂集》一卷	〔清〕孔庆镕著。
《唐宋旧经楼诗稿》	〔清〕孔璐华（女）著。
《拟元人梅花百咏》	〔清〕孔璐华（女）著。
《国朝闺阁诗钞》	〔清〕孔璐华（女）编。
《圣泽堂诗稿》四卷	〔清〕孔繁朴著。
《感遂笔》八卷	〔清〕孔繁滢著。
《荫椿轩诗稿》三卷	〔清〕孔繁灏著。
《东游杂记》	〔清〕孔祥霖著。
《曲阜清儒著述记》	〔清〕孔祥霖著。
《学静轩遗诗》一卷	〔清〕孔淑成（女）著。

第七章 家 谱

“礼莫大于尊祖敬宗,典莫大于修谱。”[1]修谱的功能就是“详世系,联疏亲,厚伦谊,严冒紊”[2],可以“合远为近,合散为聚”,将居住分散、素不相识的族人统合在一起,并将希图冒充孔子后裔者摒除在外。“收族于谱无异于收族于庙也,收族于庙而宗庙严,收族于谱而子姓秩”,修谱是加强族人联系、增进族谊的最好手段。

第一节 修谱历史

宋代以前,重视门第甚至郡望,家谱官修,由于只收长支,子孙遗漏很多。《后汉书·孔昱传》记载“自霸至昱爵位相系,其卿相牧守五十三人,列侯七人”,而家谱所载,自孔霸至孔昱只有 48 人,从此可见家谱遗漏之多。宋以前孔氏家谱只有抄本传世,“家谱之法,世次承袭者一人而已,疏略之弊,识者痛之”。元丰八年(1085年),四十六代孙孔宗翰有感于族孙遗漏太多,将本族子孙一并收入,为广流传,刻版刊印。金代孔瓌、元代孔淑均曾重修。

金元时社会动乱,族人散走四方,曲阜族人较少,当时与外孔(即五代时杀害四十二代长孙孔光嗣的孔末的同宗)的矛盾异常激烈,因不让外孔入庙甚至发生外孔杀死里孔的惨剧。为分别里孔与

[1] 孔昭焕《重修家谱序》。
[2] 孔兴燮《重修家谱序》。

外孔，孔子后裔将族人名字世系刻于碑上树立在孔庙内，现在孔庙崇圣祠院内还保存着元天历八年（1329年）和明永乐间刻立的家谱石碑。

明弘治二年（1489年），六十一代衍圣公孔弘绪再次重修，规定“六十年一大修，三十年一小修，大修以甲子为期，小修以甲午为期”，小修只进行登录，大修才刊印谱籍。天启二年（1622年），六十五代衍圣公孔胤植提前两年重修，其原因，孔弘颙在序中说得很清楚，“顷岁以来，宗盟废弛，射利之夫往往私录族谱转售异姓，冒认圣裔，紊淆宗系，其害殆有甚于兵燹”。明洪武元年给予孔氏子孙免除徭役的优待，曲阜族人并能减少土地租税的十分之一，享受优待的依据就是家谱，只有家谱有名，地方官府才予认可，这就难怪有人想混入孔氏以沾恩惠。为杜绝弊端，此次印谱时书版印后即毁。

清顺治十年（1653年），六十六代衍圣公孔兴燮提前31年再次重修。对于提前的原因，孔毓圻认为：“以子姓日繁，洊更鼎革，恐有散佚播迁，而缪种之附会窥伺蔓难图也。”经过改朝换代，族人散走外迁，担心伪孔趁机混入，所以提前刊印，以厘正流传。康熙二十三年（1684年）六十七代衍圣公孔毓圻、乾隆九年（1744年）七十一代衍圣公孔昭焕均循例重修。孔府档案中有嘉庆九年（1804年）《嘉庆甲子年开馆修谱榜示执事人员名单》和十一年至十六年的《孔氏族长、林庙举事会同申送修谱格册》等修谱档案，道光三十年（1850年）《开馆修辑孔氏谱牒通知各户族人呈送草谱告示》和《孔氏大宗户、旧县户世家谱格册》等档案，但这两次续修的家谱未见流传，很可能是曾经发起重修但未能成谱。

1928年再次发起重修，1937年告成。1984年甲子后，几经活动，1997年终蒙国际儒学联合会将孔氏家谱列为研究课题，先期进行族人调查登记，2009年将刊出新的《孔子世家谱》。

第二节 家谱编修

修谱为族中大事，衍圣公非常重视，自负总责，下设组织机构，开设谱馆，制定修谱条规，颁布格册，开始时告庙开馆，谱成后祭庙告成，最后举行隆重的颁谱仪式。

修谱前，衍圣公出榜告示。清乾隆九年“修谱榜示”，一是要求严核假冒，详查遗漏，表彰懿行，斥除匪类，务秉至公；二是公布修谱人员名单，有鉴定、监修、提调、编次、掌收、校阅、誊录、督刊、收发、供应等种类。以后又陆续发布告示，规定：“以义子承祧者不许入谱，以赘婿奉祀者不许入谱，再醮带来之子承祀者不许入谱，流入僧道者不许入谱，干犯名义者不许入谱，流入下贱者不许入谱”；要按行辈取名训字，“凡不循世次随意妄呼者概不准入谱”[①]；入谱每丁捐银八分，否则不准入谱。

衍圣公府还颁布“修谱条规”，条规共三十三条，规定详细具体。诸如修谱规则、告庙仪式和祭品、开馆择吉、誊写、刻版、督刊、酬谢宴会、账目公布、发谱等无一不含。同时颁布统一格册，格册填写祖孙三代姓名、字、号、职业、住址，族人填好后，要出具甘结（保证书），户头、户举审核签字，然后上报族长衙门，族长、举事审查后加具印信再送衍圣公府，衍圣公府用印注号，然后发付纂局，纂局收掌，清立号簿，不许他人添减，然后才交与编次编修；“每编成一卷，即以原册对所编之稿，每誊清一卷，即以编册对所誊之真，每印出一页，又即以清册对所印之章”[②]；确定印数，每印完一页即行毁版，督刊随时进行检查。家谱成书后，加盖衍圣公和曲阜县官印以及孔氏家庭族长印信。

❶《孔府档案》0789卷。
❷民国修谱《布告》。

开馆修谱时，衍圣公率领有关人员在家庙举行告庙仪式，修谱人员宣读誓词："凡我宗执事人员，毋便己私，毋徇情面，毋惮劳而就逸，毋挟怨而生嫌。各宜清白乃心，恪供厥职，共凛协恭之谊，以光久大之谟。嗣后如不遵誓词，宗祖所不齿，各教所不容，天地祖宗其共殛之。"

家谱的名字初名"孔氏族谱"，清康熙二十三年重修时，孔尚任认为旧谱之名"与编氓家乘何异"，始祖孔子为素王，司马迁编《史记》将孔子列入诸侯一级的世家，倡议更名为《孔子世家谱》，阖族赞同，从此家谱以《孔子世家谱》为名。

明清时家谱只收曲阜一带的六十户族人，康熙年间修谱时，孔尚任别撰《流寓记》，开列流寓外地的十支族人，但只说明某地族人出自某人，并没有详细的家谱记录。只录六十户族人的原因，"盖因当时交通未便，调查维艰，又鉴于逆末之变，兢兢于杜奸冒，防伪入，宁从其缺，毋任其滥也"[①]。民国年间修谱时，始将全族收录，甚至将上代失考而不知支派者也全部收入，作为一集单独处理。

家谱的管理严格，不仅印刷时每印完一页即将木版毁掉，而且颁发新谱时要将旧谱交回，交回的旧谱立即焚烧后埋入地下，如果旧谱失落不仅要报告，还要户头、户举出具甘结。

第三节　现存谱书

孔氏族谱虽然迭经重修，但保存下来的并不是很多。明以前只有一个宋代残卷的抄本，明以后也只有明天启残谱和清康熙、乾隆、民国三部全族家谱，保存最多的是各地的支谱。

① 见民国《孔子世家谱》孔传堉序。

明天启《孔氏族谱》 天启二年(1622年)纂修,孔弘灏主纂,八卷。卷首有衍圣公孔胤植、洙泗书院学录兼林庙举事孔弘颙、曲阜世职知县孔闻简三篇序文和《孔氏宗传总论》、《阙里孔氏谱系引》、《伪孔考》和凡例等内容。卷一收录为孔子至第四十二代孙,孔子并有姓源、年谱等项;二代以下多有小传。卷二收录从四十三代孔仁玉到五十五代孔克坚。卷三至卷八收录五十七户族人。

本谱共刊印98部。开印时,衍圣公和曲阜知县到场督印14页,为防止私印,每页印98张后立即毁掉印版。装订成书后,捧到孔庙诗礼堂加盖衍圣公官印,曲阜知县官印和孔氏家庭族长、林庙举事关防印后择日分发。

清康熙甲子《孔子世家谱》 孔尚任主纂,衍圣公孔毓圻鉴定,二十四卷,九册。卷首有衍圣公孔毓圻、世职知县孔兴认的两篇序文和修谱凡例等。卷一为姓源,卷二为孔子年表,卷三、卷四分别为世系上下,卷五至卷二十四收录二十派六十户族人。卷末附有《流寓记》和《跋》。《流寓记》收录了外徙的十个支派,指出浙江衢州西安县族人是四十七代孔传的子孙,河南开封仪封县族人是三十八代孔惟时的子孙,镇江府丹阳县族人是四十代孔绚的子孙,应天府句容县族人是四十八代孔端隐的子孙,松江府华亭县族人是三十四代孔桢的子孙,浙江温州府平阳县族人是四十二代孔桧的子孙,江西临江府新喻县族人是四十代孔绩的子孙,广东南雄府保昌县族人是三十八代孔戣的子孙,真定府衡水县族人是三十二代孔颖达的子孙,定陶县族人是五十四代孔思本的子孙,但没有收录子孙情况。《跋》记述了修谱的艰辛:"开修于壬戌之秋,竣工于癸亥之冬,用度浩繁,实愧厥心。但其间名字之舛谬,支派之错讹,事迹之纷纭,官爵、里居、生卒之变迁,册籍互有参差,人数每多增减,改之又改,定未敢定,凡两历寒暑,无时不在书算丛杂辩议喧聒之中,穷日讨订,待旦思维，心身耳目殆有不能分给者矣。始而得其梗概，再而详其支委，又不知几易笔墨，而今始有成书。噫，难矣哉！”

此谱将《孔氏族谱》改为《孔子世家谱》，从此孔氏家谱均以此为名。本谱共印刷了一百部。

清乾隆甲子《孔子世家谱》 乾隆九年（1744 年）修。衍圣公孔昭焕任总裁，孔传斌、孔继儒、孔继汾、孔毓佶编次。全谱共二十四卷，刊印 120 部。纂修时未注意避讳，“故书中有触犯处甚多”，乾隆四十七年进行改刊，抽去原本大部分旧序和跋，删去姓源和年表两卷，孔子事迹及名人传略也作了核实精简。改刊本减至二十二卷，刊印 165 部。本谱纂修之初的修谱榜示中就要求“表彰懿行”，族长又告示搜求科第显宦、道德硕儒、孝子、悌弟、义士、仁人、高隐、名流、词林、艺苑等名人行状、志铭、墓表、生平著作等，所以许多族人有小传。

民国《孔子世家谱》 1930 年 10 月开馆纂修，1937 年 11 月告成。奉祀官孔德成任总裁，孔广彬、孔广梅、孔广虔等 13 人编次。

本谱分卷首和初、二、三、四集，共 108 卷。卷首有奉祀官孔德成和家族长孔传堉的两篇序文，收录旧谱中的孔宗翰和天启、顺治、康熙、乾隆数次修谱序文十篇，此次修谱的布告、开馆仪注、誓词、谱成仪注等，修谱凡例、姓源、宗派总论、圣祖至四十二代图、中兴祖至二十派图、二十派至六十户图、嫡系考、嫡系相承图、南宗相承图、伪孔辨、内院真孔图与外院伪孔图，以及此次修谱各户、支派捐输、领谱等情况。初集共六十二卷，卷一、卷二从始祖至分六十户，卷三至卷六十二为六十户，每户一卷。二集三十四卷，收录中兴祖之后外迁的南宗派、江西新建支、四川阆中支等三十四个支派，每支派一卷。三集十卷，收录中兴祖之前外迁的平阴、郏县、宁陵、献县、丹阳、岭南等十个支派，每派一卷。四集二卷，收录历代外迁而前谱失叙的山西赵城县、四川会理县、江苏靖江县、贵州兴文县等七十七支族人。全谱共印325部，支谱1813部，铅印。此谱成书后，恰逢日本侵略者入侵，许多谱书未能发出，大多存在孔府内，“文化大革命”中，大部分被卖为废纸。

支谱 除宗主衍圣公主持纂修的孔氏全谱外，各户、支、派还有各自纂修的支谱，特别是那些留寓外地的族人，他们要享受国家优待，就必须得到衍圣公的认可，他们纂修的支谱必须到孔府加盖衍圣公的官印，孔府内因此保存了大量的支谱。除六十户支谱外，还有寓居河南永城华店户支谱，寓居东明和菏泽鲁城户支谱，山东长清、泰安、历城、莱芜、淄川、邹平、肥城等地寓居族人支谱，奉天省奉天府、辽阳州、义州、广宁县、宁远州、兴京城、安东县、昌图厅、榆树城、康平县等地寓居族人支谱，黑龙江省绥化府寓居族人支谱，吉林吉林府、长春府、农安县、双城厅、阿什河等地寓居族人支谱，内蒙古赤峰县寓居族人支谱，河北朝阳县、建昌县、平泉州、霸州等地寓居族人支谱，今北京大兴、通州、天津武清寓居族人支谱，江苏泰兴、高淳、金坛、吴县、丹阳、沭阳等地寓居族人支谱，安徽寿州、皖江、合肥、庐江、怀远等地寓居族人支谱，江西新城、临川、宁都塘、贵溪、义宁州等地寓居族人支谱，福建长乐、永定、建宁等地寓居族人支谱，湖北孝感、枣阳、钟祥、安陆、江陵、监利、枝江等地寓居族人支谱，湖南益阳、平江、浏阳、武冈、桃源等地寓居族人支谱，河南尉氏、仪封、中牟、鹿邑、睢州、虞城、滑县、邓州等地寓居族人支谱，山西长子、襄垣、黎城寓居族人支谱，四川蓬州、泸州、大竹、阆中等地寓居族人支谱，广东番禺、南海、清远、恩平、潮州、归善等地寓居族人支谱，海南琼州寓居族人支谱，云南通海、罗平寓居族人支谱，贵州大定、毕节寓居族人支谱等，总共有数百种。

支谱各具特色，最为详细的是《大宗支谱》，每人名下收录有字号、生卒年月日时、功名官职、妻妾母家、子媳母家、女儿夫家等情况。这些支谱都保存了大量珍贵的历史资料，对于研究人口的流动、繁衍，地域的文化、经济发展等都具有重要价值。

第八章 孔 府

孔府是孔子嫡长孙的官署，从北宋改封孔子四十六代孙孔宗愿为衍圣公后就称衍圣公府，位于孔庙的东侧，曲阜旧城的中部。

第一节 修建历史

孔府是孔子后代的公署，兼有私家宅第的性质，所以有关的历史文献很少。特别在宋以前，孔子后代虽有奉祀君、褒成君、褒成侯(汉)、宗圣侯(魏)、奉圣亭侯(晋)、崇圣大夫、崇圣侯(北魏)、恭圣侯(北齐)、邹国公(北周)、绍圣侯(隋)、褒圣侯、文宣公(唐)等封号，但爵高位低，加

曲阜孔府大门内景

之有关府第的记载付诸阙如，我们无从详细考察孔子嫡孙居宅的情形，只能就所见资料稍作探讨。

孔子死后，故宅被改为庙宇，子孙们大都依庙居住。十三代孔霸因仕官至太师，封褒成君，食邑八百户，爵关内侯，赐金二百斤、宅一区，户籍由鲁县（今曲阜）迁往长安，可见那时子孙多住在故里。孔霸不愿出任丞相，请求以食邑奉祀孔子，汉元帝同意了他的请求，命将孔霸长子孔福的户籍由长安迁回鲁县。东汉时，族孙仍多住在曲阜。元和二年（公元85年），汉章帝过曲阜祭祀孔子庙，召见孔氏二十岁以上男性后裔六十三人，并赐给嫡孙褒成侯及孔姓男女帛。延光三年（公元124年），汉安帝祭祀孔子后也召见褒成侯和孔姓男女。看来子孙们都是依庙居住，但是长孙褒成侯应该是居住在京师洛阳。永兴元年（公元153年）所立的乙瑛碑说“辟雍礼未行，祀先圣师，侍祀者，孔子子孙”，负责在京师祭祀孔子的子孙当然是孔子的嫡长孙，乙瑛说“褒成侯四时来祀，事已即去”，孔子嫡长孙褒成侯每年四季来祭祀孔子，祭祀完毕就返回京师，孔庙没有专管人员，“庙有礼器，无常人掌领”，所以乙瑛请求“置百石卒吏一人典主守庙”，经皇帝同意，以傍孙孔和为百石卒吏，地方官并为之造“百石吏舍”。

魏晋南北朝时期，社会动荡，对袭封奉祀封号的孔子嫡孙的记载史书和孔氏宗谱几乎全不相同，居处也无从得知了。隋唐时期，社会比较安定，孔子嫡孙的奉祀恢复正常。唐开元后，嫡孙除任文宣公外，还兼任地方官，如兖州长史、功曹、参军、泗水令、曲阜令、曲阜县尉等，这时，嫡孙大约住在孔庙附近。

至宋代，孔子嫡孙的府第始有较为详细的记载。从记载看，孔府历史可分为四个时期，即宋至元的依庙为宅时期，明洪武十年（1377年）开始的庙府分立时期，明弘治十六年（1503年）的奠定规模时期和明末至清末的添建维修时期。

据宋代孔传《东家杂记》“宅图”说:“祖殿廊(指孔庙正殿东庑——摘者注)东门外曰斋厅,斋厅之东廊门外曰客位,直斋厅后曰斋堂,斋堂后曰宅厅,直宅厅后曰家庙。自客位东一门直北曰袭封视事厅,直厅后曰恩庆堂,堂之东北隅曰双桂堂”,衍圣公的官衙袭封视事厅位于大成殿东庑外。书成于南宋绍兴四年(1134 年),而孔传又是建炎二年(1128 年)由曲阜南迁的,记载是可信的。金代成书的孔元措《祖庭广记》并收有“宋阙里庙制”图,图与记载相合,但更为细致。从图来看,孔氏府第位于孔庙的东侧,一周墙垣将庙府围在一起。当时不仅长孙衙署位于庙内,子孙也依庙居住,“诸位皆列居于祖殿之后,恩庆堂东西”。“今聚族二百口,皆尚书公子孙,依庙为宅……士人不以姓名称,止曰庙宅”,诸位即文宣公孔仁玉的后裔。府第附于庙内是当时的环境造成的,宋大中祥符五年(1012 年),曲阜县城迁于寿丘,孔庙位于县城以西八里的旷野中,“子孙依庙为宅”,虽“监修祖庙者窘于用度,不敢以官钱营饰私居”,但为求安全,结垣固守,形成了府第附于孔庙一侧的布局。

金代中期,孔庙有所扩大,衍圣公府第也随之进行扩建。孔元措《祖庭广记》有“金阙里庙制”图,书成于正大四年(1227 年),距金明昌修庙仅三十多年,而绘图者为太学生马元章,绘图精细,记载当是可信的。从图看,在宋代官衙以东,又新增袭封宅一组建筑,官衙西南角又建延宾斋一院,府第的规模和形制已大体完备。金末,孔庙毁于兵火,1252 年杨奂东游拜谒孔庙曾于“袭封廨署读姓系碑文”,说明府第幸免于兵燹。

元代时,孔氏家族多难。宪宗二年(1252 年),五十三代衍圣公孔浈被夺爵,北宗中绝四十三年,至元贞元年(1295 年)始以五十三代孙孔治为衍圣公，延祐三年（1316 年）又罢孔治之子孔思诚而改封孔思晦。孔思晦袭封后虽以恢复孔庙旧制为己任，但窘于用度，维修金丝堂就不得不补入自己的俸禄，所以终其生“所居就袭封旧廨，不改作，终不构私室”。其子孔克坚袭封，至正十六年（1356 年）入京为官，孔希学继袭，但兵乱已起。终元一代，衍圣公府没有扩建的记载，大约仍在继续使用金代府第。

明开国后，朱元璋即召孔子嫡孙去南京，洪武元年（1368 年）封孔希学为衍圣公，秩二品，阶资善大夫，百官朝会，班列丞相之后。为显示优待孔子嫡孙，“养以禄而不任以事”，衍圣公不再兼任地方官，专主孔子祀事。衍圣公地位提高，专主祀事，就有必要建设相应的衙署。洪武十年，敕修衍圣公府，五十六代衍圣公孔希学奉敕创建。正德本《阙里志》说：“袭封衍圣公府在今家庙东，外门与今庙外东便门相邻，洪武十年宣圣五十六代孙袭封衍圣公孔希学创造。正厅五间，后厅五间，东西司房各十数间，外仪门三间。弘治十六年重建，稍移于东，在今衍圣公宅居前。”从上述记载看，府庙已经分立，而且公署已具相当规模。永乐二十二年（1424 年），五十九代衍圣公入京祝贺仁宗即位，蒙赐第于东安门之

曲阜孔府仪门

北，归家后，“作堂于其家，而匾曰‘崇恩’”，新添崇恩堂。

弘治十六年的重建，奠定了今天孔府的规模。此次扩建后的孔府，明崇祯本《阙里志》记载说：“袭封衍圣公府，附圣庙东，与庙墙临，洪武十年衍圣公希学奉敕创建，弘治十六年重修。其制：头门三间，二门三间，二门内有仪门，仪门之北正厅五间，东西司房各十间，后厅五间，穿堂与正厅相连，退厅五间，东西廊房各五间，左为东书房，右为西书房。退厅东南为家庙，祀高曾祖祢五代衍圣公。退厅之后为内宅，楼阁房室不能俱载。”官衙部分的记载可谓详尽，与今存建筑完全相符。

弘治年间扩建后，嘉靖、万历年间曾加以维修。清代又增加了部分建筑。康熙二十三年（1684 年）圣祖南巡后于东学新建宸翰阁以存放圣祖御笔墨宝，道光三年（1823 年）于氏死后于东学后部偏西创建慕恩堂以祀七十二代衍圣公孔宪培夫妇。道光十八年，七十三代衍圣公孔庆镕请得帑金六万六千四百余两大修，几乎对所有建筑揭瓦拆盖，至二十三年竣工。光绪十一年（1885 年），内宅因不慎引起火灾，烧毁前后堂楼、配楼、佛堂楼等七座楼房。次年，山东巡抚张曜发起募捐，耗银八万余两，按旧式重建。1930 年，中原大战，前堂楼、后东楼等遭受炮击，次年重修。1936 年，七十七代奉祀官孔德成结婚，维修中路和西学，油漆彩绘并改换了许多建筑的门窗。但清末以后，孔府日趋衰落，经济拮据，而又不能请得专款，无法进行修缮，致使东路建筑大部倒塌，东学毁坏无存。

第二节　形　制

一、历代形制

就目前所见资料，孔府可分为宋、金、明洪武十年、弘治十六年四个形制。

宋代府第附设于庙内,衙署袭封视事厅是一组独立的建筑,西南有客馆、客位,为接待宾客之处,东北有双桂堂,为子弟学习之所,但并没有衍圣公的宅居。《东家杂记》说“诸位皆列居于祖殿之后,恩庆堂东西”,诸位是四十三代文宣公孔仁玉的五位曾孙,即袭封位孔宗愿、中散位孔舜亮、侍郎位孔宗翰、中舍位孔宗寿、博士位孔宗瑴。

金代衍圣公地位空前提高,超授中议大夫,赐四品勋封,所以在衙署东侧单建宅居袭封宅,呈衙西宅东的布局。衙署仍然只有视事厅、恩庆堂两座建筑,但内宅却为前后两进三合院,已经颇具规模。为满足接待宾客的需要,衙署西南仍建延宾斋。

明洪武十年,孔希学奉敕创建衍圣公府,其位置,正德本《阙里志》说“在今家庙东,外门与今庙外东便门相邻”,万历本《阙里志》说“在今家庙东,外门与今庙外毓粹门相邻”,二本均说“弘治十六年重建,稍移于东,在今衍圣公宅居前”。从上述记载并参考明代孔庙史料看,洪武十年的衍圣公府在今孔庙崇圣祠(即明代家庙)之东,今孔府大门之西,与衍圣公宅居不在一条中轴线上,而是偏西,仍呈衙西宅东的布局。文献对于内宅没有记述,这是因为内宅属于私室,略而不述。

明弘治十六年重修,将官署稍微东移,迁建于宅居之前。“退厅之后为内宅”,已呈前衙后宅的布局;内宅“楼阁房室不能俱载”,已有相当规模;“退厅东南为家庙”,家庙至今犹存,说明府第已有东路。虽然没有西路的记载,但我们可以推测,中路至庙墙之间不可能只是一片空地而使建筑群左右不对称。清代虽然在东西路增加建筑,但总体的规模应是此次重修奠定的。

孔府东墙原来在今陋巷街以西 30 米处,北至颜庙街西折转至后作街,东西宽约 300 米,南北长 417 米,占地约 12 万平方米。现在东部的柴火院、马场、东仓等建筑均已不存。中心建筑一区南北长352米,南端东西宽193米,北端宽111米,占地约4.9万平方米。孔府原有建筑560余间,现存楼房厅堂480余间。其中大门、仪门、大堂、二堂、三堂、内宅门、前上房、家庙、迎恩门、奎星楼等是明代建筑,其他多为清代建筑,古建筑面积约12740平方米。

二、形制分析

衍圣公自明代起官居一品,班列百官之首,地位非常显赫。府第是按照明代一品官员的府第形制建造的。布局采用传统的前堂后寝制度,建筑严格遵守明代百官宅第营造制度,大堂五间九架,内宅楼房七间,但一律不用重檐、重拱、歇山转角。孔府是保留至今为数不多的明代典型的衙宅合一的品官建筑群。

孔府建筑群布局横向分为三路。中路是建筑的轴心,前后九进庭院,前为衙署,后为内宅。官衙是府第的核心,建有三堂六厅,三堂是衍圣公处理公务的处所,六厅(典籍、司乐、百户、管勾、掌书、知印)是属下官员分别办理府内礼、乐、兵、农等庶务的用房。内宅是衍圣公家庭生活起居的场所,有前上房、前后堂楼等建筑和花园。东路前部名东学,又称东书院,是衍圣公崇扬皇恩、读书励志、接待官员的地方,原有念典堂、九如堂、宸翰阁、兰堂等建筑;中部是衍圣公奉祀先人的处所,有报本堂、祧庙、慕恩堂等建筑;后部是衍圣公次子、奉祀子思的世袭翰林院五经博士的用房,有一贯堂及其内宅两进庭院。西路名西学、西书院,前部是衍圣公学诗、学礼、作画习字、诗文会友的地方,有红萼轩、忠恕堂、安怀堂三进庭院;后部是子女学习和衍圣公闲居的地方,有学屋、花厅等建筑。如果从横向分,整个孔府建筑可分为前、后两部分。前部分供衍圣公处理公务、会客,是对外活动的场所;后部分为居室、书房，是家族生活的场所。建筑功能分区明确，排列井然有序。

衍圣公是孔子的嫡孙，一向以“礼门义路家规矩”相标榜，恪守诗礼传家的祖训，作为衍圣公府第的建筑也必然受到儒家礼仪的制约，打上儒家宗法制度与伦理观念的烙印。建筑群中贯轴线，对称严整，遵循礼教与宗法的原则，把一系列使用功能不同的建筑物有主次、有次序地进行排列。中路为宗子衍圣公所居，居中为尊，体现了宗子在家族中的尊贵地位。东路一贯堂及其内宅为次子所居，轴线从属于中轴，体现了宗子与次子等级与地位的差别。中路官衙、内宅界限分明，体现了男女授受不亲、内外有别。轴线上，正房与厢房、中门与边门，体现了主人与下人的尊卑差别。此外，建筑物的名称也打着儒家思想的印记，“一贯堂”、“忠恕堂”赞颂孔子的忠恕思想，“安怀堂”歌颂孔子的理想，“东学”、“西学”既赞扬孔子创学设教的功绩，又表现孔子后裔继承诗礼传家、兴学重教的传统。

第三节　建　筑

孔府现存建筑 100 多座，分为中路、东路和西路三部分，中路又分为官衙和内宅。

官衙　即中路的前半部分，有大堂、二堂、三堂和六厅，是衍圣公处理公务的地方，也是孔府的核心。

大门　孔府的第一道门，三间，灰瓦悬山顶，五檩三柱分心式木架，中柱落地，柱顶直接承托脊檩，边柱略有侧脚。双步梁上的瓜柱用通长角背，单、双步梁上均垫以替木。檐下用一斗二升云栱，每间二攒。云栱呈三幅云形，出头平而无锋。柱头科云栱明显变大，座斗有的斗欹有䫜。

屋面平缓,层高较矮,用料粗壮,仍保留明代式样和风格。设三门,明间上悬云边竖匾,刻楷书“圣府”。两明柱悬挂“与国咸休安富尊荣公府第,同天并老文章道德圣人家”对联,楷书。门两侧有八字墙,前对照壁,间前设砿礤,左右各立一石狮,再前有下马石。石狮雕刻灵巧细腻,造型雄健生动,上马石雕刻云纹流畅。门前临横街,东对鼓楼,西对孔庙毓粹门,南折达钟楼,门东横街上也置一对石狮,雕刻简洁古拙,较门前石狮时代更早。

启事厅 清道光十八年时设于今孔府大门内东厢房。厅房五间,前后廊式木架,灰瓦硬山顶。设四品启事官一人,六品启事数人,负责收发公文,内禀外传。清末民国期间启事厅移于今二堂东稍间,此房改称东房,是催租官员、差役办事处。房东有前后两座房子,各三间,后三间带两间耳室,是临时拘押佃户的用房。

赍奏厅 位于孔府大门内,即二门前的西厢,原是负责报送衍圣公表笺章奏的奏差(正六品)办公处。厅房五门,前后廊式木架,前为廊,灰瓦硬山顶。厅内有二进院,前为官厅,后为差官存放马具处,各三间,均为前廊式木架,后官厅东原有马王庙一座。

二门 孔府第二道正门。始建于明代,清道光二十三年(1843 年)曾进行过揭瓦换檩的维修。门屋三间,灰瓦悬山顶,五檩三柱分心式木架。一斗二升交麻叶斗栱,每间二攒。麻叶头有明显出锋,座斗的斗欹全部无䫜,单步梁、双步梁都不用角背。屋面坡度陡峻,挑山变短,都呈清代风格。门下抱鼓石朴实无华,仍为明代旧物。明间辟门,上悬明代文学家、书法家李东阳题“圣人之门”竖匾,楷书,云纹边。李东阳为六十二代衍圣公孔闻韶岳父,明弘治十七年(1504 年)以谨身殿大学士被遣至曲阜代祀孔子。门内东有明洪武元年(1368 年)朱元璋接见五十五代衍圣公孔克坚白话对话碑及元修庙学等碑,西有明洪武准孔府设官、免差公文碑及清道光修府等碑。门左右有掖门，但与门内两厢连檐。门前东西各有低矮的厢房，庭中有株数百年的古槐，春来浓荫匝地，秋过枝条扶疏，益发显现孔府历经沧桑的古老面貌。

仪门　位于二门内，孤立于大堂庭院中，是一座三间四柱三楼的建筑，灰瓦悬山顶，明楼略高。四柱立于抱鼓石须弥座上，并用抱牙板前后夹持，柱顶均以一斗二升云栱承托脊檩。外檐也用一斗二升云栱，平身科明间二攒，次间各一攒。柱斗科与平身科同大，一些座斗斗欹有鰤，丁头栱两侧出三幅云翼形栱，檐梁下垫通替木，雀替蝉肚平而密，云栱作三幅云状，线条流畅，形象饱满，平板枋宽于额枋，具有明前期建筑的特征，是孔府现存最早的建筑，当是明弘治重建时的原物。明间辟门，门上悬“恩赐重光”竖匾，因此也称“重光门”，匾框云纹简洁，当为明代旧物。屋盖下前后各有八个倒垂的花蕾，在建筑上被称作垂花门。比例匀称，造型庄重，是垂花门的上乘作品。门常闭，只有在迎接圣旨、祭祀大典及衍圣公生子等重大喜庆活动时才开启。

大堂　是衍圣公接读圣旨、接见官员、处理修谱、大祭等重大事件的地方。建筑为灰瓦悬山顶，面阔五间，进深三间。四柱九檩，原明次间为一大空间，两稍间以栅栏隔开。民国间，西稍间为承启处，东稍间为接待室，1969 年拆除栅栏成一大空间。明次间是公堂，省去南面两根金柱，形成宽敞的空间。明间与后金柱间设屏风，前置暖阁，内设公案。老檐枋上托“统摄宗姓匾”，刻有清顺治六年（1649 年）十二月十一日世祖给衍圣公孔兴燮的谕旨：“尔其统摄宗姓，督率训励，申饬教规，使各凛守礼度，无玷圣门。如有轻犯国典，不守家规，恃强越分，朋比为非，轻者径自家处，重者据实指名参奏，依律治罪。”堂内还陈列着衍圣公的全副卤簿。室内由于减去了南面二金柱，前为七架梁，后为双步梁，稍间则为五间架，前后双步梁。梁断面几成圆形，明间双步梁下的穿插枋出榫成为七架梁下的丁头栱，丁头栱两侧出三幅云翼形栱。脊瓜柱均以雕作云纹的角背夹扶。前后檐下用一斗二升交麻叶斗栱，每间各四攒，麻叶头出锋，座斗斗欹多数有颧，平板枋略宽于额枋，檐柱肥硕，屋面因次稍间檩条升起而呈纵向凹曲，仍保存明代特征。堂前有露台，甬道与仪门、二门相连。露台前东西分置石刻日晷、嘉量。庭院深广，供举行重大仪式所用。两山有门，各一间，五檩分心式木架，悬山顶。

六厅　位于大堂的东西厢房内，厢房各十二间并转向二门掖门。前后廊式木架，前出廊，北端灰瓦悬山顶。东厢设置知印厅、典籍厅和管勾厅，西厢设置掌书厅、司乐厅和百户厅，是衍圣公府的办事机构。

穿堂　位于大堂后，纵向与二堂相接，三座建筑呈"工"形平面，是宋金时祠庙、衙署常见的布局形式。穿堂三间，南北不与大堂、二堂相连，而留一步，上搭二披水相接。灰瓦卷棚顶，六檩前后廊式木架，东西均为廊。二脊檩下各垫以荷叶墩形垫木，梁枋断面为矩形但砍斜角抹圆。穿堂东西各有一小院，西院存明乔宇手植桧诗碑和明洪武立新旧洒扫户碑，东院墙上镶嵌明李东阳等人题诗刻石，两院各有一门外出。

二堂厢房　东西各五间，灰瓦悬山顶，四柱七檩前后廊式木架。二厢房原来分别是通向东学、西学的通道，今西厢房前后均为廊，在西学则为忠恕堂的东厢房。东厢房现在仅西面为廊，廊下存清顺治刻"圣门历代门政官题名刻石"和明崇祯刻"重修斋舍小记"刻石。

二堂　又名后厅，是衍圣公宣示典章礼仪、申饬族规家法、会见官员的用房。五间，灰瓦悬山顶，两山为四柱七檩前后廊式木架，内部均为七架大梁。梁断面呈矩形，四角砍斜抹圆。梁柱粗壮，屋顶坡缓，为明代所建。室内明次间为一大空间，明间上下分悬清圣祖康熙二十三年赐"节并松筠"匾、清高宗乾隆赐"诗书礼乐"匾，两次间地上分别刻立咸丰皇帝赐诗、道光皇帝赐"福寿"字及慈禧皇太后赐"寿"字、赐画等七幢石碑。两稍间分别隔开,清末东名启事厅,西名伴官厅。伴官厅是随朝伴官办事处,伴官七品,设六员,衍圣公朝觐时随从办事。

三堂 也叫退厅,是衍圣公处理内务的地方。五间,明次间为一大空间,明间后金柱间设屏风门,门后为空间,但并未介入室内,成为内宅门前的空间,屏门南设公案,上悬"六代含饴"匾,因孔府六代同堂,清乾隆二十二年(1757 年)高宗为七十一代衍圣公孔昭焕高祖母黄氏题。两稍间分别隔开,东间是衍圣公接待一般客人的地方,西间是秘书书写官办事处。堂灰瓦悬山顶,七檩前后廊式木架,前为廊。明间为五架梁加前后单步,稍间是后金柱落地,四架梁加前单步、后双步。梁断面也为矩形,斫角抹圆,三架梁上用叉手,仍采用古老做法。瓜柱两侧以驼峰状角背夹扶,檩枋之间以荷叶墩相隔。整个建筑比例低矮,屋面平缓,屋脊两端有升起,明显具有明代特点。前廊檩枋间只用荷叶墩,比两厢房一斗三升斗栱规格反而为低,当是后代维修更改所致。柱头科梁头平出,坐斗斗欹有顱。额枋高而薄,平板枋扁而宽,当是明代遗构。两山有掖门,与两厢房连檐。堂前庭院扁宽,前设低平露台,台前两侧各置三个湖石盆景,正中甬道置一高大太湖石,周围栏杆,以隔断二堂北出的视线。院中东、西各植一古桧,浓荫蔽日。

册房 司房 即三堂东西厢房。东厢掌管孔府地亩册契,再东为司房,掌管孔府财务总务;两厢名书房,掌管文书档案。两厢均五间,灰瓦悬山顶,四柱七檩前后廊式木架,前为廊,外廊檐下用一斗三升斗栱,每间四攒。

内宅 即中路的后半部,是衍圣公家庭生活起居的地方,轴线上有内宅门、前上房、前堂楼、后堂楼、后五间和花园。

内宅门 位于三堂后、前上房前,是孔府前衙与后宅的界限,内宅入口。门屋三间,灰瓦悬山顶,五檩分心式木架。中柱到顶,以一斗二升云栱承脊檩，单步梁上用叉手，双步梁下用通替木，刻成雀替形，梁架断面呈矩形，斫棱抹圆，檐部也用一斗二升云栱，平身科每间二攒，云栱雕成三幅云状，柱头科刻成卷云纹，平板枋宽于额枋，额枋高瘦，建筑尺度低矮，外柱有侧脚，屋脊有升起，仍保留明代特点。但从单幅云纹形状趋于扁平、云瓣轮廓起伏较大和柱头科高度增加等特征看，当建于明晚期。门设于明间中柱间，北面檐柱间设屏门，人从屏门左右绕行。门北面绘獖，相传獖能吞下金银财宝，贪心不足，又去吞太阳，结果落海而死，内宅屏门图画此兽以劝人为官清正。门前面东西为屋，供值班人员使用。门右上方悬挂衍圣公手谕，擅入内宅定予严惩不贷，门两侧摆放虎尾棍、雁翅铛、金头玉棍以示禁严。孔府严守儒家男女授受不亲的信条，男女有别，传事专司对内禀报，差弁负责对外传达。孔府内井水不能饮用，吃水需由城外送入，但挑水夫也不能入内，而于门西墙上设一石槽，让水流入内宅。

奎楼 位于内宅门东。楼砖砌到顶，方形，一间，四层。一、二层有门无窗，底层门外包铁板，固以蘑菇铁钉。门内设方形陷阱，上铺吊板，楼梯也为活梯。三层东西留窗，四层四面设窗。楼又名金库楼，是存放金银货财的仓库。

前上房 孔府内客厅，供接待至亲、近支族人和举行家宴、婚丧仪式用。房七间，灰瓦悬山顶，四柱七檩前后廊式木架，前出廊，明间设后抱厦。无斗栱，廊檐大小额枋间用花板。明间五架梁下垫以雀替形替木，丁头栱两侧出三幅云翼形栱，瓜柱、脊瓜柱两侧均以驼峰状角背夹扶，三架梁上用叉手。前檐额枋角替蝉肚平而密，建筑比例低矮，屋面廊步、金步举折平缓，脊步陡峻，形成金步曲率特大的屋面凹曲线，明显具有明代特点。明、次间三间为一大空间，稍、尽间为东西套间。明间檐柱原有孔庆镕撰书对联“居家当思清内外别尊卑重勤俭择朋友有益于己，处事尤宜慎言语守礼法远小人亲君子无愧于心”。现室内复原陈列,明间为孔令贻之母祝寿陈设,西套间为衍圣公日常办公用房,稍间为会客室,尽间为签押房。房前是一低矮露台,台前有四个用来固定戏台柱子的大坠石,清末七十六代衍圣公喜欢戏剧,府中养有戏班,高兴时他也会粉墨登场。

前上房厢房 东西各五间,七檩前后廊式木架,前为廊,是孔府收藏日用礼品的内库房和管账室。

前堂楼 衍圣公居室。楼七间,七檩前后廊式木架,前出廊。两层,底层置平綦天花,依一品文官制度绘团鹤图案。顶层彻上明造,脊瓜柱顶以云纹花板支托脊檩,五架梁、三架梁均用随梁枋,檐部梁头出锋,枋下用雀替。前廊围以荷叶栏杆,下挂云板。上层低矮,仅供存放杂物,下层很高,供人居住。明间与西次间为一大空间,东三间和西二间都是套间。明间北面还有一间后轩,卷棚顶,北面歇山,东、西、北三面有廊,柱间置坐凳栏杆。楼内现在复原陈列七十六代衍圣公孔令贻生活时的情形。中堂供起居活动用,东次间、稍间分别供饮食、起卧用,尽间为孔令贻两女儿的卧室,西稍间、尽间分别为两侧室王氏、丰氏卧室。堂前有垂珠门,三间,明间设门,中柱以北两次间砖砌成室。堂前庭院扁长,东西30米,而南北仅8米。

前堂楼东西配楼 东西各三间,硬山实墙到顶,两层,底层设一门一窗,上层正面设三窗,清末时供老管家居住和收藏日用品所用。

后堂楼 建筑形式、结构全同前堂楼,只是面阔、进深略大,内部也略不相同,明次间三间为一大空间,两侧稍尽间为套间。楼本为衍圣公母亲等长辈居住,孔子七十七代孙孔德成1936年结婚时,父母皆先去世,于此设洞房。现在复原陈列,中堂陈列有国民党中央执委、监委贺礼银鼎及“国民政府主席”林森“瑞应睢麟”贺幛等,东稍间为起居间,尽间为卧室，西二间为奶妈卧室。庭院宽敞，并植酴醾、石榴等花木。南面本为前堂楼后墙，因有后轩，打破了高墙的平板单调，增添了恬静、舒适的气息。

曲阜孔府后堂楼内景

后堂楼东西配楼 各三间，两层，灰瓦悬山顶，七檩前廊式木架，前为廊，栏杆云板与前、后堂楼相同。东楼原为女仆居住，西楼供内眷、至亲探访时会客、居住使用。

佛堂楼 位于前堂楼西，为一独立跨院。楼两层，建筑形式与后堂楼东西配楼相同，但内部三间未做分隔。堂内供佛、玉皇及民间俗神。

后五间 位于后堂楼后，清晚期时曾名枣槐轩。清末为女佣人居室，民国间曾用做粮食仓库。屋五间，前有廊，硬山顶。后有建筑基址，不知因何而废。

花园 位于孔府北部。清嘉庆间，七十三代衍圣公孔庆镕移入形态较好的铁石数块，改称铁山园。园始建于明代，清代曾加以重修。东西宽约110米，南北深100—110米。园东南角置假山，东西走向，自西向东渐高，最后以绝壁收势。最高处置一八角亭，民国年间被毁。西端突起一峰，上刻"丽瞩"二字。山南有洞，山北有台。台对水池，可以垂钓。峰顶之北，自然石洞门内置石桌，可品茗，可弈棋。道路崎岖，逶迤相连。山北置水池，池上架桥，池中置三石，寓意蓬莱仙岛。池北临水建亭，亭作扇形。再北有荷花池、藤萝架。藤萝单株直径约三十厘米，虬曲相缠，已有二三百年历史。再北为老式花厅，三间硬山顶，前出廊。轴线直北为西式花厅，正房三间，东带耳房二间，前出抱厦。花园正中有一古柏，五干撑天，五干分叉处，长有一株国槐，俗称五柏抱槐。铁石位于花园西部，翠竹掩映，铁色黝中泛红。再北为牡丹池，枝干如铁，虬曲横斜，"老树着花无丑枝"，百年老枝，春来仍放艳花。

东路 其实可以再分作东、西两路，西路前部为酒房，中部为慕恩堂、后部为一贯堂；东路前面是东学，原是衍圣公接待贵宾的地方，主要建筑兰堂、九如堂、宸翰阁、念典堂等到民国初年时已经全部倒塌，1999年恢复了九如堂一组，后面是家庙。

九如堂 是一个独立成区的院落。主堂面阔五间，灰瓦悬山顶，后面有五间抱厦，抬梁式木架，灰瓦卷棚顶。前有露台，东、西有两厢各五间，灰瓦硬山顶，三柱式木架，前出廊。前面正门为牌楼式，单翘重昂七踩斗栱，是孔府唯一使用正规斗栱的建筑，两掖门也为垂花门，是孔府各院中最高等级的正门。

报本堂 即孔府家庙，位于东路东学之后。五间悬山顶，四柱七檩，前后廊式木架，前为廊。檐下用一斗二升云栱，云栱雕作三幅云状，柱头科梁头略宽于斗口，平板枋扁宽，额枋断面为竖矩形，三架梁用叉手，雀替蝉肚平而长，柱子肥硕，屋面金步曲率很大，仍保留明代中期建筑特点。旋子点金彩画。堂内供奉五十四代衍圣公及在任衍圣公上五代先人，均为夫妇同。如孔德成袭爵后告庙，报本堂奉祀为五十四代、七十二代、七十三代、七十四代、七十五代衍圣公夫妇，因其父孔令贻尚未出殡入庙，所以只祭祀四代。堂前有露台，三级踏步，前为门，一间，悬山顶，五檩抬梁式木架，两掖各有一间棋盘门，再南有照壁一堵。

祧庙 位于报本堂后，是祭祀衍圣公五世以上先人的处所。报本堂祭祀衍圣公五世先人，仍有“诸侯立五庙”的遗意，五世以上的先人则迁于祧庙祭祀。1950年孔德成袭爵告庙，祧庙奉祀五十五代衍圣公夫妇至七十一代衍圣公夫妇。祧庙五间，硬山顶，前出廊。

夹室 又名新祠堂，是过继入承大宗的衍圣公祭祀本生父母、祖父母的祠堂。1930年孔德成承袭衍圣公时祭祀孔贞宁、孔尚坦、孔宪增夫妇，前二人分别是六十五代衍圣公孔胤植的本生祖父、父亲，孔宪增是七十三代衍圣公孔庆镕的本生父亲，他们都被追赠为衍圣公。夹室三间，灰瓦硬山顶，前有廊。

酒房 位于九如堂之西，是制作、存放孔府祭祀用黄酒的地方。古代酒类归政府专卖，为显示尊孔崇圣，宋代即允许衍圣公自酿祭祀用酒。酒房五间，作坊四间。清末，府内戏班将戏神“老郎神”移于室内。民国年间，每逢婚、丧、嫁、寿，外厨也在酒房设灶。

慕恩堂 位于家庙之西，是祭祀七十二代衍圣公孔宪培及妻子于氏的专祠，清道光初年建。堂五间，悬山顶，七檩前后廊式木架，无廊，也无斗栱。明间前后设门，其他四间设窗，均为万盏灯式。室内明次间为一大空间，明间后金柱间设屏门，前、东、西三面以雕刻木件围成暖阁，南面为松、蝠纹落地罩。暖阁内原悬挂孔宪培夫妇画像，前设供案放置祭器。稍间以板壁界开，上置平棊天花，后金柱后置暖阁。东稍间暖阁内设床褥，床前对坐于氏夫妇塑像，塑像可以活动，可扶起站立并可重新坐下。慕恩堂原有四个男仆负责焚香叩头，两个女仆每日早晚叠铺被褥，侍候一如活人，每日照例三开饭，并置有专做的反映生前活动的模型行乐图。堂前露台，再前倒座六间，两侧各三间，中间为门，一间，悬山顶，室内用平棊天花。东厢三间，前廊式木架，前出廊，南附耳室两间。堂东也有耳室两间。除大门外，均为格扇门，支摘窗。彩画等级是孔府内最高的，堂、门、东厢均为旋子大点金。

迎恩门　孔府东路后部的大门。门屋一间，悬山顶，二柱五檩抬梁式木架，三架梁上用叉手。前后檐用重栱，出一跳交耍头，一跳上出三幅云翼形栱，平身科二攒，柱头科耍头与平身科等宽，座斗斗欹有䫜，柱子肥短，平板枋宽于额枋，具有明显的明代建筑特点。门内曾为衍圣公二弟、奉祀述圣孔伋（子思）的世袭翰林院五经博士的宅第，有前后三进庭院。

一贯堂　位于迎恩门内，原是世袭翰林院五经博士处理公务的地方。据《论语·里仁》"吾道一以贯之"命名。堂五间，前后廊式木架，前后为廊。堂前设仪门，一间，东西各有三间厢房，前后廊式木架，前出廊。此组建筑民国初年被毁，1977 年在原址重建。堂西北角原有家祠一间。

一贯堂内宅　共有两进院落。每进庭院相同，有一正两厢并院门。正厅五间，七檩前后廊式木架，前为廊，硬山顶，两厢各三间，前出廊，硬山顶。后厅明间为一空间，以板壁隔开，两次稍间各为一大空间。两稍间后部设暖阁，两层，于次间内侧设梯上下，因层高太低，梯为三角形左右相叠，楼上成套间，设计是比较独特的。后厅 1976 年重修，曾于脊檩上发现明洪武纸钞。西有跨院一处，西、南、北屋各三间，北屋西并有耳屋两间，民国间西屋改为新式浴室。

奎星楼　位于一贯堂后，一贯堂内宅门前东侧，是三间三层、砖墙到顶的硬山建筑，宽 10.84 米，深 5.7 米，高 19 米。向内一侧设门窗，向西底层一门二窗，二、三层各三窗，三层南北也各设一窗，均为双门式。砖石厚重，底层直台窗用料粗大，楼梯扶手雕刻花瓶，风格粗放，都显示明代特点。楼位于孔府主体建筑群的最东部，紫气东来，建楼以纳阳气，所以又名吉星楼。

厨楼 位于奎星楼之西，三间三层，建筑形式与奎星楼相似，但尺寸为大，长14.07米，深7.8米。厨楼设内厨房，供孔府主人平时就餐用。底层设灶，楼上供晾晒咸肉、火腿、风鸡、香肠等用。楼下有北屋三间，是存放餐具、干菜的地方，屋硬山顶，明间后金柱间设屏门。另有南屋三间，为做面食处。

西路 西路也分作前后两部分：前部西学原来是衍圣公读书学习的地方，东学倒塌后西学就成为接待贵宾的场所；后部是衍圣公家庭活动的地方。

红萼轩 孔府西学的最前端的建筑，面阔五间，硬山顶，七檩前后廊式木架，前出廊，廊下置坐凳栏杆。室内五架梁加后单步，瓜柱两侧有角背，檩枋间用荷叶墩。前檐用重栱，出一跳交麻叶，一跳上出三幅云翼形栱。平身科四攒，柱头科梁头宽约二斗口。额枋下施角替，蝉肚长而且平，丁头栱刻三幅云。原是衍圣公读书写字作画处，室内装修精细，以格扇分隔空间。格扇花心多作灯笼框，裙板多饰夔龙回纹及品形回纹，室内彩绘冰裂纹并画博古图，外檐原为松文彩画，高雅而有园林情趣。明间室内悬“正学昌明”匾，录自嘉庆八年(1803年)皇帝在于孔庆镕恭贺平定川楚奏折上的批语。外檐悬“红萼轩”匾，明檐柱悬挂七十三代衍圣公孔庆镕

曲阜孔府红萼轩内景

所撰对联："晓露浥金茎练墨试磨新赐砚，春风留玉座焚香还读旧传书。"轩前有低矮露台，前对照壁，照壁前置太湖石盆景。庭院略呈方形，东厢房借用大堂西厢，西厢五间，名西书房，东耳房一间，名东书房，轩西山又有四间西厢，名西值房。庭内栽植花木，西南并有一棵百年梓树。

忠恕堂 西学的主房，原是衍圣公学习、会客的地方，曾是七十二代衍圣公孔宪培"学诗学礼之处"。堂原名永寿，六十七代衍圣公孔毓圻以"夫子之道，忠恕而已矣"改名为忠恕堂。堂五间，悬山顶，七檩前后廊式木架，不出廊。檐下用单昂三踩斗栱，是孔府唯一使用正规斗栱的正房。平身科每间四攒，耍头雕作麻叶头，柱头科宽约一个半斗口，梁头也刻成麻叶头，均出锋。昂头略微上翘，有花头子刻线。柱头科昂有剥腮，座斗斗欹有皿頔。平板枋扁宽，额枋高窄。室内明次间为一大空间，明间为六架梁后单步，减去前面两根金柱（今柱为1979年新加）。梁下垫以雀替形替木，丁头栱作重栱出昂，两侧再出三幅云翼形栱。明间内悬"忠恕堂"匾，孔毓圻书，屏风及后金柱分悬七十三代衍圣公孔庆镕书"交友择人处事循礼，居家思俭守职宜勤"木刻对联和"守口不谭新旧事，知心难得两三人"墨书纸对。两稍间以格扇隔开，格扇向明间一面东镶孔庆镕撰"忠恕堂记"，西镶孔令贻书"濂溪赋"等。明间门柱悬挂孔庆镕撰"天眷龙光匪懈精勤惟就学，祖谟燕翼大成似续在横经"。堂后有轩，卷棚顶，三间，五檩二柱木架，与忠恕堂齐檐，比例高细，为加强稳定性，明间南柱以穿插枋与忠恕堂后檐明柱相连。明间悬孔宪培乾隆五十八年（1793年）书"吟赏烟霞"匾。堂前有露台，三面设踏步，三级。庭院宽敞，东南隅有数百年腊梅一株，露台东、西有百年以上石榴、丁香数株。

忠恕堂厢房 东、西各三间，悬山顶，七檩前后廊式木架。东厢又是二堂的西厢，前后有廊，明间是中路通向西学的主道。两厢仅前面有廊。

东、西厢明间檐柱分别悬挂“宝月卿云瞻厥度，奇文妙墨炳其华”，“礼门义路家规矩，智水仁山古画图”对联。二厢房清道光间称作东西厅房，保存清代帝王赏赐书籍等物品。

安怀堂 西学的第三进，也是最后一进建筑，原是衍圣公“燕居吟咏处”。据《论语》中孔子所谈志向“老者安之，朋友信之，少者怀之”命名。堂五间，硬山顶，七檩前后廊式木架，但无廊，彩绘冰裂纹并绘贴金博古图。室内分隔巧妙，以隔扇和各式落地罩、飞罩分隔成九个空间，所以习称九套间，分别为衍圣公弹琴、作画、书法、静坐、焚香、品砚、观画、赏古、弈棋所用，1962 年改建招待所时被拆除，1994 年复制。堂明间前后设格扇门，次稍间前置低矮槛墙，上设灯笼框支摘窗。堂前有露台，与忠恕堂后轩相连。西厢有房五间，与忠恕堂西山厢房相连，分别称西书房、茶房。堂后有竹林，林中有迭石，可惜已被修竹遮挡。壁上有孔庆镕刻孔宪培植竹诗：“植移庭院胜江干，露叶烟梢次第看。它日孙枝应解箨，晴窗先为报平安。”诗作于乾隆五十六年（1791 年）夏。诗后有跋，孔庆镕 1803 年记，“先公重修安怀堂成，迭山种竹，诗以记之”。

南花厅 位于安怀堂后，东与中路前上房相通，是衍圣公及家属活动的地方。厅三间，卷棚顶，前后廊式木架，前为廊。约建于清晚期，1936 年改新式装修，供会客用。

小南屋 与东花厅相对，在今南花厅东南。三间，北面有廊，悬“风花雪月”匾，孔庆镕书。1959 年被拆除，北移与南花厅齐重建。今为卷棚顶，前出廊。

西花厅 与南花厅相对，原是衍圣公的书房。三间，硬山顶，前后廊式木架。前出廊。室内也分为三个空间。

东花厅 位于西花厅直东，原为三间，明间上悬挂“诗酒陶情”额，柱上悬挂“酒渴诗狂啸傲且随今日境，花晨月夕风光仍是昔年春”对联，均为孔庆镕书，对联书于嘉庆丙子（1816 年）。1979 年改房间时拆改为四间，匾额对联只好移挂于西花厅。东有耳房两间，1979 年扩大重建。

书屋 位于花厅后，是七十七代衍圣公幼时与姊妹读书的地方，前有一个独立的院落，院门有门楼，南与西花厅后门相对，门内设照壁，并置湖石盆景。学屋正房三间，西耳房三间，东小北房三间，东厢房三间带一耳室，西厢房五间。正房硬山顶，前后廊式木架，前出廊，檐柱悬"东趋家庭学诗学礼承旧业，西瞻祖庙肯堂肯构继前人"对联。

第四节　职　责

衍圣公的主要职责就是代表国家按时祭祀孔子，守护孔子庙和孔子墓，管理圣贤后裔的奉祀博士和孔氏族人。

代表国家祭祀孔子是衍圣公最主要的任务。按照国家礼制规定，孔子庙的祭祀主要有春、秋两次的释奠、每月初一的释菜和十五的行香，但是曲阜孔子庙比较特殊，祭祀比其他孔子庙要多，一是释奠每年每季一次，二是国家还有不定时的遣官祭祀等，虽然遣官祭祀行礼的是国家派来的官员，但一切准备工作都是由衍圣公府来做的。

守护孔子庙墓也是衍圣公的重要职责，国家为孔子庙墓设置洒扫和守护户人，设置林庙守卫司和百户官，百户官秩比卫守备，清代多以四品官充任，要维护林庙建筑，保管好礼乐祭器，看守林庙树木，保持林庙整洁。七十一代衍圣公孔昭焕时就因孔子庙丢失夹钟而险些受到处分，七十四代衍圣公孔繁灏曾经受到革职留任的处分，可能就是因为道光二十年百户官盗伐孔林树木。

管理圣贤后裔奉祀官也是衍圣公的一项重要工作。明景泰三年

(1452年),国家首先为孔子庙配祀的颜子、孟子设置了奉祀官世袭翰林院五经博士。此后逐渐增加,正德元年(1507年)设置了孔氏南宗博士,二年为子思设置了五经博士,嘉靖十八年(1539年)为曾子、崇祯十六年(1643年)为仲由先后设置了五经博士。清代博士大量增加,康熙二十三年(1684年)为周公、三十九年为闵损和端木赐、五十一年为言偃、五十九年为卜商、雍正二年(1724年)为冉耕、冉雍、颛孙师设置了世袭翰林院五经博士,通称十三氏博士。这些博士的承袭都由衍圣公考察推荐,保举到礼部任命。若衍圣公考察不周,朝廷也会给予处分,乾隆五十五年,七十二代衍圣公孔宪培保举周公后裔承袭翰林院五经博士时就因为其守丧未满被罚俸九个月。

明正德四年(1509年),皇帝下诏给衍圣公孔闻韶,要他管理孔氏族人,“先圣之道垂宪万世,朝廷用之以为治天下之法,在尔辈守之则为治家之法”,“尔闻韶尚佩服家训,进学修德,与族长、举事管理族人读书循礼,以称朝廷崇重至意”。嘉靖四十一年(1562年),皇帝下诏给衍圣公孔尚贤,给予处罚族人的权力,“如有恃强挟长,朋谋为非,不守家法者,听尔通族长查照家范发落,重者指名具奏,依法治罪”。清顺治六年(1649年)清世宗又颁发敕谕给六十六代衍圣公孔兴燮,“尔其统摄宗姓,督率训励,申饬教规,使各凛受法度,无玷圣门。如有轻犯国典,不守家规,恃强越分,朋比为非,轻者径自察处,重者指名参奏,依律治罪”。衍圣公将顺治皇帝的敕谕刻在匾上,悬挂在孔府大堂之上,称为通摄宗姓匾。孔氏家族族大人繁,很难管理,所以设立了族长衙门、族长、户首等管理机构和管理人员。衍圣公管理不善也会受到朝廷的处罚,乾隆三十三年,族人潜往铁岭查访族人,当时的衍圣公就因此受到罚俸一年的处分。

第五节　管　理

为了使衍圣公更好地履行职责，国家为衍圣公建造了专门的官署——衍圣公府，设置了专门的办事官员和办事机构。

官署　衍圣公府前衙后宅，前衙三堂是衍圣公的办公场所，除此还有六厅和赍奏厅、伴官厅、启事厅和司房等办事机构。

大堂　又名正厅，是衍圣公处理重大公务的地方。接读圣旨，元日与皇帝生日的祝贺仪式，衍圣公袭封典礼，修谱仪式等都在此进行。

二堂　又名后厅，是衍圣公接见重要官员的地方。

三堂　又名退厅，衍圣公在此处理府务，并接见四品以下官员。

办事机构　六厅分管礼、乐、兵、农和印信、文书，是衍圣公府的办事机构。

典籍厅　“掌奎文阁书籍及礼生”，负责保管历代敕赐书籍、墨迹，管理训练孔子庙祭祀礼生，是典籍官办公处所，位于大堂东厢中部。

司乐厅　“掌乐章、乐器而教肄乐生”，负责保管乐器舞具，管理训练孔子庙祭祀乐舞生，并管理孔庙碑刻，是司乐官办公处所，位于大堂西厢中部。

百户厅　“掌林庙之户籍，供其洒扫户役之事，主守礼器，祭祀则司涤濯，掌牺牲之宰割”，负责护卫林庙，管理钦赐户人，征收丁银，保管礼器，祭祀时宰杀牺牲、洗涤礼器，是百户官办公处所，位于大堂西厢南端，此外还在曲阜城内设有百户衙门。

管勾厅　“掌祀田钱谷之出入，祭祀则供其牲牷粢盛，治膳羞醯醢之属”，负责管理祭田，征收租税，筹办祭品，是管勾官办公处所，位于大堂东厢南端。此外还在巨野县设有管勾衙门，下置屯官、总甲、小甲。

知印厅 负责保存公府印信,办理签押公文,是知印官办公处所,位于大堂东厢北端。

掌书厅 主管文书、档案,草拟文告、信函,填写信票、执照等,是掌书官办公处所,位于大堂西厢北端。

赍奏厅 “掌赍衍圣公表笺章奏”,负责报送衍圣公公文,是奏差的办公处所,位于大门内西厢房内。

伴官厅 是随从衍圣公朝觐办事官员随朝伴官的办公处所,位于二堂西间。

启事厅 负责衍圣公府上传下达,是启事官的办公处所,位于二堂东间。

司房 负责管理府内总务、财务,保管地契契约,征收私田租税,管理府内仆役、匠役。位于三堂东厢房东院。

属官 属官始设于东汉元嘉三年(公元153年),因孔庙礼器无人掌管,鲁相乙瑛请求朝廷同意后设置百石卒史。随着衍圣公地位的提高和衍圣公职责的专一,衍圣公属官也越设越多。宋代设置庙学教授,元代相继增设掌书、典籍、司乐和尼山书院、洙泗书院山长。明洪武二年(1369年)确定衍圣公府设置属官典籍、司乐、管勾、尼山书院山长、洙泗书院山长、三氏学教授、学录、掌书、知印、书写、奏差各一员。明代中期开始设置奉祀圣贤的世袭翰林院五经博士,至清乾隆五十三年(1788年)陆续增至十五员。清雍正八年(1730年)又为孔庙设置执事官四十员。到清代中期,衍圣公属官已达八十三名。清顺治年间,府、庙属官系“钦设之官也,所有夫徭例应除免”。

衍圣公属官可以分作五类:一类是孔子庙执事官,四十名。第二类是孔府的办事官员,有典籍、司乐、管勾、掌书、知印、书写、奏差、随朝伴官、屯官等。第三类是圣贤奉祀官,有十三氏博士、太常寺博士、尼山书院学录、洙泗书院学录、国子监学正等。第四类是学官，有四氏学教授、学录以及后来废除的学正。第五类是推荐的曲阜县知县。

圣庙执事官 清雍正八年(1730 年)始设。雍正二年孔庙遭雷击起火，大成殿院落除杏坛外全部付之一炬。火灾报告到京，雍正皇帝素服斋居，减膳撤乐，不设卤簿仪仗，素服前往国子监孔庙慰祭祀，下令重建曲阜孔子庙。雍正皇帝对工程非常重视，亲自审查图纸，令将大成殿等改为黄色琉璃瓦。工程竣工后，认为孔庙祭祀除衍圣公外，其他孔子后裔因为不是官员只能穿着便服祭祀，不够庄重，于是赐给孔子庙四十名官员名额，祭祀时一律按官品身着官服。执事官共四十员，其中三品二员，四品四员，五品六员，七品八员，八品、九品各十员。按品给章服，孔庙祭祀时担任分献、司爵、司帛、司香、司祝等。由衍圣公拣选人品端方、威仪娴雅的孔氏族人报请吏部充补，乾隆三年(1738 年)改为由衍圣公和山东学政共同秉公拣选报部充补。每年各给俸禄银二十两，如遇乡试，许以监生入场应试。执事官为虚衔，如有曾经出仕任过职者按实任过职衔给以封典，无职衔的贡、监、生、童均给以八品封典。

奎文阁典籍 衍圣公属官之一，负责保管奎文阁书籍，管理训练礼生，掌管典章制度，祭祀时充任典仪官。元至大二年(1309 年)因孔庙赐书很多，按照国子监例请求设置。例由衍圣公保举堪用人员咨请吏部铨用，领凭任事。清代为正七品。办事机构为典籍厅，位于孔府大堂东厢中部。

司乐 衍圣公属官之一，主管祭祀孔子的乐舞，负责培训乐生、舞生，保管乐器、舞具、碑刻。元延祐六年(1319 年)，应五十四代衍圣公孔思晦之请始设，禄秩视国子监司乐，清代为正七品。例由衍圣公保举堪用生员咨请吏部铨用，领凭任事。司乐厅为办事机构，位于孔府大堂西厢中部。

百户 衍圣公属官之一，又名守卫林庙百户，负责护卫林庙，保管礼器，管理林庙户人户籍，督促户人洒扫，祭祀时负责安排洗濯礼器，铺排坛坫，宰杀牺牲。职掌基本与汉代百石卒吏相同，后世因其管辖洒扫百户，于是直称为百户。百户职司巡守，有武备，因此与管勾、典籍、司乐合称为兵农礼乐四司。百户开始以孔氏族人充任，后来改为以生员充任，明弘治十一年（1498 年）议准，以洒扫户人才德兼优者任，由衍圣公自行委任。清康熙二十三年（1684 年）皇帝祭祀孔庙后，观看乙瑛碑，孔尚任见机请求与司乐、典籍等官一律由衍圣公咨请吏部给札任事。百户有办事机构，位于孔府大堂西厢南端，有管勾衙门在孔庙大门外西侧，民国年间移至孔府东院酒房内。秩比卫守备，清代多以四品官充任。

屯田管勾 衍圣公属官之一，负责征收祭田的租粮、租银和集市税银，筹办制作祭祀祭品，祭祀时并任掌馔官。孔继汾《阙里文献考》作元至大二年（1309 年）始设，孔尚任《阙里志》作延祐六年（1319 年）始设。《阙里志》说："元仁宗延祐四年，袭封衍圣公孔思晦申曲阜祀事仿辟雍，独金谷田土无司之者，请照国学例设管勾一员以掌之。中书省、集贤院、国子监、吏、礼二部往复咨问，至六年得旨，准设管勾一员，选蜀士简实理首任是职"，在"题名"中，于简实理名下详注："蜀人，元延祐六年由硕儒任，元文有欧阳玄《送曲阜庙学管勾简尹序》。"记载可谓详尽有据，明《阙里志》也记为延祐间添设。《阙里文献考》认为至大二年五十四代衍圣公孔思晦请设是有错误的，孔思晦那时也不是衍圣公，他是延祐三年才被封的。明代由衍圣公保举呈报都省以凭铨用，清初命衍圣公选择才德出众的生员咨部铨除。元代禄视国子监，清代为正七品。于孔府大堂东厢南端设管勾厅，于巨野县设管勾衙门。属官有屯官八员，分掌五屯祭田。

知印 衍圣公属官之一,专司一切印务。明洪武二年(1369 年)始设,由衍圣公保举堪用人员咨请吏部铨用,俸禄比照翰林院令史,由衍圣公府免粮田收入内支出,清代定为正七品。办事机构设于孔府大堂东厢北端,名知印厅。

掌书 衍圣公属官之一,负责管理档案,办理上下行文,来往信件,起草布告、法令、咨文,填写信票、执照等。元元贞二年(1296 年)设,是衍圣公府最早设置的属官。其俸禄大德五年(1301 年)照散府司吏,至大四年(1311 年)照六部令史,明洪武二年(1369 年)照翰林院令史,清代为正七品。例由衍圣公保举,咨请吏部题补,领凭任事。有办事机构,名掌书厅,位于孔府大堂西厢北部。

书写 衍圣公属官之一,主管一切缮写誊录。明洪武二年(1369 年)始设,由衍圣公保举堪用人员咨请吏部铨用,俸禄比照翰林院令史,由衍圣公免粮田收入内支出。清代为正七品。

奏差 衍圣公属宫之一,专司赍送衍圣公表笺章奏,投送公文。明洪武二年(1369 年)始设,由衍圣公保举可用人员咨请吏部铨用,俸禄也在衍圣公免粮田内支领,清代为正六品。办事机构为赍奏厅,位于大门内西厢房。

随朝伴官 衍圣公属官,衍圣公赴京朝觐时随从办事。清《阙里文献考》作明洪武十七年(1384 年)设,但明《阙里志》、《明史》、清顺治元年崇圣条例中均无此官。《阙里文献考》并说,由衍圣公保举可用人员咨请吏部题补。初无定员。清初定为一员,乾隆十五年(1750 年)定为六员,均为正七品,仍由衍圣公保举,咨请吏部领凭任事。办事机构曾设于二堂西稍间。

屯官 衍圣公属官屯田管勾属员。明洪武元年(1368 年)新赐孔庙祀田二千大顷,分为五屯四厂十八官庄。屯设屯长,征收祀银,以供祀事，由衍圣公拣选给札委任。后改称屯官，清雍正十三年（1735 年）改由衍圣公拣选咨请吏部给札任命，遇有覃恩，以正八品衔给封。屯官共八员，其中巨野屯、郓城屯、平阳屯各二员，东阿屯、独山屯各一员，分住郓城张家楼、萧皮口、巨野洸河屯、王家楼、平阳胡家集、卞家屯、独山赵家庄（有作独山庄也设，则成九员，但《清史稿》等均作八员）、东阿屯。

尼山书院学录 主奉尼山孔庙祀事。奉祀官员始设于元顺帝至元二年（1336 年），以彭璠为山长，此后均由孔氏子孙充任，由衍圣公保举。明洪武元年（1368 年）批准仍按元代设置，正德二年（1507 年）衍圣公孔闻韶奏准，改山长为学录，秩视国子监，从九品。清代又称国子监学录，顺治九年（1652 年）经吏部覆准，由衍圣公咨送弟侄题补，乾隆元年（1736 年）改定为正八品。

洙泗书院学录 主奉洙泗书院祀事。元顺帝至元二年（1336 年）始设，以豁识达为山长，后均由孔氏族人任。明洪武元年（1368 年）定为由衍圣公保举贤良族人充任，正德二年（1507 年）经衍圣公孔闻韶奏准改称学录，秩视国子监，从九品。清代又称国子监学录，顺治九年（1652 年）经吏部覆准，由衍圣公咨送孔氏生员题补，乾隆元年（1736 年）改定为正八品。

国子监学正 衍圣公府属官之一，主奉河南仪封书院祀事。唐天宝之乱时，三十五代文宣公孔璲之避乱寄居宁陵（今属河南省），死后未能归葬祖林。其后子孙孔萱、孔齐卿依墓埋葬，三十八代文宣公孔惟晊回归曲阜，三弟孔惟时留祀宁陵，子孙于宁陵建立祖庙奉祀。后因黄河决口，子孙迁居仪封。明正统九年（1444 年）诏于仪封立庙，嘉靖十四年（1535 年）始设官奉祀，以孔承寅为学正，秩比国子监，秩正九品，令世袭。清代一仍其旧，顺治八年（1651 年）学正员缺，由衍圣公奏准世袭如故，乾隆元年（1736 年）改为正八品。

世袭六品官 孔氏世袭职官之一。清乾隆二十一年(1756年)废除曲阜世职知县,改设世袭六品官,主掌分献孔庙崇圣祠,由国家发给俸禄。该官由衍圣公拣选孔姓族人题请朝廷任命。由举人、进士充任者,遇选官之年,准许以原班铨选,由贡生、生员充任者,仍许参加乡试。

世袭翰林院五经博士 衍圣公属官,品级为正八品京官,敕封二代,遇覃恩可以加级。共十五员,其中孔氏二员、颜回、孟轲、曾参、闵损、冉耕、冉雍、端木赐、仲由、言偃、卜商、颛孙师、有若后裔各一员,周公后裔东野氏一员。十五员博士除北宗以衍圣公次子承袭外,其他均以嫡长承袭,无嫡长方许以次子,无嫡子可以庶子。五经博士由衍圣公节制,世袭俱由衍圣公查明博士病故缘由及嫡长子孙应否承袭,取具族人保结及宗支图册题奏承袭,关防图记也由衍圣公给与。清雍正三年(1725年)礼部侍郎王景曾奏准,凡应袭博士者十五岁以上送礼部考试,合格后方准承袭,不合格者令回家学习三年后袭职。衍圣公与五经博士以师生相称,见面行师生礼,每遇皇帝登基、寿日等重大朝廷大典随衍圣公入京行礼,曲阜孔庙春秋大祭时以束脩助奠。五经博士及所设属官如遇被人控告,均由衍圣公"先行传讯,或自行断结,或移送地方官审讯",未经衍圣公传讯,地方官不得先行审理。衍圣公对五经博士必须严格管理,否则会受到朝廷处分。清乾隆五十年间,衍圣公就先后因东野氏五经博士揽捐奉祀生、孔广杓丧服未满承袭、东野绪询未经考试具题承袭均受罚俸九个月、交银五百二十五两的处分。1934年议决,世袭翰林院五经博士均改称奉祀官。

孔氏述圣世袭翰林院五经博士 主奉述圣子思祀事,明《阙里志》作明弘治十六年(1503年)设,《明史》作正德二年(1507年)授,以衍圣公次子承袭,随每一代衍圣公更授。子思没有专祠,邹县南门外有中庸精舍,后称子思书院、中庸书院,内有述圣殿,奉子思塑像,五经博士每年春、秋前往祭祀。

孔氏南宗世袭翰林院五经博士　奉浙江衢州孔子庙祀事。北宋末年，金兵南下，王室南渡，建炎二年（1128 年）四十八代衍圣公孔端友赴扬州陪祀，未能返归曲阜，家于衢州，建家庙奉祀孔子。元灭南宋，不再承认宋封衍圣公，南宗失去奉祀祖庙的封号。明正德元年（1506 年），衢州知府沈杰上书朝廷，请求为南宗设官以奉祀衢州家庙，经朝廷批准，授五十九代孙孔彦绳为翰林院五经博士，子孙世袭。至民国末年，传至第七十五代孙孔祥楷。

卜氏世袭翰林院五经博士　主奉先贤卜商之祀事。清康熙五十九年（1720 年），从山东巡抚李树德之请，始授卜商六十四代孙卜尊贤。

仲氏世袭翰林院五经博士　主奉先贤仲由之祀事。《明史》作万历十五年（1587 年）始授子路裔孙仲吕，清孔继汾《阙里文献考》作崇祯十六年（1643 年）经六十五代衍圣公孔胤植奏请始授仲子六十代嫡孙仲于陛，顺治二年（1645 年）又受清赐。

有氏世袭翰林院五经博士　主奉先贤有若祀事。清乾隆五十三年（1788 年）始授有若七十二世孙有守业。

言氏世袭翰林院五经博士　主奉先贤言偃之祀事。清康熙五十一年（1712 年）始授言偃七十三世孙言德坚。

孟氏世袭翰林院五经博士　主奉亚圣孟子祀事。明景泰三年（1452 年）始授五十六代孙孟希文，民国末年，传至七十三代孙孟庆棠。

冉（仲弓）氏世袭翰林院五经博士　主奉先贤冉雍祀事。清雍正二年（1724 年）始授冉雍六十七世孙冉天琳。

冉（伯牛）氏世袭翰林院五经博士　主奉先贤冉耕祀事。清雍正二年（1724 年），世宗视学，要礼部等衙门议增先贤先儒之后为五经博士。廷臣请增冉伯牛、冉仲弓、冉求、宰予、颛孙师、有若后裔，世宗命廷臣再议，裁去宰予、冉求，后又没有访查到有若后裔，同年授冉耕六十五代孙冉士朴为五经博士。

闵氏世袭翰林院五经博士　主奉先贤闵损之祀。清康熙三十八年（1699年）始授闵子六十五代孙闵衍榴。

曾氏世袭翰林院五经博士　主奉宗圣曾子祀事。明嘉靖十二年（1533年），翰林院学士顾鼎臣请照颜、孟例授官曾子后裔以奉祀，朝廷下诏访求曾子后人，于江西永丰求得五十九代孙（《明史》作六十代孙）曾质粹，十八年授世袭翰林院五经博士，迁回山东嘉祥奉祀。民国末年，传至七十六代孙曾繁山。

端木氏世袭翰林院五经博士　主奉先贤端木赐祀事。清康熙二十三年（1684年），圣祖至曲阜祭孔子，端木赐后裔端木植、端木谦于孔子墓侧子贡庐墓堂外上疏，要求比照仲氏设博士奉祀。康熙三十八年，始授端木赐七十代孙端木谦为五经博士。

颜氏世袭翰林院五经博士　主奉复圣颜子祀事。明景泰二年（1451年），皇帝命礼部召取颜子、孟子子孙年长而贤者各一人至北京，明年授五十九世孙颜希惠为世袭翰林院五经博士，天顺六年（1462年）因希惠非嫡长孙，改授颜议，民国末年传至七十六代孙颜世镛。

颛孙氏世袭翰林院五经博士　主奉先贤颛孙师祀事。清雍正二年（1724年），始授颛孙师六十六世孙颛孙诚道，道光四年（1824年）又因诚道之后非嫡孙改授颛孙树勋。

东野氏世袭翰林院五经博士　主奉曲阜周公庙祀事。鲁国为周公姬旦封地，周公因辅佐成王派儿子伯禽到鲁就封。伯禽季子名伯鱼，食邑在东野，后代遂因东野为姓。清康熙二十三年（1684年），圣祖到曲阜祭祀孔子，周公七十三世孙东野沛然扶父跪于道旁上书，请求按照颜曾孟仲之例设官以奉周公之祀，次年授世袭翰林院五经博士。

太常寺博士 衍圣公属官之一，品级为正七品京官，遇覃恩可以加级奖励，并可封典二代。始设年代不详。宋大中祥符元年（1008年），命广州通判孔勖以太常博士知仙源县（即今曲阜），其后孔道辅、孔宗翰祖孙均曾任此官，但并非世袭。清顺治元年（1644年）山东巡抚方大猷题准依明朝旧例设置，以衍圣公第三子承袭，“主汶上县圣泽书院祀事，每随一代公爵递为更授”。衍圣公无三子时，允许以弟侄代袭。三子年幼时，允许以近支借任，待三子成年后改换接替。

四氏学教授 孔子去世后，子孙互为师友，即家为学，三国魏黄初二年（公元221年）于庙外“广为屋宇，以居学者”，但未见设官记载。宋大中祥符二年（1009年）创建孔氏庙学，乾兴元年（1022年）始设学官，兖州知州孙宣公请以杨光辅为讲书，转奉礼郎。元祐元年（1086年）始置教授一员，依本州学正之例优与供给，由举到文官内派充或由本路监司保举有行义之人充任，主管教育孔姓子弟。后又增入颜、孟子弟。金明昌元年（1190年）命于四举五举终场进士出身中选拔博学经史者充任，秩正八品。元代改秩为九品，延祐六年（1319年）命衍圣公遴选。明洪武元年（1368年）命于师儒官内保升，二年改称三氏学为孔颜孟三氏子孙教授司，设教授一员，秩从九品。四氏学教授之称始创于万历十五年（1587年），是年增如曾氏，学校改称孔颜曾孟四氏学，简称四氏学。教授由提学道于本省儒学教谕、训导中选择优秀者送衍圣公转咨礼部题升。万历四十年参照府学之例改为由礼部直接除授。清顺治二年（1645年）又改为由衍圣公保举博学生员咨请礼部任命，康熙四十一年（1702年）命与各府卫教授一同升转。乾隆七年（1742年）定秩为正七品。教授主掌训课孔子、颜子、曾子、孟子四氏生徒，其职责为：考论道德，申明伦纪，讲究经史，训课文艺，表坊士类，化导风俗，每遇孔庙祭祀，还要充任领班官，带领学生陪祭。早期，教授多用外姓，“异姓则势分而体严”，

"体之严则以之明教育材以成其学",清乾隆二十六年(1761年)许衍圣公从孔氏现任学录中选择文行兼优并且任职六年能够胜任者移送山东巡抚验看,再送礼部任命。

四氏学学录 学录始设于宋元祐四年(1089年),元中统元年(1260年)命设学正、学录各一名,品秩皆为九品,明洪武元年(1368年)裁去学正,只设学录一名,品秩为未入流。宣德元年(1426年)奏准以孔氏充任,由衍圣公会同孔姓族人推举年德俱尊、学问优长者咨请礼部任命,职衔属国子监,正德十二年(1517年)题准由本学岁贡生照例考选充任,嘉靖三十九年(1560年)议准由本学孔姓首贡生员照例考授,万历四十八年(1620年)改由衍圣公保举孔姓学行兼优生员咨请礼部任命,清乾隆二十六年(1761年)改为由衍圣公在孔姓岁贡廪生、捐贡及廪生内拣选,移送山东巡抚验看后再送礼部具题。学录是宋、元、明、清时国家最高学府国子监属官(唯元代路学也设学录),曲阜宋代以后的庙学、家学、三氏学直到明代中期都没有正式级别,明嘉靖六年(1527年)始设廪生、增生名额各三十名,是州学规格,万历四十年增至四十名,是府学规格。设置学录是一种礼遇,"盖以比隆国学、亦以圣贤之子孙不与他学同也。学录于清雍正十三年(1735年)改定为正八品,主要职责是协助教授教学,掌管执行学规,教育衍圣公胄子。其职掌为:绳愆纠缪,察功考过,劝勤惩惰,纪事司籍,每遇孔庙祭祀充任监祭官,查核陈设的所有礼器。学录多由孔氏充任。

学正 学官名,宋、元时为国子监学官,位在博士、助教之下,学录之上,协助博士教学,并掌管执行学规。元代时,路、州、县学也设学正,负责教谕所属生员。孔氏学校设学正始于宋代,元中统元年(1260年)为三氏学定员,明洪武元年(1368年)罢。从文献记载看,学正也由孔氏充任。

曲阜世职知县 唐咸通七年(公元866年)始以孔子四十代孙孔续

任曲阜县令，后唐又命文宣公兼任。北宋初年，时有孔氏子孙出任知县，大中祥符二年（1009 年）命四十四代孙孔勖以太常博士知曲阜县事，以后孔氏相继出任是职。皇祐三年（1051 年）下诏再次重申“国朝以来，以孔氏子孙知县事，使奉承庙祀……今后宜复以孔氏子孙充选”。治平元年（1064 年）诏命不得以孔氏为曲阜知县。崇宁三年（1104 年）又命孔子之后常使一人在曲阜为官，任知县或县丞、主簿、县尉均可。金承安二年（1197 年）命衍圣公十七岁即可兼任，不许别行差占，成为世袭。贞祐二年（1214 年），蒙古兵南下，五十一代衍圣公孔元措被召赴金都汴京，临行委族弟孔元用代摄孔庙祀事。蒙古太祖十三年（1218 年）封孔元用袭封衍圣公、曲阜令，二十一年命孔元用随征益都，以其子孔之全袭封衍圣公兼曲阜令。太宗五年（1233 年），蒙古兵攻克汴京，命孔元措回曲阜袭封衍圣公，孔元措因孔之全父子保全林庙有功，将曲阜县尹一职让与孔之全，此后衍圣公不再兼任。明洪武七年（1374 年），因孔庭族长孔泾讦告世袭知县孔希大不法诸事，孔希大被免职，世袭曲阜知县也改为世职知县，由衍圣公保举贤良族人送吏部选授，领敕赴任。宣德九年（1434 年）停止给敕。天顺五年（1461 年）定任满考绩，准许加衔，但仍管曲阜县事。嘉靖四十五年（1566 年）改令衍圣公保举二人送山东巡抚、巡按考试后题请授任。隆庆四年（1560 年）不许世职知县管理县事，而令兖州府清军同知驻县管理，使知县专管林庙，次年衍圣公请求裁去，因林庙自有衍圣公管理。六年，神宗即位后即命恢复曲阜孔氏世职知县，但选用人员更加严格，先由提学道从三氏学廪膳生员中考取四人送抚院，抚院覆试考取二人送吏部，吏部再考取一人任命，规定驻在曲阜旧城，不许干涉林庙事务，政绩卓著许同流官一样擢升，贪酷不职由巡抚巡按参劾。万历四年（1576 年）命同流官一体赴朝觐见皇帝。天启六年（1626 年）改为从举人、监生中考选。崇祯元年（1628年）复改为由廪生考选。清顺治元年(1644年)改为由衍圣公保举题授,雍正二年(1724年)改为衍圣公会同山东巡抚拣选二人、拟定正陪、保送引见后授任,每遇三年一次的考绩,由衍圣公会同山东巡抚考核具题,如有违法,一例处分。乾隆六年(1741年)命衍圣公于孔姓进士、举人、贡生、廪生中不拘人数选择咨送山东巡抚覆加考试,再选拔正陪二人保送引见补授,改由山东巡抚独自考核。乾隆二十一年(1756年),署山东巡抚白钟山奏书皇帝建议将曲阜知县改为流官,“曲阜知县一缺向由衍圣公保举,每多瞻顾营私,若其人懦弱即听挟制,若其人材干则诸事阻挠”[1],经皇帝批准,曲阜世职知县改为流官充任。

权袭封衍圣公 即代理衍圣公,流行于金元时期。当衍圣公年老多病、或年幼、或离开故里、或承爵无人时设置,多以本族年老辈尊或近支族人担任。建炎二年(1128年),四十八代衍圣公随宋朝皇室南渡,不再北归,曲阜孔庙无人主祀,伪齐刘豫政权以孔端友之侄孔璠权袭封衍圣公,管勾祀事,伪齐政权灭亡后,至金天眷三年(1140)又封孔璠为衍圣公,孔璠未受封先卒,墓碑题为权袭封。金皇统二年(1142年)五十代衍圣公孔拯年幼,以孔端禀权主祀事。蒙古太宗十三年(1241年)五十一代衍圣公年老多病,行省委任孔浠权主林庙,所以在孔子墓碑上题名刻作“五十世孙权袭封衍圣公浠”,五十三世孙孔湞罢封后,北宗中绝四十三年,先后以近十名本支族人权主祀事。明代以来,衍圣公进京朝觐、抱病、丁忧等时都由族长暂摄祀事,但再无权袭封之名。

第六节 田 产

孔府主要收入来自土地。土地一部分是孔子庙祭田,主要来自

[1]《阙里文献考》卷一八。

国家的赏赐；一部分是私田，主要来自购买、夫人陪嫁、开垦和投献；还有一部分是学田，主要来自国家拨给和捐助（见本篇第四章教育）。

祭田 宋代以前，孔子长孙的主要收入来自食邑。孔霸请求以自己的食邑八百户奉祀孔子，其后长孙被加封为褒成侯，食邑增加至两千户，其后依次削减为一千户、五百户、二百户、一百户，间或有国家给以祭祀费用，如东汉建宁二年（公元 169 年）鲁相史晨奏准"依社稷，出王家谷，春秋行礼"，晋朝给"四时祠孔子祭直"，但祭祀经费主要还是依靠食邑收入。唐末社会动乱，食邑收入难以保证，大中元年（公元 847 年）岁给封户绢一百匹作为春秋祭祀经费。

拨给祭田始于宋大中祥符元年（1008 年），朝廷拨给祭田一百顷，元祐元年（1086 年）增拨一百大顷，八年令将旧拨一百顷分给族人，新拨中的 20 顷资助庙学学生，20 顷为祭祀经费，10 顷供制作孔子庙殿庭帘幕，50 顷供维修庙宇，同年又拨给一百大顷。金明昌元年（1190 年），令补足丢失的土地，五年又拨给 65 顷土地和四百间房屋，泰和元年（1201 年）再拨给泮宫周围土地 64 亩。元大德五年（1301 年），济宁路达鲁花赤以修庙余款购置土地 20 顷，九年赐给尚珍署官田 50 顷，元统元年（1333 年）拨给郓城没收赃官土地 8 顷 89 亩和房屋 29 间。

拨给祭田最大宗是在明洪武元年（1368 年），一次赐田两千大顷（每亩 720 步，相当于三亩），分为五屯四厂十八官庄，拨给佃户耕种。土地收入主要供孔子庙祭祀和使用，其次为衍圣公府属官俸禄，剩余部分就是衍圣公俸禄。永乐五年（1407 年）又拨给赡庙田 73 大顷，正统四年（1439 年）户部奏准保留佃户五百户，凑人两千丁。

除孔子庙祭田外，邹县还有尼山孔子庙祭田 1350 亩。

祭田总数，《大清会典》记载为 2157 顷 50 亩。由于祭田分布在山东、河南、安徽、江苏、河北以及今天的北京、天津五省二市的 37 个县境内，许多在黄河古道两侧，衍圣公虽然设立管理机构，但是由于水沙侵害、佃户逃亡、转佃迷失等原因，土地很难保持足额。乾隆二十七年（1762 年）共存 1256 顷 78 亩，乾隆五十四年共存祭田 1120 顷 32 亩，嘉庆十三年（1808 年）共存 1145 顷 66 亩，1928 年仅存地 1070 顷 87 亩，1948 年共存“陆田官亩 1700 余顷，水田 400 余顷”。

其实，孔庙祭田根本就无法进行统计。为了逃避赋税，孔府经常将购置、开垦和捐献、投充的私田混作祭田。如明崇祯九年将在范县购置的土地称作“补充祭田”，清顺治十年将在滕县购置的私田称作“续置庄田”与滕县交涉免除差役。清顺治年间，将明德王王庄土地当做无主荒地进行开垦，顺治十二年到康熙元年七年间就垦占了汶上庄田 350 余顷，康熙十四年（1675 年）又联合东平寿张农民认垦安山湖田 160 顷，到康熙十七年溢额开垦至 204 顷，十九年本地农民因垦地所有权争执不下将 115 顷投献给孔府，孔府将它们都称作祭田，这就是鹅鸭厂祭田和五全厂祭田的来历。嘉庆二十二年（1817 年），胶州刘维德在新淤荒地开垦 20 顷，因为产权纠纷无法解决，也将地“呈送衍圣公府拨补缺（额）祀田”。除上述祭田外，还有曲阜管村、下庄康熙二十三年赐给的 157.7 亩，曲阜坊上顺治年间颜姓捐献的 157.7 亩，郓城齐秀才捐献的 177.3 亩，郓城陈策原捐献 343 亩，曹县监生嘉庆间捐献的土地 70 多顷，河南夏邑的孔府启事官王晋升等 39 人清光绪十二年（1886 年）捐献的姜仁堌土地 18803 亩等。另外来历不明的土地还有曲阜大薛 40.5 亩，宁阳白土厂 3089 亩，河南宁陵孔家集 1490 亩，长垣学堂冈 540 亩，江苏沛县 800 顷（其中 50 顷是元至元三十一年所拨学田），丰县 63 顷，铜山县 230 顷，安徽砀山县 70 顷，萧县 40 顷。此外，还有湖田 1000 顷，来历不明土地多达 1204 顷，湖田 1000 顷。

据记载，钦拨祭田在康熙二十二年（1683 年）时年收入白银 9763

两，粮食1030石。

私田 私田是孔府自有土地，其来源有自置、开垦、投献、陪嫁等。

自置田是孔府私田的主体，明以前衍圣公秩低俸少，无力置办过多的田产，明初开始衍圣公收入增多，已有余力购置土地。明洪武七年（1374年）时私田已经超过30顷，成化元年（1465年）购买民间征粮地116顷56亩4分，弘治十八年（1505年）时陆续买进的民田253顷12亩。万历年间在滕县置买庄地200余顷，清顺治二年（1645年）衍圣公孔胤植《请讨京中庄地疏》称明末在顺天府价买土地382顷90亩，崇祯五年（1632年）以银390两在武清县漷河淘买进杨有福等庄地174顷应包括在内。孔府所称未详何年所赐的顺天府属东安五县的汤沐地82大顷应该也是购置的私田，清初被满人圈占去70顷，顺治十年（1653年）时孔府借口为钦赐追要，皇帝命以明代鲁王、德王庄地给以拨补。崇祯年间，孔府趁社会动乱土地贬值大量购地，孔府档案中就有因为购置土地引起的七起纠纷档案，涉及山东东平、费县、汶上、天津武清、江苏丰县和河南范县。对衍圣公购置的私田，明代皇帝还给予特殊优待，洪武七年令“衍圣公免本户税银三十顷，余田起科”，成化时购置的土地减免税粮三分之二，弘治时购置的土地减免全部站银。

清代孔府自置私田大量增加。顺治三年（1646年）在泗水魏庄“用价五两”购买民田两顷多，康熙二十二年在济宁州购地44顷，康熙年间在滕县池头集购置和接受典当地共2852亩。清顺治至康熙年间，在邹县、费县、宁阳、汶上、滋阳等地的孔府46处田庄有私田约327顷，大概也是这段时间购置的。见诸孔府档案记载的购置私田还有曲阜13203.8亩，巨野杨楼4452亩，单县1850亩。清康熙《曲阜县志》记载曲阜有孔氏免粮地大亩116顷83亩8分，接近占曲阜耕地的8%。乾隆《曲阜县志》记载曲阜有孔氏免粮地369顷68.77亩，孔氏轻粮地4222顷51.91

亩,免粮地是孔府的土地,轻粮地是曲阜孔氏的土地,其中一部分属于孔府。

除购置土地外,孔府还接收典当土地。康熙年间陆续在滕县孙家庄、袁家村等四村接收典当地6375亩,雍正年间在曲阜周山庄也有押当土地448亩,当出当者无力归还典当金时,典当地就成为孔府的私田。

孔府私田还有一部分来自开垦。康熙元年(1662年)捐资开垦东平州荒地47顷多。顺治十年(1653年)在滕县池头集庄冯家营等处"新开荒地"24顷68亩,康熙三十年(1691年)在孔家庄"新垦地一顷六十七亩",在滕城庄"新垦下地二顷十亩"。

明清时,一些土地所有者为了逃避地方上的赋税和差役将土地投献给孔府。投献后,业主仍然耕种,将赋税不再交与官府而是交与孔府,从而避免地方官员和胥吏的盘剥勒索。这种投献地,孔府有的称作祭田,有的称作自置产业。泗水魏庄孔府原来只有清初购置私田2顷多,嘉庆十一年时达到140多顷,佃户聚众抗租,请兖州府处理,兖州府调查后认为"查该佃户均系祖业,投在衍圣公户下纳租",孔府坚绝不承认,声称是"本爵府自置产业","魏庄之地,祭田内亦有大粮"。投献土地不少,档案中就有顺治十四年濮州李进禄投献明王府土地、康熙六年(1667年)滋阳县高吴桥庄高铠投献土地30顷等记载。

陪嫁田来自历代衍圣公夫人,又称脂粉田。衍圣公联姻高门,夫人来自名门望族者不少,明清名宦李贤、李东阳、严嵩、张铉锡、陈世倌、毕沅、于敏中、孙毓汶等人都有女儿或孙女嫁入孔府,女儿出嫁,多有陪嫁田产。清代户部尚书于敏中之女嫁给七十二代衍圣公孔宪培为妻,于敏中就为女儿置买了泉头、石井、吴寺、薛家村4处私产,共计1685.1亩。

由于私田不入典籍,孔府档案记载很少且故意与祭田相混,而且私田属于私有财产,兄弟分家时还要分析,所以私田的总数难以稽核。

第七节 户 人

孔府的户人有三种，一种是庙户，一种是佃户，一种是杂户。庙户是国家钦拨的，在林庙服役，世世代代属于孔府私属，不能脱籍为民，孔府称之为实在户。佃户分作两种：一种是钦拨的五百户，属于孔府私属，“世世服役，不准出户”，也称作实在户；一种是孔府招募来耕种祭田的民户和为了逃避劳役赋税而投充的民户，属于民籍，可以去留，称之为寄庄户；杂户查不到出处，但是种类非常多。

庙户 国家拨给在孔子林庙从事守卫、洒扫等杂役的户人，国家免除其差徭作为其在孔子林庙服役的报酬，所以被称作钦赐庙户或洒扫户。

钦拨庙户始于南朝宋元嘉十九年（公元442年），“诏免近孔子墓民孔景等五户课役以掌洒扫”，以后历代不断拨给。北魏延兴三年（公元473年）拨给孔庙洒扫十户，唐贞观十一年（公元637年）命兖州给孔子庙20户，太极元年（公元712年）命兖州取近侧孔子庙30户以供洒扫，开元十三年（公元725年）玄宗到曲阜孔子庙祭祀，拨给孔子墓附近5户，元和十三年（公元818年）复置50户，咸通四年（公元863年）又给50户。唐代先后拨给155户。后周广顺二年（公元952年）太祖郭威到曲阜祭祀孔子，令拨给孔子庙侧10户以供洒扫。宋景德四年（1007年）令将孔子墓洒扫户由7户增至20户，大中祥符元年（1008年）真宗到曲阜孔子庙祭祀，又令拨给孔林10户。庆历四年（1044年）将户改作人，令拨给曲阜中等人户50人充孔子庙洒扫，兖州太守梁适建议裁减户人改用厢兵，参知政事范仲淹不同意：“此事与寻常利害不同，自是朝廷崇奉先师美意。仁义可息，则此人数可减。吾辈虽行之，他人必复之。”因此作罢。王安石变法，裁减后孔子庙保留30人，孔林保留3人，司马光当政恢复为孔庙50人，孔林5人。蒙古太宗九年（1237年）拨给一百户，元世祖至元二年（1265年）尚书省因为括户全部撤回，太常少卿王磐据理力争："林庙户百家，岁赋钞不过六百贯，仅比一六品官终年俸耳"，"于府库所省无多，其损国体甚大"，但未能制止。大德九年（1305年）复给28户。明洪武元年，特置115户，其中孔庙一百户，孔林7户，尼山书院8户。当时令在曲阜等州县选择民间俊秀无过子弟充当，国家免除一切杂泛差役，孔府选择后，将其姓名刻于碑上，至今石碑仍保存在孔府二堂穿廊西侧廊下。

由于明代钦拨庙户世代在林庙当差，子孙繁衍越来越多，康熙五十二年（1713年）有丁（15岁至60岁男性）1915人，乾隆七年（1742年）发展到2800人，乾隆二十五年时虽然只存103户，但成丁发展到4850人。孔子林庙根本不需要这么多人服役，就按照国家规定征收丁银（人头税），每人一钱，每年征银485两。

佃户 原来为孔府自行招募，宋元祐八年（1093年）"添赐田一百顷，使其家依乡原例自招人耕种"，明洪武元年赐田二千大顷，仍然是"听募人佃种，共六百二十四户"，正统四年（1439年）户部奏准，"存佃户五百户，凑人二千丁，专以办纳籽粒，以供祭祀"。由于国家免除了他们的杂泛差徭，耕种祭田与农民一样缴纳地租，所以孔府就征收他们丁银，每丁八钱。康熙五十二年（1713年）国家规定，人丁以康熙五十年为准，其后出生者永不加赋，当时佃户在五屯者存丁4129人，在官庄者存丁894人，每年征收丁银401.12两。雍正四年（1726年）摊丁入亩，将丁银并入土地征收，孔府佃户依然未改，乾隆七年（1742年）才执行，此时五屯存户240户，存丁8603人，官庄存户73户，存丁1640人，佃户虽然只保存313户，但成丁已超过一万人，达到10243人。

杂户 从孔府档案看，杂户有劳役户、贡物户和船户三种。

劳役户有挑水户、烧水户、屠宰户、运盐户、运冰户、点炮户、花炮户、喇叭户等，都是以服务种类命名的。挑水户负责向孔府供水，由于曲阜是座三千多年的古城，城内的水井都是地表水，根本无法食用，挑水户就从城外挑水送进孔府。运冰户负责制作冰块，冬季拦截护城河水，使之层层冰冻，裁成一尺见方送到孔庙北墙后的冰窖内，以备春秋孔庙祭祀和孔府夏天消暑使用。花炮户提供节庆活动时使用的鞭炮礼花。喇叭户在孔府婚丧嫁娶以及其他娱乐活动时去吹奏。点炮户在衍圣公外出和节庆时去放炮。劳役户会给与一定的报酬，如挑水户每月就给一口袋（约六十公斤）谷子。

贡物户向孔府提供日用杂务，以所供物品命名。有祭猪户、祭羊户、杏户、桃户、枣户、梨户、粉条户、椿芽户、青菜户、豆芽户、门神户、年花户、笤帚户等数十种，分别向孔府提供祭祀的猪羊、日常食用的果品蔬菜、节日张贴的门神、使用的绢花等。贡物户一般都有给与的土地，其实就是以实物代替地租。

船户主要从事捕鱼、采菱和运输，为孔庙祭祀供应鱼、芡等祭品。自备船只，红头黑尾，有别于其他船只，船上插衍圣公府字样旗号，享受国家给予的免除差徭待遇。船户是由佃户派生出来的，主要在独山屯，由于独山屯田“多半归入湖心，该屯无地可耕，向以栽草捕鱼为业”。船户数量不详，孔府档案记载清道光五年（1825 年）时独山屯南牌、西牌就有 308 号，同时在滕县、沛县、铜山也有一些孔府管理的船户。孔庙祭祀所用鱼、芡祭品不多，即使加上家庭日常食用也不需要这么多船户缴纳，孔府就收取鱼、藕、湖草为租。船户中以投充为大宗，船户由衍圣公府发给印票执照，在官府注册，缺额时允许渔民投充。道光二十年（1840 年）时，独山屯南牌一次就有 28 只船情愿投充当差。孔府档案有船户史魁的禀文，嘉庆十八年时因为昭阳湖、微山湖干涸无水，他南下洪泽湖谋生，两年后微山湖有了水，他想返回，但“路远隔关，不能北上”，请求衍圣公府咨文地方，将他们提归。

第八节　文　物

孔子长孙恪守诗礼传家的祖训，在保护好祭祀孔子的礼乐祭器的同时，注意收集历代法物，使孔府积累了八万多件文物，其中尤以孔子画像、礼乐祭器、明清服饰、衍圣公家族肖像著称于世，此外还有众多的字画、玉器、瓷器、铜器、金银器、家具、古籍善本、竹木牙雕等。本书只收录与孔子和孔氏家族有关的文物。

孔子画像　历史上关于孔子的画像不多，孔府却保存了13幅，占到已知孔子画像的一半以上。两件在20世纪50年代初调藏于山东省博物馆，现在还存11件，其中冕旒像在“文化大革命”中遭到破坏。

全论语三圣像　绢本设色，纵143厘米，横76厘米，工笔淡彩。孔子居中，戴司寇冠，着交领袍，韦韠，颜回、曾参侍立两侧，束发巾帻。三人衣服上满书小楷，内容为《论语》，款署“大德二年四月望日，吴兴私淑弟子赵孟頫谨绘”。经鉴定为明代前期作品，是现存最早的孔子画像。

衣纹论语三圣像　绢本设色，纵142.5厘米，横83厘米，孔子戴司寇冠，着交领袍佩带，韦韠，坐在中间，颜回、曾参巾帻侍立左右。三人衣纹书写小楷文字，内容为《论语》。无款识，明代中期作品。

观欹器图　绢本设色，纵99.5厘米，横59厘米，工笔重彩。上部为文字，录自《孔子家语》；欹器居中，悬于架上，三个欹器，中正，右欹，左覆，架下有人手提水桶；下部四人，右侧为孔子及二弟子，前有一人为子路。图画内容为孔子入鲁桓公庙见到欹器，以“虚则欹，中则正，满则覆”教育弟子谦虚守成。无款识,《阙里文献考》记载为明郭翊作,明前期作品。

孔子讲学图 绢本设色,纵167.5厘米,横95厘米,工笔重彩。孔子手持如意,坐于石上,前一弟子受教,右三弟子侍立,下部十六弟子分成三组相互谈笑。布局严谨,设色鲜明,人物众多,形神具备,具有较高的历史和艺术价值。有款署名李唐,《阙里文献考》认为系宋代李唐,但从作品分析为明代中期。

孔子司寇像 绢本设色,纵120厘米,横63厘米,工笔重彩。孔子为半身像,着司寇冠,穿圆领袍,佩方心曲领,神态威严。画心上为朱文印“宣和之宝”,诗堂楷书宋高宗赵构御制《孔子赞》,并有朱文印“虚斋”。明代中期作品。

杏坛讲学图 绢本设色,纵124.5厘米,横62厘米。图中孔子着交领袍,巾帻束发,端坐屏风前,四位弟子在前端坐听讲。款署“枝隐吴彬敬写”。吴彬,字文仲,莆田人,明万历间以善画授为中书舍人,历工曹,因反对魏忠贤专权被罢免。擅长人物,白描最佳。此画工笔重彩,线条流畅,笔端雅秀。

孔子燕居像 绢本设色,纵126.5厘米,横102.5厘米。孔子戴巾帻,穿右衽交领袍,白色中单。画工精细,须发根根可辨。无款识,明代晚期作品。

孔子行教像 纸本设色,纵138.5厘米,横61.5厘米。孔子站立,束发着巾帻,袍服韦铧,腰悬佩剑,双手拱而尚左,神态安祥。无款识,清代初期作品。

颜子随行像 纸本墨色,纵115厘米,横49厘米。孔子束发着巾帻,穿交领袍,双手拱而左外,颜子装束与孔子相同,双手抱拳,左上。款署“戊子夏四月朱明沐手写”,押二印。朱明,生平事迹不详。画作于清中晚期。

孔子圣迹图 现存两套,一为孔府旧藏,明中晚期作,一为2000年购置,清康熙间作。

明“圣迹之图”册页 绢本设色,纵41.4厘米,横66.2厘米,纸裱成册,图画36幅,工笔重彩,描绘孔子生平33件事迹,33图有文,其中7图无赞。无款,时代及作者不详。有二跋,一为清雍正己酉(七年,1729年)谷程题,二页;一为庚戌(雍正八年,1730年)卫支彰题。谷跋认为此图绘于明成化、弘治年间(1465—1505年)。

清圣绩图册页 绢本设色,纵31厘米,横29厘米,工笔重彩。图39页,跋1页,装裱成上下两册。有图有文,一图一事,反映孔子生平39件事。无款识,封面题作仇十洲画,文征明书,跋文二则:一署文征明,文为“吾吴人物之妙,仇实父为首推,即宋之周文矩、刘松年不是过也。近项君子京征其绘圣绩图一卷,经营苦心,逾岁毕工。复示余书其事于后,装成再阅,并为识之,以见一时之胜云”;一书“庚子春二月上浣高阳许初识”。

衍圣公及夫人肖像 肖像画特别是其中的衣冠像主要是为了满足祭祀的需要,衍圣公在曾祖、祖、父考妣生日、卒日都要举行祭祀,悬挂衣冠像行礼,所以孔府保存下来从明代中期六十一代到民国初年七十六代衍圣公夫妇的肖像70余幅。“文化大革命”中清乾隆以后的大多被销毁,现在还保存着47幅。

孔弘绪衣冠像 绢本设色,纵193厘米,横104厘米。坐像,头戴乌纱,身穿团领大红五彩蟒服,腰佩玉带,悬牙牌,着乌朝靴。蟒服前胸过肩行蟒为蓝色,两袖行蟒左黄右红,膝襕行蟒左绿右蓝。按照礼制,明代衍圣公应该着麒麟补服,蟒由于非常接近龙并没有作为定制官服的纹饰,这是皇帝特赐的赐服。画像上端篆书“明六十一代袭封衍圣公南溪公遗像”，清乾隆初年胡二乐题。

孔闻韶衣冠像 绢本设色，纵169.5厘米，横119厘米。坐像，戴乌纱帽，身穿团领大红补服，腰佩玉带，悬牙牌，着乌朝靴，补五彩，绘一立蟒，虽然是常服的形制，但补上用蟒就是赐服。画像上端题篆书“皇清诰赠光禄大夫、太子太傅、前明六十二代袭封衍圣公知德公遗像”，清乾隆初胡二乐题。

孔尚贤云身像 绢本设色，纵82厘米，横59.5厘米。云身像即为半身像，头戴乌纱，身穿团领大红补服，玉带青鞓，补绘五彩立蟒。右侧题“明袭封六十四代衍圣公赠太子太保希庵公遗像”，隶书。

严夫人像 绢本设色，纵187厘米，横101厘米。严夫人为六十四代衍圣公孔闻韶夫人，严嵩孙女。人物抄手坐于榻上，着浅蓝对襟袍，前胸暗纹为坐蟒，两肩为行蟒，下露黄裙正中为团纹坐蟒。榻上置绿色片金行蟒服。

孔兴燮衣冠像 绢本设色，纵185厘米，横106厘米。人物坐于椅上，戴冬朝帽，红宝石顶珠，正蟒补褂，内着蹄袖蟒袍，行蟒披肩，乌朝靴。画像上方篆书“皇清诰授光禄大夫少傅兼太子太傅六十六代袭封衍圣公超吕公像”，胡二乐题。

张夫人小像 绢本设色，纵173厘米，横102.5厘米。张夫人为六十七代衍圣公孔毓圻原配。内服褐黄色马蹄袖常服袍，装饰凤衔瑞草、富贵石榴多子纹，外罩黑色吉服褂，前胸、二肩及下裾饰织金团蟒纹，胸间挂珠宝杂饰多宝串，垂粉帨。头戴包帕大装，饰花钿及翟衔珠结。

孔令贻画像 纸本设色，纵201厘米，横95厘米。坐像，戴冬朝帽，红宝石顶，皮马褂，行蟒披肩，戴红色朝珠。内有行蟒蹄袖袍服，乌朝靴。脸部绘画为近代素描画法，形象逼真。

孔氏族谱手卷 纸本墨书，长1103.5厘米，纵33.5厘米。孔府旧存，原件残损断为数片，1961 年由北京荣宝斋修裱成长卷。内容可见孔子十六世孙至四十九世孙世系、名字。卷首有窦仪、王十朋、范纯仁、洪迈、蔡元□、了翁等人题序，卷尾有陈康伯、横浦居士（张九成）等人的题跋，并有宋明道三年（1034 年）仁宗赐御史中丞孔道辅圣旨、元丰六年（1083 年）神宗赐工部尚书孔宗乾圣旨。可见朱文印 8 方，其中两方为“御用之宝”。年号可辨者有北宋开宝八年（公元 975 年）、明道三年（1034 年）、元丰六年（1083 年）、南宋绍兴三十二年（1162 年）、隆兴二年（1164 年）等。卷首有设色画像一帧，头戴展脚幞头，佩方心曲领，朱袍、玉带，手捧笏板，疑为孔道辅像。卷后题“孔氏族谱”文，为工部尚书孔宗乾与其堂孙国子祭酒孔自能修撰。

商周十供　清乾隆三十六年（1771 年）颁。是年，高宗亲临曲阜祭祀孔子，见孔子庙“所列各器不过后汉时所造，且色泽亦不能甚古”，命“颁内府所藏姬朝铜器十事，备列庙庭，用惬从周素愿”，颁给内府所藏周代十件铜器陈列于曲阜孔子庙大成殿，以满足孔子“郁郁乎文哉，吾从周”的愿望。原称周十器，后因内有三件商代器物，改称商周十供。计为商代木工鼎、父乙卣、亚弓觚，周代方鼎、饕餮甗、牺尊、伯彝、宝簋、蟠夔敦、夔凤豆。

父乙卣　商代酒器。高 33 厘米，宽 25 厘米。器呈椭圆形水囊状。蒜头形盖钮，倒扣碗状，下为子口，盖为母口。束颈较宽，内凹。鼓腹圜底，外撇圈足。腹宽处两端为双环耳，系粗绳纹提梁，前、后、中为兽形鼻，素面。器内壁和盖内壁对铭“册父乙”三字。清代配紫檀木座，刻款“乾隆御赏”，是时代较早的传世品。

伯彝　器形为簋，周代盛器。高 16 厘米，口径 24 厘米。敞口束颈直腹，外撇圈足，两侧铸螭纹耳。器身前后兽形鼻，鼻下有立棱。花纹横向以带纹分为两部，上部为细云雷纹，在鼻部组成二兽面纹，下部为粗云雷纹，在直棱处组成二兽面纹。圈足以凸棱鼻组成二兽面纹。原盖已佚，器内壁铭文4行20字，漫泐不清，可辨者六字："伯作尊彝用……永……"清代配玉钮、檀木盖和檀木座，刻"乾隆御赏"。

饕餮甗 周代蒸煮器。高39厘米，上口径27厘米，器物由甑、鬲组成。甑锅形敞口，拱形二附耳，甑底十字形开孔，下部楔形子口，上部饰带状云雷纹，其他素面。鬲上部母口，袋状三足，腹饰凸起饕餮纹，无铭文。清代配玉钮木盖，檀木座，刻"乾隆御赏"。

清雍正珐琅供器 清代雍正十年（1732年）颁赐孔庙祭器，计香炉一、香盒一、花瓶（内插珐琅松竹梅）二、烛台二，并带金龙朱漆高几。

香炉 铜胎，通高70厘米，口径36厘米，圆形鼓腹圜底，双耳三足。通体黄色珐琅彩，炉沿立耳、兽蹄形足均绘缠枝牡丹、荷花，炉腹绘缠枝牡丹，底部有竖写蓝色楷书"雍正年制"，双方框。

花瓶 铜胎，通高70.5厘米，口径23.7厘米，圆形长喇叭口，鼓腹，外撇圈足，铸较长双龙形二垂耳，以升龙口衔瓶沿。通体黄色珐琅彩，上为缠枝牡丹，底边沿红色楷书横款"雍正年制"，蓝色双龙形边框。

烛台 铜胎，通高73厘米，圆形碟状烛台，二层，上层中立烛插，鼓腹撇足。通体黄色珐琅彩，绘缠枝牡丹。底边红色楷书横款"雍正年制"，蓝色双龙形边框。

明清服装 孔府收藏有明清及民国时期服装8000多件，是我国收藏服装最多的地方之一，其中尤以明代服饰最为珍贵。在封建社会中，新王朝建立首先要定正朔，易服色，前朝官服就是非法的，不能继续使用和保存，所以目前明代服饰非常罕见，只有不受改朝换代的孔府和个别少数民族贵族保存下来很少一部分。

明大红罗地织金妆花蟒袍 蟒袍为明代赐服的一种，是臣子最高等级的服饰。柿蒂通袖膝栏盘领大袖侧摆式袍，身长135厘米，腰宽53厘米,通袖长 243 厘米,袖宽 69 厘米。质料为平纹织绞罗暗花地,暗花为四合云纹并杂八宝纹。四枚织金妆花织成式袍料,前胸后背织金妆花过肩行蟒二,两袖行蟒各一,膝栏行蟒十,衬以火球、祥云、海水、江涯等花纹,用圆金线勾勒轮廓。服装色彩绚丽,蟒纹造形生动,做工精美,明万历年间制,是明代服饰中的精品。

明墨绿罗地平金五彩绣蟒袍 方头立领右衽大袖直身式袍,身长 118 厘米,腰宽 65 厘米,袖通长 232 厘米,袖宽 87 厘米。质料为平纹织绞罗四合云纹暗花地,二色平金五彩绣花。前后绣过肩侧身行蟒二,袖前后也各绣侧身行蟒二,立领两边各绣小行蟒一。蟒身为平金绣,周围衬以彩绣火球、各式花卉和蝴蝶、蜜蜂、石榴、桃等,圆金线勾勒如意纹边框,内绣海水江涯。右衽大襟处二条装饰腰带,装饰童子放风筝纹饰。色彩绚丽,绣工精细。圆领口加装方头立领,又为直身式袍,此种袍式很少见。

明绿缎织金团领衫 款式为通袖、镶袖口、团领直襟大袖衫,身长 92 厘米,腰宽 54 厘米,通袖长 210 厘米,袖宽 62 厘米,袖口宽 20 厘米。质料为五枚缎地,满铺织金,花纹为十二则片金织缠枝宝相花,袖口镶边为红罗地织金勾连云纹,开光,织夔龙纹,衬为粉红色罗。服装纹饰精细,做工极精,明代制作,为衍圣公的便服。

明绛紫绫织金妆花孔雀补官衣 款式为通袖、镶边小袖口、高领大袖左衽衣,身长 80 厘米,腰宽 60 厘米,通袖长 244 厘米,袖宽 55 厘米,袖口宽 15.5 厘米。质料为绫地织金妆花孔雀补织成式衣料,绫地满铺四枚纬显暗地亮花菱格纹,内饰卷云纹,补子为片金织祥云,妆花二孔雀对舞,下衬山石、海水、牡丹等纹饰。此衣为分片织造,然后缝合,其方补两半部分结合紧密,不差分毫,体现了当时高超的纺织技术。质地细密,花纹繁缛,补子色彩绚丽,金彩辉煌,代表了当时的工艺水平。孔雀补服为三品文官官服。

明藏蓝云纹罗地织金妆花蟒袍 款式为柿蒂通袖膝栏、交领大袖衬道式袍，身长125厘米，腰宽57厘米，通袖长239厘米，袖宽67厘米。质料为平纹织二经绞罗地，四枚织金妆花织成式袍料，暗花为如意云纹。正身前后织金妆花过肩四爪侧蟒二，两袖升蟒各一，膝栏行蟒八，柿蒂下部饰八宝纹，并衬以火珠、祥云、海水、江涯等花纹，通用圆金线勾勒轮廓，做工考究，色彩绚丽。

明槐绿罗地织金妆花蟒栏裙 膝栏、襞积围裙，长85厘米，腰围92厘米，镶腰宽13厘米。质料为二经绞罗地，平纹亮花，四枚织金妆花织成式裙料。裙为六幅，分成二片，加腰，前后不缝合。下摆、膝栏前后、中间均为五爪坐蟒，尺寸较宽，到腰部不打褶。两边下摆、膝栏饰五爪行蟒各五条，蟒下侧饰彩凤。下摆十四，膝栏十，并饰火珠、海水、江涯、各式花卉等，罗地为缠枝牡丹、菊花、茶花、荷花等花纹。色彩绚丽，织工精细，款式和色泽在明代服饰中均较少见，衍圣公夫人服装。

清蓝地缂丝蹄袖蟒袍 马蹄袖圆领斜襟开衩式袍，身长135厘米，腰宽75厘米，袖通长174厘米，马蹄袖长12.5厘米，口宽15厘米。质料为缂丝织成式宁绸袍料，加装黑绸起棱袖，缂丝袖口，衬为湖蓝色绸。正身上部中为坐蟒一，下为侧蟒二，后背相同，两肩过肩侧蟒二，斜襟内侧蟒一，共五爪九蟒，为一品官服饰。领口小行蟒五，袖口小行蟒各一。下摆水脚边饰为海水、江涯，衬以火球、八吉祥、蝙蝠、祥云等纹饰。运用齐缂、抢缂、套缂等多种技法。整件服装色彩绚丽，构图严谨，花纹繁缛，清代中期制作，是清代服饰中的精品。

古籍善本 孔府现在所藏古籍善本不多，一部分毁于民国年间。

宋版《仕学规范》 书高26.5厘米，横17.6厘米，版心高21.6厘米，横30厘米。中缝白口，较窄，单鱼尾，较细小，乌丝栏，单栏框，横排

12 行,行 25 字,字径 1.2 厘米,宋体正楷。清代重新装订,纸面封,四针眼包背装,木板锦面套,8 本 2 函。孔氏十二府旧藏。

元版《近思录》 书高 24 厘米,横 16 厘米,版心高 18.6 厘米,横 24.2 厘米。中缝小黑口,同向双鱼尾,乌丝栏,双栏框,横排 8 行,行 24 字,字径 0.8 厘米,颜体正楷。清代重新装订,洒金纸面封,四针眼包背金镶玉装,木板锦面套,6 本 1 函。原件有朱文印"缪氏珍藏"、"墨香亭"、"陈氏衍复"等印记,装订后加盖朱文印"孔庆镕章"、"衍圣公章"、"孔繁灏印"、"阙里藏书"等。

元版《周易会通》 书高 28 厘米,横 17 厘米,版心高 20.1 厘米,横 26 厘米。中缝小黑口,同向双鱼尾,乌丝栏,双栏框,横排 11 行,行 19 字,字径 1 厘米,颜体正楷。元代蓝色洒金纸面封,四针眼包背装,共 16 册。董真卿编,孔府旧藏。

明《孔氏实录》手抄本 印刷册页,手抄墨迹,系定稿的誊清本。本高 35 厘米,横 23 厘米,版心高 21.6 厘米,横 18 厘米,乌丝栏,中缝较宽,大黑口,相对双鱼尾,横排 9 行,行 10 字,行距 1.5 厘米,正楷。纸面四针眼草订。元代时孔子五十一代孙孔元祚编次,宜兴府儒学教授施润之校定,内容为孔家事迹等。孔府旧藏。

明洪武治家藤杖 长 205 厘米,直径 4 厘米。杖首微残,雕松鹤图,刻工精细。杖身光素,刻铭文正楷"钦赐孔氏族长",杖尾铜扣。包裹白棉布一方,墨书"明洪武戊申年钦赐孔庭族长令主家政"。此杖为明洪武元年(1368 年)钦赐给孔庭族长孔泾,以后随族长流转。

诰命 孔府所藏诰命较多,但多为清代,明代很少。

明天启封孔毓圻诰命 锦卷墨书,长 510 厘米,高 30 厘米。五段色织锦地,四枚亮地暗花织云鹤花纹。卷首织"奉天诰命",卷尾织"泰昌元年月日制诰"。墨书,内容为封孔子六十五代孙孔胤植为衍圣公,妻侯氏、全氏为衍圣公夫人。天启五年(1625 年)二月十四日颁,有朱文印“制诰之宝”、“广运之宝”。

明崇祯封孔尚贤诰命 锦卷墨书,长 452 厘米,高 30.5 厘米。五段色织锦地,四枚亮地暗花织云鹤花纹。卷首织金“奉天诰命”,升、降龙框,卷尾织楷书“泰昌元年月日制诰”。墨书,内容为封赠六十四代衍圣公孔尚贤太子太保、妻严氏和六十五代衍圣公生母张氏太子太保夫人。崇祯元年(1628 年)三月颁,有朱文印“制诰之宝”、“广运之宝”。

孔府档案 孔府保存着明嘉靖十三年(1534 年)至 1948 年的文书档案,是中国现存历史最长、数量最多、内容最丰富的官署档案,是研究孔府的重要资料,也是研究中国封建社会珍贵的原始资料,对于研究明清政治、经济、思想、文化、宗族等方面都具有很高的价值。

衍圣公府在长期的历史过程中积累了众多的表笺奏章、来往公文、宗族谱牒、地契账簿、信票、告谕等文字资料,原来集中堆放在孔府册房,散存于六厅、书房、司房、启事厅以及民国时期的承启处、庶务室等处,并没有系统整理。1956 年 6 月,国家文物局派专家到曲阜与工作人员共同清理孔府文物,将孔府档案单独列项,专库保管。8 月,国家文物局派南京档案史料整理处(今中国第二历史档案馆)专家来曲阜帮助对孔府旧存资料全面清理,编目登记,装册保管,至 1958 年 9 月告一段落。1992 年春,又将残破且没有整理的所有档案抢救装裱,耗时一年多全部装裱完毕,共裱出 5 万余页。现在共整理出 9000 多卷、31 万多页。

整理后的孔府档案按时间顺序分为三个部分,明代档案、清代档案和民国档案。明代档案从明嘉靖十三年(1534 年)至崇祯十七年(1644 年),分为袭封、宗族、属员、徭役、刑讼、租税、宫廷、灾异、资料文书 9 类。清代档案分为袭封、宗族、属员、刑讼、租税、林庙管理、祀典、宫廷、朝廷政治、财务、文书、庶务 12 类。民国档案又分为北洋军阀统治时期、国民党统治时期(又分为1928—1934年、1935—1937年两个时期)、敌伪统治时期、曲阜解放时期、解放战争时期6个时期,因为多寡不一,分别分作11类、10类、9类、9类、3类、8类。

孔府档案内容非常丰富,主要有以下几个方面的内容:

袭封类内容包括衍圣公、各氏五经博士、奉祀官员、学官等官员任免,从祀先贤先儒奉祀生的设置、题补等,反映了封建王朝对孔氏后裔和圣贤后裔的优遇。

宗族类内容包括族官任免、宗族管理、纂修家谱、优免差徭以及孔子庙部分从祀先贤先儒家族的家谱等。先贤先儒家谱包括曾子、孟子、闵子、冉子、端木赐、卜商、有若、宰予、澹台灭明、原宪、南宫适、任不齐、陈亢、高柴、曹卹、周公后裔康氏、程颢程颐、邵雍等家族的族谱。

祀典类内容包括皇帝亲祭、遣官御祭、给赐供器、题颁匾联、颁赐礼乐典籍、祭器、祭品以及列圣先贤先儒祠墓、祭祀、祀田等,列圣列贤包括周公、颜子、曾子、孟子、闵子、端木赐、仲由、卜商、有若、宰予、言偃、颛孙师、漆雕氏、林放、宓不齐、燕伋等。

宫廷类内容包括皇帝登基、巡幸、临雍、训政、崩逝、祔庙配天、建储、庆典朝贺、宗室等。

朝廷政治类内容包括典章制度、官员奖惩、服制、旌表、坛庙祭祀、司法、科举、学务、图籍、筹备立宪等。

租税类包括祀田、学田、房租、集税、修治河堤等。祀田内容最为丰富,包括清理查丈、垦荒完赋、田租催征、湖田船只、土地捐献以及地亩册籍等,涉及祀田管理、地租征收方式、物价等,对研究经济史具有重要价值。

林庙管理类包括培护地脉、林庙保护、修缮工程、庙户管理等。孔庙修缮工程中有雍正大修的详细档案,涉及建筑尺寸、维修工时、材料价格、人员工资等。

属员类包括孔府属官、林庙职官、学官、屯官等官员的任免、封典、捐官以及乐舞生、执事生、礼生管理等。

刑讼类包括圣贤后裔、府庙职官、庙佃户人、仆役、乐府、贡监生员发生的诉讼、纠纷等。

此外还有包括财务收支的财务类,包括奏档、京报邸抄、公文簿册的文书类以及庶务类。

第五编　历代尊崇

从汉武帝接受董仲舒的建议“罢黜百家，独尊儒术”开始，孔子思想便成为国家的指导思想。根据中国人崇德报功的传统，历代王朝不断对孔子追谥加封，直至加封为大成至圣文宣王，推崇为万世师表，至圣先师，同时还广建奉祀的庙宇，使孔子血食遍天下。

第一章 追谥加封

孔子去世以后就受到人们的尊崇，鲁哀公亲自前去吊唁，他致的诔文说："旻天不吊，不憖遗一老，俾屏余一人以在位，茕茕余在疚。呜呼哀哉尼父！无自律。"表达了对孔子去世的悲切心情，尊称孔子为尼父。

西汉元始元年（公元1年），平帝追谥孔子为"褒成宣尼公"。褒不是谥词，有广大、赞美之意；成，《谥法》"安民立政曰成"；宣，"圣善周闻曰宣"；尼是用的孔子的字。

北魏太和十六年（公元492年），孝文帝追尊孔子为"文圣尼父"。文在《谥法》中内容最多，"经纬天地曰文"，"道德博闻曰文"，"学勤好问曰文"，"慈惠爱民曰文"，"愍民惠礼曰文"，"赐民爵位曰文"，考察孔子的思想与功绩，除最后一个外都是适用的，所以"文"成为孔子谥号中最常用的字。

北周大象二年（公元580年），静帝追封孔子为"邹国公"。北周大象二年三月丁亥，"诏曰：盛德之后，是称不绝，功施于民，义昭祀典。孔子德惟藏往，道实生知，以大圣之才，属千古之运，载弘儒业，世叙彝伦，至如幽赞天人之理，裁成礼乐之务，故以作范百王，垂风万叶。朕钦承宝历，服膺教义，眷言洙泗，怀道滋深，且褒成启号，虽彰故实，旌崇圣绩，犹有阙如，可追封为邹国公，邑数准旧，并立后承袭。别于京师置庙,以时祭享。"[1]

隋开皇元年(公元581年),文帝尊孔子为"先师尼父"。先圣先师是指已故值得效法学习的人物,古代学校开始建学祭祀先圣先师,主祀先圣,以先师配享。

唐贞观二年(公元628年),太宗尊孔子为"先圣"。唐太宗贞观二年,"左仆射房玄龄、博士朱子奢建言:'周公、尼父俱圣人,然释奠于学,以夫子也,大业以前,皆孔丘为先圣,颜回为先师。'乃罢周公,升孔子为先圣"[2]。"周公尼父俱称圣人,庠序释奠本缘夫子,故宋梁陈及隋大业前皆以孔子为先圣,颜回为先师,历代所行,古今通允,伏请停祭周公,升孔子为先圣,配以颜回。诏从之。"武德七年(公元624年),改变学校奉祀位次,以周公替代孔子为先圣,将孔子降为先师。此是恢复原来制度,学校迁出周公,仍以孔子为主祀。

唐贞观十一年(公元637年),太宗下诏尊称孔子为"宣父"。"宣"为谥号,"父"为尊称。

唐乾封元年(公元666年),高宗追封孔子为"泰师"。唐高宗到曲阜祭祀孔子,下诏追封,"诏曰:朕闻德契机神,盛烈光于后代,化成天地,玄功被于庶物。鲁大司寇宣尼父孔丘,资大圣之才,属衰周之末,思欲屈己济俗,弘道佐时,应聘周流,莫能见用。想乘桴以永叹,因获麟而兴感,于是垂素王之雅则,正鲁史之繁文,播鸿业于一时,昭景化于千祀。朕嗣应宝历,祗奉睿图,宪章前王,规矩先圣,崇至公于海内,行大道于天下,遂得八表乂安,两仪交泰,功成化洽,礼盛乐和。展采东巡,回舆西土,途经兹境,抚事兴怀,驻跸荒区,愿为师友。瞻望幽墓,思承格言。虽燕寝荒芜,余基尚在,灵庙虚寂,徽烈犹存,孟轲曰自生民以来未有若孔子者也。微禹之叹既深,褒

[1]《周书·宣帝纪》。

[2]《新唐书·礼乐志》。

崇之道宜峻，可追赠太师。庶年代虽远，式范令图，景业惟新，仪刑茂实。其庙宇制度卑陋，宜更加修造，仍令三品一人，以少牢致祭。褒圣侯德伦既承胤嗣，有异常流，其子孙并免赋役，主者施行。”[1]泰师即太师，唐高宗与孔子“愿为师友”，所以追赠太师。

唐天授元年（公元 690 年），武则天追封孔子为“隆道公”。《新唐书·礼乐志》记载为唐武后天授元年“封周公为褒德王，孔子为隆道公”，《旧唐书·礼乐志》记载为“天授三年，追封周公为褒德王，孔子为隆道公”，两者不同，后人都以《新唐书》为准。神龙元年（公元 705 年）还为孔子设采邑，《旧唐书》卷七记载为神龙元年（公元 705 年）“丙午，制以邹鲁之邑百户为太师，隆道公宣尼采邑，用供荐享。又授裔孙褒圣侯崇基朝散大夫，仍许子孙传袭”，同书卷二四记载：“神龙元年……以邹、鲁百户封隆道公，谥曰文宣。”

唐开元二十七年（公元 739 年），玄宗追谥孔子为“文宣王”。唐玄宗开元二十七年八月，“甲申，制追赠孔宣父为文宣王，颜回为兖国公，余十哲皆为侯，夹坐”[2]。“诏夫子既称先圣，可谥曰文宣王，遣三公持节册命，以其嗣为文宣公，任州长史，代代勿绝。”[3]追谥诏书为：“弘我王化，在乎儒术，能发挥此道，启迪含灵，则生人以来未有如夫子者也。所谓自天攸纵，将圣多能，德配乾坤，身揭日月，故能立天下之大本，成天下之大经，美教政，移风俗。君君、臣臣、父父、子子，人到于今受其赐，不其猗欤？于戏！楚王莫封，鲁公不用，俾夫大圣，才列陪臣，栖迟旅人，固可知矣。年祀寖远，光灵益彰，雄代有褒称，而未为崇峻，不副于实，人其谓何？朕以薄德，祗膺宝命，思阐文明，光被华夏，时则异于古今，情每重于师资。既行其教，合旌厥德，爰申盛礼，载表徽猷。夫子既称先圣，可追谥为文宣

[1]《大唐赠泰师鲁国孔宣公碑》，碑在曲阜孔子庙。
[2]《旧唐书·玄宗纪》。
[3]《新唐书·礼乐志》。

王，宜令三公持节册命。”[1]

宋大中祥符元年(1008年)，真宗加谥孔子为“玄圣文宣王”。宋真宗大中祥符元年十一月“戊午，幸曲阜县，谒文宣王庙，靴袍再拜。幸叔梁纥堂。近臣分奠七十二弟子。遂幸孔林。加谥孔子曰玄圣文宣王”[2]。加谥诏书曰：“王者顺考古道，懋建大猷，崇四术以化民，昭宣教本，总百王而致治，丕变人文，方启迪于素风，思丕扬于鸿烈。先圣文宣王道膺上圣，体自生知，以天纵之多能，实人伦之先觉，玄功侔乎简易，景铄配乎贞明，惟列辟以尊崇，为亿载之师表。肆朕寡昧，钦承命历，曷尝不遵守彝训，保乂中区，属以祇若元符，告成乔岳，观风广鲁之地，饬驾数仞之墙，躬诣遗祠，缅怀遐躅，仰明灵之如在，肃奠献以惟寅，是用考简册之文，昭聪睿之德，聿举追崇之礼，庶申严奉之心，备物典章，垂之不朽，诞告多士，昭示朕怀，宜追谥曰玄圣文宣王。”[3]遣礼部尚书张齐贤祭告。“玄圣”一称出自《春秋演孔图》，“孔子梦感黑帝而生，故曰玄圣”，《庄子》曰“恬淡玄圣，素王之道”，因此给孔子谥号增加“玄圣”。

宋大中祥符五年(1012年)，真宗改称“至圣文宣王”。“以国讳改至圣文宣王”。“至圣”取自司马迁《史记·孔子世家·赞》：“自天子王侯，中国言六艺者折中于夫子，可谓至圣矣”，意为最圣的圣人。

西夏人庆三年(1146年)，仁宗谥封孔子为文宣帝。

元大德十一年(1307年)秋七月，武宗加号孔子为“大成至圣文宣王”。大德十一年七月辛巳，新即位的元武宗“诏曰：盖闻先孔子而圣者非孔子无以明，后孔子而圣者非孔子无以法，所谓祖述尧舜、宪章文武、仪范百王、师表万世者也。朕纂承丕绪，敬仰休风，循治古之良规，举追封之盛典，加号大成至圣文宣王。遣使阙里，祀以太

[1]《阙里文献考》卷一四。
[2]《宋史·真宗纪》。
[3]《阙里文献考》卷一四。

牢。于戏！父子之亲，君臣之义，永惟圣教之尊；天地之大，日月之明，奚罄名言之妙。尚资神化，祚我皇元"[1]。《元史·祭祀志》载"至大元年秋七月，诏加号先圣曰大成至圣文宣王"，误。元武宗即位不久即加封孔子，第二年才改元为至大元年。"大成"出自《孟子·万章下》："孔子之谓集大成。集大成也者，金声而玉振之也。"古乐一变为一成，九变而乐终，至九成完毕，称为大成。后人引申为称集中前人的主张、学说等形成完整的体系为大成。

明嘉靖九年（1530 年），世宗尊孔子为"至圣先师"。嘉靖九年，大学士张璁根据世宗旨意更定一切祀仪，上疏请正文庙祀典，"夫子，圣人也，生不得位，没而以南面之礼尊之，其说似矣。然王，君之号也，夫子，人臣也，生非王爵，死而谥之，可乎？盖名者，实之著也，无其实，有其名，谓之淫名。夫子生不获有尺寸之土，今而已有天下之号归之，曾谓无实之称足以荣圣人乎哉！《书》'天降下民，作之君，作之师'，古者治教之职不分，君即师也。二帝三王，尽君师之责者也，若夫子则不得君而师者也。师也者，君之不得而臣者也，故曰虽诏以天子无北面，所以尊师也。彼以王爵之贵为隆于称师者，习俗之见也。且历代帝王所以尊孔子者，尊其道也。道之所在，师之所在也，故以统治尊匹夫不嫌于屈。使孔子无其道，虽王天下，岂足当万代之祀？称帝称王，岂若称先圣先师之合礼乎？又有若曰'自生民以来未有盛于孔子者也'，岂一言一行之善而可以节惠立谥？'文'之为言，《谥法》有所谓'经天纬地'者，孔子亦曰'文王既没，文不在兹乎'，以谥固以几矣。若夫'宣'之为言，《谥法》美者不过'圣善周闻'而已，岂足以尽圣人之大德哉？"建议取消孔子谥号爵号，同时还建议撤除塑像改为木主、改变笾豆礼乐等。世宗也亲自撰写《正孔子祀典说》支持张璁，但仍然遭到臣下的反

[1]元大德十一年七月《加封孔子大成至圣文宣王诏旨碑》，碑在曲阜孔子庙。

对，翰林院编修张兖、徐阶、给事中王汝梅等极言不可，世宗指责为谬论，将徐阶贬为延平府推官。御史黎贵等仍然反对，并举明太祖追赠祖先为帝进行反驳，“圣祖登极，追崇德、懿、熙、仁四祖皆为皇帝，是亦周人推本之意，不以位论也”，“八佾十二笾豆为僭，六佾十笾豆亦为僭矣。非惟像当毁，复屋重檐亦当毁矣”，世宗览疏后大怒，将其以太祖追赠祖先为例指斥为奸逆，“下法司按治，褫官职为民”。处治了反对派，就改变文庙祀典，将牌位题称“至圣先师”，改大成殿为先师殿，大成门为庙门，撤除全国各地文庙塑像，只保留曲阜孔子庙一处。[1]

清顺治二年（1645 年），世祖加称孔子“大成至圣文宣先师”，采纳了祭酒李若琳的建议。李若琳“奏言：臣闻备古今之至德者，宜享古今之隆称。昔孔子之赞乾坤曰：大哉乾元，至哉坤元。曰大成，曰至圣，洵非孔子之德配乾坤者莫能当，今称至圣而遗大成，得毋乾坤之义未备乎？又《谥法》‘经天纬地曰文’，‘圣善周闻曰宣’，洵非孔子之德兼君师者莫能当之。今称先师而遗谥号，然则古今之英君谊辟，止曰某君某王而去圣神文武之谥可乎？惟称曰大成至圣文宣先师孔子，庶至德隆名，昭代倍为阐扬，祀典于焉有光矣。”“章下礼臣议，议准谥号加称大成至圣文宣先师孔子。”

顺治十四年（1657 年）三月，恢复孔子位号为“至圣先师”。因给事中张文光上书说“追王固诬圣，而大成文宣四字亦不足以尽圣，宜改题至圣先师”，取消“大成文宣”四字。

①《阙里文献考》卷一四。

第二章　建庙奉祀

从汉代开始，国家将祭祀孔子列入祀典，东晋开始国家建造孔子庙，北齐将祭祀孔子的庙宇推向郡县，唐代令郡县学校一体建造孔子庙，从此孔子庙遍及中国各地，“自天子至郡邑守长，通得祀而遍天下者，唯社稷与孔子为然”[①]，孔子成为与社稷一样列入国家祀典，享受地方官员祭祀的唯一人物。

孔子去世以后，奉祀在自家的家庙内，弟子们将孔子生前使用过的衣、冠、琴、车、书陈列在孔子故居内，将孔子故居变成孔子纪念馆。孔子曾任鲁国司寇，相当于周天子的大夫，按照礼制，可以奉祀始祖和祖、父，孔子孙子子思去世后，家庙已经无法奉祀孔子。孔子说“古者祖有功而宗有庙，谓之祖宗者其庙皆不毁”[②]，于是将孔子故居改建为祭祀的庙宇，所以司马迁说：“故所居堂弟子内，后世因庙藏孔子衣冠琴车书，至于汉二百余年不绝。”

汉高祖十二年，刘邦南征，返回长安途中，专程绕道到曲阜以太牢祭祀孔子庙，首开皇帝祭祀孔子的先河。汉武帝“罢黜百家、独尊儒术”后，孔子庙日益受到人们的重视，在西汉时，“诸侯卿相至，常先谒而后从政”。

从东汉开始国家在学校中祭祀孔子，但没有建造孔子庙，祭祀是利用学校建筑甚至是临时张幕进行的。东汉时，地方上也出现了

❶韩愈《处州孔子庙碑》。
❷《孔子家语·庙制》。

孔子庙。《水经注·阴沟水》说:“濄水又北径老子庙东。庙前有二碑,在南门外……碑北有双石阙……阙北侧有孔子庙,庙前有一碑,西面,陈相鲁国孔畴建和三年立”,孔子十七代孙陈国国相孔畴于建和三年(公元149年)在老子故里(今河南鹿邑)建造了曲阜以外的第一所孔子庙。

到三国魏时,尊孔子先圣为国学的主祀,孔子的弟子颜回先师为配享。

奉祀孔子被列入国家祀奠,祭祀活动也很频繁。东汉是“春秋享礼”,西晋祭祀太学是“四时备三牲以祀孔子”,东汉明帝以后和曹魏是在辟雍致祭,应该是在辟雍礼殿内进行。西晋没有辟雍,祭祀是在坛上进行的。西晋潘尼《释奠颂》记载了晋元康二年(公元292年)皇太子因为讲诵《孝经》在太学释奠的盛况,“乃扫坛为殿,悬幕为宫,夫子位于西序,颜回侍以北墉”[1],祭祀是在坛上临时张幕进行的。

东晋太元九年(公元384年),尚书谢石上书建议修建学校,“立人之道曰仁与义,翼善辅性唯礼与学。虽理出自然,必须诱导,故洙泗阐弘道之风,诗书垂轨教之典,敦诗悦礼,王化以斯而隆。……今皇威遐震,戎车方静,将洒玄风于四区,导斯民于至德,岂可不弘敷礼乐,使焕乎可观。请兴复国学,以训胄子,班下州郡,普修乡校”,孝武帝采纳了他的建议,“其年选公卿二千石子弟为生,增造庙屋一百五十五间”[2]。“增造庙屋一百五十五间”,当然包括庙宇和学舍。学校有庙,当然就是孔子庙,因为东西晋的太学都是主祀孔子、以颜回配享的。这是中国第一所建造在国家最高学府的孔子庙。

太元九年的这座孔子庙,陈朝顾野王《舆地志》说,国学“在江宁县东南二里一百步右御街东,东逼淮水,当时人呼为国子学。西

❶潘尼《释奠颂》,见《晋书·潘岳传》。
❷《宋书·礼一》。

有夫子堂，画孔子及十弟子像。西又有皇太子堂，南有诸生中省，门外有祭酒省、二博士省，旧置二博士”[1]。孔子庙建在国子学的西侧，属于右庙左学的形制，皇太子堂又在庙西，那么孔子庙东为学校，西为皇太子堂，正处在三者的中间，位置是非常突出的。

东晋国学建造孔子庙后，地方也开始建造孔子庙。南齐时，南东海郡就有孔子庙，“治下有宣尼庙，久废不修，祀更开扫构立”，太守江祀曾进行维修。南齐享国仅23年，这座孔子庙既然已经“久废不修”，最晚应该是南朝宋建造的。北魏怀州还有一所纪念孔子周游列国的庙宇，延兴四年（公元474年）太上皇献文帝还曾派人祭祀。刘道斌任恒农太守时（公元501年左右）建造了孔子庙，“修立学馆，建孔子庙堂，图画形象”。南梁萧绎（后为梁元帝）任荆州刺史时（公元526—539年）“起州学宣尼庙”，“帝工书善画，自图宣尼像，为之赞而书之，时人谓之三绝”。但这些都是个人的偶然行为。

北齐时正式将孔子庙推向了地方。《隋书·礼仪志》说：“后齐制：新立学，必释奠，礼先圣先师。……郡学则于坊内立孔颜庙一所”，这是关于地方学校——郡学普遍建立孔子庙的最早记录。该书没有记述建立孔颜庙的时间。《北齐书·文宣帝纪》记载，天保元年（公元550年）六月，文宣帝高洋下诏封孔子后裔“崇圣侯邑一百户，以奉孔子之祀，并下鲁郡以时修治庙宇，务尽褒崇之至”，同时还下诏“分遣使人致祭于五岳、四渎，其尧祠、舜庙下及孔父、老君等载于祀典者，咸秩罔遗”，“八月，诏郡国修立黉序，广延髦俊，敦述儒风。其国子学生亦仰依旧铨补，服膺师说，研习《礼经》”。[2]高洋是这年五月取代东魏建立北齐的，新王朝初立，照例是下诏推崇儒学，大兴教育，所以郡国建立孔颜庙也应该是在这一年，而且很可能就是在八月命郡国修立学校的时候。

[1] 见唐许嵩《建康实录》卷九《晋中下·烈宗孝武皇帝》太元十年注。
[2]《北齐书·文宣帝纪》。

唐贞观四年（公元630年），诏令郡县学校皆建孔子庙，将孔子庙推向全国各级城市。从此修建维护孔子庙就成为国家和各级政府的责任。咸亨元年（公元670年），高宗下诏督促州县维修和新建孔子庙："诸州县孔子庙堂及学馆有破坏并先来未造者，遂使生徒无肄业之所，先师阙奠祭之仪，久致飘露，深非敬本。宜令所司速事营造。"[1]唐代是孔子庙第一个大发展时期，即使在唐末五代社会大动乱时期，割据者们也懂得修学建庙。后梁龙德元年（公元921年），割据福建的王审知在福州"置四门学，以招徕四方之秀"，后唐天祐十五年（918年）曾再修定州文宣王庙，清泰中（公元934—936年）冯道迁建同州文宣王庙，长兴年间曲沃、翼城、绛县均曾修建学校孔子庙。后周时，陈州防御使李榖曾修陈州文庙，南唐丁未（公元947年）泾县修建文宣王庙，甲寅（公元954年）汝州修建某县文宣王庙。

宋代是孔子庙的第二个大发展时期。景德二年（1005年）朝廷下诏劝学，三年下令各路转运使指挥所辖州、府、军、监维修孔子庙。庆历三年（1043年）、熙宁二年（1069年）、崇宁元年（1102年），朝廷三次下诏兴学，在范仲淹、王安石、蔡京主导下兴学建庙，使孔子庙更加普及。

宋金对峙时期，南宋大力兴学建庙，将学校孔子庙推向偏辟边远地区，并产生了书院孔子庙。北方虽然是文化相对落后的少数民族治理，但在汉族士大夫的建议下，也重视修建学校和孔子庙，辽神册三年（公元918年）就建立国子监、太学和孔子庙，以后陆续建造了五京国学和孔子庙。清宁元年（1055年）颁布兴学令，州县纷纷修建孔子庙和学校。西夏虽然偏居西北，由于受汉族的影响，也"崇尚儒术"，贞观元年（1101年）设立国学即孔子庙，人庆三年（1146年）追封孔子为文宣帝，四年举行科举考试。金朝天会元年

[1]《旧唐书·高宗纪下》。

(1123年)就开科取士,在贞元三年(1155年)以前尚书省就曾下发“应有文宣王庙去处即便修理”的节文,明昌二年(1191年)章宗下诏“诸郡邑文宣王庙、风雨师、社稷神坛隳废者,复之”,泰和四年(1204年)又下诏“刺史州郡无宣圣庙学者并增修之”。少数民族统治者毕竟不如汉族人重视儒家思想文化,所以在少数民族占领区内汉族人就自办学校,修建孔子庙继续祭祀。现在山西潞城市黄牛蹄乡金庄村还保存着金兴定五年(1221年)曾经重修的学校和孔子庙。

蒙古人偏居北方时就在汉族士大夫和辽、夏汉化贵族影响下重视儒家思想,太宗窝阔台八年(1236年)就举行科举考试,中统二年(1261年)又下诏“宣圣庙及管内书院有司岁时致奠,月朔释奠,禁诸官员、使臣、军马毋得侵扰亵渎,违者加罪”。统一全国后,更加重视孔子庙,元世祖至元十年(1273年)令地方官祭祀孔子,“春秋二丁,执事官员各依品序,公服陪位,诸儒襕衫唐巾行礼”,至元二十三年令云南诸路皆建学校祭祀孔子,至元三十一年,刚刚即位的元成宗就下诏崇奉孔子:“孔子之道,垂宪万世,有国家者所当崇奉。”元代还大力发展书院,将书院由南方推广到北方,书院也大建孔子庙。

明代是孔子庙的兴盛时期。朱元璋在称帝前的元顺帝至元二十二年(1362年)“入江淮府,首谒孔子庙”。统一全国后,“行先师之教,淑海内,洽人心”,“武功未戢,已事俎豆”,洪武元年(1368年)就制定颁布孔子庙祭祀礼仪,二年十月连续两次下令郡县设立学校,礼部并颁发了《皇明立学设科分教格式》,明确要求“各府州县于洪武三年正月为始开学”。洪武年间就新建各级儒学304所,重建648所,重修81所,学校总数达到1033所,到天顺时学校孔子庙达到1400座。明代除府州县学校孔子庙外,还将孔子庙学校扩大到军队、少数民族自治地区和制盐、养马等机构。明末学校孔子庙达到1503所。

清代是孔子庙的鼎盛时期。满族人早在1607年就在发祥地赫图阿拉城建造了孔子庙，入关前又在盛京建造。入关后，以“崇圣学”作为平定要策，一直不断地维修、创建学校和孔子庙，到清末，学校孔子庙就达到1730多座。孔子庙无远弗届，以前从未建庙的新疆、台湾、黑龙江、吉林等地都建造了孔子庙。

第三章 奉祀人物

在明以前,祭祀孔子庙的名称随孔子的封号谥号而变化,唐以前因为汉代封孔子为褒成宣尼公多称作宣尼庙,唐代因为孔子被封为文宣王称作文宣王庙,宋至元虽然孔子被加号为至圣文宣王、大成至圣文宣王,有时称作至圣文宣王庙或大成至圣文宣王庙,但一般习惯仍然称作文宣王庙。从明代开始,奉祀孔子的庙宇被称作文庙,这个名称改变的意义是非常大的。奉祀孔子的庙宇称作文庙,就成了文化的象征和标志,也成为国家推崇儒家思想、继承弘扬民族优秀文化的象征和标志。

奉祀孔子的庙宇作为传统思想文化的象征,国家是非常重视的,并制定了详细的奉祀制度,奉祀人物的增减、奉祀人物的服饰、奉祀方式甚至奉祀人物的坐向都由国家统一规定。

中国古代教育的主要目的是养士也就是培养人才,养士除对受教育者进行知识传授外,还非常重视受教育者的品德教育,品德教育的最高目的就是使受教育者成为圣贤。中国古代就有人人都可以成为圣贤的观念:孟子赞同“人皆可以为尧舜”[①];程颐说“人皆可以至圣人”[②];朱熹说“为学须思所以超凡入圣,如昨日为乡人,今日便可为圣人”[③],通过学习人人都能够成为圣贤。正是这种人人皆可以成为圣贤的观念,造成中国教育的成圣成贤的特性,中国的成

❶《孟子·告子下》。
❷《二程全书》卷二八《遗书》“伊川先生语”。
❸《白鹿洞书院规训》。

圣成贤教育，除了施教者的直接教育外，另一个主要的手段就是在学校奉祀圣贤以激励受教育者成为圣贤。在学校内建造文庙，奉祀历代先圣先贤先儒的目的之一，就是对受教育者进行成圣成贤的教育。

第一节　主　祀

孔子奉祀于国家学校最早的明确记载是东汉明帝永平二年（公元59年），三月“上始帅群臣躬养三老、五更于辟雍，行大射大礼；郡、县、道行乡饮酒于学校，皆祀圣师周公、孔子，牲以犬”。由此记载看，东汉似乎是从永平二年开始祭祀周公、孔子的，周公为先圣，孔子为先师，以周公为主祀，孔子为配享。但是《后汉书·朱浮传》记载，建武七年（公元31年），朱浮在“以国学既兴，宜广博士之选”的上书中说：“陛下尊敬先圣，垂意古典，宫室未饰，干戈未休，而先建太学，造立横舍。比日车驾亲临观飨，以弘时雍之化，显勉进之功也。寻博士之官为天下宗师，使孔圣之言传而不绝。”光武帝曾亲自前往太学观飨，所观之飨应该是释奠礼，也就是在太学举行的祭祀。太学是建武五年兴建的，“建武五年，乃修起太学，稽式古典，笾豆干戚之容备之于列，服方领、习矩步者委它乎其中”[1]。初建太学时就取法古典，举行了祭祀活动，祭祀不仅使用了祭器笾豆，而且还有舞蹈，舞者手持干戚，属于武舞。太学奉祀人物没有讲明，但从文中的“寻博士之官为天下宗师，使孔圣之言传而不绝”看，学校以“使孔圣之言传而不绝”为目的，不会不祭祀孔子的，因此可以说，早在光武帝时国家就已经奉祀孔子了。《礼仪志》说明帝在辟雍亲行养老、大射礼后“三雍之义备”也是不错的，它说的是在辟雍，但并不能因此否定在辟雍未建之前国家也曾在太学举行过祭祀。明帝“遵奉建武制度，无敢违

[1]《后汉书·儒林传·序》。

者”[1],也应该包括国家学校的祭祀制度。

其实,行乡饮酒礼不是从东汉明帝永平二年开始的。建武五年,司徒伏湛“奏行乡饮酒礼,遂实行之”[2]。建武六年,李忠为丹阳太守时,“以丹阳越俗不好学,嫁娶礼仪衰于中国,乃为起学校,习礼容,春秋乡饮”[3],举行乡饮酒礼。

东汉灵帝光和元年(公元178年)二月在洛阳鸿都门内设立了专门教授文赋和书法的鸿都门学,在学校的墙壁上图画孔子和七十二弟子的画像,画像的目的是“以劝学者”,并非是为了祭祀。

学校的主祀到东汉后期发生了变化,改为主祭孔子。永兴元年(公元153年)的《乙瑛碑》说:“太常祀曹掾冯牟、史郭玄辞对故事:辟雍礼未行,祀先圣师,侍祀者孔子子孙、太宰、太祝令各一人。”[4]祭祀时是“河南尹给牛羊豕鸡”等祭品,“大司农给米”,太宰、太祝令侍祀。鲁国相国史晨在建宁二年(公元169年)给朝廷请求国家出资祭祀阙里孔子庙的奏文中说:“臣伏见临辟雍日,祀孔子以太牢,长吏备爵,所以尊先师重教化也。”[5]皇帝临幸辟雍,以太牢祭祀孔子。

到三国魏时,学校奉祀是圣孔师颜,尊孔子先圣为国学的主祀,孔子的弟子颜回先师为配享。圣孔师颜制度历经两晋、南北朝和隋朝都没有改变。唐武德七年(公元624年)改以周公为先圣,孔子为先师,贞观二年(公元628年),左仆射房玄龄等建议,周公、孔子虽然都是圣人,但是学校祭祀从晋宋梁陈以及隋大业以前都是以孔子为先圣,颜回为先师,请求恢复了原来的制度。但永徽年间,又改为圣周师孔,显庆二年(公元657年),根据太尉长孙无忌的建议,复改为圣孔师颜,将周公改为配享周武王。从此以后,学校主祀再无变化,孔子成为教育的祖师,思想文化的代表。

唐中期以前,孔子奉祀的位置一直是坐西面东。东汉元和二年

①《后汉书·明帝纪》。
②《后汉书·伏湛传》。
③《后汉书·李忠本传》。
④汉永兴元年(公元153年)《乙瑛碑》,碑在曲阜孔子庙。
⑤汉建宁二年(公元169年)《史晨前碑》,碑在曲阜孔子庙。

(公元85年),汉章帝亲至阙里孔子故居祭祀孔子,“帝升庙西面,群臣中庭北面,皆再拜”①。西晋时,皇太子国学释奠孔子时,仍然是“夫子位于西序,颜回侍于北牖”②。周公改为配享武王后,学校主祀孔子,孔子坐西面东仍然未改,配祀的颜回填补了周公的位置。开元二十年(公元732年)成书的《大唐开元礼》还明确规定“设先圣神坐于西楹间,东向;设先师神坐于先圣神坐东北,南向,西上”,仍然坚持以坐西面东为尊。直到开元二十七年加封孔子为文宣王时才改为居中面南为尊,“至如辨方正位,著自礼经,苟非得所,何以示则?昔缘周公南面,夫子西坐,今位既有殊,坐岂宜依旧?宜补其坠典,永作程式,自今以后,两京国子监夫子皆南面坐,十哲等东西列侍,天下诸州亦准此”。从此之后,孔子居中面南的方式再未改变。

第二节　配祀人物

配祀人物根据与孔子的关系远近和对儒学的贡献大小不同分成配享、配祀、从祀三类,在具体的名称上又分为四配、十二哲、先贤、先儒四等。

配享　是孔子庙奉祀的第二等,配祀的第一等,后世因孔子庙中有四人配享所以称为四配。颜回配享孔子始于三国魏正始二年(公元241年),齐王曹芳因为初通《论语》,派官到国学祭祀孔子,以颜回配祀,其后,太子初通儒经派官祭祀孔子时以颜回配享就成为不成文的制度。唐总章元年(公元668年),命以颜回、曾参配祀,配祀增至二人。开元八年(公元720年),命以十哲从祀,颜回位居十哲之首,曾参位居十哲之后。开元二十七年(公元739年)追封孔子及弟子爵号,孔子为文宣王,颜回为兖公,十哲中的另九人

①〔明〕李之藻《頖宫礼乐疏》。
②〔西晋〕潘尼《释奠颂》,见《晋书·潘安传》。

为侯，其他弟子为伯，颜回地位高于其他弟子。宋元丰七年(1084 年)命以孟轲配享，位居颜回之次，崇宁三年(1104 年)增加王安石配享，位居孟子之次。靖康元年(1126 年)，右谏议大夫杨时上疏说王安石学术荒谬，建议削去王安石的配享，朝廷罢免了王安石。南宋咸淳三年(1267年)增加曾参、孔伋(字子思)配享，从此确定了孔子庙的四配。当时北方在元朝统治之下，只有南宋领土内的孔子庙奉祀四配，北方孔子庙仍然只有两配。元延祐三年(1316 年)，御史中丞赵世延上言朝廷，南北孔子庙祭礼不宜有异，从此全国孔子庙都以四配配享。

四配位于大成殿内，一种是在孔子左右两侧，一种是在孔子面前东西相对，颜回、子思在左，曾参、孟子在右。明嘉靖改制后，除曲阜孔子庙外一律改为木主，现在各地文庙大多改为塑像，台湾文庙仍保持旧制，奉祀木主。四配早期的封号级别不同：颜回在唐贞观二年(公元 628 年)尊称先师，总章元年(公元 668 年)赠太子少师，开元二十七年封兖公，宋大中祥符二年(1009 年)改封兖国公；曾参在总章元年赠太子少保，唐开元二十七年封郕伯，宋大中祥符二年改封郕侯，从咸淳三年开始四配称号等级相同，当时分别称为兖国公颜子、郕国公曾子、沂国公子思子、邹国公孟子。元至顺元年(1333 年)加封颜回兖国复圣公、曾参郕国宗圣公、孔伋沂国述圣公、孟轲邹国亚圣公。明嘉靖九年(1530 年)取消孔子庙奉祀人物封号，四配分别改称复圣颜子、宗圣曾子、述圣子思子、亚圣孟子。

配享人数不多，但历史争议颇多。北宋政和三年(1113 年)，蔡京执政，借恢复王安石新法为名，将王安石送进文庙配享，位居颜回、孟轲之下，同时还将王安石的儿子王雱送进文庙从祀。王安石父子从祀文庙遭到朝臣中另一派的反对，靖康元年(1126 年)右谏议大夫杨时上书皇帝，指责王安石学术荒谬，将王安石从大成殿赶进两庑。南宋淳熙三年

(1176年)赵粹中、四年李焘相继建言罢去王安石的从祀,朝臣争议,最后将王雱赶出文庙。到淳祐四年(1244年),宋理宗终于下令将王安石赶出文庙,“王安石谓天命不足畏,祖宗不足法,人言不足恤,为万世罪人,岂宜从祀孔子庙庭?黜之!”

孟子曾被赶出文庙。明洪武五年(1372年),太祖朱元璋阅读《孟子》,见书中有“孟子告齐宣王曰:‘君之视臣如手足,则臣视君如腹心;君之视臣如犬马,则臣视君如国人;君之视臣如土芥,则臣视君如寇仇’”,朱元璋以孟子这段话为“非臣子所宜言”而取消孟子的配享。朱元璋担心大臣们反对,明告群臣,“有谏者以不敬论,且命金吾射之”,刑部尚书钱唐却不怕死,“抗疏入谏,舆榇自随,袒胸受箭,且曰‘臣得为孟轲死,死有余荣’”,朱元璋知道犯了众怒,命太医院为钱唐治疗箭疮。第二年,朱元璋就赞扬孟子“辨异端,辟邪说,发明孔子之道”,下令恢复了孟子的配享[①],令臣下编删《孟子节文》。

十二哲 是配祀的第二等,因此等配祀人物为十二人所以称为十二哲。十二哲初期为十哲,始于唐开元八年(公元720年)。后来发生多次变化,颜渊升为配享后,宋端平二年(1235年)以孔伋补十哲之缺,咸淳三年(1267年)孔伋升为配享后,以颛孙师补十哲之缺。清康熙五十一年(1712年)升朱熹位居十哲之次,成十一哲,乾隆三年(1738年)升有若位居朱熹之上,成十二哲之名。清朝时朝鲜认为是夷族入侵,不再追随中国增加奉祀人物,朝鲜文庙只有十哲,越南在明命十八年(1837年)增加有若、朱熹为十二哲,但有的文庙没有增加,现在河内国子监文庙仍然奉祀十哲。

十二哲位于大成殿内的东西两山,东面为闵损(字子骞)、冉雍(字仲弓)、端木赐(字子贡)、仲由(字子路)、卜商(字子夏)、有若

①[清]孔尚任《阙里志》,吉林人民出版社版《孔尚任新阙里志校注》,第12页。

(字子若),西面为冉耕(字伯牛)、宰予(字子我)、冉求(字子有)、言偃(字子游)、颛孙师(字子张)、朱熹。内中除朱熹为宋代理学家外,其他十一人都是孔子的弟子。

除朱熹外,十一哲从唐朝开始就有爵号,有若、颛孙师为伯爵,其他九人为侯爵,宋代分别升为侯爵、公爵,木主均书爵号姓名,明嘉靖厘正祀典后一律改称先贤某子。

先贤 本来是指古代的贤人,因为古代将先贤祭祀在学校内,"祀先贤于西学,所以教诸侯之德也"[1],所以先贤也就成为孔子庙奉祀人物的名称之一,后来成为孔子庙配祀人物第三等的名称。孔子庙奉祀先贤始于唐开元二十七年(公元739年),朝廷命将孔子弟子中除先前已经列为十哲配祀外的其他弟子从祀孔子庙。从祀先贤的数目文献记载不同,《唐会要》、《新唐书》作67人,杜佑《通典》作73人,不知孰是。后来经过更换和增加,到清咸丰七年(1857年)增至79人。先贤中主要是孔子弟子,明清时增加的主要有三类人物:一类是孔子推崇过的同时代贤人公孙侨和蘧瑗;二是儒门的早期弟子,有颛孙师的弟子公明仪和孟子的弟子乐正克、万章、公都子、公孙丑;三是宋代的理学家,有邵雍、周敦颐、程颢、程颐、张载五人。

先贤奉祀在两庑的北端,其中东庑奉祀40人,他们是东周公孙侨、林放、原宪、南宫适、商瞿、漆雕开、司马耕、梁鳣、冉孺、伯虔、冉季、漆雕徒父、漆雕哆、公西赤、任不齐、公良孺、公肩定、鄡单、罕父黑、荣旂、左人郢、郑国、原亢、廉絜、叔仲会、公西舆如、邽巽、陈亢、步叔乘、琴牢、秦非、颜哙、颜何、县亶、牧皮、乐正克、万章,宋代周敦颐、程颢、邵雍。

西庑奉祀39人,他们是东周蘧瑗、澹台灭明、宓不齐、公冶长、公皙哀、高柴、樊须、商泽、巫马施、颜辛、曹恤、公孙龙、秦商、颜高、

[1]《礼记·祭义》。

壤驷赤、石作蜀、公夏首、后处、奚容蒧、颜祖、句井疆、秦祖、县成、公祖句兹、燕伋、乐欬、狄黑、孔忠、公西蒧、颜之仆、施之常、申枨、左丘明、秦冉、公明仪、公都子、公孙丑，宋代张载、程颐。

先贤从祀在历史上的罢黜只有一次，那就是明嘉靖九年的厘正祀典，认为申党和申枨为一人而罢去申党，公伯寮、秦冉、颜何、蘧瑗、林放不见于《孔子家语》并非孔子弟子，全部罢去从祀。除申党、公伯寮外，其他四人在清雍正二年全部恢复了从祀。

明嘉靖九年以前，从祀的先贤原来都有爵号，木主都书爵号姓名，嘉靖九年后一律改为只书先贤某子。

两庑从祀先贤表

东庑奉祀	朝代	说　明	西庑奉祀	朝代	说　明
公孙侨	东周	1857年祀。孔子同时代郑国人	蘧瑗	东周	739年祀，1530年罢，1724年复
林放	东周	739年祀，1530年罢，1724年复	澹台灭明	东周	739年从祀。孔子弟子
原宪	东周	739年从祀。孔子弟子	宓不齐	东周	同上
南宫适	东周	同上。孔子侄女婿、弟子	公冶长	东周	同上。孔子的女婿、弟子
商瞿	东周	739年从祀。孔子弟子	公皙哀	东周	739年从祀。孔子弟子
漆雕开	东周	同上	高柴	东周	同上
司马耕	东周	公元739年从祀。孔子弟子	樊须	东周	公元739年从祀。孔子弟子
梁鳣	东周	同上	商泽	东周	同上
冉孺	东周	同上	巫马施	东周	同上
伯虔	东周	同上	颜辛	东周	同上
冉季	东周	同上	曹恤	东周	同上
漆雕徒父	东周	同上	公孙龙	东周	同上
漆雕哆	东周	同上	秦商	东周	同上
公西赤	东周	同上	颜高	东周	同上
任不齐	东周	同上	壤驷赤	东周	同上
公良孺	东周	同上	石作蜀	东周	同上

续表

东庑奉祀	朝代	说明	西庑奉祀	朝代	说明
公肩定	东周	公元739年从祀。孔子弟子	公夏首	东周	公元739年从祀。孔子弟子
鄡单	东周	同上	后处	东周	同上
罕父黑	东周	同上	奚容蒧	东周	同上
荣旂	东周	同上	颜祖	东周	同上
左人郢	东周	同上	句井疆	东周	同上
郑国	东周	同上	秦祖	东周	同上
原亢	东周	同上	县成	东周	同上
廉絜	东周	同上	公祖句兹	东周	同上
叔仲会	东周	同上	燕伋	东周	同上
公西舆如	东周	同上	乐欬	东周	同上
邽巽	东周	同上	狄黑	东周	同上
陈亢	东周	同上	孔忠	东周	同上。孔子之侄
步叔乘	东周	同上	公西蒧	东周	公元739年从祀。孔子弟子
琴牢	东周	同上	颜之仆	东周	同上
秦非	东周	同上	施之常	东周	同上
颜哙	东周	同上	申枨	东周	同上
颜何	东周	公元739年祀,1530年罢,1724年复	左丘明	东周	公元647年先儒,1624年升先贤
县亶	东周	1724年从祀。孔子弟子	秦冉	东周	公元739年祀,1530年罢,1724年复
牧皮	东周	1724年从祀。孔子弟子	公明仪	东周	1853年从祀。颛孙师门人
乐正克	东周	1724年从祀。孟子弟子	公都子	东周	1724年从祀。孟子弟子
万章	东周	同上	公孙丑	东周	1724年从祀。孟子弟子
周敦颐	宋	1241年、1313年先儒,1642年升先贤	张载	宋	1241年、1313年先儒,1642年升先贤
程颢	宋		程颐	宋	
邵雍	宋	1267年先儒,1642年升先贤			

先儒 本来泛指古代的儒者,后来又专指因阐发儒学而被从祀在孔子庙的著名人物,是孔子庙配祀的第四等。先儒从祀始于唐贞观二十一年(公元647年),太宗命以左丘明、公羊高、何休等22人从祀于孔子庙,后经历代不断增加、改换,到1919年增加到77人。先儒也奉祀在两庑内,位于先贤的后面。

东庑奉祀39人,他们是东周公羊高,汉代伏胜、毛亨、孔安国、毛苌、杜子春、郑康成,蜀汉诸葛亮,隋代王通,唐代韩愈,宋代胡瑗、韩琦、杨时、谢良佐、尹焞、胡安国、李侗、吕祖谦、袁燮、黄榦、辅广、何基、文天祥、王柏,元代刘因、陈澔,明代方孝孺、薛瑄、胡居仁、罗钦顺、吕柟、刘宗周、孙奇逢,清代黄宗羲、张履祥、陆陇其、张伯行、汤斌、颜元。

西庑奉祀38人:东周穀梁赤,汉代高堂生、董仲舒、刘德、后苍、许慎、赵歧,晋代范宁,唐代陆贽,宋代范仲淹、欧阳修、司马光、游酢、吕大临、罗从彦、李纲、张栻、陆九渊、陈淳、真德秀、蔡沉、魏了翁、陆秀夫,元代赵复、金履祥、许衡、吴澄、许谦,明代曹端、陈献章、蔡清、王守仁、吕坤、黄道周,清代王夫之、陆世仪、顾炎武、李塨。

从祀先儒的变化比较大,除不断增加外,还有罢祀和复祀。罢祀最早是王雱,在淳熙四年(1177年)被赶出文庙,其次是在明嘉靖九年,以“学未显著”取消郑玄、郑众、卢植、服虔、范宁的文庙从祀,改祀在本地乡贤祠,以“言性恶”罢荀况,以“事王莽”罢扬雄,以“赃吏”罢戴圣,以“诵神仙方术”罢刘向,以“附会图谶”罢贾逵,以“党附势家”罢马融,以“注《风角》等书”罢何休,以“为司马师画策篡位”罢王肃,以“宗旨老庄”罢王弼,以“建短丧”罢杜预,以“忘宋事元”罢吴澄,到清代时,郑玄、范宁、吴澄又恢复了文庙的从祀。

唐代从祀文庙的都是传经之儒,从宋元丰七年(1084年)增加孟子配享和荀况、扬雄、韩愈从祀开始陆续增加明道之儒,明嘉靖九年厘定文庙祀典时，将大部分传经之儒赶出了文庙，清康熙五十四年(1715 年)增加范仲淹从祀开始增加行道之儒，清雍正二年恢复了传经之儒郑康成和范宁的从祀，增加了行道之儒诸葛亮，以后陆续增加了陆贽、文天祥、李纲、韩琦、方孝孺等行道之儒。南宋淳祐元年(1241 年)始以理学家朱熹、周敦颐、程颢、程颐、张载从祀，此后理学家成为文庙从祀的主流。明崇祯十五年(1642 年)将宋儒周敦颐、程颢、程颐、张载、朱熹、邵雍升为先贤，这是秦汉以来进入先贤行列的唯有学者，康熙五十一年(1712 年)将朱熹升入大成殿配祀，更是配祀先哲中孔子弟子以外唯一的一人，理学者们在文庙的地位空前提高，这与程朱理学成为封建社会的指导思想是一致的。

先儒在明嘉靖以前都有爵位或官位，木主也是书写爵位或官位和姓名，嘉靖九年以后一律书写先儒某子。

两庑奉祀先儒表

东庑奉祀	朝代	说　明	西庑奉祀	朝代	说　明
公羊高	东周	公元 647 年从祀	穀梁赤	东周	公元 647 年从祀
伏胜	汉	同上	高堂生	汉	同上
毛亨	汉	1863 年从祀	董仲舒	汉	1330 年从祀
孔安国	汉	公元 647 年从祀。孔子十一代孙	刘德	汉	1877 年从祀
毛苌	汉	公元 647 年从祀	后苍	汉	1530 年从祀
杜子春	汉	同上	许慎	汉	1875 年从祀
郑玄	汉	公元 647 年祀，1530 年罢，1724 年复	赵岐	汉	1910 年从祀
诸葛亮	蜀汉	1724 年从祀	范宁	晋	公元 647 年祀，1530 年罢，1724 年复
王通	隋	1530 年从祀	陆贽	唐	1826 年从祀
韩愈	唐	1084 年从祀	范仲淹	宋	1715 年从祀
胡瑗	宋	1530 年从祀	欧阳修	宋	1530 年从祀
韩琦	宋	1852 年从祀	司马光	宋	1267 年、1313 年从祀
杨时	宋	1495 年从祀	游酢	宋	1892 年从祀

续表

东庑奉祀	朝代	说　明	西庑奉祀	朝代	说　明
谢良佐	宋	1849 年从祀	吕大临	宋	1895 年从祀
尹焞	宋	1724 年从祀	罗从彦	宋	1619 年从祀
胡安国	宋	1437 年从祀	李纲	宋	1851 年从祀
李侗	宋	1619 年从祀	张栻	宋	1261 年、1313 年从祀
吕祖谦	宋	1261 年、1313 年从祀	陆九渊	宋	1530 年从祀
袁燮	宋	1868 年从祀	陈淳	宋	1724 年从祀
黄榦	宋	1724 年从祀	真德秀	宋	1437 年从祀
辅广	宋	1877 年从祀	蔡沉	宋	同上
何基	宋	1724 年从祀	魏了翁	宋	1724 年从祀
文天祥	宋	1843 年从祀	陆秀夫	宋	1859 年从祀
王柏	宋	1724 年从祀	赵复	元	1724 年从祀
刘因	元	1910 年从祀	金履祥	元	同上
陈澔	元	1724 年从祀	许衡	元	1313 年从祀
方孝孺	明	1863 年从祀	吴澄	元	1435 年祀,1530 年罢,1737 年复
薛瑄	明	1571 年从祀	许谦	元	1724 年从祀
胡居仁	明	1584 年从祀	曹端	明	1860 年从祀
罗钦顺	明	1724 年从祀	陈献章	明	1584 年从祀
吕柟	明	1863 年从祀	蔡清	明	1724 年从祀
刘宗周	明	1822 年从祀	王守仁	明	1584 年从祀
孙奇逢	明	1827 年从祀	吕坤	明	1826 年从祀
黄宗羲	清	1908 年从祀	黄道周	明	1825 年从祀
张履祥	清	1871 年从祀	王夫之	清	1908 年从祀
陆陇其	清	1724 年从祀	陆世仪	清	1875 年从祀
张伯行	清	1878 年从祀	顾炎武	清	1908 年从祀
汤斌	清	1823 年从祀	李塨	清	1919 年从祀
颜元	清	1919 年从祀			

崇圣祠奉祀人物　崇圣祠原本名启圣祠,明嘉靖九年(1530 年)始设。唐开元二十七年(公元 739 年)以孔子弟子从祀孔子庙,同为孔子弟

子的颜无繇、颜渊父子和曾点、曾参父子都被从祀在孔子庙内，由于颜回位列圣门四科之首，是孔子最好的弟子，在孔子庙的奉祀人物中地位最高，位居孔子庙正殿内的十哲之首，曾参也因孝道可崇，奉祀在正殿内，位居十哲之后，二人均塑像坐于堂上。而颜无繇和曾点因为事迹、学问均不突出，只能画像于墙上。子处父上，子先父食，这是违背封建礼教的，从宋代开始就不断受到非议。嘉靖九年，张璁建议于学校内另建启圣祠奉祀孔子父亲，而以四配等人之父配祀，于是全国各级学校一律单建启圣祠，主祀孔子父亲叔梁纥，以颜回之父颜无繇、曾参之父曾点、子思之父孔鲤和孟子之父孟孙激配享，以程颢和程颐之父程珦、朱熹之父朱松、蔡沉之父蔡元定从祀。明万历二十三年（1595 年），增加周敦颐之父周辅成从祀。清雍正元年（1723 年），世宗追封孔子的五代先人为王，于是将启圣祠改称崇圣祠，主祀孔子五代先人，仍以四配之父等配享从祀，雍正二年又增加张载之父张迪从祀。咸丰七年（1857 年）增加孔子之兄孟皮为配享，位居四配之上，成为五配。光绪二十三年（1897 年）将孟皮之子孔忠由东庑移祀崇圣祠配享，各地文庙大都没有执行，曲阜孔子庙仍然将孔忠奉祀在东庑内。

崇圣祠正面奉祀孔子的五代先人，五代祖肇圣王木金父居中，高祖裕圣王祈父和祖父昌圣王伯夏位于东侧，曾祖诒圣王防叔和父亲启圣王叔梁纥在西侧，五圣王前面东侧奉祀孔孟皮、颜回之父颜无繇和子思之父孔鲤，西侧奉祀曾子之父曾点和孟子之父孟孙激，配享之后靠近两屋山墙处奉祀从祀者，东墙奉祀周辅成、程珦和蔡元定，西墙奉祀张迪和朱松。崇圣祠的所有奉祀人物均是木主，明代时孔子父亲叔梁纥称启圣公，其他配祀称先贤、先儒某子，清雍正皇帝追封孔子五代先人为王后，五王均称王号，配祀人物称号不变。有的文庙崇圣祠设有两庑，从祀者供奉在两庑内。

第三节　附祀人物

除曲阜孔子庙外，各地文庙附祀人物有名宦、乡贤、忠义死节之士、节妇孝妇和文昌帝君等，他们都是经国家同意奉祀的人物，有的奉祀在学校内，有的奉祀在文庙内。

名宦　奉祀在名宦祠内，明洪武二年（1369年）命建先贤祠奉祀在本地任官有善政的官员和有嘉言懿行的本地人士，在文庙春秋释奠后进行祭祀，不久先贤祠分成了名宦祠和乡贤祠。由于名宦是在本地任职有善政的官员，所以各地奉祀人物完全不同。名宦祠和乡贤祠一般位于文庙大成门左右或前面。

乡贤　奉祀在乡贤祠内，由于奉祀的是有嘉言懿行的本地人士，所以各地奉祀人物完全不同。一般是县学奉祀本县人士，府学奉祀本府人士，只有个别地方例外，安徽宁国府学乡贤祠就合祀了本府六邑的乡贤。

忠义死节之士　奉祀在忠义祠内，是清雍正七年（1729年）诏命建造的。有的学校名为忠义孝悌祠，奉祀人物更多。由于忠义死节之士都是本地人士，所以各地奉祀人物也不相同。忠义祠建在文庙内的比较少。

节妇孝妇　奉祀在节孝祠内，也是清雍正七年（1729年）诏命建造的。国家规定名宦祠、乡贤祠、忠义祠建造在学校内，节孝祠建造在城内，大部分官员都是遵旨而行，只有极个别学校将节孝祠建造在了文庙内。由于节妇孝妇都是本地人士，所以各地奉祀人物也不相同。

文昌帝君　奉祀在文昌祠或文昌阁内。文昌本是北斗星名，“斗魁戴筐六星曰文昌宫：一曰上将，二曰次将，三曰贵相，四曰司命，五曰司中,六曰司禄"[1],北斗上端的六颗星形状如筐,称之为文昌宫,职能之一就是掌管人间的功名禄位。道家认为张亚子就是文昌,他是越巂人,因报母仇居住在四川剑州的七曲山,晋朝时战死,在梓潼县立庙祭祀。道家将张亚子纳入自己的神灵体系,说玉帝命他管理文昌府事。唐玄宗避难入蜀时追封为左丞,唐僖宗追封为济顺王,宋真宗咸平中改封为英显王,哲宗加封为辅元开化文昌司禄帝君,元朝时加号为辅元开化文昌司禄弘仁帝君。清嘉庆五年(1800 年),据说白莲教进军梓潼山时因望见文昌祠山上有旗帜而退兵,仁宗特御书匾额"化成耆定"赐给文昌祠,下令大修北京文昌祠,第二年竣工后,仁宗亲自祭祀,行九拜大礼,并将文昌祠祭祀列入国家祀典中的群祀(小祀),咸丰六年(1856 年)又升为中祀。

文昌祠建筑原来一般只是一座祠堂而已,清咸丰年间将文昌帝君祭祀升为中祀,同时并加封文昌帝君先人,在正祠后建殿奉祀。祠庙从此遍及全国,但都是专祠,有很少一部分建造在文庙内。

魁星 奉祀在魁星阁内。魁星又名奎星,本是北斗七星中的星名,有人说是北斗的第一至第四颗星,也有人说是第一星。古人认为魁星主管文运,所以在学校内建造魁星阁以奉祀,有很少一部分建造在文庙内。

[1] [汉]司马迁《史记·天官书》。

第四章　祭祀制度

与文庙的奉祀制度一样，历代王朝对文庙的祭祀制度也非常重视，明确文庙的祭祀等级，确定文庙的祭祀名目，制定文庙的祭祀礼仪和使用的祭品、音乐、舞蹈以及祭祀的礼器乐器。

第一节　祭祀等级

汉高祖十二年（公元前195年），刘邦途经曲阜，以太牢（牛、羊、猪各一只）祭祀孔子，其后东汉光武帝、明帝、章帝过曲阜都是遣官以太牢致祭，东汉桓帝元嘉三年（公元153年）的《乙瑛碑》记载辟雍祭祀孔子时“河南尹给牛羊豕鸡□□各一”，汉代皇帝祭祀孔子皆用太牢。《汉书·郊祀志》记载，祭祀天、地、太一都是用太牢，太牢当为最高的祭祀级别。东汉明帝永平二年（公元59年）命郡县道行乡饮酒礼于学校，祭祀周公、孔子“牲以犬”，永兴元年（公元153年）鲁国国相乙瑛奏请阙里孔子庙“春秋享礼，财出王家钱，给犬酒直”[1]，看来地方学校和孔子故居庙宇都是以犬祭祀，地方祭祀的级别就低了。

魏晋时，皇帝和太子讲通儒经后，不论是亲自祭祀还是遣官致祭辟雍，都是牲用太牢。晋泰始三年（公元267年）诏令太学和鲁国

❶〔汉〕《乙瑛碑》。

"四时备三牲祀孔子",提高了阙里孔子庙的祭祀规格。

南朝提高了孔子庙的祭祀级别。南朝宋元嘉时,裴松之建议学校释奠应该舞六佾,但因为郊乐未具,只奏登歌。南朝齐永明三年(公元485年),在廷议学校释奠礼仪时,决定"设轩县之乐,六佾之舞,牲牢器用悉依上公"[1],从而确定了孔子庙释奠的祭祀级别。

北朝也确定了孔子庙的祭祀级别。北魏天兴四年(401年)二月上丁祭祀行释菜礼,用乐舞。延兴二年(公元472年)因阙里孔子庙"女巫妖觋,淫进非礼,杀生鼓舞,倡优媟狎",明确规定:"今后有祭孔子庙,制用酒脯而已。不听妇女合杂,以祈非望之福,犯者以违制论。其公家有事,自如常礼,牺牲粢盛,务尽丰洁,临事致敬,令肃如也。"[2]私人祭祀只用酒脯,国家祭祀使用牺牲粢盛,不知牺牲是太牢还是少牢。北齐规定,天子讲经后,以一太牢祭祀孔子,"列轩县乐,六佾舞,行三献礼"[3]。

唐代确定国子监孔子庙祭祀级别为中祀,州县文宣王庙释奠为小祀。上元元年(公元760年)因天旱停止中小祀祭祀,但是文宣王庙祭祀仍旧。宋建隆三年(公元962年)诏令祭祀文宣王用一品礼,立十六戟于庙门,属于中祀。崇宁四年(1105年),提高孔子庙级别,庙门改立二十四戟,孔子像也改为天子冠冕,但祭祀等级未变。南宋绍兴十年(1140年)才将京师国子监文宣王庙祭祀升为大祀,笾豆增加为十二,但州县仍为中祀。庆元元年(1195年)京师国子监孔子庙祭祀又恢复了中祀。

明成化十二年(1476年)升孔子庙为大祀,笾豆十二,舞八佾。嘉靖九年,厘正孔子庙祀典,又恢复为中祀。清光绪三十二年(1906年)孔子庙祭祀再次升为大祀。

❶《南齐书·礼上》。
❷《魏书》卷七上。
❸《隋书·礼仪四》。

第二节　祭祀名目

汉代时,阙里孔子庙是每年四次祭祀,孔子嫡孙"褒成侯四时来祀"[1],建宁二年(公元169年)时鲁相史晨奏准朝廷,按照社稷礼仪春秋两次由王家出资进行祭祀,而国学辟雍和郡、县、道学校都是十月举行养三老五更礼和行乡饮酒礼时进行祭祀。西晋泰始三年(公元267年)"诏太学与鲁国四时备三牲祀孔子",东晋太宁三年(公元325年)"诏给奉圣亭侯孔亭四时祭直如泰始故事",晋代和南朝太学和阙里孔子庙都是四时祭祀。北齐规定国学和郡学每年春秋两次祭祀,每月初一行礼。隋朝规定"国子寺每岁以四仲月上丁释奠于先圣先师","州郡学则以春秋仲月释奠"。[2]唐武德二年(公元619年)规定,每年四时祭祀,开元十一年(公元723年)改为春秋两次释奠,元太宗五年(1233年)增加每月朔日释奠,明洪武元年(1368年)命春秋上丁释奠,京府及附府、县行释菜礼,清顺治元年确定月朔及进士释褐释菜,月望行香。从此开始,文庙定期祭祀名目有释奠、释菜和行香。此外,不定期举行的有国子监文庙的祭告和献功,曲阜孔子庙的皇帝亲祭幸鲁、遣官致祭和遣官祭告,由于曲阜孔子庙具有孔氏家庙的性质,还有时享、祫祭、荐新、祭告等名目。

释奠　古代的祭祀典礼。《礼记·文王世子》说:"凡学,春,官释奠于其师,秋冬亦如之。凡始立学者,必释奠于先圣先师。"郑玄解释说:"释奠者,设荐馔酌奠而已,无迎尸以下之事",以牲牢进行祭祀。晋朝至唐初,国立学校每年进行四次,唐开元后改为两次,每年春秋仲月上丁也就是夏历的二月、八月的第一个丁日举行,国学遇有大祭祀,改为中丁,州县学校一律定为上丁,其后历代基本都是

❶〔汉〕《乙瑛碑》。
❷《隋书·礼仪四》。

春秋仲月上丁释奠。

释奠是文庙最高规格的祭祀活动，分两种情况，一种是定期的祭祀，一种是非定期的祭祀。

定期的释奠唐初以前是四次，在夏历二月、五月、八月、十一月的第一个丁日举行，唐开元改为两次后，分别在二月、八月的上丁举行。春秋仲月上丁释奠，历代相因，因此春秋释奠又称为丁祭。但上丁释奠并非一成不变，个别时候可以改用中丁，元朝就明确规定："日用春秋二仲月上丁，有故改用中丁"[1]，延祐六年"二月丁亥朔，日有食之，改释奠于中丁"[2]。明洪武七年二月上丁因为日食，释奠也改在中丁。

非定期的释奠主要由皇帝、皇太子或遣官祭祀时举行。记载最早的非定期释奠是三国魏正始二年（公元241年）二月，齐王曹芳因讲通《论语》命太常以太牢祭祀孔子于辟雍，其后五年正月因讲通《尚书》、七年十二月因讲通《礼记》也都派太常以太牢致祭。两晋时，皇帝和皇太子的非定期释奠主要是讲通儒经后举行，由皇帝或皇太子亲自行礼。晋武帝泰始七年（公元271年）、咸宁三年（公元277年）、太康三年（公元282年）、元康三年（公元293年），元帝大兴二年（公元319年），皇太子分别因为讲通《孝经》、《诗经》、《礼记》、《论语》亲自到太学释奠。皇帝亲自释奠始于晋咸康三年（公元337年），成帝因讲通《诗经》亲自到太学释奠，其后升平元年（公元357年）三月穆帝因讲通《孝经》、宁康三年（公元375年）七月孝武帝因讲通《孝经》也都亲自释奠孔子，但是因为距离太学较远，皇帝没有亲自到太学致祭，而是将正堂临时作为太学释奠。非定期释奠，在南朝至唐代时，主要是由皇太子行礼，如唐开元七年，皇太子入学齿胄，释奠孔子，独自亲行三献礼，

[1]《元史·祭祀志》。
[2]《元史·仁宗本纪三》。

而在宋、明、清则主要由皇帝亲自行礼。

东汉时，“辟雍礼未行，祀先圣师，侍祀者孔子子孙”，太学释奠由孔子嫡孙褒成侯主祭。魏国以太常主祭，从晋朝开始改为以学官主祭。唐初国学仍以儒官为祭主，祝文也直书博士姓名。贞观二十一年（公元647年）经中书侍郎许敬宗奏准，国学释奠以祭酒为初献，司业为亚献，博士为终献，祝文称皇帝谨遣；诸州学校释奠以刺史为初献，上佐为亚献，博士为终献；县学释奠县令为初献，县丞为亚献，因为博士没有品秩，以主簿或县尉为终献。历代基本都是采用唐朝的制度，个别时期偶有不同。唐开元二十八年（公元740年）曾命国学春秋释奠以三公摄行事；辽神册三年（公元918年）曾命皇太子春秋释奠国学孔子庙；宋大中祥符三年（1010年）曾命以太尉、太常、光禄卿充任三献官；明洪武元年曾定春秋释奠以丞相为初献，翰林学士为亚献，国子监祭酒为终献，司府州县卫学以各提调官行事；万历二十三年曾定国学春秋释奠前皇帝御殿传制，遣大臣祭孔子四配，翰林官二员分献十哲，国子监官二员分献两庑。但是，在绝大数时期，国学都是学官以皇帝名义致祭，地方学校以地方最高行政长官主祭。明清时，地方最高学校是府学，省府所在地的府学释奠就由地方最高行政长官总督或巡抚正献，以道员二人分献两序（十二哲），知府、同知分献两庑先贤先儒，督学主祭崇圣祠；监司所在府学释奠由监司主祭；其他府州县学释奠由当地长官正献，副职及属官为两序和两庑分献，崇圣祠由教谕正献。

国学定期释奠有时由皇帝或皇太子亲自主祭，这都是从唐朝开始的。唐高祖和唐太宗曾经分别在武德七年二月的释奠和贞观十四年二月的释奠亲自行礼，宋、金、清时，释奠日皇帝亲自祭祀的情况时有发生，如金承安二年（1197年）春丁释奠，章宗自任初献，命亲王摄亚、终献，皇族陪祀，文武群臣助奠。皇太子主持国学释奠是从唐初开始的，皇太子为初献，祭酒为亚献，司业为终献。但在明朝，皇帝亲自释奠刻意避开春秋仲月上丁，《明史》记载的十三位皇帝的十六次释奠全都不是春秋释奠的丁日。

释奠是学校最高级别的祭祀，所以历代都非常重视。唐开元二十一年（公元 733 年）命刺史、县令主祭孔子，朝廷按照祭祀制度颁给明衣。宋崇宁四年（1105 年）专门制定祭服制度并颁给州县，祭祀孔子一律用法服行礼。元世祖至元四年（1267 年）命春秋释奠时执事官员各依品序公服配位。唐贞元二年（公元 786 年），诏令国学释奠时宰臣以下全部参加。宋嘉泰二年（1202 年）诏命武臣一体拜谒孔子庙。清康熙四十九年（1710 年）命直省同城大小武职官员在文庙释奠时按照文职官员的制度一体到文庙行礼。

释菜　是以芹藻为祭品举行的祭祀。《礼记·文王世子》说："始立学者，既兴器用币，然后释菜。"孔颖达疏说："释菜有三：春入学释菜合舞，一也；此釁器释菜，二也；《学记》皮弁释菜，三也。"后来释菜成为学校的祭祀名目之一。

正史中，释菜一词最早见于东晋穆帝升平二年（公元 358 年），豫章王开馆立学，"行释菜礼"[①]。南朝齐永明三年（公元 485 年）诏有司商议释奠、释菜当行何礼，尚书令王俭说："中朝以来，释菜礼废，今之所行，释奠而已。"当时已经不知道释菜的礼仪。北魏天兴四年（公元 401 年）、永熙三年（公元 534 年）也曾举行释菜礼，但不知所行何礼，而新旧唐书则将释奠和释菜相混。宋代时规定在四孟月进行释菜，元丰七年（1084 年）还制定了四孟释菜仪，大观元年（1107 年）规定贡士入学在辟雍行释菜礼。明洪武四年（1371 年）令进士释褐时诣国学文庙释菜，洪武十七年敕每月朔望祭酒以下行释菜礼，国学文庙每月初一、十五释菜。清顺治元年（1644年）规定

①《南史》卷 42。

月朔及进士释褐时行释菜礼，各级学校文庙都在每月初一释菜。因正月初一各官行朝贺礼，释菜改在第二天进行。

清代释菜时只有芹、枣、栗三种祭品，各置豆内，祭祀时上香献爵。朔日释菜，国子监文庙由祭酒主献，国子监丞、博士、助教、学正、学录分献。府州县学文庙以教授、教谕、训导等学官行礼。曲阜孔子庙由衍圣公主献，大成殿、两庑、寝殿、崇圣祠、启圣祠同时行礼。新进士释褐释菜礼由第一甲第一名主献，第二名、第三名分献十二哲，第二甲第一名和第三甲第一名分献东西两庑。

元世祖至元四年（1267年）规定，地方行政长官朔望日要去文庙拜谒孔子，大德元年（1297年）规定地方官到任首先拜谒孔子庙，然后依次拜谒其他神庙。

行香 行香本来是礼佛的形式，洪武十七年令祭酒每月朔望在国子监文庙释菜，郡县长官每月朔望诣学行香，每月的初一、十五两次到文庙上香。清顺治元年（1644年）规定文庙月朔释菜，月望行香，将文庙上香改为每月一次。

行香不设祭品，只上香行礼。国子监行香由司业正献，助教、学正分献两序和两庑，另一助教在崇圣祠上香；直省府州县学文庙由教授、教谕、训导等学官上香；曲阜孔子庙由衍圣公率领族人在大成殿、崇圣祠、启圣祠行礼。

告祭 曲阜孔子庙称祭告，是国家有大事时皇帝遣官到文庙告知的祭祀。告祭始于唐代，乾封元年（公元666年）因追赠孔子为太师、维修曲阜孔子庙和免除孔子嫡孙赋役事派遣司稼卿扶余隆专程到曲阜孔子庙祭告。元代祭告大兴，皇帝登基、追封孔子、改变文庙祀典、维修文庙都要遣官祭告。元至大四年（1311年），仁宗登基遣官至曲阜孔子庙祭告，以后成为惯例，大德十一年（1307年）追封孔子为大成至圣文宣王、元顺帝至元五年(1339年)维修孔子庙工竣都遣官祭告,明清相沿不改。明成化十三年(1477年)升文庙为大祀,嘉靖九年厘正文庙祀典也都遣官祭告。清代祭告最多,平定叛乱、祈求丰年、皇帝登基及逢十大庆、皇帝或皇太后逢十大寿、皇帝南巡、皇帝及太后升配礼成、追封孔子五代先人为王、立国储、立正宫、孔子庙大成殿上梁出现庆云都遣官祭告。乾隆一朝祭告最多,不计皇帝八次到曲阜亲祭还有十六次。

国子监文庙告祭举行的次数不多,清康熙五十一年(1712年)因将朱熹升为先哲、雍正元年(1723年)因加封孔子五代先人遣官各举行一次,乾隆二年(1737年)、三年、三十二年、三十四年分别因文庙改用黄瓦、有若升为先哲、诏修文庙和文庙告成遣官告祭。遣官后三次为大学士,祭品为鹿脯、鹿醢、兔醢、榛、栗、葡萄、桃实、莲实,礼行三献,上香,读祝,祭祀礼仪与遣官丁祭相同。

遣官致祭 皇帝遣官作为代表致祭。除遣官至国子监文庙致祭外,也遣官至曲阜致祭。遣官曲阜致祭始于北魏皇兴二年(公元468年),献文帝派遣中书令高允到曲阜孔子庙以太牢致祭。唐、宋、金三朝遣官致祭很少,元末最频,顺帝每隔几年就遣官致祭一次。明清遣官致祭仍然很少,明弘治十二年(1499年)、清雍正二年(1724年)曾遣官慰祭,都是因孔子庙遭受雷击被焚。

献功 三代以来,献俘、受降都是在太庙、社稷,献功文庙为清代首创。康熙三十五年、四十三年,雍正二年,乾隆十四年、二十年、二十四年,道光八年分别因平定噶尔丹、朔漠、青海、金川、准噶尔、大小金川、回疆献功文庙,康熙、乾隆朝都是遣官致祭,唯有道光皇帝是亲自祭祀。乾隆平定金川、准噶尔御制碑还刻立在曲阜孔子庙内。

幸鲁 本意是指皇帝到山东,因曲阜是鲁国故都,后来特指皇帝到曲阜孔子庙祭祀孔子。历史上曾经有十二个皇帝十九次到曲阜孔子庙祭祀。

祫祭　集合远近祖先神主于太庙合祭，古代天子在丧事后举行，后来成为定期的祭祀，何时祭祀，经无明文，通常三年一次。曲阜孔子庙每年腊月初一举行一次，在家庙进行，衍圣公率领族人行礼。

时享　原是宗庙四时的祭祀，天子和臣民都可以举行，“百姓夫妇，择其令辰，奉其牺牲……率其子姓，从其时享”[1]。曲阜孔子庙在每年四孟月（夏历的一、四、七、十月）的上戊日（第一个戊日）在家庙举行，衍圣公率领族人行礼。

荐新　用新熟的五谷或时新食物祭祀祖先。曲阜孔子庙每月举行一次，除四孟月的时享外，还在二月花朝日、三月寒食日、五月端阳日、六月初伏日、八月中秋日、九月重阳日、十一月长至日和十二月腊八日举行，衍圣公率领族人荐新于寝庙。

第三节　皇帝幸鲁亲祭

西汉高祖刘邦首开皇帝祭祀曲阜孔子庙的先河，历史上许多皇帝纷纷仿效，一直到清高宗的1900多年间先后有十二位皇帝十九次亲自到曲阜阙里孔子庙祭祀孔子。

西汉高祖十二年（公元前195年）十一月，高祖刘邦自淮南过鲁，以太牢祭祀孔子。

东汉建武五年（公元29年）十月，光武帝击败董宪于昌虑，还过阙里，命大司空宋弘祭孔子。光武帝“坐孔子讲堂，顾指子路室谓左右曰：‘此吾太仆之室也’”。

东汉永平十五年（公元72年）三月，明帝刘庄命诸王齐来鲁国

❶《国语·楚语下》。

祭祀东海恭王陵墓。还至阙里孔子故宅，祭祀孔子及七十二弟子，并“亲御讲堂，命皇太子、诸王说经”。

东汉元和二年（公元 85 年）三月，章帝刘炟幸鲁，祭祀东海恭王刘彊陵墓，“庚寅，祀孔子于阙里，及七十二弟子，赐褒成侯及诸孔男女帛”。《后汉书·儒林传上·孔僖》记载比较详细，“元和二年春，帝东巡狩，还过鲁，幸阙里，以太牢祠孔子及七十二弟子，作六代之乐，大会孔氏男子二十以上者六十三人，命儒者讲论（语）。僖因自陈谢。帝曰：‘今日之会，宁于卿宗有光荣乎？’对曰：‘臣闻明王圣主，莫不尊师贵道，今陛下亲屈万乘，辱临敝里，此乃崇礼先师，增辉圣德。至于光荣，非所敢承。’帝大笑曰：‘非圣者子孙，焉有斯言乎！’遂拜僖郎中，赐褒成侯损及孔氏男女钱帛”。《頖宫礼乐疏》记载：“帝升庙西面，群臣中庭北面，皆再拜。”[1]

东汉延光三年（公元 124 年）春二月，安帝刘祜东巡狩，三月至曲阜，戊辰祀孔子及七十二弟子于阙里，自鲁相、令、丞、尉及孔氏亲属、妇女、诸生悉会，赐褒成侯以下帛各有差。

北魏太和十九年（公元 495 年）夏四月，孝文帝元宏至曲阜，庚申行幸鲁城，亲祠孔子庙。辛酉，诏拜孔氏四人、颜氏二人为官。诏选诸孔宗子一人封崇圣侯，邑一百户，奉孔子之祀。又诏兖州为孔子起园柏，修饰坟垄，更建碑铭，褒扬圣德。

唐乾封元年（公元 666 年）春正月，高宗李治封禅泰山，二月至曲阜祭祀孔子。甲午，次曲阜县，幸孔子庙，追赠太师，增修祠宇，以少牢致祭，免褒圣侯德伦及子孙赋役。

唐玄宗开元十三年（公元 725 年）十一月，玄宗李隆基封禅泰山，丙申，幸孔子宅，遣使以太牢祭其墓，给复近墓五户。赋诗《经鲁祭孔子而叹之》：“夫子何为者，栖栖一代中。地犹鄹氏邑，宅即鲁

❶〔明〕李之藻《頖宫礼乐疏》。

王宫。叹凤嗟身否，伤麟泣道穷。今看两楹奠，当与梦时同。”

后周广顺二年（公元952年）夏六月乙酉朔，太祖郭威至曲阜县，谒孔子祠。奠酒后将要致拜，左右曰：“仲尼，人臣也，无致帝拜。”太祖曰：“文宣王百代帝王师也，得无敬乎？”即拜奠于祠前，将所奠酒器、银炉等留于孔子庙，又到孔林拜谒孔子墓。太祖问左右近臣说：“仲尼、亚圣之后今有何人？”左右回答说：“前曲阜县令、袭封文宣公孔仁玉是仲尼四十三代孙，乡贡三礼颜涉是是颜渊之后。”太祖即召见孔仁玉，赐绯，口授曲阜县令，授颜涉曲阜县主簿，就令上任视事。仍敕兖州修葺孔子宅宇，禁止墓园樵采。

宋真宗大中祥符元年（1008年）冬十月，真宗赵恒封禅泰山，十一月至曲阜祭祀孔子，追谥孔子玄圣文宣王，追封孔子父叔梁纥为齐国公，母颜氏为齐国太夫人，妻并官氏为郓国夫人，授孔子四十六代孙、文宣公孔圣佑为太常寺奉礼郎，赐孔族六人出身、孔氏家钱三十万、帛三百匹、祭田一百顷，赐孔子庙经史书籍、太宗御制御书一百五十卷，将祭祀孔子使用的银炉、祭器、御香等留于庙中。

清康熙二十三年（1684年）十一月圣祖至曲阜，己卯亲自祭祀孔子，行三跪九叩头礼，遣内阁学士麻尔图等分别祭祀四配、十哲、两庑先贤先儒，国子监祭酒阿瑚祭祀启圣祠，颁给御书“万世师表”额，在诗礼堂听孔尚任、孔尚铉分讲《圣经》首节和《易经》首节，周览庙中古迹，将御用曲柄黄盖留于庙中，又到孔林祭祀孔子墓，行一跪三叩头礼，令扩大孔林一千一百多亩，赐衍圣公、五经博士及孔氏族人书籍、貂蟒、银币不等。讲经监生孔尚任、举人孔尚铉破格授为国子监博士，陪祀观礼生员十五人作为恩贡送国子监读书，应升孔氏官员以应升之缺选用，候补和候选官荫生二十三人、举人六人都以应得之缺选用，贡生等十一人待考定职衔选用，世袭官员均加一级，题褒衍圣公祖母“节并松筠”，封周公后裔东野沛然为世袭翰林院五经博士。

清乾隆十三年(1748年)二月戊寅,高宗第一次至曲阜,当即到孔子庙上香,三跪九叩头,周览庙中古迹。第二天,举行隆重的正式祭祀释奠礼,礼行三献,三跪九叩,命左都御史刘统勋等分献四配、十二哲、两庑先贤先儒,诚亲王分献崇圣祠,在诗礼堂听孔继汾讲《中庸》"凡为天下国家有九经"章,孔继涑讲《周易》临卦象辞,至孔林祭祀孔子墓,一跪三叩头,题写御书大成殿、诗礼堂和孔庙各门门额、对联,留曲柄黄盖,授孔继汾内阁中书舍人,赐衍圣公孔昭焕貂裘蟒服表里、经史书籍,赐十三氏子孙宴,赏十三氏进士、举人每人银十两,贡监生员每人银五两,有职者皆加一级,令学臣选拔十三氏文学可观、读书立品子孙贡入国子监。

乾隆二十一年(1756年)三月己巳,高宗第二次至曲阜,仍旧先到孔子庙上香行礼,第二天举行在孔子庙释奠礼,到孔林酹酒,仪式与上次一样。路经梁公林,派大学士陈世倌到叔梁纥墓前奠酒。

乾隆二十二年(1757年)四月己巳,高宗第三次到曲阜,到孔子庙上香,行三跪九叩礼,次日到孔林酹酒,没有举行正式祭祀,赐衍圣公孔昭焕高祖母黄氏"六代含饴"额。

乾隆二十七年四月庚辰,高宗第四次到曲阜,入棂星门下马,由中道步入大成殿上香,行两跪六叩礼,出德侔天地坊去古泮池行宫。第二天,去孔林酹酒。

第五次是在乾隆三十六年(1771年)三月乙巳,高宗第五次至曲阜,乘步辇由德侔天地坊入庙,奏"仙源九祝之曲",至大成门外下辇,到大成殿上香,次日举行释奠礼,三献九拜,全如十三年仪式,令工部尚书、和硕额驸福隆安等分献四配、十二哲、先贤先儒,令协办大学士、户部尚书于敏中分献崇圣祠,令曹秀先、金甡、钱维城、申甫分祭颜子、曾子、子思、孟子庙。赐衍圣公孔昭焕以下衣服银币不等,令颁内府所藏周代十件铜器与孔子庙。

乾隆四十一年(1776 年)二月,高宗因平定金川,奉母东巡,三月第六次至曲阜,举行释奠礼,并谒孔子墓酹酒。

乾隆四十九年(1784 年)二月,高宗南巡第七次到曲阜,释奠孔子庙,谒孔林酹酒。

乾隆五十五年(1790 年)三月十五日,高宗第八次到曲阜孔子庙释奠,谒孔林酹酒。

第四节　释奠仪注

虽然最早从汉代开始国家就在学校祭祀孔子,但是唐以前的祭祀仪史无记载,现在能够见到的最早的祭祀仪是唐代的,《大唐开元礼》中有《皇太子释奠于孔宣父》、《国子释奠于孔宣父》和《诸州释奠于孔宣父》三个释奠仪注。释奠礼行三献,读祝,奏乐舞蹈,祭品用牲牢,祭器有笾豆簠簋等,奠定了祭祀孔子的礼仪,后代虽各有损益,但变化并不是很大。宋景德四年(1007 年)因为诸州长吏在春秋释奠时不亲自行礼,有违国家尊师重教之意,国家专门制定释奠礼仪颁布天下,大中祥符三年将《释奠仪注》和《祭器图》颁发给各路,明洪武十五年也颁布释奠仪注于天下。

清代每年两次释奠,定在仲春、仲秋的上丁,也就是夏历二月、八月的第一个丁日。正常情况下,国子监以祭酒、司业、博士为三献,省会府学文庙以总督或巡抚为正献,以道员二人分献两序十二哲,以知府、同知各一人分献两庑;监司分驻的府学文庙以监司为正献;其他府、州、县均以正官为正献,副职和属官为两序、两庑分献;不论哪一级学校的崇圣祠都由学官分献。祭祀时,在城的文武官员(省城是县丞和千总以上的所有在城文武官员)都要陪祭。祭祀前,承祭官、分献官和陪祀官致斋二日。前一天,打扫卫生,检查牺牲,正献官率领执事人员到学校练习礼仪,教官率领乐舞生练习舞蹈奏乐。鸡叫头遍,祭祀官员齐集致斋所,拂晓祭祀开始。

文庙释奠仪式,《钦定大清会典》、《钦定大清会典则例》、《钦定大清通礼》都有记载,但是都不如曲阜孔子庙释奠礼仪详细。

更衣 子时,鸣鼓三通,从祭官员到更衣厅更换祭服,引赞引导正献官进入大成门内,在拜位前站立。

启户 鸣赞唱“启户,扫除”,礼生将殿庑各门打开,点燃庭燎、吊灯,执事生到各神坛前清扫,将神牌扶正,焚香点烛,一跪三叩后退出殿外。

乐舞生就位 鸣赞唱“乐舞生就位”,乐舞生由两侧登上殿前露台,鼓工击蕢鼓为节奏。

从祭人员就位 鸣赞唱“执事者各司其事,陪祭官就位,分献官就位,正献官就位”。引赞引正献官就拜位,北面立。

瘗毛血 鸣赞唱“瘗毛血”,掌宰官至孔子供桌前一叩头,将盛放牺牲毛血的小碟高捧过头从正门出,其他各案的陈设生也将毛血碟高捧出殿庑,将毛血埋于燎所,各供桌执事人员将各种礼器的盖子全部打开。

迎神 鸣赞唱“迎神”,乐官接唱“迎神”,麾生举麾,唱“乐奏宣平之章”,乐工击柷作乐,有乐无舞。工祝执手炉,引太祝生、太史生由中陛至杏坛前。工祝唱“求神”,正献官以下均下跪。工祝唱“燔燎”,太史生举柴,太祝生举火,点燃萧艾香草,求神于阳;工祝唱“灌鬯”,太史生从黄彝之尊中取酒,太祝生举起禾斝,将酒浇灌在茅沙池中,求神于阴。工祝唱“往迎”,与太祝生、太史生引导正献官到大成门内甬道左侧拱立,迎接孔子神主。神舆入大成门,工祝唱“神降”,正献官跪于道左,太祝生、太史生到神舆前致辞，神舆稍停，工祝唱“分班，前导神舆行”，正献官等均在神舆前趋行，位卑者在前，尊者在后，到拜位前，退至左右两侧，神舆由中陛升台，恭安在神像前。鸣赞唱“参神”，正献官以下俱到拜位前，鸣赞唱“三跪九叩”，正献官以下均三跪九叩。

初献　鸣赞唱“奠帛，行初献礼”，伶官原文传唱，麾生举麾，唱“乐奏昭平之章”，击柷作乐，有舞。引赞唱“诣盥洗所”，引正献官到中陛东侧的盥洗所。引赞唱“浴手”，礼生舀金罍之水，正献官以手接水洗手。引赞唱“进巾”，礼生跪下将巾展于笥上，正献官拭手。引赞唱“诣水尊所”，执爵生举爵，将正位三爵、四配各一爵依次进献于正献官，相礼生用疏勺舀金罍之水，正献官接水洗爵，相礼生跪捧盥盆以接洗爵之水。引赞唱“进巾”，相礼生跪下将巾展于笥上，正献官依次拭爵。引赞唱“司帛者捧帛，司香者捧香，司祝者捧祝，司爵者捧爵，各诣神位前”，以正献官自东陛升台，到殿左门外。引赞唱“诣酒尊所”，执爵生捧爵在酒尊所站立。引赞唱“司尊者举幂勺酒”，正位司尊生用龙勺舀著尊的酒齐注入正位三爵，四配司尊生用蒲勺舀著尊的酒齐注入四爵。正位执爵生高举酒爵由正门入殿，到孔子神位前朝上站立，四配执爵生由左门入殿，到四配神位左右朝上站立。引赞唱“诣始祖至圣先师神位前”，引正献官升殿到孔子神位香几前。引赞唱“上香”，司香生跪举香盒，正献官取檀香木块焚于鼎内。引赞唱“献帛”，司帛生捧帛篚，正献官取帛奠于几上，一叩头立。引赞唱“进爵”，三名执爵生均面西捧爵跪下。引赞唱“献爵”，正献官一一接爵后奠于祭案正中坫上，一叩头立。鸣赞唱“众官皆跪”，分献官、陪祭官俱下跪。鸣赞唱“叩头”，众官俱一叩头。鸣赞唱“平身”，众官俱起立。引赞唱“诣复圣颜子神位前”，正献官至颜子神位香几前。引赞唱“跪”，正献官跪下一叩头，司帛生举帛篚，正献官取帛置于香几，又一叩头立。引赞唱“献爵”，执爵生面南跪，进爵，正献官站起接爵奠于祭案正中坫上，又一叩头立。引赞唱“诣宗圣曾子神位前”，仪式与颜子相同。殿外鸣赞唱“行分献礼”，引赞分别引寝殿、东序、西序、崇圣祠、启圣祠、启圣寝殿、东庑、西庑各分献官俱升坛，至盥洗所浴手，至神位前献帛、献爵。殿内引赞唱“诣述圣子思子神位前”，仪式与颜子相同。引赞唱“诣亚圣孟子神位前”，仪式也与颜子相同。引赞唱“诣读祝位”，引正献官至孔子神位前，跪于祝案前。鸣赞唱“众官皆跪”，陪祭各官俱跪。引赞唱“读祝”，太祝生宣读祝文：“某年某月某日，某代孙袭封衍圣公敢昭告于始祖至圣先师孔子曰：‘维祖德配天地，道贯古今，删述六经，垂宪万世。兹值仲春（夏、秋、冬），谨以香帛牲醴，粢盛庶品，祗奉旧章，敬陈明荐。以复圣、宗圣、述圣、亚圣配，尚飨！’”读毕，叩头起立，将祝板置于孔子神案上。引赞唱“一跪三叩头”，正献官三叩头。鸣赞唱“一跪三叩头”，陪祭官俱三叩头。引赞唱“复位”，正献官出殿左门，往殿内一拱，从西陛降，到拜位前立。寝殿、东序、西序、东庑、西庑分献官俱候齐。麾生偃麾，柷敔乐止，舞生面北站立。

亚献 鸣赞唱“行亚献礼”，伶官传唱“举亚献，乐奏秩平之章”，麾生举麾，击柷奏乐，有舞。引赞唱“升坛”，以下祭仪与初献相同，只是不读祝文。

终献 鸣赞唱“行终献礼”，伶官传唱“举终献，乐奏叙平之章”。以下祭仪与亚献相同。

撤馔 鸣赞唱“行撤馔礼”，伶官传唱“撤馔”，麾生举麾，“乐奏懿平之章”，击柷奏乐，无舞。各坛陈设生将登、铏、簠、簋、笾、豆、钫、俎、尊、彝加盖加罩，并略微移动。

饮福受胙 鸣赞唱“饮福受胙”，引赞唱“升坛”，引正献官由东陛入殿。引赞唱“诣福胙位”，引正献官至香几左侧福胙案前。引赞唱“跪”，正献官跪于福案前。鸣赞唱“众官皆跪”，陪祭各官皆跪。引赞唱“饮福酒”，太史生取神前献爵之酒合于一爵交太祝生，太祝生跪献于正献官，正献官饮福酒。引赞唱“受胙肉”，宰人预先割下一块牛肉，太史生盛放在大盘内交给太祝生，太祝生跪献于正献官，正献官接受。引赞唱“叩头，平身”，众官皆一叩头后立。引赞唱“复位”，正献官由西陛回拜位。鸣赞唱“谢神，跪，叩头，再叩头，三叩头，平身”，正献官以下俱一跪三叩头起立。

瘗馔 鸣赞唱“瘗馔”，司馔官进殿，至孔子神案前一叩头立，高捧所供馔盘出殿，四配、十二哲陈设生也一叩头后将本坛馔盘高捧，尾随司馔官由月台中陛而下，其他各坛陈设生也高捧本坛馔盘尾随由寝殿西掖门出，埋馔于瘗所，然后回到拜位。鸣赞唱“辞神，三跪九叩头”，正献官以下俱三跪九叩头，麾生偃麾，栎敔乐止。

送神 鸣赞唱“送神”，伶官传唱，麾生举麾，唱“送神，乐奏德平之章”，击柷作乐，无舞。执事生捧神主出殿门，幼孙抱持坐于舆上，四人抬舆，礼生、乐生引导，由月台中陛下，舞生分两班向神舆拱揖。工祝引太祝生、太史生先至拜位前立，工祝唱“神降”，太祝生、太史生至神舆前致辞，神舆略停。工祝唱“分班，前导舆行”，正献官以下在神舆前导行，卑者在前，尊者在后。至大成门内分列道左，送神舆出门。工祝引太祝生、太史生回。工祝唱“神去”，引赞唱“复位”，正献官以下依次退回拜位。麾生偃麾，栎敔乐止。

望燎 鸣赞唱“望燎”（秋冬曰“望瘗”），伶官传唱，麾生举麾，唱“乐奏德平之章”，击柷奏乐，无舞。鸣赞唱“焚祝帛”，太祝生到祝案前一叩头，太史生将祝板交太祝生，太祝生起立，恭捧祝文出殿，司香帛者各到香几前一叩头，高捧香盒、帛篚随太祝生、太史生出殿，四配、十二哲司香帛者也叩头后高捧香盒、帛盒跟随出殿，由中陛下，两庑司香帛生也各捧本坛香帛随之出后左门（秋冬出后右门）到燎所。引赞至正献官前唱“诣燎位”，各引赞也到各分献官前唱“诣燎位”，到燎所门外站立。引赞唱"望燎",正位祝一板、香一炷,帛一端及四配位香四炷、帛四端依次焚烧,毕,引赞唱"复位",引正献官回拜位。寝殿引赞引代献官、其他引赞引东序、西序、东庑(三坛)、西庑(三坛)分献官焚烧香帛后返回拜位。

阖户 鸣赞唱"阖户",监祭官关闭大成殿正门。鸣赞唱"礼毕",正献官以下俱退,乐舞生卷班,鼓工鸣钟以为节奏,伶官执麾幡对引接舞,照班反转下退,舞列宫悬之内,朝上三叩头。各执事生至杏坛前汇集,排列于东西阶,朝上三叩头后散去。

第五节 祭 品

主祀祭品 汉高祖刘邦经过鲁国,以太牢——牛羊猪三牲——祭祀孔子,这只是俎中祭品,除此之外还应有其他祭品,史书无载,难以考证。东汉永平二年(公元59年)命学校皆祀周公、孔子,牲以犬,东汉桓帝元嘉三年(公元153年)朝廷批准曲阜孔子庙"春秋享礼,财出王家钱,给犬酒直",说明在汉代地方学校和曲阜孔子庙以犬作为主要祭品,但是京师祭祀仍然是用太牢,"辟雍礼未行,祀先圣先师,侍祀者孔子子孙……河南尹给牛羊豕鸡□□各一,大司农给米"[1],可见祭品还有鸡、米等。唐以前祭品史书无载,只能从文献中去推测。南朝齐永明三年(公元485年)朝廷讨论释奠礼乐时说"金石俎豆,皆无明文",最后议定"牲牢器用,悉依上公",南朝齐永泰元年(公元498年)诏书说"祀典陵替,俎豆寂寥,牲牢莫举",南朝梁敬帝太平二年(公元557年)诏书说"敬神之寝,簠簋寂寥",北魏延兴二年(公元472年)诏书要求曲阜孔子庙"公家有事,自如常礼,牺牲粢盛,务尽丰洁",看来祭品有牺牲粢盛,礼器有簠簋笾豆,与唐代祭品礼器相似。

[1] [汉]《礼器碑》。

唐开元年间礼制规定：国学“春秋释奠于孔宣父，先圣先师笾豆十，簠二，簋二，登三，铏三，俎三。若从祀，笾豆皆二，簠一，簋一，俎一”；春秋州县学校祭“先圣释奠于先师，笾豆皆八，簠二，簋二，俎三”。十笾盛以石盐、藁魚、枣、栗、榛、菱、芡、鹿脯、白饼、黑饼，十豆盛以韭菹、醓醢、菁菹、鹿醢、芹菹、兔醢、笱菹、鱼醢、脾析菹、豚胉。八笾减少白饼、黑饼，八豆减少脾析菹和豚胉。[1]历代虽有变动，但是不论礼器数量还是祭品名称变化都不大，只是孔子升为大祀时增加为十二笾豆，金代将三俎改为两俎，元代增加三登三铏，明清改为一登二铏。

配祀祭品 从唐宋金元一直到明代，配享笾豆数量与孔子相同，不同的是俎和登。明清时孔子太牢，用牛羊猪三牲，而四配少牢，用羊猪二牲，明清时比孔子少登和其中的太羹。

两序哲位在唐代视同从祀，笾豆各二，簋簠俎各一。宋代依然，元代改为笾豆爵各一，笾豆各二，簋簠俎各一。明清时改为笾豆各四，簋簠俎铏各一，东序、西序各设一俎，俎中左羊右豕。

从祀先贤先儒，唐宋元时均为笾豆各二，簠簋俎各一，金代改为“七十二贤、二十一先儒每位各笾一豆一爵一”，明代从祀先贤先儒改为每四位一坛，每坛四笾四豆一簋一簠四盘猪肉，清代改为每二人一坛。

启圣祠祭品在明代时仿照大成殿，启圣公比孔子少太羹（容器为登）和牛，配享比十哲多一个猪头，从祀比配享少一盘猪肉。清代时正位与大成殿四配相同，配享、从祀与大成殿哲位相同。

第六节 音 乐

曲阜孔子庙祭祀用乐始于东汉元和二年（公元85年），章帝到

[1]《新唐书》卷12。

阙里孔子庙祭祀孔子,作六代之乐。国学孔子庙用乐始于南朝宋元嘉二十二年(公元445年),皇太子释奠“乐用登歌”。南朝齐永明三年(公元485年),朝廷议定国学释奠设轩县之乐,南朝梁大同七年(公元541年)首先为孔子庙祭祀制作专门的歌词,此年皇太子释奠国学,“时乐府无孔子、颜子登歌之词,尚书参议令之伟制其文,伶人传习以为故事”[1],杜之伟首先创作了国学祭祀孔子的歌词。

从隋朝开始,每个王朝都为文庙制定专门的音乐和歌词。隋代乐曲名诚夏,取《尚书》“至诚感神”之意,有乐有歌,歌词虽然只有一章,但加上国家规定国子寺四仲月上丁释奠、州郡学校春秋二仲释奠,已经使孔子庙释奠有了独自的乐、歌、礼。唐代乐曲以和为名,孔子庙释奠为“宣和之乐”,皇太子释奠之曲迎神用承和之乐(《旧唐书》作又名宣和,《大唐开元礼》作永和,以姑洗之均),行走用承(永)和之乐,登歌献币用肃和之乐(以南吕之均),迎俎、酌献用雍和之乐,文舞出、武舞入用舒和之乐,武舞用凯安,词同冬至圜丘,送神也用承(永)和之乐,词同迎神,五章六奏,加上武舞的凯安,实际上是六章七奏。

宋景祐元年(1034年)诏释奠用登歌,迎神、送神用凝安之曲,初献、升降用同安之曲,奠币用明安之曲,酌献用成安之曲,配位初献用成安之曲(哲宗时增加),饮福用绥安之曲,原为六章,哲宗时增为七章。大观三年(1109年),国家制定了新的释奠乐章《凝安九成之乐》。政和元年(1111年)又制定了新的释奠礼仪:皇太子释奠迎神奏崇安之乐,天纵将圣之舞;升降奏翼安之乐;奠币奏成安之乐;酌献奏恭安之乐;兖国公酌献奏宪安之乐;亚献前文舞退,武舞入,奏宣安之乐;亚献奏肃安之乐,武舞无思不服之舞;饮福奏介安之乐;送神奏崇安之乐;八乐九奏,文武舞并用,文舞名《天纵将圣

[1]《陈书·杜之伟传》。

之舞》,在迎神至初献阶段表演,武舞名《无思不服之舞》,在亚献至送神阶段表演。至此为孔子庙专门制作的礼、乐、舞、歌四位一体释奠仪式全部完成了。

金初期使用北宋释奠乐章,大定十四年(1174 年)才制定了释奠乐章,明昌六年(1195 年)又重新颁定释奠歌章。

元大德十一年(1307 年)制定了释奠乐章《宣圣乐章》大成乐,《元史·礼乐志》记载共十六章,除郕国公曾子和沂国公子思酌献歌词为新创外,其他十四章几乎是完全照搬北宋大晟乐府拟撰未用乐章,但是没有终献。这是不可能的。宋大晟乐府释奠乐章为亚献、终献一曲一词,元代也应该是这样。元代大成乐是内容最多、宫调最为复杂的释奠音乐,仅初献就演奏九成,使用了黄钟宫、大吕角、太簇徵、应钟羽四种宫调,而全部乐章交替使用了七种宫调。孔尚任《阙里志·乐舞志》将亚献曲作终献,另有亚献文安、大吕宫一章,此外还有分献十哲成安、南吕宫和分献从祀成安、太簇立宫两章,但这三章都不是国家礼制规定的,该书《礼仪志》“仪注”收有元代释奠仪注,标明为张须考定。从仪注看,当终献开始时分献十哲和从祀,奏分献成安之乐。张须是元世祖至元三十年(1293 年)来曲阜任孔颜孟三氏学教授的,元贞二年(1296 年)秩满去职,那时元朝尚未制定释奠乐章,所以曲阜孔子庙制定了自己的乐章,有人将孔尚任《阙里志》所载的元代曲阜孔子庙释奠乐章当成元代国家释奠乐章是错误的。

明洪武元年(1368 年)定制春秋二仲上丁释奠孔子,乐六奏,次年命春秋释奠只行于曲阜和国子监,不必天下通行,遭到刑部尚书钱唐和侍郎徐程的反对,徐程认为:“孔子以道设教天下,祀之非祀其人,祀其教也,祀其道也。”钱唐认为:“孔子垂教万世,天下共尊其教,故天下得通祀孔子,报本之礼不可废。”但朱元璋并没有接受,直到洪武十五年才命天下儒学通祀孔子。明代文庙释奠乐章是洪武六年制定的,迎神奏咸和之曲,奠帛奏宁和之曲,初献奏安和之曲,亚献、终献奏景和之曲,撤馔、送神均奏咸和之曲。六章六奏,歌章全部选自宋代大晟乐府撰写而未用的乐章,只有几个字有所改变。洪武二十六年“颁大成乐于天下郡县之学,于是始皆用乐”,令各级学校文庙释奠一律都用乐舞,将文庙释奠乐舞推向了全国。

清顺治二年(1645年)诏定释奠乐章,六奏,用平字,十三年钦颁释奠文庙乐章六首,迎神奏咸平之曲,奠帛、初献奏宁平之曲,亚献奏安平之曲,终献奏景平之曲,撤馔奏成平之曲、送神奏咸平之曲。康熙年间定名为中和韶乐。乾隆六年改为迎神奏昭平,奠帛、初献奏宣平,亚献奏秩平,终献奏叙平,撤馔奏懿平,送神奏德平。歌词选自孔尚任创制的《大成乐章》,只字未改,六章六奏,春祭以夹钟为宫,秋祭以南吕为宫。清代虽然仍为六章六奏,但迎神、初献、亚献、终献、撤馔、送神各为一章,比明代亚献、终献为一章合理得多。

民国初立,于1915年颁布了新的文庙释奠乐章。新乐章以和为名,迎神奏始和,撤献奏雍和,亚献奏熙和,终献奏渊和,撤馔奏昌和,送神奏德和,六章六奏。祭祀规格为大祀,“其礼节、服制、祭品,当与祭天一律”。

乐曲的名称大都取自经典,“安”取自《诗经·大雅·序》的“治世之音安以乐”,“宁”当取自《周易》的“万国咸宁”,“和”取自《礼记》的“大乐与天地同和”,只有清朝的“平”没有取自经典,而是颂美本朝“削平寇乱以有天下”。

宋代以前的孔子庙释奠乐谱今已不存,宋、元、明、清和民国的现在都还保存着,学者们并将它们译成了五线谱。

乐器用金、石、丝、竹、匏、革、土、木八音,南朝齐永明三年确定设轩县之乐,“诸侯轩县”,属于诸侯的礼制,三面悬挂乐器。隋代“释奠则唯用登歌,而不设悬”。唐开元二十七年(公元739年)追封孔子为文宣王,“王宫县”,大历元年(公元766年)国子监文庙开始设置宫县,将乐器由轩县三面改为宫县四面。宋以后,文庙释奠又改为轩县。南宋绍兴十年(1140年)孔子祭祀升为大祀,用凝安九成之乐,但郡邑行事乐只三成。

大成乐章

M.M.♩=45
1=G

明代乐谱

(一) 迎神《咸和之曲》

(二) 奠帛《宁和之曲》

（三）初献《安和之曲》

（四）亚献、终献《景和之曲》

（五）撤馔《咸和之曲》

（六）送神《咸和之曲》

第七节　舞　蹈

国学释奠用舞始于东汉，“建武五年，乃修起太学，稽式古典，笾豆干戚之容备之于列，服方领、习矩步者委它乎其中”[1]，舞具为干戚（盾牌和斧子），舞蹈是武舞。北魏天兴四年（公元 401 年）命乐师入学习舞，释菜于先圣先师，南朝齐永明三年（公元 485 年），朝廷议定国学宣尼庙释奠用“六佾之舞”，从此文庙释奠除个别时间外基本上都是六佾舞。唐代皇太子释奠文武舞并用，先文后武，文舞在迎神至初献饮福阶段表演，武舞在亚献至送神阶段表演。宋代专门为孔子庙释奠创作了舞蹈，文舞名《天纵将圣之舞》，在迎神至初献阶段表演，武舞名《无思不服之舞》，在亚献至送神阶段表演。明代改为只用文舞，成化十三年（1477 年）孔子升为大祀，国学舞蹈改为八佾，郡县仍为六佾，嘉靖九年（1530 年）厘正文庙祀典，国学也改为六佾。清代国学和各级学校文庙一律用六佾舞，光绪三十二年祭祀孔子升为大祀，恢复了文武舞并用，宣统元年（1909年）

[1]《后汉书·儒林传》。

为完善礼制，颁发了祭祀武舞谱。1914 年，民国政府规定释奠孔子仍为大祀，"礼节、服制、祭品当与祭天一律"，也是文武舞并用，但是这两次大祀执行的时间都很短，没有真正举行过几次。

祭祀舞蹈贯穿于祭祀的全过程，但是并不是每个祭祀程序都有舞蹈。唐宋时文舞三成，从迎神开始，武舞三成，从亚献开始。金元有乐无舞，明代文舞，奠帛、初献、亚终献有舞，清代改为奠帛初献、亚献、终献有舞，民国改为初献用武舞，亚献、终献用文舞。现在明以前的舞谱已经失传，明、清、民国三个时期的舞谱还保存着。

六佾舞为舞蹈六行，每行六人，但明代的六佾其实是小八佾，也就是纵八行，每行六人，明成化是改为八佾，八行，每行八人，弘治九年（1496 年）改为大八佾，纵八行，每行九人。

第八节　礼　器

礼器为祭祀孔子时使用的器具。孔庙礼器分两类，一类是皇帝御赐，仅供陈列，一类是祭祀实用的祭器。

御赐礼器有三组。一是元和五供，有陶大尊、铜牺尊、铜象尊、铜山尊、铜雷尊，相传为汉章帝祭祀孔庙时所留。一是珐琅五供，清雍正十年（1732 年）颁，有香鼎一件、烛台二件、花瓶二件（内插松、竹、梅一枝），各有金龙朱漆几一只，另有香盒一件。一是乾隆三十六年（1771 年）所颁十供，均为铜器，分别为木工鼎、亚弓觚、牺尊、伯彝、父乙卣、蟠夔敦、宝簋、夔凤豆、饕餮、方鼎。其中木工鼎、亚弓觚、父乙卣三件为商代器物。元和五供曾作为礼器使用，分盛泛齐、终献酒、亚献酒、醴齐、初献酒，自乾隆后不再使用。珐琅五供、商周十供祭祀时陈列殿中。

实用礼器盛放祭品陈列于神位前，有簠二只（分盛稻、黍，以孔子神位为例，下同）、簋二只（分盛粱、稷）、笾十只（分盛盐、藁鱼、枣、栗、榛、菱、芡、鹿醢、白饼、黑饼）、豆十只（分盛韭菹、醢、菁菹、鹿、芹菹、兔醢、笋菹、鱼醢、脾、豚胉）、登一只（盛太羹）、铏二只（盛和羹）、爵三只（盛献酒）、俎（陈放牺牲），还有祭祀时使用的烛架、茅沙池（接求神时向地灌酒用）、罍（盛浴手水用）、洗（洗爵用）、盥盆（接浴手水用）、篚（放币用）、坫（放爵用）、鼎（大者烹牲、小者焚香）、祝版（贴祝文用）、香盒（放香用）、龙幂（盖尊用）、笾巾（盖笾用）、帨巾（拭手、洗爵用）、燔炉（焚烧萧、艾用）、庭燎（照明用）、牌（张贴告示等用）、毕（燔肉燎帛用）、锹（埋帛用）、旗（迎牲帛粢盛用）、刀（制祭品用）等。

第九节　乐　器

东汉元和二年（公元 85 年）章帝过鲁，祭祀孔子，作六代之乐，此为曲阜孔子庙用乐之始。永寿二年（公元 156 年）鲁相韩敕为孔子庙专门制造乐器，“乐之音符，钟磬瑟鼓”。建宁元年（公元 168 年）鲁相史晨祭祀孔子，“雅歌吹笙，考之六律，八音克谐”，祭祀音乐已经完备。宋政和六年（1116 年）赐给曲阜孔子庙正声大乐器一副，孔子庙始备太常制度。乐分堂上堂下：堂上有编钟、编磬各一虡，柷一，敔一，搏拊二，一弦琴、三弦琴、五弦琴、七弦琴、九弦琴各二，瑟二；堂下有笛、篪、埙、和笙、巢笙、箫各二。金明昌五年（1194 年）赐给孔庙登歌乐一部，有编钟、编磬各一虡，籥、埙、篪、笛、巢笙、和笙、箫各二，七星匏、九曜匏、闰馀匏各一，搏拊二，柷、敔各一，麾一，一弦琴、三弦琴、五弦琴、七弦琴、九弦琴各二，瑟四。元至大四年（1311 年），孔思逮奏请朝廷，于江浙行省制造了登歌乐，与金代相比，巢笙、和笙改二为四。洪武七年（1374 年），五十六代衍圣公孔希学请于朝廷，颁给乐器一部，计有编钟、编磬各一虡，琴十，瑟

四、凤箫、洞箫、埙、篪、笙、笛各四，搏拊二，柷、敔各一。清康熙五十八年(1719 年)，钦颁中和韶乐乐器一副，有柷一，敔一，编钟十六，编磬十六，琴六，瑟四，笙六，箫六，笛六，埙二，篪四，排箫二。乾隆二十六年(1761 年)又特颁夹钟、南吕二镈钟、二特磬。乐器陈设或在堂上或在堂下，至乾隆十二年(1747 年)始改为陈设在露台之上。

曲阜孔子庙现存编钟一组共 16 枚，为清康熙五十二年造，五十八年颁予孔庙。铜铸鎏金，双龙为纽，钟体高 25 厘米，鼓腹，上下端直径 17 厘米，中径 23 厘米，枚带之间饰以八卦纹。钟外形相同，厚薄不同。悬挂于虡上，上下两排，阳律在上，阴吕在下。律本十二，加四倍钟为十六，四倍钟在前，自东而西排列，上排依次为倍夷则、倍无射、黄钟、太簇、姑洗、蕤宾、夷则、无射，下排依次为倍南吕、倍应钟、大吕、夹钟、仲吕、林钟、南吕、应钟。

编磬一组也为 16 枚，清康熙五十八年所颁中和韶乐乐器之一。灵璧石刻，两面绘金云龙。尺寸相同而厚薄不一，股长 23.5 厘米，股博 17.6 厘米，鼓长 35 厘米，鼓博 12 厘米。股侧刻“康熙五十二年造”，鼓侧刻律名，悬挂于上，排列方式与编钟相同。

钟 2 枚，一为夹钟，一为南吕。古乐合奏时，以某律为宫则击本律之钟以起调。孔庙春秋释奠，春祭以夹钟为宫，秋祭以南吕为宫，故只颁两枚，乾隆二十六年造。南吕钟两栾高 34.5 厘米，中高 31 厘米，两铣相距 28.8 厘米，甬高 20.2 厘米。夹钟两栾高 48.5 厘米，中高 43 厘米，两铣相距 40 厘米，甬高 28.7 厘米。

特磬 2 枚，一为夹钟，一为南吕。用途与钟相同，清乾隆二十六年造。两磬尺寸不同：夹钟磬股长 39.2 厘米，股博 29.1 厘米，鼓长 58.4 厘米，鼓博 19.5 厘米，厚 3.2 厘米；南吕磬股长 27.6 厘米，股博 20.7 厘米，鼓长 41.5 厘米，鼓博 13.8 厘米，厚 3.7 厘米。两面均绘金云龙。股侧刻“大清乾隆二十有六年琢成”字样，鼓侧分刻“特磬第四夹钟”、“特磬第十南吕”。

排箫，又名凤箫，高31.7厘米，最宽处宽32.2厘米。朱漆，正面绘金云龙纹。上置十六管，分别书写律名，右侧为阳律，左侧为阴吕，由右向左依次为倍夷则、倍无射、黄钟、太簇、姑洗、蕤宾、夷则、无射、应钟、南吕、林钟、仲吕、夹钟、大吕、倍应钟、倍南吕。

第六编　孔子研究

孔子创立了儒家学派，代有学者不断研究、阐发、发展，汉唐经学、宋明理学、清代实学、近代新儒学都是对儒学的新发展。本篇不对儒学发展作历史的考察，只反映20世纪以来的研究状况。

20世纪是中国历史的巨变时期，经历了封建专制、资本主义共和、社会主义民主三个历史阶段，由于各个历史阶段意识形态的不同，孔子也被捆上过山车，经历了由神到鬼、由鬼到人、由人到鬼、由鬼到人的疯狂历程。“打倒孔家店”将孔子从神变成了鬼，随着理性的复归，孔子由鬼变成了人，“文化大革命”将孔子由人变成了鬼，“文化大革命”结束，理性再次复归，孔子由鬼又变成了人。近年随着经济的高速发展，人们越来越重视传统思想文化，越来越意识到传统思想文化在当代社会中的作用，针对当代社会面临的种种问题，越来越注意从民族传统思想文化中吸取营养，社会的需求促成了孔子研究的热潮。

孔子思想从公元前2世纪就传入朝鲜、越南等亚洲国家，4世纪左右传入日本，16世纪以来又陆续传入意大利、英国、法国、德国、俄罗斯、美国等西方国家。虽然孔子思想在西方没有像在亚洲国家那样产生重大的影响和决定性的作用，但也引起西方学者的重视，早在19世纪就成立了研究中国文化和孔子思想的机构和团体。近年来，随着中国经济的飞速发展，国外孔子研究的学术活动越来越活跃，研究成果也越来越多。

在中外研究机构和学者的共同努力下，随着地下先秦文献的大量出土，孔子研究工作广泛展开，人们多角度、全方位研究孔子及其思想文化，无论是在资料的搜集与整理，还是在具体问题的研究等方面，都取得了重大成就与突破。通过这些研究，人们对孔子的认识与评价逐渐深入、客观，孔子——这个在中国最有影响的思想家与教育家，也是千百年来最受争议与非议的历史人物——的形象逐渐清晰、真实，孔子思想越来越受到人们的重视，传播也越来越广泛。

第一章　研究机构

研究机构是孔子研究得以深入发展与大规模展开的重要载体，是推动孔子研究取得重大突破的关键所在。新中国成立以来，特别是改革开放以后，随着中国学术界以及社会各界对孔子思想文化关注的加深，孔子研究逐步活跃，许多关于孔子研究的机构也如雨后春笋一般大量涌现出来。不仅如此，随着中国改革开放政策的实施，中外文化交流的不断加深，孔子思想在世界的广泛传播，境外的许多国家和地区也建立起相关研究机构。

第一节　国内机构

早在20世纪50年代，国内就有个别大学成立了研究中国传统思想文化的机构。70年代末，随着“文化大革命”的结束，伴随着思想的解放，个别大学开始成立或者恢复传统思想文化的研究机构。80年代末至90年代初，研究孔子的机构不断出现，许多大学纷纷成立专门的孔子研究机构或者相关机构，一些省、市的社会科学研究机构也设立以孔子思想、儒家文化为主的内部机构。时至今日，研究孔子及其思想的机构已经发展到几十个。

目前国内的孔子研究机构主要分布于各大学以及各省、市的社会科学研究机构,限于篇幅,本书只选取一些有代表性的研究机构。

孔子研究院　孔子研究院是国务院于1996年批准设立的专门研究机构,规划具有儒学研究、学术交流、信息收集、人才培养和儒学普及五项功能,逐步成为儒家思想研究的中心。

孔子研究院位于孔子故里山东省曲阜市孔子庙南侧,占地面积七万平方米,建筑面积三万平方米。2000年8月正式成立,为省属准厅级事业单位,由山东省文化厅和济宁市政府管理。

孔子研究院成立以来,承担了全国社会科学研究基金项目20世纪儒学研究、世界孔子庙、中华伦理范畴等研究课题;编撰出版了《20世纪儒学研究大系》(21卷)、《中华伦理范畴丛书》(规划60册,已出版第一函10册)、《世界孔子庙研究》、《大哉孔子》、《图说孔子》等研究普及著作;获得了山东省社会科学成果一等奖等奖项;召开了世界儒学大会发起筹备会议和第一届世界儒学大会等国际会议,联合举办了郑梦周国际学术讨论会;参加了在日本、美国、韩国、马来西亚、中国的北京、杭州、台湾等地举办的几十次儒学会议和讲座,与韩国、日本、美国、德国、丹麦、马来西亚等国家以及中国台湾、香港和内地几十家学术机构和团体展开了学术交流;举办了《大哉孔子》等几十项展览。

中国人民大学孔子研究院　中国人民大学孔子研究院是中国人民大学下属的一个重要学术机构,成立于2002年11月。其宗旨是:继承优秀传统文化,弘扬孔子思想精华,提升国民人文素质,建设人类美好未来。

中国人民大学孔子研究院成立以来,积极开展各项学术研究与文化普及工作。相继出版了《和合哲学论》、《批孔与释孔——儒学的现代走向》、《中国传统哲学通论》、《文化传承与中国的未来》、《虚静与逍遥》、《周易经传研究》、《儒学评论》等多部著作,并积极倡导编纂中华第一部

《儒藏》。在学术交流方面,先后举办了“重写哲学史与中国哲学学科范式创新”、“儒家思想在世界的传播与发展”、“和合学与和谐社会的建构”、“儒学与人文价值”等多次大型学术研讨会议。此外,还与日本、韩国、越南、马来西亚、新加坡等国的学术机构进行了广泛的学术交流,积极开展中国传统文化的普及推广工作。

曲阜师范大学孔子文化学院　孔子文化学院是曲阜师范大学设立的专门从事孔子、儒学、传统思想文化研究、教学和学术文化交流的学术机构,是国内高校最早成立的孔子、儒学研究的专门机构。学院前身是建于1979年的孔子研究室,1983年改为孔子研究所,1993年升格为孔子文化学院。

该院成立以来,相继完成并出版了《鲁国史》、《中国儒学史》《鲁文化史》、《孔门弟子研究》、《孔氏家族全书》、《尚书注训》、《儒家文献与早期儒学》、《孔子家语通解》、《论语新校释》、《出土文献与儒家学术研究》等一批学术专著,编辑出版了《孔子资料汇编》、《孔子弟子资料汇编》、《石头上的儒家文献——曲阜碑文录》等大型的文献资料集。

学院重视对外交流,与韩国成均馆大学签有友好交流协定,每年定期联合举办“中韩孔子文化论坛”学术会议;邀请海内外知名学者来院访问讲学;派出多位学者赴海外讲学,参加国内外大型学术会议。学院独立或联合举办了“国际孔子与儒学研究讨论会”、“全国孔子与儒学研究讨论会”、“儒学与民族精神学术研讨会”、“儒学与现代文明学术研讨会”、“曲阜汉魏碑刻考察研讨会”等十多次大型学术会议。

南京大学中国思想家研究中心　南京大学中国思想家研究中心成立于1986年11月,它是由南京大学名誉校长匡亚明教授倡议,经由国家教委批准成立的一个研究中国传统思想文化的综合性学术机构。其宗旨是:坚持马克思主义的基本原理,通过对中国历代思想家的认真研究，探寻中国传统思想的底蕴，揭示其发展变化的规律，作出实事求是的科学总结，为建设有中国特色的社会主义精神文明作出贡献。

中心成立二十多年来，在学术研究上取得了丰硕成果。1992年秋，国家新闻出版署将《中国思想家评传丛书》列入“国家‘八五’重点图书选题规划项目”，中心科研人员承担了其中10余部评传的撰著。与此同时，还编著了《中国思想史与思想家评传》、《中国学术与中国思想史》和8卷本的《中华传统优秀道德文化丛书》等著述。中心科研人员撰写的《孔子评传》、《中华箴言》、《梁启超和中国古代学术的终结》、《儒释道与晚明文学思潮》、《沧桑书城》等曾荣获“中国图书奖”、江苏省优秀社会科学成果一等奖等多项奖励。

西北大学中国思想文化研究所　西北大学中国思想文化研究所创建于1950年，前身为西北大学中国思想文化研究室，开拓者为现代中国思想史学科的奠基人之一侯外庐。

该所致力于中国思想史的综合研究，包括中国思想通史、中国儒学史、中国近现代思想学术史、先秦思想史、秦汉思想史、中国思想的现代价值等。1981年获硕士学位授予权，1984年获博士学位授予权，1995年获准设立博士后流动站；1988年被评为国家重点学科，1997年被列入国家“211”重点学科建设项目，2004年被批准为陕西省高校哲学社会科学重点研究所。

复旦大学孔子研究所　复旦大学孔子研究所于1998年成立，是由复旦大学哲学系自筹资金、不占编制的学术研究团体。其宗旨是：通过对孔子以及儒家思想的研究，继承和发扬优秀的传统思想文化，为建设社会主义精神文明服务。所长为潘富恩，副所长为徐洪兴。

该研究所成立以来，主办小型学术研讨会。2000年8月与台湾人文展望学会合作举办了“谭嗣同的仁学与新世纪之人文思维学术研讨会”,2000 年 11 月,与日本九州大学合作举办了“纪念朱舜水诞辰 400 周年学术研讨会”。赞助并合办儒学研讨会。1998 年 12 月在上海大学举办“儒学与 21 世纪学术研讨会”,2000 年 10 月在江西铅山县举办“纪念朱子诞辰 870 周年国际学术讨论会”。编辑出版了论文集《孔子思想研究》。

陕西师范大学中国思想文化研究所 陕西师范大学中国思想文化研究所于 1992 年 5 月成立,系陕西师范大学研究中国思想文化的跨学科研究机构,以研究儒学、关学、三秦文化、中国思想史为主要方向。

该所成立以来,组织了多次学术研讨会,组织撰写并出版了多种研究著作。1992 年召开了“三秦文化研讨会”,会后组织撰写了《三秦文化》一书。1995 年与台湾辅仁大学合作举办了“传统伦理与现代化学术研讨会”。1999 年 12 月主持召开了西安地区学者“研究郭店楚简”学术座谈会。在传统文化研究方面,相继完成并出版了《中国儒学辞典》、《中国儒学史》、《儒学在现代中国》、《儒学命运与中国文化》等著作。

黑龙江大学中国思想文化研究所 黑龙江大学中国思想文化研究所,是由黑龙江大学哲学系、历史系部分教师组成的非独立的研究机构。其宗旨是:将黑龙江大学从事中国思想文化史教学与研究的学者组织起来,通过切磋交流,合作攻关,在承担教学任务的同时,进行学术研究,完成科研课题,并与国内外有关高等学校、学术团体建立联系,进行必要的学术交流与合作。1990 年成立,现有研究人员 10 人。

该所主要研究方向是:中国伦理思想史、中国近现代哲学及思想文化、先秦诸子学术、明清学术文化。重要研究成果有:《中国近代思想史》、《中国伦理思想通史》、《中国传统道德举要》、《再铸民族魂——中国伦理文化的诠释与重建》、《文史通义译注》等多部著作,还有多篇儒学研究方面的论文。

在对外交流方面，曾与韩国、日本一些大学进行了学术交流活动，接待过韩国、日本、加拿大等国学者的来访。

山东社会科学院儒学研究所 山东社会科学院儒学研究所是由山东社会科学院和中国孔子基金会提议，经山东省人民政府批准，于1986年2月19日成立的专门从事儒学研究的科研机构。

儒学所成立以来，积极开展学术研究活动，承担了多项国家社会科学重点研究课题，组织撰写出版了《中国儒家学术思想史》、《儒学大辞典》、《两汉哲学初探》、《庄子导读》、《亚圣智慧——孟子新论》、《中国儒学》、《陆王心学研究》等二十余种专著，在国内外重要期刊上发表了很多有影响的专题研究论文。

儒学所积极开展学术活动与学术交流，先后主办了"孔孟荀学术异同讨论会"、"纪念孔子诞辰2540周年学术讨论会"、"管子与齐文化学术讨论会"、"海峡两岸齐文化学术讨论会"、"儒家思想与人权·民主学术研讨会"、"儒学与全球化学术研讨会"等国际学术会议；举办了"首届管子学术讨论会"、"孟子学术讨论会"、"首届荀子学术研讨会"等国家级学术讨论会，"中外政治哲学比较讨论会"、"山东省首届中国哲学与文化论坛"、"儒家伦理与精神文明建设研讨会"、"中韩儒学研讨会"、"鲁文化与儒学学术研讨会"等省级学术讨论会。该所还与美国哈佛大学燕京学社、新加坡大学、韩国退溪学会、韩国孟子学会、中国台湾孔孟学会等团体建立了广泛的学术联系。

四川省社会科学院中华儒学研究中心 四川省社会科学院中华儒学研究中心于1993年11月成立。其宗旨是：团结海内外一切从事儒学研究的专家、学者和社会热心人士，为弘扬儒学优秀文化传统作贡献。

中心成立以来，组织撰写出版了九册的《中华儒学文化系列丛书》和七册的《中华儒学文化与现代管理艺术丛书》两套儒学研究大型丛书。组织中心成员围绕儒学研究编辑撰写出版了《儒学文化论》、《中华道统思想发展史》等著作。编辑出版了《中华文化论坛》季刊各期中的儒学专栏,沟通了与海内外学者的联系。开展学术交流活动,主持召开了"儒学与市场经济研讨会",中心成员外出参加了"孔子诞辰 2545 周年纪念暨国际儒联成立大会"、"国际儒学与市场经济研讨会"等学术交流会议,扩大了中心的影响。

北京东方道德研究所　北京东方道德研究所是 1994 年 11 月经北京市政府批准创办的具有法人资格的专门学术研究机构。其宗旨是:弘道明德,普及和弘扬中华民族的优秀传统文化,对青少年进行中华民族优秀传统道德教育,以提升国民思想道德素质,为社会主义精神文明建设服务。既研究传统文化与现代化的关系、东方优秀传统道德教育、东方道德与人类其他文明的关系,也组织研究各类道德教育的实验,组织实施对大、中、小学德育工作者进行业务培训,还积极开展国内外相关的学术交流,并招收国内外中国文化专业进修生与访问学者。现任所长为张晓华。

该所成立以来,已出版《中华伦理》、《中华传统美德》、《儒家伦理与公民道德》、《大众道德》丛书等各类学术著作和教材二十余部,发表了一百多篇论文和报告,创办了所刊《东方道德研究》。先后以"儒家伦理与公民道德"、"东方伦理与青少年思想道德"、"公民与道德"为主题在北京主办了多次国际学术研讨会,以"中华民族优秀道德传统"、"中华伦理与大众道德"、"大众道德与文化创新"、"青年·责任·文化·发展"等为主题,分别在北京、成都、山东、河南等地举办了十多次国内学术研讨会。

北京东方道德研究所十分重视道德教育实验和职工培训等普及活动,深入国内多个城市的大中小学、企业以及农村,进行道德教育调研与道德培训。此外还与海内外诸多学术机构建立了广泛的交流与合作关系,积极参与国内外高等学校和学术研究机构组织的重要学术会议。

武汉大学孔子与儒学研究中心 武汉大学孔子与儒学研究中心是研究、传扬孔子与儒家思想的共同体。中心成立于2004年4月,顾问为萧萐父。成员则由武汉大学、陕西师大、西安交大、湖北大学、江汉大学等学校长期从事儒家哲学与思想研究的教授、博士组成。中心成员坚持民族文化的主体性,发掘儒家精神资源的现代性,促进儒家思想积极参与现代化建设,使中国的现代化事业更加健康地发展。

近年来,中心成员在武汉大学参与创办国学实验班、中西比较哲学试验班,参与改革哲学基地班、人文科学试验班的课程体系,坚持在本科生中讲授《四书》等儒家经典,并为武汉大学文史哲等专业的硕士生、博士生开办《礼记》会读班、中西经典会读班等。这些活动对孔子思想文化与儒学的普及与传扬都起到了很好的作用。

中国社会科学院儒教研究中心 中国社会科学院世界宗教研究所儒教研究中心于2005年6月在北京成立。儒教研究中心的领导机构为学术委员会,有主任、秘书长、副秘书长各一人和17名学术委员,分别来自社科院、人民大学、清华大学、复旦大学等其他高校,同时还聘请余敦康、吕大吉和牟钟鉴三人作为学术顾问。

儒教研究中心是一个较为独立的机构,计划将儒教问题的研究放在广阔的中国文化背景之下,从中国历史文化发展一贯性以及儒学与民族生命内在性出发,进行全面系统的梳理,着力整合儒教研究资源,积极开展各种儒教研究交流活动,将儒教研究的主题研讨序列化、常规化,积极开展对外学术交流,广泛联系港台和东南亚华人地区的儒教研究机构和组织机构。

香港中文大学中国哲学与文化研究中心 2005年5月3日成立,

隶属于香港中文大学哲学系。将中国哲学与文化研究中心建设成为世界各地研究中国哲学与文化的学者交流的良好平台是本中心的宗旨之一。

香港中文大学中国哲学与文化研究中心聘请余英时、杜维明、汤一介、刘述先、Donald J. Munro 等知名学者担任学术顾问,劳思光教授担任荣誉主任。中心的研究员由香港各主要大学的有关学者担任,同时邀请中国内地、中国台湾以及北美等地的杰出学人担任通讯研究员。中心在人力、物力有限的情况下,致力于资助世界各地学者,包括研究生的学术研究和学术访问活动。中心将通过组织和推动新课题、新方法、新资料、新领域的探索与研究,建立世界各地学者和学术机构沟通、交流、合作的渠道和机制,以提升中国哲学与文化研究的学术水准,促进中国哲学与文化研究的现代化和国际化。

中心成立之后,主办了"西方的诠释,中国的响应——中国哲学方法论之反思与探索"国际学术研讨会,与会学者围绕西方汉学界、哲学界对于中国思想经典的诠释和中国本土学者自觉运用西方的理论模式研究传统文化的方法论问题展开了热烈讨论。

第二节　国外机构

境外研究机构的成立早于境内,早在 19 世纪美国就成立了研究中国文化与孔子思想的机构。与国内研究机构类似,境外的孔子研究机构也大多设立于高等学校。这些研究机构大多在原来中国哲学、中国文化等专业的基础上进行延伸与深入,对孔子和儒家文化进行研究与探讨。机构成员大多是儒学研究的专家学者,注重探求儒家人文精神和儒家精神道德。正是这些研究机构及其成员的努力,孔子思想与儒家学说在海外得以日益广泛传播，使得孔子研究成为世界性的课题。

韩国成均馆大学校　成均馆大学的前身是成均馆，如同中国的国子监，是朝鲜王朝的最高学府和国家教育机关。位于韩国首都首尔，1398年建立，上承高句丽时期的大学、统一新罗时期的国学、高丽时期的国子监，是韩国大学教育的发源地。成均馆以儒学要谛仁、义、礼、智为基本，培养出韩国哲学界泰斗李滉（退溪）和李珥（栗谷）等许多著名历史人物。学校现有21个学部，1000多名教授，22000多名学生。著名的儒学研究机构有大学大东文化研究院和儒教大学院。大东文化研究院于1958年建院，其宗旨是研究东洋儒学，探讨民族文化。

美国哈佛燕京学社　哈佛大学是美国最负盛名的大学之一，燕京学社就位于马萨诸塞州的剑桥。学社以研究远东问题为中心，展现了当代美国儒学研究的水平。社长杜维明教授十分重视儒家人文主义精神，提出从儒家人文主义精神出发反思近代以来启蒙运动中的文化问题，认为西方的人权理论仅仅提出了最低要求，“不可能从人权本身开拓出道德的价值理念”，而“在儒家的传统里有关伦理学的课题，确有很丰富的资源”。针对有关新轴心时代文明的对话，他在2000年多次发表演讲，强调新儒家的新使命。在2000年11月汉城举行的东亚学术会议上，他阐发了儒家人文主义的内涵和意义，认为“现代新儒家的人文主义，有助于建立相互沟通意见、协商、对话妥协的和平文化”，“将成为21世纪人类繁荣的灵感之根源”。

第二章 研究团体

中国研究孔子的团体早在民国初年就已经产生了，那时相继成立了孔道会、孔社、尊孔会、孔圣会等尊孔团体，其中最著名的当属康有为授意其学生陈焕章于1912年在上海成立的孔教会，该会还在新加坡、马来西亚、印度尼西亚、中国香港等国家和地区设有分会。“文化大革命”以后，随着中国国内政治的稳定和经济的发展，随着学术界孔子研究的活跃与国家对孔子研究的日渐关注，孔子研究团体大量涌现。

国外研究中国思想文化的团体早在19世纪就产生了，中国改革开放以来，随着中国经济的发展，国外越来越重视对中国的研究，研究孔子的团体也越来越多。

第一节 国内团体

国内成立孔子研究团体是从20世纪初开始的，70年代末开始恢复，八九十年代进入大发展时期。现在研究孔子及儒家思想的团体遍及全国，既有国际性的中国孔子基金会和国际儒学联合会，全国性的中华孔子学会，几乎每个省、市、自治区都成立的省级孔子学会、儒学会，也有众多的市、县级成立的孔子与儒家思想的研究社团。有的团体得到国家和各级政府的支持，有的则是由群众自发组织活动。但不论何种性质，这些团体都积极开展孔子与儒学的研究和普及工作，经常组织学术会议，举办学术讲座，撰写研究著作，开展学术交流。有的团体还注重对孔子思想与儒家文化的普及与传播，积极倡导儒学走进民间，编写普及读物，编辑普及刊物，开办国学班，组织儿童读经，以此提升国民素质，使中国优秀的传统文化服务于有中国特色社会主义的建设目标，为弘扬民族优秀文化作出了重要贡献。

中国孔子基金会 中国孔子基金会是由国家拨款作为启动资金支持的全国性乃至具有国际性的学术基金组织。旨在通过募集基金，组织或支持国内及海外儒学研究，为弘扬祖国优秀传统文化、建设有中国特色的社会主义精神文明服务，为增进海内外华人团结、促进各国文化交流服务。1984 年 9 月中央批准在山东曲阜市成立。1996 年 8 月经中央批准由北京转会济南，受山东省委领导。现由谷牧任名誉会长，韩喜凯任会长，梁国典任理事长兼秘书长。

中国孔子基金会成立以来，在组织和推动孔子、儒学及中国传统思想文化研究方面做了大量的工作。围绕孔子、儒学研究的热点及当代相关社会问题，举办了一系列全国性、国际性学术会议；组织编辑出版了一批孔子、儒学研究方面的著作和期刊，包括《中国孔子基金会文库》、《孔子研究》、《中国儒学年鉴》等；赞助和支持了国内部分学术机构、学术团体的建立及其活动，发起和筹建了国际儒学联合会；组织和参与了众多海内外学术交往活动，先后同德国阿登纳基金会、韩国成均馆、日本筑波大学、新加坡国立大学东亚研究所、美国国际中国哲学学会、加拿大文化更新中心、俄罗斯东亚研究所等机构建立了牢固联系；组织制作了孔子标准像，与北京远望公司联合制作发行了孔子金像，与新华社山东分社合作出版发行了金版《论语》；与曲阜师范大学合办孔子文化大学；积极筹备中国儒学文化出版社和出版《大众儒学》，不断扩大优秀传统文化建设事业；与华夏银行济南分行合作，发起发行华夏孔子认同卡及创设孔子文化投资基金，扩大基金实力，做好学术文化服务。

国际儒学联合会 国际儒学联合会（International Confucian Association），是由中国、日本、美国、德国、新加坡、越南等国家和中国香港、台湾地区与儒学研究有关的学术团体和个人发起成立的国际学术联合组织，1994年在北京成立，永久会址设于北京。其宗旨是：研究儒学思想，继承儒学精华，发扬儒学精神，以促进人类之自由平等、和平发展与繁荣。现任会长叶选平，常务副会长杨波、刘忠德，理事长唐裕，秘书长曹凤泉。

该会成立以来，组织孔子诞辰纪念及国际儒学讨论会，提出研究和宣传儒学的系统构思，策划、组织、编写儒学论著，积极组织儒学新资料研究，主办或参与筹备小型儒学研讨会议，编辑出版《国际儒学研究》集刊，编印《国际儒学联合会简报》，接待来访学者，安排学术交流，积极资助与儒学相关的学术活动等等。通过一系列的活动，为儒学在国内外的研究与传播作出了重要贡献。

中华孔子学会 中华孔子学会是以研究孔子、儒家学说和中华传统文化为宗旨的全国性民间学术团体，其前身是中国老年历史学会中华孔子研究所，1985年6月在北京成立。首任会长是张岱年先生，现任会长是汤一介，常务副会长（法人代表）王中江，秘书长干春松。

学会成立以来，坚持实事求是的科学态度，贯彻“百花齐放，百家争鸣”的方针，采取文化综合创新的方法，积极推动对孔子、儒家学说和中华传统文化的研究与传播工作。先后举办了“孔子诞辰2540年国际学术研讨会”、“儒学及其现代意义国际学术研讨会”、“儒家思想与市场经济国际学术研讨会”、“儒商现象与现代市场经济国际学术研讨会”、“儒商与21世纪暨纪念孔子2550年诞辰国际学术研讨会”等二十余次大中型研讨会。这些会议在推动孔子儒家思想研究、加强对外文化学术交流以及促进当地两个文明建设都起到了积极作用，取得了良好的社会效果。

学会编辑出版了《孔子研究论文集》、《传统文化、综合与创新》、《儒学与现代化》、《儒学与市场经济》等论文集；与教育科学出版社合作编辑出版了《中华文化教育丛书》、《中华孔子学会丛书》；与群众出版社合作编辑出版了大型工具书《国学通览》、《中华地域文化集成》；还编辑出版过《会刊》、《通讯》、《中国思想与文化》等内部交流刊物。

山东省孔子学会 山东省孔子学会1986年12月25日成立于济南，是山东省社会科学联合会所属的群众性研究孔子学说的学术团体。其宗旨和任务是：团结和组织省内专业及业余研究者，对孔子、儒学与中国传统文化思想进行系统研究，继承中国古代的优秀文化遗产，为建设有中国特色的社会主义精神文明作出积极贡献。会长刘蔚华。学会下设孔子教育思想研究会、孔子文艺思想研究会、孟荀思想研究会、经学研究会、宋明理学研究会。

该会成立以来，先后组织召开了“孔孟荀学术异同讨论会”、“第二次孟子学术讨论会”、“纪念孔子诞辰2540周年学术讨论会”、“儒家伦理与社会主义精神文明研讨会”、“春秋经传国际学术讨论会”等，相继编辑出版了《孔孟荀比较研究》、《孟子思想研究》、《儒家伦理与社会主义精神文明》、《鲁文化与儒学》等著作。

河北省儒学研究会 河北省儒学研究会1997年成立。其宗旨是：组织各方面力量，研究儒家思想和中国传统文化，取其精华予以继承和发扬光大；研究孔子教育思想，并赋予其现代意义，使其能够在当代中小学教育实践中发挥积极作用；研究传统道德教育，通过对传统道德的批判继承，更好地为建设有中国特色的社会主义精神文明服务。会长为冯忠汉。

该会成立以来，曾专题研究“儒家思想与社会主义现代化建设”、“中小学的传统道德教育”等课题，召开过两次大型学术研讨会。为了培养人才，在实践中发扬孔子儒家思想的优良传统，会长冯忠汉投资创立了“中华孔德教育集团”。该集团包括两所“孔德幼稚园”，一所“中华孔德小学”，一所初中，一所职业高中以及私立“孔德教育科学研究所”。

湖南省孔子学会　湖南省孔子学会1990年成立。其宗旨是：贯彻“古为今用”、“百花齐放、百家争鸣”的方针，团结和组织全省有志于孔子及儒家文化研究的各方面人士，为弘扬以儒家为代表的中华民族优秀传统文化，繁荣学术，建设社会主义精神文明，振奋民族精神，促进现代化建设和祖国统一大业而努力。首任和现任会长为唐凯麟，秘书长为易法建。

该会成立以来，在组织和推动湖南全省孔子、儒学和中国传统文化研究方面做了大量工作。围绕孔子、儒学研究的热点，主持召开了多次学术研究会；先后出版了《走向近代的先声——中国早期启蒙伦理思想研究》、《论语·孟子研究》、《先秦民本思想》、《孔子思想及其现代意义》、《中外儒学比较研究》等著作，并发表了大批研究论文，加强了与海内外的学术文化交流。

广西儒学学会　广西儒学学会于1995年成立，是具有法人资格的群众性学术团体，以研究、弘扬祖国的优秀传统文化特别是儒学思想精华为主旨。主要业务范围是：研究中国文化思想史，特别是儒家学派创始人孔子的哲学思想、教育思想、道德观念、社会理想等；研究孟子、荀子、董仲舒、朱熹、王阳明、陈宏谋、梁漱溟等人的哲学思想和教育思想及社会实践；进行古代文化典籍的研究和整理；重点研究传统儒学与现代化的关系，中华优秀传统文化对建构社会主义精神文明的作用。

学会成立以来,团结、发动、组织会员积极开展儒学研究,挖掘祖国优秀思想文化遗产,弘扬儒家思想精华,为促进社会主义"两个文明"建设服务做了大量工作。先后主办了"纪念陈宏谋诞辰300周年暨学术研讨会"、"'97中国桂林《诗经》国际学术讨论会"、"纪念梁漱溟先生诞辰一百零五周年暨学术讨论会"、"'99中国桂林朱子学研讨会"等等。

云南省孔子学术研究会 云南省孔子学术研究会于1993年成立,是具有独立法人资格、非营利性的学术团体。其宗旨是:坚持实事求是,坚持理论联系实际和"双百"方针,广泛团结海内外华人、华侨和一切有志于孔学研究的同仁,多角度、多层次地开展孔子学术研究,取其精华,弃其糟粕,弘扬中华民族优秀传统文化和优良传统道德,提高中华民族思想文化素质,为社会主义"两个文明"建设服务,为增进民族团结,实现祖国统一大业服务。

该会成立以来,先后以"传统文化与现代道德建设"、"传统文化与现实社会"、"传统文化与现代经济"、"孔子的历史地位与现代价值"等为主题举行了多次研讨会,编辑出版了《孔学研究》论文集。

四川省孔子研究会 四川省孔子研究会于1990年5月成立,是由四川省文化厅、文史馆,四川省历史学会,四川大学哲学系与历史系,四川省社会科学院历史所、哲学所,德阳市文化局、博物馆等九个单位联合发起成立,经四川省民政厅登记注册,由四川省委宣传部、四川省社会科学联合会批准成立的省级学会。现有会员一百余人,常务理事二十余人。办公室设在四川省德阳市博物馆内。

研究会成立以来,积极组织开展孔子、儒学的研究工作,举办相关的学术活动,先后与有关单位、部门联系合作,于1990年在德阳市召开了"孔子孔庙学术讨论会",1992年在德阳市召开了"儒学及其现代意国际学术研讨会",1994年在德阳市举办了"孔子文化节",1998年在德阳市召开了“孔庙保护与利用国际学术研讨会”,1999 年在德阳市召开了“建国50 年来儒学研究回顾学术座谈会”,2001 年在犍为市召开了“儒学德治思想与孔庙保护利用学术研讨会”等国内国际学术会议。会同有关部门组织撰写、出版了儒学和孔庙研究的学术著作《孔子孔庙研究》、《儒学与现代化》、《中国孔庙》等,创办了内部交流刊物《四川省孔子研究会通讯》。

湖北省孔子学术研究会　湖北省孔子学术研究会是以研究孔子及儒家学术为宗旨的省级学术社团。2002 年 5 月 12 日在武汉举行成立大会,有关领导与学者共一百余人出席了这次会议。

湖北省孔子学术研究会成立后即筹划、推动湖北地区的孔子及儒家学术研究。2002 年 12 月,由湖北省孔子学术研究会、湖北师范学院、武汉大学中外德育研究中心共同主办了“儒家伦理与公民道德建设学术研讨会”。

广东省儒学研究会　广东省儒学研究会成立于 1995 年 5 月 2 日,是研究儒学的省级学术社会团体。研究会的宗旨是:以国家的学术文化政策为指导,团结全省儒学研究工作者,通过开展学术活动与中外交流,促进儒学研究的发展和繁荣,为社会主义现代化建设服务。

研究会成立以来,十分重视当代中国现代化建设实践中的儒学研究,积极参与、推动儒学以及中国传统文化和当代中国文化的研究。曾多次组织广东省各研究机构召开学术研讨会,承担并完成了《岭南文化通志》之一“儒学思潮志”这一课题的研究,出版了《岭南儒学思潮志》。

吉林市孔子研究会　吉林市孔子研究会,是 1997 年成立的民间学术团体。其宗旨是:以马克思主义、毛泽东思想、邓小平理论为指导,以实事求是的科学态度研究孔子及儒家学说;贯彻“百花齐放、百家争鸣”的方针,解放思想,不断提高研究水平;继承孔子及儒家学说精华,弘扬祖国优秀传统文化,振奋民族精神,为建设有中国特色的社会主义精神文明和物质文明服务。

该会成立以来,在研究、宣传和弘扬优秀传统文化方面做了大量工作。召开多次学术研讨会,承办了"中国孔庙保护协会1998年年会",1997、1998、1999连续三年在吉林市文庙举办了孔子文化周活动,表演了大型祭孔乐舞,受到了社会各界的好评。此外,还组织学术骨干,在当地报纸开辟专栏,撰文连载介绍孔子、孔庙及儒学,在电台举办系列讲座,深入中小学巡回演讲,为孔子、儒学的研究与推广作出了重大贡献。

香港孔教学院 香港孔教学院是20世纪初内地孔教运动失败后由康有为弟子陈焕章于1930年在香港创办的。他自任院长,以弘扬孔道及兴学育才为宗旨,设立孔教中学(后易名为大成学校),以宗教形式弘扬儒学,力图将孔教的圣火保存下来。第二任院长朱汝珍将孔教学院注册为慈善组织。第三任院长卢湘父也是康有为的弟子,富有办学经验,诲人不倦,以身作则,躬行实践,创办了孔教学院下属的中学及小学。1992年,汤恩佳当选为孔教学院院长,在宣誓就职典礼上提出要在全国各省市自治区重新点燃孔圣之火。从此,以孔教儒学为主轴的宗教文化复兴运动蓬勃展开。

孔教是联合国确认的十三个传统宗教之一,孔教与世界各大宗教相互承认,瑞士世界宗教会并邀请孔教学院参加1989年在澳大利亚墨尔本市举行的第五届世界宗教和平会议。香港宗教界人士一向承认孔教为宗教,《香港基本法》也将孔教学院定为宗教团体。孔教学院与基督教、天主教、佛教、道教、回教共同组设香港六大宗教领袖联席会议,香港六大宗教的合作精神,实为世界各地宗教树立了楷模。

孔教学院是集文化、宗教、教育、慈善为一体的多功能爱国爱港团体,经常以宗教社会团体的方式参与香港的政治和社会事务。近年每年都在孔子诞辰日举办大型的祭祀活动和纪念学术讨论会,向内地大学、文庙等单位捐赠了许多孔子铜像。

澳门孔教会 1909年成立，成立之初附属于北京孔教总会，以后独立。以“尊崇孔教，发扬圣德，兴学育才，增进文化”为宗旨。为弘扬儒家道德精神与文化，1913年成立小学堂以推动民间教育。1960年编印《孔教中学经选》，选录《论语》、《孟子》及其他儒家经典中关于仁、义、礼、智、信的74条名言提供给学生背诵学习。每年农历八月二十七日的孔子圣诞则组织社会各界华人和学校举行纪念与祭奠仪式。仪式采用古制，包括盥洗礼、迎神礼、奠帛初献礼、亚献礼、三献礼、受胙礼、送神礼、望燎礼等。

台湾中华孔孟学会 1961年4月9日成立。学会宗旨是阐扬孔孟学说，恢宏民族道德，期使儒家思想与三民主义及现代科学精神相结合，促进世界大同。研究孔孟学说的态度是:孔孟学说的真谛在格物致知、修齐治平，应特别重视实践笃行，学以致用，不应专事空谈，务求允执厥中。

1962年9月创办《孔孟月刊》，每月出版一期，每12期为一卷。该刊旨在弘扬孔孟学说，提倡德智教育，共策社会进步。此外，学会还不定期出版《孔孟学报》，每年至少两期。从1971年起，学会每年与台湾教育主管部门等单位联合举办暑期青年自强活动国学研究会，每年办理大专、高中、初中学生与小学教师孔孟学说论文竞赛，小学六年级学生缮写四书文句比赛，开设孔孟学说优良著作奖，出版有关孔孟学说丛书，增强与海外联系，弘扬孔孟学说等等。

第二节 国外团体

孔子作为一个有着世界性影响的人物，一直深受海外华人和外国学人的敬仰，早在19世纪海外就成立了研究中国思想文化的团体，20世纪后期随着中国经济的发展，国外研究孔子及中国思想文化的团体越来越多。国外孔子与儒家思想的研究团体以韩国、日本为最多，新加坡、马来西亚、印度尼西亚、美国、法国、俄罗斯等国家也有专门研究孔子思想的团体。

国外孔子研究团体也以孔子研究、儒家学说为宗旨，与国内不同的是，国外一些团体特别是在马来西亚、新加坡、印度尼西亚成立较早的一些团体大都带有宗教社团的色彩，与现代研究团体主要从事学术研究不同，他们更侧重于孔子思想的普及、宣扬和推广。

新加坡儒学联合会　新加坡儒学联合会是2000年成立的学术团体。1994年在中国北京成立国际儒学联合会，新加坡派员参加了成立大会。与会人员回国后，为了更有效地加强儒学研究及推广儒家思想，酝酿决定成立新加坡儒学联合会。2000年11月2日，在新加坡总理公署，由卫生部政务次长曾士生主持，举行了成立暨庆祝大会。大会建立常设组织机构，选举唐裕为会长。该会成立后，以集体会员的身份申请加入了国际儒学联合会。

新加坡儒学研究会　新加坡儒学研究会于1984年成立，成员多是文教界人士，其中大多是教师。该会成员过去曾多次与新加坡国立大学东亚哲学研究所、新社、南洋学会、国立大学中文系等单位联办儒学讲座，出版儒学丛书多部，出版发行不定期刊物《儒学与你》、《儒学学报》多期。目前，该会会长是何炳彪，副会长是林宝环女士，秘书是何子煌。

新加坡南洋孔教会　南洋孔教会最初成立于1918年，是响应北京孔教总会而成立的。1913年，在陈焕章的倡导下，北京成立孔教总会，各省、县、市及海外华侨聚居地纷纷成立分会。1918年，由新加坡中华总商会发起，联合各界成立孔教会。因当时同属英国海峡殖民地的槟城、马六甲已经成立分会，于是取三地简称叻(新加坡)、屿(槟城)、甲

（马六甲）定名为“实得力”（Strait）孔教会，1949年更名为南洋孔教会。该会主要活动是在孔子圣诞时举行祭祀仪式及庆祝活动，举办孔子思想征文比赛和讲座，出版儒家思想书籍，举办文物展览活动。

韩国儒道会　韩国儒道会是韩国历史最久、成员最多、影响最大的儒学团体。1945年10月，韩国2500多名代表代表全国五百万儒林在汉城成均馆发起成立。该会宗旨是：发展培养地方乡校儒林机关，开展儒家经典学术研究，推进社会教化福利事业。总本部设在汉城成均馆，在各道、市设立总部，市、郡设立支部，邑、面设立支会，里洞设立分会，全国共设立600多个分支机构，拥有会众约1000万人。

许多道、市、郡儒道会机构都建有儒林会馆，大多以朝鲜王朝时的乡校（即中国封建社会中的府州县各级学校，有孔子庙和明伦堂等教育设施）为依托开展活动，主要进行儒学和儒家伦理道德以及传统礼仪的推广工作，大都按照传统在每年春秋仲丁举行祭祀孔子的活动，祭祀一般都是由地方行政长官为主祭。

韩国儒教学会　韩国儒教学会1985年由立志发展儒教的学者发起。把儒教当做学问研究，当做思想继承和发展，为实现儒教的系统化、现代化、大众化作出贡献是这个学会的宗旨。办公室设在成均馆大学内，设有总会和理事会。该会主要组织举办儒教思想学术讨论会、学术发表会、儒教思想讲演会、学术讲座，评发儒教思想学术研究费、补助费及奖学金，编印研究杂志。每年主持召开儒教思想学术会议，举办以培养有利于现代社会的价值观，提高儒教思想讲座水平和道义精神为目的儒教思想全国巡回讲演会，为儒教的大众化及确保儒教思想的地位作出了很大的贡献。1986年开始每年发行学会杂志《儒教思想研究》。

日本斯文会　日本斯文会于1880年发起成立，以维持风教、振张道德为宗旨，历史上多由德川氏担任会长，从1990年起不设会长，由德川氏改任名誉会长。

斯文会设在东京汤岛圣堂院内,是一个比较传统的组织。现在主要进行儒学和传统文化的传播普及工作,常年开办《论语》素读、《论语》味读、《易经》入门、《孝经》讲读、《易经》讲义、唐诗讲读、汉语入门、中国画等三四十个学习班,举办公开讲座,编辑出版《斯文》会刊和会报,出版《文化と社会》演讲集等,每年四月下旬举行祭祀孔子的典礼,十月下旬在大冢先儒墓所举行墓前祭,十一月二十三日举行神农祭。

马来西亚孔学研究会 成立于2002年4月17日,永久名誉总会长为郑福成太平绅士,总会长为林金华太平绅士,副总会长为郭金棠、陈徽治,秘书长为陈启生。研究会下设监事会、理事会、顾问团、学者团。其宗旨是:弘扬中华传统文化,提升儒家科学精神,发扬孔孟仁义之道。

研究会成立后多次举办国内外儒学研讨会,建立了孔子学堂,举行孔孟圣诞庆典,出版孔子学刊,开展了一系列促进家庭社会伦理和谐、敬老扶幼的活动。2002年,为纪念孔子诞辰,出版了《孔学论文集暨孔子诞辰2553周年曲阜祭孔纪念特刊》。

美国孔孟学会 美国孔孟学会(The Society For Confucian Studies of America)于1986年在美国加利福尼亚州成立。现任会长是孔宪昭博士,秘书长是王胜生。其宗旨是在海外发扬儒家尊师重道思想。

该学会成立以来,一直注重孔孟思想的研究与普及,多次举办孔孟思想学术研讨会,宣扬孔孟思想。2008年,为庆祝孔子2559周年诞辰,联合洛杉矶地区的多个社团组成祭孔大典筹备委员会,并于9月28日举行"祭孔大典",同时举办征文比赛,借以阐扬孔子思想对现代文化及美国华裔文化的意义。会长孔宪昭还希望推动洛杉矶筹建全美第一座孔庙,进一步宣扬孔孟思想。

美国孔子学会 设在美国加利福尼亚州立大学洛杉矶大学内,主要由研究中国思想文化的教授组成,1990 年曾经召开"孔孟思想与中国文化前途国际研讨会",到会的有中国内地、中国台湾、中国香港、美国、日本、加拿大等国家和地区的学者。

印度尼西亚孔教总会 1912 年,中国孔教会成立后,印度尼西亚的梭罗、泗水、三宝垄相继成立了孔教会。1923 年,各地孔教会代表齐集梭罗召开第一次全国代表大会,成立了印度尼西亚孔教总会,出版了《木铎》月报。日本侵占后,孔教会基本停止了活动。1954 年 12 月,各地孔教会代表齐集梭罗决定重建孔教会,次年成立孔教联合会,1961 年改名为孔子学说学会,向宗教部申请重新确认为国家宗教,1963 年更名为全印度尼西亚孔教联合会,1965 年孔教被国家承认为六大宗教之一。印尼排华后,1979 年取消了孔教的宗教地位,孔教会的活动受到限制,不能在室外举行活动,居民证宗教栏不能填写孔教,学校不能教授《四书》,以中国传统形式举行的婚礼不被承认。苏加诺下台后,孔教会活动逐渐恢复正常,2000 年、2002 年举办的春节团拜会还邀请到总统出席。现在印尼孔教会有会员约一百万,占华人总数的五分之一,下设一百多个分会。

印尼孔教会主要从事儒学的普及工作,每个分会都有孔子庙或礼拜堂,每周至少举行两三次传播孔子思想的宣道会,礼拜时读祭文,行叩头礼,唱赞美诗,结合了传统礼仪和西方宗教仪式。

第三章 学术著作

进入20世纪,现代意义上的孔子思想的学术研究真正开展起来,不论是在国内还是国外,研究的领域逐步拓宽,研究的深度逐步加深,涌现出一大批高质量、高水准的学术著作和文章。

第一节 国内重要著作

“打倒孔家店”风潮过后,孔子思想的学术研究发展起来,关于儒学研究的著作逐渐增加。“文化大革命”结束后,随着思想的解放,国内孔子研究迅猛活跃起来,孔子思想的研究与探讨不断深入,产生了一大批优秀的学术著作。这些著作涉及孔子及其思想的方方面面,全方位、多角度地对孔子思想及儒家文化进行了研究与探讨,既有宏观研究也有微观探索,既探讨历史地位也关注现实价值,既注重与国内思想家相对照也注重中西思想家之间的比较。通过这些著作,人们对孔子、对儒学有了更加客观公正的认识,对整个中国文化也有了更加清晰的认识。

《孔墨的思想》 杨荣国著 三联书店 1950年出版

《古代儒家哲学批判》 赵纪彬著 中华书局 1950年3月出版

《论语译注》 杨伯峻译注 古籍出版社 1958年出版

《十批判书》 郭沫若著 人民出版社 1954年出版

《经学通论》 皮锡瑞著 中华书局 1954年出版

《原儒》(上、下) 熊十力著 龙门联合书局 1956年12月出版

《论语疏证》 杨树达著 科学出版社 1955年3月出版

《孔子的教育思想》 陈景磐著 湖北人民出版社 1957年7月出版

《孔子的学术思想》 王荫铎著 湖北人民出版社 1957年12月出版

《论语》新探 赵纪彬著 人民出版社 1959年1月出版

《孔子的哲学思想》 严北溟著 上海人民出版社 1959年12月出版

《孔子讨论文集》(第一集) 中国科学院山东分院历史研究所编 山东人民出版社 1961年3月出版

《中国哲学讨论集》 《哲学研究》编辑部 中华书局 1962年9月出版

《中国哲学史新编》(第一册) 冯友兰著 人民出版社 1964年6月出版

《反动阶级的圣人——孔子》 杨荣国著 人民出版社 1973年出版

《孔子——顽固地维护奴隶制的思想家》 杨荣国著 中华书局 1973年出版

《论语批注》 北京大学七〇级工农兵学员 中华书局 1974年11月出版

《儒家和儒家思想批判》 北京大学哲学系、中国哲学史研究室 中华书局 1974年出版

《论孔丘》 冯友兰著 人民出版社 1975年9月出版

《孔丘教育思想批判》 冯天瑜著 人民出版社 1976年出版

《先秦七子思想研究》 童书业著 齐鲁书社 1982年1月出版

《孔子思想体系》 蔡尚思著 上海人民出版社 1982年6月出版

《孔子研究》 钟肇鹏著 中国社会科学出版社 1983年4月出版

《先秦伦理学概论》 朱伯崑著 北京大学出版社 1984年2月出版

《孔子的法律思想》（《中国法律思想史》丛书） 杨景凡、俞荣根著 群众出版社 1984年6月出版

《儒家辩证法研究》 庞朴著 中华书局 1984年6月出版

《孔子评传》 匡亚明著 齐鲁书社 1985年3月出版

《论语新解》 钱穆著 巴蜀书社 1985年11月出版

《孔子思想在国外的传播与影响》 杨焕英著 教育科学出版社 1987年7月出版

《孔门弟子研究》 李启谦著 齐鲁书社 1987年8月出版

《孔子思想研究论集》 曲阜师范大学孔子研究所编 齐鲁书社 1987年9月出版

《儒学国际学术讨论会论文集》（上、下） 中国孔子基金会新加坡东亚哲学研究所编 齐鲁书社 1989年4月出版

《现代新儒学研究论集》 方克立、李锦全编 中国社会科学出版社 1989年4月出版

《孔孟荀比较研究》 赵宗正、谢祥皓、高阳晨编 山东大学出版社出版

《中国儒学思想史》 张岂之主编 陕西人民出版社 1990年出版

《孔子文化大全丛书》 山东友谊书社 1991年出版

《中国儒学史》 赵吉惠、高厚安、赵馥洁、潘策主编 中州古籍出版社 1991年6月出版

《先秦儒学》 钱逊著 辽宁教育出版社 1991年11月出版

《孔子新传》 金景芳、吕绍刚、吕文郁著 湖南出版社 1991年12月出版

《孔子诞辰2540周年纪念与学术讨论会论文集》（上、中、下） 中国孔子基金会编 上海三联书店 1992年5月出版

《孔子新论》 赵光贤著 巴蜀书社 1992年7月出版

《孔子思想及其现代意义》 游唤民著　岳麓书社　1994年1月出版
《孔子文化大典》 孔范今、桑思奋、孔祥林主编　中国书店　1994年8月出版
《中国儒教史》 李申著　上海人民出版社　2000年2月出版
《中国儒学文化大观》 汤一介等主编　北京大学出版社　2000年出版
《郭店竹简与先秦学术思想》 郭沂著　上海教育出版社　2000年12月出版
《孔子思想的当代价值》 陈德述主编　巴蜀书社　2000年5月出版
《旷世大儒——孔子》 林存光、郭沂著　河北人民出版社　2000年7月出版
《经验主义的孔子道德思想及其历史演变》 邓思平著　巴蜀书社　2000年10月
《儒家文献与早期儒学研究》 杨朝明著　齐鲁书社　2002年3月出版
《结构与传承——孔子、儒学及其现代价值研究》 苗润田著　齐鲁书社　2002年3月出版
《孔子传》 钱穆著　三联书店　2002年出版
《中国经学思想史》(第一、二卷) 姜广辉主编　中国社会科学出版社　2003年9月出版
《孔子诗论述学》 刘信芳著　安徽大学出版社　2003年1月出版
《新编中国哲学史》(上、下) 冯达文、郭齐勇主编　人民出版社　2004年7月出版
《先秦儒家政治哲学引论》 赵明著　北京大学出版社　2004年11月出版
《先秦儒法源流述论》 韩星著　中国社会科学出版社　2004年6月

出版
《历史上的孔子形象——政治与文化语境下的孔子和儒学》 林存光著 齐鲁书社 2004年3月出版
《孔子诗论研究》 陈桐生著 中华书局 2004年12月出版
《孔子与孔门弟子研究》 杨朝明、修建军主编 齐鲁书社 2004年12月出版
《孔子与当代国际学术论文集》 张立文主编 河北大学出版社 2005年11月出版
《先秦儒家性情思想研究》 欧阳祯人著 武汉大学出版社 2005年4月出版
《与孔子对话——新世纪全球文明中的儒学》 朱贻庭主编 学林出版社 2005年8月出版
《人性的寻找——孔子思想研究》 王恩来著 中华书局 2005年4月出版
《简明儒学史》 李申著 中国人民大学出版社 2006年6月出版
《论语疏证》 杨树达著 上海古籍出版社 2006年12月出版
《十家论孔》 蔡尚思主编 上海人民出版社 2006年6月出版
《论语今读》 李泽厚著 天津社会科学院出版社 2007年3月出版
《儒家传统宗教与人文主义之间》 彭国翔著 北京大学出版社 2007年1月出版
《先秦儒家圣人与社会秩序建构》（文史哲研究文丛） 成云雷著 上海古籍出版社 2007年12月出版

《孔学通诠》 李寰著 台湾中国文化学会 1953年出版
《孔子学说与现代文明》 张其昀著 台湾中华书刊仪器社 1958年

出版

《孔孟要义探索》 何遁翁著　台湾人生出版社　1961 年出版

《孔子新语》 南怀瑾著　台湾净明学舍　1962 年出版

《孔子学说》 陈大齐著　台湾正中书局　1964 年 6 月出版

《孔子学说新论》 陈健夫著　台湾文源书局　1965 年出版

《四书道贯》 陈立夫著　台湾世界书局　1966 年出版

《论语要略》 钱穆著　台湾商务印书馆　1971 年出版

《原儒》 熊十力著　台北史地教育出版社　1974 年出版

《孔子与论语》 钱穆著　台湾联经出版事业公司　1974 年出版

《论语别裁》(上、下) 南怀瑾述著　台湾老古文化事业公司　1976 年出版

《儒家思想新论》 贺麟等著　台湾中正书局　1978 年 3 月出版

《论语今诠》 殷豫川著　台北黎明文化事业公司　1978 年出版

《新儒家的精神方向》 蔡仁厚著　台湾学生书局　1982 年出版

《儒家哲学的体系》 罗光著　台北学生书局　1983 年 6 月出版

《孔孟荀哲学》 蔡仁厚著　台湾学生书局　1984 年 2 月出版

《论语思想体系》 邱镇京著　台湾文津出版社　1988 年出版

《新儒学哲学十八论》 方东美著　黎明文化事业股份有限公司　1983 年 2 月出版

《新儒家思想史》 张君劢著　台湾弘文馆出版社　1986 年 2 月出版

《儒家伦理学析论》 王开府著　台湾学生书局　1986 年 3 月出版

《儒家思想的现代意义》 蔡仁厚著　台湾文津出版社　1987 年 5 月出版

《儒家与现代化》 韦政通著　台湾水牛图书出版事业有限公司　1986 年 9 月出版

《孔子学说探微》 林秀正著 台湾东大图书股份有限公司 1987年9月出版

《儒学与康德的道德哲学》 杨祖汉著 台湾文津出版社 1987年出版

《孔子与人格世界》 唐君毅著 香港人文出版社 1950年出版

《论语新解》 钱穆著 香港新亚研究所 1964年出版

《儒家的中和观》 王煜著 香港龙门书店 1967年出版

《儒家哲学与文化真理》 蔡仁厚著 香港人生出版社 1967年出版

《新儒家四书》 陈建夫著 先后东方书局 1984年出版

《原来孔子》 陈永明著 中华书局香港有限公司 1997年4月出版

《孔子密码——儒家学说的现代诠释》 庞忠甲著 中华书局香港有限公司 2005年12月出版

第二节 国外重要著作

国外的汉学家以其独特的视角与思维方式对孔子与儒学进行深思与探讨,内容涉及孔子及其思想学术的研究,以孔子为代表的儒家及儒家学说的研究,儒家经典的研究,儒教的研究,孔子与西方思想家的比较研究,孔子及儒家学说的现代意义研究等。

《孔子与中国文化》〔美〕芮沃寿著 1946年出版

《共产主义道德与中国传统》〔美〕尼维森著 1956年出版

《在行动中的儒教》〔美〕贺凯等著 1959年出版

《中国传统的来源》〔美〕狄百瑞等著 1960年出版

《孔子与中国之道》〔美〕顾里雅著 1960年出版

《儒家学说与中国文明》〔美〕芮沃寿著 1964年出版

《儒教的中国及其近代的命运》(三卷)〔美〕列文森著 1968年出版

《儒家的孝道和基督教伦理》〔美〕林天民著 1972年出版

《儒家仁的概念与基督教爱的概念》〔美〕林天民著 1972年出版

《中国和西方对仁的解说》〔美〕陈荣捷著 1975年出版

《儒家思想新论——创造性转换的自我》〔美〕杜维明著

《儒教中国及其现代命运》〔美〕列文森著 郑大华译 中国社会科学出版社 2000年5月出版

《道·学·政——论儒家知识分子》〔美〕杜维明著 上海人民出版社 2000年10月出版

《孔子:即凡而圣》〔美〕赫伯特·芬格莱特著 张华译 人民出版社 2002年出版

《〈论语〉的哲学诠释:比较哲学的视域》〔美〕安乐哲著 中国社会科学出版社 2003年出版

《先贤的民主思想——杜威、孔子与中国民主之希望》〔美〕郝大维等著 江苏人民出版社 2004年4月出版

《通过孔子而思》〔美〕郝大维 安乐哲著 何金俐译 北京大学出版社 2005年8月出版

《普天之下:儒耶对话中的典范转化》〔美〕白诗朗著 彭国翔译 河北人民出版社 2006年12月出版

《儒家传统与文明对话》〔美〕杜维明著 河北人民出版社 2006年9月出版

《合内外之道:儒家哲学论》 成中英著 中国社会科学出版社 2001年7月出版

《论语新释》〔日〕宇野哲人　1950年出版

《论语讲义》〔日〕诸桥辙次　1955年出版

《论语》〔日〕金谷治著　1963年出版

《仁的古义研究》〔日〕竹内照夫　1964年出版

《四书五经——中国思想的形成与发展》〔日〕竹内照夫著　1965年出版

《论语与人间孔子》〔日〕山田统著　1965年出版

《儒家思想》〔日〕宇野精一著　1967年出版

《中国经学史纲》〔日〕影山诚一著　1969年出版

《孔子》〔日〕内野熊一郎著　1969年出版

《论语的新研究》〔日〕宫崎市定著　1974年出版

《孔子与论语》〔日〕木村英一著　1974年出版

《孔子》〔日〕井上靖著　新潮出版社　1989年9月出版

《中国经学史》〔日〕本田成之著　上海书店出版社　2001年7月出版

《论语思想史》〔日〕松川建二编　林庆彰等合译　万卷楼图书股份有限公司　2006年出版

《儒教文化圈的伦理秩序与经济(儒教文化与现代化)》〔韩国〕金日坤著　邢东田、黄汉卿、史少锋译　中国人民大学出版社　1991年1月出版

《〈论语〉、〈孟子〉和行政学》〔韩〕李文永著　东方出版社 2000年12月出版

《苏格拉底、佛陀、孔子和耶稣》〔法〕卡尔·雅斯贝尔斯著　李瑜青、胡学东译　安徽文艺出版社　1991年5月出版

《先秦儒学论集》〔新〕苏新鋈著

第七编　海外影响

孔子自幼潜心向学，以食无求饱、居无求安的精神，学无常师，不耻下问，好古敏求，学而不厌，掌握了广博的知识，总结了一套系统的学习方法；他首创私学，有教无类，一生从事教育事业，积累了丰富的教育经验，创造了科学的教育方法和教育方式，创立了完整的教育理论；他删诗书，定礼乐，系周易，整理了众多的古代文献，为古代文化的保存与传承作出了重要贡献；面对争战不已的社会现实，他痛心疾首，勤于思考，善于思考，提出一整套恢复社会秩序、重建和谐社会的主张、方法。从汉武帝"罢黜百家，独尊儒术"开始，孔子思想成为中国封建社会的指导思想，推动了社会的进步，促进了多民族国家的形成和发展，为中华民族的思想、文化、经济等方面的发展作出重大贡献。

从汉代开始，孔子思想开始输出海外，对中国的近邻朝鲜、越南、日本产生了重大的几乎不亚于在中国的影响。16 世纪以来，孔子思想又先后向欧洲、美洲、大洋洲、非洲等地传播，推动了西方资产阶级革命，促进了各种文化的交流，加强了各国人民的相互了解与友谊。

孔子思想的对外传播出现过两次高潮，第一次从公元前后开始，传播的范围主要是东亚，也就是中国周边的朝鲜、越南和日本，第二次是从16 世纪开始，传播的范围主要是欧美和东南亚，有意大利、法国、德国、英国、俄罗斯、美国等欧美国家和印度尼西亚、新加坡、马来西亚、菲律宾等东南亚诸国。

第一章 在朝鲜半岛的影响

朝鲜半岛与中国山水相连，是中国以外孔子思想传入时间最早、传播最广、影响最深的地区。

孔子思想传入朝鲜半岛的确切时间史无记载，目前有周初箕子、战国移民、秦末移民、汉初卫满、汉设四郡等多种说法，但大多数学者比较认同汉设四郡说。西汉元封三年(公元前108年)，汉朝灭亡了由中国燕人卫满创建的卫氏朝鲜，在现在的朝鲜半岛北半部设置了乐浪、临屯、玄菟、真番四郡，派遣汉族官吏前往治理。西汉自建元元年(公元前140年)开始以孔子思想作为国家的指导思想，国学设立五经博士，设置博士弟子员，国家还不时策试贤良方正，选拔孝廉，大批儒生进入官吏队伍。由于汉朝官吏的努力，“早在公元一世纪初，就有一些朝鲜人背诵《诗经》、《书经》和《春秋》等”[1]儒家经书，孔子思想开始普及。

孔子思想传入朝鲜半岛时，朝鲜已经进入封建社会。孔子思想主张忠君尊王，有利于安定社会，当然受到统治者的欢迎，朝鲜半岛三国——高句丽、百济、新罗——都大力提倡。

高句丽(公元前37—公元668年)兴起于中国东北，以后南下，范围逐步扩展到半岛中部，得地利之便，最先接受孔子思想。小兽林王二年(公元372年)仿照中国设立国家最高学府——太学，以

[1]《朝鲜简史》。

《春秋》、《礼记》、《书经》、《诗经》等儒家经典和《史记》、《汉书》、《后汉书》等中国史籍教育贵族子弟，同时还广设扃堂教育平民子弟。为加快儒学传播，提高儒学水平，高句丽还派遣贵族子弟到唐朝留学。

百济（公元前18—公元664年）位于半岛西南角，与中国隔海相望，交往便利，接受孔子思想也很早。近肖古王二十九年（公元374年）设立儒学博士，以名儒高兴担任，枕流王即位（公元384年）后又设立太学。从公元四世纪开始，中国进入了长达三百多年的南北分裂时期，百济加强了与南朝的联系，请求派遣学者前往百济传授儒学，公元534年、541年梁朝曾两次派遣毛诗博士前往。由于有中国的支持，百济的儒学水准提高很快，到公元405年，就开始对外输出，博士王仁携带《论语》进入日本，将孔子思想首先传入日本，以后百济还不断派遣博士前往日本讲授儒家经书。在公元6世纪，中国向百济派遣儒学博士，百济向日本派遣儒学博士，孔子思想从中国接力式地向朝鲜半岛和日本输出。

新罗（公元前57—公元917年）位于半岛东南角，与中国交往不便，孔子思想的传入比较晚，被高句丽臣服后，通过高句丽接受孔子思想。真德女王五年（公元651年）始设置国学官员大舍二人，设立国学比高句丽、百济晚了二百多年。新罗国学设置虽然很晚，但孔子思想在民间的影响却很大，最有代表性的是花郎徒。花郎徒原是新罗部落内传统的青少年组织形式，他们自称是弥勒化身，与僧侣一起生活修炼，以从中国传入的儒教、道教和新罗固有的仙教进行思想教化，以武术进行强身健体，以歌舞教养情操。花郎徒以圆光法师（公元531—630）创立的世俗五戒为行动准则，“一曰事君以忠，二曰事亲以孝，三曰交友以信，四曰临阵无退，五曰杀生有择”，信条已经从佛门转向儒家伦理。韩国现代史学家认为，“体认生命有轻于鸿毛，有重于泰山，不屈不挠为正义真理而奋斗，以高昂的国家民族意识迈向战场，奋勇杀敌，此乃花郎徒的精神”;“花郎徒精神并不止于青少年,成年以后仍继续维持,成为巩固国民精神与伦理的基础,这是新罗统一三国的原动力”。[1]

公元675年,新罗统一了朝鲜半岛,为了巩固统一,更加提倡孔子思想。孔子思想的大一统、等级名分、伦理纲常等观念非常有利于加强封建统治,所以新罗王朝虽然仍然推崇佛教,但在政治上却以孔子思想为治国理念,仿照唐朝设立官僚体系,兴学重教,实行科举制度,建庙祭祀孔子,派遣留学生到唐朝留学,孔子思想的影响日渐扩大。

景德王六年(公元747年),新罗设置国学的各业博士、助教,教授儒家经典。国学学生为16岁至30岁大舍(相当于司长)以下尚无官位的贵族及其子弟,以《论语》、《孝经》为必修课,以主修《周易》和《礼记》、《左传》和《毛诗》、《尚书》和《文选》而将教学科目分为三科。国学修业年限为九年,学习期满,考试合格即可出仕为官。元圣王四年(公元788年),又仿照唐朝实行以儒学为取士标准的科举制度——读书三品出身法。将能解读《左传》、《礼记》、《文选》,兼谙《论语》、《孝经》者列为上品;能解读《曲礼》、《论语》、《孝经》者列为中品;能解读《曲礼》、《孝经》者列为下品;对博通“五经”、“三史”、诸子百家者破格擢用。“读书三品出身法”的实行将儒学与仕途结合起来,提高了儒学的地位,也促进了儒学的传播。

朝鲜半岛原来没有文字,采用汉字作为通用文字,汉字与朝鲜语音不合,使用起来很不方便,新罗人就用汉字字音记录朝鲜语言。到七世纪末,薛聪将汉字和朝鲜语言紧密结合,用新罗语解读儒经,这种方法称为吏读法,方便了人们学习,加快了儒学的传播。

“衣冠知奉礼,忠信识尊儒”,唐玄宗写给新罗国王诗中的这一

[1] 李元淳等《韩国史》

联形象地说明此时的新罗已经受到孔子思想的很深影响。

取代新罗统一半岛的高丽王朝(公元918—1392年)崇信佛教,被后世称为佛教王朝。佛教被当做安身立命之教,但统治者深知"王者化成天下,学校为先,祖述尧舜之风,聿修周孔之道",因此大力提倡孔子思想,以孔子思想作为治国理念,仿照中国实行三省六部制,推行儒家思想教育,大兴学校,推行科举制度。

高丽王朝儒学教育非常发达,京师开城有国子监、大学、四门学,地方有州学,民间有私学。私学由学者创办,崔冲、郑倍杰、卢旦、金尚宾等12位著名学者都创建了私学,一时弟子云从,被称为十二徒。尤以崔冲最为著名,他是国家元老,曾任侍中,在经过与契丹的近三十年战争之后,"干戈才息,未遑文教",崔冲收徒设教,弟子众多,分为九斋,影响最大,崔冲也被称为"海东孔子"。此时的私学也以"九经"和"三史"为教育内容,与官学相比并没有多少差别。

光宗九年(公元958年),高丽采用旅居中国人、时任翰林学士的双冀的建议开始科举选士,444年间共举行科举考试251次,录取进士共约6663名。高丽王朝重文轻武,亡国前两年才议设武科。文科分为制述科、明经科、杂科三科,其中尤重相当于唐朝进士科的制述科,共约录取进士6167名,其次为明经科,约录取进士415名,杂科最轻,只录取了81名。制述科、明经科均考儒经,就连杂科也要考试儒经,杂科中还专有三《礼》、《春秋》三传的专科。

高丽王朝仰慕中国文明,先后向后晋、北宋、元朝派遣留学生。高丽时有一个非常有趣的现象,有中国人在高丽考中进士,也有高丽人在中国考中进士。北宋初年,中国禁止图书出境,但对高丽开禁,宋太宗、宋真宗、元世祖、明太祖均曾赐给高丽儒家经书。高丽初期抄书,后用木版刻印,中国活字印刷术传入后,高丽发明铜活字印刷儒家典籍,儒学传播更加快捷。

北宋宣和六年(1124年),北宋使者徐竞出使高丽,归来所作《宣和奉使高丽图经》说:“上而朝列官吏闲威仪而足词采,下而闾阎陋巷间经馆书舍三两相望,其民子弟未婚者则群居而从师受教,既少长而择友各以其类讲习于寺观,下逮卒伍童子亦从乡先生学。”由此可见,此时的高丽举国上下都在学习孔子思想。

高丽前期奉行的儒家思想仍然是汉唐经学,13世纪末,入元随侍高丽世子的安珦将新刊的《四书集注》、《朱子全书》带回国内,开始传播朱子理学。他提倡忠、孝、信、诚、敬等儒家伦理,尽力排斥佛教,将意识形态上的崇佛引导到崇儒上来。“朱子学”在高丽传播得很快,入元的官僚学者白颐正、李齐贤,考中元朝进士的李穑以及郑梦周等都提倡宣讲,“朱子学”很快就取代了汉唐经学的地位。

1392年,推翻高丽建立的朝鲜王朝为了巩固统治,重建封建统治秩序,大力提倡儒家思想,儒家思想成为国家的指导思想,儒教成为国教,朝鲜王朝因此被称为儒教王朝。

朝鲜王朝以儒教立国,儒学教育非常普及。京师汉城设有最高学府成均馆,以进士和生员为学生,定员200名,下设五部学堂,每学定员100名;府、郡、县设立官办学校乡校,全国共设各级乡校361所,定员共15000名。国家规定,良民身份以上的16岁俊秀子弟都可入乡校学习。官办学校以外,各地都有私立的书堂、书斋,接受七八岁的平民子弟就读,书堂、书斋的优秀学生16岁也可进入乡校学习。校生经过考试取得进士或生员称号就可到成均馆进修,再经过文科考试就可入仕为官。到16世纪中期,官办教育衰退,书院教育趁机而起,发展到19世纪,书院竟达近千所。早期书院得到国王的支持,给予免税免役的优待,并向书院赐额甚至亲笔题额。学校教育内容主要为儒家经典,《学令》规定,诸

韩国首尔成均馆文庙大成殿

生“常读四书五经及诸史等书，不携庄老、佛经、杂流、百家子集等书，违者罚”，只准读儒家经典和正史。在朝鲜，即使同是理学但批判“朱子学”的王阳明“心学”被视为洪水猛兽遭到排斥和批判。

朝鲜王朝坚持科举取士，文科考试三年一次，称为“式年试”，每次一般录取 33 人，此外还有别试，有增广试、谒圣试、春塘台试，外方别试、黄柑试等名目。500 年间，“式年试”共举行 163 次，录取 6063 人，别试共举行 581 次，录取 8557 人，两种考试共举行 744 次，录取 14620 人，由此可见朝鲜科举之盛。为鼓励士子努力学习，殿试合格即可入仕为官，并赐以殊荣，“殿庭唱榜，御前赐酒，赐花与盖，优人呈戏，鼓吹前导，三日游街以荣之”，还恩及及第者父母，“其亲存者，则令所在官给酒乐以荣之，名曰荣亲宴，殁者设祭，谓之荣坟。中第一名者赐米”。[1]

除利用教育普及儒家思想外，朝鲜还特别重视礼俗教育和伦理教化。早在理学传入的初期，被称为东方理学之祖、官居宰相的郑

[1]《朝鲜志·风俗》。

梦周就令百姓按照《朱子家礼》的规定建立家庙，设立神主，祭祀先祖，到朝鲜时期，“处处祈佛、家家祀神”的民俗已变为“处处祀孔，家家祀祖”的儒家礼俗。朝鲜王朝大力提倡忠孝节义等儒家伦理，褒奖忠臣孝子、节妇义夫，除使用中国通俗教材外，还自编了《孝行录》、《五礼仪》等通俗读物，翻译了《女四书》、《礼记大文谚读》。为教育文化水平低的百姓，还编印了图文并茂的《三纲行实图》，其中收录了百余名忠臣、孝子、列女的事迹，作为百姓学习的楷模。

朝鲜半岛从新罗圣德王十六年（公元717年）开始在京师祭祀孔子，高丽仁宗五年（1127年）将祭祀孔子推向地方，命各州设立学校，建设文庙，祭祀孔子，追随中国尊称孔子为文宣王、玄圣文宣王、至圣文宣王、大成至圣文宣王。朝鲜王朝大建孔子庙，县以上的城市都有乡校，乡校设文庙祭祀孔子，也像中国一样，每年二月、八月的第一个丁日举行释奠大祭，每月初一、十五举行释菜、行香小祭。文庙主祭孔子，在清朝以前追随中国增加从祀的先圣、先贤、先儒。不同的是，朝鲜还以本国的儒学学者从祀，从高丽宣宗十一年（1020年）以崔致远从祀后，又陆续增加了薛聪、安珦、郑梦周、李滉、李珥等17人，他们被通称为东国十八贤。现在，韩国各地的乡校文庙仍然举行祭祀活动，大都按照古例举行由地方行政长官主祭的春秋释奠大祭，只是大多文庙减少了从祀的中国先贤先儒，一般文庙只祭祀孔子，以颜回、曾参、子思、孟子四配配享，闵损等十哲和周敦颐、程颐、程颢、邵雍、朱熹、张载宋六贤配祀，朝鲜的东国十八贤从祀。

孔子思想传入朝鲜半岛初期，朝鲜人只是被动地接受，对汉唐经学很少阐释。理学传入后不同，很快就出现了一大批理学家，如前期的李穑、郑梦周、郑道传、权近，发展期的金时习、徐敬德、赵光祖、李彦迪，鼎盛期的李滉、李珥，衰落期的金长生、宋时烈、奇正镇、李震相，他们对理学均有所阐释和发展，并形成了许多学派。理学产生在中国封建社会的衰落期，而输入朝鲜是在封建社会的发展期，朝鲜理学学者代表了中小地主的利益，反对保守，主张革新，对社会的发展起了推动作用。

由于儒家思想的影响，朝鲜王朝对中国采取事大主义，他们仰慕中华文明，甚至在很长的历史时期内认为中国就是世界的中心，因此上自朝廷法度，下至民间习俗全部效法中国，廷议言必称孔孟，街谈巷议也以四书五经为依据，儒学不仅作为治国理念，而且还扩大为社会规范。《朝鲜志·风俗》所说的“崇尚信义，笃好儒术，礼让成俗，柔谨成风”的民族性格和社会风尚就是儒家思想影响的必然结果。朝鲜人对此深为自豪，他们也以“小中华”、“海东中华”自居。

17世纪以后，朝鲜封建社会步入后期，作为封建社会指导思想的“朱子学”由前期的社会改革的推动力量转化为反对力量，朱子学者也由社会的改革者蜕变为既得利益的维护者，在学术上他们不顾社会的实际问题，故弄玄虚，清谈空论，甚至将学术论争蜕化为争权夺利的党争。为了巩固“朱子学”的正统地位，在学术上采取高压政策，对敢于对“朱子学”有“一字之疑”者就加上“斯文乱贼”的罪名进行残酷斗争和无情打击。19世纪下半期，日本和西方列强入侵，朝鲜面临亡国的危险，正统朱子学者图谋以“卫正斥邪”为口号对从中国传入的实学思想、阳明学和从西方传入的天主教以及西方文化进行排斥，但正统“朱子学”已无力回天，朝鲜最后成为日本的殖民地。但是，朝鲜人民并没有屈服，深受儒家思想影响的儒林在“卫正斥邪”的口号下与日本殖民势力进行坚决的斗争，甚至拿起武器组织义兵进行武装斗争，展现了英勇不屈的民族精神。

日本投降后，韩国学术界痛定思痛，对历史进行反思，认为事大主义、党争、锁国、族阀、阶级斗争等是国家灭亡的主要原因，曾一度对儒家思想进行批判。但在接受西方文化、采用西方政治制度后，随着经济的发展，个人主义、享乐思想成为社会的普遍价值观，舞弊腐败现象蔓延，造成道德堕落和民族主体意识涣散。经过反思，逐渐认识到传统思想的价值，废弃了侧重儒家政治思想的传统，转而采用儒家思想扶持伦理，学术界也致力于从哲学、伦理学和历史学、社会学角度研究儒家思想及其在历史上所发挥的作用。

现在，韩国儒家思想的研究异常活跃，成立了许多学术组织和机构，出版了许多学术成果，几乎每所大学都开设了中文系，成均馆大学还开设儒学大学和儒学研究生院。儒家思想的普及非常普遍，1945 年成立的儒道会是一个全国性的组织，它以儒道精神为理念，以阐明道义、扶持伦理、弘扬修齐治平之道、淳化社会秩序为目的，下设青年儒道会、女性儒道会、儒学学生会，在首都设立总本部，在直辖市和道设立本部，在市、郡设立支部，在邑、面设立支会，在里、洞设立分会，四级行政区内都有儒道会组织，全国共设各级组织 600 多个，拥有信众 1000 万人，约占全国人口的四分之一。

孔子思想推动了朝鲜半岛文化、经济和社会的全面发展，所起的进步作用是有目共睹的。1893 年科举制度的废除，宣告了儒家思想作为统治思想的结束，但儒家思想并没有退出朝鲜半岛的历史舞台，失去了神圣的光环，反而更容易深入民间。而随着教育的发展，文化水准的提高，越来越多的人了解了孔子，了解了孔子思想，孔子思想越来越普及，越来越深入人心。

第二章　在越南的影响

“威仪共秉周家礼，学问同尊孔氏书”，与中国山水相连的越南是孔子思想传入最早、影响最深最大的国家之一。

孔子思想在越南的传播与影响的历史比较独特。越南在公元939年独立以前，北半部一直属于中国管辖，孔子思想的传播与影响也主要在北半部，越南独立后，孔子思想的传播与影响也随着越南的向南推进逐渐向南发展。越南独立前，中国政府派遣官员前往治理，采用和中国基本相同的管理方式，孔子思想的传播与影响也基本与中国相同，推行传播主要是由中国人来进行的；越南独立后，在政治、文化、经济等方面采用与中国相同或相似的制度，孔子思想逐渐从治国理念发展成为统治思想，推行传播的主角变成了越南人。

秦朝时，在越南北半部设立象郡，派遣官员前往治理，同时还发迁内地罪人与本地人杂居。秦末动乱之际，秦朝派遣的官吏南海龙川令、代理南海尉赵佗趁机自立为南越王，建立南越国（公元前207—前111年），占领南海、桂林和象郡，辖境相当于现在的广东、广西和越南中部和北部。赵佗是中国河北真定人，在位71年，对汉称臣。越南史学家黎嵩说他“武功慑乎蚕丛，文教振乎象郡，以诗书而化训国俗，以仁义而固结人心”[1]，以孔子思想为治理理念，用孔子思想教化人民。可见在公元前2世纪末孔子思想已经进入越

[1]《越鉴通考总论》。

南，并且成为教化团结人民、移风易俗的工具。

汉武帝灭掉南越国，在越南北部设置交趾、九真、日南三郡22县，将越南北部正式纳入中国版图千余年。赵佗虽然用孔子思想治理越南，但时间很短，而且范围有限，西汉时越南社会仍然很落后，“骆越之民无嫁娶礼法，各因淫好，无适对匹，不识父子之性，夫妇之道”，“以渔猎为业，不事耕种”，大部分地区仍处在原始社会阶段，前往治理的中国官员注意用先进的中国礼乐文化进行教化。西汉末年、东汉初年，孔子思想在越南的传播进入第一个高潮。此时锡光担任交趾太守，任延担任九真太守，治理时“乃教其耕犁，使之冠履，为设媒官，始知聘娶，建立学校，导之礼仪”，同时将避乱南迁的中原移民“杂居其间，乃稍知言语，渐见礼化”，用中国先进的衣冠文物、婚姻制度和孔子思想改造越南尚未开化的风俗，因此大受越南人民的欢迎。任延本来就是博通儒学的学者，当然要用孔子思想教化人民，治理九真四年，卸任北归后“九真人为之立祠，其生子皆名曰‘任’焉”。经过锡光、任延等中国官吏的教育，越南到东汉时期就出现了许多人才，越南人可以和中原人一样考取茂才，荐举孝廉，出仕为官。越南人李琴曾官至司隶校尉，负责纠察首都百官、外戚、诸侯，与尚书令、御史中丞同是朝中最显赫的高官之一。

三国至南朝时期是孔子思想在越南传播的第二个高潮。汉末以后，中原地区进入长达三百多年的动乱，而越南北部却成为远离战火的一方净土，大量中原士子南下避乱，儒学学者许慈、许靖、刘熙、薛综、程秉等都曾避难越南，加快了儒学的传播。最重要的是，其间有许多贤良官员出任地方行政长官，陶璜四世五人出任交州刺史，多行善政，卓有政绩，杜惠度父子两任刺史，击退南方林邑的多次入侵，保护了交州的安宁，“惠度布衣蔬食，俭约质素……禁断淫祀，崇修学校”，守土爱民，以礼乐进行教化。第二个高潮的代表是士燮（公元137—236），他祖籍鲁国汶阳，出生在越南，少年游学洛阳，通《左传》和古今《尚书》，名扬京师，举孝廉，中茂才，公元187年出任交阯太守。交州刺史朱符贪婪暴虐被杀，州郡动乱。士燮收拾残局，趁机夺取交州权力，三个弟弟也分别担任了合浦、南海、九真太守，兄弟合力安定了交州。士燮任职交州四十多年，以孔子思想教化人民，保全一方，深受越南人民爱戴，被越南人民称为“士王”，立庙祭祀。越南《四字经》歌颂说：“三国吴时，士王为牧，教以诗书，熏陶美俗。”《越鉴通考总论》评价说：“士王习鲁国风流，学问博洽，谦虚上下，化国俗以诗礼，淑人心以礼乐，治国逾四十年，境内无事。”古代史学家吴士连评价说：“我国通诗书，习礼乐，为文献之邦，自士王始。其功德特施于当时，而有以远及于后代。”

隋唐时期是孔子思想在越南传播的第三个高潮。隋唐都是强大的大一统帝国，加强了对越南的治理，建立了完备的地方军政机构。隋代平定了李佛子的叛乱，打退了南方林邑的进攻，还一度攻破林邑，将林邑纳入中国版图，在林邑故地设置三郡十二县，在越南设立交州道行军总管府，统一管理越南事务。唐承隋制，在越南设置交州总管府、都督府，公元622年改称安南都护府，从此越南又称安南。隋唐时期由于中国实行了科举制度，官员大都具有较高的文化素养，派往越南的官员大都大力提倡文教，唐贞观四年下令州县学校都要设立孔子庙，越南也大兴学校，所以孔子思想的普及更加广泛。前往越南治理的循吏有隋代大将军令狐熙，在越南“为建城邑，开设学校，华夷感激，称为大化”。唐代安南都护马总“廉清不挠，用儒术教其俗，政事嘉美，獠夷安之”，交阯令王福畤（诗人王勃之父）“大兴文教，士民德之，至今祀之，号王夫子祠”。唐代时，中国和越南的文人交往频繁，唐初著名诗人杜审言（杜甫祖父）、沈佺期曾被流放越南，中晚唐诗人刘禹锡、韩偓也曾到过越南。安南都护高骈击败南诏，保护了越南安全，位高望重，诗作被越南人当做范本。

越南士子也北上中原，安南诗人裴泰北上担任唐朝中书舍人，南下担任安南都护，无碍上人、黄知新游学中原，与诗人王维、贾岛诗文唱和。通过中国官吏的教化和两国学者的交流，越南文化水准上升很快，唐朝也准许越南士子参加科举考试，考试合格，可以在唐朝为官。越南人姜公辅进士及第，官至中书门下平章事，成为出身于越南并在中国任职的第一位宰相。

晚唐时期，中原社会动乱，无力顾及越南，越南土豪趁机割据，曲氏、杨氏、矫氏、吴氏相继称雄，互相攻战。公元 963 年，丁部领消灭了十二使君，统一了越南北部，公元 968 年建立独立政权大瞿越，但国祚很短，12 年后被黎桓取代，建立前黎朝，29 年后前黎朝又被李公蕴取代，建立了李朝。

越南虽然独立了，但直到中法战争以前一直奉中国为宗主国，国王接受中国皇帝的册封。

越南独立初期的两朝虽然时间很短，但由于长期受孔子思想的影响还是推崇儒家思想，丁废帝曾观明堂辟雍，黎龙铤曾向宋朝请求颁给儒家九经，宋真宗按照请求如数赐给。

李朝开国君主李公蕴出身僧侣，年轻时“不事生产作业，惟涉猎经史，慷慨有大志”，颇通儒学，所以即位后以佛教为国教，以孔子思想为治国理念，仿造中国官制设立中央和地方各级政权。后世子孙按照儒家重农主张发展农业生产，以忠孝观念治军平叛，以儒家伦理教化人民，向宋朝求购儒家经典，大兴学校，1075 年开始实行科举制度，1070 年建庙祭祀孔子，孔子思想在独立后的越南形成了第一个兴盛期。

陈朝（1225—1400 年）非常重视儒学，皇帝亲自学习儒家思想，圣宗“诏求贤良明经者为国子监司业，能讲谕四书五经之义者入仕经幄”，英宗“命天章学士阮士固讲五经”，命通晓儒家思想的学者为自己授课；陈朝皇帝非常重视皇室教育，尤其重视对皇太子进行系统的儒学教育，太宗“亲写铭文，赐诸皇子，教以忠孝和逊、温良恭俭”，圣宗“选天下儒学有德行者入仕东宫”，明宗征拜理学家朱安为国子监司业“授太子经”，对皇子、皇太子进行系统儒学教育，更好地保证国家用儒家思想作为治

越南河内国子监文庙大成殿

国理念。大力兴办学校，将官办学校推广到地方州镇，继续推行科举制度，重用儒学学者，虽然宰相必用宗室贵族，但也必须选用“有道义、通诗书者为之”。国家尊儒重道，提倡儒学，越南的儒学水平也大有提高，出现了朱安、张文超、杜子平、黎文休等一批儒学家，其中尤以朱安最为著名，他所著的《四书说约》是越南最著名的理学著作，因此被称为越“儒宗”。朱安、张文超、黎文休、黎括等极力排斥佛教，佛教地位逐渐下降，儒学的政治地位逐渐上升，儒学终于取代佛教成为国家的统治思想。朱安、张文超扬儒斥佛有功，分别于1370年、1372年被允许从祀孔子庙。越南进入了独立后的第二个兴盛期。

1400年，外戚胡季犛依靠宫廷政变夺取政权，建国号为大虞，但史家一般称为胡朝。胡季犛是一位很有思想的政治家，他推崇周公，贬抑

孔子，称韩愈为盗儒，说周敦颐、二程、朱熹等"学博而才疏，不切事情而务为剽窃"，立国7年，厘定科举办法，仿照元朝进行考试。胡朝建国后大力改革，但操之过急，激化了社会矛盾，加之连年对外用兵，骚扰明朝边境且耍弄手腕，终被明朝灭掉。因为陈朝皇帝的子嗣已被胡季犛杀光，无法选立新国主，明朝将越南纳入中国版图，派遣官员前去治理。明朝统治越南21年，命府、州、县建立学校文庙，将学校由原来的州镇推向了县，向每所学校颁发《四书》、《五经》、《性理大全》、《孝顺事实》、《为善阴骘》等儒学经典和伦理通俗读物，命学校按照中国制度向国家选送贡生，从选拔的九千多名"明经博学、贤良方正、孝弟力田"人士挑选担任越南各级政权官吏。

从后黎朝（1428—1527年，1533—1789年）开始，儒家思想在越南进入全盛期，成为国家的统治思想。历朝无不大力提倡儒家伦理，莫朝（1527—1677年）开国君主莫登庸认为"三纲五常，扶植天地之栋干，奠安生民之柱石，国而无此，则中夏而夷狄，人而无此，则衣裳而禽兽。自古至今，未有舍此而能立于覆载之间也"，因此国家大力提倡纲常伦理，黎圣宗制定颁布的《激劝忠义令》和《二十四条伦理》、黎玄宗颁发的《申明教化四十七条》、黎嘉宗的训诫百官都突出提倡忠孝节义。后黎朝和割据政权莫朝、郑主（1539—1787年）、西山阮朝（1778—1802年）以及其后的阮朝（1802—1907年）无不大兴学校，大兴科举，后黎朝1514年的会试应试举人竟多达5700人，而取中进士只有少得可怜的43人。为鼓励士子学习，科举考试后，皇帝亲自召见新科进士，赐官赐宴，命鼓乐导引，良马送回府第，又命刻名立碑于国子监。国家独尊儒术，孔子地位空前提高，孔子庙（文庙）遍及越南全国，县以上城市无不建设孔子庙，每年春秋都要举行释奠大祭，皇帝有时也亲自去文庙行礼。

1884年，越南沦为法国殖民地，但越南人民并没有屈服，在乡官吏和举人以忠君爱国相号召,组织人民进行勤王抗法斗争。殖民者力图消灭越南的民族意识和传统文化,将矛头指向已经成为越南民族思想文化主干的儒家思想,将研究、提倡儒家思想的学者指为“亲华派”严厉打击,1917年颁布法令废除科举,废除汉字和以汉字为基础创造的越南喃文,强令越南人民使用拼音文字。但一些世家大族仍然坚持学习儒学,有的学者公开赞颂孔子及其思想,有的学者为适应拼音文字的新形势,将《四书》、《五经》翻译成新文字,用新文字撰写介绍研究儒家思想的著作。

第二次世界大战以后,越南分为南北两部分。南方仍然坚持尊孔读经,中学开设汉学课程,顺化大学设立汉学院,经学为主,词章为辅,专门培养汉学人才。儒学研究非常活跃,成立了孔学会等学术团体,翻译出版儒学书籍,编印儒学刊物,维修新建文庙,恢复祭孔活动,以孔子诞辰为教师节,全国放假一天,将西贡的两条大街分别命名为孔子大道、孟子大道。北方由于共产党早期以反帝反封建为号召,将孔孟哲学列为批判对象。但是夺取政权后,逐步正确对待传统思想和文化。胡志明早年深受儒家思想影响,他认为“孔子学说优点在于个人的道德修养”,“其精华我们应该好好学习”,用孔子的仁、义、智、勇、廉概括革命干部的人格,用“忠于党,孝于民”教导军人。革新开放以来,针对西方文明带来的弊端,越南也越来越重视儒家思想在民族文化和现代化建设中的作用,将孔子思想当做民族思想文化的一部分,越南党和国家领导人也到文庙孔子像前上香。

第三章　在日本的影响

日本虽然与中国隔海相望，交通不便，但在汉代就与中国开始了交往，后来通过朝鲜半岛吸收中国文明，从隋代开始，通过派遣大量的遣隋使、遣唐使直接接受中国文明，孔子思想传入日本后很快成为日本社会的指导思想。宋以后，随着航海水平的不断提高，海上交通逐渐不再困难，中日之间的交往日益频繁，新兴的理学很快传入日本，经过四百多年漫长的传播过程，终于在江户时期成为日本的统治思想。

虽然同是中国的近邻，但孔子思想在日本的传播却与朝鲜、越南大不相同。孔子思想在日本的传播不是一直不断地发展，而是经历了两起两落的历程。

孔子思想传入日本一向有秦代徐福东渡说和百济学者王仁南渡说两种说法。徐福东渡说证据不足，目前难以让人相信，但百济学者王仁南渡说也是难以让人相信。百济学者王仁南渡说见于成书于公元720年的《日本书纪》，应神天皇"十六年春二月，王仁来之，则太子菟道稚郎子师之，习诸典籍于王仁，莫不通达。故所谓王仁者，是书首等之始祖也。"只说太子向王仁学习经典，并未说王仁献书事。成书于公元712年的日本《古事记》倒是记载了献书，但献书者不是王仁而是和弥吉师，"又科赐百济国：'若有贤人者贡上。'故受命以贡上人名和弥吉师，即《论语》十卷《千字文》一卷，并十一卷，付是人贡上"，献上《论语》的是和弥吉师。关于献书的时间,《古事记》无纪年,《日本书纪》作应神十六年,日本学者推算为公元285年。《古事记》、《日本书纪》成书时间晚,记载天皇在位七八十年甚至百年以上,就是日本学者也不敢当做信史看待。有的学者根据《日本书纪》所记"是年,百济阿花王薨"推测为公元405年。这个说法是比较可信的,因为据朝鲜《三国史记》记载,近肖古王三十年(公元375年)百济始设博士,设立博士三十年始有可能培养出像王仁这样能够传播儒学的人才。实际上,早在东汉、曹魏、西晋时期,日本和中国前后有10次使者往返,日本不可能不了解中国社会的指导思想——孔子思想。《日本书纪》记载,神功皇后亲征新罗,"遂入于其国,封重宝府库,收图籍文书",五年后还带回许多俘获的中国人,这也有可能带回中国的儒家典籍。

当时的日本尚未统一,也没有形成一整套国家机构。孔子思想主张大一统,可以调整社会关系,对于促进日本的统一,加强国家统治是大有裨益的。孔子思想传入日本不久,宫中就办起了学问所,以《论语》教育王子和大臣。据中国史籍记载,从公元413年到502年间,日本五代国王曾经13次遣使到中国,并接受中国皇帝赐给的倭国王的册封,联系虽然密切,但孔子思想的输入主要还是来自百济。虽然中国没有直接向日本输出儒学,但是百济的儒学水平毕竟不高,百济在向日本输出儒学的同时也向中国寻求帮助,遣使请求中国派遣儒学博士,公元541年中国就曾应请派去毛诗博士,以后又派去礼学博士。

日本直接从中国输入孔子思想是从遣隋使开始的。公元600年,第一批日本使者经由朝鲜到达中国,从公元607年至894年,日本共派出22个使团出使中国,其中16个到达中国。日本使团规模一般都很大,除使者外,还携带大批的留学生、学问僧,最多时一次竟达594人。早期的留学生、学问僧许多是中国人的后裔,后期主要是日本人,他们在中国长期研究中国的思想、政治、经济、文化和中国的政治制度、礼乐制度以及民风民俗，受益匪浅。回国后许多人受到重用，留唐33年的日籍汉人后裔高向玄理、留唐25年的新汉人僧旻回国后被任命为朝廷的博士（顾问），留唐32年的日籍汉人后裔南渊清安虽然没有出仕为官，但他著述百卷，成为著名的学者，中大兄皇子、中臣镰足均拜他为师，正是这两个人进行了日本著名的"大化革新"。留学生和学问僧回国时还带回大批的中国典籍，据《日本国见在书目》记载，日本当时已有《尚书》、《易经》、《孝经》等中国典籍1579部16790卷。

公元604年，执政的圣德太子进行改革，制定《宪法十七条》，除第二条"笃敬三宝"为推崇佛教外，其余十六条全部反映了儒家理念，如"以和为贵"、"以礼为先"、"信是义本"等等。特别重要的是，日本统治者接受了中国儒家的天命观和王土王民、仁政、德治等政治思想作为治国理念。天皇祭祀时也自称天子，君权不再只是来自天皇的祖先天照大神，也来自儒家的至高无上的"天"。《宪法十七条》强调"国非二君，民无二主，率土兆民，以王为主"，"君则天之，臣则地之"，"君言臣承"，官吏要"忠于君"，用儒家理念来加强天皇的权力；提出"不得圣贤，何以治国"，官员要"仁于民"，"使民以时"，"勿敛百姓"，"惩恶劝善"，"背私向公"，提倡仁政德治。在《宪法十七条》中，许多言词直接选自儒家经典，如"和为贵"、"使民以时"、"王事靡盬"、"上和下睦"、"惩恶劝善"等，由此可见孔子思想影响之深。不仅如此，圣德太子还改革官制，将官阶分为十二等，分别以大、小德、仁、礼、信、义、智命名，官阶名称全部采自儒家伦理德目。

大化元年（公元645年），中大兄皇子、中臣镰足在留唐归国的南渊清安、高向玄理、僧旻的支持下消灭了掌权的大贵族后进行大化革新，建立中央集权制，土地收归国有，大宝元年（公元701年），日本制定并颁行《大宝律令》，日本成为律令制国家，逐步过渡到封建社会。

奈良时期（公元710—794年）及平安前期（公元794—894年）是孔子思想在日本的第一个全盛期。孔子思想被作为治国理念，仿照唐朝实行中央集权制度，实行班田收授法和租庸调制。在社会教化上，国家大力提倡三纲五常和忠孝等儒家伦理观念，尤其重视提倡孝道，对孝子贤孙给予免除同籍课役或终身田租的奖励，并表其门闾。日本本来没有孝的概念，孝是从中国传入的伦理观念，所以孝字在日语中只有音读而没有训读。在教育方面，实行大学和国学两级教育制度。在首都设立大学寮，地方各国设立国学。大学寮定员400名，国学按照人口多少定员为50、40、30、20名。学校教材主要是《周易》、《尚书》、《周礼》、《礼记》、《仪礼》、《毛诗》、《左传》、《论语》、《孝经》儒家九经，其中的《论语》、《孝经》为必读，其他七经为选读，选读七经中通二经者送太政官考试合格后就可以出仕为官。尊崇孔子为教育始祖，大宝元年（公元701年）开始祭祀孔子，神护景云二年（公元768年）仿照唐朝尊称孔子为文宣王，仅比唐朝晚了29年。祭祀孔子被列入国家祀典，每年春秋两次祭祀，由大学寮的主管大学头代表天皇致祭。到平安时期，祭祀仪式后，还举行讲经活动，亲王以下百官要到大学寮讲论儒经，有时天皇还召见博士、学生等入宫就祀典后的讲经进行论难。奈良、平安时期的教育非常兴盛，除国家所办的学校外，还有许多私立学校。一种是贵族为本族子弟所建，著名的有弘仁十二年（公元821年）藤原冬嗣开办的劝学院、元庆五年（公元881年）在原行平开办的奖学院等；一种是学者创办的私塾，著名的有承和五年（公元828年）空海开办的综艺种智院以及菅原、庆滋、大江、善渊等建立的私塾。

日本早期儒家思想是靠与政治结合并依靠政治权力的扶持和提倡成为国家的治国理念和贵族的道德规范的，并没有深入到民间，所以其兴也勃，其衰也急。9世纪后期日本中央集权制日趋瓦解，外戚专权，土地班田制被破坏，被政治化了的儒学失去了政治支持和社会需求。大贵族执政，贵族子弟可以通过荫位和院举为官，不需要再去大学读书，学校的地位相应下降；贵族和知识阶层喜欢写作汉诗，主修儒学的明经道地位下降；学校教官世袭化，学问被家族垄断，儒学成为明经博士的家业，沦落为教官家族时代赖以为生的技艺。这一切加快了儒学的衰落，到平安后期儒学就彻底衰落了。10世纪初，地方国学经费紧张，春秋祭祀已难举行，伊势国学连损毁的孔子像都无力维修。大学寮也经费日绌，无力维修房屋和筹办祭品，只好靠卖官和募捐来维持，到长宽元年（1163年）连祭祀的肉都无力购买，只好全部以青菜为祭品。治承元年（1177年），京城一把大火烧毁了大学寮，同时遭火的官衙和藤原氏的劝学院都很快进行了重建，而大学寮却无法重建，只好关门。

平安以后，社会急剧动荡，皇权旁落，将军混战，农民起义，加之对外用兵，日本进入长达四百多年的动乱期，儒家思想也进入长达四百多年的沉寂期。幸运的是，遍地战火中，还有寺庙一方净土，日本儒学一缕不绝，全靠僧人维系。日本从奈良时期，也就是从留唐学问僧开始，僧人就有佛儒兼修的传统。禅宗传入日本后，僧人们转向禅宗，寺院教育"大都不用经典，专以修经（《四书》、《五经》）、史（《史记》、《汉书》）、子（《老子》、《荀子》）、集（诗文集）和作诗为业"，特别是13世纪至16世纪的三百年间，寺院生活完全中国化，使用汉语，聘用中国僧人为主持，举行典礼要用汉语，初一、十五的堂上说法必须用汉语，进入禅林也必须通过用汉语进行的考试。禅僧学习汉文经典，写作汉文诗，形成了以京都、镰仓五山禅林为中心的汉文学，史称五山文学。此时的日本，世俗文化的主宰者已经由贵族转向僧侣，僧侣佛儒互补，也成为新近传入的理学的学习者和传播者。

12世纪末至13世纪初，理学传入日本，正是日本社会发生重大变革的历史时期。建久三年（1192年）建立的镰仓幕府，开创了武士专政的新时代，以幕府将军为代表的武家要建立自己的思想文化以战胜以京都朝廷为代表的公家思想文化，必须寻找新的思想作为自己的理论基础，新近传入日本的禅宗和理学就应运成为武家的思想武器。

理学在日本的初期主要是靠禅僧学习和传播的。理学在日本发挥作用，仍步汉唐经学的后尘，采用通过影响上层政治家进而影响社会的途径。访宋归来的圆尔辨圆1257年最早向幕府执权北条时赖讲授含有二程学说内容的南宋人圭堂所著的《大名录》，但这只是借禅说儒。义堂周信（1325—1388）康历二年（1380年）向室町幕府将军足利义满进讲《中庸》和《孟子》，标志着理学经过一百多年的传播已经抛开禅学的外衣而独立。最早向京都皇室传授理学的是清源赖业，他曾为高仓天皇进讲过《大学》、《中庸》，但影响不是很大。理学真正在京都朝廷产生影响是在14世纪初，玄惠法印为天皇进讲程朱理学，花园天皇自称研究理学七八年，与玄惠法印及其弟子日野资朝讨论理学有"始逢知己"之感，"终夜必谈之，至晓钟不怠睠"，"近日禁里之风，即是宋朝之义也"，宋朝理学已经统治了宫廷。

到14世纪中期，理学逐渐摆脱佛教的影响而独立，也逐步取代了汉唐经学成为社会的指导思想。此时，不论公家还是武家都已认识到理学在治国安民方面的价值。天皇为夺回被幕府夺去的权力，提倡理学，以三纲五常、大义名分激励朝臣气节，致使"凡近日朝臣多以儒教立身"，"近日禁里频传道德儒教事"。后醍醐天皇在"只依《周易》、'论'、'孟'、《大学》、《中庸》立义者"的北畠亲房、日野资朝、日野俊基等朝臣的支持下打倒了镰仓幕府，实现了短暂的建武中兴。武家也提倡理学，室町幕府将军足利义满崇信理学，跟随义堂周信学习《大学》、《中庸》、

《孟子》等理学著作,地方诸侯如周防的大内氏、越前的朝仓氏都热心学习理学,提倡理学。

15世纪是理学在日本传播最快的时期,理学著作被大量印刷并开始向地方扩散,大量的理学著作被和训和点,理学研究著作涌现,理学学派开始产生。13世纪中期日本复刻出版了第一部理学著作——朱熹的《论语集注》后,二百多年再未出版发行过任何理学著作,文明十三年(1481年)桂庵玄树在萨摩翻印《大学章句》后理学著作才开始大量印刷发行。15世纪初期,岐阳方秀首先将《四书集注》进行和训(在汉语原著上按照每一个汉字的训诂意义标注上日文假名,变汉语直读为译读),其弟子桂庵玄树在文龟元年(1501年)出版了《四书五经古注和新注的作者及其句读》,统一了《四书》、《五经》的训点,其后萨南派的文之玄昌出版了《周易大全倭点》、《素书训点》等和训和点理学著作。有关理学的研究早在理学传入后不久就出现了,但主要出现在禅僧的语录中,反映了禅僧对理学的理解和阐述。14世纪出现了关于理学的论文,15世纪开始出现研究理学的专门著作,到15世纪中后期就在京都形成了以岐阳方秀为代表的京师学派,在四国形成了以南村梅轩为代表的海南学派,在萨摩形成了以桂庵玄树为代表的萨南学派,此外还形成了以清原业忠、一条兼良为代表的公卿博士派。

历经三百多年的传播和发展,理学深入人心,到17世纪终于成为日本社会的统治思想,进入了儒家思想在日本的第二个兴盛期。

庆长八年(1603年),德川家康消灭了割据势力,统一了全国。为巩固统一,加强集权,建立了自上而下,从征夷大将军到大名到武士再到士、农、工、商一整套等级身份制度,幕府将全国土地收归己有,再将部分土地分封给诸侯大名和幕府直属武士,大名又将领地年贡分给自己的陪臣,陪臣又将自己的俸禄分给自己的家臣,将军、大名和武士通过领地和禄米的层层分封结成君臣、主从关系。为了维护这种制度，幕府需要寻求一种思想作为理论基础。德川家康深受理学的影响，他曾说："予常闻儒生讲经书，深知欲为天下之主者不可不通《四书》之理，既不能全通，亦当熟玩《孟子》一书。"所以统一全国后，选用主张大一统、提倡大义名分、反对犯上作乱、主张富贵贫贱皆命数、把三纲五常绝对化的理学作为统治思想，大力提倡理学，定"朱子学"为官学。幕府将"朱子学"以外的思想、学派称为异学，宽政二年（1790 年）、七年曾两次下令禁止异学。

第一代将军德川家康大量刊行《论语》、《周易》等儒家经典，同时重用朱子学者。开创日本朱子学派的林罗山被委以重任，参与幕府机要，为幕府的内政外交出谋划策，先后担任四代将军的政治顾问，他的后代世世担任幕府的儒官，主管幕府学校，日本"朱子学"也就成了林氏的家学。五代将军纲吉尤其重视儒学，八年之间曾亲自向大名、公卿 240 次讲解《四书》、《孝经》、《周易》等儒家经典，并刊印《四书集注》分发给听讲诸臣和各个寺社。十一代将军家齐创建幕府直属学校昌平坂学问所，教育幕府臣僚和他们的子弟，并接受各藩推荐的学生，全盛时期，仅各藩推荐就学的学生就达 500 多人。幕府还创办了学习院，专门教育朝臣，为他们讲授《四书》、《尚书》、《诗经》、《孝经》等儒家经典。

被剥夺了统治权力而只保留了象征意义的天皇也纷纷提倡儒学。后阳成天皇下诏刊行《四书》、《五经》，后水尾天皇命南浦文之倭点《四书》，后光明天皇命学者进讲《中庸》、《周易》，刊行《性理大全》，建设孔子庙，灵元天皇在东山文库亲自绘画孔子像并撰写赞词。

在将军、朝廷的影响下，分封在各地的诸侯大名也纷纷大力提倡儒学，兴建学校，传授儒学。尾张藩主德川义直重用流亡日本的明朝学者陈元赟，并首先建设藩设孔子庙和名古屋学问所，其后被各藩所仿效。

日本东京汤岛圣堂大成殿

南部藩于宽永十三年（1636年）建立了文武稽古所，闲谷藩于宽永十八年创建了花畠学舍，宽文十一年（1671年）又建设了闲谷学校，到19世纪中期，日本全国共建起284所藩校。除大名外，支藩藩主、小的领主甚至藩臣也建起了自己的学校。在官办学校的热潮中，著名学者也纷纷创办私塾，其中著名的有中江藤树的藤树书院、伊藤仁斋的古义堂、松本新道的松下村塾等。地方热心人士兴建了众多的乡学、寺子屋，全盛时期，日本全国建有乡学108所，私塾、寺子屋10546所。藩校一般只教育武士子弟，私塾、寺子屋主要教育平民子弟。藩校文武兼修，文科教材主要是《四书》、《五经》、《孝经》、《左传》等儒家经典和《史记》、《资治通鉴》、《文选》、《唐诗选》等文史书籍。寺子屋一般学习《小学》、《四书》、《五经》等。

德川幕府非常重视以儒家伦理进行社会教化，将中国清朝顺治皇帝颁布的具有“孝顺父母、尊敬长上、和睦乡里、各安生理、勿作非为”等内容的《六谕衍义》翻译成日文颁发全国，同时刊印颁发了中国的《朱柏庐治家格言》和日本室鸠巢的《明君家训》，刊印编印了针对武士、商人、妇女、儿童的《武士训》、《商人须知》、《女四书》、《女仁义物语》、《和俗童子训》等上百种通俗读物，编印了《皇和表忠录》、《大倭二十四孝》、《本朝列女传》等几十种宣扬忠孝节义的书籍。

中国儒家思想输入日本后，经过统治者的提倡，学者的研究，教育的普及，到江户时期终于形成了日本儒学人才辈出、学术繁荣的局面，相继出现了朱子学派、古学派、阳明学派、水户学派、折衷学派、考证学派等学术派别，这是日本儒学的第一个学术繁荣期。

在举国学习儒学的热潮中，日本也按照中国崇德报功的传统，各地纷纷建设孔子庙，祭祀孔子。幕府重臣林罗山于宽永九年(1632 年)首先在幕府驻地江户(今东京)建设了孔子庙，明历六年(1660 年)三代将军家光首先专程拜谒孔子，此后上自幕府征夷大将军，下至大名、武士以及平民百姓都亲自向孔子顶礼膜拜。

明治维新，政教分离，深受西方影响的知识分子大力宣扬西方的自由主义，批判儒家思想，儒学丧失了统治地位。但是，日本的资产阶级革命并不彻底，继续保留了浓厚的封建残余，明治政府以“和魂洋用”作为教育宗旨，坚持以儒家思想对学生进行思想和道德品质教育，稍为消沉的儒学又兴旺起来。

第二次世界大战后，儒学在日本仍然受到重视，现在的学校教科书中保留了许多孔子思想的内容，中学《国语》教材一般选择《论语》三十章左右，《孟子》十章左右，辅助教材《论语、孟子抄》一般抄选《论语》五十至七十章，《孟子》二十章左右，两者相加，《论语》能选到 20%，《孟子》能选到 10%。教科书所选孔子思想的内容比中国的都要多。

第四章　在东南亚的影响

孔子思想在东南亚(越南除外)的传播主要是依靠华人进行的,影响的范围也主要在华人中间。虽然早期外出谋生的华人大多出身贫困,文化水平不高,但他们自幼即接受儒家思想的熏陶,移居国外后仍保持着中华民族的传统美德,尊师重教,稍有积蓄或聘师家教,或集资兴学设教,为在域外弘扬民族传统文化作出重要贡献。

新加坡　新加坡是华人聚集的国家,早在1860年就有五万多人在此生息,现在华人已有二百多万,占全国人口的70%多。移居的华人同时带来了孔子思想,使新加坡成为后起的孔子思想影响最深的国家之一。

华人一向重视传统文化,重视教育,1849年陈金声创建了崇文阁,1954年改建成萃文书院,该院碑文说,兴办书院之目的是使"斯文蔚起,人人知周孔之道,使荒陬遐域化为礼仪之邦"。20世纪初建造了崇福女中,1955年华人又建立了南洋大学,成立了华人教育委员会,推行华文教育。

早在20世纪初,每到孔子诞辰,中华商会就通告华商歇业一天以作纪念。1917年,在中国成立孔教会的影响下,新加坡中华总商会发起成立新加坡孔教会,因当时英国海峡殖民地槟城(简称屿)、马六甲(简称甲)已经建有孔教会分会,所以以三处总称叻(新加坡简称)、屿、甲取名实得力孔教会。孔教会附设于总商会,商会会员同时也是孔教会会员,每逢孔子诞辰就在总商会礼堂举行祭祀活动。日军侵占期间会务全部停止，1949 年恢复活动，改称南洋孔教会。南洋孔教会的主要活动，一是在孔子诞辰时举行祭祀，二是开展关于孔子思想的征文比赛和讲座，三是出版儒学书籍，间或举办书法比赛。现在会员减少，活动虽然继续开展，但也难以为继。除孔教会外，新加坡还有南洋圣教总会，总部内设有儒、释、道三个祭祀用的厅堂。

1982 年，新加坡政府决定在中学三、四年级开设宗教课，为不愿学习宗教者开设儒家伦理课，有 18.7% 的学生选学儒家伦理，为推广孔子思想发挥了一定的作用。

现在新加坡孔子思想的传播和研究活动都比较活跃。20 世纪末在新加坡河畔刻立了孔子、屈原、花木兰、文天祥、郑和和岳母刺字等雕象，1979 年成立的孔孟圣道院以将孔孟的真理转化为济世救人的真学问为宗旨，以实践孔孟之道为己任，利用晚间开班宣讲《论语》、《孝经》，利用节假日服务老人院，孔子诞辰时还举行文艺表演，现已发展会员七百多人。2000 年成立的新加坡儒学联合会、1984 年成立的新加坡儒学研究会都曾举办过不同规模的学术讨论会，其中儒学联合会在 2001 年举办的“儒学与新世纪的人类社会”国际学术会议有十多个国家和地区的著名学者参加，是一次水平很高的学术会议。儒学研究会经常举办儒学讲座，出版儒学丛书，编印《儒学与你》和《儒家文化》杂志。此外，新加坡还有东亚哲学研究所、孔孟研究中心等研究机构。

马来西亚　马来西亚是华人居住比较集中的国家，郑和下南洋时就曾在马来西亚停留，到 19 世纪，富有的华人就开始设立私塾进行中华传统文化教育，私塾课程与国内基本相同，主要学习《四书》《五经》。从 1897 年开始，林文庆和邱菽园发起儒学复兴运动，从国内邀请丘逢甲、王晓沧等名人到处演讲，通过报纸杂志宣传孔子思想。张克诚在吉隆坡

《天南时报》上撰文宣传孔子学说，他撰写的《孔教撮要》和《白话孔教撮要》成为普及的儿童读物。1919 年以后，由于受国内新文化运动的冲击，儒学复兴运动逐渐式微。到 20 世纪 30 年代，马来西亚也兴起批孔思潮，孔子思想一度成为批判对象。二战以后，华人传统文化在有识之士的提倡下又开始复兴，马来西亚大学在 1963 年成立了中文系，从台湾聘请了儒学造诣很高的教师进行教学，对儒家经典进行校点、注释、考证，华文报纸也开辟专栏介绍普及孔子思想。80 年代，华人文化协会还创办了《文道》杂志，刊载了许多儒学与现代化、儒学与马来西亚华人社会等学术文章。

1912 年中国孔教总会成立以后，马来西亚的槟城、马六甲、怡保等地就相应成立了孔教会分会，二战以前，马来西亚各大城市几乎都有孔教会的组织，此外还有孔教堂、孔圣堂等奉祀孔子的建筑。二战以后，除马六甲孔教会在著名华人沈慕羽的领导下至今还在活动外，其他绝大部分都已销声匿迹了。沈慕羽将马六甲孔教会由宗教机构改变为文化学术团体，举办书法培训班，每年孔子诞辰举行祭祀和孔子思想讲座等活动，最近还新建了孔子大厦。除孔教会外，在吉隆坡、槟城、安顺、太平等 13 个城市还设有圣教会。

马来西亚马六甲孔子大厦

孔子思想在马来西亚非常普及，这首先得益于华文教育的普及。马来西亚华人坚持创办华文学校，进行华文教育，1819 年创建了槟城五福书院,1906年创建了吉隆坡尊孔中学,吉隆坡1906年还建成了陈氏书院。目前,马来西亚共有华文小学1400多所,华文中学62所,华文大学、大专各1所。华文学校直接用汉语授课,在未与中国建交以前,教师主要来自中国台湾地区,许多老师都毕业于台湾师范大学,教材大多也来自台湾,儒家思想占有相当大的比例。除正规学校教育外,热心人士还成立了经典导读促进委员会,开展儿童读经活动。现在,马来西亚也成为后起的孔子思想影响最深的国家之一。

近年来,马来西亚的儒学研究也开始活跃起来,马哈蒂尔任总理时曾经针对亨廷顿的“文明冲突论”举办国际儒家思想与回教文明对话会,2002年成立的马来西亚孔学研究会也举办了国际孔学讨论会、儒学座谈会,在孔子诞辰时举办了儒学在民间讲座、儿童经典教育交流会、孔子诞辰纪念庆典等纪念活动,计划出版《忠恕文集》、《忠恕丛书》和《忠恕系列》,现已经出版了《孔学论文集》。近年来,马来西亚华人公会、中华大会堂总会和马来西亚工商联合会三大组织联合发起和推动马来西亚华人思想兴革运动,华人纷纷响应,多次召开讨论会。通过讨论,“己所不欲,勿施于人”成为华人贯彻实践的金科玉律,勤俭、敬业、诚信、和谐成为工商界实践的信条,中庸之道、协商共赢成为华人领袖遵循的原则。

印度尼西亚 印度尼西亚的孔子思想也是由移居的华人带来的,早在1729年,华人就创办了明诚书院,1875年,华人又在东爪哇的泗水建造了东南亚(越南除外)的第一所孔子庙。1900年,华人成立了中华会馆,会馆负责人之一的李金福在《华人宗教》中阐明会馆以弘扬孔子思想为宗旨,认为华人宗教存在于孔子思想之中,孔子思想是华人宗教的灵魂,是中华文化的根本。会馆创办了二百多所学校,以尊孔为宗旨,进行华文教育。校内高挂孔子像,每逢孔子诞辰、忌日放假

印度尼西亚泗水孔子庙

一天，举行演讲会等纪念活动。1928 年以后，淡化了尊孔，改为以教育为主。

1912 年中国成立孔教会以后，印度尼西亚的梭罗、泗水、三宝垄等地也相继成立了孔教会，1923 年，各地孔教会的代表在梭罗举行第一次全国代表大会，成立了孔教总会，1938 年该会还决定出版《木铎》月报。日本侵占后，孔教会的活动几乎全部停止，直到 1954 年 12 月，各地孔教会代表齐集梭罗决定重建孔教会，次年成立了印度尼西亚孔教联合会。1961 年的第四次代表大会统一了教规，改名为孔子学说学会，向宗教部申请重新确认为国家宗教。1963 年更名为全印度尼西亚孔教联合会，次年重建了全印度尼西亚孔教青年联合会。1965 年，苏加诺总统发布命令，承认孔教为印尼六大宗教之一。1976 年，据官方统计，孔教徒有 150 万人。到 1979 年，苏加诺指示宗教部取消了孔教的宗教地位，孔教会的活动受到限制，居民证宗教信仰不能填写孔教，学校不能再教《四书》，以中国传统形式举行的婚礼不发给结婚证，孩子也成了不能随父姓的私生子。苏加诺下台后，孔教会的活动逐渐恢复正常，2000 年、

2002年春节孔教会举办团拜会时还分别邀请到瓦希德总统和梅加瓦蒂总统出席并讲话，2002年中国春节也被公布为全国假日。据说现在孔教会会员有一百多万人，约占印尼华人的五分之一。孔教会在全国各地设有一百多个分会，每个分会都有孔庙或拜堂，每周至少举行两三次孔子思想的宣道会。祭祀结合了天主教仪式，读祭文，行叩头礼，唱赞美诗。

1934年，华人郭德怀创建了三教会，以弘扬、实践儒、释、道三教为宗旨，1955年下属组织发展到三十多个，改名为三教联合会，出版《三种文化》杂志，并发展当地人为信徒。1967年政府禁止华人在公共场所举行中国传统的宗教仪式、宴会和庆祝活动，号召华人放弃孔教和道教，活动受到很大限制。

孔子思想在印尼华人中的影响还是很大的，虽然1978年实行的民族同化政策和取消华文教育、书报等措施限制了孔子思想的传播，但华人早在20世纪30年代就将《四书》译成了印尼文，最近又将《易经》、《孝经》翻译出版。

第五章　在欧美的影响

16世纪,欧洲传教士来到中国,孔子思想是由他们引入欧洲的。孔子思想传入欧美的时间比较晚,虽然没有像在中国近邻那样产生重大的决定性的影响,但对西方思想文化的发展也产生了一定的影响。

意大利　意大利是最早接触孔子思想并把孔子思想引入本国的西方国家。1265年,威尼斯商人尼科罗、马菲奥兄弟经商来到元朝大都,1275年作为蒙古大使的副手在向罗马教廷递交了国书后带着儿子马可·波罗重又回到了中国,马可·波罗回国后所作的《马可·波罗游记》使众多的西方人第一次了解了中国。

将孔子思想最早引入西方的是意大利的传教士。1579年第一个来华的传教士罗明坚进入了澳门,但没有产生多大的影响,产生影响最大的是3年后进入中国的利玛窦(1552—1610)。利玛窦进入中国后发现传教非常困难,转而研究儒家思想,“遂就馆延师读儒书,不一二年,四子五经皆通大义”,了解了儒学,他尊敬孔子,尊重儒学,为便于接近中国官员和士大夫,他变服易装,穿儒服,戴儒冠,自称儒者,撰写《天学实义》,用儒家思想附会、论证天主教义,向中国人介绍天主教,撰写《基督教传入中国史》,向欧洲人详细介绍孔子思想。此书先后被译成意大利文、拉丁文、法文、德文、西班牙文出版,在欧洲社会和思想界引起强烈反响,西方学者认为它对“欧洲文学、科学、哲学、宗教及生活方面的影响或许要超过17世纪其他任何的史学著作”。同时利玛窦还将《四书》翻译成拉丁文,这是西方翻译的第一部儒家经典。利玛窦在华28年,最后客死中国,在华期间共撰写和翻译汉语著作19种,对东西方文化的沟通作出了重要贡献。

受利玛窦的影响,许多意大利传教士接踵来到中国,他们大多主张将天主教义和儒家思想相调和,一手拿《圣经》,一手拿“儒经”,向中国人传播天主教义,向欧洲人介绍孔子思想。这些传教士或翻译儒家经典,或著书介绍孔子及儒学。利玛窦的弟子金尼阁(1577—1628)于1626年率先将《五经》译成拉丁文,1613年来华的艾儒略在华著述三十多种,对《四书》、《五经》很有研究。1659年来华的殷铎泽翻译了《论语》、《大学》和《中庸》,并用拉丁文和法文撰写了《孔子传略》。1687年,法国国王路易十四敕令编印出版的由五位传教士合著的《中国之哲人孔子》对整个欧洲都产生了重大影响,欧洲学术界也开始承认孔子在哲学、政治学、伦理道德等方面的学术地位。

欧洲传教士的翻译和著述使欧洲人了解了孔子和儒家思想,并在欧洲形成了一股中国热,而孔子思想和中国文化使欧洲的资产阶级思想启蒙家“发现了一个崭新的精神和物质世界”,孔子思想的非宗教性倾向为资产阶级反对封建专制提供了思想武器。

除意大利人外,随传教士来到意大利的中国人对介绍孔子思想也作出了一定的贡献。1869年,中国人郭栋臣在意大利教授中文,杂取《论语》、《大学》、《孝经》、《朱子小学》、《三字经》等书编写了《华学进境》,向意大利人宣传介绍儒家思想。

由于意大利在东方没有殖民地,对东方文化不够重视,孔子思想的研究也就逐渐衰落,得风气之先的意大利的儒学研究也就逐渐被法国、英国、德国所超过。

法国　法国是欧洲孔子思想影响最大的国家，也是孔子思想传入仅晚于意大利的欧洲国家。最早将孔子思想引入法国的是来华传教士金尼阁，他是利玛窦的弟子，1611 年进入中国，1626 年将《五经》译成拉丁文。1688 年，法国国王路易十四同时派遣张诚、白晋、李明、刘应、洪若翰五位传教士前往中国，他们同时带来西方的科学知识，吸引了康熙皇帝，得到康熙皇帝的信任和重用，传教士借机宣传天主教义与孔子等中国传统思想并无矛盾。其中白晋在中国生活四十多年，并长期在清朝宫廷任职。

法国之所以成为欧州孔子思想影响最深的国家，是因为法国翻译的中国经典最多，除儒家经典外，还翻译了许多文史作品。翻译成法文的有《五经》、《四书》、《孝经》等儒家经典，《通志》、《文献通考》、《通鉴纲目》等史志书籍，《赵氏孤儿》、《玉娇梨》等文艺作品，《三字经》、《千字文》等启蒙读物。传教士们除翻译中国典籍外，还纷纷著书立说，在巴黎出版的《中华帝国全志》（竺赫德著，1735 年出版）、《耶稣会士书简集》、《北京耶稣会士中国纪要》三书被称为关于中国的三大名著，《中华帝国全志》还被译成英语、德语、俄语出版，在西方造成很大影响。法国传教士还大量收集中国典籍运回法国，中国旅法的学者也纷纷著书介绍中国古代的文学、史学和科学。

孔子思想传入法国后引起强烈反响。在 18 世纪的法国，上自王公贵族，下至平民百姓，争相了解、谈论中国，对中国的哲学、文学、艺术、政治学、伦理学、经济学、教育学都表现出浓厚的兴趣，以至形成了中国热。

受孔子思想影响最大的是法国的启蒙思想家。18 世纪，资产阶级的启蒙思想家们高举理性的旗帜，向封建专制制度和封建神权发起猛烈的进攻，为资产阶级革命作思想准备。正如伏尔泰所说，他们从以孔子思想为主干的中国古代灿烂文化那里“发现了一个崭新的精神和物质的世界”，儒家无神论的哲学思想，仁政德治的政治思想，融政治与道德为一体的伦理思想，重农轻商的经济思想，为他们反对封建专制和神权提供了借鉴和武器。百科全书派的领袖霍尔巴赫（1723—1789）反对法国和欧洲的君主专制制度，推崇孔子以德治国的政治主张，“在中国，理性对于君主的权力发生了不可思议的效果，建立于真理之永久基础上的圣人孔子的道德却能使中国的征服者亦为所征服”，“国家的繁荣，需依靠道德”，“欧洲政府非学中国不可”。《百科全书》主编狄德罗认为儒教只需以“理性”或“真理”就可以治国平天下，赞美孔子思想简洁实用。重农学派的领袖魁奈（1694—1774）推崇儒家重农轻商的主张，“农人穷困则国家穷困，国家穷困则国王穷困”，由于他的提倡，法国国王路易十五于1756年仿效中国皇帝举行亲耕籍田的仪式。魁奈还推崇孔子举贤才的主张和中国的科举制度，科举制度“使工匠的子弟也能当上总督”。魁奈十分佩服孔子，他评论《论语》二十章说：“它们都是讨论善政、道德及美事，此集满载原理及德行之言，胜过于希腊七圣之语。”由于他对孔子思想深有研究和大力推崇，被称为“欧洲的孔夫子”。

法国最推崇孔子及其思想的是启蒙思想家伏尔泰（1694—1778）。他精读了儒家经典和介绍孔子及其思想的著作，认为中国的政治、哲学、道德、科学完美无缺，“我们不能像中国人一样，这真是大不幸”；认为孔子的伦理道德规范和指导着从统治者到平民百姓修身、齐家、治国、平天下，中国才能国泰民安，万里长城未能阻挡住的外族人入主中原后也都被中原文明所征服。他主张法国也应当用儒家之道来治国，“孔子常说仁义，若使人们实行此种道德，世上就不会有什么斗争了”。他十分敬重孔子，认为孔子只讲道德不讲鬼神，要比基督高明得多，基督只是禁人行恶，而孔子教人行善。在《哲学辞典》中，他引用了孔子的七句格言后说：“多么可悲，西方人也许应该但到羞愧……竟要到东方找到一位智者……他在公元前六百余年便教导人们如何幸福地生活……这位智者便是孔子……自他以后，普天之下有谁提出过更好的行为准则”，“普遍的理性抑制了人们的欲望，把‘己所不欲，勿施于人’这条法则铭刻在每个人的心中”。所以他把孔子的画像挂在自己的礼拜堂内朝夕礼拜，并作诗赞颂孔子说：“子所言者唯理性，天下不惑心则明。实乃贤者非先知，国人世人俱笃信。”

孔子思想对法国资产阶级革命产生了重大影响，1793 年制定的《人权和公民权宣言》明确宣示：“自由是属于所有的人做一切不损害他人权利之事的权利，其原则为自然，其规则为正义，其保障为法律，其道德界限则在下述格言之中：己所不欲，勿施于人。”孔子的格言成为自由的道德界限。

直到 20 世纪中期，法国还是儒家思想研究最有成果的欧美国家，出现了许多以研究儒家经典著称的汉学家。现在法国的儒学研究虽然赶不上美国，但在欧洲还是研究儒家思想的重要国家。

德国 德国是欧洲儒学传入较早但研究却稍晚的国家。1622 年，德国传教士汤若望就来到了中国，是传教士进入中国较早的欧洲国家，但德国直到 1798 年才开始翻译《论语》。由于德国是较晚发展资本主义的欧洲国家，德国的资产阶级启蒙思想家们也从中国传统思想文化中寻找革命依据。

德国最早推崇孔子思想及中国文化的学者是莱布尼茨。他没有来过中国，通过学习传教士们翻译的儒家经典和介绍中国思想文化的著述了解儒家思想和中国文化，并与来华的法国传教士白晋、意大利传教士闵明我建立了密切联系，收集有关中国的文献资料。1698 年他曾与白晋讨论《易经》，1703 年 3 月他将自己 1678 年发明的二进位表送给白晋，当年 10 月白晋送给他《伏羲六十四卦次序图》和《伏羲六十四卦方位图》，莱布尼茨发现，如果将阴爻看作 0，将阳爻看作 1，那么《易经》图像从0到64都是二进位的连续数列，所以他深信中国哲学具有充分的科学根据，因此他赞美儒学，公然宣称在道德和政治方面中国人优于欧洲人，斥责否定中国传统思想的欧洲学者："我们这些后来者，刚刚脱离了野蛮状态的欧洲人就想谴责一种古老的学说，理由只是因为这种学说似乎和我们普通的经院哲学的概念不相符，这真是狂妄至极。"沃尔夫也公开赞美儒学。1721年，莱布尼茨的弟子沃尔夫在哈尔大学发表的题为《中国的实践哲学》的演讲中将儒学和基督教进行了很有说服力的对比，认为儒学可补基督教之不足。因为他的演讲赞美儒学而对基督教语带轻视，遭到了正统神学派的强烈反对。德国政府以他宣传无神论解除了他的教职，勒令他48小时内离开德国，否则将处以绞刑。沃尔夫虽然遭到了驱逐，但他却获得学者和民众的普遍同情和支持，他的哲学思想后来被各大学所采用，一时风靡德国哲学界。

到了18世纪后期，德国哲学界却对儒学采取了截然相反的态度。德国古典唯心主义创始人康德（1724—1804）认为孔子"并非哲学家"，甚至认为整个东方就没有哲学，孔子的言论"不过是给皇帝制定的道德伦理教条，或者是提供些中国先王的事例"。而德国古典哲学的集大成者黑格尔认为孔子只是一个世间的智者，孔子的哲学只是一种道德哲学，"一种常识道德，这种常识道德我们在哪里都找得到，在哪一个民族里都找得到，可能还要好些，这是毫无出色之点的东西。孔子只是一个实际的世间智者，在他那里思辨的哲学是一点也没有的，只是一些善良的、老练的、道德的教训，从里面我们不能获得什么特殊的东西"。

孔子思想对18世纪后期的德国哲学没有产生多大的影响，但在德国文学界却深受欢迎。大诗人歌德（1749—1832）读过《好逑传》、《玉娇梨》、《百美新咏》等中国文艺作品，深为中国文化所倾倒，进而赞美孔子思想，因此被称为"魏玛的孔夫子"。另一个大诗人席勒（1759—1805）

也推崇中国文化，他曾摘译《论语》，试译过《好逑传》。

鸦片战争以后，中国积贫积弱，国际地位下降，孔子思想和中国文化在西方人心目中的地位也随之下降。但到了19世纪末期，为了推广基督教，西方传教士极力将孔子思想和基督教进行调和。德国传教士花之安虽然否定中国传统文化，但他却认为儒家思想中的一些伦理观念是可以与"耶稣道理同条共贯的"，并将仁、义、礼、智、信等伦理观念与基督教义相结合进行说教。传教士卫礼贤(1873—1930)在华传教25年，曾将《四书》、《易经》、《礼记》等译成德文，他将孔子思想与西方思想比较后认为，孔子思想比西方思想有许多优越性。他在孔教大学的开学讲经会上的《孔教可致大同》演讲中说："凡所谓经济学说、社会学说，皆不如孔教。西国只知爱国，国之下缺家，国之上缺天，非孔教无以弥补之。西国一哲学家兴，即推倒前之学说而代之，中国则以孔教通贯数千。历代大儒虽代有扩充，而百变不离其宗，此孔教之所以为大也。今后惟孔教中和之道可致大同，以其无各宗教门户主奴之见，而又能时措咸宜，任环境之变迁，而教义日见光大。……何也？孔子，圣之时者也。"他如此推崇孔子及其思想，以至被人视为"儒教徒"。卫礼贤回国后在法兰克福大学任教，创建中国学院，创办汉学杂志，是德国二战以前著名的四位汉学家之一。

第二次世界大战中，德国的儒学研究遭到严重冲击，汉学书籍被损毁，研究机构被破坏，20世纪60年代以后儒学研究才恢复起来。但总的来看，普通德国人对中国和孔子思想了解不多，多数德国人认为孔子强调个人对国家、对父母的服从，对个人留下的发展余地很小。

英国　英国是欧洲大国中孔子思想输入较晚的国家，1807年英国的第一个传教士马礼逊才进入中国，他两次在华停留了25年，收集了一万多卷中国书籍带回英国。马礼逊与欧洲早期的传教士不同，他一方面传教,一方面进行殖民和商业活动,热衷于收集情报,对孔子思想的研究与传播工作甚少。

英国的儒学研究真正发展起来是在鸦片战争以后,在华多年的英国传教士利雅各对儒学很有研究,他用了二十多年的时间将《四书》、《周易》、《尚书》、《诗经》、《礼记》、《左传》译成英文,回国后竭力提倡为了贸易和传教必须加强对中国和孔子思想的研究,牛津大学设置汉学讲座后聘他为汉学教授,他认为"孔子是古代著作事迹的保存者,中国黄金时代箴言的诠注者,解释者。过去他是中国人中的中国人,现在正如所有的人相信他那样,又以最好的和最崇高的身份代表着人类最美的理想"。到了20世纪,英国对中国的研究领域扩大,休中诚在华传教二十余年,著有《中国古代哲学》一书,除介绍孔子、子思、孟子外,还介绍了荀子、董仲舒、班固、王充等人的思想。总的来看,当时英国对孔子思想的研究水平不高,这主要是因为他们认为孔子思想不适合于英国的国情和民族习惯,对研究汉学的学者也非常歧视,研究与讲授中国历史的学者不被承认是史学家,大学不准汉学学生读荣誉博士学位,培养汉学人才只是为了满足商业翻译的需要,师资水平也很低,主要由传教士和退休外交官员担任。在欧洲的"中国热"中,英国肯特公爵在丘园建造了欧洲第一座孔子庙,但他并不是为了祭祀孔子的需要,而是作为中国风格的建筑来点缀他的园林。

1945年以后,英国加强了对儒学的研究,牛津、剑桥等著名大学都开展了中国儒学、历史、文化的研究,聘请对儒学颇有造诣的著名学者主持。研究范围从孔子思想的政治、哲学、伦理、教育诸方面扩展到科学技术。英国皇家学会会员李约瑟博士在他的《中国科学技术史》中对孔子和儒家思想提出了许多独到见解,继德国的莱布尼茨之后对《易经》与数学的关系进行研究,并指出"在历法领域中,数学在社会上属于正统的儒家知识的范畴”。自然科学史家梅森认为儒家思想虽是正统哲学，但并不排斥自然科学，并以朱熹的《朱子语类》为例说明朱熹有天文理论，从朱熹的“尝见有螺蚌壳，或生石中，此物即旧日之土，螺蚌即水中物，下者却变而为高，柔者却变而为刚”认为朱熹已经知道化石是生物残骸，“代表了中国科学最优秀的成就，是敏锐观察和精湛思辨的产物”。

最能代表英国思想界对孔子及儒家思想的认识和评价的应该是《新大不列颠百科全书》的“儒学”条。该条翻译成汉字后有四万多字，详细介绍了孔子家世、生平和孔子所处的时代，孔子的政治思想、哲学思想、伦理思想、教育思想，孔子对中国和世界的影响，儒学的发展和儒家经典等，最后评价说：“在其他许多方面，这位无名的鲁国教师的哲学概念也同样对中国和大半个东亚文化体系的形成发挥了如此强烈的影响，那么，孔子必须被承认为世界历史上最有影响的人物之一。”

俄罗斯　俄罗斯接触孔子思想是从18世纪开始的。1700年彼得大帝亲自下达了派人到中国留学的指令，中国政府同意了俄国的要求，在会同馆为俄罗斯留学生专门建造了馆舍，派国家最高学府国子监“选满汉教习各一人往馆教习满汉文”。1725年第一批4名俄罗斯留学生到达中国，此后每十年更换一次。俄罗斯派遣的留学生很多，但在儒学的研究与传播上的贡献不大。

真正研究和传播儒家思想的是东正教传教士，1715年俄罗斯政府正式委派的传教士团到达北京，其后的145年间先后派遣了13批。俄国传教士对传教并无兴趣，正如1818年8月4日俄国政府所规定的那样，“今后的主要任务不是宗教活动，而是对中国的经济和文化进行全面研究，并及时向俄国外交部报告中国政治生活的重大事件”。俄国传教士主要的任务是研究中国的经济和文化，其中产生了许多汉学家。第三批传教士中的列昂季耶夫将《大学》和《中庸》首先翻译成俄文，第七批的比丘林翻译了《三字经》，撰写了《中国的国情和习俗》、《中国及其居民、习俗、道德、教育》等著作，因此被称为俄国的汉学鼻祖。除从中国直接了解外，俄国还从西方引进研究中国的成果，在18世纪70年代翻译出版了竺赫德的《中华帝国全志》。到19世纪，俄国就形成了研究中国的热潮，1837年高等学校开设了研究中国学的课程，1854年俄国政府颁发了成立彼得堡大学东方学系的指令，建立了东方学系。

到20世纪初期，俄国的儒学研究与传播已经很广泛，《论语》、《孟子》、《诗经》、《春秋》等都被翻译成俄文，出现了许多研究中国的著作。库罗斯托维支1897年出版了《中国人及其文明》，多方面地评价了孔子及其思想，格奥尔吉耶夫斯基1888年出版了《中国的生活原则》、1890年出版了《研究中国的重要性》，书中大力赞扬孔子及儒家思想。他们称赞孔子是圣人、积极的思想家、伟大的道德家、人所共知的全民教育家、风俗改革家和哲学家等等。对孔子思想研究得也很全面，涉及孔子的政治思想、经济思想、伦理思想和教育思想等各个方面，高度评价孔子大一统的思想，推崇孔子的德治主张，甚至认为孔子并不反对法制，而是法制的拥护者。

十月革命以后，由于长期的战争，关于中国的研究进入一个低谷，1949年新中国成立以后，苏联的中国研究又受到重视，虽然研究的重点转向现代，但是关于中国古代的研究仍然很活跃。苏联编写的百科全书和权威性著作如《苏联大百科全书》、《文学百科全书》、《苏联历史百科全书》、《世界通史》、《哲学史》等著作都涉及对孔子及其思想的评价，《苏联大百科全书》评价说“孔学的要义是伦理、道德和国家管理问题”，“孔学是中国古代的伦理政治学说”，“对中国精神、文化、政治生活和社会制度的发展产生了极大的影响”。同时，苏联的学者们对孔子及儒家思想进行了系统全面的研究，取得许多很有价值的成果。他们高度评价孔子的教育思想，一致肯定孔子在教育方面的历史功绩，高度评价孔子的社会政治思想，特别是孔子大一统和仁政德治的思想。

苏联解体后，俄罗斯比较重视儒学的研究，俄罗斯政治家很重视孔子思想在中国现代化过程中所扮演的角色，儒家思想开始进入决策层的政治文化，一般民众对孔子思想也有了进一步的了解，新闻媒体在解释儒家文化圈国家发生的重大事件时常常会引用孔子思想。著名的研究机构有远东研究所、东方研究所，当代最有名的学者是嵇辽拉，出版有《孔夫子:生活、学说及命运》(1993 年)、俄文《论语》(1998 年)等著作，被称为“莫斯科的孔夫子”。他认为《论语》就是中国的《圣经》，建立了有价值的体系，是中国、朝鲜、韩国、日本的精神社会的根，俄罗斯不但要学习西方，而且要大力从东方特别是从孔子思想中吸取营养。

美国　美国是西方大国中孔子思想输入最晚但研究成就最大的国家。1784 年美国的第一艘商船来到中国，1830 年美国的第一个传教士裨治文来华传教，美国是后起的资本主义大国，虽然进入中国晚，但发展却是最快，到 19 世纪末，在华的美国传教士就已达 1500 多人。美国传教士来到中国，他们的任务已不是单独传教，更重要的任务已经从传教转向情报的搜集。传教士们深知要在中国立足必须认真对待中国传统的儒家思想，因此他们了解孔子思想，研究孔子思想，了解中国的历史、经济、文化、民风民俗，所以美国最早的汉学家就产生于传教士之中，其中著名的有裨治文、卫三畏、狄考文等人。传教士们在了解中国的同时也将中国介绍到美国，1832 年裨治文在澳门创办了《澳门月报》(Chinese Repository，也译为《中国丛报》)，1842 年传教士和外交家成立了美国东方学会，先后出版《美国东方学会杂志》、《美国东方学丛刊》、《美国东方学翻译丛刊》，还成立了东方文献图书馆。

传教士了解、研究孔子思想的结果导致了对孔子及其思想的推崇。卫三畏在其所著的《中国总论》(The Chinese Kingdom)中说:“孔子的著作同希腊和罗马哲人的训言相比,它的总旨趣是良好的,在应用到它所处的社会和它优越的实用性质则超出了西方哲人”,“四书五经的实质与其他著作相比,不仅在文学上兴味隽永,文字上引人入胜,而且还对千百万人的思想施加了无可比拟的影响。由此看来,这些书造成的势力,除了《圣经》以外是任何别种书都无法与之匹敌的”,因此他不主张排斥儒家思想,而是竭力主张将孔子思想和基督教义结合起来。1883年来华的传教士李佳白改着中国服装,身穿长袍马褂,头戴假辫子,一手捧《圣经》,一手捧《四书》,用儒家经典附会基督教义,主张两者“互相和合,互相敬爱,互相劝勉,互相辅助”,推崇儒家思想是教民之本,“孔教为颠扑不破之道,合之古今中外而皆宜”。传教士们推崇儒家思想并非是他们接受了儒家思想,而是想借助儒家思想宣传基督教义,最终取代儒家思想的统治地位,正如传教士狄考文所说:“作为儒家思想支柱的是受过高等教育的士大夫阶层,如果我们要对儒家的地位取而代之,我们就要训练好自己的人,用基督教和科学教育他们,使他们能胜过中国的旧式士大夫,从而能取得旧式士大夫所占的统治地位。”所以美国在华传教士纷纷创办学校,学校既学《圣经》,也学儒家经典。狄考文所创办的山东登州文会馆规定在9年时间内学完《四书》、《五经》。

从19世纪后期开始,在传教士的宣传影响下,美国国内开始了对中国的研究,1876年耶鲁大学在卫三畏的主持下设立了美国汉语教学研究室和东方学图书馆,其后加利福尼亚大学、哈佛大学、哥伦比亚大学纷纷设立研究中国的机构。进入20世纪,美国的基金会大力资助对中国的研究,到1930年,美国收藏的中国书籍已达35万多册,到二战前,美国研究中国的机构已经发展到90个,同时美国也已经培养出一大批研究中国的专家。这批专家大多肯定孔子及其思想的历史功绩，杜伦认为孔子的学说是哲学而非宗教，孔子一生的贡献是创造了一套高洁的贵族式的伦理条规，卜德认为孔子学说的道德观孕育了中国文明的精神基础，海思和威兰在合著的《世界通史》中认为孔子关于礼仪的规定以及关于道德的具有深意的箴言在中华民族性格的形成历程上是一个坚强的因素。但也有专家如孟录全盘否定孔子的教育思想，认为孔子教育的最高目标就是造就“一个能公正地治理国家的君主和盲目地服从国家法律、过着正直生活的人民”，教育的目的“不是发展独创性而是压制它，不是发展创造能力而是发展模仿能力”，他的这些观点是从考察中国科举制度的弊端后得出的，但并非是真正的孔子教育思想，所以当时著名的学者顾立雅、拉铁摩尔等也对此持有异议。

20世纪50年代以来，美国的儒学研究异常活跃，出现了一大批著名的学者，其中既有美国自己培养的费正清、顾立雅、拉铁摩尔、狄百瑞、芮沃寿等“中国通”，也有从中国内地、香港、台湾地区移居的陈荣捷、杜维明、成中英等儒学专家。研究的领域也非常广泛，涉及孔子的哲学思想、政治思想、伦理思想、教育思想以及孔子思想在世界的传播与影响、孔子及儒家思想与当代中国的关系、后世儒家与儒学等等。对孔子及其思想的评价基本是肯定的，顾立雅认为孔子的思想并非宗教，孔子不是守旧、反动的代表，“基本上是一个革命者”；费正清推崇儒家“以善为治”的政治理论；窦宗仪认为“孔学的价值是在于它所维护的一条处于极端个人主义和极端集体主义之间的、间接的道路，即中庸”，断言“在任何情况下，一切学说理论要发挥巨大的作用就必须遵循中庸之道”。

在学者们的影响下，美国政界人士也日益认识到孔子思想在当代的价值。早在1945年，美国国务卿退丁纽斯在广播中说：“上次大战威尔逊以军事、政治、经济力量维系世界和平，其结果不但未获得和平并造成二次的大战，此次惨于上次千万倍矣。处理今后之世界和平当以上次为之印鉴，其唯一办法，发扬人类道德，灌输仁人的道德精神，然道德必以中国孔子道德为目标”。1982年，美国总统里根在致祭孔大典筹委会主任的信中说：“孔子高贵的行谊与伟大的伦理道德思想，不仅影响了他的国人，也影响了全人类。孔子学说世代相传，提示全世界人类丰富

美国萨克拉门托孔子庙

的为人处世原则”，“我们尤应缅怀与推崇这位思想家的贡献”。2002年，美国总统布什在纪念孔子诞辰的文告中说：“欣逢孔子2553岁诞辰，谨颁此文告表示祝贺”，“我同时也钦佩各地的祭孔委员会，他们热心举办祭孔活动，借以保存孔子思想，发扬中国文化，分享孔子教诲，鼓励世人学习这位伟大的哲学家的高尚的人格、慈爱精神、远大目标、精深思想。孔子的博大教诲启迪了世界上所有的人。”

随着中国的重新崛起，世界对中国传统思想文化越来越重视，伴随着孔子文化学院在世界的大发展，孔子思想将会日益深入人心，发挥越来越大的作用。

附录

大事记

（公元前479年至2009年3月）

东周

公元前479年 周敬王四十一年、鲁哀公十六年夏历二月十一日，孔子去世。

鲁哀公诔文尊称孔子为“尼父”。

孔子葬于鲁城北泗上，众弟子守墓三年，唯子贡结庐于墓六年。

孙子子思将孔子奉祀于家庙。

弟子将孔子生前使用过的衣冠琴车书置于孔子故居，成为纪念馆。

公元前402年 周威烈王二十四年、鲁穆公六年，子思卒。此后不久，子思入家庙，孔子成为曾祖，家庙已不能奉祀，将故居改建为孔子庙。

秦

公元前213年 秦始皇三十四年，焚书坑儒，孔子九代孙孔鲋将古文经传藏于祖堂旧壁中，隐于嵩山，教弟子数百人。

公元前 209 年　秦二世元年，陈胜聘孔鲋为博士，后孔鲋谢病，卒于陈。

西　汉

公元前 201 年　高祖六年，叔孙通奉旨到鲁城遴选儒者三十人去长安，参与拟定朝廷礼仪。

公元前 195 年　高祖十二年十一月，刘邦从淮南还京，过阙里，以太牢祀孔子。

公元前 154 年　景帝三年，徙封淮阳王刘馀为鲁王，史称鲁恭（共）王。恭王好治宫室，兴建灵光殿，拆除孔子故宅时于壁中发现《尚书》、《论语》、《孝经》等古文经传。

公元前 140 年　武帝建元元年十月，董仲舒建言黜刑名、崇儒术，后演成罢黜百家、独尊儒术。

公元前 92 年　武帝征和元年，孔子十一代孙孔安国为古文《尚书》作传。

公元前 43 年　元帝永光元年，封孔子十三代孙孔霸为关内侯、褒成君，赐食邑八百户，孔霸请求以食邑奉祀孔子，获得批准。

公元 1 年　平帝元始元年，追封孔子为褒成宣尼公。

封孔子十六代孙孔均（原名莽）为褒成侯，奉孔子之祀，赐食邑两千户。

公元 7 年　居摄二年，王莽拜孔均为太尉，均不就还里，遂失爵。

东　汉

公元 29 年　建武五年十月，光武帝刘秀东征过鲁城，命大司空宋弘以太牢祀孔子。

公元 38 年 建武十四年，封孔子十七代孙孔志为褒成侯。

公元 59 年 永平二年冬十月，令郡县道学校行乡饮酒礼，皆祀周公、孔子，牲以犬。

公元 61 年 永平四年，鲁相钟离意出私钱一万三千文付户曹孔䜣修孔子车。车献帝时被焚。

公元 72 年 永平十五年三月，明帝刘庄东巡，诣阙里孔子庙，祀孔子及七十二弟子。

明帝亲至讲堂，命皇太子与诸王讲经。

封孔子十八代孙孔损为褒成侯。

公元 85 年 元和二年三月，章帝刘炟东巡，幸阙里，祀孔子及七十二弟子，大会孔氏男子年二十岁以上者六十三人。

公元 92 年 永元四年，和帝刘肇改封孔损褒圣侯为亭侯，食邑一千户。

公元 124 年 延光三年三月，安帝刘祜东巡幸阙里，祀孔子及七十二弟子，召见孔氏亲属。

公元 153 年 元嘉三年三月，鲁相乙瑛请为孔子庙置百石卒吏一人，典主守庙。次年，授孔龢补百石卒吏。此为孔子庙设官之始。

公元 156 年 永寿二年，鲁相韩敕修孔庙，造礼器。

公元 157 年 永寿三年，鲁相韩敕修孔子墓，建神门、斋厅，易祠坛以石，设洒扫户。

公元 169 年 建宁二年，鲁相史晨举行盛大祭孔活动，参与祭祀者达九百零七人，为一时盛事。

公元 178 年 光和元年，画孔子及七十二弟子像于京师鸿都门学。

魏

公元 221 年 黄初二年正月，封孔子二十一代孙孔羡为宗圣侯，食邑一百户。

令鲁郡修孔子庙，置百石吏卒守卫。又令于庙外广为屋宇，以居学者。

公元 241 年 正始二年，齐王曹芳初通《论语》，遣太常寺卿以太牢祭孔子于辟雍，以颜子配享。

此为国学释奠孔子由弟子配享之始。

公元 244 年 正始五年，齐王曹芳讲通《尚书》，使太常以太牢祀孔子于辟雍，以颜子配享。

公元 246 年 正始七年，齐王曹芳讲通《礼记》，使太常以太牢祀孔子于辟雍，以颜子配享。

西 晋

公元 266 年 泰始二年，诏以颜子为先师。

公元 267 年 泰始三年十一月，诏太学及鲁郡四时备三牲祀孔子。

泰始三年十二月，封孔子二十二代孙孔震为奉圣亭侯，食邑二百户。

公元 271 年 泰始七年，皇太子讲通《孝经》，以太牢祀孔子，以颜子配享。

东晋

公元 320 年 大兴三年，诏给奉圣亭侯孔亭四时祭祀孔子经费。

公元 335 年 咸康元年二月，成帝讲通《诗经》，亲自释奠孔子。

公元 357 年 升平元年三月，穆帝讲通《孝经》，亲自释奠孔子。

公元 384 年 太元九年，始建太学孔子庙。

公元 386 年 太元十一年八月，封孔靖之为奉圣亭侯。

公元 389 年 太元十四年十一月，敕修阙里孔子庙，颁六经于庙庭。

南北朝

公元 442 年 宋元嘉十九年十二月，诏修孔子庙，复学舍，招生徒，卫护孔林，蠲孔子墓侧孔景等五户课役以供洒扫。

封孔隐之奉圣亭侯。

公元 445 年 宋元嘉二十二年，皇太子刘劭释奠孔子，乐奏登歌。此为释奠孔子用乐之始。

孔隐之因兄子孔熙先谋逆被夺爵。

公元 450 年 北魏太平真君十一年十一月，太武帝拓跋焘遣使赴阙里以太牢祀孔子。

公元 451 年 宋元嘉二十八年，封孔惠云为奉圣侯，寻以疾失爵。

公元 454 年 宋孝建元年十月，诏建孔子庙，制同诸侯之礼。此为京师孔氏家庙。

公元 458 年 宋大明二年，封孔迈为奉圣侯。迈卒后子莽嗣，以罪失爵。

公元 468 年 北魏皇兴二年，遣中书令高允赴阙里以太牢祀孔子。

公元 472 年 北魏延兴二年二月，诏定曲阜孔子庙祭祀制度，公家祭祀用牺牲粢盛，私人用酒脯，禁止妇女合杂。

公元 473 年 北魏延兴三年四月，诏以孔子二十七代孙孔乘为崇圣大夫，给十户以供洒扫。

公元 489 年 北魏太和十三年秋，立孔子庙于京师。

公元 492 年 北魏太和十六年，改谥孔子为文圣尼父，令祭祀孔子由地方长官执事，中书省孔子神主由皇帝亲自祭祀。

公元 495 年 北魏太和十九年四月，孝文帝幸阙里，亲祀孔子。诏兖州为孔子起园栽柏，修饰坟垄。封孔子二十八代孙孔灵珍为崇圣侯，食邑一百户。

公元 505 年 梁天监四年，立京师孔子庙。

公元 521 年 北魏正光二年三月，孝明帝祀孔子，以颜回配享。

公元 534 年 北魏永熙三年二月，孝武帝亲祀孔子，敕诸大臣讲经。

公元 539 年 东魏兴和元年，兖州刺史李珽在曲阜孔子庙塑孔子及十弟子像，立碑于庙庭。

公元 550 年 北齐天保元年六月，改封崇圣侯孔长孙为恭圣侯，食邑一百户。命鲁郡依时修崇庙宇，务尽褒崇之至。遣使致祭孔子。

令郡国学校均建孔颜庙，大约在是年。此为国家命地方学校建造孔子庙之始。

公元 580 年 北周大象二年二月，静帝幸露门学，行释奠礼。

三月，追封孔子为邹国公，诏长孙承袭。

隋

公元 581 年 开皇元年，追尊孔子为先师尼父。

公元 601 年 仁寿元年，制定祭祀孔子雅乐歌词。

废州县学。

公元 606 年 大业二年，始开设进士科。

公元 608 年 大业四年十月，封孔子三十二代孙孔嗣悊为绍圣侯，食邑一百户。

公元 611 年 大业七年，曲阜县令陈叔毅修阙里孔子庙。

唐

公元 619 年 武德二年，诏国子学立周公、孔子庙各一所。

公元 624 年 武德七年，高祖亲自释奠，以周公为先圣，孔子为先师配享。

公元 626 年 武德九年，封孔子三十三代孙孔德伦为褒圣侯。

公元 628 年 贞观二年，升孔子为先圣，以颜子配享。

公元 630 年 贞观四年，诏州、县学皆立孔子庙，将孔子庙推向全国各地。

公元 637 年 贞观十一年七月，尊孔子为宣父。诏兖州建阙里孔子庙，给二十户奉守林庙。

诏褒圣侯朝会位同三品，赐食邑百户。

公元 640 年 贞观十四年二月，太宗亲行释奠礼，命祭酒孔颖达讲《孝经》。

公元 647 年 贞观二十一年，诏以左丘明、谷梁赤、戴圣、毛苌等二十二人配享孔子庙。此为先儒从祀孔庙之始。

公元 650 年 永徽元年，高宗诏将孔颖达等撰《五经正义》颁于天下。

公元 657 年 显庆二年，始定释奠先圣先师之礼。将永徽中改作的周公为先圣、孔子为先师再改为孔子先圣、颜回先师。

公元666年 乾封元年二月,高宗至曲阜,遣官以少牢祭孔子庙,追赠孔子为太师,令修孔子庙,免褒圣侯子孙赋役。

公元668年 总章元年,皇太子释奠,赠颜子太子少师,曾子太子少保,均配享孔子庙。

公元670年 咸亨元年,高宗诏州县皆修孔子庙,无庙者造,庙破者修。

公元690年 天授元年十月,武则天封周公为褒德王,孔子为隆道公。赐褒圣侯敕书及时服。

公元705年 神龙元年五月,中宗授褒圣侯孔崇基朝散大夫,参加陪祭朝会。

诏以邹鲁百户为隆道公采邑,收其租税供荐享。

公元712年 太极元年,皇太子释奠,睿宗撰《孔子赞》,赠颜回太子太师、曾参太子太保。

公元720年 开元八年,玄宗定十哲配祀孔子庙,以颜子为十哲之首,此为十哲配享之始。

公元725年 开元十三年十一月,玄宗至阙里,遣礼部尚书以太牢祀孔子墓。玄宗作《经邹鲁祭孔子而叹之》诗。诏孔氏子孙并免赋役。

公元732年 开元二十年《开元礼》成,制定皇太子及诸州县释奠仪式。

公元739年 开元二十七年八月,追谥孔子文宣王,赠十哲及曾子等共七十七人公、侯、伯爵。

敕两京及曲阜孔子庙改孔子为冕旒像,两京祭祀孔子用太牢、宫悬乐、六佾舞。

晋褒圣侯孔之为文宣公兼兖州长史。

公元740年 开元二十八年,诏春秋二丁释奠以三公摄事行礼。

公元760年 上元元年,因天旱罢中小祀,独孔子庙不废。

公元766年 大历元年二月,释奠始设宫悬。

五代

公元918年 辽神册三年定尊儒，诏建孔子庙，命皇太子春秋释奠。

公元930年 后唐长兴元年，明宗授孔仁玉曲阜县主簿，主孔子祀。

公元932年 后唐长兴三年，封孔仁玉文宣公、龚邱令。

增设从祀先贤先儒脯醢。

公元952年 后周广顺二年六月，太祖莅曲阜祀孔子庙，拜孔子墓，分别授孔子、颜子后裔曲阜县令、主簿。

宋

公元960年 建隆元年二月，太祖幸国子监，诏增修孔子庙，绘先圣先贤先儒像，亲撰孔子赞、颜子赞，命大臣分撰先贤先儒赞。

公元961年 建隆二年，诏贡举人到国子监拜谒孔子，著为令。

公元962年 建隆三年春，诏孔子庙用一品礼，立十六戟于庙门。

公元978年 太平兴国三年，封孔子四十四代孙孔宜太子右赞善大夫，袭封文宣公。

公元988年 端拱元年八月，太宗释奠孔子庙。

1006年 景德三年，令诸道修孔子庙。

1007年 景德四年，因诸州释奠长吏不亲自行礼，颁布释奠仪。

1008年 大中祥符元年十一月，真宗过阙里，谒孔子庙，拜孔子墓，加谥孔子玄圣文宣王，赐庙户十、祭田百顷，赐孔氏钱帛；赐孔子庙经史及器用，赐太宗御制书一百五十卷，藏于庙中书楼。

追封孔子父叔梁纥齐国公，母颜氏鲁国夫人，孔子夫人并官氏郓国夫人。

追谥周公为文宪王,命于曲阜重建新庙,春秋委本州正官致祭。

1009 年 大中祥符二年二月,诏立孔子庙学。

三月,加孔子冕服,桓圭一,冕九旒,服九章,从上公制。

五月,追封孔子弟子颜回等十人公爵,曾参等六十二人侯爵。

七月,封先儒左丘明等十九人伯爵。

真宗御制宣圣孔子赞,命大臣分撰孔子弟子及先儒赞,刻石于国学及阙里孔子庙中。

1010 年 大中祥符三年,颁布释奠仪注祭器图。

1011 年 大中祥符四年五月,诏诸州城置孔子庙。

1012 年 大中祥符五年十二月,改谥孔子至圣文宣王。特定仙源县官由孔子后裔充任。

1021 年 天禧五年,孔道辅请得封禅行宫余材,大扩庙制,增广殿庭廊庑三百一十六间。

1035 年 景祐二年,仁宗诏释奠孔子庙用凝安九成之乐。

1038 年 景祐五年,孔道辅在孔庙建五贤堂,祀孟子、荀卿、扬雄、王通、韩愈。

访得孟子墓于邹县四基山之阳。

1044 年 庆历四年五月,仁宗拜谒孔子庙。

1055 年 至和二年三月,改封孔子四十六代孙文宣公孔宗愿为衍圣公。

1060 年 辽清宁六年六月,命以时祭祀先圣先师。

1061 年 嘉祐六年三月,仁宗颁御书宣圣庙额及大成殿榜于曲阜孔子庙。

1074 年 熙宁七年,定学校释奠十哲从祀制。

1084 年 元丰七年五月,增孟子配享孔子庙,荀况、扬雄、韩愈从祀。

诏修四孟释菜仪。

1086 年 元祐元年十月，改衍圣公为奉圣公，专祀孔子。新增赐田一百大顷。

改建庙学于阙里孔庙东南隅。置教授一员，增收颜、孟二氏子孙入学。拨近尼山田二十顷充庙学生员供膳。赐经史书各一部。

1089 年 元祐四年八月，增置庙学学正、学录各一员，教育奉圣公胄子。

1091 年 元祐六年十二月，哲宗拜谒孔子庙。

1102 年 崇宁元年二月，追封孔鲤为泗水侯，孔为沂水侯。

1104 年 崇宁三年六月，诏名文宣王殿曰“大成”。

六月，诏王安石配享，位孟子之次。

十一月，徽宗谒孔子庙，遣官分奠兖国公以下各贤儒。

四十八代孙孔端友复封衍圣公。

1105 年 崇宁四年八月，增文宣王庙孔子像冕十二旒，服十二章，执镇圭。

颁祭服制度于州县，令皆以法服行礼。

1109 年 大观三年，释奠乐成。

1116 年 政和六年五月，赐曲阜孔子庙正声大乐器、礼器各一副，颁释奠乐章于阙里。

1119 年 宣和元年，命增孔子墓前石仪。五年成，置翁仲、角端、文豹、望柱各一对。

1122 年 宣和四年三月，徽宗谒孔子庙，撰孔子像赞。

1126 年 靖康元年五月，罢王安石配享，改为从祀。

1128 年 建炎二年十月，衍圣公孔端友赴扬州陪祀，因金兵占领曲阜，衍圣公定居衢州。其后孔玠、孔搢、孔文远、孔万春、孔洙五代相继承袭南宋衍圣公，为孔氏南宗。

宋金元对峙时期

1133 年　伪齐阜昌四年，刘豫封孔端友之侄孔璠为衍圣公。

1137 年　金天会十五年，熙宗于上京立孔子庙。

1140 年　宋绍兴十年七月，诏改京师释奠孔子为大祀，增笾豆十二，州县释奠仍为中祀。

金天眷三年十一月，熙宗封孔璠为衍圣公。

1141 年　金皇统元年二月，熙宗谒孔子庙。

1146 年　西夏人庆三年，仁宗谥封孔子为文宣帝。

1174 年　金大定十四年，定释奠仪，礼行三献，乐用登歌。迁孟子配享。

1190 年　金明昌元年，诏修曲阜孔子庙，至五年告竣。新筑殿堂廊庑门亭斋厨黉舍三百六十余楹，周建崇垣，用钱七万四百六十余千。

1191 年　金明昌二年四月，五十一代孙孔元措袭封衍圣公，诏视四品阶，授中议大夫。

五月，诏诸郡邑修复毁坏的孔子庙。

十一月，诏臣庶回避周公、孔子名讳。

1194 年　金明昌五年，章宗释奠孔子庙，

1195 年　宋庆元元年，改释奠孔子为中祀。

1197 年　金承安二年春，章宗亲行释奠礼，以亲王摄亚终献，皇族陪祀，群臣助奠。升先贤先儒封爵，旧封公升为国公，侯为国侯，伯为侯。

1204 年　金泰和四年二月，诏刺史州郡无先圣庙学者并增修之。

1214 年　金贞祐二年正月，蒙古兵进占阙里，孔子庙被焚过半，手植桧三株亦被毁。

1215 年　蒙古成吉思汗十年，攻占燕京，以金枢密院为孔子庙。

1241 年 宋淳祐元年，罢免王安石从祀，增周敦颐、程颐、程颢、张载从祀。

1261 年 蒙古世祖中统二年六月，诏宣圣庙及管内书院有司岁时祭祀，月朔释奠，禁止官员军马侵扰亵渎。

八月丁酉，命开平守臣释奠宣圣庙。

1267 年 宋咸淳三年二月，封曾参郕国公、子思沂国公，成四配。

蒙古至元四年五月，敕上都重建孔子庙。

蒙古定首领官朔望谒孔子庙之礼。

元

1273 年 元至元十年，诏春秋释奠时执事官员各依品序公服陪位，诸儒襕衫唐巾行礼。

1286 年 元至元二十三年，命云南诸路皆建学祀先圣。

1295 年 元贞元年，封五十三代孙孔治为衍圣公，恢复中断四十三年的北宗衍圣公。

1297 年 大德元年，制定各官莅任先谒孔子庙，依次谒其他神庙。

1302 年 大德六年，诏建京师孔子庙。

济宁路总管按檀不花自大德元年建议修葺孔庙，几经周折，是年竣工，用钱十万缗有奇，建成殿宇廊庑一百二十六楹。

1306 年 大德十年，新撰释奠乐章。

1307 年 大德十一年七月，武宗即位加封孔子为大成至圣文宣王。

1311 年 至大四年闰七月，仁宗遣国子祭酒刘赓以太牢告祭曲阜孔子庙。此为皇帝即位告祭之始，一直沿袭到清末。

1313 年 皇庆二年六月，诏以周敦颐、程颢、程颐、朱熹等十人从祀孔子庙。

1316 年 延祐三年六月，孔思诚因庶支罢封，授五十四代孙孔思晦袭封衍圣公。

封孟子父为邾国公，母为邾国宣献夫人。

诏春秋释奠孔子，以颜子、曾子、子思、孟子配享。此为北方孔庙四配之始。

1330 年 至顺元年闰七月，加封孔子父为启圣王，母为启圣王夫人。

加封颜子兖国复圣公，曾子郕国宗圣公，子思沂国述圣公，孟子邹国亚圣公。

十二月，以董仲舒从祀孔庙，位列七十子后。

1332 年 至顺三年正月，改封孔子妻郓国夫人并官氏为大成至圣文宣王夫人。

五月，封颜子父为杞国公，母为杞国夫人，颜子妻宋国戴氏为兖国夫人。

1338 年 顺帝至元四年三月，重修尼山孔庙，秋八月告成。

明

1368 年 洪武元年二月，太祖诏以太牢祭孔子，并遣官到阙里致祭。

十一月十四日，朱元璋于谨身殿召见前衍圣公孔克坚，面谕读书。

十一月，封孔希学衍圣公，授正二品阶资善大夫，为设管勾、掌书、典籍、司乐、知印、奏差、书写各一人。

定庙学名三氏子孙教授司。

赐祭田二千大顷，置林庙洒扫一百一十五户，敕孔氏子孙皆免差发税粮。

以元翰林院检阅官孔泾齿行俱尊，特令返乡为孔氏族长，钦赐藤杖一枝。

1369 年 洪武二年，诏春秋释奠只行于曲阜孔子庙，天下不必通祀。

1370 年 洪武三年六月，诏革诸神封号，唯孔子封爵仍旧。

1371 年 洪武四年，更定孔子庙祭器乐舞。增笾豆为十，祭器由木易瓷，牲用熟，各设高案。乐舞生设一百一十人。

1372 年 洪武五年，罢孟子配享。次年恢复。

1373 年 洪武六年十一月，颁孔子庙释奠乐章。

1377 年 洪武十年，敕修衍圣公府。

1382 年 洪武十五年三月，命郡县通祀孔子，每岁春秋二仲丁行释奠礼。

南京新建太学成，孔子庙去塑像，用木主。

1384 年 洪武十七年春，五十七代孙孔讷入朝袭封衍圣公，班序列文臣之首。

1393 年 洪武二十六年，颁大成乐于天下郡县学校，从此全国各地孔子庙祭祀都用音乐。

1403 年 永乐元年八月，建北京国子监孔子庙。

1412 年 永乐十年，大修阙里孔庙，至十五年竣工。重建楼阁廊庑二百七十余楹，增建棂星门、德侔天地及道冠古今二牌坊、庙门、石桥。

1415 年 永乐十三年，颁五经四书、性理大全于学宫。

1417 年 永乐十五年，衍圣公孔彦缙重修尼山孔庙。

1424 年 永乐二十二年七月，仁宗赐衍圣公宅第于东安门外，赐一品服。

1437 年 正统二年，禁祀孔子于佛道寺观。

1444 年 正统九年三月，英宗释奠于孔子庙。

初设三氏学生员。

1450 年 景泰元年，代宗幸太学，召衍圣公孔彦缙率三氏子弟入京观礼。

1452 年 景泰三年，封颜子、孟子后裔颜希惠、孟希文世袭翰林院五经博士。

1476 年 成化十二年，增孔子庙礼乐，定笾豆十二，舞用八佾。

1480 年 成化十六年，增广阙里庙制，至二十三年告成。增广正殿为九间，修建殿堂廊庑门庭厨黉宫等三百五十八楹，规制一新，耗公帑货财十余万两。

二月，命过孔子庙皆下马。

1496 年 弘治九年，增天下孔子庙乐舞生二十六人，与天子乐舞七十二人相等。

1499 年 弘治十二年六月十六日夜，阙里孔子庙遭雷击起火，焚毁建筑一百二十三间。七月，孝宗遣太常寺少卿李杰至阙里慰祭孔子。

1500 年 弘治十三年二月，重修阙里孔子庙，至十七年正月告成。重建被焚建筑，扩建奎文阁、大门、二门及大中门，增建仰高、快睹二门，用银十五万余两。

1503 年 弘治十六年，增孔氏世袭翰林院五经博士、太常博士各一人，以衍圣公次子、三子充。

敕重修衍圣公府，将轴线东移，形成现存格局。

1506 年 正德元年六月，设浙江衢州孔氏南宗世袭翰林院五经博士。

1511 年 正德六年二月二十七日晨，刘六刘七农民军攻占曲阜县城（在今城东旧村）。晚移营阙里孔庙，“秣马于庭，污书于池”。

1513 年 正德八年七月，移建县城卫护孔子庙，至嘉靖元年三月竣工。

新建砖城周长四千八百米，高六米，外环以河，用银三万五千八百两。

1523 年　嘉靖二年，命朱熹居安徽后裔朱墅为世袭翰林院五经博士。

1527 年　嘉靖六年，定三氏学照州学例设禀、增生各三十名，每三年贡二人。

1530 年　嘉靖九年十二月，更定孔庙祀典，取消文庙所有封谥号，尊孔子为至圣先师，改文庙为先师庙，除曲阜孔子庙外一律撤塑像改木主，改六佾八笾豆，罢戴圣、郑玄等十三位传经之儒从祀。

在文华殿设圣师位，伏羲、神农、黄帝、尧、舜、禹、汤、文王、武王面南，周公、孔子东西配享，经筵前一天皇帝服皮弁，亲行释奠礼，每月朔望具果酒，皇帝服黄袍行礼，有时遣辅臣或大臣代替行礼。

1535 年　嘉靖十四年，设世袭国子学正，奉仪封孔子庙祀，以孔承寅袭。

1539 年　嘉靖十八年，设曾参后裔世袭翰林院五经博士奉祀，以曾质粹袭。

1587 年　万历十五年，三氏学增收嘉祥曾氏子孙，改名为四氏学。

1600 年　万历二十八年，两京国学孔子庙均由灰瓦改为绿琉璃。

1612 年　万历四十年，照府学例，四氏学禀、增生名额各增十名，岁贡每年贡一人。

1621 年　天启元年，初定孔子后裔乡试另编耳字号。如无孔氏中举，通取孔氏试卷当堂公阅，至少取中一名，加于山东省原额之外，以后五科均取两名。

1622 年　天启二年，设张载后裔世袭翰林院五经博士奉祀，以张文运袭。

1627 年　天启七年，加封衍圣公孔胤植为太子太保。

1630 年　崇祯三年，晋衍圣公孔胤植为太子太傅。

设程颢后裔世袭翰林院五经博士奉祀，以程接道袭。

设邵雍后裔世袭翰林院五经博士奉祀，以邵继祖袭。

1642 年　崇祯十五年，升周敦颐、程颢、程颐、张载、朱熹、邵雍升先贤。

1643 年　崇祯十六年，设仲由后裔翰林院五经博士奉祀，以仲于陛袭。

清

1607 年　努尔哈赤在发祥地赫图阿拉城建造孔子庙。

1636 年　崇德元年，遣官祭祀孔子。

1640 年　崇德五年，定春秋二丁行释奠礼祭祀孔子。

1644 年　顺治元年，定优渥圣裔制度，承认圣贤后裔在明代的全部优待。

1645 年　顺治二年，改称孔子大成至圣文宣先师。

衍圣公孔胤植入朝，赐第于太仆寺街。

1650 年　顺治七年，晋衍圣公孔兴燮为太子少保。次年晋少保兼太子太保。

1657 年　顺治十四年，钦定文庙尊称至圣先师孔子。

1684 年　康熙二十三年十一月，圣祖南巡过阙里，亲释奠孔子庙，行三跪九叩头礼；谒先圣墓，行一跪三叩头礼；留曲柄黄盖于庙庭，赐御书“万世师表”额悬于殿中；赐衍圣公孔毓圻祖母陶氏“节并松筠”额；命扩林地一千一百四十多亩。

1689 年　康熙二十八年六月，衍圣公奏请修庙，三十年兴工，三十二年八月告成，用帑银八万六钱五百余两，御制碑文记成，遣皇三子至阙里祭告孔子，诏皇四子、皇八子陪祀。

1690 年　康熙二十九年，立孔庙门前文武官员下马碑。

1697 年　康熙三十六年，衍圣公咨毁三教堂。

1710 年 康熙四十九年，诏文庙释奠时直省同城大小武职官员照文职一体入庙行礼。

1712 年 康熙五十一年，升朱熹于大成殿十哲之次。

1715 年 康熙五十四年，命范仲淹从祀文庙，此为行道之儒从祀之始。

1724 年 雍正二年四月，册封孔子先世五代为王。木金父为肇圣王，祈父为裕圣王，防叔为诒圣王，伯夏为昌圣王，叔梁纥为启圣王。合祀启圣祠，更名为崇圣祠。

六月九日，雷击阙里孔庙，焚毁大成殿、寝殿、两庑等建筑一百三十三间。皇帝遣礼部侍郎王景曾到阙里慰祭孔子。

1725 年 雍正三年八月，重修阙里孔庙，至雍正八年竣工。世宗亲为指授，正殿、正门改用黄琉璃瓦，两庑用绿琉璃瓦，以黄瓦镶脊，用银十五万七千六百多两。

1726 年 雍正四年，颁御书“生民未有”匾额于大成殿。

1727 年 雍正五年，定孔子诞辰斋一日，不理刑名，禁止屠宰。

1729 年 雍正七年，颁大成殿、门匾额对联，内府新制大成殿祭器、镇圭、曲柄宝盖及二十四戟，改至圣庙、同文门、承圣门名。

1730 年 雍正八年，遣皇五子至阙里祭告孔子庙，立御制《重修阙里孔子庙文碑》。

阙里孔庙大成殿圣像塑成，定圣时门、弘道门名。

诏设圣庙执事官四十员。

1737 年 乾隆二年，设韩愈后裔世袭翰林院五经博士奉祀，以韩法祖袭。

1738 年 乾隆三年，升有若为十二哲。

颁“与天地参”额于天下文庙。

毁三教堂，在公地无人管领者改为书院、义学。

1748 年 乾隆十三年二月，高宗东巡，亲释奠曲阜孔子庙，三跪九叩，诣孔林酹酒一跪三叩。御书大成门前诸门门额及大成殿、诗礼堂对联。

1756 年 乾隆二十一年正月，改孔氏曲阜世职知县为流官，由吏部在外地调补。

三月高宗至曲阜，孔子庙拈香，孔林酹酒。

1771 年 乾隆三十六年，高宗至曲阜，孔子庙拈香，孔林酹酒，颁商周铜器十件。

1776 年 乾隆四十一年，以平定金川告捷幸鲁，释奠曲阜孔子庙。

1779 年 乾隆四十四年五月，高宗幸热河，诣文庙行释奠礼。

1780 年 乾隆四十五年，二月高宗至苏州诣文庙行礼，五月诣热河文庙行礼。

1784 年 乾隆四十九年，高宗释奠曲阜孔子庙。

1786 年 乾隆五十一年，定陪祀各氏后裔名额。孔子后裔曲阜五人，衢州二人；周公后裔曲阜东野氏二人，陕西姬氏二人。

1790 年 乾隆五十五年，高宗第八次道经曲阜，释奠孔子。

1798 年 嘉庆三年二月，仁宗颁御书“圣集大成”额于天下文庙。

1802 年 嘉庆七年，设伏生后裔世袭五经博士奉祀。

1808 年 嘉庆十三年，谕山东巡抚吉纶亲往曲阜勘估孔庙工程。钦拨帑银十五万九千三百多两维修。

1820 年 嘉庆二十五年，宣宗即位，颁“圣协时中”额于天下文庙。

1843 年 道光二十三年，大修衍圣公府，用银六万六千四百两。

1846 年 道光二十六年，诏修尼山孔庙，至道光二十九年竣工，用银三万一千多两。

1850 年 道光三十年，文宗即位，颁“德齐帱载”额于天下文庙。

1853 年 咸丰三年二月上丁,文宗亲自释奠孔子。加衍圣公孔繁灏太子太保衔。

1862 年 同治元年,颁“圣神天纵”额于天下文庙。

1868 年 同治七年,谕两江、湖广、山东筹银六万两,修葺阙里孔庙,八年八月兴工,十一年春告竣。

1885 年 光绪十一年十二月十六日,孔府内宅前后堂楼等被焚。次年,山东巡抚张曜募捐银八万一千多两重修。

1888 年 光绪十四年,颁“斯文在兹”额于天下文庙。

1894 年 光绪二十年,赏七十六代衍圣公孔令贻双眼花翎。

1898 年 光绪二十四年,为抵制建教堂,衍圣公孔令贻会同地方官绅在古泮池行宫旧址兴建文昌祠。

1904 年 光绪三十年,津浦铁路原定由孔林西侧直达邹县,衍圣公府以“破坏圣脉”、“震动圣墓”为由上奏朝廷,要求西移十五里之外,后改道兖州。

1905 年 光绪三十一年,在曲阜考院旧址筹建“曲阜官立四氏初级完全师范学堂”,拨帑银十万两为筹资,次年正月开学,衍圣公孔令贻任总理。

1906 年 光绪三十二年三月,谕学部以尊孔为教育宗旨,宣示天下。

十一月,颁旨将孔子庙祭祀由中祀升为大祀。

1910 年 宣统二年,颁“中和位育”额于天下文庙。

中华民国

1912 年 9 月初,孔教会首次全体会员大会在曲阜召开。9 月 7 日(仲秋上丁日),在孔庙举行祭孔大典。

八月二十七日，圣诞大祭，大总统遣代表至曲阜致祭。

10 月，孔教会在上海成立。次年 9 月，总会迁至北京，在曲阜设立总会事务所。1937 年改名孔学总会。

11 月，大总统令圣贤后裔膺受前代荣典、祀典均仍其旧，并给衍圣公孔令贻一等大绶宝光嘉禾章。

1914 年　3 月，大总统袁世凯制定《崇圣典例》，岁给衍圣公俸银两千元，执事官四十员岁俸银一千二百元，并发祀孔典礼、祭祀冠服制各一本。

9 月，大总统袁世凯发布祭圣告令，9 月 28 日（仲秋上丁日），亲率百官举行祀孔典礼，令各地孔庙由地方长官主祭。

孔教总会由北京迁至曲阜，定夏历八月二十七日为“至圣先师孔子大成令节”，在曲阜召开孔教会全体会员大会，举行盛大祀典。

1915 年　大总统申令修正崇圣典例，旧有管勾屯官及府属员役薪俸由孔府岁入内支给，撤销孔府旧设赍奏、随朝、伴官等名目。

1916 年　1 月，袁世凯加封衍圣公孔令贻郡王衔。孔令贻发拥戴袁世凯称帝奏稿及电文。

1917 年　7 月上旬，衍圣公孔令贻致电张勋，拥护清室复辟。

1919 年　3 月，毛泽东由北京去上海，途中到曲阜考察。

五四运动爆发后，曲阜二师学生罢课游行，积极响应。

大总统令给四千元祭器、乐器岁修费。

大总统令颜元、李塨从祀文庙。此后从祀再未增加。

12 月，美国哲学家、教育学家杜威到曲阜瞻仰孔庙。

1920 年　2 月 23 日（正月初四日），孔子七十七代孙孔德成生，11 月，承袭衍圣公。

5 月，准内务部文，圣贤后裔原五经等博士均改为奉祀官，孔氏八员、先贤先儒后裔共二十三员，各给年俸薪一百元。

1923年　7月，英国著名哲学家罗素到曲阜参观。

10月5日，北京大学教授梁漱溟到曲阜参观。

1925年　8月，山东督办张宗昌在曲阜举行祭孔典礼，礼仪、规制如帝王，并发表演讲。

秋，衍圣公府在原四氏学旧址创办阙里孔氏私立明德中学校，孔德成任名誉校长。1931年，改名曲阜私立明德初级中学校。

12月，张宗昌部与吴佩孚部在曲阜吴村、姚村一带交战，衍圣公府以“炮声隆隆，震动林庙”为由，电请张、吴将战线划出曲阜境，并请捐洋四万元以助孔庙寝殿修复工程。

是年，省拨款及捐款共三万八千余元修葺孔庙寝殿、神庖等建筑。

1926年　省拨款三万四千余元维修孔庙奎文阁前各建筑物。

1928年　4月23日，国民革命军总司令蒋介石到曲阜参观，召见七十七代衍圣公孔德成。

6月，蒋介石发布告，晓谕遵奉遗教，保护林庙。

8月，因蔡元培提出将孔子庙、孔林收归国有，孔德成呈请取消衍圣公封号，要求保留祀田。

此时，孔府年总收入约4.47万元，支出约5.02万元，入不敷出。

1929年　6月8日，曲阜二师学生在校内演出历史讽刺剧《子见南子》，孔氏族人以“侮辱祖宗孔子”的罪名向南京国民政府教育部控告该校校长宋还吾，此案在全国引起强烈反响，最后以校长被撤职、主要演员被开除而结束。

1930年　6月，蒋介石与冯玉祥、阎锡山发起中原大战，曲阜城被围十一昼夜，孔庙、颜庙、周公庙及城垣遭到严重破坏。

1934 年 7 月，国民政府公布《先师孔子诞辰纪念办法》，规定农历八月二十七日孔子诞辰放假一天，各界悬旗志庆，各地各级行政机关召开各界纪念大会。

10 月 5 日（旧历八月二十七日），南京国民政府在曲阜举行孔子诞辰纪念大典。是日，全国各大报纸均出祀孔专号。

1935 年 1 月 18 日，国民政府议决改衍圣公为大成至圣先师奉祀官，以特任官待遇。

5 月，孔庭族长孔昭润代表奉祀官孔德成会同南京国民政府代表孔祥勉，赴日本参加东京汤岛重修孔庙告竣庆祝大会。

7 月 6 日，大成至圣先师奉祀官孔德成偕复圣奉祀官颜世镛、宗圣奉祀官曾繁山、亚圣奉祀官孟庆棠赴南京就职。8 日，在国府礼堂举行就职典礼。10 日，在贡院街圣庙举行告庙典礼。

1936 年 12 月 16 日，大成至圣先师奉祀官孔德成与晚清状元孙家鼐孙女孙琪芳在曲阜举行结婚典礼。

1937 年 12 月，日军入侵山东，第二十师师长孙桐萱奉命接奉祀官孔德成及夫人离开曲阜，后经武汉转往重庆。

1938 年 1 月 4 日，日军侵占曲阜。

1942 年 10 月 6 日（旧历八月二十七日），南京汪伪政权在曲阜祭祀。

11 月 10 日，汪伪行政院发布命令，恢复孔子春秋释奠典礼。

1943 年 9 月 26 日（旧历八月二十七日），汪伪政权特派外交部长褚民谊到曲阜致祭。

1946 年 1 月 1 日，鲁南军区警八旅在曲阜贴出保护文物古迹布告。

9 月 22 日（旧历八月二十七日），鲁南行署一专署暨曲阜县民主政府在孔庙召开孔子诞辰纪念大会。山东省政府特派司法厅厅长张伯秋、高级参议匡亚明出席会议并讲话。

1947 年 5 月，奉祀官孔德成偕夫人由南京回故里探望。

10 月 11 日（旧历八月二十七日），孔子诞辰，国民政府铨叙部政务次长王子壮到曲阜致祭，奉祀官孔德成陪祭。

1948 年 6 月 11 日，中国人民解放军华东野战军解放曲阜。

8 月 15 日，曲阜县成立古代文物管理委员会。

中华人民共和国

1950 年 3 月 20 日，中共鲁中南区党委决定孔庙、孔林向群众开放。

10 月 30 日，中央人民政府副主席、中国人民解放军总司令朱德到曲阜，在孔子墓享殿前作抗美援朝动员报告。

1951 年 10 月，中央人民政府副主席宋庆龄、中央人民政府常务委员陈毅到曲阜参观。

12 月 2 日，中央人民政府副主席刘少奇到曲阜参观孔庙、孔府、孔林等古迹。

山东省政府拨款 1 亿元（旧币）维修孔庙。

1952 年 10 月 28 日，中共中央委员会主席、中央人民政府主席毛泽东到曲阜参观孔庙、孔府、孔林。

1953 年 7 月，政务院副总理董必武到曲阜休假，参观文物古迹。

1954 年 10 月下旬，印度政府访华团成员英・甘地参观孔庙、孔林、孔府。

1956 年 5 月，缅甸、罗马尼亚等 21 国驻华使节、商务代表一行 43 人到曲阜参观文物古迹。

12 月，曲阜师范学院成立孔子研究会。

1957 年 1 月 13 日,中国舞蹈艺术研究会、山东省文化局在曲阜县文化部门的配合下,挖掘整理古代祭孔乐舞。4 月 7 日,在大成殿前举行观摩表演,摄制纪录影片。

10 月,山东省人民委员会公布曲阜孔庙、孔府等 44 处文物古迹为山东省历史文物保护单位。曲阜县公布 338 处文物古迹为曲阜县历史文物保护单位。

1959 年 5 月,中共中央副主席、国务院副总理陈云到曲阜参观文物古迹。

1961 年 3 月 4 日,国务院公布曲阜孔庙及孔府、孔林、鲁国故城遗址为全国重点文物保护单位。

山东省文化局拨款为孔庙大成殿、奎文阁等高大建筑安装避雷设施。

1962 年 5 月 21 日—24 日,曲阜师范学院举办首次孔子问题讨论会,省内近 50 名学者参加。

11 月 6 日—12 日,山东孔子学术讨论会在济南举行,出席会议的有来自全国 16 个省、市的 160 余名专家学者,中国科学院社会科学学部副主任刘导生、山东省副省长余修到会讲话。此为新中国成立后召开的第一次孔子研讨会。

1964 年 10 月,中共中央总书记、国务院副总理邓小平一行到曲阜参观孔庙、孔府、孔林等文物古迹。

1965 年 5 月 19 日,越南社会主义共和国主席胡志明一行 15 人在国家副主席董必武陪同下到曲阜参观访问。

1966 年 5 月 20 日,外国驻华使节一行 60 人到曲阜参观游览。

11 月 9 日,北京师范大学造反派在陈伯达指使下到曲阜“讨孔”,砸毁国务院“全国重点文物保护单位”标志碑。11 月 28 日,联合曲阜红卫兵在曲阜师范学院召开10万人的"讨孔"大会，批判参加1962年孔子讨论会的部分专家学者。会后，毁圣像，砸碑刻，文物古迹遭到严重破坏。

周恩来总理电话指示：曲阜的三孔建筑绝不许任何人破坏。

1970年 周恩来总理在反映泰山文物遭受破坏的人民来信上批示，要山东派得力人员到曲阜泰山调查文物破坏情况，事后国务院拨款13万元维修曲阜孔子庙。

1974年 1月18日，中共中央转发江青主持选编的《林彪与孔孟之道》，掀起"批林批孔"运动。

3月至1976年12月，在孔子庙、孔府举办"批林批孔展览"。

1978年 5月7日，中共中央副主席兼国务院副总理李先念，国务院副总理纪登奎、陈永贵率全国农田水利基本建设会议人员到曲阜参观孔庙、孔府和孔林。

7月，开始拆除明代曲阜城墙，仅保留南、北二城门及东北、西北两个城角。

国家决定曲阜恢复对外开放，维修整理孔庙、孔林、孔府。

1979年 1月24日，曲阜师范学院成立孔子研究室。1983年，经省教育厅批准改为孔子研究所，为"文化大革命"后成立的第一个专门研究孔子的科研机构。

5月1日，孔庙、孔府、孔林整修完毕，报请国务院批准，重新对外开放。

1980年 1月25日—26日，由曲阜师范学院孔子研究室发起召开的全省性孔子学术讨论会在曲阜召开。此后，孔子学术讨论在国内重新活跃起来。

10月28日—11月3日，由曲阜师范学院孔子研究室、历史系等单位发起的全国性孔子讨论会在曲阜举行，有百余名学者出席，提交论文60篇。

1981年 2月，法国社会党领导人弗朗索瓦·密特朗率领法国社会党政治代表团一行4人到曲阜参观孔庙、孔府和孔林。是年，密特朗当选总统。

3月30日，国务院副总理万里到曲阜视察工作，并参观文物古迹。

11月18日，中共中央副主席华国锋参观孔庙、孔府和孔林。

1982年 2月8日，国务院公布曲阜为全国第一批二十四个历史文化名城之一。

12月，中共中央总书记胡耀邦指示修复曲阜孔子庙大成殿塑像为旅游服务，至1984年9月竣工。

1983年 4月21日—25日，由中国教育学会教育史研究会和曲阜师范学院联合发起的"1983年曲阜孔子学术讨论会"在曲阜师范学院召开。

1984年 6月11日—15日，中共中央政治局委员、全国政协主席邓颖超到曲阜视察工作，参观孔庙、孔府及孔林，题词"古为今用"。

9月22日（旧历八月二十七日），曲阜首次举办"孔子诞辰故里游"活动。举行大成殿复原落成揭幕仪式，举办孔子文物展览等。

9月22日，全国性民间学术团体中国孔子基金会在曲阜成立。国务委员谷牧为名誉会长，南京大学名誉校长匡亚明任会长。

1985年 4月20日，国务院副总理李鹏到曲阜视察工作，参观孔庙、孔府和孔林。

9月15日，新加坡总理李光耀一行40人到曲阜友好访问，参观孔庙、孔府及孔林。

11 月 8 日，国务院代总理万里参观孔子庙。万里 20 世纪 30 年代时曾在曲阜师范学校学习。

12 月 3 日，国务院总理赵紫阳到曲阜视察工作，参观孔庙、孔府等文物古迹。

是年，国务院拨专款 1290 万元全面维修保护曲阜文物古迹，至 1989 年竣工。

1986 年 3 月 25 日，中国孔子基金会主办《孔子研究》杂志创刊。

4 月 26 日—30 日，中国孔子基金会学术委员会暨《孔子研究》杂志首届春季学术讨论会在曲阜举行。

5 月 26 日—28 日，新加坡第二副总理王鼎昌一行 8 人到曲阜参观访问。

10 月 23 日—25 日，国务委员谷牧在曲阜召开曲阜历史文化名城建设工作座谈会。

1987 年 3 月 4 日，美国国务卿舒尔茨一行 120 余人到曲阜参观访问。

5 月 1 日，国家古建筑重点修复项目孔庙奎文阁经两年多的落架大修竣工。

5 月 16 日，中共中央政治局委员、国务院副总理田纪云到曲阜参观孔庙、孔林、孔府。

8 月 31 日—9 月 4 日，中国孔子基金会和新加坡东亚哲学研究所联合在曲阜举办儒学国际学术讨论会。

12 月，孔子故里文化艺术展览在新加坡开展，新加坡第二副总理王鼎昌出席并揭幕，展览获各界广泛好评。

1988 年 5 月 11 日—13 日，爱尔兰共和国总统帕特里克·约翰·希勒里及夫人一行 20 人到曲阜参观访问。

5 月 11 日—15 日，全国“孔子·儒学·传统文化”青年学者学术讨论会在曲阜师范大学举行。

9月13日,中共中央政治局委员胡耀邦到曲阜参观孔庙、孔林、孔府。

1989年 5月25日—27日,民主柬埔寨主席诺罗敦·西哈努克一行16人到曲阜参观孔庙、孔林、孔府。

9月26日,首届“孔子文化节”在曲阜孔庙大成殿前开幕,历时15天。

9月28日,国家邮政局发行孔子诞辰纪念邮票。

10月7日,中外学者纪念孔子诞辰2540周年与学术讨论会在北京举行。来自美国、日本、瑞士、苏联、澳大利亚、民主德国、泰国、新加坡、马来西亚和中国香港、澳门等25个国家和地区的300多人出席。国务院副总理吴学谦出席会议开幕式,中国人民政治协商会议全国委员会副主席谷牧致词。

10月8日下午,中共中央总书记江泽民会见了部分中外学者。会见中,江泽民回答了美国、联邦德国、新加坡、瑞士、苏联等地学者提出的如何评价孔子学说、孔子思想与中国现代化等问题。

1990年 2月28日,中共中央政治局常委、中央书记处书记李瑞环到曲阜考察工作,协调国家投资800万元兴建孔府文物档案馆。

9月26日,由联合国教科文组织与山东省政府联合举办的国际孔子文化节在曲阜隆重开幕,在文化旅游项目中新增仿古《箫韶》乐舞。

1991年 1月10日,中共中央政治局常委乔石到曲阜参观孔庙、孔府及孔林。

6月2日,巴布亚新几内亚总督赛雷·艾里到曲阜参观访问。

10月8日—9日,朝鲜民主主义人民共和国主席金日成、副主席李钟玉一行在国务院副总理吴学谦陪同下到曲阜访问，参观了孔庙、孔府和孔林。

10月11日—14日，由中国孔子基金会主办的“海峡两岸首次儒学讨论会”在曲阜举行。

10月31日，国务院总理李鹏到曲阜视察工作。参观孔庙等文物古迹后题词“汲取孔子思想精华，弘扬民族优秀文化”。

1992年 4月27日，以杨亨燮为团长的朝鲜民主主义人民共和国最高人民会议代表团一行10人，在全国人大常委会副委员长彭冲陪同下，来曲阜参观访问。

7月29日—30日，中共中央总书记江泽民到曲阜视察文物保护工作，题词“建设文化名城，繁荣曲阜经济”。

1993年 4月23日，新加坡共和国政府总理吴作栋来曲阜参观访问。

1994年 10月5日，国际儒学联合会在北京成立。

10月9日，格鲁吉亚议会议长戈古阿泽率格鲁吉亚议会代表团来曲阜访问。

10月17日，全国政协办公厅向中共中央办公厅、国务院办公厅报送了全国政协八届八次常委会议通过的《关于视察山东省政协的报告》，建议建设孔子研究院。

12月15日—16日，在泰国召开的联合国教科文组织世界遗产会议上，曲阜孔庙、孔林、孔府被列入《世界遗产名录》。

1996年 7月10日—12日，由中国社会科学院、台湾中流文教基金会主办的“海峡两岸弘扬中华传统文化学术研究会”在曲阜召开。

9月28日，曲阜孔子研究院奠基。

10月17日，韩国新政治国民会议总裁、亚太和平财团理事长金大中一行36人来曲阜参观访问。

10月21日，新加坡副总理李显龙率领政府及经贸代表团一行56人来曲阜参观访问。

1997年 6月14日，曲阜孔子故居被评为全国爱国主义教育基地。

1998年 5月25日，曲阜市文管会获"中国世界文化遗产保护管理先进单位"称号。

9月27日，"三孔"邮资明信片首发式在孔庙大成殿前举行。

1999年 4月22日，荷兰王国女王贝娅特丽克丝、劳斯亲王及荷兰政府代表团一行25人参观游览三孔文物古迹。

5月24日，越南共产党中央委员会政治局委员、政府常务副总理阮晋勇一行16人来曲阜市参观游览三孔文物古迹。

9月9日，文化部、教育部、中国社会科学院在北京人民大会堂联合举办"纪念孔子诞辰2550年"座谈会。中共中央政治局委员、国务院副总理李岚清出席，中共中央政治局委员、中国社会科学院院长李铁映讲话。

9月26日，孔子研究院一期工程落成，中共中央政治局委员吴官正与几内亚、日本、奥地利驻华大使以及联合国代表等出席。

9月28日，国家邮政局发行孔子诞辰2550年纪念邮资封。

10月7日，"纪念孔子2550诞辰暨儒学与21世纪人类和平发展儒学讨论会"在北京人民大会堂开幕。中共中央政治局委员、国务委员罗干到会祝贺，国际儒学联合会会长谷牧和联合国教科文组织代表金丽寿分别致欢迎词，国际儒学联合会名誉会长李光耀发表书面致词。

2000年 4月9日，葡萄牙、法国、丹麦、比利时、英国、卢森堡、意大利、德国、西班牙、希腊、爱尔兰、瑞典、奥地利、芬兰的驻华使节一行24人来曲阜参观访问。

4月22日，由省外办友协、希腊欧中关系发展协会、曲阜师范大学联合举办的“孔子——苏格拉底”哲学报告会在曲阜举行。

11月11日，《古代思想家》纪念邮票发行，其中一枚为孔子。

11月14日，国务院总理朱镕基到曲阜孔子庙、孔子研究院参观视察。

2001年 9月27日，举行江泽民总书记题名“孔子研究院”揭牌仪式。中共中央政治局委员、中国社会科学院院长李铁映，全国人大常委会副委员长王光英揭牌。

2002年 9月18日，首届华人中华文化经典诵读友谊赛在孔子研究院举行。

10月，江泽民主席在美国乔治·布什总统图书馆发表的演讲中说：“孔子提出的‘和而不同’思想，和谐而又不千篇一律，不同而又不相互冲突。和谐以共生共长，不同以相辅相成。和而不同是社会事物和社会关系发展的一条重要规律，也是人们处世行事应该遵循的准则，是人类多种文明发展的真谛。”

2003年 5月2日，中共中央政治局常委李长春参观孔庙、孔林、孔府。

2005年 9月28日，举办全球联合祭孔，中央电视台四台以曲阜孔庙为主播地，连线国内上海、天津、衢州、建水、武威、泉州、台北、香港以及韩国首尔、日本足利、新加坡韭菜芭、美国纽约、德国科隆等地。

2006年 9月28日，两岸同祭孔，中央电视台连线实况转播曲阜和台北的孔子庙祭祀盛况。

11月1日，柬埔寨首相洪森到曲阜参观孔庙、孔林、孔府。

2007年 9月26日—28日，由文化部、山东省政府联合组织的世界儒学大会发起国际会议在曲阜孔子研究院召开，12个国家和地区的代表出席。

9月27日，由文化部、教育部、国家旅游局、山东省政府联合举办的国际孔子文化节开幕。

9月28日，山东省政府组织孔子诞辰公祭，代省长姜大明主祭。

12月30日，日本首相福田康夫到曲阜参观孔庙、孔林、孔府。

2008年 9月27日—29日，由文化部和山东省政府主办的第一届世界儒学大会在曲阜孔子研究院召开。

9月28日，山东省政府组织孔子诞辰公祭，省长姜大明主祭。

2009年 3月18日，朝鲜总理金英日到曲阜参观孔庙、孔府、孔林。

后 记

山东人民出版社组织出版《齐鲁诸子名家志》丛书，约我撰写《孔子志》。当时感到时间很紧迫，恐怕难以按时完成任务，但考虑到《齐鲁诸子名家志》丛书不能没有《孔子志》，犹豫了一下，还是接了下来。之所以敢于接下这个任务，是因为觉得自己手头有许多资料，应该能够按时交出书稿。

我于1975年分配到曲阜文物管理委员会工作，在那里工作了整整26年，其中17年担任该委员会的主任。在行政业务工作异常繁重的情况下，我利用中午休息时间去孔庙、孔府查找碑文，收集资料，晚上开展文物研究。1983年第一次出国到日本，看到日本足利学校孔子庙按照传统的礼仪祭祀孔子，从那时起我就立下一个志愿：作为孔子的后代，一定要研究孔子思想在海外的传播与影响，研究世界的孔子庙。从此只要有机会，我就注意收集孔子思想在海外传播影响的资料，考察有关的遗迹。功夫不负有心人，二十多年间，我实地考察了中国的一百多所孔子庙和书院，日本几乎所有现存的孔子庙，韩国的六十多所孔子庙和书院，越南的6所和美国唯一的孔子庙，找到了英国孔子庙的遗址，德国科隆的孔子像亭，新加坡、美国、日本等国的孔子像，马来西亚的陈氏书院，等等。2004年，世界孔子庙研究课题被批准为全国社科基金项目，填补了世界孔子庙研究的空白，取得优秀等级，并被推荐评选优秀成果。2001年调到孔子研究院工作后，因为工作需要，我又开始系统研究孔子的思想。三十多年的辛苦，使我积累了大量的文字和图片资料。

《孔子志》在按照其他志书统一体例介绍孔子生平、思想和影响的同时，还比较详细地介绍了孔子的活动遗迹与纪念物以及孔子的后裔，这与其他的名人志书有较大的差异。之所以详细介绍孔子的活动遗迹和纪念物，是因为孔子的活动遗迹与纪念物众多而且国内外影响很大。自汉武帝罢黜百家、独尊儒术以后，孔子思想就成为中国封建社会的指导思想，对中国的历史、思想、文化、经济、伦理道德以至社会风俗习尚都产生了重大影响，孔子受到人民的尊崇，孔子生前活动的遗迹也都得到很好的保护。为了表达对孔子的尊崇和怀念，人们还建造了规模庞大的曲阜孔庙、孔林以及遍布东亚的几千座文庙。本志除介绍孔子在曲阜的活动遗迹与纪念物外，还全面介绍了国内其他地区的遗迹与纪念物。之所以较为详细地介绍孔子后裔，是因为历代王朝按照崇德报功的传统推恩孔子的后裔，给予其世袭罔替的爵位和在赋税、徭役、科举、教育等方面的种种优待，使孔子长孙成为世界上延续时间最久的贵族世家。孔子后裔深受孔子思想的影响，秉承孔子学诗学礼的遗训，重视教育和学习，成为具有很高文化素养的家族，人才辈出，在不同的领域对中华民族作出了较大的贡献。孔子的活动遗迹与纪念物以及孔子后裔，其实也是孔子思想影响的不同侧面。

另外，需要略作说明的是，因孔子生前的主要活动已经详细地收录于第一编的第二章《孔子年谱》中，故《大事记》从孔子去世时的公元前479年开始收录。

山东人民出版社原总编辑尹铭先生在拟定篇目和编写体例方面，为本书提供诸多宝贵建议，特此致谢。感谢陈霞同志，她写出了我最缺少资料的第六编《孔子研究》初稿，帮我按时完成了任务。

本书编写匆忙，缺漏在所难免，希望方家不吝赐教。

孔祥林

2009年3月

图书在版编目(CIP)数据

孔子志/孔祥林主编.—济南：山东人民出版社，2009.4
(2011.4 重印)
(齐鲁诸子名家志/王兆成，刘秋增总主编)
ISBN 978-7-209-04757-9

Ⅰ.孔… Ⅱ.孔… Ⅲ.孔丘(前551～前479)—人物研究 Ⅳ.B222.25

中国版本图书馆CIP数据核字（2009）第040993号

责任编辑：王海玲
装帧设计：蔡立国　武　斌
制　　作：侯地霞

孔子志
孔祥林　主编

山东出版集团
山东人民出版社出版发行
社　址:济南市经九路胜利大街39号　　邮　编:250001
网　址:http://www.sd-book.com.cn
发行部:(0531)82098027　82098028

新华书店经销
山东新华印刷厂印装

规　格　16开(184mm×260mm)
印　张　40.25
字　数　480千字　　插页 16
版　次　2009年4月第1版
印　次　2011年4月第2次
ISBN　978-7-209-04757-9
定　价　220.00元

如有质量问题，请与印刷厂调换。电话:(0531)82079112